湛庐CHEERS

与最聪明的人共同进化

HERE COMES EVERYBODY

蓝图

Blueprint

The Evolutionary Origins of A Good Society

[希腊]尼古拉斯·克里斯塔基斯 著
贾拥民 译

四川人民出版社

Nicholas A.Christakis

尼古拉斯·克里斯塔基斯

- 耶鲁大学人性实验室掌门人
- 耶鲁大学社会与自然科学斯特林教席
- 2009 年《时代周刊》“全球 100 位最有影响力的人”之一
- 社会学家，社会网络研究领域权威专家

1984年 获得耶鲁大学的理学学士学位

1988年 获得哈佛大学公共卫生硕士学位

1989年 获得哈佛医学院医学博士学位

1995年 获得宾夕法尼亚大学哲学博士学位

- 耶鲁大学社会与自然科学斯特林教席
- 2009年《时代周刊》“全球100位最有影响力的人”之一

1995 年，克里斯塔基斯在芝加哥大学开始了他的职业生涯，担任社会学系和医学系教授。2001 年，他开始在哈佛大学任教，同样担任社会学系和医学系教授。2013 年，他将他的人性实验室搬到了耶鲁大学，并担任耶鲁大学社会学、医学、生态学、进化生物学和生物工程系教授。

作为一名社会学家，克里斯塔基斯曾做过很多年的临终关怀医生。正是做临终关怀医生的经历，让他对人与人之间的关系和人性有了更深刻的理解。

2006 年，克里斯塔基斯入选美国国家科学院医学研究所，2010 年，成为美国科学促进会院士。2009 年，克里斯塔基斯被《时代周刊》杂志评选为“全球 100 位最有影响力的人”之一。

Nicholas A

耶鲁大学人性实验室掌门人

人性实验室汇集了各个领域的学者，他们来自医学、工程学、社会学、经济学、政治学、人类学、公共卫生学、计算机科学、生物学、统计学、应用数学和物理学等多个学科，具有包括数据科学、软件开发等不同的专业知识，并得到了来自政府、私人和商业等机构的支持。人性实验室为研究人员提供了一个丰富研究环境，可以接触到许多关于研究的新方法。克里斯塔基斯目前担任人性实验室的主任，同时，他也是人性实验室的创建者。

人性实验室的研究处于自然科学、社会科学和计算科学的交叉点。实验室在广泛的环境中进行基础研究和应用研究，所用的方法包括从复杂的统计分析到将人工智能引入社会系统，再到开发新的软件工具。

现在，克里斯塔基斯大部分时间都在人性实验室工作，他带领研究团队在人性实验室探索各种各样的思想。他们的主要研究包括理解友谊的进化、遗传和生理基础；鼓励包括洪都拉斯、印度和乌干达在内的许多国家的村庄采用新的公共卫生设施；绘制世界各地的社会网络图；安排人们参加在线社群；开发人工智能，帮助人们解决集体行动中的困难；探索社会交往对人类微生物群的影响等。

人性实验室在关于人性方面有许多新的见解，关注的重点并不是人类独处时是如何思考和行动的，而是当人们处在群体中时，是如何思考和行动的。人性实验室中探讨了许多关于集体行动的经典问题，并试图解释，在群体的情况下，整体如何以及为什么会大于部分的总和，无论是好的方面还是坏的方面。

.Christakis

社会学家
社会网络研究领域权威专家

2009 年，克里斯塔基斯与政治学家、哲学博士詹姆斯 · 富勒合著的《大连接：社会网络是如何形成的以及对人类现实行为的影响》（*Connected: The Surprising Power of Our Social Networks and How They Shape Our Lives*）英文版出版，其中文简体字版已由湛庐文化于 2013 年首次出版。到目前为止，这本书已经被翻译成 20 种语言，在很多国家出版。

克里斯塔基斯是社会网络研究领域的权威专家，因研究社会网络如何形成与运行而享誉世界。他的一项研究重点是一个人的健康和健康行为如何影响这个人的社会网络。这项工作涉及统计和数学模型的应用，以了解不同动态现象的演变结果。他关于肥胖和社会网络关系的研究引起了全球医学界的关注。只有理解了社会网络是如何形成与发展的，以及社会网络有哪些主要的功能，我们才能理解社会网络是如何影响我们的健康、创造力、安全和财富的。

彭凯平

清华大学心理学教授，清华大学社会科学学院院长，清华大学心理学系主任

克里斯塔基斯在《蓝图》中用进化论思想总结出的好社会的八大特征，与中国人两千多年向往的“善治”不谋而合。这是一本科学地揭示人性真善美的好书，也是对建设人类社会美好未来的忠告。

刘擎

华东师范大学教授

在不确定性困扰人心的时代，难得有深刻而乐观的作品问世。《蓝图》是一本非常迷人的书，在叙事和理论两方面都是如此。它揭示出人类天性中被忽视已久的光明面：爱、友谊、合作以及学习，这些自然进化赋予人类的能力，天生倾向于创建良好的社会。作者兼具自然科学和社会科学的卓越训练，这使他呈现的新视野既引人入胜，又令人信服，从而带给人们真实的希望和信心。

汪小帆

上海大学副校长

我曾经为克里斯塔基斯的《大连接》中文版写过一篇推荐序，题为《大连接，大数据，大合作：网络因大而小》。《蓝图》则有助于我们更深地理解人类网络的重要性：人们可以相互理解、求同存异，人类是一个命运共同体。

施展

外交学院教授

康德说过，有两种东西真正能令心灵产生敬畏：头顶的星空和心中的道德法则。克里斯塔基斯在《蓝图》中写道："敬畏感是一种进化造就的情感，它的作用就在于引发认知上的转变，降低自我中心意识，让人们感觉到自己与他人有更紧密的连接。"这句话读来令人脑洞大开，似乎可以摸索到星空和道德法则之间的隐秘关联。《蓝图》一书努力探寻自然进化与道德之间的内在关联，探寻人性中的恒常部分，会引发深远的思考。

周濂

中国人民大学哲学院教授

在分裂的时代谈论合作，在昏暗的人性中寻找熹微之光，在绝望盛行的时代继续怀抱希望，在坏世界里憧憬好社会——克里斯塔基斯的《蓝图》无疑是一本逆流而上的大师级著作。

何帆

《变量》作者，上海交通大学经济学教授

《蓝图》让我们重新思考美好生活的社会基础：要有自我，也要有爱；要有朋友，也要有关系；要有领导者，也要有团队精神；要爱自己的同胞。在这个时常会让人感到困惑和迷茫的时代，《蓝图》就是你的指南针。

王立铭

浙江大学教授，畅销书《上帝的手术刀》作者

《蓝图》试图解决的问题，是为人类之间复杂的交流和组织活动——敌对、杀戮、合作、同情、爱和团结——寻找底层的生物学依据。这当然是一项无比艰难的任务，毕竟从冷冰冰的自然选择到复杂难解的人类社会，其间要跨越包括技术手段、思维方式和分析视角在内的许多障碍。但作者好像天生具备高超的故事技巧和打破学科边界的分析能力，让这场寻根之旅变得生动而深刻。

任建标

上海交通大学安泰经管学院教授

克里斯塔基斯以人类这个物种的基因及其进化为基石假设，通过大量社会网络的实证和实验的方法证明，是深深嵌入在人类天性中的包含爱、友谊、内群体偏好、合作和学习等八大特征，创造出可以顺利运转、可持续和美好的社会蓝图。然而，人工智能和基因编辑技术可能会从根本上改变这些社会套件，从而对社会互动、社会组织和社会行为产生深远的影响。

比尔·盖茨

我没想到自己在读完一本关于行为的书之后能感到充满希望，克里斯塔基斯让我感到惊喜。每天阅读关于我们正变得多么两极分化的新闻标题很容易让人感到沮丧。《蓝图》是一个振奋人心的提醒——人们说的“我们都在一起”，不仅仅是“陈词滥调”，更是进化的结果。

史蒂芬·平克

心理学大师，《当下的启蒙》作者

克里斯塔基斯是一位了不起的先驱，他架起了一道桥梁，弥合了人类个人选择与整体社会形成之间的概念鸿沟。他在书中向我们有力地阐明了，根植于人类进化过程中的人性中的善良天使，是如何给我们带来了一个光明而又富有同情心的文明的。

卡斯·桑斯坦

法学家，《助推》合著者

如果你认为你已经理解了人性，那就请你再想一想，克里斯塔基斯定会让你大开眼界。本书的精彩之处会让你屏住呼吸。这是一本特别鼓舞人心的书，从头到尾都洋溢着乐观精神。对我们这个时代来说是一本完美的书。

丹尼尔·吉尔伯特

心理学家

我们的文化和个人身份的多样性掩盖了这样一个事实：我们其实都是一体的。这是一本包罗万象的著作，立论精彩绝伦，语句绚丽夺目。克里斯塔基斯为我们阐明了好社会的八大特征是如何将我们连接到一起，并使我们统治了我们的星球、过上了美好的生活、主宰了人类的共同命运的。这本书绝对是大师级的杰作，是非常值得一读的科普著作。

乔纳森·海特

心理学家，《正义之心》作者

来看看《蓝图》一书描述的有关沉船、公社和南极科学考察站的引人入胜的故事吧。请到网络社会学中徜徉、求索吧。21 世纪，随着社会连接范围的日益变大和变革步伐的日益加快，像克里斯塔基斯这样的向导变得越来越至关重要。《蓝图》是一本必不可少的著作。虽然本书读起来毫不费劲，甚至让你心生愉悦，但是它同时也发出了一个严肃的警告：要创造一个可以让人类真正得以蓬勃发展的新社会和制度，我们还需要克服许多挑战。

丹尼尔·利伯曼

进化生物学家，《人体的故事》作者

我们生活在这样一个时代：基于阶级、宗教、种族和政治上的原因，“我们”与“他们”之间，泾渭分明。但在这本气势磅礴、论题至关重要，同时又令人心生愉悦的书中，克里斯塔基斯雄辩有力地提醒我们，进化让我们能够在复杂多样的社会群体中共同生活、相互合作，从而实现共同繁荣。现在我们更需要的是，理解并利用这些根本的适应机制，以帮助我们更好地共同生活与工作、相互珍惜并追求共同的事业。

艾伯特 – 拉斯洛 · 巴拉巴西

复杂网络科学家，《巴拉巴西成功定律》作者

在这个人与人之间可感知的差异推动了公共叙事的时代里，克里斯塔基斯整合各个历史时期、各个社会的数据，提醒我们，我们更应该相互分享，而不是相互分裂。《蓝图》一书揭开了定义成功和失败的共同体和社会网络的神秘面纱，颂扬了人类经验的普遍性。这是一本论证有力、内容扣人心弦的书。

埃里克 · 施密特

谷歌公司前 CEO

狭隘的部落主义无处不在，但是我们并非命中如此。毕竟，我们都是人。在这本充满激情而又引人入胜的散文式著作中，克里斯塔基斯向我们阐明了什么是可能的，以及我们必须做些什么。

尼尔 · 舒宾

古生物学家，进化生物学家

从媒体和网络内容来看，我们的生活中每天都充满着大量将人们分化的事情——个人、群体和整个社会之间的差异似乎限制了人们互动的方式。凭借广泛的历史知识以及对遗传学和社会科学的深入了解，克里斯塔基斯带领我们走上了一条不一样的道路，这也是一条极其重要的道路。无论是在狩猎 – 采集社会中，还是偶然聚集起的一小群人，又或者是在公司里，社会都是通过人性的共同纽带连接在一起的。在《蓝图》一书中，克里斯塔基斯证明，人类社会不仅仅存在分歧和分裂，相反，人类天生就是在基于合作、学习和爱的社会中生存与繁衍的。

伊藤穰一

麻省理工学院媒体实验室主任

在这部发人深省的著作中，克里斯塔基斯提出了一个令人信服的观点：在我们这个社会中，人们天生珍视良善，因此天生就有参与建立、巩固和维护共同利益的冲动。在这个两极分化且不平等不断加剧的时代，克里斯塔基斯利用科学和历史，向读者传递了一条充满希望的信息。

亚当·格兰特

沃顿商学院终身教授，组织心理学家

从一名医生成为一名杰出的社会学家，这种经历是罕见的。像克里斯塔基斯这样，能够写出一本让你大开眼界，以全新的方式去了解世界的书的人就更加罕见了。克里斯塔基斯的视角有点类似于尤瓦尔·赫拉利，但是克里斯塔基斯更聚焦于进化如何形塑文明这个问题。《蓝图》一书涉及面极广，见解深刻，它的结论是发人深省的：良好社会的形成更多的是因为自然选择而不是历史的力量。

保罗·布卢姆

心理学家，耶鲁大学心理学教授

在这本才华横溢又充满人文关怀的书中，克里斯塔基斯捍卫了一种积极向上的人性观。人类的本性并非是孤独和野蛮的，相反，我们都是“社会人”，拥有与他人建立亲密关系并以最大的善意与人相处的能力，而且还拥有很多非凡的潜力。《蓝图》一书思路清晰、极具说服力，它的主题和结论都至关重要。

尼尔·弗格森

历史学家,《广场与高塔》作者

作为一名历史学家，我可能过于强调人性中的阴暗面。作为一个物种，人类在制造战争、引发变革、造成恐慌等方面总是拥有非凡的能力。作为医生和社会科学家的克里斯塔基斯告诉我，不要丧气。在这本博学又引人入胜的书中，他有力地证明了，能够让人们团结在一起的东西，远比会导致人类分裂的东西更多。如果你像我一样，带着怀疑的眼光看待这种论断，那么你在阅读本书过程将会享受到一顿丰富的精神食粮。

加里·金

哈佛大学教授

克里斯塔基斯是世界顶尖的社会科学家之一，他正在探寻人类文化的生物界限、剖析我们作为一个物种所拥有的能力以及人类社会的一般倾向。在这本雄辩有力、涉及内容非常广泛的著作中，克里斯塔基斯对何为人类这个问题，有很多好消息要告诉我们。

安妮·阿普尔鲍姆

《华盛顿邮报》专栏作家，普利策奖得主

在这本极具智慧、涉及广泛的书中，克里斯塔基斯将哲学、历史学、人类学、社会学、遗传学和进化生物学等学科融合到一起，提出了一个非常乐观的论点：进化使我们天生良善。这本书提醒我们，为什么那么多试图重建人类社会的努力都失败了，以及为什么最后人性中善良的一面往往会大获全胜。

安德鲁·所罗门

哥伦比亚大学医学中心临床心理学教授，心理学家，作家

在这本充满智慧而又积极乐观的书中，克里斯塔基斯探索了形成文化和遗传之间联系的进化过程。这本书内容丰富多彩，笔触极具个性，而且充满了活力。

霍普·洁伦

地球生物学家，《实验室女孩》作者

克里斯塔基斯向广大读者阐述了他最著名的理论：人类和动物的基因图谱决定了所创造的社会类型。书中包含大量易于理解的例子：从海豚和黑猩猩的社会行为，到将人类行为连接起来的各种规则；从真人秀节目到包办婚姻。克里斯塔基斯提醒我们，等级制、友谊和社会网络，所有这些，全都植根于生物分类最基本的机制：自然选择。任何人，只要试图探索人类是怎样如此彻底地划分为政治的、宗教的、职业的不同群体的，并有兴趣了解这种划分会把人类引向何处，就一定要好好读一读这本书。

安杰拉·达克沃斯

教育学家与心理学家，宾夕法尼亚大学教授

这本书真是一项了不起的成就！克里斯塔基斯以我们所能想到的最清晰、最容易理解的方式解释了人类的基因和文化遗产是如何深深地交织在一起的。人性的故事里虽然不是童话，但这本书给了我们最好的提示：我们拥有成为善良之人的潜能与倾向。

理查德・兰厄姆

人类学家，哈佛大学教授

克里斯塔基斯发现，所有的人类文化都融合在一个内在一致的社会网络中。在《蓝图》一书中，克里斯塔基斯探讨了出现这种情况的原因。他大胆地指出，答案就存在于我们的基因中。克里斯塔基斯通过广泛而深入的研究，雄辩地证明，这种基于基因的解释并不一定会挑战文化的影响，也不会使分析归结为还原论或决定论。《蓝图》一书的主张非常有力：将生物学研究与社会科学研究结合起来，必能得到丰硕的成果。

布兰登・斯坦顿

摄影师，《人在纽约》作者

在《蓝图》一书中，克里斯塔基斯证明：善良是具有生物学意义的。人类所拥有的善良天性，绝不是由道德和宗教强加的，而是人类基因所要求的一种生存策略。克里斯塔基斯以生动有力的方式对我们所拥有的共同人性进行了论证，对这个时代来说无比重要。他告诉我们，善良与爱不仅仅是我们能够做到的事情，也是我们必须去做的事情。

格雷格・卢加诺夫

美国教育权利基金会主席

《蓝图》一书见解深刻，叙事方式生动且令人难忘，具有极高的学术价值，读起来让人身心愉悦。

马克·安德森

美国企业家、投资家

克里斯塔基斯带领我们进行了一场精神之旅，让我们体会到进化是如何让人们连接在一起的。《蓝图》一书告诉我们，进化为现代世界搭建了舞台，以前所未有的方式将人们连接在一起。人类的基因并非天生只懂得“单打独斗”，相反，基因使人类这个物种拥有了团结起来共同开创伟大事业的能力。这本书论证有力、文笔令人着迷，完美地将根植于人们内心深处并将人们连接起来的各种基本的善良品质呈现出来。

蔡美儿

耶鲁大学法学院终身教授，《虎妈战歌》作者

《蓝图》这本辉煌杰作的问世，无比及时。我从《蓝图》中学到了很多，我很久都没有在一本书中学到过这么多东西了。克里斯塔基斯是一位难能可贵的作家，他能够将严谨、博学与通俗易懂结合起来。本书给出了无数令人着迷的研究，包括他自己实验室的实验。《蓝图》以扎实的科学证据为基础，为我们在这个困难重重的时代仍然满怀希望提供了理由。

科伦·阿皮塞拉

宾夕法尼亚大学教授

在看似没有任何东西可以使我们团结起来的时候，克里斯塔基斯却穿透了人与人之间的分歧，看到了我们共同的人性，他的观点富有内涵且切中要害。克里斯塔基斯在本书中火力全开，用他标志式的激情和广博的学识，为我们共同的人性开出了古老的秘方。《蓝图》是一本必读书，令人兴奋，引人入胜。书中充满了当人们团结在一起时就肯定能做成一些事情的例子，令人心生愉悦。

马扎林·贝纳基

哈佛大学心理学教授

就在我们最需要一幅建设美好社会的蓝图时，《蓝图》非常及时地问世了。克里斯塔基斯认为我们将会战胜一切，他的这种深深地扎根于生物学和社会科学的乐观主义精神让人既吃惊又兴奋。他用一种欢快且令人振奋的声音，让我们了解到人类天性的核心，即我们有义务把自己融进一个以爱、友谊、合作和学习为基石的被称为社会的模式中去。如果我们接受了他给出的关于人类自身可能性的信息，就可以依据这个蓝图建造一所绚丽夺目的房子！

奥兰多·帕特森

哈佛大学社会学教授

《蓝图》一书非常及时。它以一种雄辩有力且令人着迷的方式向读者证明，推动社会生活和文化发展的是人类的内在情感。这本引人入胜的著作对社会科学和进化科学做了权威性地整合，明确地将社会研究的重点从人与人之间的差异转向了人与人之间的共性。虽然人与人之间可能很容易发生冲突，但是我们同时也是天生就拥有爱、交友和合作的能力的。因此，当我们有机会选择时，必须选择走向一个人道的社会。

恩斯特·费尔

经济学家，苏黎世大学教授

《蓝图》是一部令人激动的著作，也是一项重大的科学贡献。克里斯塔基斯以引人入胜的方式叙述了一个关于基因和文化如何相互作用的故事，还阐明了关于这种相互作用是如何为建立一个良好社会奠定基础的。

雷尼·C. 福克斯

宾夕法尼亚大学教授

《蓝图》具有高度的原创性，非常引人入胜。克里斯塔基斯文笔流畅、思路清晰，全书充满了令人瞩目的洞见。本书的核心是他所描述的社会套件，一整套构成所有社会核心和蓝图的文化共性。他认为，所有人类社会的这些关键特征都是由自然选择所塑形的，并且已经编码在了我们的基因中，这是社会套件之所以拥有普遍性的根本原因。克里斯塔基斯呼吁，我们要勇于对文化进化和遗传进化之间错误的二分法提出质疑，他认为这两者是以相互交叉和相互影响的方式共存的。克里斯塔基斯证明，人类社会和动物社会的属性之间存在着相似之处，正是社会属性以一种能够增强我们共同人性的方式把人类连接在了一起。《蓝图》包含了丰富的跨学科知识，论据充分，论证有力，这本书告诉我们，在漫长的进化历史上，一个好的社会是如何进化出来的。这本书非常精彩，读者绝不能错过。

冈特·瓦格纳

耶鲁大学生态学与进化生物学教授

《蓝图》一书通俗易懂、妙趣横生、可读性极强，可以说是关于进化的书籍中意义最深远的一本书。人类的合作和亲社会性是建立在遗传学的基础上的，是自然选择的结果，对这些特性的研究已经有很悠久的历史了。在经过了细致深入的研究之后，克里斯塔基斯纠正了一个关于生物进化的最常见的误解，即个体间的竞争是一种自然规律。我真希望这本书在几十年前就已经出版。

推荐序一

遗传既贡献了你不齿的，也贡献了你赞美的

刘华杰
北京大学哲学系教授

人这个物种在现实社会中展现出极其多样的行为，一直引起文学家、哲学家、博物学家、人类学家、社会学家的好奇。后来，心理学家、遗传学家、分子生物学家也加入了讨论队伍，并自我感觉比前辈更深刻。

受二分法的毒害，传统上，大部分学者喜欢用先天／后天、善／恶、自私／利他、自然／文化等成对的概念来讨论人的行为和所谓的“人性”。能够想象，仅这几对概念就会组合出许多互相争论、谁也说服不了谁的阵营，再精致的论证和再多的经验证据似乎都难以化解各方的立场分歧。

20 世纪早期，哲学、神学、社会学、人类学领域的许多学者都倾向于把基因与行为分割开，认为文化是后天的，不能归因于遗传。他们不愿意把人还原为普通动物，在其学说中想尽办法提升“文化”所占的比重。他们差一点儿就会说，遗传不重要，人不过是文化的产物，文化能令人崇高、能令社会变得完美。“猪狗不如”“人面兽心”“狼心狗肺”等俗语便是以文化的名义声讨一些人某些行为的不当。其实这类“唱高调”的学术倾向，只是看起来很美，人类的历史已经证明，以文化或者文化改造的名义，人类干过无数蠢事和恶行。某种意义上也可以倒过来，宁可不要那“万恶”的文化，而取自然性、动物性、兽性，动物再坏还坏得过人吗？可以猜测，三十年河东三十年河西，这一风格迟早会转化的。

随着分子生物学、分子遗传学和进化心理学的发展，情形真的倒置过来了：原来是向宏观文化、利他方向使劲，现在则是向微观基因、自私方向用功。原来拒绝还原，现在则想尽办法还原。于是“自私的基因”“广义适合度”之类的概念大行其道。我故意不提相关人物理查德·道金斯（Richard Dawkins）[①] 和 W. D. 汉密尔顿（W. D. Hamilton），因为有这类想法的岂止这两人，如果对号入座，有人可能会找出某个细节加以狡辩，比如会说“他们不是那个意思”。从这一论证风格看来，自私自利是第一位的概念，而利他、合作则是导出概念，因而是第二位的。读这类学者的著作，绝对是一种智力训练。他们真的非常聪明，却把才智用错了地方，因为再好的论证也掩盖不了平庸的思想。凭其三寸不烂之舌，他们可以把跳进冰冷的河水营救陌生人解释成自私行为，因为你想得到表扬；还可以把母亲对孩子的奉献也解释成自私行为，因为你们是直系亲属，想更好地传递基因！捧臭脚者在一旁说，这才是真学术，给出了从微观到宏观一以贯之、完全一致的解释，这才是科学啊！他们

① 理查德·道金斯是牛津大学教授，英国皇家科学院院士，著名的进化生物学家。他的著作《科学的价值》《基因之河》中文简体字版已由湛庐文化策划，分别由天津科学技术出版社、浙江人民出版社出版。——编者注

和其他人一样，不得不承认天下有自私和利他两类不同的现象，但是就是拒绝赋予它们对称的地位。

但是，三十年后还有新的三十年。二分法也有被怀疑的时候，我们迫切需要新的学术思想。

耶鲁大学教授、社会科学家尼古拉斯·克里斯塔基斯的新作《蓝图》，与另一本名字类似的作品，也就是行为遗传学家罗伯特·普洛明（Robert Plomin）的《蓝图：DNA 如何形塑我们》（*Blueprint: How DNA Makes Us Who We Are*），都没有采取老一套“二者取一”的策略。这是我个人赞同的思路，因而也愿意在此推荐一下。

读完克里斯塔基斯的《蓝图》，我也想知道其他读者有什么反应。我在亚马逊网站看到这样的评论：“A well-supported optimistic perspective on who we truly are”“Natural Humanism, why we are basically good”，大意是“关于我们人性的一种证据充分的、乐观的看法”“自然人文主义的思路，我们基本上还是善良的”。评论得很简洁，也很精确。

我个人的判断是，克里斯塔基斯真的打破了二分法及性状简单对应的神话。人类表现出的善与恶、合作与竞争，都有基因的基础也有文化的贡献，不能简单地说自然的、基因的就只对应于二分法中的一个侧面。反过来说，善良和美德的原因，既可以从遗传因素中寻找，也可以从文化培养中寻找，“好社会”的诸多特征不都是文化贡献的，我们的自然人性中就包含着善。

克里斯塔基斯归纳了好社会的八大特征：拥有和识别个人身份的能力，爱伴侣和子孙后代，友谊，社会网络，合作，对自己所属群体的偏好，温和的等级制，社会学习和教育。他认为，所有这些特征都来自个体内部，但正是这些特征刻画了群体。这些特征共同发挥作用，就能创造出一个可以顺利运转的、可持续的社会，一个美好的社会，个人身份为爱、友谊和合作提供了基础。是不是一定就这八个特征？未必，多一条少一条恐怕也是可以的，这个不重要。是不是只有人类才有这八个特征？我看根本不是，其他许多动物也拥有这八个特征的全部或其中一部分。作者进一步认为这八个特征都有明确的遗传基础，可以从人类遗传的“蓝图”中找到根据。

别的不论，就还原这个过程而言，这与之前人们为宏观“正面”特征寻找微观“负面”证据的思路大相径庭，作者没有试图把利他作为一种有待还原的“副现象”。克里斯塔基斯认为，“自然的”社会状态也可以是好的，甚至是道德的（不是必然），做善事也可以源于人的天性，甚至是不可抑制的。这根本不同于一般的进化心理学说明进路。“在我看来，很长一段时间以来，科学界过分关注人类生物遗传的黑暗面，比如人性中的暴力、自私和残忍，却未能给予人性中光明的一面应得的重视。”克里斯塔基斯对“科学界”的这番指责我是同意的，只是不敢说得太明确，我怕再被扣上反科学（家）的帽子。

其实，在我们人类的蓝图中早就写好了合作和爱他人的密码！当然蓝图中还写了别的，甚至相反的东西。为什么写两方面（其实未必是两方面，而是多方面，对于基因也不宜用我们宏观的伦理概念来形容）的东西？也许不应该提出这样的目的性、目的论的问题，但我觉得无须回避。每一个物种都要生存、长远生存，那么这个物种就必须进化出适合生存的基因组，基因组要高瞻远瞩，考虑多种可能性，以备在将来应对各种时局时减少风险。如果基因组仅仅是二分法的一个侧面，你不觉得基因组很傻吗？人的蓝图在自然选择过程中一定变得相当精致，能够把握平衡。只有在微观层面就做到了足够平衡、多样，才能应对宏观层面的扰动、变化。即使准备不足，基因组也会突变出所需的特征（准确讲是中性突变加定向选择）。

基因的影响不仅在于个体，还包括社会结构和功能。好社会的八大特征对人类在一个不确定的世界中生存非常有用，有助于抵御不确定性，能提高人类的达尔文适合度，既增进个体利益也有助于集体利益，形成双赢。这一过程可以形成正反馈。人类的社会环境塑造了人类，就像人类塑造了社会环境一样。

克里斯塔基斯这本书的内容相当丰富，特别是提供了大量“自然实验”案例，包括战争和沉船时人的行为、接吻不具有普遍性、一夫一妻婚姻无必然性、皮特凯恩岛社会建设失败等方面的生动例子，也讨论了康德、休谟、弗洛姆、梭罗等哲人的高论，他的倾向也可明显看出来。作者意识到自己的观点可能被批评者认为是实证主义的、还原主义的、本质主义或决定论的，但他并不在意。在某些情况下，这些只是无伤大雅的“绰号”而已。

作者的观点也可以这样把握：既不要迷信基因，也不要迷信文化。作者高度肯定了地球上所有人都有共同起源（达尔文的思想），我们有“共同的进化遗产”，所有人类 99% 的 DNA 是完全相同的，我们属于一个物种。“事实上，对人类自身的科学理解能够通过识别我们共同人性的深层根源，促进正义的实现。我们现在开始逐步理解的支撑着社会的根基也就是作为我们蓝图的社会套件，与我们的基因相似性有关，而与我们的差异无关”。人是高度社会化的动物，这一点写在我们的基因蓝图中。合作，群体才能生活得更好，群体昌盛之下个体也就舒服自在，首先是获得足够的安全性。

作者总结说：“人们被错误的二分法所误已经太久了！许多人都认为，对人类行为的遗传解释是不合时宜的，只有社会解释才是进步的。但是，在讨论人类进化问题时，这种认识其实只是掩耳盗铃，它还会导致一个进一步的问题，就是矫枉过正。对人类行为选择文化解释而非遗传解释，其实根本算不上一种‘更宽容’的做法。毕竟众所周知，文化因素在奴隶制、大屠杀和宗教审判中都发挥了巨大的作用。这些人凭什么认定，对于人类事务，社会决定因素在道德上或科学上一定比遗传决定因素更好呢？事实上，在我看来，人们对人类社会可变性的信念对人们的影响，要比对基因突变的信念更加严重。例如，关于人们对同性恋的看法。"

有了共同大家庭的集体认同，人类的许多事情都好办。种内斗争，最终斗不出什么名堂，那么种间斗争以及与环境的斗争呢？

如果能同时阅读肖恩 · B. 卡罗尔（Sean B. Carroll）的《生命的法则》（*The Serengeti Rules*）[①] 就更好了，"种内的情况" 和 "物种与环境的情况" 就齐全了。《生命的法则》主要讲生态法则，此法则并不神秘，其实就是大自然的一种调节机制。学过工程控制论的，很容易搞明白，这相当于一种负反馈。大自然中为何有那么多负反馈？复杂、互相约束，线性增长不成立。生命系统从微观、中观到宏观各个层面，不同尺度，均有此法则，没有则不行！

现实系统中有正反馈也有负反馈。正反馈相当于马太效应，如钱能生钱，穷人翻身难。正反馈整体而论并不常见。《道德经》内讲到 "天之道，损有余而补不足。人之道，则损不足以奉有余"。现代社会强调正反馈，人们经常希望得到正反馈，但大自然也在抗衡，比如富不过三代，再比如谁是成功的。这是天道平衡、自然公平，好事不能让一伙人都占了。

卡罗尔为何选了非洲的塞伦盖蒂（Serengeti）来命名生命的法则？生态法则存在于生命系统的各个层面，但在宏观层面才具有肉眼可视化。我们亲自到东部非洲走一趟就明白了，那里仍然保留有大量野生动物，多极了，它们达成了动态平衡，各占各的生态位。身临其境，更适合思索。非洲不够发达，但它是自然的、道德的、文明的！而很多地方高度发达、文明，却不够自然，从另一方面说也是不够文明！理解这个矛盾，才能理解卡罗尔所说的生命的法则。

---

① 肖恩 · B. 卡罗尔的著作《生命的法则》中文简体字版已由湛庐文化策划，浙江人民出版社出版。——编者注

博物学家、生物学家托马斯・亨利・赫胥黎（Thomas Henry Huxley）曾说：“如果有一天，我们的生存和命运，需要一盘象棋来决定，我只是说如果，那么，这盘象棋中所有的棋子，以及它们移动的规则，是否应该作为我们首要的技能来学习呢？其实，这是一个再简单不过的事情。然而，确实存在一种游戏，它与我们每一个人的生存、命运和快乐密切相关。它的复杂与困难程度都远远地超过了整个象棋游戏。千百万年来，这种游戏一直以一种不为人知的形式延续着……这种游戏规则就是我们所称的‘自然法则’。”对于生物物种而言，是否“有意识地”知道这些法则其实不重要，把握这些法则靠先天遗传也靠后天学习。除人以外的其他生命，估计也不知道，至少不会像人一样清晰地表达出来，但是它们在做！它们在践行那些法则，人类社会大部分时间也如此，只是现在有些膨胀不想承认那些法则，也不想遵守那些法则。后果是什么？人类受害，其他物种和环境也跟着遭殃。人类目前的许多重大（自然）灾害都可以在一定程度上做此生态学解释。“自然”两字可以去掉，现在几乎没有纯粹的自然灾害，特别是大灾难，都是人自己找的、自己创造的灾难。

我们的天性（蓝图）可能不比我们的文化更坏，反之也成立。好的文化因子，长时间后有可能写进蓝图。

2020 年 4 月 21 日

于北京西三旗

推荐序二

社会为何非得是这样的

万维钢
科学作家，“得到”App《精英日课》专栏作者

人与人之间的社会关系非得是今天这个样子吗？为什么一定要有等级制呢？为什么一定要有一夫一妻制呢？为什么财产是私有的？为什么世界要分成各个国家，各自为政呢？

每当看到人间的苦难、面对压迫和不公平、思考社会问题的时候，我们总会想到，能不能建立一个更好的社会。

事实上，人类近代史上发生过很多很多次“从第一性原理出发”，直接建立一个新社会的实践，这些实践初衷都是美好的。但是结局，要么是大规模的失败，要么就是只能在很小的范围内存活。一开始都叫

“乌托邦”，后来失败的太多，描写这种实践的小说就被称为“反乌托邦”。

但是人们仍然在尝试。美国至今仍有很多个团体在尝试，就是一帮人凑起来找个地方尝试一种新的社会生活。英国有个电视节目叫《荒岛求生》，找了 36 个人一起到荒岛上生活，说一切规则都自行建立，观众极多。但是这个节目开始没多久，就有 7 个人离开了。其中有一个人离开的理由特别有意思：他说我参加节目就是想体验不同的生活，结果在岛上制定的规则还是和外面的世界差不多，这太无聊了。

你完全能理解他的想法。我们理所应当可以换一套社会规则！难道不是吗？但社会学家尼古拉斯·克里斯塔基斯的这本新书《蓝图》告诉你：别想了，人类社会大体上只能如此。

* * *

这是一个非常强的结论。你要是一个人坐在家里，怎么想都没法接受这个结论。从逻辑上讲，哪怕前面所有建立乌托邦的尝试都失败了，也不能证明下一次尝试就不能成功。要接受这个结论，我们对人性必须有一个根本的认识。这个认识就是：人，不是自由的。这不是一个哲学判断 ，哲学家现在已经没有“资格”判断人性了 ，这是一个科学认识。

可能很多人不知道，今天的科学家对人性有非常强硬的理解和认识。科学家不靠清谈空想，他们有两个最硬的手段。

一个手段是从脑神经科学入手，考察人的认知能力。这门学问研究大脑的硬件限制。人脑不是可以随便升级的计算机，它并不神奇，有各种认知偏差，容易犯错误，接受不了任意的设定。

另一个手段是从进化心理学入手，考察基因和遗传。如果人类的远亲，比如猩猩，也是这么做事的，几十万以来的人类都是这么做事的，那这件事就很可能被写在基因里，然后再找到具体的基因编码。如果事实证明基因就是这么规定的，你又能怎样呢？

人其实是一台有出厂设置的机器，是一种有生理限制的动物。

科学家在这方面的研究其实早就开始了，也有很多书。比如动物行为学家弗朗斯·德瓦尔（Frans de Waal）的《黑猩猩的政治》（*Chimpanzee Politics*）、社会学家贾雷德·戴蒙德（Jared Diamond）的《第三种猩猩》（*The Third Chimpanzee*）、心理学家乔纳森·海特（Jonathan Haidt）的《正义之心》（*The Righteous Mind*）[①]。近来还有罗伯特·萨波斯基（Robert M. Sapolsky）的《行为》（*Behave*）。这些书都是从生理和硬件的角度，告诉你人性是怎么回事。

克里斯塔基斯这本《蓝图》，承续了这个强硬的解释思路，告诉我们人类社会为什么非得是这样的。

* * *

克里斯塔基斯首先考察了各种你能想象出来的社会关系，包括历史上的王朝、乌托邦的实践、沉船事故等极端环境下的小社会、边远地区的奇特婚姻风俗，包括他自己参与的一些实验得出的一般规律，得出的结论简单来说就是：成功社会的规则都是相似的，失败社会各有各的规则。

---

① 乔纳森·海特是著名的社会心理学家，他的著作《正义之心》《象与骑象人》中文简体字版已由湛庐文化策划，浙江人民出版社出版。——编者注

这些成功的规则一共有八点，克里斯塔基斯称之为“社会套件”，它们共同构成了好社会的蓝图。

1. 拥有和识别个人身份的能力：每个人都有自己独特的身份，可以互相识别，而不能所有人都匿名，或者都长一样。

2. 爱伴侣和子孙后代：这构成了家庭的基础。

3. 友谊：没有亲缘关系的两个人，也可以结成友谊。

4. 社会网络：整个社会有社会网络，让大家连接在一起。

5. 合作。

6. 对自己所属群体的偏好：人们总是更喜欢自己所在的群体，有时候还会为此敌视别的群体。

7. 温和的等级制：所有人的地位不是绝对，而是相对的平等。

8. 社会学习和教育。

这八点听着挺平常，但关键是你不能改。取消家庭行不行？绝对平等行不行？不行，那样就不是一个长期存在的复杂社会。这些社会套件是由人类的硬件决定的，是人类在进化中经过自然选择的结果。

当然，成功的社会不可能都是完全一样的，也许跟自然环境的差别有关系。但是好的社会都符合这八个社会套件的设定，这些套件代表好社会的共性。为什么有这些共性？因为不管怎么自然选择，各地的人有一个环境，始终都是一样的。

这个环境就是，有其他人的存在。只要你是人，你能存活和繁衍，你的身边就必然有其他人的存在。你要和其他人互动，就得遵守一些固定的规则。

克里斯塔基斯找到了好社会的八大特征在人类进化中的逻辑，说明了为什么这些规则能给一个群体带来进化优势。然后他又挖掘了人类基因上的硬限制。《蓝图》这本书就好像是一本推理小说，用逻辑链条串起各种蛛丝马迹，能带给你思维的乐趣。

* * *

我来说说其中几个有意思的理论。

为什么不同地区的好社会殊途同归呢？有个关键思想叫“趋同进化”。趋同进化是说，生物进化中能遇到的好东西并不是无限多的，比如你要让一个动物能飞，翅膀的“设计”就只有那么几种。

蝙蝠和鸟类在进化历史上是距离非常远的物种，它们各自独立地进化出了飞行的能力，对吧？但是它们的翅膀却是一样的。它们并不需要互相抄袭，而是各自不断试错，最后发现能飞起来的，就是这种翅膀。

趋同进化最著名的例子是眼睛。人类和章鱼早在 7.5 亿年前就分道扬镳了，我们和章鱼的那个共同祖先是没有眼睛的，然后我们和章鱼各自独立进化出了眼睛，结果这两种眼睛简直一模一样。这种眼睛，在不同的物种身上被独立进化出来了至少 50 次。

趋同进化告诉我们，好东西会被大家都用上。为什么各家出品的照相机镜头多数都是圆的、手机都是长方形的？因为这样的设计最合适，只有这样的产品才能存活下来。

社会进化也是这样。人类社会也好，大象的、猩猩的社会也好，只要是足够复杂、能够长久存在的好社会，就具备那八个套件，大家殊途同归。

* * *

再比如，为什么非得是一夫一妻制呢？这是一个漫长的故事，克里斯塔基斯用了好几章解释，我给你大概捋一捋。

不管是人类中的男性女性，还是动物中的雄性雌性，不论是自由恋爱还是包办婚姻，只要发生了性关系并生育了后代，他（它）们之间就会有一种依恋感。这可能是从爱子孙后代引发出来的，也可能是基因决定的，不管怎么说，这个依恋感，就是客观存在。

依恋感决定了两性关系往往是固定的，不是今天跟这个人生活，明天跟另一个人生活。最基本的就是男女一加一配对的关系。事实上，从三十万年前到一万年前的这段时间内，人类都是一夫一妻制，进入文明时代以后也都是以一夫一妻制为主。人们都是最爱自己的家庭、然后扩展到爱亲属、爱远亲，再到爱社会上的其他人。

你会说，不对啊，很多灵长类动物都是一夫多妻，人类不也有过一夫多妻制吗？这跟环境和社会有关系。如果环境的生存压力特别大，雌性都选择间隔很远的独居，那就只能一夫一妻。如果环境适合，大家可以群居了，那的确有一夫多妻，但是这时候，社会开始起作用了。

随着社会越来越复杂，有些男性发明了一种新的求偶策略。他们不再像以前一样通过战斗去争夺女性，而是改为“追求”女性，比如专门给一位女性提供食物和保护。而女性也会觉得这样很好，适合依恋感，这样社会就会往一夫一妻制的方向进化。

到了近代，社会合作会变得更加复杂化，必须让男性之间更加平等，而一夫一妻制就是最合理的选择了。

这里还有个有意思的点。以前很多学者认为，是因为父亲必须参与照顾后代，人类才是一夫一妻制。克里斯塔基斯的论证则是，因为人类很早就学会了一夫一妻制，父亲才会参与照顾后代。

* * *

再比如社会套件中的第一点，人的身份识别，是怎么来的呢？

你要不是社会学家可能都想不到这样的问题。为什么每个人都长得不一样呢？这其实对社会有好处。人们能够互相识别，才能记住谁是好人、谁是坏人，社会才能有回报和惩罚机制，才能促进合作，才能是个好社会。

而每个人都长得不一样这件事可一点儿都不简单，需要在基因上有特别的布置。负责我们脸部形状的基因，得有充分的多样性才行。比如书中的图 9-3 中的右图，说的是人的鼻子宽度和长度之间的相关性，这个相关性几乎是 0，也就是鼻子宽的人既不一定鼻子长，也不一定鼻子短，宽度和长度没什么关系。这有什么好处呢？这样人的鼻子才能是多种多样的。否则如果鼻子的宽度能决定长度，人的相貌就少了一个自由度，长得相像的人就会增多。

图 9-3 中的左图说的是手的宽度和长度有个明显的正相关，这意味着宽的手通常也是长的手，很多人的手会很相像。所以我们都是看脸识人而不是看手识人。

而这是有代价的：控制手的宽度和长度可能用一个基因就够了，而控制鼻子的宽度和长度的必须是两个不同的基因。付出这个代价让我们收获了更好的社交互动。

* * *

这就是科学的手段。人类社会为什么是现在这个样子的？哪些是基因、哪些是文化、哪些是环境的因素？哪些是偶然的？哪些是不可改变的？现代学者就是这样一点一点，搜集各方面的证据，无比小心地论证，给你过硬的答案。

我们不能说克里斯塔基斯找到的这八个社会套件就是最终答案，你会看到有些推理环节还不够确切，但是这是最值得尊重的答案。

民主社会与专制社会不一样，未来的社会肯定也会跟现代社会不一样，你也可以去尝试各种新的组织方式。但是这八个社会套件，可是从大象到猩猩，再到人类的今天，一直没有变过的。

当我们试图变化的时候，首先得注意哪些东西是不能变的，没有这个知识就会犯错误。很多国家尝试过绝对的平等，尝试过取消家庭，太平天国曾经把人分成男营和女营，美国震颤派乌托邦社区也曾经严格禁止男女接触……所有这些“实验”，要么很快失败，要么只能在极小的范围内存在。为什么？因为它们不符合人类社会的蓝图。

有些书能让人更激进，这本书能让你更谨慎。真正读书多有见识的人，气质其实是谨慎的。

你离埃丽卡越近，世界就越美好。

BLUEPRINT
THE EVOLUTIONARY ORIGINS OF
A GOOD SOCIETY

目 录

前 言 **我们共同的人性** 001

人与人之间的相互理解 005
进化的蓝图 009

第1章 **好社会的八大特征** 011

与生俱来的倾向 016
文化共性 018
好社会的八大特征 025
是什么让我们“合众为一” 029

第2章 **自然实验下的小型社会** 031

自然实验 036
沉船事件带来的自然实验 040
同一岛屿两侧的两个沉船事件 052
为什么皮特凯恩岛没能建成一个正常运转的社会 058

"漂"在南极洲的社群 065
波利尼西亚人的定居 068
社会性生存 070

第3章 有意设计下的小型社会 073

乌托邦实验 078
布鲁克农场 080
震颤派社群 085
基布兹社群 089
"瓦尔登湖第二"社群 094
20 世纪 60 年代的美国城市公社 099
南极科学考察站的社会网络 103
成功的社群 112

第4章 人工社会实验下的小型社会 115

小型人工社会实验 119
大规模多人在线游戏 126
如何创造社会 128
所有"可能的贝壳世界" 129
所有可能的社会 135
想象的社会 138
设定好的社会 141

第5章 文化与生态环境塑造下的婚姻制度 145

婚姻关系的变迁 150
狩猎 - 采集的哈扎人的婚姻制度 158
游牧的图尔卡纳人的婚姻制度 164
其他婚姻制度 171
包办的婚姻 175

第 6 章 **配对结合的起源** 179

配对结合 183
两性之间的策略 188
基因的影响 192
忠诚的草原田鼠 195
配对结合的生理解释 199
基因与伴侣选择 201
为更复杂的社会铺平道路 207

第 7 章 **动物朋友** 211

人类与动物的情感连接 215
灵长类动物的友谊 221
大象的友谊 229
鲸类动物的友谊 237
动物之间存在真的友谊吗 240
亲缘关系检测 245

第 8 章 **友谊与社会网络** 251

友谊关系 255
银行家悖论 260
关于友谊的遗传学 264
世界各地的社会网络 270
朋友与敌人 272
内群体偏好 276
罗伯斯山洞实验 279
普遍存在的偏好 286

第 9 章 人类社会与动物社会 291

趋同进化 296
独特的面孔 301
自我与他人 305
镜子测试 306
悲伤之情 310
动物的合作与人类的合作 315
惩罚的重要性 321
社会学习 328
动物文化 334
人类与动物 340

第 10 章 基因的影响 343

基因的外表现型 348
动物的“人工制品” 352
寄生虫和宿主 354
动物界的蝴蝶效应 356
基因的间接影响 358
基因与社会网络 361
驯化下的进化 364

第 11 章 基因与文化 371

至关重要的文化 378
人是文化动物 380
文化的进化 383
基因 - 文化共同进化 389
生物学与文化的对话 398

第 12 章 **进化的弧线一直是向善倾斜的** 401

人与自然无法分离 405

对四种哲学立场的剖析 410

编码在基因中的社会套件是我们幸福的源泉 417

什么样的社会对我们有益 420

给社会带来影响的人工智能与基因编辑技术 424

进化的弧线一直是向善倾斜的 428

致 谢 431

图表说明 435

注 释 437

译者后记 509

前言

我们共同的人性

1974 年 7 月的那个夏天，希腊军事独裁政府被赶下了台。那时我还是一个小男孩，事件发生时恰好待在希腊。希腊前首相康斯坦丁·卡拉曼利斯（Konstantinos Karamanlis）从流放地回来，出现在了雅典市中心的宪法广场。当天的雅典城陷入了狂热，通往宪法广场的所有街道都人山人海。我的母亲艾莱尼带着我和我的弟弟迪米特里也在那天晚上进了城。就在我们进城的几个小时之前，军政府派出了武装人员，他们乘坐卡车，带着扩音器冲入街道。“雅典人呐，”士兵们高声向人群喊道，“这不关你们的事，请在家里不要外出。”

我的母亲根本不理这些警告。我们来到距离宪法广场只有一个街区的国家动物园外，皇家宫殿就在不远处。母亲把我们两兄弟托举起来，让我们站到一面很高的石墙上面，墙上还有铸铁栏杆（以防止墙另一面的动物逃出来）。我和迪米特里就这样背靠着栏杆，一直站在狭窄的墙头上，我的母亲则与其他人一起挤着站在下面。

人群拥挤不堪，所有人都大汗淋漓。当康斯坦丁·卡拉曼利斯在夜半时分到达雅典时，人群中爆发出了强大的力量。人们开始高喊口号，他们多年来因独裁统治和外国干涉而被压抑的愤怒情绪完全爆发了："打倒独裁者！""让他们滚出去！"

奇怪的是，当我长大成人后，作为一个研究社会现象的学者，却从来不喜欢这种狂热的人群。但在那个时候，作为一个孩子，我紧紧背靠着栏杆，我记得我是有些许兴奋的，不过更多的是害怕。尽管当时我只有 12 岁，但我也知道我正在见证某个非同寻常的事件，这个感觉让我害怕。毫无疑问，这个事件绝不像我以前曾经经历过的任何一件事。

人群规模变得越来越大，人们也变得越来越愤怒。我记得，当时我并不理解这是为什么，如果他们是在庆祝什么，那为什么会如此焦躁不安呢。我低头看了看我的母亲，心情变得更加复杂了。我既觉得骄傲，也觉得有点惊恐，因为我那原本温柔美丽的母亲也与人群中的其他人一样，正沉浸于这种焦躁而激奋的情绪。她像许许多多的希腊同胞一样，以自己是希腊人为傲，正在为民主制度的复兴而欢欣鼓舞。我也知道，母亲非常重视对我们的教育，她把我和弟弟带来，就是希望我们也参与到这个历史性事件中，并从中学到些什么。

但是，我依然感到害怕，因为我从母亲的眼光中可以看出，她已经被一股强大的力量"裹挟"了。当她变得更加激昂、更加兴奋时，我却惊恐不安地看着她。我担心她可能会忘记我们兄弟俩正站在墙头上，拥挤着动来动去的人群会把我们与她分开。突然，我的母亲竟然指着我和弟弟大声喊了起来："Vα *οι Αμερικανοί!*（这里有美国人）！"

天呐，到底是什么东西附在母亲的身上，让她做出了如此疯狂的举动？我从小是听着希腊神话长大的，对希腊神话故事非常熟悉。到今天，我不知道，在那个时刻，美狄亚亲手杀死自己两个孩子那个故事的画面是不是在我眼前一闪而过了——我想，答案是肯定的。

直到今天，我依然不清楚，在那一刻，我母亲的情绪为什么会突然爆发。她到底想要达到什么目的呢？她是一位非常通情达理、非常有爱心的母亲，除了自己的亲生孩子之外，还收养了多个有着不同种族背景的孩子。当时，她正置身于一个躁动的人群，她为什么会那么莽撞、那么不计后果地让人群注意到自己深爱的孩子是“外人”呢？难道她认为这样的举动会让那些头脑发热之人的狂热有所降温吗？可惜的是，我再也没有机会问她这些问题了，因为她在经受了长时间的病痛折磨之后，于 47 岁那年去世了。母亲一生都致力于科学和人道主义事业，她去世时，我只有 25 岁。

在那之后的几年里，我开始逐渐了解到一些可能会激发出我母亲当时的行为的原始力量，这些力量构成了我在本书中所提出观点的核心，而且它们通常有助于让我们的社会变得更加美好。自然选择使我们具备了加入群体的能力和愿望，我们可以通过很多种特定的方式这样做。例如，为了让自己觉得与群体保持一致，我们可能会放弃自己的个性，做出一些看上去违背个人利益的事情，或者在其他情况下让我们感到震惊的事情。

然而，我们所拥有的这种以仁慈善意对待社会群体成员的能力，也给了我们一个意义极其深远的东西：我们可以把自己视为与所有人一样都属于同一群体，而这也就意味着，或者用一种极端的表达方式来说，只有这样，我们才可以把自己视为人类。我们可以消除自己属于某个小群体的部落主义意识，转而为更大的群体做出仁心善举。我很清楚母亲的价值观，也知道她所恪守的是所有人都拥有的共同人性。因此，对于她那天的举动，我认为可以这样解释：她那样做是请求大家对孩子宽容相待。很显然，并非所有的美国人都是坏人，而且许多美国人还只是小孩，就像她心爱的孩子们一样。

在我大约 15 岁的时候，我又见证了另一个躁动的人群。这个事件发生在我与我的祖父去希腊第一大岛克里特岛旅行的途中，我的祖父也叫尼古拉斯·克里斯塔基斯。那一次，我们目睹了泛希腊社会主义运动（Panhellenic Socialist Movement）的领导人安德烈亚斯·帕潘德里欧（Andreas Papandreou）是怎样在选举期间让一大群人陷入民族主义狂热中的。事实上，当时我简直无法相信所看到的事情。我们远远地站在人群后面，非常安全，但是，我依然能感受到躁动的人群的力量。祖父把我带到一边，并向我解释，这些“领袖”们可能恰到好处地利用了人们的集体意识和他们的仇外心理。他同时还教我认识了“demagogue”（煽动家）这个单词。这次经历的事情令当时的我大为惊恐，我至今仍然能够清楚地记得疯狂的人群在我心中引发的令人不安的感觉。

苏格兰记者查尔斯·麦基（Charles Mackay）在 1841 年出版的经典著作《非同寻常的大众幻想与群众性癫狂》（*Extraordinary Popular Delusions and the Madness of Crowds*）中这样提道，当人们“聚集成了一个乌合之众时，就会变得很疯狂；但是他们恢复理智的过程却是非常缓慢的，而且只能是逐个人、逐个人地恢复理智。”[1] 身处躁动的人群中时，人们经常会不假思索地做出一些放在平时显得很奇怪的事情，比如口出污言秽语、毁坏公私财产，甚至投掷砖头，或是以暴力威胁他人。这部分可能是因为心理学家们所熟知的一种通常被称为去个性化（deindividuation）的心理过程所致：当人们对群体有了非常强烈的认同感时，就会开始失去自我意识和个体能动性，而这往往就会导致人们做出在单独行动时从来不会做出的反社会行为。在这种情况下，一个彬彬有礼的绅士可能会变成一个“暴徒”，他们会形成“乌合之众”，停止自我反思，失去道德指针，并认为“我们”与“他们”之间永远不可能达成共识。

尽管我自己关于“人群”的个人经历绝大部分都是消极的，但是很显然，“人群”本身也可能成为一种向善的力量。即便是非暴力的人群也可能会威胁到独裁者们，比如 1974 年的希腊。当人群自发地涌现出来，尽管没有明确的组织，却表现出了很好的组织性时，尤其令独裁者胆战心惊。事实上，这种情况经常出现。

想想发生在美国的著名的有组织民权游行活动吧。从 1963 年发生在华盛顿的游行（马丁・路德・金在那里发表了他著名的演说），到 1965 年发生在埃德蒙佩特斯大桥的游行。在这些活动中，担心的人、关注的人、受到屈辱的人联合起来，聚集成了一个更大的群体，目的是增强他们自己的信念，在这个过程中，群体也向外界展现出了一种相同数量的个人单打独斗时所不能比拟的强大力量。

无论是好是坏，对人类来说，形成群体确实是一种再自然不过的天性了，它甚至被认为是一项最基本的政治权利。比如，这项权利已经被写进美国宪法第一修正案中，该修正案指出，国会不得制定法律，剥夺“人民和平集会和向政府请愿申冤的权利”。集会游行结社的权利同样也写进了世界各国的宪法中，从孟加拉国到加拿大，到匈牙利，再到印度，莫不如是。[2] 与共情能力一样，组成群体以及谨慎选择朋友和伙伴的倾向是人类这个物种普遍遗产的一部分。

人与人之间的相互理解

就在我写作本书的时期，美国似乎陷入了一种存在多个极端严重分裂的状态，比如右翼和左翼、城市和乡村、宗教和反宗教、内部人和局外人，以及“有”和“没有”等。许多研究结果表明，无论是政治极化，还是经济极端不平等，都是世纪性的大问题。[3] 美国公民就他们之间的差异、谁能够发出声音并且应该为谁发出声音、个人身份认同的意义以及它所起作用的范围、忠诚的不可阻挡的吸引力等展开了激烈的辩论。甚至对“美国人是一个共同身份”这个意识形态承诺是不是仍然是可行的、是不是仍然是可取的，也不再拥有共识。

当今世界，各种各样的界限到处清晰可见。因此，我在本书中提出这个观点的时机似乎有些问题：人与人之间更多的是团结，而不是分裂，社会基本上是良善的。不过，对我而言，这些都是永恒的真理。

我在实验室研究中遇到的最令人沮丧的问题之一就是，无论人们对自己所在的群体是否有归属感，都必定伴随着对他人的警惕或拒绝，不管这些群体是根据某个性质（国籍、种族或宗教）来定义的，还是通过社会连接（朋友或队友）来定义的。你能够在不讨厌任何其他成员的前提下热爱自己的群体吗？

我曾经观察过过度认同自己群体所带来的影响，也曾经近距离见证过大众幻想；我还通过在实验中得到的海量数据对这些问题进行了研究，不仅包括在我的实验室中完成的、有数以千计的人参加的实验中得到的数据，还包括源于自然实验的、对数百万人的行为进行描述的数据。当然，我得到的并非全都是坏消息。人类天性中包含了许多值得珍视和赞美的东西，包括爱、交友、合作以及学习的能力，有了这些，我们就能够建设美好社会，并促进世界各地的人们之间的相互理解。

我第一次开始考虑“人从根本上说在多大程度上是相似的”这个问题是在差不多 25 年前，那是我还在担任临终关怀医生的时候。再也没有什么东西能够像死亡和悲痛那样使我们紧密团结在一起了，死亡以及我们对死亡的反应的普遍性，能够让任何一个观察者都鲜明地感受到不同人之间的相似性。作为一名临终关怀医生，我曾经握住过无数个正在面对死神的病人的双手。在我看来，这些临终病人在他们的生命即将走向尽头的时候，没有一个人不想分享这样一些愿望，比如弥补自己曾经犯下的过错、亲近至亲的爱人、讲故事给那些愿意聆听的人，以及希望没有痛苦地死去。[4] 人类是如此渴望社会连接、如此期盼人与人之间的相互理解，以至于我们对它们的追求至死不休。

我认为，人类是，也应该是通过我们共同的人性团结在一起的，这也是本书的核心观点。这种人类的共性起源于我们共同的进化，已经被写进了我们的基因中。正因为如此，我坚信人们是可以相互理解、达成共识的。

为了突出这一点，我要先澄清一点，那就是，我并不是说不同社会群体之间不存在差异。有些群体在与不堪重负的社会条件、经济生活或生态环境进行艰苦的斗争，而其他群体则可能最多只需想象一下这种艰难处境。不过，当我们说，坦桑尼亚东非大裂谷地区的现代狩猎-采集者可能会与加利福尼亚硅谷的软件工程师拥有某些共同经历时，这一点并不是显而易见的。关键在于，由于人们总是关注着不同群体之间的差异（虽然这些差异可能是很引人注目的，也可能是真实存在的），但却很容易忽视另一个基本现实。我们对差异的关注类似于对波士顿和西雅图之间天气变化的关注。是的，人们可以在这两个城市之间找到不同的温度、降水量、日照量以及风力条件，这些都是重要的，而且可能很重要。然而，这两个城市却有着相同的大气过程和潜在的物理规律。而且，世界各地的天气状况是紧密联系在一起的。我们甚至可以说，研究地球上多种多样的小气候的根本目标不是为了加强对当地天气状况的了解，而是要更全面地把握全球天气的总体状况。

因此，我更感兴趣的是人与人之间的相同点，而不是人与人之间的差异。即便不同的人可能有不同的生活经历、生活在不同的地方、说着不同的语言，外貌上看起来也千差万别，但是无论如何，我们都可以理解他人经历中的一部分。否认这一点将意味着放弃人类具有同理心的希望，转而屈从于那种认为人与人之间只能存在最糟糕的关系，也就是相互把对方视为异类的成见。

这种关于我们共同人性的基本观点具有深刻的哲学根源和经验基础。著名作家马里奥·巴尔加斯·略萨（Mario Vargas Llosa）在他的一篇名为《自由的文化》（*The Culture of Liberty*）的文章中指出，生活在同一个地方，说同一种语言，并且信仰同一个宗教的人显然具有很多共同点。同时他还指出，这些集体特征并不能完全界定他们中的任何一个人。他认为，仅仅把一个人视为群体中的一员，“在本质上是还原主义的、非人性化的，是对人类所有与生俱来和具有创造性的东西，以及所有不是由遗传因素、地理环境或社会压力所施加的东西的集体主义意识形态的抽象”。他认为，真正的个人身份认同只能“源于人类抵制这些影响的能力，以及通过自身发明的自由行动予以反击的能力”。[5]

这些说法都千真万确。但是，个人自由（权）的行使和对个性的关注，只是消除部落主义的其中一个途径。我们可以将视角拓展到“普遍遗产”的层面上。自然选择给我们留下了作为人类的一个共同遗产，它事关人们如何在一起生活。这种遗产赋予了我们一种机制，有了这种机制，就能够摒弃仅仅优先考虑差异的非人性化视角。

想想接触外国文化这种既让人振奋又令人放松的体验吧。有一些东西，在一开始的时候，会让我们对异国人士的服装、气味、外表、习俗、规则、规范和法律非常敏感，但是，同样也是它们，会使我们认识到我们在许多基本方面与其他国家的人都是很相似的。例如，世界上所有国家的人都认为以下事情是有意义的：爱自己的家人、享受与朋友在一起的时光、相互学习有价值的东西、以团队合作的方式为共同事业努力等。在我看来，当所有人都认识到这种共同的人性后，大家就有可能过上更崇高、更有道德的生活。

颇具讽刺意味的是，许多人只有在战争期间才能看清这个事实。在战争期间，不同群体之间的相互仇视会以最残酷的方式集中表现出来。电视连续剧《兄弟连》（*Band of Brothers*）是根据第二次世界大战期间美军 101 空降师 E 连的战斗经历改编而成，它讲述的故事很好地证明了这一点。《兄弟连》中的达雷尔·“希夫提”·鲍尔斯（Darrell “Shifty” Powers）是一个真实的人物，在与该电视剧同时发行的一部纪录片中，鲍尔斯在他生命的最后时刻讲述了他对一个德国士兵的以下观察：“我们之间可能有许多共同点。他可能喜欢钓鱼，你知道，他也可能喜欢打猎。当然，他们正在做他们应该做的事情，我也正在做我应该做的事情。但是如果换个环境，我们可能会成为好朋友。”事实上，他们很可能不只是朋友，而且是好朋友。《越南战争》（*The Vietnam War*）是2017年发行的另一部关于战争的纪录片，在该片中，退伍军人勒重欢（音译，原文为 Le Cong Huan）也表达了相同的观点。作为一名年轻的士兵，在经过一场血腥残酷的战斗之后，他透过重重树木之间的缝隙观察美国士兵，他突然发现自己和敌人是一样的，他说：“我亲眼看见美国士兵的死亡。虽然我听不懂他们在说什么，但是我看到他们在哭，他们在互相拥抱安慰。当其中某个人不幸牺牲时，其他人就会团结在一起。他们会带走战死士兵的尸体，他们会哭泣。我看着这一幕，不由得想到，美国人，跟我们一样，也是有深刻的人性的。他们彼此关心，这让我思绪万千。”

进化的蓝图

这种跨文化的相似性源于何处？人们彼此之间既可以如此不一样（甚至彼此之间还会爆发战争），同时又可以如此相似，这一切是怎么成为可能的？我认为，根本原因在于，我们每个人都天生携带着进化的蓝图，可以用来建设一个美好的社会。

基因在我们的身体内部做出了一些惊人的事情，但是更令我吃惊的是它们在身体之外所做的事情。基因不仅影响了我们身体的结构和功能、影响了我们心智的结构和功能、影响了我们的行为，而且还影响了我们社会的结构和功能。这就是当我们在观察世界各地的人们时所认识到的，这也正是我们共同人性的源泉。

自然选择塑造了我们作为社会动物的生活，引导着被我称为社会套件的一系列人性特征的进化。正是这些人性特征，使我们拥有了爱、交友、合作以及学习的能力，甚至还让我们产生了能够识别其他个体独特性的能力。尽管现代的发明创造让我们用着不同的工具，从事不同的生产工作，居住在不同的城市和国家，身穿不同的服饰，佩戴千差万别的饰品，但是我们仍然拥有许多与生俱来的倾向，它们反映了我们“自然的”社会状态。事实证明，这种社会状态从根本上说是好的，甚至是道德的。人类绝不能硬生生地制造出一个与这些积极的天性无法相容的社会，就像蜜蜂不可能在突然之间建成一个蜂窝一样。

我相信，我们唤醒这种善良仁慈的天性，就像唤醒我们身体里的血腥暴力倾向一样轻而易举，我们不可能抑制它。当我们在帮助他人时，会觉得自己很伟大。我们的善行不仅仅是启蒙价值观的产物，还具有更深层次的、史前的起源。

构成社会套件的各种古老倾向的共同作用，把不同的群体连接了起来。它们能够指明这些群体之间的界限、识别出各个群体的成员，并帮助人们实现个人和集体的目标，同时最大限度地减少仇恨和暴力。在我看来，很长一段时间以来，科学界过分关注人类生物遗传的黑暗面，比如人性中的暴力、自私和残忍，却未能给予人性中光明的一面应得的重视。

第1章

好社会的八大特征

第二次世界大战结束时，我的母亲还只是一个小女孩，她是一个在伊斯坦布尔长大的希腊人。她在土耳其的比于克阿达岛（Buyukada）上度过了许多个夏天，这个小岛离海岸相当近，只需要坐一会儿轮渡就到了。许多年后的 1970 年，她故地重游，带着自己的孩子们登上了比于克阿达岛。岛上不允许机动车行驶，人们所能使用的交通工具要么是双脚，要么是驴子，也可以是马车，但是在鹅卵石路面上行驶时，马车是很容易翻倒的。1970 年那次重回旧地，是我母亲离开那儿 20 年之后的第一次。因为在 20 世纪 50 年代，她和她的父母亲，在一次重大的种族冲突之后被驱赶出了土耳其。

那一年，我 8 岁、我的弟弟迪米特里 6 岁，虽然我们只会说希腊语不会说土耳其语，但我们还是冒险跑出去跟十几个男孩子一起玩。我的祖父在岛上有一所已被废弃的房子。这所房子就像一个时光胶囊，里面有一个烧木材的锅炉，百叶窗已经破旧不堪了，东一片西一片零零碎碎地挂在那里。房子后面是一座座长满松树的小山坡，就是在这些小山坡里，我们这些男孩子进行了很多“探险活动”。一开始的时候，全部人组成了一个“大队”，一起去探察地形，我们通过手势进行沟通，最迫切的事情就是收集大量的松果。

最后，不可避免地，我们决定分成两队，玩“战争”游戏。我们互掷松果，并且试图通过偷袭的方式获取对方的松果。在这种“偷袭抢夺”战进行的同时，一个简单的市场经济出现了：很容易就扔得很远的绿色小松果，可以换成更漂亮的、同时更易破碎的大松果。当这种大松果被扔出去时，我们把它们想象成手榴弹在空中爆炸，像烟花般炫丽。由于这种“弹药”在发射出去之后不会毁坏，因此，每一次攻击其实都是在给对方输送“弹药”。这种由小规模的“战事”、以货易货的“贸易”、团队的团结与合作以及偶尔的作弊组成的游戏，每一次都可以持续好几个小时。

当然，这些土耳其男孩子有很多地方与我和弟弟不同。他们的头发剪得更短，而且都穿着背心。但是，他们跟我们一样，在扔松果的时候，都是从臀部的一侧发力向外抛出，而不是用手高举到肩膀以上的位置再扔。他们当然更了解地形，但我们与他们之间的这些差异似乎无关紧要，事实上根本不值一提。我们共同参与社交活动，能够畅通无阻地相互沟通。虽然我们与这些土耳其男孩子无论在文化上和语言上都存在着巨大的差异，但是我们却共同参与创建了一个小小的社会秩序，在这个“小社会”里，我们如鱼得水，备感愉悦。

对孩子们来说，玩游戏的其中一个目的就在于模仿成年人的行为、扮演成年人的角色。但是，孩子们在玩游戏时所做的，并不仅仅是明里暗里地模仿成年人行事，他们也会在玩的过程中有所创造。在许多狩猎 - 采集社会中，成年人会让孩子们自己去玩，他们往往只是模糊地意识到孩子们在做些什么。游戏过程中，孩子们在没有任何指导的情况下，各种游戏的玩法会自然而然地被创造出来。这种纯粹自愿的、由内在动机驱使的、给孩子们带来非常快乐体验的游戏，通常都会包含我和我的土耳其朋友们在岛上所进行的“社会生活实验”的因素。[1]

为了进一步说明这一点，来看一位人类学家的描述，他在马克萨斯群岛的瓦普岛上对一个由 13 个孩子组成的游戏团队进行了长期观察。这些孩子的年龄从 2 岁到 5 岁不等，人类学家观察到，连续几个月，这些孩子们每天都会在海滩附近的某个区域玩耍，如果没有大人监督，他们就会延长游戏时间。在孩子们看来，这个地方既有“巨浪”和“尖锐的熔岩岩壁”，还有“砍刀、斧头和火柴”。他们在没有任何一个大人介入的前提下，组织活动、解决纠纷、避开危险、处理伤害、分发物品，并且每个人都学会了与身边的人谈判协商。[2]

从 20 世纪 50 年代中期到 70 年代中期，以人类学家比阿特丽丝·怀廷（Beatrice Whiting）、约翰·怀廷（John Whiting）和他们的同事为核心的一个研究小组在世界多地进行了一系列更加系统的关于孩子玩游戏的长期研究，包括肯尼亚的尼亚门哥（Nyansongo）、印度的卡拉普尔（Khalapur）、墨西哥的胡斯特拉瓦加（Juxtlahuaca）、菲律宾的塔隆（Tarong）、日本的福冈（Fukuoka）以及“奥查特镇”（Orchard Town，是研究者为新英格兰一个小镇起的化名）。研究小组得出的结论是：虽然不同儿童在日常玩伴、活动、玩具和游戏场所等方面，因为性别、年龄和文化的不同存在着显著差异，但是在玩游戏时，他们的社交行为和互动方式却总是惊人的相似。[3]

甚至，也许连社会本身也可以视为这类儿童游戏的“扩大”版本。在 1938 年出版的讨论人类社会与游戏的经典著作《游戏的人》（*Homo Ludens*）一书中，社会历史学家约翰·赫伊津哈（Johan Huizinga）认为，人类的文明并没有给游戏的观念增加任何本质性的特征。[4] 儿童们的行为往往包含一种与生俱来的能力，他们能够创造出一个微型的、临时性的社会。在很小的时候，作为个人是无法独自生存的。

与生俱来的倾向

40 多年后，再回过头去看我自己年幼时玩过的游戏，另有一番感慨。我发现，和土耳其男孩子一起玩的那个游戏其实已经包含了一个等级相当高的社会组织，尽管这个社会组织的特征是我后来才慢慢意识到的。现在，我们通过下面这些专业术语来描述这些特征：内群体偏好（in-group favoritism）、贸易互补（trade complementarity）、社会等级（social hierarchy）、集体合作（collective cooperation）、网络拓扑（network topology）、社会学习（social learning）和进化的道德（evolved morality）等。

虽然我现在有了自己的实验室，但是我仍然在玩与小时候类似的游戏，思考与之相关的问题。我的研究团队设计了专门的软件，在世界各地招募了数千名成年人，让他们加入我们在网络上创建的微型社会，然后追踪他们的行为。我用各种方法操纵这些微型社会中行为者之间的社交和互动，例如，随机将他们安排为富人或穷人，或者偷偷放进一个可编程的机器人，假装成一个"真正的人"，再观察真正的人会做出些什么反应，以便更加深入地窥探人类社会生活的起源，了解合作、凝聚力、等级制度和友谊来自哪里。我的研究团队还对这些现象的进化生物学依据进行了探索，并以此来寻找社会生活的古老起源，尽管游戏中所用的例子完全是编造出来的。

在我们观察到的各种现象中，一个可能会比较令人沮丧的现象就是内群体偏好，也就是人们对自己所属群体的偏爱，也就是我在比于克阿达岛上所经历过的那种温暖的群体归属感。内群体偏好甚至在学龄前儿童中也存在，事实上，许多研究者已经在这个方面展开了探索，他们想弄明白这是不是与生俱来的。

在一项实验中，研究者招募了一些年仅 5 岁的孩子，让他们穿上不同颜色（红色、蓝色、绿色、橙色）的 T 恤衫，然后给他们看其他孩子的照片，那些照片中的孩子也穿着不同颜色的 T 恤衫，颜色或者与他们自己所穿的 T 恤衫相同，或者不同。孩子们都知道其他孩子 T 恤衫的颜色都是随机分配的。除了 T 恤衫颜色之外，照片中的孩子们没有任何其他区别。然而，孩子们还是喜欢与自己穿着相同颜色的 T 恤衫的孩子。他们为这些孩子分配了更多的稀缺资源（玩具币），还报告了更多关于这些孩子的积极想法。[5] 孩子们还觉得，与他们穿着同样颜色 T 恤衫的孩子有可能更善良、更愿意分享玩具。他们能够更好地记住并回忆起与他们同一组的人的积极行为，描述他们自己群体的有利信息。所有这些现象之所以出现，完全只是因为随机分配的 T 恤衫颜色与自己的一样！

在另一些关于内群体偏好的研究中，作为被试的孩子甚至更年幼，只有 3 个月到 5 个月大，但是也表现出了内群体偏好倾向，这也就进一步证明了这种偏爱是与生俱来的。[6]

不过，这并不是唯一与生俱来的与社会生活相关的情感机制。从出生开始，人类似乎就具有一种基本的道德感。就像从几个公理中构建出整个欧几里得几何学一样，人类天生的道德原则为全部社会行为提供了基础，只是后来又逐渐被经验和教育所形塑而已。

例如，心理学家保罗·布卢姆（Paul Bloom）① 和他的同事们通过各种巧妙设计的实验，对 3 个月大的婴儿对于公平和互惠（两者对合作至关重要）的敏感度进行了研究。[7] 在其中一项实验中，研究者给一些 3 个月大的婴儿看这样一个动画：一个蓝色正方形“帮助”一个红色圆圈爬上了小山，然后一个黄色三角形却把这个红色圆圈推了下去。当让这些婴儿在蓝色正方形与黄色三角形之间做出选择时，他们全都非常确信地选择了蓝色正方形。研究者给出了多种

① 保罗·布卢姆的著作《摆脱共情》《善恶之源》中文简体字版已由湛庐文化策划，浙江人民出版社出版。——编者注

颜色和形状，以确保这些特征不会影响婴儿的偏好。[8] 在另外一些实验中，婴儿能够分辨出哪些木偶得到了其他木偶的帮助，哪些木偶则受到其他木偶的阻碍。婴儿更喜欢好人，而不喜欢那些“坏人”。还有其他一些利用木偶完成的实验表明，13 个月大的婴儿已经在一定程度上拥有了“心智理论”，这就意味着他们对其他人的心理状态（知识、信念、意图）已经有所了解了。很显然，这种能力对道德推理至关重要，对社会生活也大有帮助。[9]

在另外一组实验中，蹒跚学步的孩子们愿意在没有任何激励的情况下，自发地去帮助那些正在假装要费很大力气才能打开橱柜门的成年人。[10] 简而言之，在非常年幼的时候，人类似乎就已经完成了“预连线”（这里的“预连线”是指在拥有强烈的、与生俱来的倾向这个意义上），能够以积极的方式进行互动，洞察他人的意图，并倾向关注公平。因此，我们一点都不应该觉得惊奇，虽然在若干细节上可能会因地而异，但是每个社会都珍视仁慈与合作，厌恶残酷和无情，并将不同的人分类为道德高尚的或者卑鄙丑恶的。

那么，人类为什么会这样？我们每个人的行为为什么从一出生开始就会表现出这种对社会生活很重要的一致性？指导儿童游戏和塑造成人生活的社会原则到底是从哪里来的？生活在不同社会中的人，又是如何通过这些所有人都熟悉的重要特征创造出相似的、被普遍认为是良好的社会秩序的？

文化共性

人类社会具有共性这一点之所以很容易被忽视，是因为当我们环顾整个地球时，会发现，无论是技术、艺术、信念和生活方式，都具有无比奇妙且令人着迷的多样性。但是，对不同社会之间差异的过度关注，却掩盖了一个更深层次的现实：它们之间的相似之处，比不同之处的意义更大、更深远。

试着想象一下站在高达 3000 米的山峰上观察两座小山时的情形吧。从你的住所往上看，一座小山看起来有 90 米高，另一座小山则有 270 米高。这种差异看起来似乎已经非常巨大了，毕竟，一座山是另一座山的 3 倍高，你可能会把注意力全都集中于导致两座山存在这种差异的局部性因素上，比如雨水侵蚀这个因素。但是，这种狭隘的视角，会使你错过研究其他更具实质意义的地质因素的机会。实际情况是，那些更具实质性的地质因素创造出了两座非常相似的大山，一座海拔高达 3100 米，另一座则高达 3900 米。

换句话说，你能够观察到的东西取决于你所站的位置。在人类社会中，许多人往往就是站在这种海拔 3000 米的高地上，从而让不同社会之间的差异掩盖了更为巨大的相似性。我们还可以把这个隐喻再扩展一下，考虑诸如农业和矿业之类的人类活动的特殊性，是如何重塑景观的。这些人类活动可能会对各座小山外观的某些细节进行微调，但是它们并不能从根本上改变山脉本身，因为山脉的起源与人类无法控制的更深层次的力量有关。对于人类的文化，我们也可以进行同样的类比：它重塑了人类社会经验的某些方面，但是对许多其他特征则没有什么影响，这些特征坚如磐石。

我们还可以通过更广阔的视角进一步理解这一点。宇航员往往能够意识到人类内部的差异实际上是微不足道的。例如，宇航员亚历山大·亚历山德罗夫（Aleksandar Aleksandrov）曾经这样说过："我们飞越美国上空，突然间我看到了雪，这是我们在轨道上看到的第一场雪。我从来没有去过美国，但是我想，秋至冬来，这个地方应该与其他地方一样，为迎接秋冬到来所做的准备也是一样的。在这个时刻，我被自己突如其来的一个感受深深震撼了：我们所有人都是地球的孩子。"在从太空中观察到地球这个蓝色的行星悬浮在黑暗无垠的太空中的情景后，航天飞机指挥官唐纳德·威廉斯（Donald E. Williams）也很有感触，他这样写道："这种经历肯定会改变你的视角。在这个世界上，能够让我们共享互爱的东西，比那些让我们分裂的东西更有价值。"[11]

让我们产生这种敬畏感的大部分经历，都会促使我们觉察到，自己好像超越了通常的参照系。一些科学家认为（虽然很难证明），敬畏感是一种进化造就的情感，它的作用就在于引发认知上的转变，降低自我中心意识，让人们感觉到自己与他人有更紧密的连接。对远古人类来说，在面对诸如暴风雪、地震、广袤无垠的冰封或接天连地的沙漠之类强大的自然现象时，只有抛弃自私，加强群体连接才有可能使自己有生存价值。心理学家达切尔·凯尔特纳（Dacher Keltner）和乔纳森·海特认为，敬畏感的一个关键特征是，它能够抑制利己主义，使个体觉得自己是更大整体的一部分。[12] 根据灵长类动物学家珍妮·古道尔（Jane Goodall）的观点，甚至连黑猩猩也会经历一些类似的事情。比如，它们会对自身之外的事物感到惊讶，在凝视瀑布和日落时会“想入非非”，这为我们探索敬畏感可能的进化起源提供了一个线索。[13]

然而，尽管这些曾经到太空探险过的宇航员提出了上述关于视角转换的有益看法，但是在人类历史上，关于人类的文化共性，一直存在着两种观点之间长期的激烈争论。一些人认为将人类连接在一起的文化共性是存在的，另一些人则认为不同的人的经历各不相同，这就意味着并不存在真正一致的特性。对于文化，我们可以将它定义为由某个群体“生产”出来的一整套思想（和“人工制品”），这些思想通常会在社会上传播，并且影响个人行为。文化共性是世界各地的人们所共有的特性。这些共同特性的极度普遍性表明它们很可能是由进化所造就的。例如，在几乎所有文化中，每个人都可以独一无二地被识别出来，而且几乎总是通过人名来进行识别，这个事实表明，关于个人身份存在一些更基本的东西。[14]

有些批评家认为，关于文化共性的说法，无论在科学上还是道德上都是可疑的。他们认为，对共性的研究之所以存在问题，是因为这种研究似乎总是倾向于把某种“标准特征”（通常是西方社会人的特征）强加给所有人。这种做法与其说是超越了人类的多样性，还不如说是抹杀和漠视了人类的多样性。还有一些人担心，接受存在某种特定文化共性这种现实，有可能会让观察者对外来文化妄下判断，并且对其贴上异己的标签。

一些更极端的批评家甚至会把文化共性的某个单一例外情况当作对其普遍性的否定。但是，普遍的能力并不等同于普遍的表达。这些批评家通常忽略了这样一个事实，那就是，例外情况通常需要巨大的压力才能重塑自然秩序。例如，据我们所知，截至目前世界上只有一个群体，即新几内亚的拜宁人（Baining People），成功抗御了玩游戏的天性。但是，这个事实也并不意味着拜宁的孩子不是“预连线”喜欢玩游戏的。事实上，要颠覆这种自然冲动需要强加极大的文化外力，也就是说，拜宁的成年人必须不断地贬低游戏的价值，并积极地劝阻那些试图想玩游戏的孩子。[15]

关于文化共性的这种争论已经引起科学界的广泛关注和讨论，并引发科学界内部的紧张关系。其中，最著名的一个问题，也是最能引发争论的一个问题是：在解释人类经验时，先天遗传和后天培养到底哪个贡献大，那些主张存在普遍性的人通常情况下都会被归入先天遗传阵营。另一个极具张力的问题出现在“粗分派”（lumper）和“细分派”（splitter）之间，粗分派力求将类似的事物都归类到一起，而细分派却试图将自然界中最细微的差别识别出来。[16]还有一个张力发生在那些关注现象平均趋势的人（例如市场中房屋交易的平均价格）与对现象变化感兴趣的人之间（例如房价的变化幅度以及造成各地房价不相等的因素）。这些研究议题尽管看上去各不相同，有的寻求一致性，有的关注变化之处，但其实都应该视为互补的，而不是对立的，它们都是用来研究自然现象，包括人类这个物种的科学方法。

20 世纪上半叶，包括埃米尔·杜尔凯姆（Émile Durkheim）、弗朗茨·博厄斯（Franz Boas）、玛格丽特·米德（Margaret Mead）和鲁思·本尼迪克特（Ruth Benedict）在内的许多社会学家和人类学家都认为文化无法通过心理学或遗传生物学的特征来解释。文化是人类有意的和深思熟虑后的产物，不能简单地归结为某些更深层次的原因。[17]20 世纪 70 年代，文化人类学家克利福德·格尔茨（Clifford Geertz）认为，虽然潜在的文化普遍性确实存在，但是与各种文化特性多样性的表现形式相比，普遍性本身就显得索然无味了。他认为，界定普遍性所需要的抽象程度实在太高了，以至于根本不具备实用意义，[18] 人性充其量只不过提供了无差别的、极具可塑性的原材料而已，其重要性实在微不足道。[19] 因此，遵循这一思路，文化差异成为科学研究的核心焦点。

但是，其他一些社会科学家却持有不同观点。1923 年，人类学家克拉克·威斯勒（Clark Wissler）描述了一种文化特征的"普遍模式"。他认为，人类诸多的与语言、食物、住所、艺术、神话、宗教、个人互动以及对财产、政府和战争所持态度相关的普遍特征，都是根植于人类生物学的。1944 年，人类学家布罗尼斯拉夫·马林诺夫斯基（Bronislaw Malinowski）提出关于"人类有机需要"的文化依赖性问题，还将一系列基本需要（如安全、繁衍和健康）与各自的文化反应（如保护、亲缘关系和卫生保健）进行匹配。[20]

人类学家乔治·默多克（George Murdock）在发表于 1945 年的著名论文《文化的共同分母》（*The Common Denominator of Cultures*）中，提出了一个按字母顺序排列的人类普遍特征的"部分清单"。事实上，这份清单已经是非常完整且巨细无疑的了。但是，在我看来，它不但冗长乏味，而且任意武断。这份清单几乎包罗万象，从个人装饰到体育活动，从梦的解释、性行为到灵魂观，甚至还包括控制天气的巫术，一应俱全。默多克认为这些普遍性都只是具体的分类，而不是内容。换句话说，虽然在这些领域中任何一个类别下的人类行为在确切的细节上可能会存在地区差异，但是它们构成了一个共同的基础，且植根于"人类的基本生物和心理特征以及人类生存的普遍条件"。[21]

1991 年，人类学家唐纳德·布朗（Donald Brown）对默多克所称的"不得在人类学领域探寻普遍性的广泛禁忌"提出挑战。他概述了文化特征得以拥有普遍性的三大机制：（1）它们可能已经在某个地方出现，并得到广泛的传播，比如车轮；（2）它们可能反映了对于环境强加给人类的，或者所有人类都要面对的那些挑战的常见解决方案，比如找到住所、烹饪食物以及繁衍后代；（3）它们可能反映了人类所共有的与生俱来的某些特征，比如喜欢聆听美妙的音乐、渴望拥有朋友以及希望得到公平对待。而且，有许多普遍特征，哪怕不是全部，也必定是进化所造就的人性产物。[22]

在详细描述假想中的“具有普遍性的人”时，布朗在“表面层级”上列举了数十种人种志学者注意到的语言的、社会的、行为的、认知的普遍特征，给出了一个与默多克的冗长清单相类似的清单：

> 在文化领域，人类的普遍性包括了神话、传说、日常生活、规则、运气和先例的概念、身体装饰以及工具的使用和生产；在语言领域，普遍性包括了语法、音素、多义词、转喻、反义词，以及使用频率和词长之间的反比关系；在社会领域，普遍性包括了分工、社会团体、年龄分组、家庭、亲属制度、种族中心主义、游戏、交流、合作和互惠；在行为领域，普遍性包括了攻击性、手势、八卦消息和面部表情；在精神领域，普遍性包括情感、二分思维、对环境的警惕或对蛇的恐惧、同理心（共情能力）和心理防御机制。[23]

人类普遍性的这些基本类别显然都很重要。但是，当我们走下海拔 3000 米的高地，来到了更低的地面时，它们就变得不那么重要了。

看似完全不同的文化特征的许多变化或许是彼此紧密相连的。例如，有字母的社会比那些没有字母的社会拥有更复杂的宗教。文化特征所呈现出来的这种相互关联的模式表明，确实存在着更深层次的组织力量在塑造人类社会的复杂性。这个假说，已经通过在世界各地 30 个地区 414 个社会中进行的一项大型研究得到证实。这项研究涉及的内容跨越万年之久，它证明，人类社会的许多关键特征在功能上都是相关联的，而不是相互独立的，以可预测的方式共同进化，并且只用单一的基本度量标准就能够刻画它们。[24] 从方法论上来说，这类似只用“费用”这个单一的基本度量标准，就可以解释为什么汽车的诸多不同特征，比如加速能力、安全性、仪表和内饰配置全都可以融合到一辆汽车上。

人类经验的诸多方面，都有“天生性”，来自许多领域的证据都证明了这一点。心理学家保罗·艾克曼（Paul Ekman）认为，核心情感和许多面部表情之间存在着普遍的连接，特别是在快乐、愤怒、厌恶、悲伤和恐惧时。艾克曼还提出了这种连接的进化基础。[25] 这类表情是天生的，即使它们在不同人的脸上的确切呈现形式，有时可能是由文化塑造而成的。[26] 在语言的普遍特征研究方面，语言学家诺姆·乔姆斯基（Noam Chomsky）、心理学家史蒂芬·平克（Steven Pinker）① 和其他一些学者，已经为辨别普遍性开拓了另一个值得继续深入挖掘的领域。[27]

民族志音乐学家也已经验证了另一类文化普遍性：音乐形式的普遍性。[28] 一个由来自全世界 304 个唱片公司提供的音乐样本表明，9 个地理区域的音乐存在许多“统计学上的普遍性”，也就是说，识别出来的模式的例外情况极少。这些具有跨越地域的普遍特征涉及音高、节奏以及表演风格和社会背景等多个方面。

这种音乐普遍性可能属于最基本层面的，因为它们在人类之外的其他物种身上也很好地体现了出来。例如，凤头鹦鹉与人类相似，能够发出有节奏的鼓点声，似乎在演奏音乐。[29] 此外，无论是鸟类、大象、鲸还是狼，音乐的功能可能都是社会性的，而且是有意为之的。我们能够在其他物种身上观察到人类普遍性的特定表现形式，这本身就是一个非常有力的证据。如果某种现象（比如，喜欢交友或合作）在人类这个物种身上与其他物种身上同时出现，那么这种现象就特别能说明人类这个物种内部的跨群体普遍性。如果某个特性是人类与动物所共有的，那么在人类内部，不同群体之间一定广泛共享着这个特性。

然而，对于普遍性的许多具体类型来说，问题在于，它们看起来似乎更像

---

① 史蒂芬·平克是著名的心理学家、伟大的思想家，他的著作《当下的启蒙》《白板》《语言本能》《思想本质》《心智探奇》中文简体字版已由湛庐文化策划，浙江人民出版社出版。——编者注

是文化可以包含的冗长而详尽的特征清单，而不是文化必须包含的核心构件。在这里，我所关注的是后者。此外，我还关注那些从本质上特别具有社会性的普遍特征，这些特征与人类社会内部的群体如何发挥作用有关。我还对拥有进化起源的普遍性而不是对拥有生态起源的普遍性感兴趣。也就是说，我关注那些已经被编码进人类基因中的普遍性，而不是那些只是作为对人类环境的直接反应而出现的（可能在多个地方同时独立地出现）普遍性，后者的一个例子是在渔猎文化中可能普遍存在的渔网。就这一点而言，进化的视角能够迫使我们去关注那些进化能够发挥实际作用的特征。行医技能并不是一种已经被编码进基因的东西，尽管事实上每个社会都有自己的卫生保健传统，但是对健康和生存的渴望（包括我们渴望自己健康长寿，也渴望所爱的人健康长寿）以及促使人们去帮助他人的动机则确实是天生的。

我所列出的有关普遍性的清单要比前人所列的清单更有针对性，也更具根本性。我提供的这个清单，以一个由特别具有社会性且至关重要的特征构成的集合为中心，这些特征与人类为什么能够创造出我们所相信的良好社会密切有关。我在下文中给出的证据将会证明，这个清单是从人类这个物种的进化遗产中推断出来的。它所列出的特征，至少部分地被编码进了人类的基因中。我把这个普遍性清单称为“社会套件”（social suite）。

好社会的八大特征

人类社会是如此充满活力，又如此复杂，它们似乎拥有自己的生命。从表面上看，人类社会好像是由某些有权势、有能力的人建成的，又好像是由某种超出人类理解能力的历史力量所创造的。在 20 世纪 70 年代，当我还是一个小男孩的时候，很多人由于对高度发达的古代埃及和古代美洲文明觉得不可思议，以至于臆想它们必定出自外星人之手。但是，我现在知道，人类社会并不是从某个虚无缥缈的地方移植过来的。人类社会就来自我们自己。

团结起来建设社会的能力确实是人类这个物种的生物特征之一，就像直立行走的能力一样。这种与生俱来的能力，似乎只有人类才拥有，这也是进化生物学家爱德华·威尔逊（Edward Wilson）① 所说的“社会征服地球”得以完成的保证。[30] 是的，使人类能够统治这个星球的，并不是大脑或肌肉。而且，就像其他能够帮助人类生存和繁衍的行为一样，人类能够建立社会这种能力也已经成为一种本能。这不仅仅是我们可以做到的事情，也是必须去做的事情。

在本书中，我将证明，在所有社会的最内核，都存在着以下社会套件，也就是好社会的八大特征：

（1）**拥有和识别个人身份的能力**。
（2）**爱伴侣和子孙后代**。
（3）**友谊**。
（4）**社会网络**。
（5）**合作**。
（6）**对自己所属群体的偏好（内群体偏好）**。
（7）**温和的等级制（相对平等主义）**。
（8）**社会学习和教育**。

这些特征都来自个体内部，但是它们刻画了群体。它们共同发挥作用，就能创造出一个可以顺利运转的、可持续的社会，一个美好的社会。[31] 个人身份为爱、友谊和合作提供了基础，使人们能够在各个时间和地点上找到应找的人，并真诚地为他人提供的善意做出回报。

爱是一个特别独特的人类体验，它以只能在极少数其他哺乳动物中观察到

---

① 爱德华·威尔逊被称为“社会生物学之父”，他的著作《创造的本源》《半个地球》《人类存在的意义》中文简体字版已由湛庐文化策划，浙江人民出版社出版。——编者注

的一个特性为基础，也就是与配偶的结合。从进化的角度来说，爱也为我们感受到某种特殊的连接铺平了道路，不仅仅是与亲属的连接，还有与没有血缘关系的个人之间的特殊连接。

也就是说，人类要有朋友，这也是社会套件的一个重要组成部分。我们会与其他人形成长期的、不以繁衍为目标的联盟。这在动物界中是非常罕见的，但在人类身上却是普遍存在的。由于有了朋友，我们将自己带进了社会网络中，而且，我们做到这一点的具体途径也是有普遍性的，友谊的数学模型在世界各地都是一样的。

各个地方的人，也都在相互合作。合作不仅让我们与朋友而不是陌生人在面对面的网络中可信地互动，还可以组建群体，而且我们对群体内部的人，要比对群体外部的人更加喜欢，这样也就划定了群体的边界。世界各地的人都在选择自己的朋友，而且更喜欢在他们自己的群体内部寻找。反过来，合作又是社会学习的重要前提，社会学习是人类这个物种最强大的发明之一。没有人必须自己学习一切，所有人都可以依靠别人来教导，这是一种在所有文化中都存在的非常有效的实践。友谊网络和社会学习为人类社会特有的一种温和的等级制奠定了基础，我们会给予某些群体成员更高的声望，通常是那些可以教我们更多东西的人，或者是那些拥有更多连接的人。

所有这些特征都是相互连接的，它们对人类在一个不确定的世界中生存非常有用，并且为人类提供了更有效地获取和传递知识以及化解风险的方法。这些特征在进化的层面上是理性的，换句话说，它们能够提高人类的达尔文适合度（Darwinian fitness）①，增进个人利益和集体利益。通过赋予我们社会性情感

① 达尔文适合度一般用来度量自然选择的参数，是一种基因型相对的生殖效率的大小。不管一个基因型的表现如何，只要在同样的环境下和其他基因型相比能够产生较多的后代，它的适合度就是高的。——编者注

（敏感性）和社会性行为，人类的基因有助于塑造人类的社会，无论是小规模的社会，还是大规模的社会。

这种创造而成的社会环境，反过来又产生了一种进化上的反馈循环。在整个历史上，人类一直生活在社会群体的包围之中。人类要生存，就必须与自己的同胞互动、合作，有时也需要避免碰到某些会对自己不利的同胞。同胞的存在在塑造基因方面所起的作用，与天敌的存在等量齐观。从进化的意义上说，人类的社会环境塑造了人类，就像人类塑造了社会环境一样。

此外，尽管物理环境、生物环境和社会环境在人类的进化中都非常关键，但是它们在一个重要方面存在着差异。人类在一百多万年前就学会了用火，可是直到最近几千年，才开始显著地塑造所生活的物理和生物环境：筑坝挖河、驯化植物和动物、向大气排放污染物、使用抗生素等。在农业发展和城市出现之前，人类并没有建立起自己的物质环境，而只能选择某些环境。与此不同的是社会环境，人类总能创造和改变社会环境。

社会生活对我们提出了许多特殊的要求。人类的诸多认知能力和行为倾向都是为了应对社会生活而发展起来的。例如，人类天生就有能力进行合作，并生活在一个合作型的群体中，这有利于某些与善意和互惠相关的遗传倾向。人类还天生喜欢交朋友，而不愿意只拥有生产活动中的伙伴。当我们交到朋友时，就会改变周围的社会世界，让友谊更有用。如果有些人缺乏了这些“亲社会能力”，就可能无法像其他人那样成功地生存并繁衍后代。人类的基因引导我们去创造一种社会环境，这种社会环境又会产生反馈，支持在人类创造的环境中有用的特定基因。正是由于这个原因，在进化过程中，人类获得了在遗传上内化的普遍性社会公理。

人类社会的各个核心特征，都受一幅永恒的蓝图引导，而且这幅蓝图，是在人类物种的帮助下勾勒出来的。一些进化生物学家对“蓝图”这个比喻表示不满，[32] 部分原因在于他们认为“蓝图”只能是固定性的和确定性的。另一个原因是，如果你根据一个计划建成了一栋大楼，那么其他人就可以去勘查这栋大楼，然后运用逆向工程法重新生成它的蓝图。但是在生物学中，在生物体根据遗传密码发出的指令成长起来后，没有人可以轻易地通过分析生物体，用逆向工程法得到蓝图。

当然，在有了蓝图之后，你也可以往两个方向推进，但只能在一个方向上使用遗传密码。因此，这些科学家更喜欢用程序或食谱等隐喻，但是问题仍然存在，因为人们还是可以通过查看已经做好的食物来对食谱做出某种预测。无论如何，人们一般不能总是通过检查大楼来创建出确切的原始蓝图。另外，蓝图不一定能完全实现，甚至可能不一定完整。虽然蓝图是具体的指导方针，但是它们也可以进行修改，由建筑师修改，由建造者解释，或者被居住者改变。

更加重要的是，当我使用“蓝图”一词时，从蓝图这个有一定争议的比喻本身的含义角度来看，我并不是说基因就是蓝图。我的意思是，基因可以绘出蓝图。社会生活的蓝图是人类进化的产物，是用我们的 DNA 墨水写成的。

人类过去的进化过程，迫使人类普遍建成了基本的、强制性的社会。因此，这个蓝图还意味着社会有一些自身无法承担的形式以及一些必须遵守的限制，对此，我们将在后文中进行探讨。人类可以偏离蓝图，但只能在一定程度上偏离。正如我们将会看到的那样，当偏离得过多时，社会就会崩溃。

是什么让我们“合众为一”

长期以来，研究者一直对特性和行为上的跨文化差异抱有极大的兴趣，而且这些差异常常被用来证明对“外人”的蔑视或压迫是正当的，这是非常令人遗憾的。这种文化差异有时与可观察的人类生理特性的遗传变异有关，例如，血红蛋白有不同类型，有的可以产生高海拔耐受性或对疟疾免疫的抵抗力。[33]考虑到这一点，有的人可能会认为，为文化实践中的差异寻找遗传原因的做法似乎是合理的，并且一些有限的证据也可以证明这一点，例如，关于爱好暴力、追求新奇、厌恶风险以及喜欢迁居等行为特征的证据。[34]但是，在人类学家列出的长长的特征清单中，基因肯定只能解释其中极小一部分在不同文化群体之间出现的差异。根本不存在可以解释为什么有些社会要将死者肢解或崇拜神灵的“手术基因”或“偶像崇拜基因”，因为这种变异是由文化造成的。

虽然基因不能解释文化差异，但是却可以解释文化普遍性，甚至可以解释为什么会有文化存在。进化通过向我们赋予合作、结交朋友和社会学习的能力，为人类文化提供了基础。人类之所以会表现出文化差异，恰恰就是因为人类从一开始通过进化获得了这种能力。

当一些科学家在描述行为的进化基础时，无论是在个人层面，还是在社会层面，往往只关注人类之间可能导致分歧甚至分裂的差异。与此相反，我在谈到蓝图时，着眼点完全不同。但是，我并不是说各个社会之间的差异全都基于基因。相反，我要说的是，如社会套件所述的各社会之间的相似性，是基于我们的基因的。

我对所有人类共享的深层社会特征非常感兴趣。我想知道，这些特征来自何处，它们所服务的生物目的和社会目的是什么，以及无论文化细节如何，它们是如何继续塑造人类社会的。一个规模相对较小的普遍特征集合支持着人类自我构建社会。因此，我要回答的问题是，如果我们从这个星球上的任何地方带走一群人，让他们自己构建一个社会，没有任何正式的指导或权威，他们会怎么做呢？

第2章

自然实验下的小型社会

英国广播公司的电视制作人在真人秀节目《荒岛求生 2000》（*Castaway 2000*）中进行了一系列实验。如果有机会做同样的实验，大多数社会科学家都会兴奋得跳起来。这个节目讲述的是 36 人被困在一个荒岛上的经历，这些人中包括了几对夫妇和几个家庭，他们要在那个荒岛上生活一年。这个节目的目标是，搞清楚在这些英国人（他们构成了英国人口的一个横截面）努力创建一个新社会的过程中到底会发生什么。[1] 这些人面临的挑战是，如何从零开始建立一个有凝聚力的、可持续发展的、能够高效运转的社群。对于这个节目，世界各地的新闻媒体不约而同地表示惊叹，它们称这个节目是“新千年大胆的社会实验”。[2]

当然，无论怎么说，这仍然是一个人为的电视节目。这种人为性影响了这些“荒岛求生者”的决定和行为。但是，许多参与者也都指出过，在他们的眼中，这个项目确实主要是一个科学实验。“这件事听起来非常幼稚，”参与者朱莉娅·科里根（Julia Corrigan）后来解释道，“但幸运的是，我们在一开始的时候并没有过分重视把这个项目推进的过程拍摄下来的意义，尤其是在最早的那些日子里。在我们着手申报这个项目的阶段，重点似乎完全放在了这件事情的‘社会实验’方面。”[3]

这 36 人暂时离开他们生活的世界，来到这个名为塔伦赛（Taransay）的与世隔绝的海岛上。他们必须自己种出食物、自己饲养禽畜、自己维修栖身之所……最重要的是，他们要组织起一个社群，并维持它的有效运转。每个人只允许带一箱个人物品，到达这个小岛后，组织者会给他们安排一个狭小的住处。前几个星期的食物是由组织者提供的，因为那时他们种下的作物还未长大。其他一切则掌握在他们自己手中。那么，他们的社群是怎样建立起来的？参与者罗恩·科普西（Ron Copsey）后来这样总结了社群建立的初始阶段：

> 刚到塔伦赛岛的那段日子里，大多数时间都花在了无休无止的会议上，我们要了解每个人，还要讨论应该如何开始在塔伦赛岛上的生活。许多争论都是关于工作安排的，社群预算支出也是争论的一个焦点，有的人甚至为此打了起来。[4]

在所有参与者中，有 29 人坚持到了最后，他们相互之间建立了亲密的关系，在塔伦赛岛上建立了一个社群。另外 7 人（3 个个人和一个有 4 名成员的家庭）因各种原因自愿离开了这个岛。[5]科普西就是这 7 人中的一个，他这样总结了对这个实验的感受：

> 我们获得了一个尝试不同生活的绝佳机会，但是我们所做的却只是复制在家里的生活方式：人们需要规则，会结成小团体，还需要某种永久性的安全防范机制。塔伦赛岛社群似乎成了我们社会的一个镜像，这令人失望透顶。[6]

那么，为什么塔伦赛岛会变得与常规社会如此相似呢？为什么参与者无法创造出一个全新的社会呢（尽管他们都希望如此）？

如果真有一个理想世界可以让研究者进行真正意义上的科学研究，即在持续时间上多次重复进行塔伦赛岛实验，那当然是再好不过了。但是在现实世界中，考虑到后勤保障的困难和伦理方面的障碍，实在很难想象怎样才能做到这一点。一种可能性是进行较小规模的实验。我的实验室已经开发出一个短时间内在线完成这种实验的方法，不过参与者之间的交互要简单得多。

另一种可能性是，考察历史上那些有意识地去创造一个新社会的小规模实验，它们非常有研究价值。在过去的几个世纪中，在乌托邦理想、哲学幻想或宗教狂热的驱动下，曾经多次出现过这样的事件：一些人自愿来到某个与世隔绝的地方，从头设计并付诸实施，努力创建一个全新的社会。这种乌托邦式的努力在美国有着特别强大的根基。历史上，美国曾经出现过很多这样的群体。

此外，要研究社会发展，还有一个思路是考察那些“无意图”从头开始创造社会秩序的努力，例如，船舶失事后，漂流到某个荒岛上的幸存者发现，自己面临着要想生存下去，就必须努力建设一个能正常运转的社会的挑战。

在接下来的几章中，我们分别从这些不同的角度进行探索。但是在这里，可以马上指出的一点是，所有的结果，无论是无意地努力所导致的，还是有意地设计所导致的，最显著的特征就是它们都是完全可预测的。所有以创建一个与现实社会有根本性差异的社会的努力，都没有成功。这种努力要么完全归于失败，要么像塔伦赛岛那样，最后变得类似于原来的社会。人类拥有巨大的创造能力和创新精神，世界各地的各种文化所显示出来的多样性以及永不停息的社会变革，都体现了这一点，但是归根到底，人类还是无法摆脱一些根本性的、普遍性的原则的强大引力。这些原则就是我们所说的社会套件，试图废除这些原则的尝试只能以失败告终。

自然实验

在深入研究人类改变社会的自发努力之前，让我们先思考一下对社会系统的大规模实验可能会是什么样子，或者，至少在科学家的梦想中是什么样子。科学家可能会这样做：先描述出所有可能的社会类型，就像科幻小说作家那样富有想象力，然后将真实的人“放入”这些社会中，进行实验，以便确定哪种类型的社会是可以有效运转的。科学家要根据所定义的特定标准来判断哪些社会是“有效”的，比如，居民要有幸福感，或至少必须能避免同室操戈的现象。这种想法的若干变体，也可能是可行的。例如，科学家可以系统地操纵社会制度，并在短期内观察它们对人和群体的影响（正如将在本书第 4 章中看到的那样），并且他们还可以在深思熟虑后有意识地操纵其他社会性物种的社会组织，例如，将猴群中的“猴王”迁走（我们将在本书第 7 章讨论相关实验）。

还有一类实验旨在探索人类与生俱来的创建社会的倾向。这类实验要求在不接触任何文化的情况下将孩子养大，以便观察他们在成年后能够创造出什么样的社会。事实上，对于这类实验，科学家已经设想很久了，例如，设想用这种实验来研究语言的起源。但是，这类实验是“严禁的实验”，因为它们过于残忍，违背了伦理。[7] 根据古希腊历史学家希罗多德（Herodotus）的说法，埃及法老普萨美提克一世（Psamtik I）将两个新生婴儿交给一个从不说话的牧羊人抚养，以观察他们是不是能够自己学会说话。这个法老并不是唯一一个有这种想法的人。据说，罗马帝国的腓特烈二世（Frederick II）、苏格兰王朝的詹姆斯四世（James IV）以及莫卧儿帝国的皇帝阿克巴（Akbar）也都尝试过同样的实验。[8] 这种实验也是许多科幻故事的核心情节，例如发表于 1960 年的经典科幻作品《第一个人》（*The First Men*）。[9]

还有一类假想的实验可能是，将突变引入与社会活动相关的基因，例如，调控人们如何选择朋友的基因，然后看看那些发生了突变的人类群体是如何互动的。不同基因的人会不会建立不同类型的社会？直接用人类进行这种遗传学实验显然是不可能的。不过，如本书第 6 章和第 10 章所述，利用啮齿类动物进行这样的实验则是可能的。

但是，据我所知，在这个方向上，任何科学实验都无法同时做到以下几点：将人类整个复杂的社会系统全都构造出来，并维持相当长的时间以便进行多期实验，同时还要构造多个不同的实验和至少一个对照组。

由于对人类（群体）进行实验受到极大的限制，因此很难收集关于人类如何从头开始构建社会的数据。但是，在历史上，在多个不同的时间和地点，已经出现过很多“自然实验”了，它们接近于从头开始创建一个新的社会。在这些“自然实验”中，尽管从未受到过科学“处理”的操纵，人们却都或有意、或无意地齐心协力创造出一些共同生活的社群。

那么，像因为船只失事而被迫困居荒岛的水手或为了宗教理由而自愿与世隔绝的教徒这样的群体所创建的社会，在多大程度上复制了他们原来所属社会的各个关键方面？他们能够在多大程度上建成可持续的全新形式的社会组织？从社会的角度来说，他们的成功或失败与他们的生活方式有什么关系吗？不过，在讨论这些例子到底告诉了我们什么之前，还得先阐述一下为什么要进行实验，无论是有意设计的实验，还是“自然实验”，这对解决我们的问题非常有益。

假设一些医生认为自己对某种病症的病理与生理机制已经有了透彻的理解，然后想看看某种新药是否有助于治疗这种疾病。假设他们让一些患者服用了这种新药，并观察到服用了这种新药的人反而更有可能死亡。他们可能据此断定这种药是有害的。但是，这种结果之所以会出现，也许是因为医生已经对患者有所选择了：他们只给那些病得更重的人提供这种新药。不管服用了什么药物，病得更重的人都更加容易死亡。所以，如果只有病得更重的人服用了这种药物，科学家并不能确定它对患者是有害还是有益。他们还需要另一组病得同样重的患者作为对照组，这些患者不服用药物，以便与服用药物的另一组人进行比较。

此外，医生也可能会遇到相反的问题：也许他们会选择只向症状较轻的患者提供新药。这种方法可能会使药物看起来比实际上更安全。为了确保健康状况、年龄和其他因素不会影响科学家对药物疗效的评估，最好的方法是对患者进行随机分组，让其中一组人服用药物，同时另一组人不服用，然后再比较这两个组的结果。这种类型的实验体现了科学研究的“黄金标准”，谁能服用药物由医生控制，从而最大限度地减少外部因素的影响。

科学研究可以采取多种方法，但直到今天，实验方法仍然是最重要的。[10] 尽管如此，我们还是不应该把一般意义上的科学方法与实验方法混为一谈。自 17 世纪以来，科学家广泛采用的“科学方法”（scientific method），是指研究自然界的一种方法，它的特点是系统观察、仔细测量，有时还进行实验，所有这些都与假说的提出、检验和修正结合起来进行。

但在很多情况下，科学家是无法进行实验的，这在天文学领域或古生物学领域最为典型。但是在其他一些领域，有时候也是如此，例如，我们无法通过实验来评估失去配偶是否会增加一个人的死亡风险，因为我们不可能杀死一个人的配偶或让一个人的配偶随机消失，这种现象被称为寡居效应（widowhood effect）。我们也不能通过随机对照实验方法，比如随机地让一部分人吸烟，另一部分人不吸烟来评估吸烟对人类健康的影响，因为我们已经知道吸烟有非常大的危害。在这种情况下，科学家就必须采取其他方法来寻找答案，例如统计方法。

此外，科学家还可以利用所谓的“自然实验”。在自然实验中，被试是由某种看上去似乎是偶然的外部力量分配到不同的实验组中的。在某些情况下，自然实验可以非常接近真实的实验。例如，在 20 世纪 80 年代，关于服兵役的经历会不会提高或减少退伍士兵的工资，曾经有过激烈的争论。又或者，可能的影响只与应征入伍的人是谁有关？那些没有入伍的男性比入伍的男性能力更高？或者说，那些人之所以报名参军，只是因为他们的技能或工作前景较差？考虑到入伍者的素质，服兵役的经历会不会给士兵造成经济上的损害？在一个理想的实验中，我们会随机分配人员入伍服役，然后在他们退伍后若干年再去收集他们的工资数据。但实际上，这是不可能的。但是，经济学家约书亚·安格瑞斯特（Joshua Angrist）发现，20 世纪 70 年代实施的“抽签征兵”制是一个很好的自然实验，他利用这个自然实验的结果发现，在军队中服役会减少退伍后的工资。[11]

历史学家、生物学家、考古学家以及各个学科的社会科学家，都在利用自然实验进行研究：从对印度的英国殖民机构的长期影响的研究，到（达尔文率先进行的）对加拉帕戈斯群岛上各种各样的鸟喙形态的进化的研究。[12] 然而，在不同的自然实验之间，实验处理分配的随机性程度变化非常大。大多数自然实验中的随机性都称不上完美。

然而，自然实验最为核心的思想是，在科学家有意设计之外，还有某种力量能够指定实验组，而且是在事前没有对结果进行预测的情况下。在一项自然实验研究中，经济学家达龙·阿西莫格鲁（Daron Acemoglu）和他的同事们得出了这样一个结论：法国大革命后被法国军队入侵的德国地区，比其他德国地区更快放弃了封建制。[13] 在接下来的几个世纪内，德国的这些地区一直更加繁荣，城市化的速度也更快。这种自然实验有助于阐明社会制度和社会实践是怎样导致多样性的经济后果的。如果没有自然实验，根本不可能做到这一点。因为研究者显然不可能随机地将不同的政体形式分配给欧洲的不同地区，以研究制度如何在接下来的数十年中影响各地经济的。科学家永远不可能那样做，但是法国军队却可以。

因此，自然实验能使科学家避开某些实际困难、减轻道德伦理障碍，并研究一些无法复制的大规模的现象（例如，军事入侵的影响）。尽管如此，研究者仍然不一定能确定这种干预措施是完全偶然的。也许，法国军队对选择入侵德国哪些地区有特别的想法，也许这些地区未来本来就会更加繁荣。

社会秩序的自然实验可以采取多种形式。让我们首先考虑由那些滞留或被困在与世隔绝的地方的人完成的自然实验。

沉船事件带来的自然实验

沉船事件的幸存者往往会建立营地，这种营地提供了一些非常有意思的数据，可以用来研究这样几个问题：人们在不得不依赖自己时会建成一个怎样的社会，这种社会秩序是怎样变化的以及为什么会这样变化而不是那样变化，什么样的制度安排最有利于和平与生存。几个世纪以来形成的“沉船群岛”，或多或少随机地导致了在这些与世隔绝的荒岛上，幸存者们无意中参加了多次自然实验。

几千年来，至少从《奥德赛》（*Odyssey*）所描述的古希腊时代开始，人类一直对沉船事件保持着一种特别的兴趣。莎士比亚写下《暴风雨》（*The Tempest*），塞万提斯叙述了堂吉诃德的悲惨遭遇，还有《鲁滨逊漂流记》（*Robinson Crusoe*）、《海角乐园》（*Swiss Family Robinson*）、《蝇王》（*Lord of the Flies*）等类似的小说。在这些小说中，对漂流者的叙事或洋溢着田园诗之风，就像让－雅克·卢梭那样着力颂扬自然状态，或充斥着无政府主义和暴力，像托马斯·霍布斯那样推崇专制政策。这两位哲学家，虽然对人性有着完全相反的看法，但那只不过是一个硬币的正反面。

在现实世界中，当沉船事件发生后，支持霍布斯主张的例子比比皆是。例如，1629 年，“巴达维亚号”（Batavia）海船沉没之后，船员们在精密计划后，展开了大规模的谋杀行动，以节省资源的名义，残杀妇女和儿童。[14] 或者，再想想法国的“尤特勒号”（Utile）奴隶船船员的行径，这艘船是 1761 年在印度洋的特罗姆林岛海域失事的。后来，船员们设法逃离了荒岛，但是他们却将 60 名奴隶留在了那里。离开的时候，他们承诺会带着救援回来，但离开后整整 15 年都未兑现诺言。最后，当有一艘船到达那个岛屿时，岛上只剩下 7 名妇女和 1 名儿童还活着了。[15]

类似这样的沉船事件反映了严重的社会失序。如果情况非常严重，社会秩序完全崩溃了，那可能会出现大量的谋杀行为，甚至还会出现同类相食的现象。沉船所造成的极端情况，可能会压倒人们天生良善的行为倾向。1816 年，“美杜莎号”（Medusa）沉没，146 名幸存者登上一只大木筏，在茫茫大海中漂流求生，13 天后，只有 15 人被成功救出；1766 年，“老虎号”（Le Tigre）沉没，落海的 4 名幸存者中有 3 个人生存了两个月。在这两起事件中，谋杀成了维持生存的重要手段。[16]18 世纪一本几乎风行全球的畅销书详细描述了“老虎号”事件的整个经过，唯一的女性幸存者侥幸得到特别照顾，其他男性幸存者达成了保护她的协议。而唯一的黑人幸存者则是最先被谋杀的，因为大家认为他的身份和地位最低。在“美杜莎号”事件中，则没有留下这样的细节，不过可以肯定的是，幸存者中无论男性还是女性，无论黑人还是白人，都可能被杀害。

当然，同类相食行为与社会秩序崩溃的关系和导致同类相食的原因有关，如果不吃的话，自己也会死于饥饿。20 世纪发生在安第斯山脉的一起飞机失事事件中，也出现了这样的情况。[17] 在前述两个沉船事件中，同时代的人有着截然不同的看法。在“老虎号”事件中，幸存者的行为被描述成了一个非同凡响、体现当事人智慧和耐力的故事，但这当然是饶具讽刺意味的，这种叙事体现了性别歧视和种族主义。而“美杜莎号”事件则被认为是人性堕落（人变成了野蛮的动物）的一个缩影。

当然，我们现在之所以能够了解这些事件，是因为有一种离奇的文学作品：作者们以第一人称的角度描述各种灾难，以吸引安然坐在扶手椅中寻求刺激的读者。这种文学作品在19世纪达到了顶峰。[18] 这个流派的作品一般都有非常引人注目的标题，例如：

- 《重大沉船故事集》《关于海上灾难的精彩记叙集》，其中描述了关于海上失事船只船员不寻常的冒险经历和苦难遭遇，以及他们在远方海岸所受到的待遇的各种细节，还有对幸存者获救的记录（1813年）。
- 《水手编年史》，记载了最令人震惊的海上灾难，如沉船、风暴、火灾和饥荒，以及海军交战、海盗冒险、重大发现，还有许多其他不寻常和有趣的事件（1834年）。

除了这些幸存者的叙述之外，我们还可以利用20世纪历史学家和考古学家对沉船事件更加正式的描述和评估。

从16世纪开始，欧洲人就在全球范围内进行探险，这个过程直到20世纪初现代导航和通信设备出现后才告一段落。在此期间，沉没的船只超过了1000艘。在绝大多数沉船事件中，最普遍的情况是所有人都遇难，船员和乘客就此葬身海洋。有时候，幸存者会在海上遇到其他船只。例如，1820年，“埃塞克斯号”（Essex）沉没，船员挤在一艘狭小的捕鲸船上漂流了好几个星期，最终不得不开始同类相食。正是在这个故事的激发下，美国小说家赫尔曼·梅尔维尔（Herman Melville）写下了《白鲸》（*Moby Dick*）一书。但是，就目前讨论的目的而言，我们重点要关注的是如下情况：幸存者登上了海岛，并建立起了营地。当然，这种情况是非常罕见的。

一项统计表明，在塔斯马尼亚岛附近发生的超过1100个沉船事件中，只有15个事故（占比约为1.4%）的幸存者建立起了营地，并且坚持了超过一个星期。[19] 幸存者人数足够多、时间足够长，从而建立起了一个“小型社会”的情况就更加少见。许多幸存者在历经千辛万苦踏上陆地之后，却很快就因为坏血病、营养不良、筋疲力尽或受到伤害而死去。灾难期间的死亡率通常都会超过 50%。我们还得希望，幸存者被当地土著攻击、奴役或吞并的情况不会发生。此外，我们当然还需要至少有一名最终幸存者能够讲述整个故事。[20]

在科学研究中，一个社会实验要提供一些有意义的信息，至少必须有 19 名幸存者，而且他们建立的营地也要至少维持两个月。[21] 只有非常少的沉船事件能够满足这些标准。在从 1500 年到 1900 年的这 400 年间，我最终只找出了 20 个这样的案例（表 2-1）。对幸存者的数量和营地持续时间的测量往往相当困难，因为幸存者有时会经历两次沉船事件。第一次就是最初的沉船事件，第二次是幸存者暂时安顿下来后派出去寻求帮助的船在另一个地方再次遭遇海难。

我们还必须承认，即便在这 20 个满足标准的例子中，幸存者也算不上严格的全体人类“代表”。因为乘船出海的人并不是随机抽取出来的，他们往往是在海军中服役的士兵、经常漂洋过海的船员，或者是奴隶、囚犯和商人。海船上的生活涉及身份地位的划分和等级制的指挥体系，这些人早已习以为常。因此，幸存者群体的成员，不仅往往可能全部来自某个特定的文化背景（例如，荷兰人、葡萄牙人、英国人等），而且他们自身也是那个热衷于探险时代中与长途航海活动相关的各种亚文化的组成部分。也正因为如此，这些“沉船社会”的成员大多是男性。此外，绝大多数研究对象都刚刚勉强逃得一命，在心理上往往受到了严重的创伤，他们在到达某个岛屿时通常都是奄奄一息的，有时甚至是赤身裸体、遍体鳞伤上岸的。

表 2-1 1500—1900 年的小规模“沉船社会”

名称	年份	开始建立营地时的初始幸存者人数	最终幸存者人数	持续时间
核心样本				
圣若昂号（Sao Joao）*	1552	500	21	5 个月
圣本托号（Sao Bento）*	1554	322	62	2.5 个月
科尔宾号（Corbin）**	1602	40	4	5 年
海洋冒险号（Sea Venture）	1609	150	140	10 个月
巴达维亚号（Batavia）	1629	280	190	2 个月
乌特勒支号（Utrecht）	1654	94	89	2 个月
费居德·德雷克号（Vergulde Draeck）*	1656	75	7	6 个月
葡萄牙单桅号（Portuguese Sloop）	1688	20	16	6 年
泽维克号（Zeewijk）	1727	208	88	9.5 个月
韦杰号号（Wager）***	1741	101	10	8.5 个月
圣彼得号（St. Peter / Sviatoi Piotr）	1741	74	46	9 个月
多丁敦号（Doddington）	1755	23	22	7 个月
利奇菲尔德号（Litchfield）**	1758	220	220	18 个月
尤特勒号（Utile）	1761	60	7	15 年
悉尼湾号（Sydney Cove）	1797	51	24	5 个月
布兰顿·霍尔号（Blenden Hall）	1821	82	70	4 个月
婆罗门号（Brahmin）	1854	41	25	5 个月
朱莉娅·安号（Julia Ann）	1855	51	51	2 个月
英弗科尔德号（Invercauld）	1864	19	3	1 年
墨纪拉号（Megaera）	1871	289	289	3 个月
其他案例				
老虎号	1766	4	3	2 个月
美杜莎号	1816	146	15	13 天
格拉夫顿号（Grafton）	1864	5	5	19 个月
格兰特将军号（General Grant）	1866	15	10	18 个月

注：表中部分数字是近似值。

* 不同资料来源有所不同。

** 与土著居民发生了敌对性接触（暴力、奴役等）。

*** 其中一个小分队被困了大约 5 年。

所以严格来说，显而易见，沉船事件的幸存者并不是理想的实验被试。那些追求“禁忌实验”的科学家真正想要的实验被试是这样的：他们是互不相识的陌生人，而且没有任何文化背景，然后，安排这些被试进入一个与世隔绝的、资源丰裕的环境中，任由他们创建一个全新的社会，而研究者则躲在一旁秘密地进行观察。不过，尽管如此，我们仍然可以从已经发生的自然实验中获得非常宝贵的信息。

前面我们已经讨论过几个以黑暗结局收场的沉船事件，它们最终都演变成了谋杀和同类相食。那么，最成功的那些“沉船社会”又有哪些共同因素呢？在我们的样本中，通常表现最好的群体的共同特点是：拥有非常优秀的领袖，其表现形式是温和的等级制，且不存在任何残暴的因素；幸存者之间相互友爱；群体成员善于合作并有利他主义精神。不难看出，所有这些都是社会套件的关键组成部分。

幸存者社群会表现出多样性的合作方式：公平分享食物、照顾受伤或生病的同伴、一起挖掘饮水井、安葬死者、协调防御、保护可以作为信号的火种、共同计划建造船只或寻求救援。关于这种平等主义性质的行为，除了有历史文献可以证明之外，我们还找到了不少考古证据，其中包括分别用来安置不同子群体（例如，军官和士兵、乘客以及他们的仆人）的住所、集体建造的水井或烽火信号台等。[22] 其他间接证据则可以从幸存者的回忆和报告中找到，例如，在优秀领导者的说服下，大家一起进行危险的打捞行动。在这种情况下，可以发现许多友谊和温情的东西，暴力和谋杀并不是最典型的。

利他主义主要表现为资源共享和自愿参加有危险的救助他人的行动，最典型的沉船事件是“朱莉娅·安号”事件。1855 年 9 月 7 日，这艘船在太平洋的某个珊瑚礁群岛中失事，导致 51 个人被困两个月之久。船长和 9 名船员自愿划船冒险向东出发，花了整整三天三夜，才到 350 千米之外的波拉波拉岛（BoraBora）求助。

“朱莉娅·安号”撞上珊瑚礁时，有5人不幸丧生，但是所有幸存者最终都获救了。对此，当时的一份报纸是这样报道的：

> 在整个事件中，庞德船长唯一的愿望就是挽救乘客和船员的生命。他的高尚行为充分证明了这一点。当船员们在他的指挥下，使用将沉船与海岸连接起来的救生索救助乘客们上岸时，二副欧文斯先生打算把一个包拿上岸，里面装着属于船长本人的8000美元现金。但是，船长命令他放下这些钱并将一名女孩送上岸……最终，这个女孩得救了，但那些钱却不见了。[23]

庞德船长从一开始就在所有人面前充分展现了他的利他主义精神，从而树立了一个非常有力的榜样，使所有人都积极合作，共同努力。“朱莉娅·安号”上的幸存者，一半左右都是摩门教徒，这种信仰也可能有助于他们的团结。庞德船长注意到，这些人“很容易管理”，而且“随时准备听取建议并遵照执行”。[24]

沉船事件发生地的丰富资源和专业人员的知识和技能显然对脱险很有帮助。“朱莉娅·安号”的幸存者找到了海龟蛋、椰子和淡水。他们搭了一个熔铁炉并配了一个风箱，然后修好了一艘小船（在关于成功的“沉船社会”的故事中，经常有制造和使用风箱的场景）。最后，是那些自愿冒着生命危险划着小船去求救的人，拯救了所有人。对此，一位乘客在后来回忆这个事件时是这样说的：

> 我们祈求上帝保佑船长和随他一起出海求救的那9个勇敢的人。他们勇敢地冒着生命危险，靠手划着小船，在没有任何保护措施的情况下穿过一片汪洋大海，努力寻找救援。当我们看着那艘小船慢慢远离陆地时……虽然我们都不在船上，但是我们都知道，能不能活下来，全靠那艘船了。[25]

或者，也可以想想“布兰顿·霍尔号”沉船事件。1821 年 7 月 22 日，在南大西洋中部的伊纳克塞瑟布尔岛（Inaccessible Island）海域，“布兰顿·霍尔号”遭遇了海难。在“布兰顿·霍尔号”事故中，就像“朱莉娅·安号”一样，英雄主义和合作仍然是主旋律，尽管幸存者之间发生了争论和若干小的偷窃与暴力行为，对主旋律稍有影响。船上原来有 82 人，其中的 70 人成功上了岸，并一起生存了 4 个月，直到最后获救。

在最初的几天，“布兰顿·霍尔号”的幸存者设法打捞了一些木材、帆布和布料，建造了一些避难所。他们还捞上了一些酒以及一个外科医生的手提箱，里面有一些可以用来生火的磷。酒带来了好坏参半的冲击，一方面，它提供了热量和临时性的安慰，但是另一方面，它也引发了暴力和威胁。

在导致“布兰顿·霍尔号”沉没的暴风雨停歇之后，幸存者们变得更加乐观了。相对来说，“布兰顿·霍尔号”的幸存者比较容易地就获得了食物和水，但数量也不是无限的。而且，食物和材料的供应必须与有效的集体资源分配恰当地结合起来，才能保证群体的成功生存。幸存者们小心翼翼地分享了炖肉、野芹菜和衣物等资源，因此没有人饿死或冻死。[26]

船长亚历山大·格雷格（Alexander Greig）表现出了很强的领导力和极高的智慧，他在关键时刻维持了和平，保证了群体内部的分工合作，让一些人负责打捞，一些人去探索地形，另一些人去收集生火的木柴。不过，幸存者根据不同的阶层、等级、性别和种族形成了若干个群体，各有各的想法，这反映了内群体偏好，当然，内群体偏好本身也是社会套件的一个组成部分。后来，紧张局势终于爆发。1821 年 9 月下旬，一些船员攻击了乘客。幸运的是，船长率领 12 名男子击退了他们。之后，船长试图对组织骚乱的船员头目进行惩罚，但是被船员们攻击过的一个女子出面求情，船员们得以免受鞭刑之苦。

船长的儿子也是幸存者之一，他虽然只有 18 岁，但也已经在这场严峻的考验中表现出了很强的领导能力。船长的儿子用企鹅血在打捞上来的报纸的边上写日记。在日记中，他描述了他们所处的困境（这是他自己敏锐地观察到的）：

> 我必须承认，对我来说，在这样一个时期，乘客之间还会存在敌意的感觉，实在是一件是令人费解的事情……确实，我们的烦恼很多，令许多人发脾气，也会使人觉得难以忍受。但是与此同时，人们应该想到，在我们所处的这种极度紧急的情况下，饥饿几乎是不可避免的。人性中的共通之处可以成为一道律令，它足以抑制恶意的爆发，并引导每个人都能够同情所有与他一样处于危难之中的同胞。[27]

在船员攻击乘客的事件平息之后，团体内部的分裂情况仍然很突出。幸存者自发形成了三个不同的群体，他们并没有将打捞上来的资源汇集到一起共同使用，而是展开了竞赛——分别建造船只前往 30 千米之外的特里斯坦 - 达库尼亚群岛（Tristan da Cunha）求助。10 月 19 日，第一批有 6 个人离开了，但是他们自那之后音讯全无。然后，第二批人于 11 月 8 日出发，前往特里斯坦 - 达库尼亚群岛，他们成功了，并带回了救援人员。就这样，所有其他人都迅速获救了。如果没有发生过内部冲突事件，“布兰顿 · 霍尔号”的幸存者在那整整 4 个月时间里的处境会不会更好一些？有可能。但是说到底，他们毕竟还是能够获得必要资源的，这会减少冲突的程度和影响。此外，他们内部干练的领导者和明显的合作关系也是至关重要的。

再来看一看“悉尼湾号”，这艘船是 1797 年 2 月 9 日在塔斯马尼亚岛旁边的保护岛（Preservation Island）失事的。“悉尼湾号”沉没后，51 人幸运地登上了岸。文献记录和考古证据表明，这些幸存者创造了相当不错的社会秩序，包括集体挖掘水井和建造一个共同的住宅。幸存者的回忆也谈到了普遍存在的无私行为，从拯救溺水的船友到自愿冒险出海求助。[28] 2 月 28 日，17 名男子乘坐小艇前往澳大利亚大陆的杰克逊港（Port Jackson）求救，但是 3 月 1

日，他们在澳大利亚东南海岸再一次失事。于是他们从那里步行到 640 千米之外的杰克逊港。对此，领导了第二阶段冒险求助行动的押运员威廉·克拉克（William Clark）这样回忆道：

> 若非身临其境，只凭想象绝对无法描绘出如此悲惨、如此阴郁的情况，这些不幸的船员，第二次失事了。那是在荒凉的新南威尔士海岸。他们失去了重新回到同伴那里的所有希望，失去了食物，同时也没有任何武器，因而也就几乎完全不存在生存下去或保证自身安全的可能性。他们似乎注定要承受所有不幸，面对未知的、未经证实的死亡的恐怖。但是，在这种无比艰难的情况下，他们并没有放弃希望。是的，他们没有被绝望压倒……当他们艰难而坚定地一步步前行时，危险和困难也在慢慢消退。他们直面自己的内心，就好像它最终的力量就是保留下来用于最艰苦的场合的。当他们平静地忍受着莫大的痛苦时，内心得到了平和。从更远一些的地方来看，痛苦和恐惧似乎都在退缩。[29]

当然，这段旅程的成功，不仅有赖于他们这种无比坚毅的内心，而且也因为他们得到了富有利他主义精神的澳大利亚土著居民的帮助。克拉克报告说，在旅途中，他们好几次得到了当地土著的帮助：土著居民友好地对待他们，将他们送到海岸，送给他们鱼和其他食物，并且用船渡他们过河。在他写于 1797 年 3 月 29 日的日记中，克拉克曾经把土著人描述为“虽然有人的形状，但是没有人的样子”，他还经常把土著人称为“野蛮人”，这反映了人类普遍的内群体偏好。但是，克拉克很快就改变了他的看法：

> 我们来到了一条相当大的河流旁边，由于河水很深，无法涉水而过，我们着手准备一只筏子。但这不是一件容易的事情，如果不是得到 3 位土著朋友的帮助，我们是不可能在第二天就准备好筏子的。他们昨天刚刚与我们分开，今天又重新加入了我们的队伍并帮助我们准备筏子。很显然，他们一直很关心我们。当他们知道我们必须渡过这条河时，就非常

友善地提供了帮助。他们是有意跟在我们后面走，以便在需要时提供援手的。[30]

在 4 月 2 日的日记中，克拉克写道：

在 9 点至 10 点之间，我们又非常惊讶地遇到了 5 位当地土著，他们已经是我们的老朋友了。他们以非常友好的方式接待了我们，并且送给了我们一些贝类。这种贝类让我们美餐了一顿，这真是太好了，因为我们的仅剩的大米也几乎消耗殆尽了。[31]

不过，他们也遇到了几拨有敌意的土著人，其中的一次遭遇战，导致 3 名男子相继受伤。尽管如此，他们与当地土著的互动从整体上看并不支持约翰·亨特（John Hunter）后来对这段艰苦旅程的总结。亨特声称："当地的土著做出了很多野蛮的举动。"[32] 但真正的事实却是，当地的土著居民拯救了这些陌生人的生命。在克拉克的眼中，土著居民既是野蛮人，也是朋友。事实上，如果土著澳大利亚人对克拉克等人有同样的感受，我也不会感到惊讶。

克拉克这个小组最终只有 3 个人幸存了下来，但是他们成功地完成了为一次沉船事件中被困的人求救的任务。最后，有 21 人获救。

接下来再来看"多丁敦号"事件。合作是这次海难幸存者最终获救的关键。1755 年 7 月 17 日深夜，当"多丁敦号"离开好望角并向东航行了一天之后，在印度洋的阿尔哥亚湾（Algoa Bay）触了礁。像通常的沉船事件一样，这场灾难来得非常迅速和凶猛。"多丁敦号"三副威廉·韦伯（William Webb）这样写道：

第一次撞击就惊醒了我。当时我在自己的小舱里睡得正香。我以最快的速度冲上甲板，在那里我发现一切事物都处于我能想象的最恐怖的状态中。船已经裂成了几块，每个人都在哭喊，祈求上帝的怜悯，大海的巨大力量将他们抛上抛下。[33]

不到几分钟，他就被海浪拍下了海，左臂小骨断裂，随后，在巨浪的冲击下，他陷入了昏迷。当他稍后在一块木板上醒过来时，他发现自己的肩膀上插着一颗钉子。他漂到了附近的伯德岛（Bird Island），差点被淹死。只有 23 人（都是船员）活着来到了这个小小的礁石岛。另外 247 人，包括船员和乘客，都被大海吞没了。[34]

伯德岛的总面积只有 0.19 平方千米，海拔也只有 9 米，而且没有任何淡水。现在，它是南非阿多大象国家公园（Addo Elephant National Park）的一部分。幸运的是，这个岛屿是一种海鸟的繁殖地，这些幸存者靠吃海鸟蛋维持了生命。事实上，他们在岛上就可以隐隐约约地看到远处的大陆，但是却无计可施。他们在岛上生存了 7 个月，依靠打捞上来的沉船中的食物和物资生存（其中也包括通常都会有的一桶桶酒），此外他们还以鱼、鸟、海豹以及鸟蛋为食物。[35]

在幸存者中，有一个人名叫理查德·托平（Richard Topping），他不仅是个船员，还是一个木匠。在其他人的帮助下，尤其是在特别有创造力的铁匠学徒亨德里克·施坎茨（Hendrick Scantz）的帮助下，托平最终建造了一艘单桅帆船，将它命名为“快乐解脱号”。1756 年 2 月 16 日，这些人利用它离开了这个小岛。所有登上这个小岛的人，只有一个未能活着离开。不过，在他们沿着非洲海岸向北航行的过程中，却有一半人不幸死去了。[36]

韦伯详细记录了整个事件，船只沉没后，他们先是被困在伯德岛上整整 7 个月，然后又沿着海岸航行，并在 4 月下旬最终获救。他集中描述了他们努力获取食物和建造单桅帆船的过程，同时也细致描述了风和海洋的状况。[37]现在，我们通过一些片段，可以拼凑出他们集体生活的图景。

在这个幸存者群体中，存在着相当明显的等级制痕迹。韦伯的记录表明，有些幸存者得到了特别优待："我们喝掉了所有的白兰地，但是特意留下了两加仑，那是我们为木匠先生保留的。"[38] 当水和食物供应不足后，他们实施了配给制，而且是在相当公平和友好的氛围下实现的。在韦伯的叙述中，唯一提到的摩擦是有人撬开了"财宝箱"，偷走了一些东西，但这件事很快就被所有人忘记了。[39]

韦伯的记录中还有许多对大家一起合作完成工作的描述，比如照顾伤病者、打捞沉船上的物资、捕鱼和收集其他食物、制作绳索和修理帆，以及建造单桅帆船。这些人还建造了一些双体船和小型渔船，在使用这些船只时，有几次，他们一起努力将不小心落水的人救上来，或者把被困在另一个附近的小岛上的人接回来。总之，他们为了一个共同的目标紧密地团结在了一起。

而且，这些人相互之间也非常友善。7 月 20 日，在他们搁浅三天后，二副的妻子科莱特夫人的尸体被海水冲上了岸。科莱特先生显然对他的妻子"有着最温柔的感情"，所以其他人决定暂时封锁这个消息，瞒着科莱特先生，待日后有较好机会时再告诉他。于是，他们设法分散了科莱特的注意力，把他带到了小岛的另一侧，然后埋葬了他的妻子（唉，其实就是埋在鸟粪下面！），并利用他们打捞上来的祈祷书举行了一个简单的葬礼。几天后，当他们把这件事告诉科莱特先生时，他"几乎完全不相信"，直到他们把他妻子的结婚戒指给他看。

同一岛屿两侧的两个沉船事件

现在，来讨论一个近乎完美的自然实验，在同一时间和地点发生的两个沉船事件，这两艘船是"英弗科尔德号"和"格拉夫顿号"，它们于 1864 年分别在奥克兰岛（Auckland Island）的两侧失事。这个岛位于新西兰以南 466 千米处，面积 464 平方千米。在整个 19 世纪，这个海域发生过多起沉船事件，幸存者在奥克兰岛上时，甚至可能会偶然发现以前失事船只的幸存者留下的痕迹。例如，在“格拉夫顿号”船员获救两年之后，“格兰特将军号”失事后的 10 名幸存者在岛上度过了 18 个月，他们发现了“格拉夫顿号”幸存者留下的小木屋，并且住了进去。最后，新西兰政府开始在这个岛上存放食物和其他必需品，以帮助被海水冲上岸的幸存者。

有意思的是，虽然同时在同一个岛上挣扎着为生存争斗，但是“英弗科尔德号”和“格拉夫顿号”的幸存者却相互不知道对方的存在。“英弗科尔德号”失事后，25 个船员中有 19 人登上了奥克兰岛，在岛上挣扎了一年之后，最终只有 3 人获救。而“格拉夫顿号”沉没后，船上的所有 5 人都上了岸，两年之后，这 5 人都活着离开了奥克兰岛。对于这两组幸存者的不同结局，应该怎么解释？通过比较这两个案例，我们可以探索社会套件的影响，并分析友谊、合作、等级制和社会学习的作用。

“英弗科尔德号”是 1864 年 5 月 11 日在奥克兰岛西北部一个险峻的海湾中失事的。在短短几分钟之内，整艘船就裂成了无数碎片。[40] 有 19 个男性游出了船只下沉后的旋涡，然后在高高的悬崖下一个满是岩石的海滩上了岸。他们的鞋子都不见了，而且几乎没有带什么衣服出来。所有人的衣服口袋里也都空空的，除了一些火柴和铅笔。他们费了很大的劲，才从海里打捞上来一些压缩饼干和咸鱼，但这最多只够他们吃上几天。这些人在悬崖脚下逗留了 4 天，然后艰难地爬到了顶部，他们还丢下了一个虚弱的男性，让他在悬崖下面等死。

在接下来的一年里，这些人一直在努力穿越整个奥克兰岛的腹地到达北部，为此，他们有时分成几个小组，有时又会集合到一起。最后，他们来到奥克兰北端的“罗斯港”，在那里，他们发现了海豹猎人住过的小屋，以及早期欧洲殖民者留下的定居点的遗址。在这个过程中，太过虚弱的人或受伤无法行走的成员都被遗弃了。最终只有 3 人获救，其中包括船长乔治·达尔加诺（George Dalgarno）。那是在 1865 年 5 月 20 日，来自葡萄牙的“朱利安号”救了他们。除了一个名叫罗伯特·霍尔丁（Robert Holding）的资深水手之外，所有级别较低的人都死了，这也许是因为官员们在“英弗科尔德号”失事之前的营养状况原本就更好一些，又或者是因为（从可以得到的证据来看似乎是如此），这些官员在船只失事之后变得更加自私了。[41]

船长乔治·达尔加诺获救后，患上了创伤后应激障碍。《奥塔哥见证人报》（*Otago Witness*）1865 年 10 月 28 日的一篇报道写道：“他（达尔加诺船长）的健康状况仍然非常糟糕，因为他受到了非常严重的刺激，他的主治医生禁止他与任何人谈论与沉船事件有关的事情。因为只要他回忆起这段令人悲伤的经历，就会导致他的精神高度紧张，身体出现问题。”[42]

“格拉夫顿号”则是在 1864 年 1 月 3 日失事的，比“英弗科尔德号”的失事早了 4 个月。失事地点在奥克兰岛南部的康利港（Carnley Harbour）附近。沉船后登上奥克兰岛的 5 名男性船员分别来自 5 个不同的国家（图 2-1）：船长托马斯·马斯格雷夫（Thomas Musgrave），30 岁，美国人；大副弗朗索瓦·爱德华·雷纳尔（François Édouard Raynal），33 岁，法国人；亚历山大·麦克拉伦（Alexander McLaren），28 岁，挪威人；乔治·哈里斯（George Harris），20 岁，英国人；亨利·福格斯（Henry Forgés），28 岁，葡萄牙人，他是厨师。人员构成的这种多样性是一个值得注意的特征，虽然我们很难确定它在这些幸存者的成功获救中发挥了什么作用。[43]

这个幸存者群体与“英弗科尔德号”的幸存者群体相比，要小得多。但他们在“格拉夫顿号”沉没时抢救出来的物资和食物却很多，其中还包括了枪支和导航仪。马斯格雷夫和雷纳尔都用海豹血留下了非常详细的记录，并且最终出版成了书。[44] 他们的故事引人入胜。《泰晤士报》的一个读者在来信中称，马斯格雷夫的回忆录几乎与丹尼尔·迪福的《鲁滨逊漂流记》一样有趣，用我的孩子们的话来说，只是马斯格雷夫说的一切都是真的。[45]

图 2-1　“格拉夫顿号”的船员

原载自雷纳尔 1874 年出版的回忆录的卷首插图。

与“悉尼湾号”上的威廉·克拉克一样，雷纳尔的心里最初也充满了绝望。在日记中，他这样写道：“到底什么时候才能逃离这个隐藏在茫茫大海中的岛屿啊，我又怎样才能逃离它啊。也许永远都不能！……绝望感一阵阵袭来，令我几乎窒息。我无法抑制自己的眼泪，让它们充溢着我的眼睛。我像个孩子一样哭泣起来。”[46]

幸运的是，他们这些人自从聚集到一起后，就开始协同工作。尽管彼此之间也存在一些小分歧，但是整个群体仍然拥有强大的凝聚力。在沉船事件发生时，雷纳尔正在生病，而且病得非常重。失事后，其他人并没有放弃他，而是设法通过一根绳子将他以及其他有价值的物资转移到了岸上。这一点非常关键。在一开始时就表现出这种极其明显的利他主义行为，非常有助于团结和激励所有幸存者，并发出他们有意合作并愿意在互惠关系上“进行投资”的明确信号。这与“英弗科尔德号”将一个人丢弃在悬崖底下的行为构成了鲜明的对比。这种不同的初始行为，为不同的集体命运奠定了基础。

“格拉夫顿号”幸存者群体内部的领导力和共同体精神也要比“英弗科尔德号”的幸存者群体优越得多。经验丰富的雷纳尔堪称足智多谋。他指导船员们在靠近溪流的地方建造一幢 36 平方米的小屋，并且有一个石头垒成的烟囱。他还带领大家建成了一个锻造炉和几只用海豹皮做成的风箱，他们利用这个锻造炉，用打捞上来的金属造出了铁钉和其他工具。雷纳尔还使用古罗马配方，将贝壳烘烤成粉并与沙子混合，造出了混凝土。来到岛上的第一年，雷纳尔甚至还学会了如何利用海豹皮生产皮革并制作鞋子。

滞留在奥克兰岛的这段岁月里，雷纳尔陆陆续续地制作了棋子、多米诺骨牌，还有一副扑克牌。不过，他们后来明智地放弃了玩扑克，因为马斯格雷夫牌技很糟，经常输，而且输了又会发火。船员们还相互教授外语和数学。雷纳尔指出，这种“即兴学校”的一个很大的优点是，它使所有人都显得平等，“我们相互之间，交替成为老师和学生。这种新的关系让我们更加团结。这种教学活动使我们保持基本相同的地位，并在所有人之间创造了一种完美的平等氛围”。[47] 当然，这些活动反映了群体内部的教导和学习，而这正是社会套件的另一个组成部分。同样值得注意的是，这些船员之间并不缺乏应有的等级性，他们都对雷纳尔特别尊重。

在这些船员基本安顿下来之后不久（那是在1864年2月份），雷纳尔就提出了一个建议：大家应该投票选出一个人来领导大家；但是这个人不是他们的“主人或上司”，而是一个“领头人”，或者说“家长”，他的职责包括“以温和的、坚定的态度，维持秩序与和谐”。[48] 他们还一致同意，在未来，如果其他人认为确有必要，可以通过投票方式把这个领头人替换掉。雷纳尔提议，由马斯格雷夫担任这个角色。经过投票，大家一致同意选出了马斯格雷夫。在接下来的十几个月里，马斯格雷夫一直承担领头人的角色。

有一段时间，马斯格雷夫生了病，这使雷纳尔意识到，“在我们目前的情况下，任何一个人的去世，都会对其他人的士气产生非常严重的影响。从而也许会对所有人造成致命的后果。因此，我不断祈祷，在我们已经受到了如此沉重的打击和折磨的情况下，上帝会在这次审判中饶恕我们”。[49]

最后，他们决定派马斯格雷夫、雷纳尔和麦克拉伦于1865年7月19日划着一艘修好的小艇出海求救，他们在努力奋斗了5天后，到达了新西兰的斯图尔特岛（Stewart Island）。马斯格雷夫等人带着救援人员返回奥克兰岛，救出其余两名船员。随后，救援船的船员们搜索整个奥克兰岛，发现了一具尸体，那是“英弗科尔德号”的船员的尸体，尽管他们当时并不知道这一点。[50]

从“格拉夫顿号”幸存者的经历来看，个性显然发挥了很大作用。“英弗科尔德号”的船长乔治·达尔加诺似乎只关心自己能不能活命，而“格拉夫顿号”的船长马斯格雷夫则在这场磨难中表现出真正的领导风范。在他自己获救的几个月后，马斯格雷夫再一次来到奥克兰岛，因为有其他人在那里遭遇海难，他说：“我自己亲身经历过这种情况，因此我特别乐意在类似的情况下去帮助他们。”[51]

1865 年 11 月 7 日，雷纳尔在报纸上读到一篇文章，其标题为《“英弗科尔德号”在奥克兰岛海域沉没后的故事》，作者就是“英弗科尔德号”的船长乔治·达尔加诺。这是“格拉夫顿号”的幸存者第一次获悉，当在他们被困在那个岛上时，还发生了另一起沉船事件。[52] 马斯格雷夫在给因弗卡吉尔（Invercargill）的一位商人朋友（马斯格雷夫的回忆录就是献给这个朋友的）的信中，谈到他对达尔加诺船长缺乏领导能力的看法。在信中，马斯格雷夫指出，达尔加诺自己的叙述“证明了他们之间根本不团结，船长也没有尝试（或者，他根本没有能力）树立起对其他人的权威或施加任何有效的影响，这就是他们很多人不幸丧生的原因”。[53]

这两个幸存者群体生还率的巨大差异，也许可以归因于他们在沉船后第一时间打捞上来的物资差异（尽管如上所述，“英弗科尔德号”的船员在上岛后的一个月内就发现了废弃的小屋和工具）和领导力差异，但是更重要的也许是社会制度安排的差异。“英弗科尔德号”的船员普遍抱着“人人为自己”的态度，而“格拉夫顿号”的船员则是很好的合作者。“格拉夫顿号”的船员公平地分享食物，一起努力工作以实现共同目标（如修理小艇）、民主投票选举领袖，而且选上的人是可以被替换掉的，他们以所有人都活下去为目标，做到了平等相待。在这些方面，“格拉夫顿号”的船员与“朱莉娅·安号”的幸存者有许多共同点，包括他们最初的考验都是要不要拯救一个生命。这两个群体还都拥有高明的“技术专家”、大公无私的领导，而且所有人都富有合作精神，少数人更是愿意为了让其他人获救而自己冒险出海求救。

为什么皮特凯恩岛没能建成一个正常运转的社会

尽管这些沉船社会出现的本身并非是有意为之的结果，但是它们都想得到同样的结局：它们的“参与者”都想要重新回到更广阔的“旧世界”。相比之下，其他一些同样作为“非意图后果”的社群创始人却没有这样的愿望。1789 年，人类历史上最为臭名昭著的社会实验之一开场了：来自“邦蒂号”（Bounty）的一群哗变者，登上了皮特凯恩岛，随后在岛上建立了一个小型社会，一直存续至今。自从这个小型社会被外界所知后，各个学科的专家学者对这个案例从多个角度（从殖民化到宪政治理）进行了广泛而深入的研究。[54]

“邦蒂号”大副弗莱彻·克里斯蒂安（Fletcher Christian）发动了一场哗变，参与哗变的共有 18 人，他们抓住了“邦蒂号”的船长威廉·布莱（William Bligh），并控制了“邦蒂号”。威廉·布莱是英国著名探险家詹姆斯·库克船长（Captain James Cook）的学生。尽管有人认为布莱是一个暴君，但也有许多人说，他是一位既开明又人性化的船长。而且，布莱实际上还是克里斯蒂安的朋友。哗变发生后，布莱和另外 18 名忠心的船员被迫登上一艘长仅 7 米的敞开式小艇。他们航行了 6000 多千米，整整花了 47 天后才在帝汶岛登陆。[55] 哗变者打算前往塔希提岛（Tahiti），那是哗变发生前不久这艘海船曾经停靠过的地方。关于这场哗变发生的原因，有一种流行的说法就是，哗变者就是想回到塔希提岛，继续花天酒地的生活，而不愿意继续在英国海军的指挥下继续海上航行，过着危险和不舒适的生活。然而，在哗变者回到塔希提岛之后，由于担心被英国当局捕获受到惩罚，包括克里斯蒂安在内的 9 个人决定在一个英国当局不可能发现的地方定居。为此，他们绑架了一些塔希提人（既有男性，也有女性），再次出海寻找一个偏远但可居住的岛屿。[56]

在航行过程中，克里斯蒂安读了“邦蒂号”上的一些书。其中一本书描述的一个岛屿引起了他的注意：“它孤立于群岛的外缘……恰好处于南美洲与澳大利亚的中间。”[57] 据记载，外部世界的人有史以来只上过那个岛几次。据说这个岛有陡峭的、很难攀登的悬崖和茂密的树林，只有一个险峻的可以停泊船只的小港。克里斯蒂安决定前往这个岛屿。但是，当他们到达书上所说的地理坐标时，却什么也没有找到。克里斯蒂安认为那个岛的地理位置标错了，于是在附近海域拼命寻找。不久之后，皮特凯恩岛就出现在了海平面上。哗变者又惊又喜，因为外界对这个岛屿位置标记的不准确，会使它更难被找到，这等于给他们增加了另一层保护。为了进一步降低被人发现的可能性，他们决定烧毁"邦蒂号"，以保证任何航行经过此地的人都不会发现它。皮特凯恩岛将成为他们永恒的家园，他们也将从头开始建立整个社群。

皮特凯恩岛确实可以建成一个舒适的小社群。这片 10 平方千米的土地无人居住，虽然有曾经住过人的痕迹。岛上有森林，木材资源丰富，还有清澈的溪流和肥沃的火山土壤，适宜耕种的土地超过530亩①。海岸边很容易就可以钓上岩鳕鱼、红鲷鱼、鲭鱼和龙虾。这里气候温暖宜人，每年降雨量高达 2032 毫米，全年都可以耕种。[58] 于是，这 9 名白人哗变者将整个岛屿平均分成了 9 份，而被他们绑架来的 6 名塔希提男性则不能拥有任何土地。此外，每个哗变者都占有 1 名塔希提女子，而那 6 名塔希提男子则只能分配到 3 名女性（我不知道怎样才能恰如其分地描述这些严重的掠夺行为）。

起初，尽管存在着上述种族和性别上的不平等现象，这个群体仍然基本处于相对和平的状态，哗变者设法合作以建设自己的新家园。他们制订了一些规则，确保外界不知道这个社群的存在，同时保证土地能得到有效利用。在将"邦蒂号"烧毁之前，他们搬走了一切可以用的东西。他们决定，所有房屋都必须建在内陆，并禁止在岸边砍伐树木。他们还设置了一个监视哨，如果看到有船只经过，就通知大家快速熄灭一切烟火。[59] 由于从"邦蒂号"下搬下了很多食物（包括猪、山羊和鸡），上岛后又发现了很多天然产品（椰子、鱼类、海鸟和蛋），岛上的这些"新居民"拥有的食物可以维持好几个月。男性翻耕好土地，播下了他们带来的种子（香蕉、大蕉、甜瓜、山药和甘薯）。[60]

尽管有丰富的资源，气候条件也非常优越，而且已经有了一个很好的开

---

① 1 亩≈ 666.67 平方米。——编者注

头，但根据一位历史学家的描述："这个社群（如果可以称它为社群的话）似乎很快就堕入了彻头彻尾的无政府状态中，比人类社会上曾经出现过的任何无政府状态都更纯粹。"[61] 在必须做出可能会影响所有人的决定时，他们会召开（不定期的）会议，而且必须一致同意或多数同意。但是参加会议的人只限于来自欧洲的男性，且每个人都有平等的投票权。由于多种原因，他们之间几乎无法达成合作。每个哗变者都对自己在该岛上的那一份土地和财产拥有绝对的控制权，但是他们生活的最基本特点就是不断变化的私人结盟行为。社会组织是流动的、不可预测的。这个社群没有法律规范、没有集中的政治权威、也没能垄断暴力的使用权。因此，由于缺乏友谊纽带和有意义的持续合作，也就没有可靠的方式来调解争议或执行集体决定了。

这种"社会契约"的脆弱性的早期迹象在 1791 年春天发生的一个事件中暴露了出来。这个事件让我想起，在特洛伊战争中，阿伽门农（Agamemnon）夺走了阿喀琉斯（Achilles）的战利品女奴布里塞伊斯（Briseis）的故事。当时，约翰·亚当斯（John Adams）的妻子鲍莱伊（Paurai）在采集海鸟蛋时从悬崖上摔下去世了，亚当斯决定把以前已经分配给塔希提男性的一个女子带走。而在此之前，另一名哗变者，"邦蒂号"上的军械士约翰·威廉斯（John Williams）的妻子帕肖图（Pashotu）来到岛上不久，就因喉咙上的疾病去世，当时他就要求分得另一名女子，不过没有成功。但是，亚当斯是一个"更有力量"的家伙，他得逞了。于是威廉斯也提出了同样的要求。最终这两个男性通过抽签方式在那些塔希提女子中选走了两个。

塔希提人对这种变本加厉的侮辱感到愤怒，于是他们策划谋杀那些哗变者。但是这个阴谋被弗莱彻·克里斯蒂安发现了，于是欧洲人联合起来，强迫塔希提人自己动手处死了他们中的两个人，塔拉罗（Tararo）和奥赫（Oher）。在 1819 年离开皮特凯恩岛后接受采访时，其中一个塔希提女子珍妮（Jenny）表达了塔希提人的痛苦和愤怒："塔拉罗（他就是妻子被威廉斯抢走的那个男性）在失去了妻子后悲伤地哭了，他非常生气并决定报仇，但是被发现了，奥赫和他都被枪杀了。”[62] 就这样，皮特凯恩岛上发生了第一次谋杀。

在这之后，岛上的生活逐渐稳定下来。人口也有了增长：前三年内出生了7个婴儿。人们养了更多牲畜，种下了更多庄稼，并建成了多栋以棕榈叶为顶盖的坚固的木制房子作为居所。然而与此同时，剩下来的那些塔希提人的状况却仍在恶化，他们已经基本上沦为奴隶了。[63]

1793年9月20日，塔希提人郁积已久的愤怒终于爆发了。趁着妇女们进山劳作，同时欧洲人分散在不同地方的机会，塔希提人开枪打死了5个白人、打伤了1人（约翰·亚当斯）。[64] 珍妮还描述了接下来的7年内发生的更多血腥事件。它始于塔希提人内部的一起谋杀案，最终导致皮特凯恩岛上除了约翰·亚当斯之外所有成年男子都死于非命。这个岛陷入霍布斯式的无政府状态，即“所有人对所有人的战争”。约翰·亚当斯可以说是这一切的始作俑者。珍妮是这样描述的：

> 他们喝着自己蒸馏出来的酒，心中的怒火愈燃愈烈；曼纳里（Manarii）枪杀了泰穆亚（Teimua），他一共开了三枪，每一枪都射穿了泰穆亚的身体。欧洲人和妇女们反过来又杀了曼纳里。尼奥（Niau）看到了麦克科伊（McKoy），马上就开枪杀了他。两名妇女走过去察看情形，并与尼奥套上了交情。她们制订了一个计划，到了晚上，尼奥就被扬（Young）杀死了。这样，塔黑提（Taheiti）就成了唯一活着的本地男性，他非常害怕被人杀死，不过扬庄严立誓说自己不会杀死他。但是，妇女们为了给死去的丈夫报仇而杀了他。老麦特（Quintal）喝醉了酒，声称他会杀死弗莱彻·克里斯蒂安的孩子以及剩下的所有英国人，结果他自己先被处死了。老麦克科伊发酒疯，冲入大海淹死了自己。扬因患病胸裂而亡。亚当·史密斯（约翰·亚当斯采用的别名）就这样成了欧洲人中的唯一幸存者。[65]

尽管这些致命的冲突主要发生在男性之间，但是妇女们在冲突过程中也发挥了决定性的作用。据珍妮说，这主要是因为她们对自己的白人丈夫的死亡觉得无比愤怒。[66]

1808 年，在“邦蒂号”发生哗变差不多 20 年之后，一艘名为“托帕斯号”的捕海豹船偶然来到了皮特凯恩岛海域。“托帕斯号”的船长梅休·福尔杰（Mayhew Folger）和他的船员们起初以为这个岛是无人居住的，上了岛之后才发现别有一番天地。他们在岛上度过了 10 个小时，当时岛上有 35 个居民——“邦蒂号”哗变者中的幸存者、塔希提人“俘虏”以及他们的后代。福尔杰等人对这个社群的“井然有序”以及成员们能够在一个如此狭窄的空间里没有冲突地生活在一起的能力感到非常“敬畏”。在谈到幸存下来的哗变者约翰·亚当斯时，福尔杰这样写道：“作为皮特凯恩岛的总司令，他的生活非常舒适。所有已故哗变者的孩子的英语都说得还不错，其中一些人已经长成为成年男子和女子了。我认为他们是一群非常和善、非常热情好客的人。尽管亚当斯是一个哗变者或罪犯，但是现在的他，在我看来是一个有价值的人。”[67]

但真实情况当然不可能这么乐观。从现在掌握的信息来看，在皮特凯恩岛上，两百年来一直存在着一种“性掠夺文化”，侵害女性成为这种岛的“传统”。皮特凯恩岛至今仍然处于极度与世隔绝的状态，岛上的居民不到 50 人，很长时间才偶尔会有船送一点补给品上去。但是，2004 年，在一次爆炸性的审判后，许多哗变者的后裔都被判定犯下了强奸和虐待儿童的罪行，事实证明，这个岛上 10 到 12 岁的女孩，全都遭到过性侵犯。[68]

皮特凯恩岛的最初定居者没有建成一个能够正常运转的社会。如果说，进化已经写就了建设一个基本的、能够正常运转的社会的蓝图，而且这个蓝图已经成为我们的基因性遗产的一部分，那么为什么有的社会还是会失败呢？从广义上讲，这种蓝图指明了人类可以建成的社会形态，但前提是，人类必须先能建成社会。许多障碍都可能导致社会无法建成。首先，人类也有仇恨和暴力的倾向，任其泛滥当然会导致崩溃。社会套件就是用于制约这些因素的而且通常是非常成功的。其次，环境的局限性也会在社会灾难中发挥作用。此外，特别有破坏性的个体和功能严重失调的文化因素（例如弥漫在皮特凯恩岛上的性暴力氛围）也难辞其咎。[69] 无论怎么努力，也并不是所有建设社会的尝试都能取得成功，社会也可能成为一个“死胎”。

因此值得我们总结的是：为什么皮特凯恩岛的失败尤其彻底？在较大的国家中，导致社会崩溃的各种常见原因，比如官僚管理不善或腐败、移民、战争、环境恶化和人口压力都不适用于皮特凯恩岛的情况。此外，在皮特凯恩岛，资源利用也未达到上限。有的人认为，是皮特凯恩岛极度与世隔绝的状态促成了这种彻底的无政府状态，但是，其他同样与世隔绝的群体在类似的情况下却不一定会出现这样的问题，对此，我们在前面描述的沉船事件中已经看得很清楚了。

在我看来，皮特凯恩岛早期无政府状态的根本原因是，那些“殖民者”从一开始就未能将任何可能的合作苗头维持下去。这种无能，因为明显的种族主义而进一步恶化。此外，还要加上酗酒造成的智力下降和情绪失控（“布兰顿·霍尔号”的幸存者在上岸初期也有同样的问题；而且，在皮特凯恩岛，酒是用当地土法蒸馏制成的，还有可能会导致酒精中毒），以及过多男性竞争少数女性的压力。当然，在皮特凯恩岛，也没有称职的“领袖”。克里斯蒂安在发动叛乱方面也许是“很出色”，但却不是一个好的领导，他的完全民主治理计划在短短几年内就变得难以实施了。

社会学家马克斯·韦伯（Max Weber）认为，对国家的一种定义是，国家就是在特定的领土范围内声称自己拥有合法使用暴力的独占权实体（由人民自己判断）。[70] 当国家陷入失败后，它们就不能平等地保护每个人，而派系主义则往往导致全然无限制的暴力。社会套件的特征与这种暴力失序是相对立的。在颠覆了社会秩序后，皮特凯恩岛的哗变者又没有能力创造另一个社会秩序。

“漂”在南极洲的社群

领袖是我所称的温和的等级制的一个组成部分，对这些与世隔绝的群体生存和“社会建设”的成功至关重要，尤其是当这些领袖致力于促进群体内部的团结，以及（也许具有反讽意味的是）致力于淡化等级制并确保群体内部的平等和合作时。我们只需要看一看皮特凯恩岛的结局、对比一下“格拉夫顿号”幸存者与“英弗科尔德号”幸存者的遭遇，就可以更深切地领会领袖的领导力的重要性。接下来，我们考虑一个获得了成功的与世隔绝的群体的例子，它的成功，也部分归功于领袖的领导力。

1914 年，经验丰富的极地探险家欧内斯特·沙克尔顿（Ernest Shackleton）在伦敦的某家报纸上刊登了这样一则广告：“招募愿意承受以下各项的男性：危险的旅程、微薄的工资、极度的寒冷、长达数月完全的黑暗、持续的危险、安全性存疑的归途。成功时，将获得荣誉和认可。”[71] 此前，沙克尔顿曾经两次到南极洲探险，他想为他的“帝国式横越南极探险队”招募队员。这次探险的目标是通过与海洋连通的狭小而多变的空隙横越整个南极大陆。然而，到了 1914 年 1 月 18 日，也就是他们的“持久号”（Endurance）探险船离开南乔治亚岛仅仅 45 天之后，周围的水域就全都结成了冰。船上的 28 个人被困在冰雪荒原上。极度的寒冷、长达数月完全的黑暗、持续的危险……所有的“承诺”都变成了现实。

整整 9 个月，“持久号”一直被牢牢地卡在一块缓慢漂离南极洲的浮冰中，它成为这些被困探险者的家。他们终于意识到，现在的目标已经变成生存下去，而不是最初的探险。于是大家开始做必要的准备工作，以迎接更加严酷的寒冬的到来。他们细心地改造了船内狭小的生活空间，组织好船上的食物供应，并偶尔冒险到冰上活动身体或者捕杀企鹅和海豹。

9 月 2 日，在包围着“持久号”的冰山的压力作用下，“持久号”开始变得弯曲起来。10 月 27 日，他们不得不放弃这艘船，直接在冰上搭起帐篷。浮冰正在向象岛（Elephant Island）漂去。在那之前，人类从来没有登上过这个岛，一方面是因为要登上它并不容易，另一方面是因为它的天气和资源条件都不适宜人类活动。1915 年 4 月 9 日，在看到象岛之后，船员们乘坐三艘小船（一艘捕鲸船和两艘小帆船）出发，穿越世界上最寒冷、最湍急的海域，7 天后终于成功地登上象岛。

考虑到很多船员的状态都很糟糕，沙克尔顿做出一个决定：他和另外 5 名男子将乘坐其中一艘小船，驶过 1290 千米的海洋返回南乔治亚岛，然后徒步翻越冰雪覆盖的高山，到那里的捕鲸站求助。在离开象岛 4 个月之后，沙克尔顿带着一艘轮船回来救走留在那里的 22 人。这样，所有人都得救了。这 28 人在一起共同度过了整整 513 天，而且，其中的 22 人在沙克尔顿回来营救他们之前又一起度过 128 天。没有人丧生。[72]

在差不多两年的时间里，这些人一直被限制在与世隔绝的地方，他们是怎样将自己组织成一个能正常运转的社群并每天都正常地进行互动的？他们的社会制度安排是如何促成了他们的成功的？

维持这个社群运转所需的工作是固定不变的，而且是非常繁重的：捕猎企鹅和海豹、建造小屋、搭建帐篷、准备饭菜、搬运生活用品、照顾好狗以及站岗瞭望，以防范可怕的事情发生。总体而言，所有船员之间都是平等、友好的，就像“格拉夫顿号”的幸存者一样。沙克尔顿为这次探险而招募的人非常多样化，他们当中有生物学家、木匠、物理学家、外科医生、航海家等，他们的专业背景和社会地位差异很大，但是他们都有合作精神并实现了有效的合作。“持久号”指挥官弗兰克·沃斯利（Frank Worsely）在他的日记中记录了这些人之间的人际关系动态：

> 我们离开英格兰已经有 6 个月了。在这段时间里，我们合作得很好，

几乎没有发生过摩擦。在任何其他船上，都不可能找到比他们更加和蔼可亲的一群人了。我们都是彼此所希望得到的好伙伴。无论遇到什么困难或不便之处，都不会影响这一点，每一项任务都是愉快地完成的，从来没有人有任何不快或埋怨。之所以能够这样，主要原因在于我们这个远征队有一个睿智和极具领袖魅力的队长沙克尔顿，还有一个乐观和热情的怀尔德(他是副指挥)。他们赢得了所有人的尊重、信任和爱戴。[73]

许多人都同意沃斯利的看法。他们也把成功的原因归功于沙克尔顿，他创建了一个有凝聚力和合作精神的群体。沙克尔顿斩钉截铁地告诉大家，无论是生还是死，他们都要在一起。沙克尔顿要求所有人，无论职业或地位如何，都要服从他的权威并为各种形式的劳动做出贡献。用餐时间和开会时间是严格排好的，而且是强制性的，劳动任务的分配以公平为原则，食物则平均分配（但是，据说沙克尔顿经常把自己的那一份分给其他人）。此外，与“格拉夫顿号”的幸存者一样，他们这些人还相互教导和学习。这又一次证明社会套件的重要特征。

令人惊叹的是，这些人还将很多时间花在有组织的娱乐活动上，例如，他们会举行足球比赛、表演戏剧，甚至还举办音乐会。有一次，他们组织了一场名为“狗德比”的狗拉雪橇比赛：他们在雪地上画出一条跑道，然后开出盘口让人下注，痛痛快快地玩了一场。[74] 弗兰克·赫尔利（Frank Hurley）是远征队中的摄影师（他在这次旅途中拍下的许多照片现在已经成为经典了），在他的日记中是这样描述这场“盛会”的：“在今天的南极‘狗德比’比赛上，大家都穿上了精美华丽的服饰，许多人都下了注。所有可用的巧克力和香烟，那已经成为当地的货币——都被征用了……所有人都放了一天假，大家都来观看比赛。”[75] 另一个特别的日子是仲冬节那一天，他们举行了一个游乐大会，赫尔利在日记中一口气写了 30 种不同的“滑稽”表演，其中包括异装表演和唱歌。与此类似，在他关于这次艰苦卓绝的旅途的记录中，托马斯·奥德－利兹（Thomas Orde-Lees）这样写道：“我们举办了一场长达 24 小时的盛大的音乐会，有的人唱了一些专为这个‘音乐会’新改编的歌曲，最后，我们一起合唱《我生命中最快乐的一天》（*One of the happiest days of my life*）。”[76]

总而言之，在这个被困在南极洲的群体中，权力的分配并不是完全平等的。但是这里还洋溢着友谊、合作精神，同时在物质资源的分配上是完全公平的。这个群体之所以有这么高的凝聚力，之所以能够做到不损失任何一个同伴，关键不仅在于沙克尔顿卓越的领导能力和群体成员的出色才华，而且还在于他们拥有把如此之多的社会套件用起来的能力。

波利尼西亚人的定居

除了前述沉船事件之外，太平洋中的众多岛屿，“提供”了另外一些延续时间更长的自然实验，甚至比在皮特凯恩岛上的那场“实验”的时间还要长。这些岛屿上的各个社会建成之后已经延续了好几个世纪，并且已经发展到相当大的规模。这就是学者们研究得非常多的伟大的波利尼西亚扩张之路。在超过 1000 年的历史中，波利尼西亚定居者或者通过有意地设计，或者通过意外，逐渐扩散到了整个太平洋的各个岛屿，从他们祖先的家园不断向东扩散。波利尼西亚人在太平洋诸岛屿上定居下来的过程，印证了多个历史原理和人类学原理，也是可以说明环境约束对社会秩序作用的一个强有力的案例。当我们对彼此远远相隔的不同岛屿的各种可变特征所导致的结果进行比较时，确实会觉得就像是在做实验一样。[77]

当波利尼西亚人在公元 700 年左右来到马克萨斯群岛（Marquesas Islands）定居时，他们最初只生活在一些孤零零的沿海小村庄中，并且依靠狩猎 - 采集为生。但是，在接下来几个世纪的时间里，他们逐渐深入到内陆地区，扩大农业生产，举办大规模的传统盛会，人口也得到了增长，建成了许多石头纪念碑，也创造了复杂的社会政治制度。在欧洲人刚开始与波利尼西亚人接触时，他们把这些岛屿上的社会特征描述为“持续不断的突袭行动，一个比一个盛大的节日，以及对活人献祭的重视”。[78]

在更大和更远的夏威夷群岛（这些岛屿也许早在公元124年就已经被发现，但是直到在公元600年至1000年之间才开始有人定居），政治统治由酋长制演变为王权制。这种基于神圣血统的统治一直持续到公元1600年。在夏威夷，有两个王国的人口数量都可能达到了6万到10万。当库克船长于1778年来到这里时，封建制度已经全面确立：平民耕种土地，得到劳动报酬，并向国王呈交贡品。波利尼西亚人祖先的政治制度，已经发生了根本性的变化。宗教系统也在演变，并与税收制度相关联，这与古埃及的情况有些相似。

人类学家马歇尔·萨林斯（Marshall Sahlins）研究了一个使用了30个波利尼西亚岛屿样本的自然实验，他认为，不同的生态环境是塑造波利尼西亚祖先演变出不同的政治制度安排和文化惯例的主要因素。[79]一般来说，更大的岛屿拥有更丰裕的环境，可以支持更多的人口，并进而导致等级更多、正式机构规模更大的政治制度。在那些降雨量很少的岛屿上，波利尼西亚人发明了灌溉系统，并出现了争夺这类“固定资产”的战争，而且变得越来越有组织性（以便支持这种战争）；同时，他们也形成活人献祭的习俗（以讨好战神）。我们甚至发现同类相食的考古证据和专门用于烹饪人类的器具。[80]在世界所有地方，灌溉系统似乎都与社会分层的出现以及精英与民众之间的分裂相关联。事实上，在当代，历史上依赖灌溉系统而非天然降雨的那些地区，至今仍然更不民主。[81]

但是，在理想情况下，如果我们想要界定什么样的社会是一个有一般性意义的社会，并探讨这种社会的基本原理，也就是内在的社会特征而不是环境约束的影响，我们应该做的是，观察在自然资源没有受到严重限制的地区，这样的社会组织是如何自然出现的。当然，即使符合这样的条件，也不能保证必定会出现一个有序的社会，正如我们在皮特凯恩岛案例中所观察到的那样。无论如何，与马歇尔·萨林斯的以波利尼西亚人扩张为蓝本的自然实验不同，我们的思想实验采取的形式是：假设有一群人，将它分为若干个创始人群体，并让这些群体分别定居到具有相似特征的、资源丰富的多个岛屿上，然后着手解决下面这样一些问题：各个岛屿上的人会建成什么样的社会？在这些社会之间，会出现多大的差异？哪些特征在所有这些“岛屿社会”都能稳定地观察到？

事实上，在资源条件非常糟糕的环境中，确实有可能会出现“不自然”的社会制度，例如曼加亚岛（Mangaia lsland）上的同类相食和活人献祭。曼加亚岛是另一个由波利尼西亚人定居的岛屿，但是资源不足以支持一个超过5000人的社群。那么，当人们进入这样一个充满敌意的环境中后，会做些什么？他们开始互相残杀。[82] 一个可能的类比是，人体对严重的食物短缺的适应是人的发育过程会被修改，从而远离通常的自然轨迹，并显示出发育不良的各种症状。这些发育不良的人的状况不能说明标准的人类生理特征，用来应对资源严重短缺的极端社会制度安排也不能说明内在的社会秩序特征。

社会性生存

那么，对于这些“漂流”到各个岛屿上的创始人群体，我们可以做出什么预测呢？从总体上说，有两个结果很明显。首先，某些群体的表现要比其他群体更好。在那些特别擅长运用社会套件的群体中，成功的可能性要大得多。其次，我们发现了一系列社会行为的共性，也就是社会套件。

然而，同样值得注意的是那些我们没有观察到的东西：虽然获得了机会，但这些彼此隔绝的小规模社群并没有发明出全新的、有效的社会秩序。毫无疑问，这部分归因于这样一个事实，即所有男性和女性都是他们自己文化的产物，从而塑造了他们对社会应该是什么样子的期望。正如我们在本书第1章中已经讨论过的，心理学家试图让只有3个月大的婴儿来“参加实验”，目的就是尽量减少文化背景的影响。同样的推理也适用于“野孩子实验”，当然，那在伦理上是不允许的。

除了前面提到的这些地区之外，其他地方发生的沉船事件以及非欧洲人的“漂流”故事案例很少。在我所知道的范围内，发生在亚洲的这类事例，大多只涉及近海航海，而且幸存者回归文明的速度也都很快。[83] 我也找不到任何来自非洲或美洲的案例，部分原因是当时的非洲人和美洲人航海技术更加落后，部分原因是缺乏记录。尽管近几个世纪以来，波利尼西亚人社会出现了多元化的政治安排（而且社会科学家和历史学家一直专注于此），但是他们在太平洋上的扩张，除了说明环境的影响之外，还说明了社会套件的普遍性。当讨论到我们的社会生活方式时，所有人就更加相似了。

像皮特凯恩岛这样失败的社会的存在，以及像曼加亚岛这样的风行同类相食的社会的存在，并不能颠覆社会套件的核心作用。社会套件为群体生活提供了经过时间考验的进化上成功的策略。有的时候，有些群体可能无法融合起并利用社会套件，然而，它们没有任何可行的替代方案。

我们观察到，社会制度安排对环境（例如，食物的丰富程度）相当敏感。这引出一个更加微妙的问题。我们已经看到，环境限制可能会导致糟糕的社会。但是，环境在塑造社会互动关系中的作用，无论是在一个人的一生中、还是在人类这个物种的进化过程中，都只是突出了一个更深刻的问题。如果说，是环境变化导致了文化差异，那么是不是也可以说，人类社会任何不变的、普遍的特征都有可能归因于环境本身的某个特定的、一致的特征呢？也许，在世界各地，人类之所以都拥有基本相似的核心社会制度安排，原因就在于这个物种正在回应环境中某种一致的东西。如果确实如此，那么这种一致的东西可能是什么呢？

从根本上说，人类所面对的环境中，确实有一个方面一直没有发生变化，这个恒定不变的因素就是其他人的存在。正如我们将在本书第 11 章中将要证明的，人类之所以会以一种特定的方式进化为“社会的”，恰恰正是因为他们过去一直是“社会的”。我们的祖先创造的社会系统，已经成为自然选择的一种力量。一旦人类物种开始走上了“社会性生存”的道路，就开始创造出一个反馈循环，继续塑造着人类今天如何共同生活在一起的方式。

当你把一群人放在一起时，只要他们能够形成一个社会，就一定会使这个社会就其核心特征而言是可以预测的。他们不可能创造出一个他们自己想要的“旧社会”。人类只拥有创造出一个拥有这些核心特征的社会的自由，它来自一个特定的计划。进化已经为我们提供了一个蓝图。

第3章

有意设计下的小型社会

1845年3月底，亨利·戴维·梭罗（Henry David Thoreau）从朋友那里借了一把斧头，一个人来到马萨诸塞州康科德的瓦尔登湖湖畔。他想进行一个独居生活的实验。于是他砍伐树木，建造了一个小木屋，并配了三把椅子。“一把用来独处，一把用来会友，还有一把用来社交。”尽管第二、第三把椅子很少用到。[1]他自耕自食，甚至曾经考虑过要不要生吃土拨鼠，同时广泛阅读多种语言的著作，收容逃跑的奴隶。他还撰写了一本名为《瓦尔登湖》（*Walden*）的书，讨论自力更生的优点、自然和先验哲学。这是一本非常有影响力的书，直到今天仍然拥有广泛的读者。

回归神秘的、富饶丰足的自然状态，创造一个人类赖以生存的全新的社会秩序，这种渴望数千年来激励着无数的梦想家。梭罗特别强调独处的好处。但在我看来，这种观点其实是自相矛盾的，因为我们的社会状态本身就是再“自然”不过的了。梭罗在独自一人时，他觉得自己“像夜里的玉米”一样，在自然的陪伴下成长。[2] 他还写道：“每一支小小松针都富于同情心地胀大起来，成了我的朋友。”[3] 关于人类的陪伴，梭罗则认为那并没有多少用处，在《瓦尔登湖》中，他这样写道：

> 我们相聚的时间是如此短暂，以至于根本来不及让对方获得任何新的有价值的东西……我们都不得不服从一整套规则，那就是被我们称为礼仪或礼貌的东西，这会使我们在这种频繁的聚会中能够做到相安无事，避免公开争吵。[4]

梭罗也不怎么喜欢正式制度。他这样写道：

> 有一天下午，那是我来这里的第一个夏天快要结束的时候，我走进村子里，要到鞋匠那里去取一双鞋，结果我被捕了，并被关进了监狱，因为……我拒绝承认这个国家的权力——这个国家公然在参议院门口把男人、女人和孩子像牛马一样买卖。不管一个人走到哪里，所谓的“国家人”就会跟到哪里，用肮脏的“制度之爪”来控制他；而且只要那些“国家人”能够做到，就会强迫他回到那些令人绝望的奇怪的同胞当中去。[5]

第二天，梭罗的一个朋友将他保释出狱，很显然，那是在替他支付了人头税之后。[6] 他已经多年没有付过税款了，因为他反对政府利用这些资金去发动战争和扩大奴隶制，正如他在他著名的文章《论公民的不服从》（*Civil Disobedience*）中所阐述的那样。这篇文章后来激励了圣雄甘地和马丁·路德·金。[7]

一个多世纪以后，我来到瓦尔登湖畔，参观了后来重建的梭罗故居，它就像监狱的牢房一样简陋。2001 年，我和我的妻子带着三个孩子一起搬到康科德定居。巧合的是，我们搬进了萨姆·斯台普斯（Sam Staples）的旧居，他就是当年把梭罗关进监狱的那个警察（我的家人戏称，这下子我们全家都“名声扫地”了）。不过，萨姆·斯台普斯其实一直是梭罗的朋友。

除了梭罗之外，对于个人层面和制度层面上的社会互动，许多思想家都进行过深入的观察和思考。根据社会学家斐迪南·腾尼斯（Ferdinand Tönnies）最早于 1887 年提出、后来又经马克斯·韦伯发展的理论分类，人与人之间的社会关系一般可以分为两个类型：Gemeinschaft（德语，意为“共同体”或“社群”）与 Gesellschaft（德语，意为“社会”）。[8] Gemeinschaft 指的是个人之间的互动以及伴随着这种互动的角色、价值观和信仰，它大体上对应于“面对面的社群”的概念。但是，社会关系还可能涉及更加间接的、非个人的社会角色之间的连接，以及关于这种连接的正式规范和法律，这种与更广泛的和非个人的社会的互动被称为 Gesellschaft。

这种区分突出强调了现代生活的一个关键问题。人们想知道如何在一个庞大的、非个人的社会中保留或重建共同体意识。梭罗和其他一些人发现，社会互动如此不合人意、如此具有压迫性，以至于他们认为必须完全抛弃社会互动（或者，至少在一段时间内）。但是，对规模和性质都处于变化中的社会秩序还有另一种形式，那就是试图建成全新的、规模较小的共同体（社群）。至少从罗马时代开始，空间上遍及各大洲，社群主义运动一直不绝如缕。这种运动的目标是脱离现代生活的社会（Gesellschaft），回归到一个更坚定地以共同体为基础的社会（Gemeinschaft）。[9] 那些加入某个社群（或“公社”）的人往往希望放弃非个人的互动，并在人际关系的互动过程中实现更大的真实性。

这种乌托邦式的社群实验往往比那些因船舶失事或其他不可预见的、创伤性的事件而意外聚集在一起的社群更富有田园色彩。然而，尽管如此，这些实验不一定会更加成功。在 19 世纪，美国人曾经创建过无数个乌托邦式的社群；到了 20 世纪，这样的例子仍然屡见不鲜，以色列的基布兹（kibbutzim）是其中一个较为突出的例子。本章我们就来讨论这个方面的例子。

你将会看到，大多数这样的实验都失败了，而且通常会在开始后一两年内就失败。这些实验中绝大多数都是以彻底失败告终的，这一点不容忽视。[10] 不过，即便是这样，这些自然实验也能够帮助我们识别社会组织的哪些特征是一再重复出现并对成功至关重要的。虽然有意设计的社群偶然也能成功地形成了某些暂时偏离社会套件的社会制度，但是绝大多数都没有成功。而且，这种实验中也极少（如果有的话）取得完全不同的成就。

乌托邦实验

1516 年，欧洲空想社会主义学说创始人托马斯·莫尔（Thomas More）根据希腊词根创造了 utopia（乌托邦）这个词，意思是“没有地方”，但是在英语中听上去与“好地方”的词根很相近。这真是一种意味深长的模糊性，因为建设乌托邦社会的尝试已经遭到如此之多的失败！[11] 美国一直是乌托邦的一片“沃土”，许多人都在美国进行过乌托邦实验。这些实验给美国社会留下了明显的痕迹，至今仍然清晰可见，许多实验甚至今天仍然还在进行着。许多人都是通过这些社群生产的产品了解到它们的，例如，震颤派家具（Shaker furniture）、阿曼纳电器（Amana appliances）、奥奈达银器（Oneida Silverware）等。还有许多人可能已经到访过马萨诸塞州的“果园公社”（Fruitlands）和“布鲁克农场”（Brook Farm）等旅游景点，并且对那里的人们所过的老派的、自给自足的生活惊叹不已。

多年来，人们对这些努力的反应发生了很大变化：从困惑到钦佩，再到谴责。正如历史学家唐纳德·皮泽尔（Donald Pitzer）所指出的那样：“许多人经常把社群主义实验者描述为离奇古怪的‘怪胎’，说他们从心理上不能适应‘主流’，因而不可避免地会遭到‘失败’，因为据说他们与美国人的生活和价值观不相符。”[12] 从 19 世纪以来，同时代人对各种社群主义实验进行了大量的观察和记录，就像我们之前讨论的对沉船事件的描述一样，其中一本比较典型的著作是出版于 1875 年的《美国的共产主义社会：个人探访和观察》（*The*

Communistic Societies of the United States, from Personal Visit and Observation)。[13]

这种努力最早可以追溯到欧洲人开始到美洲大陆定居的时期。1694 年，40 个独身男性学者在宾夕法尼亚州的日耳曼敦附近建立了一个社群，自称为“荒野中的女性社会”(Society of the Woman in the Wilderness)。而后，自 1780 年以来，这类公社的建立至少出现过 4 次高潮，具体地说是：1790 年到 1805 年、1824 年到 1848 年、1890 年到 1915 年，以及 1965 年至 1975 年。此外，从 2010 年末开始，我们可能有机会见证这种有意设计的社群涌现的另一个高潮。[14]

这成千上万个乌托邦社群为什么会出现在美国历史上（及现实中），原因其实并不奇怪。[15] 美国是社会流动性和地域流动性很大的国家，崇尚自由协商，而且能够包容新思想，给予任何人无限的自我改善和新生的机会。虽然创建这种社群的冲动可能与美国人当中梭罗式的草根个人主义传统相违背，但是它也有赖于勇于探索和创新的开拓精神的发挥，并且是建立在美国同样重要的一个传统基础上的，这个传统就是法国政治思想家亚历西斯·德·托克维尔（ Alexis de Tocqueville ）所认为的美国是一个移民的国家。[16]

从历史上看，社群主义运动一般都是在出现重大社会或文化断裂期间蓬勃发展起来的。在一个人的成长过程中，如果在从青少年转变为成人的阶段，恰逢社会规范和人们的普遍预期遭到质疑时，就特别有可能转变观念。今天，信息革命、人工智能、机器人自动化，科技革新一浪高过一浪，这一切对现代人的冲击，可能正如工业革命和大萧条对前几代人的冲击一样。这使许多人倾向于社群主义。在激烈的变革时期，联合起来共享财产，往往会成为群体的一个生存策略。不过，对财产的共同所有权是几乎所有乌托邦社群的共同特征，尽管它们的成员不一定是穷人。

在 19 世纪 40 年代的新英格兰，社群主义一度特别风行，当时美国这个仍然相当“新的”国家的公民，经常沉浸在关于社会改革的争论中。那个时代的社群主义者热切地认为，他们可以创造条件，促进人们之间的合作，从而造福所有人。同时，他们还反对任何基于年龄、性别或种族的等级制度。他们将同时代人的社会观念斥为狭隘的观念，他们中的大多数人都确信，人们可以自愿且愉快地在集体利益的名义下抑制自身利益，并且可以将自己从“腐朽”的过往中解放出来，开创一个全新的历史。

当时，在美国这个建国还远远不到 100 年的国家中，重建一个全新的国家的冲动，已经几乎在许多哲学家、执政者和神职人员那里变成了一种执念，他们最担心的是他们的理想主义可能被人视作空谈。1840 年，梭罗的朋友，先验哲学家拉尔夫・沃尔多・爱默生（Ralph Waldo Emerson）这样写道：“我们都有点癫狂了，提出了无数的社会改革计划。而且我们不再满足于读书写作，每个人的口袋里，都塞着一份建设一个新社群的方案。”[17] 在爱默生家的附近，就有许多实验正在进行，其中最著名的是布鲁克农场。

布鲁克农场

位于美国马萨诸塞州西罗克斯伯里（West Roxbury）布鲁克农场的乌托邦社群是一个典型的代表。布鲁克农场是先验主义运动领袖乔治·里普利（George Ripley）的心血结晶。年轻时，里普利希望到欧洲求学，但是由于经济能力的限制，他未能成行。无奈之下，里普利进入了哈佛大学神学院，他将它称为“最便宜的可以买到教育的地方”。[18] 里普利 1826 年从哈佛大学毕业，然后在波士顿担任一位神教派牧师。他在这个位置上一直待了十多年，积累了一大堆关于欧洲哲学的书籍。这些书籍非常有价值。在他创办布鲁克农场时，以这些书为抵押，借到了 400 美元。

1836 年，在创办布鲁克农场之前，里普利先创立了先验俱乐部（Transcendental Club），梭罗和爱默生都是这个俱乐部的成员。他曾经想过放弃牧师的工作，投入将先验哲学付诸实践的事业，因为他对这种哲学的迷恋已经越来越深了。先验主义强调自然和人类内在固有的优点，对所有可能限制人的独立性的正式社会制度都持怀疑态度，并反对主观经验的经验主义。1841 年 4 月，里普利和妻子索菲亚（Sophia）带领十几个人，购买了 1166 亩土地，并兴建了定居点，开始了一项为期近 6 年的社会实验。这项实验后来每况愈下，最终逐渐崩溃了。[19]

当然，一开始时似乎是一片祥和气氛。在不到两年的时间里，这个社群的规模就扩大到大约 90 个居民，不过其中大约一半都是学生或寄宿生，而不是正式成员。布鲁克农场的组织原则中，非常关键的一条是强调智力劳动和体力劳动的价值。里普利认为："我们应该勤劳，而不应该吝啬；我们应该追求平等，而不应该粗鄙。"[20] 但是，这并不是说布鲁克农场的生活很轻松。一般来说，居民们夏季每周要工作 60 小时，冬季每周工作 48 小时，尽管各个成员可以自由选择他们喜欢的工作。

布鲁克农场具有许多有意设计的社群的特征：（相对的）性别均等、温和的等级制，以及有魅力的领导者。像沙克尔顿的领导方式一样，里普利领导方式的一个核心特点是分工，他要求成员们分担所有的工作，包括传统上由女性完成的家务，例如洗衣。工作轮换制也是保证所有成员平等的一个方法。[21] 布鲁克农场的几位创始人都是作家和思想家，他们愿意与工人和农民一起劳动。事实上，所有人都必须劳动，这相当于一定程度上的强迫民主平等制。

布鲁克农场设置了多个相互有所重叠的工作小组，它们的成员和领导都是可流动的。居民们分别在洗涤小组、耕作小组、刀具清洁小组、洋葱小组（指负责收获洋葱的儿童）等工作小组参加劳动。弗雷德里克·普拉特（Frederick Pratt）的父母也曾是布鲁克农场的成员，当他们参加里普利的实验时，普拉特还只是一个小男孩。60 年后，普拉特这样回忆当年观察到的情况："我看到，里普利先生和霍桑先生都铲过粪便，他们当时都没有抱怨。但是我认为，霍桑先生并不喜欢这份工作。”[22] 普拉特所说的霍桑先生就是作家纳撒尼尔·霍桑（Nathaniel Hawthorne），他是农场的早期投资者和居民，很显然，他很快就为自己捐献给布鲁克农场的1000美元而感到后悔了。不久之后，他就如释重负地离开了布鲁克农场。

尽管每个人都参加体力劳动，布鲁克农场的成员们仍然觉得自己是在设计和实现一个中产阶级的愿景。值得指出的是，布鲁克农场是作为一个股份公司而不是社群主义团体而建立的，它在成立时有一个成文的章程。农场的整个章程有16节，序言中提到，农场的创始人们试图“用一个包含了‘兄弟般的’合作的系统，代替一个基于自利的个人相互竞争的系统”[23]。

布鲁克农场的农民们（这是他们的称呼）尽管劳动量很大，但是日子还是过得相当愉快的。许多居民和来访者都提到他们工作和生活中的嬉戏性。对此，一位陪同哲学家布朗森·奥尔科特（Bronson Alcott）访问了布鲁克农场的“观察员”，也就是路易莎·梅（Louisa May）的父亲，语带不屑地说：“在这里，有80或90人在虚度着青春，他们整日玩耍，轻浮地嬉戏着，不知道悲惨的日子在后头。”[24] 农场的一个居民也说：“几乎从一开始，享受就是我们这个社群的严肃追求之一”。[25] 霍桑的小说《福谷传奇》（*The Blithedale Romance*）有很大一部分是基于他在布鲁克农场的经历写就的，小说融入了他在布鲁克农场时留下的印象，其中包括对一场假面舞会的细致描绘。

从平底雪橇滑雪，到举办舞会，再到讲笑话和表演戏剧，所有这些对游戏和享受的不切实际的承诺都服务于一个更深层次的功能：将成员团结到在一起，努力创造出一种全新的社群意识。心理学家乔纳森·海特是一个致力于打破意识形态对立各方之间阻碍的专家，他非常强调舞蹈和体育运动对群体和谐和统一的重要作用。[26] 需要进行表演的活动对布鲁克农场特别重要，因为这种活动对农民有着非常大的影响，这一点与沙克尔顿的探险队的情况类似。

每个农民都承诺在布鲁克农场承担多个职责，并参演戏剧，这是这个社群的一个非常显著的特征。但是，农民仍然拥有一定表达他们个性的空间。历史学家理查德·弗朗西斯（Richard Francis）观察认为："从一开始，农民们就意识到自己的个体性，或者更确切地说，他们的自我意识，被'文明'强加给他的社会角色过度限制了。"[27] 每个农民都会努力树立自己的核心社群身份，但是有点自相矛盾的是，他们还有一个真正的个人人格，它不受社会强加的任何功能性角色的影响。

事实上，任何有意设计的乌托邦社群都不得不努力去解决个体性带来的问题。多年后，布鲁克农场的一个农民回忆说："我认为，在那里很难找到 40 个具有强烈个性的人。这一点从没有人大声宣扬过，是经过多次研究才理解的，但是给这个地方带来了特殊的影响。"[28] 不过，至少在一段时间里，布鲁克农场的居民还可以在这方面维持适当的平衡，尊重个性，同时壮大社群。在第 9 章中，我们将深入阐明一个悖论性的结果：个性对于共同体其实是至关重要的，它在社会套件和人类进化中都扮演了必不可少的角色。像布鲁克农场这样力求做到尊重个体身份的社群，一般会比那些未能做到这一点的社群发展得更好，因为个体身份是我们祖先遗产的一部分。

布鲁克农场的学校在当时取得了令人瞩目的进步，它以培养儿童的良好品质、诱导他们形成独立见解为目的，而不搞填鸭式教育。当时的一个学生诺拉·谢尔特·布莱尔（Nora Schelter Blair）在近半个世纪之后，仍然能够清晰地回忆起当时多元化的学生之间的"和谐融合"以及"学生与教师之间完全的'言论自由'"。孩子们直呼他们的老师索菲亚·里普利的名字，而索菲亚·里普利则正如布莱尔所回忆的那样，"以让学生的内心充满快乐的自信为教育目的，充分信任学生走上她愉快地明确指明的道路"。[29] 最重要的是，在那里，人们认为孩子们拥有绝对的受到教育的权利：从不例行公事般地对待接受教育的孩子，因为教育不是这个世界上常见的那种冰冷的恩惠和赐予，而是孩子们的权利。受教育权是一个人与生俱来的权利。[30]

与 19 世纪的其他乌托邦实验不同，布鲁克农场没有要求参与者放弃他们的核心家庭或切断与外界的所有连接，所以在布鲁克农场发生的一切事情，当时的媒体都第一时间跟进报道了。布鲁克农场的一位农民后来注意到："总是有成千上万的人在我们农场周边徘徊，就像我们退化到了半野蛮状态一样。"[31]

先验主义运动的主要代表人物拉尔夫·沃尔多·爱默生、布朗森·奥尔科特、亨利 · 戴维 · 梭罗以及西奥多 · 帕克（Theodore Parker），都来过布鲁克农场。早期的女权主义者与作家玛格丽特 · 富勒（Margaret Fuller）也是这里的常客，还一度成为这里的居民。弗雷德里克 · 普拉特后来回忆说："我们这些孩子在一起度过了一段非常快乐的时光。我们男孩子，经常用手推车或马车载着女孩们到处跑；15 或 18 年后，我的兄弟约翰与安妮 · 奥尔科特结了婚。路易莎成了一个作家，约翰 · 布鲁克斯以及他的《小绅士》（*Little Men*）一书都出了名。"[32]

如此看来，布鲁克农场莫不是成了一个令人向往的人间天堂么？既然如此，后来它怎么无法继续维持了？到底出了什么问题？1844 年，布鲁克农场出现了一个戏剧性的转折点。在那一年，农场运营的指导方针转向了当时越来越流行且更加激进的法国乌托邦学者查尔斯 · 傅立叶（Charles Fourier）的学说，试图将自己从一个先验主义的充满活力而有些杂乱无章的"野餐会"，变成一个井井有条的"法郎吉"(Phalanx)。法郎吉是傅立叶心目中的理想社群。但是，傅立叶的理论体系本身就偏于奇异、僵化和过分错综复杂，布鲁克农场的许多成员都反对这种转变。[33] 于是，在这个社群内部，裂痕开始出现，派系之间的紧张和冲突也随之而来。但是，里普利仍旧坚持傅立叶主义，并且根据它的思想，主持修建了一栋 54 米高的大型建筑法郎吉中心（Phalanstery）。然而，在 1846 年 3 月 3 日晚上，法郎吉中心在两小时内被烧成了灰烬。巨大的火焰升到了半空，隐隐中敲响了布鲁克农场的丧钟。自那之后，这个社群一直未能恢复元气。

布鲁克农场的这些农民原本希望为社会上的其他人树立一个榜样。正如其中一位农民阿米莉亚·拉塞尔（Amelia Russell）所说："我曾经以为，整个国家的人都会慢慢地感觉到我们这种简单而低调的生活方式的吸引力。我原本希望，当时机成熟时……（我们）的规则和治理方法会扩展到全国，并最终取代原有的体制。"[34] 当然，事实恰恰相反，布鲁克农场的成员们没能消灭任何现存秩序，他们所能消灭的只是自己的秩序。

火灾结束后一段时间，布鲁克农场不可避免地走向了终点。正如阿米莉亚·拉塞尔后来指出的那样："所有人都尽可能地拖延离开农场的时间，不愿意就此放弃这种生活方式。过上这种生活，对他们来说是一个神圣的想法。或者说，到后来，留下来的只是他们对这种生活方式的一种可怜的念想，因为现在每个人都依靠个人的资源生活。它已经变成了过去的一个影子。"[35]

震颤派社群

有的社群主义者建成的社群确实维持了很长时间。其中最著名的是震颤派教徒建立的一些社群。震颤派是基督复临信徒联合会（United Society of Believers in Christ's Second Appearing）的简称。在美国早期的诸多乌托邦实验中，震颤派组织性最高、经济上最成功、社群"寿命"最长。

震颤派最早是于 17 世纪晚期出现在英格兰的一个宗教派别。这个宗教运动最具魅力的领导者是"母亲"安·李（Ann Lee）。她是一位出生在英国曼彻斯特的贫困女性，23 岁时加入了震颤派；9 年之后，也就是 1768 年，她成了震颤派的领袖。安·李以自己的经历改变了整个震颤派运动。她在 26 岁时与铁匠亚伯拉罕·斯坦利（Abraham Stanley）结婚，先后生下 4 个孩子，但是他们全都在婴儿时期不幸夭折。连续怀孕生子、又连续失去自己的亲生孩子，给安·李在心理上和身体上都带来了极度痛苦，她对这种常人无法承受的苦难的反应是：她认定"性"是通往罪恶和所有人类痛苦之路。

绝对的独身主义是震颤派信仰的关键组成部分。震颤派神学认为，上帝本身就同时身为男性和女性，并将耶稣的一生解释为地球上基督教义发展的唯一阶段。震颤派的许多教义要求，信徒们必须着力模仿（他们所认为的）早期基督教会的做法，这不仅包括独身，还包括共有财产、和平主义和忏悔。震颤派认为女性和男性是平等的，也能够接纳非洲裔美国人。

安·李曾因“亵渎上帝”在英格兰短暂入狱。1774年，安·李、她的丈夫和7名追随者逃到纽约。她在这个城市里以当女佣为生，后来带领她的小团体搬到纽约州北部的一个地方，那里后来被称为沃特弗利特（Watervliet）。他们开始慢慢招募皈依者。从1781年到1783年，安·李在马萨诸塞州和康涅狄格州传教，并鼓励和招募追随者。

1784年，安·李去世。在那之后，震颤派由她的两位主要追随者继续领导。到了1794年，震颤派已经在美国5个不同的州建立了10个社群，规模分别为30人至90人。在每一个社群中，都由两名男性长老和两名女性长老担任领导者，这些“家庭”是震颤派社会和经济生活的基本单位。但是，震颤派的信奉者一直不算太多（1840年一个历史高点，当时他们有3608名成员），到1900年，震颤派信奉者的总数已经减少到855名。[36]

震颤派强调秩序、和谐和实用。在所有记录中，他们的社群都被描述为安宁和平静。震颤派宗教活动很频繁，他们每周要聚会十几次，在聚会后通常要进行独特的跳舞和巡游。许多震颤派教徒都活到了80岁以上。一项研究发现，在1900年，6%的震颤派教徒的寿命超过了80岁，但是同一时期，只有0.5%的美国人活到了那个年龄（尽管有一种可能是加入了震颤派的那些人本来就更加健康一些）。[37]

虽然教徒个人不能拥有自己的财产，但是震颤派仍然鼓励教徒发展自己的个性，这一点与布鲁克农场一样。教徒可以培养自己的兴趣、锻炼自己的能力，与其他人建立亲密的个人友情。最重要的是，他们可以做出自己的选择。震颤派也不要求教徒盲目地与核心保持高度一致，他们重视自主性。

同一个震颤派“家庭”的成员都住得很近。他们在田地里和商店里并肩劳作、一起进餐，甚至还在名为“休息室”的公共床上睡觉。每个休息室通常会住 4 个震颤派教徒。一般来说，教徒之间的关系非常亲密，许多震颤派教徒留下的信件证明了他们之间存在着深深的个人依恋。[38] 当然，浪漫的情愫是严格禁止的，事实上是几乎不可能的。男性和女性甚至不允许在楼梯上擦身而过，因此在许多震颤派建筑物中，都配备了独特的双向楼梯。根据规定，两性之间连握手也不可以。已婚夫妇加入震颤派后，会被分配到不同的“家庭”生活和工作。

虽然，震颤派教徒表现出来的利他主义倾向和团结奋斗的精神似乎与经济上的巨大成功无关，但震颤派之所以能在各种社群主义中脱颖而出，无疑与其社会风气和实际行动有关。在一项研究中，学者们对 19 世纪下半叶各震颤派“公社”的经济表现进行分析，结果表明：尽管财产是“公社所有的”，而且对个人付出努力的报酬严重不足，但这些“公社”的绩效至少与采取其他经营方式的类似企业一样好，甚至更胜一筹，无论是在农业和制造业中都是这样。[39] 这种生产力源于震颤派教徒生活的许多特征。

与所有其他人类群体一样，震颤派教徒之间存在着分工。女性专注于“家庭工作”，男性则负责田间劳动和机械方面的工作，都可以自由地选择自己的任务和专业。更加重要的是，震颤派教徒在生产率上的变化可以很好地得到接受，这一点与震颤派接受个体差异的原则是一致的。例如，在一项关于工人生产率的研究中，有一名妇女每年只生产了 93 顶软帽，而另一个妇女却生产出了 734 顶。[40] 但是这对震颤派社群对自己的成员的激励并不会有太大的影响。因为他们依靠的是居民与生俱来的合作精神和共同的意识形态。由于成员之间原本就高度相互依赖且十分亲密，所以同侪压力、公众耻辱以及共同的目标和宗教信仰，就足以维系努力工作的准则了。

震颤派的孩子们都要上学（男孩们从冬天开始，女孩们从夏天开始），直到 14 岁。但是，震颤派教徒对传统的学校教育持怀疑态度，同时社群自己的学校教育则侧重于实践性的知识和技能。虽然没有任何孩子会出生在震颤派社群，但是这里并不缺乏孩子和年轻人的来源。一些孩子是父母或监护人送到震颤派社群来的，这或者是出于经济、个人原因，或者是出于惩戒的目的。还有一些孩子是在父母加入震颤派时一起跟着过来的。由于震颤派强制要求教徒独身生活，因此大多数年轻人成年后都会离开。有一项研究发现，在 1880 年至 1900 年期间，只有 5.7% 的儿童仍然留了下来。相比之下，在同一时期，却有 28.7% 的成年人留了下来。[41]

除了由于强制性独身制度而导致的人员流失之外，还有不少震颤派社群因遭受灾难性的火灾和洪水之后分崩离析，这再一次证明，小规模社群很难独力抗御这种严重的灾害。震颤派运动失去动力的另一个原因是，外面的世界变得更有吸引力了。19 世纪，经济快速发展，个人自我实现的机会增多，使震颤派的生活方式不再那么令人向往。对此，宗教历史学家艾琳·拉塞尔（Allyn Russell）指出："外面的'世界'似乎在对震颤派教徒说：'无论你们能做什么，我都能做得更好。'"[42] 而且，外面的世界也开始更加人道地对待精神上有问题的人，开始更加平等地对待女性和男性，而这正是以往震颤派最吸引人的地方。到了 1968 年，震颤派教徒只剩 19 人，而且所有人都是女性。震颤派社群也只剩下了两个：新罕布什尔州的坎特伯雷村和缅因州的安息湖（Sabbathday Lake）。在 20 世纪 60 年代，对这些"最后的震颤派"的采访表明，她们在教派的衰落面前表现得非常平静。她们认为，要接受一个时代的结束，所需要的勇气与迎接一个时代的开始相差无几。[43]

如果不是坚持独身主义，震颤派运动可能会更加繁荣兴旺地发展起来，因为它已经拥有了如此多的社会套件的特征（合作、友谊、个人身份、温和的等级制）。独身主义显然是对现实世界全然拒斥的反映，这不仅因为它偏离了所有其他组织社会生活的方式，而且也因为它从根本上意味着这种生活方式是无法自我复制的。因此，悖谬的是，震颤派必须保持与外界的连接，因为外界是震颤派运动新追随者的唯一来源。[44]

基布兹社群

创建社群的动力一直持续到 20 世纪。以色列的基布兹是其中最著名的一个，kibutzim 在希伯来语中意为“群体”。一个基布兹，就是一个基于自愿、民主管理的社群，其人口规模从 80 到 2000 人不等。在基布兹中，人们的生活和工作都以合作为原则。这些基布兹提供了关于社会生活自然实验的另一些例子。第一个基布兹于 1910 年在巴勒斯坦创立，到了 2009 年，以色列全国各地散布着 267 个基布兹。这些群体的人口只占以色列全国犹太人口的 2.1%，但是其农业产出却占全国经济农业产出的 40%，工业产值也占了全国的 7%。[45] 基布兹之所以能够长期存在，一方面是由于经济上的成功，另一方面是因为基布兹成员愿意根据实际需要和社会需求，灵活地改变自己的意识形态。

20 世纪上半叶，在分别基于犹太复国主义、人文主义价值观的意识形态的强烈推动下，基布兹运动汹涌澎湃，成员们决定要刻意尝试创造一些全然不同于旧世界的新东西。[46] 基布兹运动的创始人认为，外部环境的变化，可以深刻地重塑人类的行为和本性，而且，正如美国 19 世纪的社群主义运动一样，他们也有强烈的重塑社会的愿望。但是，绝大多数基布兹都偏离了创造全新的人和全新的社会这个非凡的目标，在任何情况下都没能实现。

从表面上看，基布兹的原则与其他“公社”相似：合作、自给自足、共同劳动、财产公有以及平等主义。在早期的基布兹中，所有类型的工作都被赋予了相同的价值，并且实行直接民主制，同时伴随着工种的轮换。当然，这些平等主义特征在过去的一个世纪中未能完好无损地保持下来。早期基布兹最引人注目的一个目标是重建一个以集体育儿为核心的全新的家庭生活结构。父母住在小公寓里，而他们的孩子则在另外的某个小房子里与其他孩子一起吃饭、睡觉和洗浴，通常会有大约 6 到 20 个年龄相仿的孩子一起生活。孩子每天只能在下午与他们自己的父母待上一两个小时。[47] 当然，这种制度也未能维持多久。

基布兹运动之所以强调这一点，其中一个原因是它试图改变东欧犹太文化中占主导地位的父权至上的家庭组织模式。实施儿童抚育集体化的目的就是为了使女性摆脱家庭生活的束缚，让她们拥有与男性平等的社会经济基础，同时也能使男性发挥更大的养育作用。在早期的基布兹内，典型的女性形象强调的是与男性的平等地位、艰苦的体力劳动、谦逊，以及对浪漫两性关系的有意淡化。[48]

当然，集体育儿的想法并不是基布兹运动所特有的。从远古时代以来，就经常有人把集体育儿视为一种可期望的社会尝试。例如，柏拉图认为，集体抚养孩子可以使儿童将所有男性视为他们的父亲，从而更加尊重他们。[49] 在某些社会中，家庭被视为对国家意识形态的威胁，因为家庭会培养孩子对家庭的归属感，而极权主义意识形态却要求人们对家庭的忠诚服从于对国家的忠诚。事实上，即便是自由主义政治理论，也认为家庭可能会成为平等主义社会的障碍。例如，抚育儿童和从事家庭工作通常会对女性造成更大的限制。[50]

但是，从根本上重构或尽可能削弱父母与孩子之间关系的尝试确实很少见（如果真的有的话）。[51] 尽管在世界各地（以及人类之外的其他哺乳动物物种中，我们将在第 9 章中讨论），都发现了某些温和的集体育儿方式，但是它们通常只涉及一定意义上的“助亲行为”（alloparental care），即与亲属分享对儿童的抚育。将许多婴儿安排在一起睡觉这样的尝试（早期的基布兹尝试过的那种方式）是极其罕见的。1971 年，对全世界 183 个社会进行的一项调查发现，这样的制度已经完全不存在了。[52]

与其他许多乌托邦社群一样，是否以组织化的形式养育子女，在很大程度上取决于成年人的需要。如果要真正平等地对待男女，集体育儿就可能被视为有明显的结构上的必要性，暂且不考虑这种抚育方式对儿童个体及其发展有什么影响。历史学家史蒂文·明茨（Steven Mintz）在对美国人的童年进行全面研究后，出版了《哈克的木筏》（*Huck's Raft*）一书，书中指出：美国儿童福利方面的几乎每一个创新，包括孤儿院的建立和对儿童抚育的补贴，都是在"为成年人考虑"这个因素的推动下出现的。而关于"怎样做对儿童最有利"的哲学和实用主义信念的推动力，则是第二位的。[53] 由于社群主义公社在某些关键方面可能非常激进，所以在儿童抚育问题上通常都采用了成人规则。在我所知的范围内，儿童的需求和关注，在任何乌托邦社群都从未成为主要动机，尽管它们中的一些办了非常好的学校，而且也做到了善待儿童。

基布兹生活许多方面的特征在 20 世纪 50 年代后开始逐渐崩溃。要取消配偶之间的性别差异和婚姻关系以及父母与子女之间的亲子关系，绝不是一件容易的事。于是渐渐地，家庭重新成为一个强大的中心。而且，来自男性和女性的报告都表明，身体外表和异性吸引力的重要性再次得到承认。婚姻也具有了新的重要性。基于性别的劳动分工——男性负责生产，女性负责服务——再次得到了强化。此外，越来越多的基布兹将儿童送回了核心家庭。[54]

一开始，基布兹儿童的"母亲依恋"发生率要低于生活在其他环境中的同龄人，这也是女性对由"公社"来照顾儿童的制度安排顾虑重重的一个原因。[55] 到最后，在基布兹，母亲与父亲在抚育儿童上的行为的差异，还是重复了在其他文化中通常可以见到的模式：与父亲相比，母亲更有可能从事照顾儿童的工作，她们对孩子表达爱意、逗他们笑、跟他们说话、搂抱他们。[56] 到 20 世纪 70 年代，从激进的反家庭观念到强家庭主义的转变已经基本上完成了。[57] 在改变性别关系结构和家庭角色的转变方面，女性发挥了主要作用，她们通常根据所观察到的对女性和母亲的"自然需要"来展开她们的论证。

集体育儿也可能为孩子带来一些好处。对基布兹中长大的孩子和在城市中长大的孩子的比较研究发现，前者的社交技能更高，他们更有可能参加积极的社交游戏，并愿意花更多时间参加需要协调的游戏，同时在团体活动中表现得不那么有竞争性。[58]不过，集体抚养长大的儿童还有一个更有意思的后果，那就是，一起长大的同伴之间没有人结婚。研究发现，在基布兹一起住的时间更长的那些人，非常厌恶相互之间的性接触。这些发现支持了所谓的韦斯特马克效应（Westermarck effect）。这是1891年芬兰人类学家爱德华·韦斯特马克（Edvard Westermarck）提出的一个心理假说。他认为，童年居住在一起的经历，可以成为亲缘关系的一个提示，即人们根据与谁一起长大，来“认定”谁是自己的兄弟姐妹。这种“亲缘关系感”会产生两个影响：第一，它在血缘上原本不相关的个体之间产生了乱伦禁忌；第二，它增进了血缘上原本不相关的个体之间的利他主义。[59]

就这样，到了21世纪，集体育儿的做法在基布兹已经基本上消失了。绝大部分抚育儿童的工作都重新回到了家庭中，并主要由女性承担。对此，正如心理学家奥拉·阿维泽（Ora Aviezer）所说：

> 我们可以认为，集体教育遭到了失败。作为基本社会单位的家庭在基布兹并没有被废除。恰恰相反，家庭主义的倾向变得比以往更加强大了，在基布兹内，父母重新获得了照顾自己孩子的权利。集体教育并没有产生一种新型的人类，在基布兹长大的成年人与在外部世界中长大的成年人之间的差异非常小。[60]

除了放弃集体育儿之外，基布兹最终还失去了其他一些特色。从20世纪70年代开始，家务也向私人领域转移了，公共食堂和公共洗衣店都关闭了。[61]而且，自20世纪90年代以来，大多数基布兹都已经开始偏离平等主义的经济模式；到2004年，只有15%的基布兹仍然在进行平等分配。[62]与19世纪美国的情形一样，基布兹建设乌托邦的努力又绕着圈回归到了他们原来社会的规范。

基布兹显然未能从根本上重塑社会，他们甚至无法改变性别角色。后者的失败可以部分归因于根深蒂固的性别角色，它或许比基布兹运动试图扭转的任何其他特征更加“顽固”。[63] 不过，在我看来，基布兹运动中，最不切实际的是试图打破成人与儿童之间的依恋关系。对亲密家人的爱是社会套件最重要的特征之一（对此，我们将在下文中详细阐述）。事实上，即便是这些田园诗般的“合作社”成员，本身也没有做到以同样的方式对待所有人。在一项实验中，基布兹居民在与其他基布兹成员组对时表现得愿意合作，但是与城市居民组对时则不愿意合作，从而进一步证明了内群体偏好的强大心理力量。[64] 虽然基布兹运动的开创者在拒斥欧洲城市文化方面取得了一定的成功（并为此而欢欣鼓舞），但是遵从社会套件仍然是不可避免的。

人类物种进化的心理学和社会学是这些观察的基础。人类学家莱昂内尔·泰格（Lionel Tiger）和约瑟夫·谢普（Joseph Shepher）提出了“生物语法”（biogrammar）这个概念，用来解释基布兹居民对某些传统形式的社会组织的回归。[65] 他们将语言学家诺姆·乔姆斯基提出的普遍语法概念与他们所称的生物图谱（biogram）概念结合了起来。所谓生物图谱，是指动物根本性的、在基因上编码的、由进化塑形的社会生活形式。显然，这个概念与我们这里“蓝图”的概念非常相似。

基布兹实验，与其他现代公社一样，为我们提供了非常难得的数据，使我们不仅仅可以通过回顾历史来进行研究，还可以直接观察同时代人采取的行动。我们可以实时观察这些社会实验。但是，更加重要的是，基布兹的案例再次突出了社会套件的关键特征，以及当人们过分偏离这些关键的组织原则时必定会出现的困难。我相信，基布兹之所以能够生存下来，正是因为它们实现了社会生活的某些重要特征，这些特征既具有普遍性，又具有必要性。

“瓦尔登湖第二”社群

梭罗于 1847 年搬到瓦尔登湖之后的一个世纪，哈佛心理学家 B. F. 斯金纳（B. F. Skinner）出版了一部乌托邦小说《瓦尔登湖第二》（*Walden Two*）。这部小说描述了一个虚构的农村社群，成员有 1000 人，都根据斯金纳的行为主义理论行事。这种理论认为，人类行为主要是环境的产物。斯金纳强调人类是以特定的方式“条件反射式”地行事的，忽视了人类的思想和感情或基因的重要性。[66]

在生理学家伊万·巴甫洛夫（Ivan Pavlov）著名的条件反射实验中，狗会条件反射地在受到一个刺激（一个节拍器发出的声音）时分泌出消化食物所用的唾液。因此，一只狗或老鼠（又或鸽子）的行为可以通过让环境发生变化来加以控制。斯金纳认为，人类的行为也可以通过改变社会环境来进行塑造。在他看来，人类的自由意志其实比大多数人想象的要有限得多，而且几乎任何形式的社会安排都是有可能的。他还声称，只要建成了一个“乌托邦”，它就能自己运行下去。[67]

斯金纳是在第二次世界大战结束后看到美国退伍士兵的生活状况后写了《瓦尔登湖第二》这本书的。“实在是太可惜了”，斯金纳这样说道：“他们竟然就这样放弃了他们的精神，回来后一头扎进了普通美国人的生活状态，结婚、租房、买一辆车，再生一两个小孩。”他认为，这些退伍军人“应该探索新的生活方式，正如 19 世纪那些社群的成员们所做的那样”。斯金纳当然知道，以前许多类似的努力都失败了，但他还是认为“今天的年轻人可能会有更好的运气”。[68]《瓦尔登湖第二》出版后，恰逢战后经济进入繁荣期，随后又兴起了文化保守主义浪潮，因此销路不佳。但是，它的销量在进入 20 世纪 60 年代后开始上升，到了 20 世纪 70 年代，这本书每年都可以卖出 25 万册。[69]

斯金纳之所以要把他虚构的这个乌托邦命名为“瓦尔登湖第二”，目的是唤起读者对梭罗所倡导的自给自足的、简单的生活的记忆。但是，梭罗的瓦尔登湖与“瓦尔登湖第二”之间的相似之处也仅此而已。原来的瓦尔登湖只有梭罗一个居民，而斯金纳则渴望为“公社生活”提供一份完整的指南。

《瓦尔登湖第二》是借一位名为布里斯（Burris）的大学心理学教授之口展开叙述的，他带着一群人去参观了一个有意设计的乌托邦。在那里，他们遇到了一个名叫 T. E. 弗雷泽（T. E. Frazier）的人，他描述了那个社群的运转方式。这个社群一直在不断地尝试基于“行为工程”的生活策略，弗雷泽认为这对于避免重蹈覆辙至关重要，以往之所以失败，全因过度僵化。整个社群的治理是以所谓的“计划者–管理者”制度为基础的：有两个专业的、非经选举产生的委员会，一个是规划委员会，另一个是管理委员会，由它们专门负责为整个群体进行决策。“瓦尔登湖第二”的成员每天只需工作 4 个小时，他们通过一个计分系统来选择自己的工作。在那里，孩子是共同抚养长大的，因为所有人都已经放弃了核心家庭。同时，在那里也没有对性的限制，例如，15 岁的女孩生孩子是很自然的事情。在《瓦尔登湖第二》中，布里斯教授本人最后也加入了这个社群。

斯金纳在这部小说中的目标并不提倡这些做法（尽管“瓦尔登湖第二”中的许多做法都类似于那时尚存的一些公社的做法），而是要宣扬一个必胜的信念，那就是，普通人可以掌握行为科学并应用它来改善自己的生活。正如书中弗雷泽所说的：“最重要的是，我们鼓励人们以这样的眼光看待每一个惯例、每一种习俗：对任何事情保持一种不断尝试的态度，这就是我们所需要的。”[70]《瓦尔登湖第二》这本书的批评家们担心，斯金纳给出的这个愿景是一种比现有的乌托邦更加可怕的“反乌托邦”，而且行为主义原则的实施可能“比核物理学家和生物化学家加在一起，更能导致西方文明的本质发生灾难性的变化”。[71]就这一点而言，斯金纳的这本书也是西方文化传统中一个永不休止的争论的组成部分：科学，包括社会科学，对于人类事务到底是福还是祸？

虽然斯金纳从未打算将这部小说作为在现实世界中建立一个真正社群的操作指南，但是《瓦尔登湖第二》中的想象社会却真的引导了几十个模仿它的社群的创立。[72] 其中最成功、维持时间最长的两个分别是位于美国弗吉尼亚州的“双橡园”（Twin Oaks），以及位于墨西哥的洛斯霍尔科内斯（Los Horcones）。

双橡园成立于 1967 年，今天仍然存在。它的 8 个创始人在第一次会议中，就是翻着《瓦尔登湖第二》一书来寻找可借用的指导原则的。[73] 在这个社群创立后的前五年，它的成员们将《瓦尔登湖第二》一书中的许多制度和设想付诸实施，包括劳动积分制度（工分制）和正反馈激励。但是，与通常的模式一样，所有这些都未能像预期那样发挥作用。尽管他们的最初计划的失败，并没有像皮特凯恩岛事件那么充满暴力和戏剧性，但是失败本身仍然是确凿无疑的。

双橡园一开始建立了一个公共育儿系统，这也是一贯以来争论的焦点之一。这个系统从 1967 年到 1994 年一直处于不断变化的状态中。双橡园联合创始人凯特·金凯德（Kat Kinkade）最后得出的结论是：公共育儿系统是不可行的，因为“父母希望与孩子们在一起，与孩子有关的任何微不足道的事情都会引起父母关注”，而且公共育儿系统对“家庭观念的背离实在太大了”。[74] 在遭受了这个挫折之后，双橡园尝试并放弃了许多种不同的有组织的育儿计划，最终还是采用了目前这种模式：父母可以用更多时间陪伴自己的孩子，并由个人决定是将孩子留在社群中接受教育，还是送进公立学校就读。

而且，人们还想管理自己生活的其他方面。由于社群成员希望参与决策过程，所以《瓦尔登湖第二》所描述的“计划者－管理者”治理制度很快就消失了。对此，金凯德是这样回忆的：“许多人都说，我不知道有这样一个决定，如果我有机会参与决策的话，我会想要一个不同的决定。或者也有人说，决定似乎很不错，但我就是想参与决策过程。”[75]1983 年，在双橡园初创时期就加入的一个成员英格丽德·柯玛尔（Ingrid Komar）按时间顺序记录下长期存在的“社群成员对社群事务管理的不满情绪。”[76] 最后，双橡园最终接受了一种民主的治理形式。金凯德将这种治理形式的特点总结为“非常折中、非常分散化……大家几乎一直处于冲突当中”。[77] 平等主义的共识与仁慈的权威主义之间的平衡，对沙克尔顿的南极探险队的成功至关重要，但是在双橡园这里却无法企及。

在创立初期，不稳定问题一直困扰着双橡园。每年年底，都会有大约相当于年初总人口 1/4 的人离开，不过幸运的是，总会有数量差不多的新人再加入进来。[78] 由于流动性如此之高，双橡园内的社会关系永远处于快速重新调整中，这样也就严重侵蚀了社群非常需要的社会凝聚力和合作精神。[79] 柯玛尔敏锐地观察到了这种情况带来的实际后果和内在影响：

> 对于那些留下来的人来说，友情遭到破坏几乎总是令人痛苦的，并且离开的那些人在这里都有自己独特的位置，这些空缺在短期内也很难填上。他们的离开也往往导致留下来的人士气低落，并导致社群主义信念受到质疑。[80]

持久的友谊关系（尽管不是不可改变的）对成功至关重要。

双橡园不仅未能成功地制订实施《瓦尔登湖第二》的计划，事实上，它在最终明确地确立一个清晰的社群结构之前，经过了数十年的艰辛探索。而且，在经过多年的混乱尝试和试错后，双橡园（现在，它有大约 100 名成员）最终采用的制度安排与《瓦尔登湖第二》所描述的已经几乎没有任何相似之处了。因而，在这个意义上，我们反而可以说它与斯金纳给出的社群导向的不断实验、不断调整的核心建设仍然保持了一致。此外，双橡园的社会秩序与其他具有高流动性的社群主义群体非常相似。居民们住在宿舍里，并进行集体劳动（每周工作 42 小时）。他们或者参加能够创造收入的劳动（例如，生产“双橡园”牌豆腐、“双橡园”牌吊床、“双橡园”种子），或者承担家务（例如，烹饪、园艺、维修和儿童保育）。除了个人用品之外，所有财产都是共有的。

另一个成功的“瓦尔登湖第二”型“公社”是洛斯霍尔科内斯①，于1973年在墨西哥成立。现在，它有大约30名成员。斯金纳本人曾经说过，洛斯霍尔科内斯最接近于他在《瓦尔登湖第二》中描述的“工程乌托邦”。[81]但是，它的成员也说过：“我们不是一个基于斯金纳小说的社群……而是一个基于作为那本小说的基础科学的社群。”[82]从《应用行为分析杂志》（*Journal of Applied Behavior Anglysis*）发表的系列论文以及他们定期组织的小组讨论来看，洛斯霍尔科内斯公社的成员确实把行为主义思想放到了事关自身生存的核心位置上。[83]来自双橡园的凯特·金凯德在参观洛斯霍尔科内斯公社期间观察到，这个社群中表现较好的那些孩子，“就是你希望自己的孩子长大后会成为的那类人。而且，他们认为他们是通过行为主义来做到的这一点的……因此，对行为主义来说很有好处”。[84]

就像《瓦尔登湖第二》中描述的那样，洛斯霍尔科内斯公社实行儿童集体抚育制度，它要对所有成员进行“道德规训”，同时还采用了“劳动工分”系统。像布鲁克农场所做的那样，洛斯霍尔科内斯公社建立了一所向附近城市埃莫西约（Hermosillo）开放的学校，以此来获得收入。与双橡园一样，洛斯霍尔科内斯公社成员分享所有财产（甚至服装），他们都接受合作、和平主义和平等主义的原则。虽然洛斯霍尔科内斯公社最初也采用过“计划者－管理者”制度，但是它最终接受了“人道主义”制度。这种人道主义制度试图“促进所有成员的参与”，并“加大对所有人的正面鼓励”。[85]洛斯霍尔科内斯公社甚至还拥有一个天生就极具魅力的领导者，就像《瓦尔登湖第二》一书中的角色弗雷泽一样。

为什么洛斯霍尔科内斯公社的表现要比许多其他“瓦尔登湖第二”型社群好得多？关键原因是洛斯霍尔科内斯公社成立时，它的成员之间就存在着紧密的连接，而且它还拥有很好的领导者。与双橡园成员之间表面化和短期性的

---

① 源自西班牙语，含义为“支柱”。

连接关系不同，洛斯霍尔科内斯公社成员之间的社会关系从一开始就是深厚且稳定的，并且一直保持了下去。在启动洛斯霍尔科内斯公社之前，其中 4 位创始成员已经结婚，还有几位创始成员之前曾经在一些教育项目中密切合作过多年。而且，洛斯霍尔科内斯公社的成长，也是通过生育下一代和逐渐吸收亲密朋友的方式实现的，而不是通过吸引符合宽松的进入标准的成员来实现的。

20 世纪 60 年代的美国城市公社

几个世纪以来，"公社运动"的总体趋势时起时伏。但从 1965 年到 1975 年，在美国，"公社运动"的受欢迎程度达到了一个新的高度。在那几年，每年都有 2000 多个公社涌现出来。之所以会出现这种情况，一些历史因素可能起了很大作用，包括民众对越南战争的反对、特殊的青年文化和 20 世纪 60 年代的"异化"思潮、女性所获得的新自由（来自女权运动和避孕药的发明），甚至可能还包括美国联邦食品券相关法律的通过和实施（它们确保加入公社的人不会饿死）。不过，即便是在这个时期，选择加入公社的美国人，在总人口中所占的比例也从来没有超过 0.1%。

1974 年，社会学家本杰明·扎布洛茨基（Benjamin Zablocki）启动了一个研究项目，目标是在美国选择 60 个有代表性的城市公社，连续跟踪观察 20 年（他还研究了 60 个农村公社）。[86] 这些城市公社（分别位于纽约市、波士顿市、明尼阿波利斯－圣保罗市、亚特兰大市、休斯敦市和洛杉矶市）的规模从 5 个成人到 67 个成人不等（平均为 13.4 个成人），它们各有各的意识形态目标。[87] 像他们几个世纪以来的"前辈"一样，这些公社的成员都试图表达和实施一系列他们自认为是新的信仰和道德准则。当然，这些公社的成员大多不知道美国以往也出现过类似的社群主义的努力，因此都在不知不觉中重复了长期以来的做法。[88]

绝大多数公社的成员都是白人，且受过教育，但是他们的宗教、职业、婚姻状况、年龄和出生背景却多种多样。平均年龄为 25 岁，54% 为男性，72% 为单身，50% 拥有大学学历。之所以加入公社的最普遍的原因是，他们认为社会停滞不前，觉得自己缺乏目标，发现自己与更大的社会格格不入。对他们生活的典型描述是："生活总是缺了点什么。在生活中没有发现什么重要的事"，以及"生活虽然舒适，但太平淡乏味，极端沉闷，显而易见缺少了某些东西"。[89] 令人惊讶的是，当对他们的异化和疏离程度进行量化分析并与更一般的美国人进行比较时，却发现加入公社的这些人在经济上和政治上的异化疏离程度还不到平均水平。但是，他们似乎对"个人无意义"有更多的认识和敏感性。因此，大多数加入公社的人都在寻找意义，并渴望"将世界的规模加以缩减，使之成为可管理的"。[90] 他们并没有像有些人所声称的那样，致力于寻求更大的机会来实践更严重的偏离社会的行为。

虽然加入这些公社的原因各不相同，但是最主要的动机几乎所有人都一样：在共同的价值观的基础上发展一个共识性社群。一些加入公社的人是这样描述他们的动机的：

> 我选择与一群人一起生活，我认为这些人会支持我已经开始经历并期望继续经历的个人变化。我希望与那些能够分享政治和个人观点，并允许我创造性地参与他们生活的人在一起。我们想要共同生活在一起，因为我们是大学里仅有的嬉皮士或者"怪物"。我们所有人都想生活在一起，形成一个相互支持的团体。[91]

即便事后 10 年再一次接受访谈，这些受访者中也只有不到 10% 的人认为他们那段经历是"青春期的胡闹"或"愚蠢的行径"。大多数人都认为，这对自己成人后身份的形成至关重要。

就像我们讨论过的许多其他公社一样，这些城市公社如果无法从外部世界获得资金，就不可能长期存续下去，这些来自外界的资金流可以是礼物赠送、租金减免的形式，还可以是公社成员赚取工资的形式。不过，这些城市公社面临的直接挑战通常是来自内部的，而不是来自外部。正如一项研究得出的结论所表明的："还有更多的公司是因为'从来不洗盘子'而自我消亡的，而不是被有敌意的邻居或分区委员会强行赶出城镇的。"[92]

事实上，盘子通常还是有人洗的。但这些城市公社内部的工作仍然是严重性别化的，女性承担了更多的烹饪、清洁和"保姆"工作（平均每个女性每周要花费 1.5 个小时照顾别人的孩子，而不是自己的孩子），而男性则主要负责维修房屋和"传播意识形态信息"（大约每周 4.9 个小时）。[93] 在我们考虑的不同的有意设计的公社之间，劳动的性别分工是有一定变化的。这也反映了比较优势的经典理论：男性和女性分别专注于不同的任务（无论具体任务是什么），然后利用通过专业化优势得到的效率来补充彼此的努力。

领导能力以及温和的等级制，往往会对公社的成功运转和长期存续起到决定性的作用。例如，有一个公社，在一位极具个人魅力的领导者的激励下，组织了一个由 10 名嬉皮士组成的团队，他们在没有事先接受过建筑工程施工培训的情况下，以惊人的速度每天建造一个小木屋，尽管设备条件差，而且天气条件很恶劣。团队成员们并没有觉得这种工作强度是无法忍受的，相反，他们认为这是一种宝贵的精神上的历练。[94]

这项研究表明，城市公社人员的流动性非常高，甚至比双橡园还要更高。这项研究始于 1974 年，到了 1976 年，只有大约 1/3 的公社成员仍然留在公社。受访者认为，人们之所以离开，主要原因是他们没有感受到来自公社其他成员的"爱"。在研究开始时的总共 60 个公社中，有 48 个（80%）只存活了一年，有 38 个（63%）只支撑了两年。寿命较长的公社往往对新成员有更严格的进入标准，或者有试用期。在这个城市公社样本中，77% 都由于内部原因（例如意识形态分裂、领导权纷争或性关系紧张）而解体，23% 则由于外部原因

（例如合法性问题或遭灾，包括火灾）而解体。[95]

这个时期的公社根本不是像人们错误地认为的那样，是吸毒成瘾、作奸犯科的场所。这些群体成员通常不那么极端。

在这些公社中，决定群体凝聚力的通常是如下两个因素：意识形态和结构。在这里，我用结构一词，指的不仅仅是群体中的等级结构，还指群体中的社会关系模式，例如，友情是否会得到回报，以及人们在多大程度上拥有共同的朋友。这两个因素都很重要。社会学家斯蒂芬·维西（Stephen Vaisey）也对城市公社进行了研究，试图发现什么样的群体更能使成员产生自己属于一个“共同体”的感觉，也就是产生集体自我感或自然的归属感。团队成员的这种“我们感觉”（we-feeling）在多大程度上来自结构因素（例如友谊关系）、在多大程度上来自成员之间的思想共享？

由于已经得到了关于这些公社的非常详细的数据，所以我们可以将个体之间的社会连接映射为所谓的“社会网络”，然后再进行分析（我们将在下文中看到更多的例子）。公社成员要被问及关于他们与他人关系的各种问题，包括他们的闲暇时间与谁一起度过、与谁一起工作、觉得自己对哪个人产生了好感以及不喜欢什么人等。维西指出，在城市公社内，社会结构的那些衡量指标所反映的事物本身是不足以产生归属感的。但是他发现，对道德的共同理解，也就是统一的信仰和共同的目标对于产生归属感是必不可少的。[96]

从20世纪70年代的这些城市公社里，我们再一次看到了社会套件的表现，例如，友谊、温和的等级制以及对个人身份的尊重，等等，并观察到它们在集体成功中所起的作用。下面我将讨论这种有意设计的社群的最后一个例子。它很难归类，这是一个在地理上与世界上其他地方隔离开来的社群，也是一个在更近的时期建立起来的社群，它为科学家们提供了将社会结构映射为详尽的社会网络的机会。

南极科学考察站的社会网络

南极洲的冬季基地几乎完全与世隔绝，以至于它一直被当成太空旅行时人类孤独处境的一个模型。[97] 1902 年，一位极地探险家在日记中这样写道：“我经常会这样想象，我们不是站在地球上，而是站在月球表面。一切都是如此安静，只有死寂和清冷，怎么看都不像是在地球上。”[98] 追踪报道沙克尔顿探险活动的记者阿尔弗雷德·兰辛（Alfred Lansing）这样写道：“再没有比寒夜的极地更纯粹、更完全的荒凉了。这里回归到了冰河时代，没有温度，没有生命，没有任何会动的东西。”[99]

人类是 1911 年第一次到达地理意义上的南极的，直到 1956 年才在那里建立了可以长期住人的永久性科学考察站。自那之后，负责这些定居点的科学家和军官们开始认识到，这些台站要顺利运行，需要解决一系列社会心理问题。[100] 有些讽刺的是，这原本是一个没有人类居住的大陆，现在却为我们研究社会提供了一个非常有价值的“实验室”。

各个国家自行维护自己的站点，彼此之间通常相隔很远。美国位于南极点上的设施，是由美国海军于 1956 年开始建设的，被命名为阿蒙森－斯科特南极站（Amundsen-Scott South Pole Station），用来纪念最早到达南极的两个著名探险家①。阿蒙森－斯科特南极站包括一个标志性的网格圆顶建筑（50 米宽，18.5 米高），其中包含了许多模块化的建筑。2003 年，这些建筑完成了一次重大的升级。这个南极站目前由美国国家科学基金会运营，主要用于科学研究，尤其是天体物理学和气象学研究。夏季会有 100 多人居住在这个在南极站里。但是到了冬天，也许就只剩下了 30 个人，这也正是我们一直在考虑的人类群体的典型规模，从船只失事后的幸存者群体，到城市公社，其成员数量都差不多。[101] 大约有 8 个半月的时间里，这些人将与世界其他地方隔绝。

① 这两个探险家是 1911 年第一个抵达南极点的罗尔德·阿蒙森（Roald Amundsen）和 1912 年第二个抵达南极点的罗伯特·斯科特（Robert Scott）。——编者注

在南半球的冬季（从每年的 3 月到 9 月），南极点上一直没有阳光照射。而且，尽管它与广阔冰雪连接在一起，但它实际上是一片“沙漠”，因为这里几乎没有降水。尽管如此，这里还是经常会刮起大风，带来暴风雪，堵在建筑物入口处的雪堆经常得动用挖掘机才能清除。如果这一切还不够糟，那么再想象一下，这个南极站位于海拔 2836 米的位置上，足以引起初来乍到者的高原反应。总之，自然条件极其恶劣，即便是紧急救援，也是不可能实施的，因为在冬天飞机几乎不可能飞到极地，而且与这个南极站最近的另一个美国基地麦克默多站（McMurdo Station），则远在足足 1000 多千米之外。

几十年以来，我们可以用来研究社群生活的工具越来越多、越来越成熟，这在以往是不可能的，然而，这些工具也不能回溯地应用于历史。例如，在社会网络分析中，对社会关系的精准数学映射对理解群体的形成和运转过程非常有帮助。下面，我将以极地科学家的“自我流放”为例来介绍这些工具的使用。这也是本章要讨论的最后一个涉及有意设计的社群的自然实验。

在开始讨论这个案例之前，我必须先提出一些警告。决定前往南极洲的人，就像那些加入城市公社或参加远洋航行的人一样，都不是人口中的代表性样本。他们在选择留下的时候，还要得到资助者、军人、心理学家和其他为他们提供保障的人的支持并接受审查。他们之所以被选中，是因为他们拥有与极地环境相匹配的才华、能力和兴趣，这是其他与世隔绝的社群所不具备的优势。此外，他们在进入极地的时候，就知道在某个预定的时间里，自己会被“救出来”，这为他们提供了一种庇护，足以使他们有勇气对抗“蝇王”式的暴虐统治。

冬天留在南极的人大体上可以分为两类：一类是支持人员，或者被称为技师，包括水管工、电工、机械师、厨师以及负责科学考察站日常运营的科技人员团队。另一类是科学家。这种分工从南极营地建立以来就已经存在了。[102] 经过两个月的集训后，准备在南极过冬的所有这些工作人员会在 10 月份前往南极洲，并在那里待上 13 个月（直到下一年的 11 月）。在夏季，还会有其他人来来往往，但是在冬季，这些工作人员是与世隔绝的，既没有人到来，也没有人离开。

在极地过冬的人可能会遇到各种各样的健康问题：睡眠障碍、缺氧、高原反应以及内分泌和免疫异常。他们有时也会患上认知障碍疾病，并表现出轻度的被催眠状态，也就是俗称的“长眼”（long eye）或“南极呆滞”（Antarctic stare）。但是，根据在南极工作过的人所说，社交和心理压力实际上比生理压力更难对付。事实上，抑郁症可能是一个严重的问题。[103] 一位科学家曾抱怨，在那里“没有窗户、缺乏隐私，看不到活着的绿色植物和动物，也看不到太阳，没有浓密的空气可呼吸，无法自由旅行，也没有自由。只有一个传说：那是与世隔绝的人类前哨”。[104]

在沉船事件的幸存者组成的社群中，原来的等级结构可以自然地沿袭下来，但在极地小群体中，传统的等级制可能会被打破。厨师可能比高级官员拥有更高的实际地位，同时无线电操作员可能比高级科学家更具权威。对于训练有素的科学家和职业军官来说，这种情况可能很难接受，但是极地社群内部的所有成员之间的灵活授权和共同努力对每个人的福祉都至关重要。

对“南极社会”的研究是从 20 世纪 60 年代开始的。从那时起，科学家就致力于测量所有可能的事情。例如，对那些在南极过冬的工作人员的早期问卷调查中提出的问题，就已经与半个世纪后我在自己的实验室中对被试提出的问题差不多了：“在过去的几个月里，与你最亲密的朋友是谁？”“哪个人或哪些人因为最能帮助有需要的人而给你留下了深刻的印象？”“如果由你来挑选冬天到一个小型科学考察站执行任务的工作人员，你会在目前这个站中优先选择哪 5 个人？”[105]

数据就来自受访者对这些基本问题的回答。科学家再利用这些数据将群体中人们的互动映射到社会网络上，就可以用数学工具进行可视化和分析了。

社会学家杰弗里·约翰逊（Jeffrey C. Johnson）和他的同事们在 20 世纪 90 年代收集了三个相互独立的工作小组的数据。第一年（A 年）有 28 人（19 名男性和 9 名女性）；第二年（B 年）有 27 人（20 名男性和 7 名女性）；第三年（C 年）有 22 个人（18 名男性和 4 名女性）。[106] 在每个月的第 15 天，科学考察站的医生会对"居民"们进行调查：居民要对自己与所有其他居民之间的互动情况进行打分，并说出在他们心目中谁是自己所属群体的领导者。

像这种试图评估一个群体成员之间连接的所有可能的研究，通常称为"社会中心度"研究，如图 3-1 所示。有意思的是，这些南极群体的社会结构与我的实验室中为美国的大学生、坦桑尼亚狩猎 - 采集者、马萨诸塞州的城镇居民、洪都拉斯和印度的村民以及世界各地企业的工人所绘制的图形非常类似（正如我们在第 8 章中将会看到的那样）。

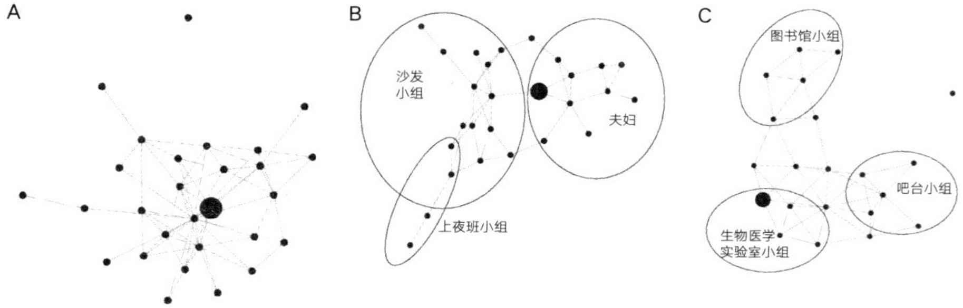

图 3-1 南极科学考察站工作人员的社会网络

这三张图分别代表了 3 个在美国南极科学考察站过冬的由科学家和支持人员组成的群体的社会网络（分别标记为 A、B 和 C）。图中给出所有人（节点）以及他们之间的主要友谊关系（连线）。在每一种情况下，管理者都是最大的节点。在图 A 中，管理者处于整个网络的中间，而在图 B 和图 C 中，管理者本身也属于其中一个子群体（小组织）。在图 A 中，没有观察到子群体，而在图 B 和图 C 中，可以识别出三个子群体（见图中圆圈的标记）。不过，这里只给出了对子群体的定性分配，与基于更正式的数学算法的群体分配并不完全重合。

为了解释这些网络图（有时也称为映射）的含义，我需要稍稍偏离本书的主题，先介绍一些关于网络科学的基础知识。每一个人（例如，南极站工作人员、幸存者群体、企业的成员、学校的学生、村庄的村民，乃至整个国家的全体民众）在图中都用一个黑点表示，这称为一个“节点”，任何两个人之间的每个连接（两个朋友、两个同事、两个亲戚或两个配偶）都用一条线表示，这称为一条“边”。人们之间的这种“连接关系”是通过提问来发现的，所用的工具称为“名称生成器”（name generator）。例如，人们可能会被问到“你和谁一起度过空闲时间”或者“你与谁讨论重要事项”，研究者还可能问他们会借钱给什么人或者向什么人借钱。又或者，研究者可能会要求他们说出自己的亲密朋友、兄弟姐妹、同事或伴侣的名字。[107] 有的时候，研究者还可能给人们发一些钱或其他有价值的东西，并要求每个人将它们作为礼物赠送给其他人。假设人们通常不会给陌生人或他们厌恶的人赠送礼物，那么根据谁是礼物接收者也可以识别出值得注意的社会关系。

当然，更直接的衡量人际关系的方法是观察。我们可以坐在学校的自助餐厅里，观察谁与谁坐在一起。流行病学家马塞尔・萨拉瑟（Marcel Salathe）、政治学家戴维・莱泽（David Lazer）、社会学家马克・帕楚基（Mark Pachucki）和其他一些研究者，在学生身上安装了小型探测仪等可以获取此类数据的设备，记录了谁与谁待在一起、待了多久（这种方法也可以用于收集猿类动物和大象群体内部的互动关系，正如我们将会在第 7 章中看到的那样）。[108] 研究者还可以在特定位置架设摄像机，记录人与人之间的互动行为和见面频率。研究者也可以使用电子邮件、电话流量或在线社会网络数据来识别社会关系，也可以利用工作场所中团队或个人共同使用设备的数据，例如，在南极站工作期间，每天与谁一起乘坐三人雪地摩托车。[109]

研究者定义了目标群体成员之间的社会关系并收集了相关信息之后，就可以绘制出社会网络，运用数学工具进行分析了。网络的形状，也称为网络结构或网络拓扑，是任何存在社会互动社群的一个基本属性。[110] 虽然形状可以通过不同的方式可视化，但是无论网络怎样绘制，决定其形状的实际连接模式都保持不变。

这是为什么呢？我们可以这么考虑。想象一下，假设你把 100 个纽扣散落在地板上，同时你有 400 条线可以用来把这些纽扣连起来。接下来，再想象一下，你随机挑选出两个纽扣，并且在不将它们从地板上的位置打乱的情况下将它们用一条线连接起来。然后重复这个过程，一个接一个地随机连接一对纽扣，直到所有的线都用完为止。最后，有些纽扣会连接许多条线，有些纽扣可能形成一个单独的“群体”，它们相互之间有线连接起来，但是与其他“群体”却没连接。这些单独的“群体”（一个单独的“群体”甚至可以由唯一一个没有连接的纽扣构成），就被称为这个网络的“组件”（component）。

进一步想象，这些线是牢固地绑在各自对应的纽扣上的。如果你选中了任何一个纽扣并将它从地板上提起来，那么所有其他（直接或间接地）连接到这个纽扣上的纽扣（即在同一个组件中的纽扣）将会被随之提起。剩余的组件则留在地板上。现在，关键的细节来了：如果你把这些纽扣和绳子的组合放回地板上，那么它将会呈现出一个不同于之前的外观；但是，任何一个纽扣与其他纽扣之间依然具有与以前相同的位置关系，它在网络中的位置没有发生变化。换句话说，纽扣的拓扑结构（网络的内在属性），无论你提起、放下这些连接起来的纽扣多少次，都仍然完全相同。

网络可以用不同的算法绘制成（或者，在地板上摆放成）一个令人赏心悦目的结构图，例如，令纽扣之间重叠的线的数量最小（类似于你为了解开一团纱，而将它轻轻地铺开在桌面上）。可视化软件则可以通过将连接最多的纽扣放在中间、将连接最少的纽扣放在边缘，来揭示网络的底层拓扑结构。但是，虽然不同算法可以用各种不同的方式绘制一个相同的网络，但是一定不要忘记，无论网络怎么绘制，它仍然是同一个对象。这一点非常重要。

在了解了如何确定和直观表示网络的背景知识后，我们可以回过头来讨论南极站的科学家网络了。他们的网络映射揭示了什么？从图 3-1 可以看出，这三个工作人员小组不仅在“一体化”程度上有所不同，而且在是否存在可辨别的网络子群体方面也有一定差异。子群体，也称为“派系”（cliques）或“网络社群”（network community），与上面提到的独立的群体（组件）不同。一个子群体是一组节点：成员之间是高度连接的，同时又不完全与人群的其他部分隔离开来。另外，这三个工作人员小组在领导者的结构位置和作用方面也有所不同。

如果我们仔细察看图 3-1 中的图形，就可以发现 A 年只有一个组，它有一个核心外围结构而且没有子群体。B 年则有若干个清晰可见的子群体，而且这些子群体全都位于一个相对统一的整个群体之内，在那一年，有 10 个人（既有技师，也有科学家）经常在厨房里共度时光，形成了所谓的“沙发小组”。此外还有一个由上夜班的 3 个人组成的小组，它们形成了另一个子群体。最后，还有 4 对夫妇，其中有几对前几个冬天也是在南极洲度过的，并且事前就已经有了连接。C 年的网络派系情况更加突出：有 3 个子群体，它们相互隔离的程度比 B 年更高。C 年的各个子群体，是根据这些派系聚集在一起观看视频的场所命名的。

在图 3-1 中，由这些在南极过冬的人识别出来的领导者（或管理者）在不同年份的网络中占据的位置，在结构上也是不同的。在 A 年，领导者位于所有人的网络中心附近。在 B 年，他属于其中一个派系，但是仍然是整个群体的核心。但是在 C 年，他只是位于其中一个派系的中心附近。A 年的模型是我们在运行状况良好的小型群体中通常观察到的模式。我认为，如果我们能够把沙克尔顿的工作人员之间的网络绘制出来，也应该是 A 年的这种模式。相比之下，C 年的模式可能是皮特凯恩岛的居民在“大血洗”之前的模式。

群体的领导者，既可以是工具型领导者，即专注于实际目标或任务的人；

也可以是表达型领导者，即致力于推动团队团结合作的人。我们在前文中已经观察到，弗莱彻·克里斯蒂安是一个高效的工具型领导者（他成功地组织了“邦蒂号”叛乱行动），但是对于他们那些叛乱者之间在到达皮特凯恩岛后发生的冲突，却无力化解。有效的领导者必须能够最大限度地减少群体内部的分歧，并在那些“刺头”人物危及群体团结之前就加以妥善处理；他还必须推动群体按计划完成工作任务，在紧急情况下做出理性决策，并公平地平息冲突、促进沟通。有时，同一个领导者可能无法同时完成“工具性职能”和“表达性职能”，这正是为什么许多社会都需要同时有负责制造战争的领导人（将军）和负责和平谈判的领导人（外交官）的原因。

除了更加分散之外，C 年的群体还更有可能出现导致问题的麻烦制造者（“刺头”）。我们将在第 8 章讨论仇恨和敌意在社会结构中的作用，但是在这里，只需指出这一点就足够了：像 C 年这样的群体更容易出现连接中断、八卦消息流传、回避问题以及随之而来的怀疑等恶性循环，所有这些都会导致冲突和分裂。[111] 事实上，在与世隔绝的环境中，群体更容易出现“八卦消息不断”的问题，这会对人际关系产生不利影响。[112] 在杰弗里·约翰逊于 20 世纪 90 年代进行的那个研究中，还出现了多个人争夺领导人角色的情况。最后，C 年的群体还有一个关键问题，那就是很多人过度饮酒，而酗酒也是对社会和谐的另一个长期威胁。

尽管在子群体这个层面上，图 3-1 中的三个网络结构存在着值得注意的差异，但是它们之间仍然存在一些一致的原则，并促成了友谊的形成和合作型互动的展开。虽然从理论上说，对于一群人以及他们之间的关系，可以通过各种各样的方式加以安排，但是在现实生活却会受到很大的限制。南极科学家，以及任何其他人类组织都不会自然而然地形成图 3-2 所示的网络。这些网络都非常规则（当然各自有不同的规则性）。

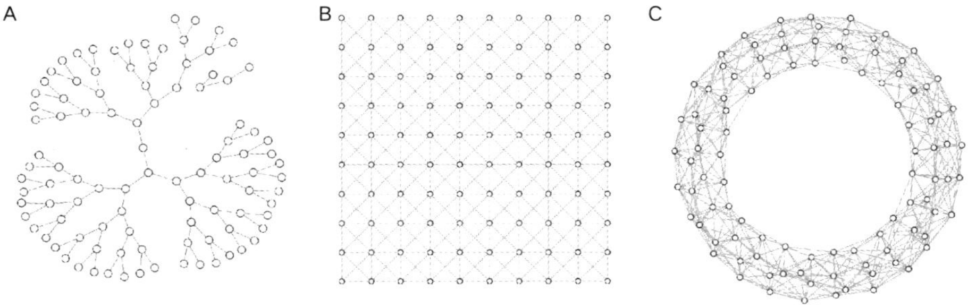

图 3-2　“非自然”的社会网络

这里显示的这些具有规则结构的社会网络虽然在原则上是可能的，但它们是人为设计的，不是自然发生的。在图中，节点表示个人，线表示社会连接。在图 A 中，100 人通过电话号码连接起来，每个人都与另外两个人相连（边缘上的节点除外）；在图 B 中，100 人排列在规则的格子上，每个人与另外 8 人相连（边缘上的节点除外）；在图 C 中，100 人排列在一个有“邻居结构”的环形网络中，每个人都与另外 11 人相连。

图 3-2 这 3 个例子中，每个网络中的每个人（除了图 3-2A 和图 3-2B 中外边缘上的人之外）具有相同数量的社会连接（分别为 3 个、8 个和 11 个）。相比之下，尽管图 3-1 所示的 3 个在南极过冬的工作人员网络各不相同，但是它们仍然具有一些共同的关键性质，例如，都具有中心 – 外围的结构，以及每个人具有社会连接的数量并不一样。

如上所述，图 3-1 中的 B 年的网络中有一个派系，即夫妇子群，出现这个派系的部分原因是这个子群体的成员之间在过去就建立了连接关系。过去的相互作用与网络子结构的相关性突出了三点。

第一，网络不是静态的（正如我们将在第 8 章中看到的），友谊可以形成，也可能会遭到破坏；建立关系通常需要时间，并且关系的强度通常与其持续时间有关。

第二，初始条件是很重要的。当一群陌生人聚集在一起，在面对过共同的挑战或经历了共同的生活之后，比如海军新兵、大学新生、宗教朝圣者，或者同一艘游轮的乘客，那么至少在一段时间内，社交上的尴尬就会减少，建立新的社会连接的可能性就会增大。每个人都在“同一条船”上，面对着同样的新奇体验。例如，在大学入学的第一周，当有一个陌生人坐在你身边，用“你好，我叫尼古拉斯”这样的话自我介绍并开始交谈是正常的；但是，在经过了几个月共同生活后，如果还这样说，就会让人感到毛骨悚然了。

第三，随着时间的推移，网络的扩展和演变与整个群体能不能共同完成某项任务（或未能完成）相关。另一项关于在南极过冬的不同群体的研究，对关系如何形成的做了定性描述。不出所料，在这种规模的群体中，建立关系通常是从若干个单独的“一对一关系”开始的，而且最初一般都基于共同的任务或兴趣（比如气象学或音乐）。正如我们在布鲁克农场和沙克尔顿探险队中所观察到的，当群体缺乏长期共同的仪式或共同的宗教意识形态时，诸如运动会、唱歌、跳舞等集体活动就会变得尤其重要。[113]

成功的社群

早在 1918 年，在描述人们对现代生活巨大规模的反应及其对世界的祛魅时，社会学家马克斯·韦伯就已经观察到：“那些最终极、最崇高的价值已从公共生活中销声匿迹，退回到神秘生活的先验世界或直接的兄弟情谊中。”[114]消除异常和怀疑唯一的“治疗”方法是坚定信念并与现实密切接触。加入公社的人们追寻他们的共同体，这种群体认同感源于个人互动所产生的团结，他们试图缩小社会互动规模来寻求真实性（authenticity）。

多个世纪以来，许多人致力于建设一些有意设计的新社群，他们努力提供了一系列自然实验，揭示了人类物种的社会状态，证明了社会套件的重要性。这些努力并没有带来成功的新社会形式，许多社群甚至没有生存几年。但是它们证明了我们的社会生活的一些永恒特征，包括友谊、合作、温和的等级制，以及内群体偏好，等等。

尊重社会套件的迫切性的那些新社群的处境，要比不这样做的其他新社群好得多。例如，布鲁克农场和震颤派认为，个人不是一个能够随意加以“塑造”、然后置入任何社会的可互换的标准化物件。相反，每个人都拥有值得尊重的个性。在群体同一性与个体性之间取得平衡，是任何一个成功社会的关键所在。当个体的多样性（甚至个人的产权）得到尊重之后，接下来的挑战就变成在一个允许“每个人成为他自己”的社会中如何有效地抑制自私。在这个方向上，培养和利用合作本能、促进人与人之间的友情和对群体的归属感，都是至关重要的。此外，有效的领导在有意识地创建新社会的努力中也非常重要，这与不是有意设计的情况下是一样的。

不同的乌托邦社群对性的态度截然不同。有些社群强调群体成员之间的性自由，而震颤派等乌托邦社群则强调必须完全禁欲。但是，这两种策略其实有着共同的目标，即颠覆婚姻制度与消灭个人之间任何深层的人际关系。因此，这两种策略的目的都是培养对作为一个整体的群体归属感。这就是许多社群试图打碎核心家庭、实施公共育儿制度，以及让父母与孩子分开生活的原因，就像在基布兹中曾经发生过的那样。但是正如我们已经观察到的，这类努力几乎总是归于失败，因为它们试图颠覆人类与生俱来的爱的本能。

然而，尽管偏离蓝图似乎总是意味着厄运，但是严格遵守蓝图也并不一定能保证成功。因为外部因素也很重要，自然灾害、火灾、经济上或环境上的限制，都有可能破坏已经建成的良好的社群。

简而言之，虽然具体情况各不相同，但是两类因素有助于社群建设的成功或者加速其崩溃：内在的生物压力和外在的环境压力。我们是受内部蓝图推动的，因此要放弃社会套件是不容易的，或者说是不可行的，即便在周围的力量拉动我们这样做时，也是如此。

为了更全面、更彻底地探索我们的自然社会状态，接下来，我要转而讨论一系列不自然的社会状态，它们是在实验室中创造出来的。在这些人工社会实验中，我们可以施加各种各样的控制，从而得出许多关于人类可以创造出什么样、也必定会创造什么样的社会世界的有力洞见。

第 4 章

人工社会实验下的小型社会

2005 年，亚马逊公司开发了一个软件系统，利用这个软件系统，可以从网络招募数以千计的人执行一些旨在改善亚马逊网站的小型任务（如识别重复商品列表或核对商品描述），并向他们支付报酬，每个任务的报酬可能只有几美分。人们可以在他们自己选择的时间段登录到这个软件系统中开始工作。系统会分配任务，收集“工人”输入的意见，并支付报酬。

在解决了本公司的问题后，亚马逊将这个平台开放给其他公司，其他公司付费后，就可以用这个平台雇用工人。这样一来，亚马逊就将这项发明转变成了一个利润中心。这项服务的正式名称是亚马逊机械土耳其人（Mechanical Turk），用来纪念 18 世纪在奥匈帝国皇家宫廷中首次展示的会下国际象棋的机器人——“机械土耳其人”。那个机器人表面上看是一台由木头制成的机械，它戴着头巾，由发条驱动，能够与人类下棋。当然，这个国际象棋机器人其实是一个骗局，它实际上是由一个身材矮小的国际象棋大师在背后控制的（图 4-1）。那是一个高明的棋手，先后击败了很多人，其中包括拿破仑·波拿巴和本杰明·富兰克林等名人，从而令人惊诧不已。[1]

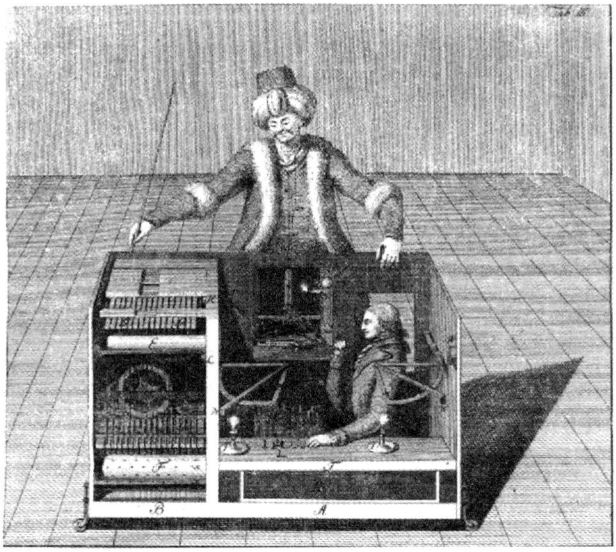

图 4-1 机械土耳其人

这是一张 1789 年的铜版画，画中呈现的就是机械土耳其人。这实际上并不是一台机器，在柜子内，藏着一个身材非常矮小的国际象棋大师。

亚马逊机械土耳其人系统在这一点上与这个国际象棋机器人相似：它们都模仿机器，尽管实际上躲在后面工作的是人。亚马逊机械土耳其人系统特别适用于那些人类很容易完成、但计算机却很难承担的工作，例如，将手写体文书档案的文字内容抄录下来。也正是这个原因，雇主在这个平台上发布的工作被称为“HIT”，也就是“人类智能任务”（human-intelligence tasks）。

来自世界各地的 50 多万人签约成为这种“土耳其工人”（有时直接称为“土耳其人”）。在任何一个时候，都会有成千上万的人在线努力工作，每小时可以赚大约 6 美元，但每小时要完成几十个琐碎的小任务，每个小任务通常需要几分钟。例如，使用这个平台，一家公司雇用了 5 万人对 1400 万张图像的内容进行标记，以便创建一个数据库来训练计算机进行图像识别。[2] 人类完成这种工作之后，真正的机器才可以接手。

现在，亚马逊机械土耳其人以及其他一些在过去 10 年里引入的众包平台，已经彻底改变了科学研究活动和商业活动的面貌。科学家利用这些平台对数据进行编码（例如，在天文图像中标出星系、在生化图像中标记蛋白质，或者在卫星照片中标出丛林下的古老废墟）、组织科普活动和科学调查，并招募社会科学实验的被试。我的实验室就是亚马逊机械土耳其人平台的早期使用者，我们大约从 2008 年开始，就已经利用这个平台做实验了。

由于得到了如此庞大和多样的被试池，社会科学的面貌在很多方面发生了重大变化。尽管在开始时，只有极少数科学期刊愿意刊登相关的论文，但是到了现在，每年都有超过 1000 篇以“土耳其工人”为研究对象的论文发表。[3] 科学家再也用不着将招募被试的对象限制在富裕国家的本科生范围之内了，也不必将样本数量限制在 100 个被试之内。现在，科学家们可以对成千上万的被试进行实验，而且这些被试更能代表更广泛的人类，所有年龄段的人都有，包括了不同的国籍和背景。许多研究表明，“土耳其工人”行为在不同情境下的行为方式（例如，当他们面临需要合作的社会困境时，或他们正在评估风险时），与实验室中被试的行为方式相同。[4] 他们是真实的人，以正常人的方式行事。

小型人工社会实验

我们很难根据前文给出的那种样本——3 组南极科学家、20 个沉船事件、60 个公社做出可信的推断。即使每个群体中都有数百人，也无助于问题的解决。因为我们感兴趣的特征是群体的性质，而不是严格意义上的个体的性质，我们需要大量的群体来进行相互比较，以提高真正重要的东西的可信水平。

此外，在自然实验中，无论是无意设计的，还是有意设计的，我们都无法控制可能影响所关注的东西的所有因素。船只失事后船员能够获得的资源有哪些？谁会选择加入哪个公社？仅仅拥有大量群体仍然不够。理想情况是，我们可以自己组建由更具代表性的行为者构成的群体。出于这些原因，作为进行真实实验的一部分，我们需要能够“操纵”社会群体的组成、组织和互动（就像大规模电视真人秀节目的制作人一样），从而超越那些自然实验。

为了实现这个目标，我的实验室开发出了一些软件来创建临时性的小型人工社会。实验以土耳其工人为被试。我们将这个软件称为“面包板”（Breadboard）。这里所用的“面包板”这个术语，原来指的是电子电气工程师用来组装和测试电路的木板。但是我们这里要操纵的组件则是变量，例如被试之间相互作用的结构，也就是被试所处的社会网络拓扑结构以及相互作用的性质，例如，是否允许一个被试与另一个被试合作，或者被试可以获得关于他们周围环境的多少信息。我们还可以改变个体的属性，例如让被试在实验中变得“更富”或“更穷”，因为我们要给被试支付真实报酬来完成实验。面包板也可用于需要其他被试参加的实验，例如公司的员工、教室中的学生，或商业调查公司的数据库中数以千计的普通公民。

乍听起来，这似乎并不是革命性的，但事实确实如此。除了心理学领域之外，社会学、经济学、人类学和政治学等社会科学中的绝大多数传统研究工作都只属于观察性研究，而不涉及自然科学中常见的控制实验。1969 年，社会学家莫里斯·泽尔迪奇（Morris Zelditch）以嘲讽和怀疑的语气问道：“你们真的可以在实验室里研究一支军队吗？”[5] 半个世纪之后，我们的答案是肯定的。在过去的几年中，在线实验的被试往往达到数千人之巨，有时甚至会达到数百万人。就单以我们的面包板为例吧，到现在已经有 25 000 人参加了。

在一个很关键的实验中，共有 785 个被试参加，他们被分为 40 个群体。我们把这些“土耳其人”聚集在一起，并将他们随机放入一个具有特定的随机结构的社会网络中。每个参与者分别具有 1 到 6 个社会关系，以此来模拟人们在现实生活中的关系数量。群体中的每个人所拥有的邻居，都不同于该群体中其他人的邻居。

我们的目标是，观察在实验过程中会不会出现一种情境，能够重现公共物品生产中面临的挑战。公共物品是指需要人们合作完成的、对彼此有利的项目，如建造灯塔或水井。每个人都必须有所投入并做出牺牲，以创造有利于整个群体的事情，也包括有利于每个人，而且会让他得到比所做贡献更多的回报。

在我们的实验中，实验参与者会得到一些筹码，在实验结束时可以换成真正的现金。博弈有很多轮。我们告诉参与者，在每一轮博弈中，他们既可以把钱留下来，也可以向他们的邻居捐款，如果他们向邻居捐款，我们就会把邻居收到的钱加倍。这样，他们只支付了小额代价，但是他们的邻居却能获得更大的收益。由于这个博弈要进行很多轮，所以可以形成一个潜在的互惠准则：如果你在这一轮中对你的邻居是慷慨大方的，那么你的邻居就可能会在下一轮中慷慨大方。如果真的是这样，那么你可能会再一次“投我以桃，报之以李”，从而你们两人都将反复受益。

当然，从自私的立场来看，最好的结果是你不为你的邻居做出贡献，同时他们为你做出贡献。如果你能在不出力的情况下受益，那么为什么不让其他人出力建造灯塔呢？但是，如果每个人都这样做的话，那么整个组织就会彻底崩溃。每个人都将停止合作，没有人会支持公共物品的创造和维护。

这也正是我们的实验所证实的。在将初始社会关系分配给实验参与者后，他们一开始通常会慷慨地与其他人合作。但是有时候，他们新分配来的“朋友”却对他们没有任何贡献，用专业术语说，这些人就是所谓的背叛者。没有人喜欢自己遭到背叛者的剥削。由于实验参与者不能改变他们的初始连接，所以如果他们的邻居背叛了，那么他们可以做的只能是选择自己也背叛，以避免被他人剥削，也就是停止慷慨行为。在实验的这个分支中，我们发现背叛占据了我们创造的社会。在严格（并没有领导者）的社会世界中，被试对谁来与他们互动没有任何控制权（被我们分配给他们的一群朋友“困”住了），于是他们会停止合作。[6]

然而，在实验的另一个分支中，我们却得到了不同的结果。在这个分支中，我们允许人们对与他们互动的人施加一定控制。在每轮博弈中，除了选择合作还是背叛之外，他们还可以选择与谁建立新的连接或切断与谁的连接。不难理解，被试会与友善的、愿意合作的人建立连接，会切断与吝啬的人的连接。允许社会关系存在一定程度的流动性，允许对友谊选择施加一定控制，使一切都变得不同了。在这些社会中，合作持续存在，人们彼此之间的关系也相当友善。我们还发现，这些愿意合作的人会分“派系”，他们聚集在一起，以避免顽固的、剥削他人的邻居。简而言之，只要存在改变社会连接关系的可能性，就可以使社会变得更好（彩图 1）。

人们常常认为善良等人格特质是固定不变的。但是我们的研究表明了一个截然不同的结果：利他主义倾向或剥削倾向，可能在很大程度上取决于社会世界的组织方式。因此，对于同一个人群，如果我们将他们放入这样一个社会世界，他们就会慷慨地相互对待；但是如果我们把他们放入另一个社会世界，他们就可能非常卑鄙或对他人漠不关心。这是一个至关重要的结果，它表明合作的倾向不仅是个人的特征，也是群体的特征。合作取决于决定友谊关系形成的规则。善良的人可能会做坏事（反之亦然），因为那是他们所嵌入的网络结构决定的，无论他们秉持的信念是什么，群体提倡的行为是什么。这不仅仅是因为他们与“坏”人之间有社会连接关系的问题，社会连接关系的数量和模式也是至关重要的。[7]社会套件的各个方面，如合作和社会网络，是共同发挥作用的。

在这里，不妨给出一个类比，它有助于我们的理解。如果你提取了很多碳原子并按某种方式将它们连接起来，你就会得到石墨，这种石墨很柔软，颜色又很深，非常适合制作成铅笔。但是，如果你将这些碳原子按另一种方式连接起来，就可以得到钻石，这种钻石很坚硬，非常适合制作珠宝。这里有两个关键的思想：首先，这些性质，硬度和透明度等都不是碳原子的性质，而是碳原子集合的性质；其次，性质取决于碳原子是如何连接的，社会群体也是如此。这种现象——整体拥有各组成部分所不存在的特性被称为涌现（emergence），同时这种特性则被称为涌现特性。将人们以这种方式连接起来，他们彼此友好相待；但是以另一种方式将他们连接起来，就未必了。

在另一个实验中，共有 1529 个人参加，他们分别被安排在了 90 个群体中。我们通过改变人们重新建立他们与新朋友之间连接关系的速度，来评估社会流动性究竟能够在多大程度上优化合作。有意思的是，我们在社会流动性与合作性之间找到了一种抛物线型关系（图 4-2）。[8] 对于群体的合作性来说，太多的刚性和太多的流动性都不是最优的。

如前所述，在其中一种极端情况下，如果人们之间连接关系的刚性过高，人们就会失去合作动力。如果你的邻居一直在“剥削你”，而且你又无法逃脱他，那么你唯一能做出的反应只能是停止自己的利他主义行为。更何况，如果你的邻居无论你怎么做都会合作而且无法逃脱，那么你也可能会被诱惑变得不合作。在另一个极端情况下，如果人们之间连接关系的变化太过频繁，你和他们也可能失去合作的动力。如果他们下一刻就可能会离开，你无法期望他们会友善地对待你，也没有理由在他们身上投资。事实上，在前面的章节中，我们已经观察到这个思想发挥作用的踪迹了：在“双橡园”社群中，人员流动率非常高，而洛斯霍尔科内斯公社的成员则更加稳定，因此它们内部的合作程度也不同。

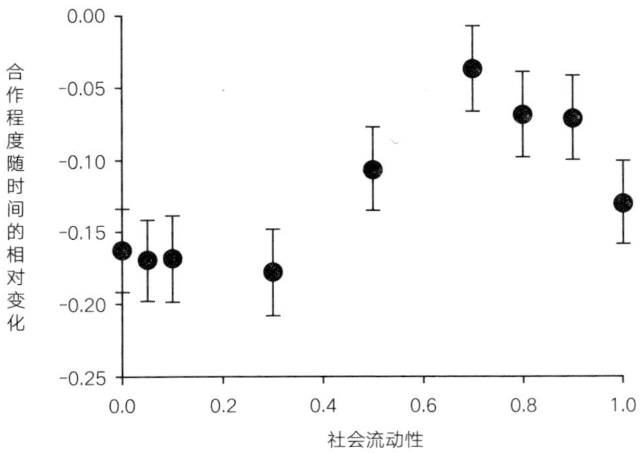

图 4-2　操纵互动率会影响群体中的合作水平

本图显示了社会流动性与合作程度之间的关系。横轴表示社会流动性，取值范围为从 0（从不）到 1.0（总是）；纵轴表示实验创建的社会网络群体中采取合作的被试的合作程度。当社会流动性很小或不存在社会流动性时（也就是说，当人们被邻居困住时），合作程度较低。与此类似，当社会流动性非常高时（即当人们的邻居经常变化时），合作程度也很低。合作程度最高的情况出现在那些具有中间流动性的群体中。

在另一项实验中，我们创建了 48 个小型社会，共有 1163 人参加，目的是探讨合作收益与成本之间的关系：人们愿意合作之前，合作收益必须在多大程度上超过合作成本？或者更确切地说，我们想知道社会连接关系的数量与合作收益成本比之间的关系如何。事实证明，人们拥有的社会连接关系越多，就越有动力进行合作。[9] 我们甚至能够量化这一点，证明平均而言，合作的收益成本比必须超过与之交互的朋友数量。例如，要想一个社会群体出现合作，如果一个人有两个“合伙人”，那么收益必须达到成本的两倍；如果一个人有四个“合伙人”，则必须达到四倍；依此类推。这是符合直觉的，在更大的群体中，要想实现合作会更难，因此合作必须有相当的收益。

我们还探讨了群体内部的财富分布会如何影响合作。我们招募了 1462 名被试，并将他们随机分配到了 80 个群体中，给予每个被试少量的金钱进行博弈。[10] 我们对每个群体都设计了的不同环境：一些群体的财富分布在开始时是完全平等的，另一些群体则处于温和的不平等的状态下，还有一些群体则要经历高度不平等。在那些不平等的情况下，被试是被随机地指定为富人或穷人的（通过给予他们相对更多或更少的金钱来实现）。

这个实验要考察的是群体可以共同“生产”出多少财富以及群体成员之间的合作水平和友好程度如何。虽然从原则上说，不平等本身可能对群体的绩效产生腐蚀性，但是我们在实验中发现，实际情况并非如此。真正的威胁似乎是财富的“可见度”：当人们真的能看到其他人拥有多少财富时，群体的凝聚力就会受到破坏，从而使人们不那么合作、不那么友善，最终不能通过共同努力来增进他们的集体福利。例如，在每个人的财富都公开展示的微型社会中，被试的合作程度只有不展示时的一半。这个实验的结果告诉我们，之所以那么多的乌托邦社群都要求自己的成员身着简单、统一的服装，并实行财产公有制度，其中一个原因就是希望以此消除财富差距和身份地位上的差异，从而促进合作和友谊。

类似的由来自现实世界的人参加的实验还有很多，除了我的实验室之外，世界各地还有许多实验室在从事这方面的研究，研究结果也补充了我们在前面章节中讨论的自然实验的结果。在实验室环境中，我们可以得到更加肯定的因果关系，例如，友谊关系的模式是合作率变化的原因，而不是相反；我们还可以探索社会套件的某个特定方面，同时保持其他方面不变。当然，没有一种研究方法是完美的；人们在现实生活中的反应可能不同于实验室环境下。然而，在所有这些人工世界中，人们的行为方式还是非常符合人性的，他们创造出的各种社会秩序，也全都符合社会套件的原则。

大规模多人在线游戏

关于新生社会和社会套件的特征，另一个丰富的数据来源是大规模多人在线游戏，往往会有数十万人同时在线。这些游戏中许多是角色扮演游戏，玩家们通常采用生动的、可定制的、3D 外观的角色。为了强化个人身份及能力，角色外观的选择范围是非常巨大的。例如，在《第二人生》（*Second Life*）创造的虚拟世界中，玩家可以操纵 150 个参数，改变“自己”从眼睛颜色，到脚部大小、再到性别的所有特征。[11] 一个游戏往往会持续几个月，玩家可以在虚拟世界里获得财产、权力、金钱甚至宠物。一些游戏，如《魔兽世界》《英雄城市》《无尽的任务》和《第二人生》，都是建立在社交互动的可能性，甚至必要性的基础之上的。玩家们必须聚集在一起才能完成任务、交易商品、建立友谊，并相互竞争，或者组队参加战斗。

例如，2016 年，每个月全世界都至少有 500 万人在玩《魔兽世界》。[12] 这个游戏的玩家非常多，如果让他们组成一个国家，那么它的“公民”将会比挪威或新西兰还要多。玩家通常会组成不同的群体，然后一起去打怪兽、袭击敌人或获取资源。这些群体一般称为某某“公会”（guild）。一项针对 30 万名游戏玩家的研究表明，公会的规模从 3 人到 277 人不等，但是平均来说，每个公会大约有 17 人，90% 的公会的成员有 35 人或更少。[13] 这个数字与沉船幸存者群体或城市公社的成员人数大体相当。这项研究观察了超过 3000 多个公会的行为。虽然公会的存续时间一般较短，大约有 25% 的公会都会在一个月内解散，但是它们有一个明显的趋势：公会规模越大，存续时间越长，这就像城市公社一样。温和的等级制也有助于公会内部的团结。此外，社会网络结构也发挥着重要作用：具有更高密度和更好连接的公会，存续的时间更长。这些都是社交套件的重要特征。

在一项对来自 45 个国家的近千名游戏玩家的调查中，玩家们报告说他们在游戏中交到了“好朋友”（平均每人有 7 个朋友）。这个结果并不奇怪。

大约一半游戏玩家，认为这些在游戏中结交的朋友可以与现实生活中的朋友相媲美，而且有接近一半的人会与这些朋友一起讨论敏感问题，如家庭问题和工作问题。[14]

这些结果告诉我们，当我们进行在线互动时，我们仍然以非常“人性化”的方式行事。换句话说，当我们进入数字世界时，我们不会将合作、友谊或内群体偏好留在现实世界中。例如，人们会把一些刻板印象带到虚拟世界。一项研究分析了人们在虚拟世界中的角色是否愿意帮助向他们提出了简单请求的人。结果令人不安的是：肤色更深的人提出的请求得到正面回应的可能性要小得多。[15] 这些化身也遵守与现实世界一致性的规范。例如，成对的男性化身（无论在现实世界中控制它们的人的性别如何）在虚拟世界中相互之间保持的身体距离，要比成对的女性化身更大。[16] 这种在线互动是如此逼真，以至于有人建议用游戏来治疗某些心理问题，例如社交焦虑症。[17] 美国费城德雷塞尔大学（Drexel University）的一些治疗师，已经在《第二人生》虚拟世界中开辟了一些“私人房间”，用来与患者进行交流。他们最终成功地将这些患者带到了更广阔的虚拟世界中进行社交互动，例如，在虚拟酒吧中与陌生人进行对话或在虚拟会议室中发表演讲。

另一项对网上游戏《帕尔都斯》（*Pardus*）的 30 万名玩家的研究发现，人们在虚拟世界中的交往模式与他们在现实世界中的交往模式之间存在着很大的相似性。尽管从原则上说，人们可以在游戏中选择某种全新的方式进行互动，但是他们却不会做出这样的选择。[18] 在《帕尔都斯》的虚拟世界中，社会网络也拥有与现实世界中相同的标准性质。在这个游戏中，平均每个人的朋友的数量为 9.8 个，这个数字略高于现实生活中的朋友数量，因为在这个游戏中，这种关系更像是熟人关系。社会网络的传递性为 0.25，意味着一个人的朋友与朋友也是朋友的概率为 25%，这与现实生活中发现的百分比相同。此外，甚至还出现了“我朋友的敌人是我的敌人”这样的现象。我们将在第 8 章中回过头来继续深入分析社会网络的这些属性，但是就目前来说，只需要先记住这一点就足够了：尽管在网络世界拥有很大的自由，但是玩家通常都会复制现实世界中的基本社交行为。

如何创造社会

那么，我们可以从前面讨论的这些自然实验的社会、有意设计的社会和人工社群中了解到什么呢？所有案例都有助于说明社会套件的某些基本方面，同时凸显了一个能够正常运转的社会所需要的基本特征。然而，这些案例每一个都有自身的局限性。例如，南极科学家是通过事先安排好的路线，安然无恙地到达目的地的，但是沉船幸存者却不然。当然，南极科学家和这些幸存者都是与世隔绝的，因而他们内部的社会互动可以在几乎不受来自外部世界的任何影响的情况下展开。但是，对于城市公社或像布鲁克农场这样的社群来说，情况却并非如此。它们远远没有做到与世隔绝，相反，它们是相当接近“现实世界”的。另外，与 19 世纪和 20 世纪出现的那些公社不一样（这些公社通常有意设计为永久存续的），南极的科学家群体和互联网游戏世界中的人群存续却都是有时间限制的。与这两种情况不同，像沙克尔顿的探险队和沉船幸存者这样的社群却不知道结束日期是什么（存续的时间是不定的）。我们可以使用现代科学方法来研究南极站、城市公社和在线实验中的社会互动，但是在我们讨论过的其他一些情况下，却不能这么做。

显而易见，我们在实验室中进行的实验也是有局限性的。例如，它们可能是不自然的或过于简单的。但是，这也恰恰正是实验的意义所在。科学家在实验室中观察吃高度受控的特定食品的老鼠的胰腺，以便收集与人类糖尿病有关的数据。实验简化了现实，但是这使研究者可以自由选择和操纵感兴趣的变量，专注于自然界中某些特定和聚焦的特征，并控制要研究的参数，以便做出有力的推断并证明某个事物真的是另一个事物的原因。

通过研究所有这些例子，我们可以了解人们在与世隔绝时会为自己创造出什么样的社会，并探究各种社会群体的行为模式。这些研究彼此之间是互补的，因而允许我们探索不同的社会属性。但是，我们又应该怎样做，才能把所有这些情况统一起来并在同一个框架下给出合理的解释呢？或者说，是否有一些点可以概括所有社会？类似于所有三角形都是相似的。有没有方法可以综合对这些社会群体的观察结果呢？

所有“可能的贝壳世界”

我将以对贝壳形状的研究为类比，来回答这个问题。这种方法使我们能够想象人类社会可能采取的无数种形式，并帮助我们理解为什么绝大多数形式实际上很少出现，为什么所有的社会规则都是如此一致，以及为什么社会套件是“普适性”的。

1966 年，古生物学家戴维·劳普（David Raup）发表了一篇关于壳体螺旋几何分析的十分晦涩的研究。这篇论文试图提出关于贝壳形状的一般理论。[19] 这个课题无疑很专业，甚至有些神秘，但是它所面临的挑战则同样适用于许多科学问题，包括我们在这里要解决的问题。

劳普探讨了许多问题，并把它们联系起来考虑。首先，他讨论了自然界中发现的贝壳的多样性。其次，他研究了是否有一种一般的方法来描述贝壳的形状并对之建模，以便对所有“理论上有可能的”形状都从数学的角度加以总结，甚至包括那些在自然界中没有出现过的形状。最后，他试图找到，为什么所有可能的形状中只有极少数能够出现在现实世界，也就是说，是不是有什么约束限制了贝壳形状的可能范围？

这篇论文是劳普所描述的更广泛的理论形态学研究的一个组成部分（形态学是对生物形态和结构的研究）。[20] 有人可能会认为，世界上存在着无数的贝壳形状，但是事实证明，只有很少种类的贝壳形状曾经真的出现过。这就引出这样一个问题：我们可以观察到的贝壳形状是否受到某种限制。我们可以用数学方法对可能的和实际的贝壳形状进行排列，由此而得到的这种贝壳形状光谱则称为形态空间（morphospace）。

事实上，对贝壳形状进行数学建模的历史其实早在劳普出生之前就已经开始了，至少可以追溯到一位英国牧师在 1838 年的尝试。劳普在这个学术传统的基础之上，只增加了三个参数，就能够描述“所有可能的贝壳世界”的一般范围了。这三个参数是尺寸（size）、卷曲度（coiling）和延伸率（elongation）。在这里，“尺寸”指的是掠过壳体内部的（注意壳体是螺旋状的）壳体横截面（即动物身体所占的空腔）直径增加的速率。

想象一下，你从贝壳的嘴部进入那个“隧道”后会发生的情形。如果这个隧道的形状是一个圆柱形，那么当你穿过它时，尺寸不会发生变化；如果这个隧道的形状是一个圆锥形，那么它会在你通过时变窄。卷曲度指的是贝壳的螺纹圈绕着它的轴线旋转并离开轴线的速率。不妨想想一个被紧紧包裹起来的伤口，再对比一下一卷松散的邮票。延伸率指的是螺纹圈本身沿着轴线向外或向上移动（平移）的速率，无论壳体是高的还是矮的。可以想象一下一个收缩着的弹簧玩具，再对比一下伸展开的另一个弹簧玩具。[21] 这些参数中的微小变化，就可以将一只扇贝转变为一只鹦鹉螺贝。这样一来，也就将所有的贝壳形状都统一在同一个方程式中了。[22]

下一个关键点是，这三个参数定义了一个三维空间，也就是形态空间，所有可能的贝壳都可以放入这个空间中，如图 4-3 所示，该图转载自劳普的论文。在解释形态空间的概念时，进化生物学家理查德 · 道金斯使用了这样一个比喻：那是所有可能动物的博物馆，它的各个陈列室分别展示了各种生物的各种形态。[23] 每只动物都被放置在最接近于它的动物的旁边。在这个博物馆中，每一个陈列室都是向所有的方向无限延伸的——向左、向右、向前、向后、向上、向下……每一个方向刻画生物的一个维度，它只略微不同于旁边的维度。

例如，当你沿着食草动物的过道走下去时，动物们颈部的长度可能会慢慢地增加，直到它们的颈部与长颈鹿一样长。而当你穿过某个廊道时，动物颈部的长度可能是相同的，但是其他某个特征，比如体表的图案，则可能会有所不同。当你在上下走动时，动物的体积大小可能会有变化。一定要记住，形态空间不一定只局限于如上三个维度。

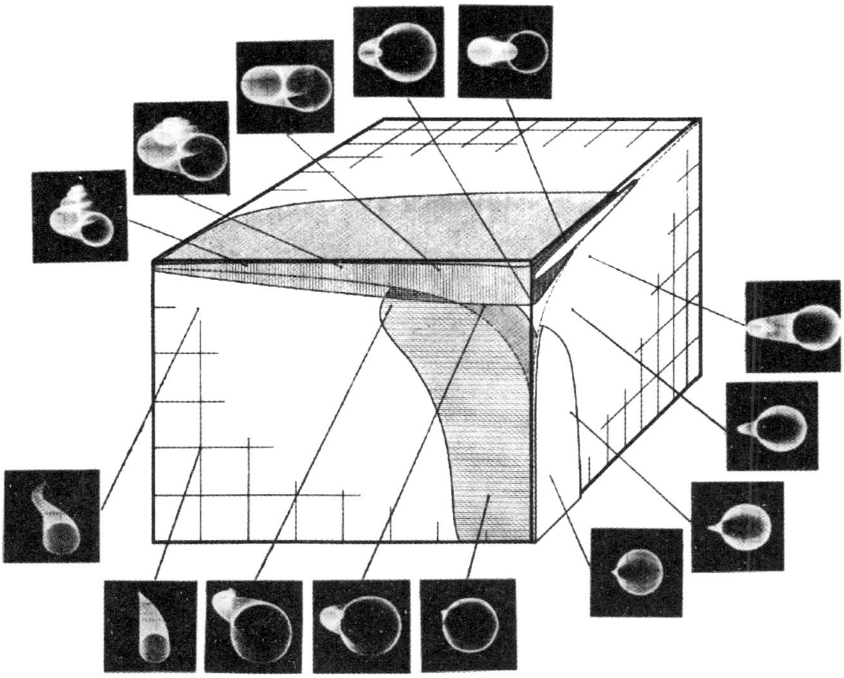

图 4-3　劳普的贝壳形状形态空间

立方体的三个轴分别定义了三个参数，这些参数在不同的壳体之间是不一样的，由此它们为所有可以想象的壳体类型确定了一个形态空间。在图中，作为例子的壳体以黑色显示。只有部分形态空间（在图中以灰色突出显示）已被壳体占据，其余部分则从未有过壳体的任何一个实例。

完成了对形态空间的定义后，就引出了第二个更加深刻的发现：劳普的映射表明，在所有可能的贝壳形状中，真正出现在现实世界中的少之又少。我们可以看到，代表现实世界中存在的壳体的那个立方体，相对于描述所有可能的壳体的立方体而言是非常非常小的。其他没有占据的空间都是“沙漠”，是生物学上的空洞，并不存在生命。

现在，说明为什么形态空间中只有一个很小的、有明确定义的立方体会被占用（无论是对贝壳，还是对各种其他动物），已经成为进化生物学领域面临的主要挑战之一。

事实上，同样的难题在其他领域也存在。科学家们曾尝试利用关于动物世界中的骨骼知识，去构建一个可以概括所有可能骨骼的矩阵。[24] 物理学家史蒂芬·沃尔弗拉姆（Stephen Wolfram）生成了一个“所有可能叶子的世界。”[25] 还有一些科学家则考虑过对所有可能花朵的世界进行定量分析，他们证明，在所有可以想象得到的花朵类型中，也许只有1/3的类型曾经在进化历史上出现过，其余的2/3要么在结构上是不可能的，要么是很明显不能适应环境的。[26]

为了更好地理解这个思想，可以考虑下面这个沙漏的例子（图4-4）。想象一下，假设只需一个参数就可以定义沙漏中间部位是如何缩紧的。如果沙漏的两个部分（顶部和底部）之间的区域只是适当地缩紧了，那么沙子就可以向下流动，这个沙漏就能够用来计时。缩紧的程度会改变沙漏排空的速度。但是如果缩得非常紧，以至于两个玻璃球之间不再有开口，沙子就不能流动了。这样的沙漏也可能存在，但它是没有用处的，因此不会被制造出来。如果继续缩紧，就会切断两个玻璃球之间的连接。这样的沙漏就不再是沙漏了，因为顶部的玻璃球无法再直立起来了。所以这种形式的沙漏在结构上是不可能的，这样的沙漏是不能被制造出来的。过度的缩紧，就会导致一种不可能存在的形式：它已经不再是一个沙漏了。

图 4-4 真实的、无用的和不可能的沙漏

在这三种可能的沙漏中，当沙漏中间部位缩得太紧时（这可以用描述颈部直径的一个参数来定义），沙漏就将不再起作用（中间的图）。最后，当极端缩紧时，沙漏会呈现出不可能的形状（右边的图）。

再回到贝壳的问题上来。为什么劳普的形态空间会空了那么多？我们至少可以给出三种不同的解释。

第一种解释是，有些贝壳形状之所以无法进化出来，是因为没有可行的突变导致它们出现，这也就是说，它们在遗传上是不可能的或可能性极低的。为了说明这一点，不妨先回到前面给出的沙漏比喻，假设现在没有透明玻璃可用，只好用不透明的玻璃来制造，那么这样的沙漏也就失去作为沙漏的全部意义了，它无法计时了。第二个种解释是，某些贝壳形状之所以没有进化出来，是它们不适应任何可能出现在地球上的环境。这也就是说，它们太弱了，根本无法生存，更不用说长期存续了。继续以沙漏类比，这种情况相当于一个连接处被设计为完全堵塞的沙漏，它作为一个计时器是没有任何用处的，没有理由去制造这样一个沙漏。第三种解释是，有些贝壳形状之所以没有进化出来，是因为它们违反了物理和化学规律。这相当于两个完全分离的玻璃球，因此无法直立，更不用说让沙子在它们之间流动了。

最后一种解释也意味着，物理约束可能已经“阻止”了某些贝壳形状的出现。例如，双壳类贝壳必须具有特定的形状并且满足特定的数学性质（其中一个性质是具有“非重叠螺纹”），才能生成在功能上可用的“铰链”，因此不满足这种条件的壳体就不能存在。[27] 再以由所有可能的雪花构成的“世界”来类比。雪花是物理对象，而不是生物对象，但是在这里我们可以先不考虑这个区别，因为它不影响我们的论证。假设，我们认为不同雪花之间的区别就在于它们有多少瓣——3 瓣、4 瓣、5 瓣、6 瓣、7 瓣等。我们要找出相对应的数学模型并不难，然而，与水分子的性质有关的基本物理规律限定了，雪花只能有 6 个花瓣这种形态。因此，在形态空间的其他区域找不到 4 瓣或 5 瓣的雪花，并不意味着那些类型的雪花是因为在功能上不适合而没有出现的，相反，这个事实意味着它们在物理上就是根本不可能的。[28]

对于形态空间中为什么存在着如此多的空白区域这个问题，前两个解释在关于自然选择和变异的两个生物学思想流派之间划出了一条清晰的界限。第一种解释的含义是，某些形态的贝壳之所以不存在，是因为从未有过足够多的遗传变异使它们得以产生（这通常称为遗传可得性论证）。[29] 这对应于不可能出现的“不透明的沙漏”那种情形。第二种解释的含义是，贝壳原本就不需要去探索形态空间的那些区域，也就是说，不存在有利于那些类型的壳体的环境压力（这通常被称为选择论证或适应性论证）。给定所有可能的环境，那些类型的壳体本来就全都是不成功的壳体，这对应于“完全堵塞住的沙漏”那种情形。

接下来，我们将这个概念推广到贝壳之外的领域，看看动物已经占据的形态空间是多么微不足道。例如，我们都知道，在进化历史上，从未出现过用轮子前进的动物，也从来没有出现过利用像热气球那样通过加热空气来飞行的动物。[30] 这些想法似乎是荒诞不经的。但是，这种“另类”身体结构——长着轮子（而不是脚）的走兽、长着气囊（而不是翅膀）的飞鸟，真的完全不可能吗？鉴于自然选择可以产生的现象的无限多样性（包括生物电池、酸液喷射器、光弯曲透镜、用来在水中上浮下沉的气囊等奇怪身体结构，以及体型巨大的动物），我们必须思考这样的问题："有轮之躯"之所以没有出现，是不是某种内在限制的反映。或者，也许没有任何环境可以使"有轮之躯"拥有相对于其他可用的替代身体结构的优势。在没有道路的自然环境中行进，用脚可能比用轮子更加容易，这部分是因为脚不易滑倒而且更容易越过障碍物。这是一种适应主义论证，因为轮子相对来说，没有什么功效。事实上，时至今日，在希腊和土耳其的许多高地村庄，用驴子来运输货物仍然比用有轮子的汽车更加方便快捷。而且，美国军方也正在基于同样的理由开发步行机器人。[31]

遗传可用性观点只得到了少数生物学家的支持。用理查德·道金斯的话来说，这些生物学家认为，"博物馆的很大一部分是永远向自然选择封闭的；自然选择可能会猛烈地冲击某些廊道的大门，但是永远无法进入，因为必要的突变根本无法实现"。[32] 与此不同，后一种论点，即前述适应主义观点，则认为生物体之所以具有某种形态，是因为这种形态在物理上是可能的，而且更重要的是，因为这种形态是具有适应性价值的。大多数生物学家都持这种观点。应用到我们讨论的问题上，这种观点意味着，在人类和其他哺乳动物中，只有某些类型的社会组织是有助于我们应对物理、生物和社会环境的。只有某些类型的社会组织是有意义的，那就是社会套件。

所有可能的社会

形态空间的概念以及关于只有一部分形态空间会被占用的可能原因的解释，非常有助于我们理解所观察到的重要现象：社会秩序的某些关键特征会一再重复出现。就像劳普针对贝壳形状进行建模时那样，我们也可以这样想象：将各种各样的动物（包括人类）物种可能构建的所有社会系统都排列在一个庞大的、多维的网格上，这个网格描述了理论上可能存在的所有社会安排，即，所有可能的社会。或者，想象一下，我们只对人类所可能构建的所有社会进行上述排列。然后，就可以对各种动物（或者，将范围限制为人类）构建的所有可能的社会进行统一的考察了。我们在前面已经给出了人类构建的各种各样的社会的一些例子：沉船幸存者群体、乌托邦社群、科学考察站、在线实验社群等，此外还包括了许多其他社群，例如殖民地的前哨点、修道院、监狱、寄宿学校、核潜艇、被困井下的矿工、太空居住实验等。我们还可以把现代的狩猎－采集部落也包括进来，它们类似人类在一万年前（农业革命之前）的社会类型。经过这样的处理，我们就可以揭示在所有这些情况下出现的人类社会组织之间的相似程度。

为了做到这一点，我们必须先定义若干关键的“轴”，就像劳普针对贝壳形状给出的三个参数一样。一个至关重要的轴可能是社会的假想规模，它也许可以定义为人们在自己的群体中真的有所了解的人的数量（尽管他们可能不是亲密的朋友）。这个值的取舍范围是从零（这意味着在我们想象的社会中，任何人都不认识任何人）到 2000 人（每一个人都知道其他 2000 人）。当然，在现实世界中，大多数人都会有大约四五个连接非常密切的人，并且相当熟悉大约 150 个人。“相当熟悉”的定义是，在分开后再连接时可以随时提起一个话题。150 也就是通常所称的邓巴数（Dunba’s number）①。[33]

我们可能关注的另一个轴是社会的合作水平，或者反过来，用来衡量群体内暴力倾向的某个衡量标准。对于合作水平，也许可以用两个人在进行公共物品博弈时相互合作的概率来衡量（这里的百分比的范围为 0% 到 100%；100% 是最高合作水平）。在真实的人类社会中，合作概率通常大约为 65%，这意味着在分享某个可能的奖金时，大约有 2/3 的人倾向于与陌生人合作。但是，合作程度在不同社会中可能会有所不同。[34]

① “邓巴数”由著名人类学家罗宾·邓巴（Robin Dunbar）于 20 世纪 90 年代提出。他的“深度理解社群”四部曲《社群的进化》《人类的算法》《大局观从何而来》《最好的亲密关系》中文简体字版已由湛庐文化策划，四川人民出版社出版。——编者注

还有一个轴则可能与社会关系的结构有关——例如，人们之间的连接数量或他们的朋友本身就是朋友的概率（这在社会网络中被称为传递性，它的变动范围为从 0% 到 100%）。这个轴的另一个可选参数是，某种关键资源分配的等级性或均等性。一旦我们选择并定义了这几个轴，就可以将上述讨论过的所有社会的例子——实际上，是所有已知社会，放入一个具有三个或更多维度的网格中；然后就可以观察到，从根本上说，只有极少数社会安排能出现在现实世界中。

1999 年，人类学家李·克朗克（Lee Cronk）提出了他所称的“民族志多维空间”（ethnographic hyperspace），涵盖了用来描述人类社会的许多变量的所有可能组合。事实证明，这个民族志多维空间，也可以是社会形态空间的一个版本。克朗克的问题在于，他所纳入进来的维度，不仅包括可能构成了任何社会核心特征的一些属性（即我们所说的社会套件），还包括了许多原本属于文化性质的属性，例如身体配饰的类型和各种各样的工具。克朗克使用了著名的“人类关系区域档案”（Human Relations Area Files），这是一份囊括了 800 多种文化特征的综合文档，采用了统一的描述符，对这些社会的数十个社会的、政治的、经济的、宗教的、繁衍的和其他方面的习俗和惯例进行编码。根据他自己的计算结果，克朗克估计，所有可能的组合数量大得难以想象（可能达到 1.2×10^{53} 个组合），人类学家已经观察到的社会只是其中一个微乎其微的部分。[35]

事实上，在克朗克之前，人类学家杰克·索耶（Jack Sawyer）和罗伯特·莱文（Robert A. Levine）已经进行过类似的分析。那是在 1966 年，也就是在劳普发表关于“贝壳的形状的可能世界”的论文的同一年。索耶和莱文得出的结论是，对于他们研究的那个由 500 种人类文化组成的极具多样性的样本，可以归纳出 9 个变量，其中包括社会政治分层（从小规模的种姓制到完全平等）、维持生存的实践形式（农业、游牧、狩猎 - 采集）、是否允许一夫多妻制等。他们同时得出的另一个结论是，尽管这些变量可能组合的数量超过一亿，但是根据他们的估计，人类在历史进程中只是探索了其中很小的一部分。[36]

我们在本书第 1 章中讨论过唐纳德·布朗列举的普遍特征，他还描述过一个假想，他将这个部落称为“普遍的人”（universal people）。这个部落的成员具有所有人类社会共有的特征，它的基本社会秩序类似于我们所说的基于社会套件的“预连线”（pre-wired）的社会。布朗认为，在这个社会中，会存在八卦消息、音乐、禁忌、魔法、信仰、仪式礼俗、对男性侵略性冲动的防范、在特殊情况下的花哨演讲，以及其他一些特征。[37] 他最后的总结是，不同的人类文化，共同之处远大于相异之处。实际上，我们之所以需要进行这种研究，也就是因为，如果没有客观的评估指标，我们可能会自欺欺人地认为，我们之间的差异非常大（比实际更大）。因此，如果我们不定义人类文化的形态空间并确定最重要的几个轴，又怎么能知道不同的人类群体之间在何种程度上是相似的或不同的呢？当然，只要将各种社会形态都排列在形态空间中，就会看到可以建成一个社会途径的可选范围有多窄。这可以强化我们对相似性的认识，从而解放我们共同的人性。

想象的社会

在想象完全不同的社会安排（有人更愿意采用“外星人式的社会安排”的说法）这个方面，科幻作家要比人类学家强得多，他们探索可以想象但却未被实际看到的形式。他们想象的许多社会形态，都是人类历史和现实中没有出现过的。这些想象的社会系统在社会形态空间中所占的区域，既可能靠近、也可能远离真实的社会所占据的区域。超出正常范围的社会可能看起来就像“立方贝壳”或“有轮动物”一样不可置信和荒诞不经。[38]

科幻作家还经常故意将人类群体“流放”到某种极端的环境中，然后设想他们会如何做出反应。如果人类社会必须在一艘太空船中繁衍生存几百代，会发生什么？如果女性能够在不需要男性的情况下完成繁衍，那么社会组织会出现什么变化？没有爱情或友谊的世界将会是什么样子？如果社会不平等或等级变得具有遗传性，或者变得无比极端，又会发生什么？

但是，即便是在这些小说中（它们或许是人类想象力所能达到的最远处），各种想象出来的社会秩序也是令人惊讶地“缺乏想象力”的。科幻作家们设想过一些标准的反乌托邦的社会安排，例如国家完全控制人类的繁衍、压制个人的思想或情感；也想象过具有完全刚性的种姓制度的类蚂蚁似的社会。事实上，当科幻作家试图描述一个完全不现实的和反乌托邦的社会时，他们经常要依靠社会动物的隐喻，即，使人更像蚂蚁、黄蜂或白蚁。当然，那样也就彻底抛弃了人性，我们希望这只是一个噩梦。

与此相反，他们想象的乌托邦社会则假设人类能够在一个公正、安全和卫生世界中不受约束地自由生活。然而，这些故事往往包括了现实世界中缺少的一个元素，并且它似乎也是这些科幻作家为他们的乌托邦社会特别“定制”的：个人之间完全和谐一致的特殊关系。[39] 虚构的乌托邦社会通常都具有社会套件的一些特征，但是还要再加入一种共情或信任，有时候，这种表现会是人们之间心灵感应的极端形式。

因此，诚如“安娜·卡列尼娜原则”所云“所有幸福的家庭都是相似的，但是不幸的家庭则各有各的不幸”，所有乌托邦世界都惊人地相似，而每一个反乌托邦社会则似乎都有其独一无二的反乌托邦方法。这与对熵的经典解释是一致的：自然的无序状态，要比有序状态多得多。同样，社会组织功能失调的形式也多于功能正常的形式。尽管如此，科幻小说创造的宇宙仍然是我们能够认识的，这是一个令人惊讶的结果。

赫伯特·乔治·威尔斯（Herbert George Wells）1895 年出版的中篇科幻小说《时间机器》（*The Time Machine*），奠定了科幻小说和这种类型的流行文化的基石，事实上，它也是最早引进“时间机器”这个术语的科幻小说。[40] 这部奠基性作品，不仅探索了时间旅行本身，而且构想了各种新颖的社会安排。这部小说营造了一种有很强的欺骗性的宁静氛围，以沉静到冷酷的笔触叙述了这样一个故事：有一个群体统治着另一个群体，并以后者为食物来源。奥尔德斯·赫胥黎（Aldous Huxley）于 1932 年出版的著名反乌托邦小说《美丽新世界》（*Brave New World*）也描述了这样一个极具冲击力的等级制社会。乔治·奥威尔（George Orwell）于 1949 年出版的《1984》，也是一部同样经典的反乌托邦小说。另外，罗伯特·海莱因（Robert Heinlein）的《太空的孤儿》（*Orphans of the Sky*）也是类似的作品。[41]

1917 年，夏洛特·珀金斯·吉尔曼（Charlotte Perkins Gilman）的小说《她的国》（*Herland*）设想了一个完全没有男性的社会。[42] 吉尔曼假设的女权主义前提对我们在这里讨论的问题并不重要。重要的是，吉尔曼在小说中构建了这样一个社会：完全不存在冲突和竞争，并且具有极高的合作水平和社会平等性。这是对社会套件中的合作程度和等级制要素进行操纵。居住在“她的国”的居民之间“没有战争。她们没有国王、没有牧师，也没有国家。都是姐妹，一起长大，一起成长；不是通过竞争，而是通过团结行动”。[43] 但是，再一次，吉尔曼所创造的这个乌托邦在其他方面仍然与现实生活相似。例如，在她的故事中，人们相互之间还是可以通过各自的个性和身份区分开来。[44]

洛伊斯·劳里（Lois Lowry）于 1993 年出版的反乌托邦小说《赐予者》（*The Giver*），是许多美国中学生和他们的父母所熟知的，它也探讨了个人身份这个主题。故事讲述了一个 11 岁的名叫乔纳斯的孩子的故事，他生活在一个名为“大同世界”的未来主义社会中。[45]“大同世界”的首要特征是它的“同一性”，即取消个体性，而这部分是通过消除个人的记忆来实现的。所有社会制度都是精心设计来提升同一性的。每个人的基因要用基因工程方法保证尽可能相似，他们的行动也要通过教育保持一致。在这个社会中，社会套件中的个体性元素，达到了最极端的位置。家庭也受到了严格监管，而且家庭只需解决生活上的机械性需求，但是不能培养情感上的亲密关系。社会关系虽然存在，但是非常平淡的，因为所有令人不舒服的记忆都被消除了。

另一个极端是拉迪亚德·吉卜林（Rudyard Kipling）于 1912 年出版的经典短篇小说《像 ABC 一样简单》（*As Easy as A.B.C.*）。它的故事发生在 2065 年，当时整个世界都由"阿里尔控制委员会"（Ariel Board of Control，简称"A.B.C."）控制。[46] 在构建他所想象的这个另类社会时，吉卜林选择利用人类社会得以建立的基本结构。在他讲述的故事里，组建团体是有罪的——构成"结成人群"（crowd-making）罪；同时，个人认为独立性和隐私高于一切。因为"阿里尔控制委员会"满足了所有人的物质需求，所以公民们可以在不需要做出任何聚集行为的情况下惬意地生活。

上面列举的这几部科幻小说，只是著名科幻小说中的"沧海一粟"。科幻小说，早就形成了一个非常有趣且庞大的文学门类。但是，这几部小说已经足以说明如下几点了。首先，背离社会套件，移到社会套件任何元素的任何一个极端都会变成反乌托邦，或者至少是非常令人不安的。我不确定我是否愿意住在放眼皆是"超级合作者"的"她的国"，这不仅仅是因为我是一个男性，也因为我也不愿意将自己的欲望强加给群体中的那些人。其次，即使是在那些虚构的叙述中，各个社会仍然具有一些可识别的特征（因为作为读者，我们必须能够与应该能享受的部分内容联系起来）。最后，这些例子，特别是在形态空间远离人类社会实际占据的区域的那些社会，凸显了不同的社会之间是多么相似、人类物种实际占据的范围是多么有限。在蚁群这种替代社会形态的映照之下，所有人类社会看起来就都显得无比熟悉了。

设定好的社会

我们在这里一直关注的文化普遍性，也就是社会套件，侧重于与社会组织相关的特征，这些特征由自然选择塑造的，并已经部分编码在我们的基因中了。但是，我们不讨论只是作为严格的文化表达、而没有在遗传上得以编码的其他文化特征，无论它们是否具有普遍性，例如，特定类型的个人装饰或对某种神的崇拜是没有相应的基因的。但是，即便只关注这一点，社会套件的每个特征在各种环境和社会中表现出来的相对宽松的范围也表明，那些落在这个范围之外的社会可能是不现实的。如果我们要基于社会套件的 8 个组成部分，构造一个有 8 个维度的社会形态空间，那么今天地球上的所有社会只能占据其中非常小的一部分。例如，我们不可能找到一个没有爱情、友谊、合作或个人身份却能够正常运行的社会。

为什么会这样呢？也许像贝壳的形状一样，人类也只能探索这个理论空间的某个部分？那么什么样的社会是我们在这个受到了限制，或者更乐观地说，在自然所允许的范围内可以创造出来的？人类社会的蓝图，也就是人类社会进化的基线，到底是什么？对于人类来说，以何种方式超越自己的个体自我才是自然的？

在回答这一系列相关问题时，我们要非常谨慎。必须时刻谨记，人类事务中，并非一切有普遍性的事物都与遗传有关，同时也不是所有的多样性都源于文化。那种看法太简单化了。例如，考虑可口可乐为什么拥有全球知名度这个问题。虽然这在一定程度上依赖于人类拥有的进化所造就的喜欢甜食的倾向，但是，可口可乐这种软饮料之所以广受欢迎，并不是特定基因的结果，也不是某种生物特性的产物，而是一系列特定事件所导致的，这包括了第二次世界大战期间美国士兵的口味，以及现代资本主义生产模式、全球化趋势和品牌营销，等等。[47]

反过来，文化和行为的多样性也可能源于人类灵活应对环境、进行社会学习和创造文化的天生能力，这种能力本身也是社会套件的一部分。然而，这种多样性又可能掩盖了一种更基础的不确定性，而且稍显悖谬的是，这种不确定性可能更多地与我们的基因而不是文化的要求有关。为了说明这个观点，进化心理学家约翰·图比（John Tooby）和勒达·科斯米德斯（Leda Cosmides）给出了一个非常有趣的思想实验。在这个思想实验中，外星人用自动点唱机取代了人类。每一台自动点唱机都有成千上万首歌曲的曲目，并能根据地点和时间播放特定的歌曲。然后，我们会观察到世界各地的自动点唱机在不同的时间播放不同的歌曲，而且这些歌曲与它们附近的自动点唱机播放的歌曲类似。但这种群际差异性和群内共同性都与文化的作用无关。[48] 这个思想实验说明，人类可能具有一种天生的能力，能够以灵活的同时也是可预测的方式，对自己所处的环境做出反应。

事实上，即便是住在不同地方的人之间，人类生活的多样性也可能比我们所想象的要小。这是因为，从一个非常重要的角度来说，所有人都要经历完全相同的“环境”。就像外星人必定会以某种方式将相邻的自动点唱机放在某个方面有所相似的环境中，而且所有相邻的自动点唱机都播放相当类似的歌曲（如果说不是相同的歌曲的话）。各种不同可能会面临各种各样的威胁，但是对人类的最大威胁，比捕食者、比环境灾害更大的威胁，则来自其他人类。如果人类环境中最重要的特征就在于总是要面对其他人类，那么这个特征在从极地到赤道的所有物理和生物环境中就都是一样的。我们已经适应了这一点。如果社会组织真的是以这种方式实现适应的，那么各种社会组织就可能会收敛到非常相似的社会结构上来。[49] 这就是对社会套件的适应主义解释。人类之所以拥有共同的人性，原因就在于我们一直生活在自己这个物种的成员之间，并且已经进化出了恰到好处地应对这种“紧迫性”的方法。

从这个视角来思考，我们就会发现，基因可能在我们的身体之外发挥作用。基因发生影响之处，可以在远离它们来源的地方，这就像灿烂的烟花在远离烟花发射地才爆炸开来一样，因此有助于形成远远超越基因本身的社会。它们可能通过影响人类与他人合作、结交朋友、照顾他人的孩子、重视别人的个性，以及爱自己的伴侣的倾向来做到这一点。也正因为如此，在世界上所有看似截然不同的各种人类文化中，在不断出现的创造新社会的所有机会中，我们一次又一次地观察到了相同的核心模式。即便是社会组织和政治结构，如部落酋长制和现代民族国家，也都是嫁接在这个古老的遗产上的；这就是说，对于那些指导了小型群体组织的基本原则，人们同样必须尊重。任何迅速发明出来的、有意设计的或完全新异的社会系统，如果以废除社会套件为前提，那么就必定不能像有机地进化出来的社会系统那样正常地运行。

第5章

文化与生态环境塑造下的婚姻制度

直到几年前，我一直都天真地假设（事实证明，这是非常幼稚的），满怀爱意地接吻是所有人都天生乐在其中的一件事。但是，根据民族志学家亨利·朱诺德（Henry Junod）的说法，居住在非洲南部地区的“聪加人”（Tsonga people）并不是这样看的：

> 当看到欧洲人接吻时，聪加人就会嘲笑说：“看看这些人！他们竟然相互吮吸！他们在吃对方的唾液和污垢！”在聪加人中，即使是丈夫也从来不会亲吻自己的妻子。[1]

我本应早就知道这些的。现在我明白，过去的那个我是掉进人类学家所说的种族中心主义经典陷阱的一个牺牲品，我错误地认为在自己的文化中有意义的事物，也必定在其他人的文化中有意义。在我所处的文化中，接吻是如此平常，以至于我从来没有想过其他文化中的人会有完全相反的看法。事实上，我确实从来没有与任何一个认为接吻是一件恶心的事情的人打过交道。所以当我发现浪漫的、具有性含义的接吻其实并不具备普遍性的时候，真的非常惊讶。[2]

在我比较熟悉的欧洲、中东和印度文化中，恰好人们都很享受亲吻之乐，有些地方的人甚至认为亲吻是神秘的。有一段写于 3000 多年前的印度教经文，甚至把接吻描述为“吸入”一个人的灵魂。[3] 但是，一个全球性的跨文化调查表明，在调查覆盖的 168 种文化中，只有 46% 存在接吻的行为。[4] 接吻最常见于中东和亚洲，而在非洲、南美洲和中美洲则不常见。熟悉撒哈拉以南的非洲地区、亚马孙地区或新几内亚的采集者群体和种植者群体的民族志学者，从来没有报告过在那些文化中存在浪漫的、具有性含义的亲吻。[5]

这种地域间的文化差异有时确实很难理解，因为科学家已经观察到，类似接吻的行为在黑猩猩和倭黑猩猩身上也存在。此外，还有大量证据表明，热烈的亲吻可以传递很多有价值的生物信息，比如伴侣的健康状况、相互之间的遗传相容性，以及性唤醒的程度，等等。所有这些信息都有其进化上的起源和功能，[6] 因此我们需要考虑一种可能：接吻原本是“天生的”，但是在某些情况下，它在文化层面上受到了抑制。另一方面，说接吻受到文化上的抑制，也很难令人信服：对接吻的限制真的会如此广泛吗？事实上，科学家是在许多地方独立、重复地观察到了这种现象。有没有可能，接吻说到底只是一种文化惯例，某些地方的人遵从这些惯例，某些地方的人不遵从。

在那些不喜欢接吻的群体的成员当中，人们对于浪漫的、有性含义的亲吻的质疑、嘲笑和厌恶是非常普遍的。[7]20 世纪 40 年代，人类学家查尔斯·韦格利（Charles Wagley）在巴西中部的塔皮拉佩人（Tapirapé people）部落中生活了很长一段时间，他注意到如下事实：

> 在塔皮拉佩人当中，虽然夫妇之间也会流露出深情爱意，但是他们从来不会通过亲吻来表达感情。当我向他们描述如何亲吻时，他们将它视为

一种表现身体吸引力的奇怪形式……而且认为它在某种程度上是令人作呕的……一对塔皮拉佩夫妇在交谈时也许会紧紧挨在一起，丈夫用手臂环抱着妻子的肩膀，妻子则环抱着丈夫的臀部。[8]

在这里，我们要记住非常重要的一点是，不能认为可以证明某种事物的证据不存在就等于这种事物不存在。韦格利也未能发现任何关于塔皮拉佩女子性高潮的证据，他在塔皮拉佩人中的男性“线人”说，他们的语言中根本不存在任何描述女子性高潮的词。[9] 毫无疑问，这位人类学家和他的线人的性别对他们描述性行为的“轮廓”有所影响。在塔皮拉佩社会中，女子性高潮应该是根本不可能表现出来的。而且我们有充分的理由认为，受访者不会愿意与人类学家讨论他们生活中私密的一面，无论这个人类学家与他们的关系多么好。在此前提下，我们可不可以推测他们的亲吻只在隐秘的情况下发生？也许可以。

很明显，浪漫互动的某些方面对于不懂得这些的人来说是不可理解的，在个体和群体之间也存在巨大的差异。尽管存在这种差异，关于浪漫的性爱，是不是仍然可能存在某种具有普遍性的东西呢？

人类的生存境况中隐藏着许多奥秘，其中一个是，人总是希望与另一个人建立爱情关系，这背后的驱动力是什么？从进化的角度来看，我们很容易解释为什么人类渴望拥有一个伴侣。但是他们为什么还非要觉得这个伴侣对自己而言非常特殊呢？为什么他们会感受到对伴侣的爱？人类对爱情、占有和交配都有强烈的冲动，而且这些冲动是相互竞争的，为了理解它们，我们既需要考虑人类浪漫性行为的多样性，也需要探析它们的一致内核（如果存在的话）。

关于性和婚姻，除了接吻之外，许多规范、习俗和惯例在世界各地也是各不相同的。但是也有一些特征不是这样的，那些不变的特征，例如性高潮时的生理反应，应该是具有普遍性的，它们源于人类物种进化出来的生理和心理结构。其中一个关键的普遍特征是，人类有结成一夫一妻式的配对关系（pair-bonding）的倾向。更具体地说，这是一种生物学层面上的有向冲动，即形成对伴侣的强烈社会依恋的冲动。这种冲动是由一系列分子机制和神经机制驱动的（对于这些机制，我们也了解得越来越清楚了）。进化为文化发挥作用提供了“原料”，进而构成了交配系统得以建立的基础，交配系统反过来也可以塑造进化过程，例如一些国家和地区规定禁止表亲结婚，因为近亲繁殖会影响后代的健康。

婚姻规范则是以另一种方式建立在生物进化的基础上的，从而使婚姻超越了单纯的结成一夫一妻配对关系的人类偏好。人类已经进化出了服从群体规范的倾向，因此人类进化的一个不同的方面，即与社会学习和合作相关的方面，也在支持婚姻方面发挥了作用。这就是说，人们在遵守他们所属群体的文化规则时会“感觉良好”，而与具体规则如何关系不大。

接下来，我们就来探析一下人们在人类浪漫的性爱活动中所观察到的差异性和普遍性，或者换一种在研究和实验中常用的说法——交配行为（mating behavior）。之所以采用这种表述方法，是因为我需要探索人与其他物种之间的共性。

婚姻关系的变迁

婚姻的具体形式在不同社会中可能各不相同，不仅包括今天最常见的异性恋一夫一妻制，还包括一夫多妻制和一妻多夫制。当然，许多社会也允许同性恋婚姻和其他形式的婚姻。著名人类学家埃文斯 - 普里查德（E. E. Evans-Pritchard）描述了苏丹努尔人的一项婚姻制度：如果一个妇女没有生育能力，她可以与另一名女性结婚并养育子女（这需要通过一个男性来让其中可以生育的妇女受精），并承担起婚姻关系中的男性角色，包括被孩子称为“父亲”，继承和向下一代传递财产。[10]

在所有这些婚姻形式中也存在一些具有普遍性的东西：发生性关系的人之间会产生一种特殊的依恋感。人类所拥有的进入浪漫爱情关系的能力根植于人类物种的进化历史，源于一种类似其他动物的古老倾向，即结成一夫一妻的配对关系。我在这里重点关注的，不仅仅是性行为方面的惯例，也不仅仅是人类采用了数千年的婚姻制度，更重要的是人类物种所采用的总体交配策略。这种策略是许多文化实践和个人个性品质的共同基础。

绝大多数人都认为，他们对伴侣的情感依恋是理所当然的。也有一些人专注于各种不符合一夫一妻制的人类行为——有的人先后找了多个伴侣，也有的人对他们的唯一伴侣不忠，抑或是某些社会仍在采用一夫多妻制。如果我们只关注这种差异，就好比站在一座海拔 3000 米的山峰上，却对两座分别高 3322 米和 3139 米的山峰之间的差异斤斤计较，而对它们的共性视而不见。普遍性的现实是，人类具有独特的爱伴侣并维持与伴侣关系的能力。

理解婚姻是一项很复杂的任务，因为我们必须将文化规范（某种文化认为接吻很荒谬）及其进化基础（是否存在“接吻的生物学”）区分开来。这种区分在很多时候是非常困难的，有时甚至是完全不可能的。无论用什么尺度来衡量，不同地区和时间尺度中的婚姻都存在着巨大的差异。例如，在人类的史前史和近现代历史中，我们可以观察到一夫多妻制的“潮起潮落”。人类的原始祖先，比如生活在距今 400 万年以前的南方古猿，可能是遵循一夫多妻制的（研究人员观察到男性体形比女性大，这表明男性可能需要通过互相竞争以争取并保护多个伴侣，或者女性变得更偏爱体形更大的男性）。然而，在历经艰险之后，人类物种进化为智人（也许是在距今 30 万年以前），开始以狩猎－采集为生，组织结构则演变为以相对平等、没有明显地位差异的流动性觅食单位为基础，这样的群体通常遵循一夫一妻制。发生转变的原因很复杂，我们一般认为这是对环境压力变化的一种适应，例如食物资源的变化（我们将在下文给出更详细的分析）。这种行为上的改变是与生理上的变化同步发生的，包括女性排卵期不再有明显的外部表征、儿童的抚育期和女性更年期的进一步延后。

后来，人类的婚姻制度又发生了一次重大转变。距今约 10 000 年以前，即农业革命开始之后，一夫多妻制卷土重来。在距今约 5000 年以前，随着民族－国家的兴起（以及随着国家的出现而产生的大规模经济不平等），一夫多妻制变得更加普遍。[11] 不过，这一次转变发生的原因是历史和文化压力，而不是进化压力。再后来，也是最近的一次，一夫一妻制再次基于文化原因，首先在西方复苏（从距今 2000 年前就开始了），并于几百年后在世界各地扩展开来（当然，一夫一妻制在很久以前就存在了）。每一次转变都对我们的生物学和文化实践产生了重大影响，而且要将这些影响区分开来并不容易。

关于人类的"交配实践"，学界一直存在着很大的争议，而且不少问题至今尚未得到澄清。这种情况从一些学者撰写的论文和专著的题目就可以看得很清楚，时至今日，像"一夫一妻制之谜"和"一夫一妻制婚姻的奥秘"这样的标题仍然屡见不鲜。[12] 从生物学视角来看，人类所采用的交配策略是很难解释的，就"婚姻制度"而言，人类似乎与鸟类有着更多共同之处（鸟类几乎都是一夫一妻制的），而与其他灵长类动物则相去甚远（我们将在第 6 章中讨论这一点）。

在许多物种的进化过程中，"父母"都会获得这样的能力——感到自己与后代之间有一种特别的连接。在人类身上，这种感受当中还包含了一种爱的感觉。这种对后代的特定感觉，可能会"劫持"并改变父母"遵循一夫一妻制配对结合"的目的——如前所述，伴侣之爱是一种特殊的感觉，除了欲望之外，人类还会感觉与伴侣有一种特殊的连接。这种"目的重置"过程就是我们所称的"扩展适应"（exaptation）。任何一种扩展适应都是一种进化预适应，指某种最初为某个目的进化出来的特性，后来转而服务于另一个目的。扩展适应的一个典型例子是鸟类的羽毛，它最初可能是出于隔热目的进化出来的，之后被用来飞行。[13]

对人类和原始人类"一夫一妻配对结合"行为的终极起源和直接起源的探

素，一直是大量研究工作的焦点。科学家们对这些问题的理解至今仍然在不断变化发展。包括接吻在内的交配行为，可能受到了许多直接生物因素的驱动，例如想要“检测”一下可能成为伴侣的人的“口气”。但从进化的角度来说，这些现象的终极原因必定要从以下问题中去寻找：人们为什么会更偏好某些人成为自己的伴侣而不是其他人，以及为什么人们进化出了辨别他人是否合适作为伴侣的能力或特别依恋某个人的能力？

情况似乎是这样的：在进化过程中，人类首先“学会”了爱自己的后代，接着是爱伴侣，然后是生物意义上的亲属（血亲），再然后是其他亲属（姻亲），最后是朋友和其他群体成员。有许多时候，我不禁会想，人类是不是正处于向能够感受到对越来越大的群体的依恋之情的长时段转变过程的中间阶段？要想理解性关系之外的人际关系，我们必须从浪漫的性关系入手，因为这种连接在进化过程中先于其他类型的连接而出现。对伴侣的爱是蓝图的一个关键要素。

总结一下，我们可以得出一个粗线条的时间线：人类祖先最初是遵循一夫多妻制的，直到距今约 30 万年前才发生变化，从那时到距今约 1 万年前遵循的是一夫一妻制，然后又变为以一夫多妻制为主，直到大约 2000 年前至今，一直是遵循一夫一妻制的。当然，这个过程中也存在许多例外情况，而且上面这些时间点是很粗略的，但是大体上不会有错。接下来，我们就来看一下人类交配行为的发展历史。

婚姻制度是规范配偶选择、生育行为、婚姻义务和伴侣情感的社会规范、信仰和制度的总称。婚姻制度反映了某种文化实践或惯例，指明了法律允许的伴侣数量和性别、新家庭的建立方式、配偶对对方的责任和义务、死亡或分开后财产的分割，甚至还包括指定谁来支付婚礼庆典的费用。在任何一个社会中，婚姻都伴随着社会、经济、性和规范等多个维度的期望，在大多数社会中还会带来一定程度的父权制期望。[14]

从全球的、跨文化的和历史的（或史前史）宽泛视角来看，婚姻制度并不是非一夫一妻制不可。目前通行的一夫一妻制，只是多种婚姻制度中的一种。当然，类似事情的真相有时候不容易看清楚。事实上，在很多历史时期，有许多偏见一直支配着社会科学研究，导致人们对家庭生活的某些关键特征视而不见。例如，在社会科学领域，以往有一个重要的偏见是假设美国大学生（传统实验的被试）的心理倾向和心理结构在全世界都适用。为了强调这一点，当代社会科学家有意借用了“WEIRD”一词［每个字母分别代表 Western（西方）、Educated（受过教育）、Industrialized（工业化国家）、Fich（富裕）和 Democratic（民主）］来描述这些被试所属的社会。事实上，这些社会最多只能代表人类文化中很少的一部分，并且是由与假想中的“普通”人类有相当大差异的人组成的。[15] 事实上，大约 85% 的人类社会都在某种程度上认可一夫多妻制，而且直到今天，一夫多妻制在全球 41 个国家或者这些国家的部分人口中仍然是合法的或被普遍认可的。这些国家主要分布在亚洲和非洲。[16] 此外，一项在 2000 年至 2010 年间进行的大型调查显示，在 35 个可以获得一夫多妻制相关数据的国家中，有 26 个国家的 14 ～ 40 岁的妇女处在一夫多妻制婚姻中的比例为 10% ～ 53%。[17]

如前所述，在有人类学记录和历史记录的社会中，只有少数社会采取了一夫一妻制，这些社会分别偏向两个极端，大体上可以分为两大类，一类是面临生态压力很大的小规模社会，男性之间几乎没有地位差异，人们倾向于采取一夫一妻制；另一类是一些规模较大、较成功的社会，如古希腊和古罗马，那时的人们也采取一夫一妻制。前一类可以称为“生态环境强加”的一夫一妻制，因为环境不允许人们采取其他婚姻制度，就像某个人之所以“减肥”，是因为没有什么食物可吃一样。后一类可以称为“文化强加的”一夫一妻制（就像古希腊和古罗马那样）。这种一夫一妻制是作为一种规范被采用的，对此有一个不那么恰当的比喻，一个人之所以要减肥，是因为更瘦的人会因审美或健康原因而更受青睐。这种“文化强加”的一夫一妻制推动形成了今天盛行的婚姻制度。

在世界范围内，一夫一妻制在历史上的起伏，呈现出了钟摆式的变化模式。更新世的人类祖先生活在相对平等的社会中，部分原因是他们作为狩猎–采集者的生活方式决定了人们不可能拥有什么财产（如果一个群体中的每个人都没有财产，那么可以说是相当平等的）。距今大约 1 万年前，农业革命的出现以及城市崛起，导致了不平等和实质性的社会地位差距。在接下来的几千年里，随着王国的建立，统治者积累起了巨大的财富，并拥有庞大的威慑力量，于是社会的不平等程度迅速提升。某些男性获得了财富和地位，这些男性可以拥有两个或更多的妻子，而其他男性却可能一个伴侣都没有。

《圣经·旧约》经常提到一夫多妻制，例如，所罗门国王（King Solomon）就有 700 个妻子和 300 个嫔妃。[18] 另外，据说印度教神祇奎师那（Krishna）拥有 16 108 个妻子。[19] 事实上，一夫多妻制在世界各地的许多地区都存在过。一直到相当晚近之前，一夫多妻制在东亚的大部分国家和地区仍然是常态，有着数千年的历史。

作为一系列旨在建立一个更加平等、更加民主的社会改革措施的一部分，大约在公元前 1000 年至 600 年，古希腊各城邦相继制定实行了关于一夫一妻制的法律。[20] 古罗马也采用了这种婚姻制度并加以推广，还制定了多项制裁一夫多妻行为的法律。[21] 为了对抗道德腐化的趋势，增强罗马帝国的实力，奥古斯都大帝在公元前 18 年至公元前 9 年间推动改革，制定实行鼓励男性结婚的法律。这些改革措施包括：对不结婚的男性继承遗产加以限制；在法律上规范离婚程序，以制止连续一夫一妻制（serial monogamy）；禁止已婚男子纳妾侍，并规定已婚男子与妾侍生下的后代没有资格继承财产。奥古斯都之后的罗马诸皇帝进一步巩固和加强了这些法律制度。简而言之，古希腊人和古罗马人将一夫多妻制视为“野蛮行径”，并逐步将一夫一妻制确立为法律规范。当然，这种规范在许多方面都遭到了违背——既有来自男性一方的，也有来自女性一方的。

随着罗马帝国的扩张，一夫一妻制在欧洲各地推广开来。在罗马帝国衰亡之后，推行一夫一妻制的婚姻制度的责任由基督教教会承担了下来。这里需要注意的是法律规范和实际情况往往是有差异的。一夫多妻制流行的程度受到了限制，但是从来没有被完全消灭。直到很久以后，欧洲的工业革命才促成了从法律一夫一妻制到文化一夫一妻制的进一步进化。一夫一妻制意味着一个男性对一个女性承诺只与她生育后代（反之亦然），大多数欧洲人已经内化了这种规范。[22]再后来，禁止一夫多妻制的法律先后在日本（1880年）、中国（1950年）和印度（1955年）颁布。

那么，为什么保障一夫一妻制的法律和规范会变得如此普遍呢？要知道，它们在人类物种的漫长史前史和相当长的历史时期都是非常不适应的。为了说明这个问题，我们先要明确的一点是，即便是相当“温和”的一夫多妻都会使许多男性没有伴侣，而这是他们不愿意的。假设某个社会中有100名男子和100名女子，男性在社会地位上存在着实质性差异（表5-1）。[23]如果60名地位较高的男子与60名女性结婚，而这些人当中的一部分娶了不止一个妻子，比如社会地位排名靠前的25个人每人都娶了第二个妻子，排名前十位的男子每人又娶了第三个妻子，排名前五位的男性还娶了第四个妻子。这种情况在遵循一夫多妻制的社会中并不算极端。

在上述案例中，前60位男子中将会有35人（58%）遵循一夫一妻制。只有排名最靠前的10%的男性娶了三个以上的妻子，而且拥有妻子最多的男性也只拥有四个妻子。但就是这样，也已经意味着整个社会将有40%的男性无法拥有自己的配偶。反过来，将有65%的女性必须与一个或多个其他女性分享她们的丈夫以及整个家庭。不难想象，许多人都会对这种情况不满（这不仅是因为有太多的男性不得不形单影只地了其残生）。

表 5-1　一夫多妻制对男性单身率的影响

男性的数量	妻子的数量	女性的数量
40	0	0
35	1	35
15	2	30
5	3	15
5	4	20
总计：100 位男性		总计：100 位女性

人类学家约瑟夫·亨里奇（Hoseph Henrich）和他的同事认为，文化一夫一妻制之所以得到了广泛采纳，部分是因为它在群体竞争中提供了优势。[24] 没有得到伴侣的男性会在群体内部以暴力手段抢夺女性，或对其他群体发动突袭，以抢夺女性，这无疑会引发冲突。[25] 政治实体、民族国家和宗教教会如果采用一夫一妻制，就能减少这种暴力行为，而且可以更加高效地在内部和外部配置资源。从这个角度来看，关于一夫一妻制婚姻的现代社会规范和法律制度，是通过应对群体之间的竞争压力和谋求群体内部的利益需要，才得以确立的。

关于群体内部的利益，亨里奇认为“未婚的、社会地位低的男性对未来的贴现很高，更容易为了提升自己的社会地位和吸引女性而冒险做出危险的行为。这将导致谋杀、盗窃、强奸、破坏社会秩序、绑架（特别是绑架女性）、性奴役和卖淫”。[26] 事实上，直到今天，由于重男轻女的传统观念，印度等地选择性别的堕胎行为仍然相当普遍，这导致了畸形的男女性别比，进而产生了更多的单身汉以及更多的暴力事件，男性的预期寿命也更短。[27] 我们前面讨论的皮特凯恩岛事件则是出现这种问题的小规模社会的一个例子。一夫一妻制为男性提供了获得配偶的机会，这意味着社会地位低的男性将会变得更加厌恶风险、更愿意考虑未来，也倾向于不会对群体成员采取暴力，他们往往会更加专注地养育自己的子女。另一方面，社会地位高的男子则不能再谋求迎娶更多的妻子，从而转向进行长期投资，以获得更多财富更好地养育自己的后代。

一些证据表明，由于文化一夫一妻制是一种性平等主义的制度，它的广泛采纳，甚至可能促成了民主制和政治平等的出现。[28] 在欧洲历史上，一夫一妻制婚姻的普及不仅早于民主制度的出现，而且似乎也为性别平等观念的兴起奠定了基础。[29] 对现代跨国数据进行的分析也证明，文化一夫一妻制的采纳程度与民主权利和公民自由受保障强度之间确实存在着相关性。

但是，针对一夫一妻制婚姻的法律规定和文化规范本身并不是不可避免的。这种制度——有人称它是一种有益的制度——只是在特定的地方和时间兴起。研究者通过考察更大的文化样本来量化这些规范的脆弱程度。例如，有人基于历史记录和人类学记录构造了一个有 1231 个社会（它的其中一个子集包括了 176 个重点社会）的样本，并进行了全面研究，结果发现有 84% 的社会都遵循一夫多妻制，另有 1% 的社会遵循一妻多夫制，只有 15% 的社会遵循一夫一妻制。[30]

从表面上看，人类婚姻制度的多样性似乎对人类交配行为具有一些普遍特征的观点提出了挑战，其实不然。接下来，我们就以来几个人类社会为例，更加细致地考察这些看上去大相径庭的婚姻制度及相应的文化习俗。在与共同繁衍后代的伴侣之间的关系上，人类究竟进化出了哪些关键的基本特征，它们在社会秩序中又扮演了什么角色？在交配行为方面，人类社会到底有哪些共同之处呢？

狩猎 - 采集的哈扎人的婚姻制度

“性感”“努力工作的人”“心中只有你一个”“善解人意”“温柔”“从不说难听的话”“关心孩子”。

上面这些话，看起来是不是与交友网站对某个征婚者的“画像”非常相似？但是它们其实是东非一个狩猎 - 采集者群体的成员——生活在坦桑尼亚的哈扎人对配偶的要求。我的实验室与人类学家科伦·阿皮塞拉（Coren Apicella）和弗兰克·马洛（Frank Marlowe）合作，也对哈扎人进行过研究。哈扎人生活在稀树草原上，他们在那里依靠狩猎－采集为生，就像生活在距今一万年前的所有人类一样。时至今日，只有大约 1000 名哈扎人仍然保持着传统的生活方式，而且就算是这些人，我们也不能说他们的生活与两万年前的人类完全一样，因为他们已经与现代社会的人接触过，而且可以获得工厂生产的衣服和铁箭头。尽管如此，人类学家仍然认为，哈扎人的生活方式相当可靠地反映了人类过去的生活方式。特别是在婚姻制度方面，观察哈扎人的婚配行为，能够为我们理解人类祖先的婚配行为提供可靠的线索。

哈扎人住在流动的小型营地，每个群体大约有 30 人。他们每隔 6 ～ 8 周就会转换一次营地，因为营地所在区域的食物供应有限。部分由于这种流动性，他们没有固定的居所，许多时候都不得不直接睡在星空下。当营地内部发生矛盾时，一个营地可能会分裂成两个或更多的营地，也可能会有一部分人加入其他营地。哈扎人的食物来自狩猎和采集，他们几乎不拥有任何物质财富。他们的语言是我们这个星球上最独特和最古老的语言之一。[31] 他们极端平等，成年人之间几乎没有任何地位差异（男女之间也是如此）。任何人带回营地的食物都会与群体成员共享。这种分享在一定程度上反映了某种深层次的文化价值观，也主要是基于如下事实：哈扎人没有储存食物的技术，所以食物如果不能及时吃掉，就会变质，从而导致浪费。分享还可以降低运气不佳的狩猎－采集者家庭挨饿的风险，因此这种做法发挥着文化意义上的保险作用。

哈扎人之间的婚姻简单直接，他们的爱情和婚姻的大致特征是不难辨识的。当一个年轻的哈扎女性长大成人后（通常是 17 岁或 18 岁），就会选择一个伴侣（通常是一个比她大 2 ～ 4 岁的男性）。这两个人之间会有一个谨慎的、简短的求爱仪式，然后两人就可以发生关系，在同一个炉边睡在一起。哈扎人没有包办婚姻，年轻的恋人们可以自由选择伴侣，但是年轻人通常都希望获得父母的认可。睡到一起后，虽然没有举行婚礼，但是男女双方和其他人都认为他们已经是一对夫妇了。正如弗兰克·马洛指出的那样："女性主动选择交配对象似乎是促成婚姻的主要因素，因为年轻的单身男性似乎愿意与各种各样的女性结婚。"[32] 话虽如此，如果有多个男性对同一个女性展开追求，就可能会出现问题。"当这种情况发生时，就可能发生暴力，有时甚至会出现致命的冲突。由于存在这种危险，营地中的其他人有时也会参与其中，他们会要求女方选定其中一个求婚者，而不要同时在两个男性之间周旋。而年轻女性似乎倾向于在正式结婚前多挑选一下。"[33]

换句话说，现代人所看重的配偶身上的特质，大多数也是哈扎人所重视的。马洛煞费苦心地访问了 86 名哈扎人，想要了解他们对配偶的要求和喜好："如果你正在寻找一个丈夫（或妻子），你会希望他（或她）具有哪些特质？对你来说重要的是什么？"马洛将得到的所有答案分成了七类：性格、外表、狩猎－采集能力、忠诚度、生育能力、智力及年龄（表 5-2）。哈扎男性和女性在求偶问题上有着极其相似的偏好。他们最常提到的一个要求是"性格要好"，包括不会殴打自己的配偶，约有 58% 的男性和 53% 的女性认为这很重要。在另一项更加细致的研究中，科伦·阿皮塞拉要求接受访谈的 121 名哈扎人（男女都有）做出一些需要权衡的假想决策。当要求这些哈扎人在一个外表很有吸引力人与一个擅长狩猎－采集的人之间，选谁来做伴侣时，只有 6.3% 的人更喜欢有吸引力人作自己的伴侣。同样，当她要求他们在外表很有吸引力的人与善于抚育孩子的人之间进行选择时，只有 9.1% 的人选择了前者。[34]

当然，外表本身对哈扎人（无论是女性还是男性）来说也是很重要的。就像世界上所有其他地方的人一样，哈扎人也会通过衡量"外表吸引力"的若干指标来区别不同的个体，比如身体的对称性、说话的音高和腰臀比等。42% 的男性和 41% 的女性认为，外表上的吸引力是一种值得追求的特质。[35] 此外，哈扎女性对男性的狩猎－采集能力更感兴趣，也更重视男性的智力水平，但反过来则不然——哈扎男性更看重的是女性的生育能力。

表 5-2　哈扎人认为重要的潜在配偶的特质

性格	外表	狩猎 - 采集能力	忠诚度	生育能力	智力	年龄
性格很好	较矮	好猎手	不心存他想	能生小孩	有智慧	年轻
待人和善	较瘦	普通食物	愿意待在家里	想要小孩	会思考	
没有暴力倾向	身体好	努力工作	声誉很好	会要小孩	聪明	
容易相处	体型健硕	可以搜集饮用水	喜欢伴侣	想要很多小孩		
热心肠	胸肌发达	可以收集木柴	照顾家庭			
善解人意	外表出众	愿意分享食物	非你不娶（嫁）			
温柔体贴	牙齿健康	能够到处走动				
沉着冷静	生殖器健康	能够帮助工作				
有共同语言	外貌出众	会煮饭				
不会打架	性感					
好人一个	五官端正					
有美好心灵						
会照顾孩子						
不会说脏话						
能够共同生活						
不会犯罪						
很得人心						

哈扎人中一夫一妻制是常态，只有大约 4% 的男性同时拥有两个妻子。而这种一夫两妻的安排往往无法维持长期稳定。事实上，如果一个男性有了第二个妻子，或者只是有了外遇，原来的妻子通常会选择离开。尽管 65% 的男性表示男性可以拥有两个妻子，同时有 38% 的女性认为可以接受一夫两妻，但是现实中这种情况很少出现。正如马洛所报告的："很多男性告诉我，他们离婚的原因是妻子离开了他们。当我问为什么妻子会离开他们时，许多人带着真诚的困惑和些许悲伤说，他们不知道为什么。但是当我进一步追问他们是否在以前的妻子离开之前就与现在的妻子建立了关系时，答案往往是肯定的。当然，他们仍然会觉得困惑不解，然后不停地重复：'我不知道她为什么要离开我。'这些人并不想离婚，他们只是想要第二个妻子。"[36]

妻子断然离开丈夫，部分是因为她们可以自己找到食物，并有资格分享其他人带回营地的食物，因此对这种一夫两妻的安排没有兴趣。在通常情况下，当一位丈夫与另一个女性“勾搭”着回到营地时，他可能会发现前面的妻子不但早就决定与他离婚，并且很可能已经与另一个男性生活在了一起（以前的妻子可能是通过“流言蜚语”获悉丈夫的事情的）。事实上，哈扎女性并不排斥思考自己有两个丈夫的可能性（19% 的女性认为这种安排很不错，但是没有男性同意这种观点）。在现实生活中，研究人员也一直没有观察到一妻多夫制。

哈扎男性和女性很少真的有机会实行一夫多妻制或一妻多夫制。总的来说，约有 20% 的哈扎人终生只有一个伴侣。大多数哈扎人在他们的一生中会有两三个配偶。哈扎男性和女性都会表现出性嫉妒行为。婚外情是哈扎人离婚的主要原因，其他重要原因还包括“经常为孩子争吵”和“妻子不想过性生活”。

在哈扎人中，拥有更高的狩猎 - 采集技能的男性往往能娶到更年轻的女性，由此带来的一个结果是，他们在繁衍后代方面能够取得更大的成功。[37] 但是，即便是这样的男子，他们同时拥有多位妻子的机会也不会高于其他人，他们在一生中也很难拥有比一般男性更多的妻子。为什么狩猎 - 采集能力对女性来说至关重要？对于食物由所有人一起分享，丈夫并不能给自己的妻子“开小灶”来说，这一现象有点奇怪。对于这个问题，人类学家之间存在相当大的争议。[38] 一个可能的解释是，一个男性拥有高超的狩猎技巧，同时可以说明他也拥有其他优良的品质，例如健康和智慧，女性选择配偶时也很重视这些。在这种情况下，成为一个很好的猎手是一种昂贵的传递信号的方式（这就是说，有些人会去做一些不容易达成且本身并不一定有用的事情，例如滑雪或弹吉他，目的就在于传递关于他或她自己的“潜在高品质”的信息）。

另一种可能的解释是，女性确实可以从丈夫身上受益，特别是当她们自身处于最脆弱的状态的时候，即当她们怀孕或需要抚育年幼的孩子的时候。一般来说，哈扎男性每天要在狩猎 – 采集活动中花 5.7 个小时，而女性则要花 4.2 个小时。平均而言，女性带回营地的食物（以卡路里含量计）要比男性更多（在总量中所占的比例为 57% 对 43%）。[39] 但是，当一个女性怀孕或正处于哺乳期时，她的丈夫承担的角色的重要性就会显现出来，上述平衡也会发生变化。在繁衍后代的关键时期，女性确实可以从最终承担责任的男性那里受益。事实上，学界向来认为，孕妇和哺育幼儿的母亲对食物的需求，正是人类形成与大多数动物不同的相互依恋的"一夫一妻配对结合"的一个根本原因——女性和男性都可以从这种食物供给方式中受益，因此采纳这种结合方式的人的后代更有可能存活下来。在进化的过程中，这种相互依靠的父母的后代更有机会生存下去，因而有利于依恋伴侣的行为的进化，同时还塑造了人类物种的进化心理机制。

马洛对哈扎人带回营地的食物进行了细致的检查，结果表明，在孩子不足 1 岁的那些家庭中，男性提供了整个家庭所消耗的卡路里的 69%。此外，进一步的研究还发现，如果一个男性找到了体积较小的可以藏起来的食物，例如哈扎人最喜爱的蜂蜜，就可能会把这些食物藏起来，只给家人吃。在观察这类行为的时候，马洛直接坐在营地的正中央，坚持要对每个人带回来的东西都称一下重量。哈扎人也很高兴让他（这个局外人）来承担这项任务。马洛报告称："其他人没有看到的是，有些人会刻意不与他人分享食物。在较大的营地里，有些人有时会在营地外等到天黑，然后悄悄地让我去称他们带回来的食物，并要求我不要给其他人看到。当哈扎男性把食物偷偷带进自己的小屋时，他们告诉我，不这样做的话他们就无法养活自己的家人。"[40]

今天没有任何一个社会可以充当人类古老过去的"准确代表"，但是关于哈扎人在"结成一夫一妻式的配对关系"时的做法的上述观察结果揭示了人类对伴侣的强烈依恋感的可能起源。这种连接关系是社会套件的一个组成部分。我们前面讨论过，19 世纪和 20 世纪，有许多公社试图对抗和消除这种依恋感，如果它们事先“咨询”过哈扎人，就可能不会感到那么失望了。很明显，即便是在像哈扎人群体这样极端平等的环境中，核心家庭也是一个极其持久的特征，丈夫和妻子对自己的伴侣、父母对自己的孩子都有着非常强烈的偏爱。

哈扎人身上表现出来的这种持久的依恋感显然是合乎情理的。从男性的角度来看，如果某个女性依恋某个男性，觉得自己爱上了他，那么他就可以选她作为伴侣。而从女性的角度来看，这也是合乎情理的，因为一个觉得自己依恋某个女性的男性自然会帮助她养育孩子，特别是当该女性容易受到伤害的时候。在哈扎人的生存环境中形成的生活方式下，哈扎妇女是能够独立地抚养孩子长大的。如果丈夫乐意帮助她们，她们就可以更有效率和更加安全地做到这一点。

哈扎人表现出来的这种情感，为我们理解人类的进化历史提供了重要的线索。这种提供食物的行为可能是与“结成一夫一妻式的配对关系”的情感共同进化的，因为它解决了一个重要的进化难题：为什么一个男性会愿意帮助一个女性抚养有可能不是自己亲生的孩子呢？通过向男性提供“身为人父的高度确定性”，即通常与一个男性“结成一夫一妻式的配对关系”，女性能够更好地确保丈夫会对孩子进行投资。换句话说，女性会说：“如果你看到我爱你，你就可以肯定这些孩子是你亲生的。”而这种相互依恋感可以解决上述进化难题。对哈扎人的研究表明，从根本上讲，男性和女性双方的“进化心理学”都是以爱来交换支持的。

游牧的图尔卡纳人的婚姻制度

在动物和植物被驯化之后，当农业革命为财富积累和经济不平等奠定了基础时，人类祖先的配对情况又发生了怎样的变化呢？就在哈扎人居住区以北大约 800 千米之外，即肯尼亚西北部的裂谷带，还生活着图尔卡纳人。这个群体大约有 25 万人，实施一夫多妻制。与哈扎人不同，图尔卡纳人的婚姻更像是家庭之间的一种契约，而不仅仅是个人之间的私人事务。在选择伴侣的过程中，图尔卡纳人相当严格地遵守着经济阶层上的门当户对原则——富裕的女性与富裕的男性相结合，贫穷的女性与贫穷的男性相结合。放在 21 世纪的现代人眼中，与哈扎人相比，图尔卡纳人的婚姻显然功利得多，也显得不怎么浪漫。而我们关注的是为什么会这样。

图尔卡纳人居住的地区炎热干燥，降水很少，仅能满足饮用需求。图尔卡纳人根本没有水来洗澡，他们在"洗澡"时只是用动物的油脂块，甚至粪便揉搓一下身子。图尔卡纳人是牧民，他们以放牧动物为生，必须逐水草而居，每年都必须搬迁并重建营地 8 次以上。在降雨量极小且充满不确定性的恶劣环境中，图尔卡纳人需要有大量的劳动力来管理牲畜。无论是男是女，图尔卡纳人都要从 5 岁开始就帮助家人管理牲畜。每个家庭都有一个男性家长，他带着所有家庭成员住在一个随时可搬迁的营地中，而且是与他们的牲畜，如牛、骆驼、绵羊、山羊等一起住的。白天，他们把牲畜放出去吃草，晚上则把它们关在营地里。家中的成人，无论是男性还是女性，都希望有尽可能多的孩子来帮助劳动。

图尔卡纳人的婚姻习俗与这种生活方式密切相关。[41] 传统的图尔卡纳人结婚通常有如下几个步骤。男性和女性在舞会、婚礼和取水地边见面，在那里他们相互诉说感情。[42] 当一名年轻女性被一个男性或他的父母认为可以成为一个合适的新娘之后，或者这个男子已经有了妻子，那么就要由他的妻子（们）来认定——这个男子则会去争取他的父亲和家人的同意。这种同意是至关重要的，因为他必须依靠家人的帮助才能备好迎娶新娘所必需的聘礼。这种聘礼（bride-wealth）或彩礼，是"婚姻经济交易"（买卖婚姻）的一种形式：新郎的家庭要付给新娘的父亲约定的价格（与嫁妆恰恰相反）。[43] 图尔卡纳人迎娶新娘的聘礼可能高达 150 头牲畜，即便是放在今天，这也是一笔相当可观的钱财。

在确定了可以与自己结为夫妻的女子之后，男方必须与未来新娘的父亲展开谈判，取得允许后还要商定聘礼。计算聘礼的规则相当复杂。一旦达成了协议，新娘就来到男方家中，而作为聘礼的牲畜则要交给女方。男女双方都要举行婚礼，而婚礼的高潮则是杀牛祭祀仪式。婚礼必须邀请所有在一天之内就可以步行到达的成年人参加，而且，与世界各地的婚礼一样，图尔卡纳的婚礼也包括一系列舞会、宴会；婚礼当中会传播许多流言蜚语，未婚的男女来客则会借此机会相互调情。

想要结婚的图尔卡纳男性面临的压力是相当大的。为了备齐聘礼，未来的新郎必须得到家人的帮助（这将成为他未来的债务）。仅仅是把作为聘礼的所有牲畜归拢到一起，也往往需要好几个月的时间。这种婚姻是如此劳心劳力，以至于外来的观察者对它的存在本身也觉得非常惊讶。正如一位人类学家所说的：

> 父亲的兄弟可能住在60千米甚至80千米之外，新郎的堂兄弟或最好的朋友、教父等必须参加婚礼的人，也可能住在同样遥远的地方。对于求婚者来说……这确实是一个非常困难的时期，无论是体力上还是精神上都是如此。当备齐所有聘礼的时候，他们可能身心俱疲。然而，对新郎的考验还远远没有结束，因为他必须保证这些牲畜完整地移交出去，并继续与岳父进行讨价还价，以试图减少聘礼的实际数量。[44]

图尔卡纳人的结婚是程式化的，涉及很多轮次的见面、谈判、争吵、台前幕后的活动和经济交易，相比之下，哈扎人的婚姻则不那么正式，也更具个性化。图尔卡纳文化中存在着资本资产（牲畜），这似乎是使事情变得更加复杂的重要原因。[45]

图尔卡纳采纳的传统的异族通婚制，意味着人们要到自己的家族之外寻找结婚对象。由于婚姻是建立和维系不同家族之间关系的一种方式，因此图尔卡纳人认为，娶来自同一家族的女子为妻（更不用说第二个妻子了）没有任何意义。图尔卡纳人这种婚配实践有助于扩大个人的社会关系。当一个男性和他的家人的牧群因干旱或疾病等偶然事件毁于一旦时，还能够通过社会网络得到救助，而这种社会网络通常是依靠婚姻维系的。

图尔卡纳人的婚姻与联合生产有着非常密切的关系，比哈扎人的婚姻也更稳固、不容易解体，所以图尔卡纳人（无论男女）对于能不能拥有“门当户对”的亲戚非常关注，而且每个亲戚都会参与一对夫妻的婚姻决策。当一个男性有了意中人之后，如果他的父亲根据自己的判断，认为未来的儿媳是一个“懒惰的人”“会顶嘴的人”，或者认为她来自一个“女巫”家庭，即认为她是一个反社会的人或不懂规矩、不合群的人，那么这个父亲就会否决自己儿子选择的伴侣。如果这个男子已经结婚了，那么他现在的妻子也会参与进来，对其要娶的新妻子加以“审查”。对此，一位人类学家是这样描述的：

> 她将会成为他们长期的同伴和同事。如果她是一个贫穷的人，那么她将会成为家庭合作网络中的一个负担……一个男性和他的家人，特别是他的母亲和已有的妻子心目中好妻子的标准一般总会包括以下内容：首先，她一定不能是一个不会干活的、懒惰的人（akalenyana）。她必须会挤奶、取水，而且懂得如何照看牲畜。她必须能够建造小屋和畜栏，她必须能够制作好用的家具，懂得刺绣。其次，她一定不能是一个经常说坏话的“长舌妇”，即她绝对不能是一个“女巫”，她应该有开朗的性情和良好的品格。[46]

在图尔卡纳人眼中，生育能力是非常珍贵的。一个年轻的女性经常会有意怀上一个孩子，以证明自己的生育能力并促成婚姻。但是，不育也并不能构成离婚的合法理由，而且不育的妻子往往会将丈夫的另一个妻子的孩子接过来抚养。[47]

在图尔卡纳人的现实生活中，年轻女子可以而且经常会拒绝追求者，而且图尔卡纳人不会强迫女儿或姊妹嫁给不喜欢的人。陷入爱河的年轻男女为了迫使父母同意他们的结合，往往会发生性关系，让女方怀孕。男性甚至可能会强行带走新娘，有的时候女性也可能会纵容男方将自己强行带走。不过，在这些情况下，新娘的聘礼仍然必须支付，虽然可能会不如女方的预期，或者会延迟一段时间。

在图尔卡纳人中，年轻人可能要面对食物不足、无法满足身体能量需求的问题（哈扎人以及许多类似的狩猎 - 采集群体也一样）。事实上，这也是人类祖先面临的问题之一。这种情况往往会使男孩和女孩的性成熟延迟到青春期后期（相比之下，因为营养充足，近几十年来，发达国家的男孩和女孩的性成熟期都提前了）。部分是因为性成熟期较晚，部分是因为必须积累足够多的财富当聘礼，部分是因为男性必须针对女性较少展开激烈竞争，图尔卡纳人的初婚年龄相当晚：女性的平均初婚年龄为 22.4 岁，男性的平均初婚年龄为 32.6 岁。[48]

丈夫与妻子之间之所以会有这么大的年龄差距，是因为一个男性成年后，至少需要 10 年的时间才能“存”下足够的财富（牲畜）来支付聘礼。一个男性如果要娶第二个妻子，那么还需要 10 年时间来积累财富，直到娶第四个妻子时（通常约为 22 岁），丈夫约为 62 岁。[49] 选择继续娶妻子，而不是用自己的财富去帮助儿子结婚的老年人，在图尔卡纳眼中被认为是“好人”。图尔卡纳人的社会规范还要求弟弟必须在哥哥结婚之后才能结婚，这就意味着弟弟们的初婚年龄通常更晚，一般要到 35 岁之后，有时候甚至完全无力结婚。[50] 不得不等待哥哥先结婚，特别是哥哥同时还一直在消耗家庭财富，是弟弟们走入婚姻面临的一个严重障碍。

1996 年的一项研究发现，在图尔卡纳男性中，有 30% 的人已经从传统牧区中“逃脱”出来了，还有 8% 的人直到去世都没有结过婚。[51] 选择“移民”

的图尔卡纳男性所占的百分比，类似于今天仍然坚持一夫多妻制的美国摩门教派（不过，其中有数百名男孩和年轻男子可能是被赶出摩门教的）。[52]大约有 1% 的图尔卡纳男子形容自己“讨厌女性”，并被其他人描述为“看上去像女性的男性”。这些男性中很少有人结婚（这个结果毫不出人意料）。从总体上看，图尔卡纳男性的婚姻状况还是合乎情理的，毕竟他们实行的是一夫多妻制，许多潜在的新娘都被已有妻子的男性娶走了。

那么，这种婚姻模式对图尔卡纳女性的生育机会有什么影响？简单来说，图尔卡纳女性付出了很大的代价。一个嫁给 60 多岁男性的 20 多岁的年轻女性，会比另一个嫁给 40 多岁的男性的 20 来岁的女性少生 2 ～ 3 个孩子。这一方面是因为老年男性通常去世得更早，所以他们的妻子的积极生育年龄要少很多年（即使她们后来再婚了也一样），另一方面是因为老年男性发生性行为的频率要更低一些。[53]

同一个男性的多个妻子之间的冲突，在一夫多妻的家庭中无处不在。对于进化心理学家和所有生活在一夫多妻家庭中的人来说，这个事实并不奇怪。为了扩大自己的社会网络，图尔卡纳人在结婚的时候，通常会选择来自不同家族的女性。他们通常不会采取“野蛮”的一夫多妻做法，即男性不会娶自己的姐妹或堂姐妹、表姐妹。当妻子们原本就是亲戚时，她们一般能够更融洽地分享一个丈夫并进行合作，其中部分原因是人类本来就倾向于帮助有血缘关系的亲属，部分原因是这些“姐妹们”可能本来就相处融洽或者有过共同生活的经历。在这种“姐妹”婚姻中，妻子们的年龄往往更接近，妻子的数量也更少，这就进一步降低了对资源的竞争强度，从而减少了冲突。相比之下，“姐妹”一夫多妻制在美洲有些地方更加常见一些，而非洲各文化中的通常都是一般的一夫多妻制。在对来自 69 个非“姐妹”一夫多妻制文化的民族志数据进行细致分析之后，研究者发现，它们当中没有任何一个社会实现了和谐的“多妻”关系。[54]恰恰相反，详细的民族志研究一再突显了一夫多妻家庭中存在的压力和恐惧，包括某个妻子对其他妻子试图毒害自己的孩子、以便她们的孩子可以继承土地或其他财产的担忧。[55] 这些压力和忧惧构成了文化一夫一妻制兴起的另外一个理由。[56]

尽管图尔卡纳人的传统婚姻模式与哈扎人存在着明显的差异，但是有一点并没有改变：图尔卡纳人对自己的伴侣仍然是有感情的。图尔卡纳人的求偶仪式、男女关系中的嫉妒，以及有意为之的“意外怀孕”，都说明他们在结婚时会选择自己心仪的对象。长期研究图尔卡纳人的著名民族志学家戴维·麦克杜格尔（David MacDougall）和朱迪思·麦克杜格尔（Judith MacDougall）夫妇于1982 年拍摄的纪录片《我和我先生的太太们》（*A Wife Among Wives*）中，一个名叫罗朗的图尔卡纳男子这样说道：“女孩们现在不再遵循古老的习俗了。她们并不听从父母的建议，即使一个男性带来了大额聘礼，女孩们也会拒绝。甚至她的父母也不能让她必须嫁给一个可以送聘礼的男性。女孩们都要自己作主，追随自己选中的男朋友而去。”[57]

另一位名为雅纳尔的女性受访者在被问到为什么一个女性可能会违背父亲的意志时这样说道：“那是因为她有自己的感情，她内心有了反叛心理……她既可能拒绝嫁给一个壮年人，也可能拒绝嫁给一个年轻人。当然，她也可能拒绝嫁给老年人。她也许会和一个年轻的、一无所有的猎人远走高飞，可以逃避结婚。”[58] 图尔卡纳女性明白，如果一个男性品行不端，那么即使他很有钱，也不会是一个好丈夫。在麦克杜格尔夫妇拍摄的另一部纪录片《婚礼骆驼》（*The Wedding Camels*）中，一个名叫阿凯的图尔卡纳女性这样说道：“你什么时候都可以拒绝一个人，即使他富有而英俊。如果女孩选择了一个穷人并且心意已定，那么她可以拒绝父母给她选的结婚对象。她可以和情人一起私奔，住到山上去。如果你不想要，你可以忽略家人的要求……”[59]

其他婚姻制度

哈扎人和图尔卡纳人的婚配习俗形成了鲜明的对比。这种对比为我们解开谜题提供了一些线索：为什么随着农业革命而来的财富积累和地位不平等，有可能使一夫多妻制重新兴起？除了一夫多妻制之外，还有一些更加罕见的婚姻制度，它们不但能够揭示文化在决定人类的爱情－婚姻关系方面的作用，而且还可以进一步说明人类交配行为的更多关键特征。

一夫多妻制的反面是一妻多夫制，即一个女性有多个丈夫。一妻多夫制比一夫多妻制更加罕见。非洲也有一些文化实行一妻多夫制，比如乐乐人（Lele）和马赛人（Maasai）。但总的来说，一妻多夫制在非洲并不多见。与图尔卡纳人的一夫多妻制一样，一妻多夫制这种婚姻制度也是对特殊环境的一种文化适应，而且也是与更广泛的经济特征结合在一起的。

一妻多夫制在现实世界中的表现形式，往往是几个兄弟与同一女性结婚（又被称为“兄弟”一妻多夫制，与前面讨论过的“姐妹”一夫多妻制对应）。同一个社会中往往会有多种婚姻制度同时存在（包括一夫一妻制和一夫多妻制）。在一妻多夫制家庭中，最年轻的丈夫往往会脱离婚姻，并在有条件的时候建立新的家庭。一妻多夫制最有可能出现在这样一种情况下：需要有多个男性维持一个家庭，例如，必须有一个男性跑到很远的地方去劳作以获得家庭的口粮，同时还需要有另一个男性在近处保卫家庭。在那些很难获得生活必需品的艰难环境中，要成功地抚养一个孩子长大可能需要成人付出多年的努力，如果有三个或更多的父母来一起抚养孩子，可以提升孩子们健康长大的概率。在任何情况下，儿童的“生产”速度都受限于女性怀孕生子的速度，因此具有讽刺意味的是，从男性的角度来看，一夫多妻制可以作为一种生育控制或生育间隔策略。对于这种生态环境限制，一个解决方案是兄弟们组成一个家庭紧密合作。

在许多遵循一妻多夫制的文化中，都存在着一个关于父（母）亲身份的信仰体系，而且这种信仰很难与孩子只能是一个男性和一个女性发生性行为的结果这个生理学事实相协调。这个事实有时也被称为单父（单母）繁殖原则，人类对它的理解至少可以追溯到公元前500年之前。在现代生物学出现之前很久，大多数地区的人们就已经掌握了这一点。但是直到今天，在亚马孙地区的许多文化中，以及在世界上其他一些零星散布的地方，人们仍然认为孩子是有“多个父亲”的。在一本讨论这个问题的书中，人类学家斯蒂芬·贝克曼（Stephen Beckerman）和保罗·瓦伦丁（Paul Valentine）描述了十几种文化，它们都与父亲身份（partible paternity）可分的信仰有关，即所谓的共享父权（shared paternity）信仰。这些文化分属于差异极大的不同语言群体，而且彼此之间的距离也很远，这就说明这类信仰不是基于某些孤立的“病态”事件形成并发展起来的，也不是简单地从邻近的群体中复制过来的。[60] 在如此多的文化中都存在这些相似的信仰系统，这个事实本身就足以表明，共享父权的观念与一个能够照顾好子女并避免内部冲突的正常运行的社会并不是不相容的。

在信仰共享父权的文化中，女性在生育中的作用通常会遭到否定，即只是把女性视为生育婴儿的机器。有些人认为，婴儿实际上是精液“吸积”而成的，就像雪球是由许多的雪花粘在一起而形成的那样。还有一些人认为，男性们也为怀孕付出了很大的代价。有些男性声称，为了生出一个婴儿，他们花费了巨大的精力，以至于自己的身体都搞坏了。

当然，对于大多数人类群体来说，确定婴儿生物学父亲的身份是社会组织的基本目标之一。父亲的确定性，以及用来保证人类男性更容易验证这种确定性的社会学和生物学过程，在人类进化中发挥了至关重要的作用（然而不幸的是，这也催生了有意让女性回避的文化和宗教习俗）。与基于性别的劳动分工、食物分享以及照顾后代的漫长时期一样，父亲身份的确定性也是从原始人类祖先过渡到现代人类的至关重要的一个方面。

这里的逻辑是这样的。男性会在女性脆弱的时候为女性提供食物（正如我们在哈扎人身上看到的那样），但是这种帮助仅限于当他们可以确信自己的行为有助于自己的后代生存的时候，而不是有助于另一个男性的后代的生存。从进化的角度来说，这就意味着女性要向男性保证其父亲身份的确定性，从而获得食物和男性的支持。在进化工具箱中，一夫一妻制和女性对男性的爱情，可能发挥着作为“真实的信号”的作用——让男性更加确信养育的后代确实是自己的，从而促进对儿童的“父系投资”。

还有一些学者提出了这样一些问题：如果人类物种中的某些成员对婴儿是怎么生出来的有着不同的看法，那么提供食物的行为在结成一夫一妻式的配对关系这种倾向的形成中又发挥了什么样的作用？人类是否必须始终了解婴儿是由一个男性和一个女性交配生下来的？男性是否必须始终将其他男性视为对其父亲身份确定性的威胁？从表面上看，这些似乎合乎逻辑，但并不是必不可少的。人类文化的多元性是无穷无尽的。一些文化认为一个孩子真的可以拥有多个父亲。

“多个父亲”对于在“WEIRD”社会中长大的人来说是一个有趣的概念。而在像塔皮拉佩人这样的社会中，儿童可能会被认为拥有多个生身父亲（生物学上的父亲）和一个名义父亲（社会学上的父亲），这与我们的观念恰恰相反。我们认为，一个孩子只能有一个生物学上的父亲，但是可能会有多个社会学上的父亲（如教父、养父、继父以及监护人，等等）。

生活在巴拉圭境内的阿切人（Aché）认为，在一个女性分娩前一年与她发生过性关系的男性都可以算作孩子的父亲。除了被认定为“主要父亲”的男性之外，这些“次要父亲”也可能在后代的生活中发挥重要作用。[61] 在这些文化中，次要父权（secondary paternity）是人们通过谈判达成的：女性可能会声明或隐瞒可能的次要父亲的身份，男性则可以接受或拒绝这个“标签”。在美国的大多数地区和其他工业化国家，通常也由女性声明自己孩子的父亲是谁，而且这种声明会被普遍接受。然而，遗传学研究的成果表明，这种声明有1% ～ 2% 的概率是假的，这也就意味着真正的父亲不是那个女性的稳定伴侣或她宣称的那个男性。[62]

根据“精子生物学”研究提供的线索，在人类进化过程中，多个男性的精液同时出现在一个女性生殖系统中的情况并不少见，而且这种情况通常有利于妇女和儿童的生存，因为对于可分辨的父亲的信仰是相当普遍的（原因在于女性可以从不止一个男性对她的支持中受益）。[63] 在一项为期 10 年的对阿切儿童的跟踪调查中，调查人员建立了由 127 个阿切儿童组成的样本，其中有一个父亲的人有 70% 活到了 10 岁以上，而有两个或更多父亲的人有 85% 活到了 10 岁以上。[64] 虽然这种优势也可能与一些社会因素有关，例如有多个父亲为一个女性提供食物更有利于儿童的生存（人类学家已经积累了不少可以证明这个观点的证据），但是同样明显的是，能够吸引更多伴侣的女性本身就可能适合度更高（例如更美丽、更健康等），而且她的好基因也可能有助于她的孩子更好地生存下去。我们无法确定这一点。可以确定的是，分享父权制不会危害儿童的生存。[65]

在分享父权观念与男性养家假说之间，似乎存在着一种紧张关系。男性养家假说可以作为对一夫一妻制的进化进行解释的基础。这里的关系问题是，为什么大多数社会都非常关注父亲身份——一个男性只有在他知道一个孩子是他遗传学上的后代时，才会抚养这个孩子及其母亲，而少数社会却根本不关心这种生物学上的父子关系呢?

对此，我们可以用“女性中心主义”的观点来考虑这个问题。[66] 正如我们已经看到的，上面这两种做法（非常关注遗传学上的亲子关系和不关注遗传学上的亲子关系）对女性来说，都可能是更加有利的（适应于不同的环境）。研究者可能出于方法论方面的原因忽略了可能性。我们有时必须依靠最古老的研究方法去洞察最传统的生活方式，即那些极少与外界接触、受现代生活方式影响较小的部落），但是，绝大多数研究说到底是由人完成的。从历史上看，男性人类学家通常对女性的经历相对不感兴趣，或者他们很难从“线人”那里获取关于女性经历的经验，或两者兼而有之。当然，这也不是第一次科学家因过度关注男性得出了“不利于”女性的观察结果。

关于分享父权观念与男性养家假说对结成一夫一妻式的配对关系至关重要的观点之间存在的紧张关系，另一个可能的解决方法是对文化在人类进化中的作用进行更加广泛深入的研究。人类可能在遗传上就预设了倾向于形成多种文化形式。而且，如果将文化本身视为人类物种天生就会创造的东西，那么我们就可以做到对各种文化变异更加宽容，即使是对那些看似与我们的生物学特征相冲突的文化实践，也能宽容。从某些特定角度来看，许多文化实践都有助于在困难的环境中提高人们的生存概率。我们成为文化动物（拥有信仰、惯例或技术）、教导他人和参与社会学习的能力，都是社会套件的重要组成部分。

在试图将这种不同寻常的（可分享）父亲信仰与人类生物学进行比对时，我们不能忽视这样一个事实：男性养家和一夫一妻式配对的进化，是在认知能力和文化能力都较为有限的早期人类社会中发展出来的。人们在很久之后才对“婴孩怎样形成”这个问题有了明确的认识，任何相关的文化叠加都只是附着在很久以前就确定的基本倾向之上。

包办的婚姻

在世界上许多国家中，例如印度、印度尼西亚和尼日利亚，许多婚姻都属于包办婚姻——在有的历史时期，甚至绝大多数婚姻都是包办婚姻。在西方社会中，人们一直认为浪漫的爱情是婚姻的先决条件，而在亚洲和非洲的许多地方，这种爱情却往往被视为是不切实际的、不必要的，甚至是危险的。这些社会也都承认，浪漫的爱情确实是存在的（今天的印度至少有 5% 的婚姻是基于爱情建立起来的[67]）。更重要的是，在这些文化中，尽管结婚之前的浪漫爱情遭到了怀疑，但是结婚之后的爱情却被认为是自然的，也是人们非常希望看到的，即使在包办婚姻盛行的国家中也是如此。

作为一个例子，我们来看一下29岁的桑迪娅和31岁的安科尔的结婚证词。桑迪娅和安科尔结成百年之好，完全是他们的家人“包办”的结果——双方父母看了报纸上刊登的征婚广告就决定了一切。他们两人在结婚之前只相处了短短几个小时，但是结婚仪式却整整持续了10天。那是一个传统的印度教仪式，双方父母邀请了数百名客人前来观礼庆祝。[68] 2014年，这对夫妇在接受一本流行杂志的专栏作家的访谈时，是这样叙述他们始于非个人化的结婚仪式的浪漫爱情故事的：

专栏作家：你们两人在结婚之前交谈了多长时间？

桑迪娅：只有几个小时吧。他喜欢我。他告诉他的父母他对我有兴趣，然后他的父母联系了我的父母……（后来）我们面对面坐了15分钟。这有点尴尬，你知道的，就是如此……

安科尔：因为我们全家人都在那里，所以你没有说很多话。

桑迪娅：他好像挺害羞的，而且应该我说得比较多，然后他就回家了。第二天，他的父母打电话说他想要和我结婚，我的父母就问我：“你觉得这样好吗？”我说：“好的！”然后我们就结婚了！现在，我每一天过得都像刚刚与他坠入爱河一样。

另一位女士也接受了包办婚姻，她在向《印度时报》（*Times of India*）的记者描述说，她是在与一个陌生人结婚一个月之后的某一天知道自己爱上了丈夫的：

在回家的路上，我的车子坏了，那已经是晚上10点钟了。我打电话给我的丈夫，告诉他有关情况。在他说话的时候，我可以感觉到他的声音中充满了担忧。15分钟后，他出现了，这令我又惊又喜。他非常担心我是否安全，他一走过来就拥抱了我。就在那一天，我爱上了我的丈夫。[69]

关于包办婚姻的大量学术研究都支持这个结论：促进一个人涌现爱意的一个关键因素是感受到自己的伴侣投入到了这段关系中来，或者说是他们彼此认同。[70] 在前面引述的这两个案例中，关键都在于它们以爱情和依恋感为核心，而不仅仅是欲望。当然，还有其他一些因素也有助于包办婚姻（以及非包办婚姻）中的夫妻双方爱意加深，包括个人优良品性的逐渐展露、善良和身体的亲密接触。但是前述认同感始终是关键所在。一位接受调查的受访者这样表示："爱情始于绝对的认同，而认同则始于突破心灵和头脑中的障碍。障碍消除后，快乐、满足和宁静的感觉就都会涌出来。"

多少包办婚姻中存在着爱情（相对于自由恋爱婚姻）？要想得到确切的数据，我们需要一个无法实施的实验。这个实验中要使人们进行随机配对，或者让他们找到自己的伴侣，或者接受由父母选择的配偶。但这显然是不可能实现的。但是，在非实验条件下通过调查问卷得到的结果仍然可以告诉我们相当多的信息。许多调查都表明，包办婚姻中夫妻双方的满意度通常并不低于基于爱情的婚姻，有时甚至还会更高。[71] 例如，有一项研究表明，在平均"婚龄"为10年的夫妻当中，从自我报告的结果来看，包办婚姻中的夫妻的感情，与西方式的基于爱情的婚姻在统计学上没有差异。[72] 在另外一项针对包办婚姻的小型研究中，多对来自不同社会背景的包办婚姻夫妻要对他们之间的"爱情"进行打分评级（从1分到10分，共10个等级）。结果显示，在刚结婚时，夫妻双方的平均得分为3.9分，而在20年后，平均得分提高为8.5分。[73] 由此可见，无论在何种形式的婚姻中，爱情始终是最关键的部分。在一项全球性的调查中，研究者对来自六大洲33个国家的9474名受访者进行了调查，他们的婚姻形式多种多样（既包括了包办婚姻，也包括了非包办婚姻），结果发现，受访者始终把"相互吸引／爱"列为婚姻关系中排在第一位或第二位的特质。[74]

在本章中，我们阐明了文化和生态环境是怎样塑造婚姻关系的。例如，在相对平等的哈扎人社会中，之所以实行一夫一妻制，部分原因是女性对男性的依赖程度较低。然而，在实行一夫多妻制的图尔卡纳人中，对牲畜的私人所有权造成经济不平等和社会地位差异，这反过来又赋予某些人在“婚姻市场”上的优势地位。而婚姻本身的作用主要体现在“生产”适应游牧型畜牧业需求的劳动者，一夫多妻制恰好适合这些特征。但我们也看到，即便是最强大的生态压力或文化因素也极少（或者说从来没有）能够完全压倒人类关系的核心特征——性伴侣之间结成一夫一妻式的配对，这是人类物种的一个基本特征，它是对自己的伴侣的依恋的一个特殊类型，遗传自我们的灵长类祖先。这种特殊的依恋感在采用各种婚配形式的文化中都存在，那就是人们所体验到的爱情。爱伴侣的动力是普遍性的。

COOPERATION
LOVE
GOOD
CULTURE
CONNECT
GENE
COMMON
COMMUNITY
HUMANITY
ORIGINS
SOCIAL
IDENTITY
NETWORK
CIVILIZATION
FRIENDSHIP
BLUEPRINT
UTOPIA
SOCIETY
EVOLUTIONARY
GROUP
INDIVIDUAL

第 6 章

配对结合的起源

在评估啮齿动物对交配的兴趣的标准实验室实验中，雄性大鼠会将“急切”地按下一个能够导致一只雌性大鼠从天花板上掉落的杠杆。大体上，这只雄性大鼠的“想法”是：哇，有一只雌性大鼠哎，太棒了！相比之下，雄性草原田鼠（另一种啮齿动物）则显得有点挑剔和多虑：那是一只雌性草原田鼠，但它究竟是“谁”呢？雄性草原田鼠似乎只能从某只特定的雌性草原田鼠那里获得正面的刺激，而不是所有的异性草原田鼠都会令它觉得兴奋。不但如此，在实验中，当雄性草原田鼠“被迫”与伴侣分离之后，它会显示出与“抑郁症”一致的激素反应和行为上的变化。即便为它提供其他雌性草原田鼠来作为“替代伴侣”，也不会缓解这些症状。只有当原有的伴侣重新出现时，雄性草原田鼠才会重新“振作”起来。在另一项实验中（悬尾实验），科学家们将草原田鼠的尾巴固定起来，然后将它们倒吊，再来观察它们的反应。如果一只草原田鼠与它的伴侣一起被倒吊，它会挣扎（当然，如果一只原本就是“单身”的草原田鼠被倒吊起来，它也会挣扎）。在伴侣被带走后，另一只草原田鼠看上去显得非常沮丧（我更想说它很“悲伤”），而且完全不再挣扎了。[1] 此外，“丧偶”的雌性草原田鼠很少会接受新的伴侣。[2]

“结成一夫一妻式的配对关系”与“社会一夫一妻制”这两个术语经常互换使用，但是它们其实并不是一回事。结成一夫一妻式的配对关系是一种内在的状态，反映的是依恋的视角和情感；社会一夫一妻制则是一种外在的实践或行为。[3] 在动物世界中，如果雄性动物和雌性动物想要的仅仅是交配，那么它们在交配受孕后就不会再继续待在一起。而那些结成一夫一妻式的配对关系的动物仍会继续腻在一起。事实上，即便在遵循“一夫多妻制”的物种当中，这种情况也存在，例如大猩猩中往往是一只雄性与几只雌性彼此相配。因而，关键不在排他性，而是依恋（感）。[4]

在任何一种动物中，而不仅仅是人类物种中，配对都是一种稳定的、相互依赖的，同时具有排他性的、能够持续相当长时间的性关系。配对伴随着行为、生理（有时还包括认知）以及（在人类当中）情感上的依恋。[5] 就形成配对关系而言，人类在动物王国中并不是唯一的，但即便是在灵长类动物中，这种做法也是不寻常的。说得更直白一些，结成一夫一妻的配对关系意味着一个人的伴侣身份不是无差异的。

为什么人类不仅有与自己的伴侣发生性关系的欲望（或者说，只希望与他们的伴侣一起完成繁殖后代的任务），而且还会去爱他们？要更详细地解释这个问题，我们需要追溯更久远的进化历史，而不能止步于讨论罗马皇帝是怎样为了维护社会秩序而制定了关于一夫一妻制婚姻的法律的。自然选择使我们拥有依恋和爱的能力，而且这种能力是建立在人类物种结成配对的能力的基础上的，并结合了我们有意识地进行思考和获得情感体验的能力。

探索动物和人类的“配对生物学”，将使我们对社会套件的理解更深一层。我们现在将超越对人类群体的社会文化描述（例如沉船幸存者群体、19 世纪和 20 世纪的公社以及其他小规模社会），转而更加深入地探讨进化是如何塑造社会行为的，以及遗传学和生理学是如何在这个领域中发挥作用的。

配对结合

持久的、情感性的性连接是区分人类物种的性行为与大多数其他动物的性行为的一个核心特征。[6]要理解人类的配对结合（结成一夫一妻的配对关系）的最终进化起源和目的，就必须讨论一下动物的繁殖策略。

例如，社会一夫一妻制在鸟类中极为常见，90% 以上的鸟类都是一夫一妻制的，而且这些鸟类一生基本上只与一个伴侣配对。但在哺乳动物中，一夫一妻的配对现象却极为罕见。在一项综合性的研究中，学者们将 2545 种哺乳动物分别归入三类繁殖 - 社会系统。第一类为独居动物，雌性动物独立觅食，并且只在交配时才与雄性动物来往。大约 68% 的哺乳动物物种中都可以观察到这种情况，其中包括猎豹和犰狳。第二类为群居动物，需要繁殖后代的雌性动物会与一只或多只雄性动物分享一片共同的觅食区域。大约 23% 的哺乳动物物种中可以观察到这种情况，包括鹿和栖息蝙蝠。第三类为“一夫一妻”动物，雄性动物和雌性动物居住在一个共同的“领地”内，并且长期共同生活。大约 9% 的哺乳动物物种中可以观察到这种情况，包括夜猴和小爪水獭。灵长类动物中只有 29% 是遵循“一夫一妻制”的。[7]

通过分析各个哺乳动物物种是什么时候，以及怎样在遥远的过去发生分叉并“分道扬镳”的，科学家们可以测定上面这些交配模式进化出来的时间，并确定社会一夫一妻制实践独立出现的频率有多高。事实上，生物学家一直在分析这种物种分叉，以便了解不同动物的解剖学或生理学特征的起源。同样的方法也可以用来研究交配行为。

所有哺乳动物的共同祖先似乎是一种生活在距今至少9000万年前的啮齿类动物。该物种雌性是单独生活的，而雄性占据的“领地”与若干个雌性的“领地”相重叠。[8] 这也是哺乳动物的每个不同分支起源时的模式。社会一夫一妻制和伙伴之间的配偶结合，都源于这种“独居”的生活方式。

生物学中有一个流派认为，不同物种中出现的社会一夫一妻制都是自然选择的后果。自然选择偏好父亲对后代加以照顾的行为（就人类这个物种而言，我们在第5章讨论过的“男性养家”就是如此）。配对结合的物种，如长臂猿、狼、田鼠、秃鹰和人类，双方除了待在一起之外，还有更多的事情可做，比如共同抚养后代。在一定意义上，从进化的角度来看，雄性（男性）参与抚养后代，而不是简单地让雌性产下更多的下一代，必定是更有效率的。而且由于雄性（男性）只愿意照看自己的后代生存，所以它（他）们需要确保女性伴侣只与自己交配。但是，当科学家们进一步将哪些物种是从哪些其他物种进化而来的这个问题考虑进去之后，他们就发现，与其说父亲照顾后代是社会一夫一妻制的原因，还不如说是社会一夫一妻制的结果。一般来说，在进化过程中，雄性动物是先与特定的雌性动物配对结合，然后才会开始帮助抚养后代的，[9] 所以父亲照顾后代可能不是伴侣之间的依恋关系的驱动因素，尽管这种观点看上去是合乎逻辑的。

那么，还有什么东西可以用来解释哺乳动物的配对结合呢？一个非常重要的线索是：一夫一妻制几乎总是出现在以前独居的物种（而不是过着群居生活的物种）的进化记录中。科学家认为这是因为某些哺乳动物物种的雌性要么需要逐渐扩大觅食范围，要么对进入领地内的其他雌性变得越来越不宽容（这可能是资源竞争加剧导致的一个结果）。无论发生了哪一种情况，雌性动物都会在地理上进一步分散开来。这样一来，雄性动物就更难实现一次找到或看牢两个以上的雌性动物了。然后，当雄性和雌性在结成了相对排他的配对关系之后，在双方的共同参与下，繁殖后代变得更有效率了，因而这些物种进化出了这种行为模式。如下事实为这个推论提供了进一步的支持：配对生活的动物的分布密度是相当低的，约为每平方千米 15 个动物个体；而独居物种的分布密度则整整高出了一个数量级，约为每平方千米 156 个个体。在低“人口”密度、资源竞争和雌性社会不容忍等条件下，保护雌性个体并最终发展出一种对雌性个体的特殊依恋，可能代表了雄性动物的最优繁殖策略。

事实证明，在进化历史上，一夫一妻制从独居的祖先物种中进化出来的情况发生了很多次。仅在哺乳动物中就至少进化出了 61 次。由于它确实有用，因此，动物进化树的许多不同分支都独立地“发现”了它。这是趋同进化（convergent evolution）的一个很好的例子。趋同进化是指遗传上截然不同的生物独立地进化出相似的性状，而且通常是在相隔很远的地方。虽然配对结合确实解决了许多其他物种所面对的交配挑战，但是就人类物种而言，导致配对结合出现的进化机制的细节仍然需要更进一步的研究。关键的一点是：动物（包括人类）如何与其他个体互动的社会惯例是编码在基因中的，并且是由自然选择塑造的。

除了人类之外，没有任何一种大型猿类动物遵循一夫一妻制（一些小型猿类是遵循一夫一妻制的，如长臂猿）。[10] 即便是在灵长类动物中，父亲在后代身上进行大量投资的现象也很少见，而这对人类来说是再正常不过的。所有非洲猿类都是群居动物，并且都遵循一夫多妻制。人属动物的共同祖先的生活方式很可能与非洲猿类相似。这也就是说，后来进化出人类物种的灵长类动物分支中，社会生活的根本性转变发生在这样一种灵长类动物祖先出现的那一刻：它们率先从独居生活转向不稳定的群居生活。最终，它们进入了稳定的、一夫多妻的群居生活。配对结合就是从这种“制度安排”中进化出来的。

群居生活使雄性和雌性动物很容易就可以相互接触，但是它也对繁殖后代提出了挑战，例如可能会出现严重的近亲繁殖。对于某个物种来说，要想既收获社会生活的好处，同时又避免近亲繁殖，一个途径是进化出基于性别的分散生活方式——其中一个性别（通常是雄性）的成员离开“祖先的家园”，而另一个性别的成员留下来群居（这正是灵长类动物中广泛存在的做法）。简而言之，一个性别离开而另一个性别留下，会形成相对稳定的由遗传上相关的个体组成的群体，例如由雌性动物以及它们的雌性后代组成的群体。这种模式也为亲缘选择奠定了基础。亲缘选择（kin selection）是一种进化策略。在这种策略中，个体会承担相当大的风险或做出相当大的牺牲，以帮助自己所属的群体中的其他成员，因为这些其他成员实际上是与它们有血缘关系的。互利的合作正是社会套件的一个组成部分，它会给群体生活带来显而易见的优势，这有助于解释灵长类物种中最初为什么会出现群体生活。

配对结合似乎是在群体生活方式确立了之后出现的。在一项研究中，学者们重建了 217 种灵长类物种的系统发生树，证实了这一点。这个重建的系统发生树表明，这种情况在灵长类动物的不同分支中发生了多次，而且发生的时间范围也很广，从距今 450 万年到距今 16 万年不等。但是，灵长类动物的配对结合可能具有与其他哺乳动物不同的起源，因为它并非源于以前的独居物种。[11]

在人类中，配对结合和一夫一妻制可能源于原始人类祖先的以一夫多妻制和群体生活为特征的社会安排。可以证明一夫多妻确实存在过的一个证据是人类的两性异形（sexual dimorphism）。平均而言，人类男性个体要比女性大得多，这与男性之间为女性而展开竞争的观点一致；而且体型更大的男性能够与更多的女性交配（或者女性因为自己的原因更喜欢体型更大的男性），因而将他们的基因遗传了下来。但是我们不能过于匆忙地得出结果，因为这个故事很复杂。在最近的进化历史中，人类也已经变得更加单形化了（即两性之间更加相似了）。这种变化表明，有利于一夫一妻制的进化压力的增加，是从几十万年前智人出现的时候开始的。

就人类而言，两性异形的一个显著特征是男女上身力量的差异。人们通常认为，上身力量强可以使男性在战斗中具有优势，从而有利于他获得更多的伴侣、生下更多后代，正如我们在大猩猩身上看到的那样。[12]但是，从总体上看，人类的两性异形呈减少趋势，例如犬齿的大小：男性的犬齿已经变得不像吸血鬼德拉库拉了。这就说明，随着时间的推移，体型大小和力量的适合度优势趋于减少。有些学者认为，（非常古老的）武器的发明削弱了大型犬齿的优势。这就是说，在选择武器的时候，男性用手中的石头代替了嘴巴里的牙齿。这种理论就是通常所称的武器替代假说。但是，从化石记录来看，男性犬齿开始减小的时间要先于工具出现的时间。[13]而且，即使在有武器可用的情况下，拥有更大的体型、牙齿更长更尖利的人，仍然会在战斗中占有优势（至少在火药发明之前都是这样。火药的发明真正从根本上使所有体型在战斗中都处于平等的地位）。[14]

这些观察结果表明，人类上身力量的两性异形得以持续的原因（尽管其他特征上的两性异形性已经大幅减少了，例如牙齿），可能不能完全通过男性之间的直接竞争来解释。那么，还有什么可以用来解释这种现象呢？人类学家科伦·阿皮塞拉认为，从进化的角度来看，上身力量的两性异形之所以能够维持，是基于女性自身的原因所致。如果女性更喜欢善于狩猎的男性，并且上身力量强有利于狩猎，那么女性的欲望和选择（而不是男性之间的直接竞争）就可能是导致这种两性异形持续存在的根源。换句话说，这种两性异形仍然可以提供一种进化优势，并且可以解释，为什么在大多数文化中，异性恋的女性会认为宽阔强健的男性肩膀有很大的吸引力。而且，阿皮塞拉发现，作为一种与哈扎男性狩猎－采集的能力相关的特征，强大的上身力量确实可以带来有益的繁殖后果。[15]简而言之，女性做出的选择、男性的身体特征、社会一夫一妻制和身体的两性异形性，所有这些可能都是连接在一起的。既然如此，且不论灵长类物种中率先出现的群体生活的原因，以及这种生活方式所能提供的优势，如果有证据表明人类祖先生活在一个混杂的，遵循一夫多妻制的合作型社会结构中，那么他们为什么又进化出一夫一妻式的配对结合呢？我们在前面讨论过，对哺乳动物的一夫一妻制的经典解释是，由于雌性动物是分散独居的，因此雄性动物不得不与雌性动物个体配对结合。但动物是在一起过着群居的生活，因此必定还存在其他的机制。[16]

两性之间的策略

到目前为止，我们所讨论的许多观点都只集中于男性（雄性）行为。这里所说的男性行为与男性（雄性）为自己所做的事情有关，例如，保卫并监视女性（雌性），以防止她们（它们）与其他男性（雄性）交配，或者防止她们（它们）以交配机会换取食物。男性行为也与男性（雄性）为伴侣所做的事情有关，例如保护照顾后代的女性（雌性）免受天敌伤害，或者为照顾后代的女性（雌性）提供食物。男性行为还包括为后代所做的事情，例如防止后代被杀死或饿死。[17]在我们的进化故事中，女性（雌性）并不是被动的。女性（雌性）往往会对自己的“保镖”进行选择，通常所说的女性（雌性）很“挑剔”正是此意。[18]而且，从总体上说，男性（雄性）和女性（雌性）对进化轨迹的影响应该是平等的。

群体中的等级结构（dominance hierarchies）似乎意味着一夫一妻制很难维持，因为群体中某些有特殊地位的男性（统治者）会剥夺其他男性与同一群体的女性交配的机会，从而推动趋向一夫多妻制方向的进化。然而，悖谬的是，根据进化生物学家谢尔盖·加夫里茨（Sergey Gavrilets）的观点，群体中的这种支配等级结构也有利于推动一夫一妻式的配对结合，因为它能够增加女性的选择权。[19]这个机制大体上是这样的，在等级制度下，男性“失败者”，即在等级结构中地位较低的男性在被排挤出竞争女性伴侣的行列之后，就不得不想出其他的策略。由于低等级男性的数量比高等级男性多得多（这是一个数学事实），自然选择可能会使这些男性在竞争中转而采取为女性提供资源的策略，而不会采取与其他男性争夺统治权的策略，因为这种策略更有效。当然，高等级男性仍然可能会与低等级男性进行搏斗，并且要求独占交配机会，从而使较低等级的男性对女性的投资归于无效。然而，正如我们在许多物种中观察到的

（例如，在大猩猩、象海豹和红鹿中），当强壮的雄性全神贯注于战斗时，身为旁观者的较弱的男性却可以利用这种机会与本来很难接近的雌性交配。事实上，动物学家对这种现象并不陌生，他们将它称为“鬼祟交配策略”[20]。

而这正是要害所在。如果女性更喜欢男性送礼物而不喜欢男性争强好胜，那么低等级男性就有可能在进化过程中最终战胜高等级男性。只要男性的成功是以非体力特征为基础的，女性的偏好就会影响男性对什么才是“最重要的东西”的认识。在这种情况下，男性提供食物与女性对男性的忠诚，就能够以自我强化的方式共同进化。加夫里茨的模型表明，（除了一小部分等级较高的男性之外），人属原始祖先中的雄性都是通过提供食物来保证自己的交配机会的，女性为了诱导男性为自己提供食物，也进化出了对配偶的忠诚。随着人类大脑容量的增大，以及妊娠期和哺乳期生活成本的提高，为女性提供食物成了一个很有吸引力的策略。如上所述，这种从比拼“肌肉”到“提供食物”的转变也符合人类男性和女性在体型和力量上两性异形性逐渐减小的转变。

而要注意的是，这种分析并不能给出女性会完全忠诚的预测。相反，它的预测是，女性与男性结成一夫一妻的配对的强度，将取决于良好的基因（由高等级的男性提供的）与更好地获得食物和照顾（主要由低等级的男性提供）之间的平衡。重要的是，一旦这个进化过程被启动了，它就会导致一种自我驯化（self-domestication），会有越来越多的女性与不那么争强好胜的男性繁殖后代（我们在本书第 1 章中已经讨论过这个问题了）。这种进化的结果是形成了这样一个过着群居生活的群体：大多数女性都会对自己的配偶忠诚，大多数男性都会为自己的配偶提供食物，它们结成了一夫一妻式的配对。[21] 就此，人类走上了依恋和爱的进化之路。

就像人类的解剖结构一样，人类的社会制度安排（比如一夫一妻制和群居生活）都要服从自然选择，而自然选择会影响我们的基因。在这个意义上讲，基因不仅会影响我们的身体，还会影响我们的社会。在人类物种中，向一夫一妻式的配对结合的转变，是一个突破性的生物适应，它是在我们这个物种中发生的一次跃迁。这种生物适应今天仍然伴随着我们，构成了婚姻制度的基石。而婚姻是所有人类文化重要的社会组织形式之一。

正如我们在前面的章节中多次看到的，人类物种还有一个区别于其他物种的关键特征，那就是交配行为的变异性。我们可以说，大猩猩的所有成员都采取的是一夫多妻（如果你观察到一只雄性大猩猩只有一只雌性大猩猩为伴，那是因为它们仍在组建它们的“大家庭”，而没有任何雌性大猩猩为伴的雄性大猩猩则是被更强壮的同性剥夺了交配机会）。但是在人类物种中显然不是这样。人类交配系统的诸多变异，至少有部分原因是生态环境限制的结果，但是同时也反映了如下事实：我们的社会行为模式更多的是“预连线的”，而不是“硬连线的”（hardwired），原因在于我们拥有高度复杂的大脑。这种能力——修改基本的人类蓝图，并以多种方式建立亲密关系的能力，无疑也反映了人类所拥有的特别发达的、进化导向的创造和维系文化的能力（对此，我们将在第 11 章中详细讨论）。婚姻制度的多样性也反映了人类的社会学习能力，它也是社会套件的一个关键组成部分。我们可以灵活地将文化叠加应用于爱自己的伴侣这个深刻的真理之上。

正如我们已经看到的，雄性和雌性哺乳动物通常是以不同的途径实现配对结合的。在这个方面，其中有一些事实看上去似乎了无新意，再多说读者也许会觉得有点厌烦。简单概括说来就是，就生理成本而言，雌性动物在生成卵子时的投入，要比雄性动物生成精子时的投入大得多。卵子的数量是有限的，而精子的数量则可以说是相对无限的。在繁殖过程中，对后代的投资差异还会进一步加剧，因为雌性动物在孕育和抚养后代每一个阶段中的投入都要多于雄性动物。雌性动物在怀孕或哺乳期间更容易被捕食者捕获，也更可能受困于食物短缺。此外，雌性动物一生的繁殖能力受限于它们分娩婴儿的数量。

在人类物种中，即便是在像哈扎人这样的“自然生育”群体中（他们没有采取任何节育措施），女性拥有的后代数量也是有限的。一般来说，一个女性最多只能生产十几个后代。[22] 相反，男性的后代数量却可以达到数百个，特别是有些帝国统治者。当然，还有一点也应该考虑到，大多数女性不出意外都能够拥有后代，而许多男性则被剥夺了繁殖后代的机会。

考虑到这些差异，雌性哺乳动物在选择自己的伴侣时通常要比雄性哺乳动物更加挑剔，它们一般更偏好具有良好基因或拥有更多资源的雄性。雄性哺乳动物也渴望获得良好的基因，但是它们有更多的精子可用，因此对伴侣的绝对生育力和养育后代的能力更感兴趣。

在某些动物物种中，雄性个体的地位差异非常大，因此雄性和雌性都可能更偏好一夫多妻制。这种偏好在进化过程中可能会启动一个自我强化的反馈循环：雄性的地位差异越来越大，雌性的地位偏好也越来越多样化，一夫多妻制的覆盖范围也越来越广。在这种情况下，面临着丧失生育机会的雄性运物，就有可能通过采取风险更高，甚至更加暴力的行动来确保自己获得一个伴侣，从而使它们对未来的贴现曲线更加陡峭（有时候，这种策略又被称为“疯狂混蛋策略”，它与前文中提到的“鬼祟交配策略”形成了鲜明的对比）。生态因素（就人类而言，还有文化因素）能够在一定程度上缩小不同男性之间的地位差异——这意味着位于等级结构顶部的男性与位于等级结构底部的男性之间的差别不会太大，从而可以在进化过程使雄性变得不那么暴力来重塑雄性行为。[23]

如果说这种解释听上去似乎有些令人困惑，那是因为不同动物可能会对进化挑战做出特异性反应。而关于人类，如果说只有一件事情是我们可以肯定的，那就是人类物种在行为方面具有特别大的变异性。无论是男性还是女性，都已经进化出了灵活的交配策略。这种策略一方面是以长期的配对结合以及支持这种配对结合的生物学和心理学工具为基础的，另一方面又是以短期的交配活动为基础的。人类进化出来的心理结构同时反映了这些相互竞争的“祖先策略”——基于人类物种在遥远的过去曾经面对的不同的生态压力和进化压力。[24]

基因的影响

在过去的50多年中，从事行为遗传学研究的科学家们已经积累了越来越多的证据，证明基因可以塑造人类行为。基因和遗传学的研究始于对基因型（基因及其变体）如何塑造表现型（生物体的生理外表和功能）的探究。但是到后来，科学家们最终将表现型定义为基因的任何表现形式，即超越了生物体的生理外表，将大脑的工作方式、人的个性和行为也囊括了进来。借助各种各样的技术，例如双胞胎研究和分析DNA中的微小变异，行为遗传学家已经在努力探索作为整体的基因组以及某些特定的基因，是否有助于解释复杂的表现型，如神经质的性格、决策过程的理性程度和是否能够友善待人。基因对人类行为的影响是如此广泛且有力，以至于在2000年，著名心理学家埃里克·特克海默（Eric Turkheimer）提出了这样一个行为遗传学“第一定律”：所有的人类行为特征都是可遗传的。[25]在一项非同凡响的研究中，学者们分析研究了来自2748种出版物的数据，涉及超过1400对双胞胎和17 804个人类特征。这项研究的结论是，确实可以说每个行为特征都有遗传上的决定因素。[26]粗略地说，这项研究的结论是，就决定人们会在何种程度上表现出从狂热地信奉宗教到风险规避等各种各样的特征而言，基因和环境同样重要。

然而，要找出哪些基因对于某个给定的复杂行为特征（或者说是任何一个表现型）非常重要仍然非常困难。这就好比你以前从未见过汽车，那么要了解一辆汽车怎么开动并不容易。你可能会发现，没有点火钥匙的汽车没法开动，同时那些有点火钥匙的汽车确实可以开动，但是这并不意味着点火钥匙可以决定汽车能否开动，也不意味着点火钥匙就是汽车能够开动的“原因”。汽车中有非常多的部件，它们必须协同工作才能使汽车开动。

也有一些表现型确实很简单。你可能还记得，在高中生物学课程中我们学到过这样的知识：血红蛋白基因的不同变体编码了不同种类的血红蛋白的形成，而某种变异会导致镰刀状细胞病变。这正是基因的“工作方式”的一个典型例子——单个基因编码单一表现型，在这个例子中，表现型就是血红蛋白是正常的还是镰刀状的。然而，绝大多数人类的表现型都要复杂得多。例如，一个人的身高就取决于几十个基因的协同作用。这就好比老虎机的情形。一台老虎机上有 100 个不断旋转的滚轮，所有这些滚轮都必须恰好排成一线，才会吐出以前累积的所有奖金，而其他组合方式则不能。这些滚轮的不同组合都会产生不同的结果，因此很难预测老虎机运转的结果。

同样的道理，基因的影响也难以辨别，因为基因可以通过很多种方式影响表现型，特别是行为表现型。更加复杂的是，就像许多基因可以影响单一表现型一样（这使该表现型被称为“多基因的”），单个基因也可以影响多个表现型。例如，影响肥胖的基因也可能影响胆固醇的处理能力，这种效应被称为“基因多效性”（pleiotropy）。

考虑到所有这些复杂性，我们讨论与基因相关的问题，很重要的一点是要理解科学家所用的话术。当科学家说影响某个特征的一个或多个基因，只是意味着这个基因型的变异对应于这个表现型的变异，并不一定意味着这个特定基因就是这个特定表现型的唯一决定因素。例如，名为“DRD4”的基因包含了形成（一种神经递质）多巴胺受体的指令。一些研究表明（尚有争议），拥有这个基因的不同突变的人（一个基因的各种变体互称为等位基因）可能更喜欢或更不喜欢追求新奇的经历、迁移到新的地方，或者患上注意力缺陷多动障碍。[27] 根据这个研究结果，我们可以说这个基因是这些行为产生的一个原因（虽然不是唯一的原因）。这种说法与声称有一个特定的注意力缺陷多动障碍基因有非常大的不同。这种变异有助于我们理解功能，例如多巴胺具有什么功能，但是不要忘记，所有人都有多巴胺系统。另一个理解基因如何发挥作用的方法是在不同物种之间进行比较，而不是在物种内部进行比较。当在某个物种中发现了一个编码某个性状的基因时，科学家最常用的方法是将其与另一个物种进行对比，如果前者既没有这个基因，也没有这个性状，那么就意味着遗传因素在解释我们感兴趣的这个性状时可以起到关键作用。

自然选择对我们理解所有人类事物都至关重要。对于行为特征，进化也是通过"适者生存"法则起作用的。每一代发生的偶然突变都意味着生物体的后代具有一些很小的遗传变化，它们可能会提升、也可能会降低个体生存下去并繁殖成功的可能性。此外，遗传变化也可以是中性的。这就是自然选择发挥作用的地方：生物体所处的环境天然有利于某些个体，不利于其他个体，而那些受到"青睐"的个体将拥有更多的后代。在这个意义上，环境就像一个动物育种专家。一个动物育种专家可以通过一代接一代地选择让"谁"有机会繁殖后代，来修改他想改变的某个特征。但是进化自身并没有确切的发展方向。进化没有总体目标，也没有终点。基因、个体和物种都无法"预测"哪些特征在未来会有用，也不知道哪些特征可以为后续的修饰奠定基础。基因只是生物系统存储和传递信息的一种方式。

要分辨出特定基因的影响也非常困难，因为基因都是概率性地发挥作用的。换句话说，遗传密码并不像简单的计算机程序。计算机程序在每台计算机上的运行都是完全相同的。基因型与表现型之间很少表现出一一对应的关系。我们只能说，某些基因产生某种特定行为的概率平均来说要比其他基因大。这就好比说，从平均上看，吸烟会大大增加一个人患肺癌的机会，但是并不能确定地说吸烟的人必定会患肺癌。

当然，特定的基因也不一定会永远处于同样的环境中。尽管遗传信息在人类个体的一生中基本上是不变的，但是人类所处的自然环境和社会文化环境的变化则很大。因此，具体情境不同，同样的基因可能会对不同个体产生不同的影响。回到我们前面给出的汽车类比，如果一辆汽车陷在泥潭中，那么转动点火钥匙并踩下油门踏板，也不一定可以开动一辆汽车。

基因在许多不同的层面上都可能受到它们所处环境的影响。细胞核中的生化环境可以影响基因如何翻译转录为蛋白质，细胞核外的细胞环境则可以影响这些蛋白质的转运方式或它们发挥功能的方式。身体内部的环境会影响与这些分子相互作用的物质的可得性。甚至身体外部的环境——无论是自然环境（如，雨水或阳光），还是社会环境（如，被朋友还是敌人围住），都可以改变基因表达或激活的方式。尽管一个基因可能在一个环境中导致某一种表现型，同时在另一种环境中导致另一种表现型，但是科学家们通常还是要先确定基因与表现型之间是否存在关联。如果有关联，就再继续探索这种关系是否以及如何取决于可测量的环境因素。[28]

现在，我们已经越来越清楚，基因和环境的相互作用不仅塑造了人类作为一个物种的进化，而且塑造了我们作为个人的生活。有许多人都问过这样一个问题，人类的命运是更多地由基因塑造的，还是由人类生活的世界决定的？这其中其实隐含了一个假设，即假设我们生活的世界是独立于基因的。但我们可以从很多方面证明这种假设是不成立的。首先，基因可以引导人们找到特定的环境。如果你因为遗传来的基因而很容易感到寒冷，你可能会选择生活在气候温暖的地方。其次，基因还可以引导人们创造和塑造环境。在你进入社交领域时，基因会帮助你决定是选择交很多个朋友还是交几个朋友就够了。正如我们在本书第 10 章将会看到的，个体的基因是其他人所处的环境的一个基本组成部分，这就意味着，一个人的基因可以影响其他人的结果。

忠诚的草原田鼠

我们对人类之外的其他动物在它们的进化历史上何种情况下会出现配对结合的研究表明，自然选择与人类的交配行为及群体生活有关。但是这还不够。同样重要的是，我们还要厘清这个事实的解剖学、生理学和遗传学基础。为了深入研究这个问题，神经科学家拉里·杨（Larry Young）等研究者转而“求助”看似不起眼的田鼠。草原田鼠是天生的一夫一妻制动物（或者说大部分草原田鼠都是)。但是，草原田鼠的“亲密表亲”草甸田鼠和山地田鼠却是会胡乱交配的动物。

现在我们知道，草原田鼠的大脑中有许多神经递质，包括催产素和后叶加压素等激素，都在调节它们的配对结合行为。[29] 遵循一夫一妻制的草原田鼠的前脑下面的加压素受体数量，比遵循一夫多妻制的草甸田鼠多得多。对遵循一夫一妻制的小鼠与它们实行一夫多妻制的表亲进行比较时，也可以发现两者的后叶加压素受体的数量有类似的区别。[30] 此外，即便是在相同的田鼠物种中，某些田鼠个体也因为拥有了更多的受体(或因为受体位于更好的位置)，而表现出更明显的配对结合行为。[31]

在哺乳动物中，催产素和后叶加压素具有相当多的功能。众所周知，催产素会在分娩时刺激子宫收缩，并且促使母亲在婴儿出生后立即分泌乳汁，同时还有助于调节母亲与后代之间进行情感互动的反馈环路。释放的催产素越多，母亲对后代和伴侣的感情就越深。催产素水平还会部分地受到其他个体行为的调节，这种调节甚至可能发生在不同物种之间，例如，当狗和它们的主人深情对视时，两者体内的催产素水平都会上升。[32] 后叶加压素则在若干“传统的”男性行为和功能中发挥着重要作用，包括勃起和射精，以及攻击他人、捍卫领地和用气味进行标记。[33] 催产素和后叶加压素在雌雄两种性别的个体中都存在并且都会发挥作用。

在田鼠形成一夫一妻式的配对结合时，与伴侣识别(例如气味识别)和奖赏(例如与性相关的奖赏)相关的神经通道是和催产素及后叶加压素通道同时激活的。这就在这两种刺激之间生成了关联，从而驱动了伴侣偏好的发展。这就是田鼠如何认出以及为什么能够认出它们的配偶的关键所在。非一夫一妻制物种动物的前脑中缺乏后叶加压素通路和受体，这意味着它们不会形成性奖赏与伴侣气味之间的选择性关联，所以这些动物无法形成一夫一妻式的配对结合。当然，我们还要记住，许多其他激素和神经递质(例如多巴胺和阿片类活性肽，它们与奖赏系统相关），以及其他的神经回路（例如与记忆相关的神经通路），也发挥着作用。事实上，一些针对人类大脑的研究表明，不同的“激素鸡尾酒”可能会在人类中催生不同的关系。[34]

有的人可能会认为，这种“激素生理学”是不可改变的。但是，在一个非同寻常的实验中，拉里·杨的研究小组证明，可以通过操纵单个基因的表达使胡乱交配的田鼠表现出一夫一妻的配对行为（这个基因是 Avpr1a，它是用来编码后叶加压素受体的）。[35] 这个基因是从遵循一夫一妻制的草原田鼠移植到胡乱交配的草甸田鼠身上的，目的是使草甸田鼠前脑中的后叶加压素受体的数量增多。研究人员对改变基因的雄性草甸田鼠进行了伴侣偏好测试（Partner Preference Test），以确定它是更偏好自己的伴侣，还是更偏好“刺激程度相当的新雌性”。具体方法是测量这只“转基因”田鼠与两只雌性田鼠待在一起的时间。结果表明，“转基因”田鼠更偏好与自己的伴侣待在一起，而控制组中胡乱交配的田鼠则不然。

这个方向上的大量研究表明，一个或若干个基因就可以控制一个物种的一夫一妻式的配对结合行为。在实验中令这些特定基因的表达方式发生变化，就可能会深刻地改变田鼠的社会行为。[36]

同时，我们也不应该忘记基因和基因组都不是孤立地起作用的。在这个实验中进行遗传修饰的效应，是与许多其他基因以及许多先前存在的神经回路、一系列生物和社会生态因素一起产生的。一个基因的变体对其他基因变体的作用产生的影响通常称为上位性（epistasis）。如果你通过遗传继承了头发很早就会变白的基因（就像我一样），同时也有早年脱发的基因（我没有），那么“少白头”就可能不会表达出来。在前面提到的田鼠的例子中，虽然后叶加压素受体基因的变化对于一夫一妻制效应至关重要，但是它并不是产生这种效应的唯一原因，或者说，只有它甚至不足以使这种结果发生。这就是说，Avpr1a 基因仅凭自身并不起作用，尽管它是关键的。如果认为有了 Avpr1a 基因就会有一夫一妻制，那就有点类似于认为转动点火钥匙就是推动汽车前进的全部因素。更确切的说法应该是，点火钥匙的转动，是与汽车的所有结构一起发挥作用，使汽车开动起来的。

一夫一妻制也与得到增强的父母照顾幼儿的行为有关，尤其是父亲的照顾。进化生物学家霍皮·霍克斯特拉（Hopi Hoekstra）在她的实验室中完成了一项开创性的研究，利用两个彼此之间有密切关系的小鼠物种探索了父母照顾幼儿行为的遗传基础及其与一夫一妻制的关系。这两种小鼠分别是白足鼠（Peromyscus maniculatus）和鹿鼠（Peromyscus polionotus），它们分别是胡乱交配的和一夫一妻的。通过对这两种小鼠进行杂交培育和基因测序，霍克斯特拉识别出了与父母照顾幼儿行为相关的 12 个基因组区段（当然，后叶加压素基因也同样重要），其中有些基因组区段是雄性小鼠特有的，有些基因组区段是雌性小鼠特有的，还有一些则是两性都有的。这些结果表明，雄性动物和雌性动物身上的“父母照顾幼儿基因”是独立地通过不同的遗传途径进化的，尽管雄性动物和雌性动物都会表现出类似的照顾幼儿的行为（例如偎依和筑巢）。简而言之，大量实验研究的结果表明，父母照顾幼儿的行为是有遗传基础的，但是雄性与雌性之间存在着差异；而且，基因和行为的“伴随变化”在遵循一夫一妻制的物种的父亲身上要比在胡乱交配的物种中更加常见。[37]

关于人类当中的配对结合和育儿行为的基因遗传学研究现在仍然处于起步阶段。人类的配对结合关系显然要比田鼠或老鼠复杂得多。在这里，我要强调一点：从对田鼠的研究中得到的结论，并不意味着在人类身上也适用——尽管它们应该是类似的。

尽管这些警告很重要，但是这个方向的研究依然很关键。现在，有不少研究者一直在寻找与人类的配对结合相关的基因，而且他们所用的衡量配对结合程度的量表也是以对灵长类动物的研究为基础构建的。例如，在一项共有 2186 个人参与的关于双胞胎及其配偶的研究中，研究者发现，人类的后叶加压素受体基因有一个特殊变异体（等位基因 334）对应于雄性田鼠中发现的变异体，与男性的配对结合行为的减少有关。[38] 在接受调查时，没有这种特殊变异体的男性对他们的配偶有更强烈的正面情绪，并且倾向于认定自己的婚姻没有问题。在没有携带这个等位基因拷贝的男性中，只有大约 15% 经历过婚姻危机，而携带两个拷贝的男性则有 34% 报告了婚姻危机。而携带这个基因变异体的男性的配偶所报告的婚姻质量也较低，好像一个人的基因会影响另一个人的思想和感受，这也是关于个体间基因效应的一个关键猜想，在下文中我们将进行更深入的探讨。

后叶加压素受体表达与人类的其他表现型之间也可能存在关联，例如，发生第一次性行为的年龄、自闭症，甚至是利他行为。[39] 这就进一步支持了如下观点，即配对结合的进化是与其他社会行为的进化连接在一起的——或同时发生，或相继发生。

配对结合的生理解释

正如我们在前面指出的，催产素与繁殖的“大脑部分”有关（例如与后代的情感连接），也与繁殖的“身体部分”有关。例如大鼠不能辨别自己的后代与其他老鼠的后代。它们其实不需要拥有这个能力，因为大鼠幼崽是不会移动的，“母亲”可以通过位置来识别幼崽。与大鼠不同，羔羊是下地后就立即能够到处跑动的，因此它们的“母亲”必须通过嗅觉来在一群羊中识别出自己的孩子。[40] 催产素与这种识别能力密切相关。如果给一只羊注射催产素，我们可以将诱导它与任何一只羔羊建立“母子”连接。

进化女神似乎还将催产素的这些神经功能用在了除照顾和识别后代之外的其他目的上。与母亲和婴儿之间的感情相关的这些机制，是所有哺乳动物物种共有的；而且很显然，它们在某些物种中（包括人类）完成了某些修饰，从而使女性（雌性动物）能够像对待婴儿一样关注自己的伴侣，并利用性关系的某些方面来建立或维持感情。一个证据是，一个女性在看着自己的宝宝与看着自己的伴侣时，大脑中激活的神经回路是相似的。[41]

女性分娩的时候会释放催产素以加速分娩，催产素能够增强子宫壁平滑肌的收缩。事实上，大自然最神奇的“诡计”之一是，婴儿出生后第一次吮吸乳房会刺激母体释放催产素，这可以帮助母亲快速娩出胎盘，并防止子宫血管被压住而出现大出血（大出血可能会杀死母体，从而大大降低婴儿的生存机会）。催产素还能缓解焦虑。值得注意的是，对人类乳房的刺激在面对面的性行为中更容易发生，因而也会导致催产素的释放。从进化的角度来看，这会激活女性的母亲与幼儿情感连接通道，这种可能性可以解释为什么人类的乳房与其他灵长类动物相比是如此巨大，以及为什么它们在非哺乳期仍然会很大，而这在哺乳动物中也是极不寻常的。

科学家们推测，阴茎对阴道的刺激也可能会激活类似的通道。反过来，这可能有助于解释进化生物学中的另一个谜团：为什么人类的阴茎与灵长类“表亲”相比要大得多（大猩猩的阴茎只有约 4 厘米长）。[42] 拉里·杨认为，人类阴茎可能已经变大到远远超过必要的程度了，因为它们现在几乎是在以一种模拟婴儿出生的方式在刺激阴道。人类的性交通常是面对面进行的（这在哺乳动物中是不同寻常的），因此女性可能会牢牢记住这些使她们大量释放催产素的经历，并将自己的性体验与一系列最初为了促进母子情感而进化出来的生理体验连接起来。[43] 当女性对某个男性铭刻在心时，这种催产素反射型反应就会发生，从而巩固他们之间的配对结合。

关于男性的配对结合的基因遗传学根源，相关的解释更像是一种推测。拉里·杨认为，男性对伴侣的感情和爱最初可能是为了保护领地而进化出来的神经通路的一种扩展适应。雄性动物经常需要识别、标记和保卫自己的领地，这种行为需要一系列的相关适应，包括记住领地的能力和感觉到与领地之间的连接的能力。根据拉里·杨的说法，在男性（雄性动物）的大脑中，女性（雌性动物）可能已成为领地概念的一种延伸。[44]需要澄清的是，拉里・杨并不是说（甚至完全没有暗示）这是人类的一个有意识的连接，也没有说女性是男性的一种财产，当然也不意味着这就是男性的爱和配对结合进化中唯一起作用的因素。然而，男性对女性的情感连接确实在一定程度上与男性的领地意识相关，这一点从人类身上存在的某些暴力行为可以看出：在小规模社会中，战争往往是为了争夺女性而暴发的；而在现代社会中，战时的宣传海报也充斥着保卫妇女的各种明喻或暗喻。这些都可以视为男性领地观念与性行为之间的关系的一种怪诞变异。

对人类行为的进化论解释很多时候难以落到实处，因而也很容易成为有些科学家所嘲讽的“原来如此”式的故事。现在，我们还不知道上述哪个理论（如果它们可以称为理论的话）可以对人类的配对结合给出最好的生理学解释。但有一点是很明确的：许多错综复杂的基因遗传上的、激素上的和解剖上的变化，都在人类进化的过程中汇集在一起，塑造了我们的思维和感觉方式，以及性和爱等方面的行为模式，并且为我们的文化和道德实践奠定了基础。

基因与伴侣选择

基因不仅在我们对伴侣产生一般意义上的依恋感时发挥着作用，而且在我们选择特定伴侣时也发挥着作用。不过，从自然选择的角度来看，我们对于这一点不应该觉得惊讶，因为伴侣的选择会影响生殖成功率和每一代传承给下一代的遗传物质的类型。基因在伴侣选择中起作用是一个已经得到科学证明的事实，它进一步证实了进化塑造了“社会套件”的这个关键组成部分的观点。

人类配偶在许多方面通常都彼此相似，包括吸引力、健康状况、宗教信仰、政治倾向，等等。这种相似性部分源于一种广泛观察到的倾向，即配偶中的一方经常会信奉另一方的宗教，或习惯另一方对食物的喜好。这种相似性大部分都可以归因于“同类婚”，或者说和“像自己的人”结婚的倾向。在生物学中，科学家称这种现象为“选型交配”（assortative mating），即“门当户对”的婚姻。选型交配既可以针对那些可以改变的特征（例如宗教信仰），也可以针对某些不可改变的特征（例如一个人的身高或种族）。[45]不过，令人困惑的是，人类有时在某些特征上也会表现出“受对立面吸引”的倾向。

一个世纪以前，进化生物学家和统计学家罗纳德·费舍尔（Ronald Fisher）和休厄尔·赖特（Sewall Wright）分别独立提出了如下观点：如果配偶表面上（即在表现型上）相似，那么它们在遗传上也会彼此相似。[46]由于大多数表现型都源于许多基因的协同作用，因此选型交配（或非选型交配）可能导致配偶之间的基因组在数千个位置上呈现遗传相关性。

进化可能已经在实际上塑造了人们偏爱与自己相似的人。有两个基本途径可以实现这一点。第一个基本途径是，根据良好基因假说，进化使动物“懂得”选择那些拥有能够提高自身适合度的基因（或等位基因）的伴侣。[47]这就是说，每一个人都在寻找具有“最优”基因的潜在伴侣。在遵循一夫一妻制且两性都会进行选择的物种中，那些具有“更好”的基因的等位基因变体的人会选择相互交配，从而使那些具有“更差”的等位基因的人只能与相同类型的人交配。[48]举例来说，肌肉力量大的人具有进化优势，因而会被优先选择为伴侣。这样一来，强壮的人会喜欢与另一个强壮的人交配，因为这样能够最大限度地提高后代的适合度。这样一来，体弱的人只能与其他体弱的人交配。强壮的人和体弱的人都更喜欢强壮的伴侣，但由于选择是相互的，因此会出现建立在肌肉力量基础上的选型交配。作为这种选型交配过程的结果，我们观察到了伴侣之间的基因相似性。

伴侣选择的第二个基本途径如遗传相似性理论所述。遗传相似性理论假定人们更喜欢遗传上相似的个体作为最佳配偶。[49]根据这个假设，一对配偶的任何给定基因上的相似性，可能会带来一个孤立的个体无法获得的优势。[50]这就好比与强壮的人交配不会带来任何好处，但是与一个具有相同肌肉力量的人一起繁殖后代可以使双方生活更有效率，获得适合度优势。如果你的某些基因决定了你会喜欢某些食物或在某些温度下感受到寒冷，那么你与一个有类似特征的人配对结合，你们就有可能会更有效率地面对许多挑战。你们两个人可以一起寻找喜欢的食物，还可以避免因争夺卧室空调遥控器而带来的烦恼。[51]

基因在伴侣选择中所起的作用，还可以通过另一个途径表现出来，这就是所谓的亲和基因假说，这将导致异征择偶的出现。个体可能会选择具有某些基因变体的人作为自己的配偶：当与这些基因的不同变体配对时，他们的适应能力会提高。这个理论与所谓的“杂合子优势”(heterozygote advantage) 概念相关。例如，高身材基因与矮身材基因的“杂合状态”可能是最优的。因为身材高大容易吸引捕食者的注意力，而身材矮小则不利于狩猎，因此由混合基因组合决定的中等身材是最优的。

毫无疑问，说伴侣选择完全或主要是由遗传或我们的进化历史所决定的，那当然是荒谬的。我们绝对不能低估一个人的有意识的欲望、兴趣，甚至偏见的重要性，这些欲望、兴趣和偏见都是通过文化和生活经验塑造的。但是，确实我们有一系列继承来的过程和机制，它们会影响这些选择。对于我们在上述描述的三个途径，科学家们在多种不同的物种（包括人类）中都找到了大量证据。在许多动物中，选型交配的事实已经得到了很好的描述，例如根据体型、“个性”等明显的特征进行的选型交配。[52] 此外，根据一些非表观性特征，如免疫力进行的非选型交配，也已经得到了很好的验证。[53]

接下来，我们来看一个可能导致人类在伴侣选择时进行非选型交配的案例。人类白细胞抗原（HLA）蛋白质只存在于免疫细胞的表面，在对抗感染时发挥着重要作用。此外，它们在气味辨别、亲属探测和妊娠期也发挥着一定作用。对于免疫系统来说，拥有多种这样的蛋白质可以对抗大量不同的病原体。因此，对于任何给定的人类白细胞抗原基因，杂合是最优的。这样一来，蛋白质的两种不同变体就由基因的两个拷贝加以编码。

如果是近亲交配，那么后代的各种人类白细胞抗原基因的两个拷贝就有很大的可能是相同的，或者说是纯合的，而这是次优的。对个人来说，与非亲属一起繁殖后代是有利的——那样的话，后代更有可能携带所有人类白细胞抗原基因的不同变体。而且，人类确实可能拥有以某种方式选择具有不同人类白细胞抗原基因的伴侣的能力。[54]

那么问题来了，如果没有一个关于某个人的人类白细胞抗原基因的明显指标，又怎么进行伴侣选择呢？其中一种方法是通过气味来辨别。许多动物都会利用嗅觉信号来选择具有不同人类白细胞抗原基因的伴侣。在非人类动物中，这种基因被称为 MHC 基因。有证据表明，人类也拥有这种能力。1995 年，这个结论首次通过实验得到了验证。[55] 研究者要求 49 名女性通过闻气味来对男性的体味进行打分（在不知道气味来源的情况下，闻 44 个男性连续两晚穿着睡觉的 T 恤衫的气味）。结果表明，平均而言，女性认为具有不同人类白细胞抗原基因的男性的气味更令她们感到愉快。具有不同人类白细胞抗原基因的男性的 T 恤的气味，也更有可能令她们想起最近的伴侣的气味。[56] 后来的一些研究也得到了类似的结果。当然我在这里还要强调一下，根据人类白细胞抗原基因导致的气味来选择的方法，在实际的伴侣选择中起到的作用是非常小的。无论如何，这些结果都表明，生物因素在伴侣选择中发挥了重要作用。[57]

由于这样的过程是在“幕后”进行的，我们可能会想到不同夫妻的人类白细胞抗原基因型应该会有所不同。[58] 但是，由于各种方法论上的原因，这一点很难确定。例如人们倾向于选择具有相似种族背景的人作自己的伴侣，因此他们也就倾向于只具有基于这种“共同遗产”的相似的人类白细胞抗原基因变体。为了控制这种可能性，我们需要关注同种族配对结合的夫妻，看他们在除背景相似性之外，是否还存在其他相似性或非相似性。在一项针对一个哈特教派信徒（Hutterite）社群的研究中，研究者们发现了可以证明五个人类白细胞抗原基因存在非选型交配的证据。但是另一项关于一个与世隔绝的亚马孙群体的研究却发现，夫妻的人类白细胞抗原基因相似程度与随机交配的两个人的相似程度没有什么差异。[59]

对伴侣的特定体味的偏好，也可能不仅仅与人类白细胞抗原基因变体相关。这就是说，气味还可以传达基于别的原因的关于伴侣健康状况和适合性的信息。气味偏好的另一个通道可能是“铭记效应”（imprinting），即人们会更喜欢自己在幼年时从父母那里经常闻到的气味，特别是来自异性父母的气味。[60] 这可能给出了一种机制；通过这种机制，进化塑造了繁殖，支持了对相似的伴侣的选择，而不仅仅是对相异的伴侣的选择。由于基因对人类的态度（如攻击性和风险规避）和行为（如酗酒、利他主义和“旅行癖”）都会产生影响，并且具有相似价值观的夫妻往往生活更快乐，因此或许可以认为那些具有基因相似性的配偶有可能在繁殖上取得更大的成功。[61] 如果人们可以通过嗅觉或其他线索以某种方式识别出其他人的基因型，那么这就可能是一种机制——通过这种机制，选型配对性在人类物种中保留了下来。众所周知，女性经常将气味视为男性的一个非常重要的身体特征，有时甚至认为它比外表还要重要。[62]

政治学家罗斯·麦克德莫特（Rose McDermott）、达斯廷·廷利（Dustin Tingley）和彼得·哈特米（Peter Hatemi）证明，基于政治意识形态的“选型交配”至少有一部分是可以通过嗅觉线索来进行的。他们发现，在一定程度上（虽然很小但是仍然清晰可辨），人们更喜欢具有相似政治倾向的配偶的气味！在他们进行的一个实验中，125 位女性要在不知道气味来源的情况下对 21 个人的气味进行打分。这 21 个人都有着不同政治倾向，他们提供的身体气味样本是一块在腋窝中压了 24 小时的纱布。被试要根据气味对她们的吸引力进行打分评价。实验结果表明，被试拥有对异性气味的显著偏好，更令人惊讶的是，她们也更喜欢与自己有类似的政治意识形态的人的气味。

这个实验的一些定性描述是这样的：

（一个）被试问研究人员是否可以将装气味样本的小瓶子带回家，因为她认为那是她“闻到过的最好的香水”。这个小瓶对应的气味来自一个男性，他的意识形态立场与这个被试者相似。在此之前，另一位被试的意识形态与提供这个样本的人完全相反。而（前一个）被试报告说，这个小瓶里的东西“已经腐臭”了，建议实验者换掉它。[63]

这里需要明确的是，任何一个政党都不可能拥有任何基因或气味。而科学家认为一些可能影响生存的更基本的、在生物学上相关的特征，是有其“基因偏好”的。例如一个人倾向于服从父母或尊重权威的“保守”立场。在现代世界中，这些基因可能通过影响某人对新奇事物、传统和隐私的兴趣和立场，而对其党派归属和政治信仰产生作用。被具有相似政治信仰的人的气味优先吸引，这种现象可以视为旨在最大化繁殖成功率的某个古老过程的“残迹”。

我自己也在这个领域进行过研究。在一项由我的实验室完成的实验中，我们收集了来自两个种群的1683对互不相关的异性配偶的数据，并检验了超过100万个遗传基因座，试图找到下面这个问题的答案：基因型的选型交配或非选型交配是在整个基因组中发生的，还是仅仅与人类白细胞抗原基因相关。[64]我们还用数据构造了一个标准比对集，它由人工配对的个体组成（即由一对对异性陌生人组成）。有了它，我们就能够衡量同一个种群内的选型交配与随机交配的差异性。我们在整个基因组中发现了数百个遗传基因座，它们都具有比预期更强的选型交配性或非选型交配性。[65]

然后，我们在此基础上进行了进一步的分析，以探析选型交配性在人类进化中的可能作用。我们想要知道人类基因组中显示出配偶间有趋于相似的趋势的那些区段在过去的三万年间是否进化得更快了，如果选型交配能够带来适合度优势的话，结果理当如此。结果表明，那些配偶对之间只表现出了中等选型交配性的基因座的进化速度比没有表现出选型交配性的基因座以及表现出了非选型交配性的基因座快得多。换句话说，选型交配中确实存在某种可以提升适合度的东西，从而提高了相关的基因变异体的流行程度。

我们的分析表明，总体而言，样本中的人在大型种群中选择的伴侣，从基因上等价于他们的第四代堂兄弟姐妹（尽管伴侣实际上与他们没有任何亲缘关系）。另一项针对一个大型的冰岛种群进行的研究也发现，后代中结成夫妻最多的是第三代或第四代堂兄弟姐妹。亲缘关系更近的夫妻（例如第一代堂兄弟姐妹）的后代很少能够存活下来，这与相似性太低的夫妻的后代也很少类似。[66]

这些研究结果都支持基因会影响个体对特定伴侣的吸引力和特定伴侣的选择的观点。当然，这种观点并不意味着每个人都必定会这样做。许多基因可能在合谋要将适当的人聚集到一起来，因为你所选择的伴侣会影响你自己的生存机会、你的后代的生存机会，以及你的基因代代相传的可能性。

为更复杂的社会铺平道路

一夫一妻制可以被视为一种基本的平等主义：每个人都拥有相同数量的伴侣。重要的是，一旦人类进化出了一夫一妻式的配对以及我们上面描述过的相关过程，也就为我们这个物种的社会生活随后的许多发展创造了便利条件。

一夫一妻式的配对结合很可能是一种基于共同努力来养育后代的育儿方式的预适应，也可能是男女配偶之间进行劳动分工的预适应。这里所说的“预适应”（preadaptation），是指某一性状最终促成了与它本身之所以进化出来的目的不同的其他目的。例如某些鱼类的四肢状鱼鳍就是其成为陆生动物的一个预适应。共同抚养儿女在人类中是非常重要、非常有效的，因为抚养孩子的成本相对较高（与其他灵长类动物相比，人类婴儿出生时大脑较大且成熟期大为延后，需要较长时间生长成熟）。父母之间的配对结合也使后代能够可靠地识别出他们的父亲。同样，这也使父亲能够可靠地识别出他们的后代。这是一个相当激进的进化步骤，在其他动物中极不常见。

相互识别和持续的依恋，为包括了男女两性和多代人的新型家庭结构的出现铺平了道路。在较大的群体中识别出亲人的能力，又便利了群体内部合作的进一步发展，包括异亲抚育幼儿的行为（成人合力照顾并为非亲生孩子投资）。所有这些，都为群体内部更加平等的关系和更广泛的合作创造了有利条件，因为原始人类群体的许多成员都可能是在基因或繁殖中相互关联的，而且也是生活在同一地方的。

不过，到了最后，如果合作已经成为人类常规行为的一部分，那么一个群体中成员在遗传上相关的必要性就可能会下降。狩猎－采集者群体中呈现出来的绝大多数社会关系根本不是亲属性的。而且，遗传学研究表明，人类群体中的这类制度安排已经存在了至少 3 万年。[67]

与其他灵长类动物相比，人类物种的社会组织的一个显著特征就是，人类是与许多没有亲缘关系的个体共同生活在一起的。从技术上讲，人类生活在多男性、多女性的群体中。由于人类与自己的伴侣配对结合，因此严格来说，人类群体都是多家庭群体。与其他灵长类动物不同，家庭也不意味着要一直与母方或父方的亲属待在一起，而是可以从一个群体迁移到另一个群体，这就是所谓的多地居住模式。人类生活模式的这些特征的起源非常复杂，但有一个途径是确定无疑的：夫妻的配对结合，再加上父母双方共同抚养孩子（对孩子共同进行投资），促使两性之间变得更加平等了，特别是在家庭居住决策方面。母亲和父亲都可以选择——也许是在不同的时间点上，与自己的亲人住在一起。随着时间的推移，当每个群体都有许多成员做出这样的选择时，结果就会出现一系列完全混合的群体，每个群体的大部分成员都没有亲缘关系。简而言之，我们在狩猎－采集者群体中观察到的极低的内部亲缘性，恰恰源于男性和女性与他们自己的亲人共度更多时间的努力。这是一个自然涌现的结果。[68] 因此，配对结合和合作育儿为没有亲缘关系的个人之间的合作与友谊奠定了基础。

在绝大多数成员之间都没有亲缘关系的群体中，人们结交到许多没有亲缘关系的朋友，对此，我们将在本书第 8 章和第 9 章详细讨论。情感和依恋的圈子是可以渐次扩展的。例如，食物分享是人类群体中的一种非常重要的合作方式。为了与他人共享食物（而不仅仅是在获得食物的地方与他人一起分享），人们就必须有能力将食物从一个地方运到另一个地方，因此，为了分享而收集食物的行为，可能是与双脚直立行走共同进化的，而双脚直立行走又解放了双手，使我们能够将食物带回来，给自己的伴侣和后代食用。[69]当这种行为出现在结成一夫一妻式配对关系的灵长类动物中时，更广泛地与其他成员分享食物的情况就会随之而来。吃不完的食物会分享给附近的其他人（或被他们取走），而那些人通常是没有亲缘关系的。此外，灵长类动物中原先就存在共同喂养实践则构成了另一种预适应——居住在附近的个体很乐意相互“就食”。[70]

从根本上说，配对结合和原始家庭的出现构成了一个核心，使与群体生活相关的更广泛的特征和社会套件的其他组成部分得以发展起来。接下来，我们将从对伴侣、后代和亲属的依恋和感情的“圈层”向外扩展，继续讨论人类对朋友和群体的依恋和感情。

COOPERATION
LOVE
GOOD
CULTURE
CONNECT
GENE
COMMON
COMMUNITY
HUMANITY
ORIGINS
SOCIAL
IDENTITY
NETWORK
CIVILIZATION
FRIENDSHIP
BLUEPRINT
UTOPIA
SOCIETY
EVOLUTIONARY
GROUP
INDIVIDUAL

第7章

动物朋友

人类所拥有的爱他人的能力，在其他物种中也有先例和相似之处，我们原始的、不可动摇的交友能力也是如此。灵长类动物学家珍妮·古道尔为我们提供了一个最不寻常的故事。古道尔与许多动物结下了友情。一只名为“灰胡子大卫”（David Greybeard）的黑猩猩是她交下的第一个黑猩猩朋友。古道尔是这样描述她和大卫之间难以忘怀的相遇的：

> 有时候，我就是相信，他在等着我……因为当我喘着粗气，撕开多刺的灌木丛，艰难地站起身来时，经常发现他就坐在那里，朝着我来的方向回望。当我走过去的时候，他会站起身，慢吞吞地往前走。
>
> 有一天，我和他离得相当近，都坐在一条水晶般清澈的小河岸边。我看到地上有一个成熟的红色棕榈坚果。我捡起了坚果，摊开手掌递给了他。他转过头去。当我的手进一步靠近他时，他

看了看那个坚果，又看了看我，然后拿起了坚果，同时紧紧地握住了我的手。我一动不动地坐着。他松开了手，低头看了看坚果，把它扔到了地上。

在那一刻，不需要任何科学知识就可以理解他要表达的是要我安心的意思。他的手指上传过来的轻柔压力在向我说话，不过不是通过我的智力理解，而是通过一个更原始的情感通道。在那几秒钟内，人类与黑猩猩在漫长的单独进化过程中形成的屏障被打破了。这是一个莫大的奖励，远远超出我的希望。[1]

对建立社会连接的渴望是如此强烈，以至于结交朋友的倾向甚至可以超越物种之间的界限。[2]

再来看看科学家尼古拉·特斯拉（Nikola Tesla）与鸽子之间的“友情”吧。为了吸引鸽子，特斯拉对他住的地方进行了精心设计。他的桌子上散落地放着一张张小小的“鸟床”，窗台上放着鸟食，同时窗户总是半开着。特斯拉吸引了非常多的鸽子。当时他住在纽约市的瑞吉酒店（Hotel St. Regis），进出他公寓的鸽子简直“遮天蔽日”，令其他住客不胜其烦，酒店经理警告他，马上停止喂鸽子，不然就走人。特斯拉选择了后者。[3]

虽然特斯拉一直过着独身和近乎隐士的生活，但是他与鸽子之间的互动却填补了这个情感上的空白，也满足了他对建立连接的渴望，正如他在 1929 年接受采访时所解释的那样：

有的时候，我也会觉得自己为了工作而选择了独身，这种牺牲会不会太大了。因此我决定，将我身为一个不再年轻的男性的所有感情都倾注到这些有羽毛的生灵身上。如果我所做的工作，能够给后人留下一点什么，我当然会觉得很满意。但是此刻，照顾那些无家可归的、饥肠辘辘的或奄奄一息的鸟儿，就是我生命的乐趣所在。这也是我唯一做得好的事情。[4]

当他最喜欢的鸟儿不幸“离世”时，特斯拉非常悲伤。他对痛苦的描述读起来令人心酸不已：“我的生命被抽空了。我知道，我一生努力的终点就要到了。”[5] 仅仅几个月之后，特斯拉与世长辞了，时年 86 岁。特斯拉的深切悲痛，以及他宠爱的鸟儿“离世”后他自己离世风险剧增的事实，都与人类（以及某些动物物种）社会中经常发生的夫妇一方去世后，另一方“心碎而死”的现象一致。[6] 人类的依恋之情，哪怕是对宠物的依恋之情是一种非常根本的有益情感，可以改善人们的健康；如果失去了这种依恋，有时甚至会带来死亡。

人类与动物的情感连接

大约 2/3 的美国家庭都养了宠物。美国人每年花在宠物身上的钱超过了 600 亿美元。[7] 当然，这种付出是有回报的。事实上，宠物对自己主人的影响，在许多方面与他们的人类朋友相似。在一项研究人类应激反应的实验中，研究者测量了被试的耐受时间：将一只手浸没在冰水中，直到忍不住疼痛而将手抽出，测试可以坚持多长时间。在实验过程中，如果让宠物来陪伴，能够显著地减少被试的生理压力，效果与让被试的配偶或密友来陪伴相比毫不逊色。[8] 一般来说，一个人所拥有的社交连接越多，对痛苦的容忍程度就越高，哪怕这种连接是与动物之间的连接。[9]

宠物也可以加强共享宠物的人类之间的连接。家里养了狗的人都知道，狗狗往往是家人的共同兴趣所在，也是许多趣事和感人故事的来源，而且，与狗狗有关的话题，不会给他们强加许多其他话题不可避免的压力或期望。宠物的存在，能够鼓励人类之间的互动，甚至会增进他们的同理心。自闭症儿童受益于豚鼠游戏疗法，受伤的退伍军人也认为马术疗法减轻了他们的心理症状。[10] 在洛杉矶的鸟类保护区塞雷妮蒂公园（Serenity Park），许多饱受药物成瘾、精神疾患和创伤后遗症之苦的美国退伍军人，在照顾被遗弃的鹦鹉、金刚鹦鹉和凤头鹦鹉的过程中，也完成了自我治疗。[11]

对人类与宠物之间关系的描述有着悠久的历史传统。从奥德赛（Odysseus）和他的狗阿尔戈斯（Argos），到《夏洛的网》（*Charlotte's web*）中朱克曼和她著名的小猪威尔伯，几千年来，这样的故事广泛流传。年轻的亚历山大大帝在他的成长过程中所经历的一个关键事件中，违背了他的父王的指示，试图去驯化桀骜不驯的烈火良驹比塞弗勒斯（Bucephalus）。亚历山大注意到，这匹骏马害怕它自己的影子，于是将它带离阳光并安慰它。正是通过这样的安慰和支持，而不是通过暴力或其他支配性的驯化行为，亚历山大与他的战马之间"至死不渝"的亲密关系开始了。[12] 在美国，许多总统所养的"第一宠物"都成了家喻户晓的角色。例如，美国前总统罗斯福的苏格兰小猎犬法拉经常与总统一起出席国际会议。在后来被历史学家和政治评论家称为"法拉演讲"的一次讲话中，罗斯福还直言不讳地谴责共和党人制造了"关于我的狗的流言蜚语"[13]。法拉去世后，被安葬在罗斯福的旁边，人们还特地为它在华盛顿特区的罗斯福纪念馆塑了一尊雕像。

我们对动物的情感以及善意，恰恰说明了人类所拥有的收获爱情、发展友谊和以利他主义精神待人的能力。我认为，这种与其他生物建立感情连接的能力，正是人性的一个标志。在下文中，我还会回过头来讨论人与动物之间的感情连接；但是在这里，我先把焦点放在动物一方。我们的宠物，无论是鸟儿、狗、猫，还是马，都是社会化程度很高的动物，它们似乎都能够对人类旨在与它们建立连接的努力做出回应。但是，在这些与人类生活在一起的宠物之外，野生动物（例如，黑猩猩、大象，甚至鲸）的社会生活也能为我们理解社会自我提供许多重要的线索。众所周知，人类能够结交朋友，形成比家族更大的社会网络，但是这种行为在其他动物物种中都是有先例的，而且也都是自然选择形塑而成的。

事实上，大象和鲸都在独立的趋同进化过程中，获得了与人类相似的结交朋友的勇气。正如我们在前面已经指出过的，趋同进化这个术语指的是，完全没有亲缘关系的物种通过完全独立的进化路径分别得到了相同的特征。例如，鸟类和蝙蝠，都进化出飞行的能力；或者，章鱼和人类都进化出类似的眼睛结构。这种相似性表明，这些特征（飞行、视觉，以及交友能力等）都是非常有用的。它们是如此适合环境，因此它们的出现似乎是不可避免的。此外，动物社会的存在也支持人类社会中某些方面的中心地位。通过观察人类与动物的共同点，我们可以更好地认识人类不同成员之间的共同点。

人类与动物之间的情感连接，可以帮助科学家更好地理解人类社会的各种基本构件。一般来说，要想观察生活在自然栖息地中的动物行为，需要进入动物群体内部“体验”它们的生活方式，研究者不仅需要非常有创造性，而且要承担昂贵的研究费用。事实上，对于动物爱好者们早就了解的一些动物习性，科学家之所以需要花这么长的时间来验证，其中一个原因就是，人类在野外环境中与动物自然地“进行交往”是非常困难的，他们需要既能保证自身安全，又不会对动物的正常生活造成干扰。

如果动物是会飞的或者会游泳的，那么科学家面临的挑战就更加大了。一些科学家潜入深海，探索了水生哺乳动物之间的社会交往。其他一些科学家则试图与鸟类一起飞行。例如，动物保护活动家和气象学家克里斯蒂安·穆莱克（Christian Moullec），在一架速度很慢的开放式小型飞机中，陪伴着一群野鹅从瑞典飞到了德国。他飞了将近 2000 千米，只为了更好地了解野鹅的行为。[14]

不过，在理解动物社会生活方面，最早的进展还是在地面上取得的，尤其是从黑猩猩那里。珍妮·古道尔于1960年7月与她的母亲来到坦噶尼喀湖东岸，当时她只有 26 岁。古道尔的宿营地坐落在坦桑尼亚贡贝河（Gombe Stream）国家公园的茂密森林中，只能乘船抵达。虽然她后来成了全世界最受尊敬的灵长类动物学家之一，但古道尔当时还没有获得学位，随身携带的物资也非常少，并且完全没有在偏远森林中生活的经验。但是，古道尔内心有非常强大的动力，而且也极有耐心。直到 1986 年，古道尔一直生活在黑猩猩群体中。在这 26 年间，她与大约 50 只黑猩猩建立了密切的关系；她甚至将她出版的第一本著作命名为《我的朋友野生黑猩猩》(*My Friends the Wild Chimpanzees*)。

在她刚到贡贝河的几个星期里，古道尔只是瞥见过黑猩猩几眼，它们在她有机会细细观察之前，就消失在密密的丛林中。正如她回忆的那样："我已经来了好几个星期了，黑猩猩们总是远远地就逃走了。我常常陷入绝望。"[15]不过，自从她偶然遇到了"灰胡子大卫"之后，所有这一切就都改变了。就像她自己所说的那样，"灰胡子大卫"是她结识的第一只大型雄性黑猩猩，更重要的是，"灰胡子大卫"把她当朋友。古道尔在她的营地附近，花了差不多一个小时，观察到"灰胡子大卫"以草叶为工具，从蚁穴中"钓"白蚁吃。正如她观察到的，灵长类动物这种使用工具的能力本身也是非常了不起的。[16]"灰胡子大卫"开始几乎每天都会到古道尔的营地周边转悠。

几年之后，古道尔描述了"灰胡子大卫"一些与众不同的地方：

> 首先，他是第一只让我接近的黑猩猩。他不害怕我，他帮我了解了森林这个神奇世界。而且，当其他的黑猩猩看到大卫坐在我身边（而不是逃走）时，渐渐地就会想："好吧，她应该也不是那么可怕吧。"大卫的性格非常温柔。而且他真的很受其他黑猩猩的欢迎，等级较低的黑猩猩会去请求他保护自己。虽然大卫自己的等级不算特别高，但是他有一个等级非常高的朋友"歌利亚"(Goliath)。而且，大卫身上有许多东西是他独有的。他有一张非常英俊的脸，双眼分得很开。当然，他还有一把漂亮的灰胡子。[17]

自那之后，"灰胡子大卫"仍然经常来"看望"古道尔。虽然"灰胡子大卫"似乎很喜欢在她的营地附近逗留，但是"灰胡子大卫"从未试图直接接触她。直到有一天，这一切终于变得不同了。那一天，古道尔走到"灰胡子大卫"身边，为它至少梳理了1分钟毛发。[18]随后，古道尔和大卫之间的关系不断加深。古道尔和"灰胡子大卫"不仅有了互动，而且能够通过行为相互交流。

然而，“灰胡子大卫”不可避免地走到了生命的尽头。古道尔在哀悼它时这样写道：“我的第一个黑猩猩朋友‘灰胡子大卫’去世的那一天，是一个悲伤的日子。对我来说，他不仅仅是一只黑猩猩，他真的是我的好朋友。我与他的密切交往促成了人与猿之间连接的建立，这是一种基于相互信任和尊重的连接，在某种意义上说，这就是一种友谊。”[19]“灰胡子大卫”在 1968 年死于肺炎，后来古道尔回忆道：“我哀悼他。我对他的怀念之情是没有任何其他黑猩猩比得上的。”[20]

古道尔对动物行为学领域的最大贡献之一是，她首创了非常前卫的观察动物、与动物互动的方法。早期的其他灵长类动物学家都用枯燥的数字来给他们的研究对象编号，而古道尔则给它们取了非常有人情味的名字。其他灵长类动物学家用简单的行为主义定律解释动物的行为，而古道尔则为动物的复杂性和个性化提供了足够的空间。总而言之，其他灵长类动物学家在观察他们的研究对象时，往往刻意避免与之互动，而古道尔则欢迎，甚至寻求这种互动，她将自己嵌入了黑猩猩的行列当中。

在贡贝河的第一年，古道尔心里充满了失败感和受挫感。但是到了后来，她就已经能够安全、自在地与黑猩猩一起在丛林中四处游荡了。她还会模仿它们的声音和行为。[21] 当然，古道尔对可能触发黑猩猩攻击性行为的潜在因素有清晰的意识，这使她能够确保自身安全并维持更友好的物种间关系。除了加深对各个黑猩猩个体的行为及“个性”的了解之外，古道尔还着手全面解读黑猩猩社群的社会动态关系与演变。任何人，只要看到古道尔为黑猩猩梳理毛发的著名照片（图 7-1），就可以领会她在与黑猩猩的交往中取得了多大的成功，进而理解黑猩猩社会互动的核心特征。[22]

动物行为学家在评估动物与友谊相关的行为时，面临的一个关键挑战是确定什么样的行为才能算作友情。[23] 一个简单的方法是计算两只动物之间的关联指数（association index），这个指数是根据它们在一起度过的时间计算出来的。

举例来说，如果，在经过一个星期的不完全观察之后，我注意到你和你的配偶在一起的时间是 4 个小时，你独自一个人度过的时间是 6 个小时，而你的配偶独自一个人度过的时间是 10 个小时，那么你们两人之间的关联指数就等于 4/（4 + 6 +10）= 0.20。换句话说，你们俩在一起度过了 20% 的时间。我们还可以对不同动物的关联指数进行比较。这个策略与我们确定人类社会友情最常用的一个方法类似。这个方法要确定人们与谁一起度过空闲时间，就像我们对南极科考站的社会关系进行研究时那样。

图 7-1 珍妮 · 古道尔为黑猩猩梳理毛发

在动物当中，许多“朋友”也是“亲戚”，通常是兄弟姐妹、姨妈舅母、表兄弟，甚至还可能是外祖母。事实上，在非人类动物中，尤其是寿命较长的动物，持久的友谊关系的一个很好的预测器就是母系亲缘关系，也就是母亲一方的亲属。在黑猩猩和海豚中就是如此，尽管雌性黑猩猩和海豚往往会在出生后就离开原来的群体，因而更难保持这种连接。[24] 然而尽管如此，观察性田野研究证明，当没有母系亲属可以作为朋友时，像黑猩猩和狒狒这样的动物至少会与另一个没有亲缘关系的个体结下持久的友情。[25] 另外，没有亲缘关系的雄性海豚之间的友情，有时甚至可以持续数十年之久。[26]

现在，已经有越来越多的证据表明，自然选择可能有利于一般性社会连接的创造，而不仅仅是亲属之间的社会连接。尽管在人类社会中，非亲属个体之间的友情可以达到非常深厚的程度，但是在这一点上，人类其实并不孤单。接下来，让我们看一下灵长类动物、大象和鲸是怎样结交朋友的，以便更加深入地探讨人类是怎样对待友谊的，以及为什么这样做。

灵长类动物的友谊

灵长类动物的身体，最初是为了在树上生活而进化出来的。它们具有向前突出的眼睛，能够提供良好的深度感知，还拥有非常灵活的臂、腿和指趾。现存的 200 多种灵长类动物可以分为两个亚群：原猴类亚目（例如，狐猴），以及更加聪明的类人猿亚目。类人猿又可以进一步分为猴类和猿类，原始人类也是类人猿的一种。

在通向人类的进化路线上，旧世界的猴类动物在猿类出现之前大约 2000 万年就已经“分家单过”去了。因此，猴子更像其他非灵长类哺乳动物，例如，绝大多数猴子都有尾巴，但是猿类（或原始人类）却没有。非人类猿类（大猩猩、黑猩猩、倭黑猩猩、猩猩和长臂猿）更接近人类。它们具有与人类相似的基本身体结构，拥有相当高的智慧，而且行为也与人类类似（如，工具的使用）。它们还可能具有独特的和可重复的习得行为模式（当然，因不同群体而异），这也就是说，它们可能拥有文化。大猩猩、黑猩猩和红毛猩猩都拥有使用某种形式的语言的能力。很多研究证明，我们可以教会它们手语，而且它们还能创造自己的语言。[27] 当然，人类（以及原始人类祖先）是双脚直立行走的，因此他们的两只手可以自由地使用工具和携带食物，并拥有容量更大的大脑和更高级的智力、语言与文化。

对其他灵长类动物的研究之所以特别令人兴奋，其中一个原因是我们可以通过它们更好地认识自己：情感、认知、道德以及社会生活，正如我们在讨论配对结合时已经看到的。当然，这几个物种仍然是各不相同的。黑猩猩相对平等一些，而大猩猩则更专制；雄性狒狒喜欢分散居住，而雌性黑猩猩则热衷四处漫游；长臂猿会形成一夫一妻式的配对结合，而倭黑猩猩则不能。而且，与所有动物一样，这些差异中有许多都是与各物种在进化过程中所面临的生态环境有关的。

由于灵长类动物各物种的解剖学和行为学特征有很多不同之处，因此我们能观察到社会组织上的差异也就不足为奇了。甚至连通常的群体规模也因不同物种而异，其变动范围从 4 个动物个体到 55 个动物个体不等（中位数为 9）。在这些不同规模的群体中，我们还可以通过动物个体之间相互梳理毛发或共同嬉戏等活动来量化社会交往的程度。例如，在一个由 4 个动物个体组成的群体中，将一对对个体连接起来，有 6 种可能的连接方式（$4\times3/2=6$）。如果所有这些连接都能观察到，那么就说该群体的连接密度已经达到了 100%，而且网络已经完全饱和了。在一项对 30 种灵长类动物（它们有不同的群体规模）进行的研究中，平均密度为 75%，但是不同物种的密度变化幅度很大，从 49% 至 93% 不等。[28]

从每个个体的角度来看，如此高的连接密度，再加上群体的规模又比较小，也就意味着群体中的所有其他个体都已经处于他结成的网络中了：要么是他的朋友（单跳即可达），要么是他的朋友的朋友（双跳即可达）。然而，随着群体规模的增大，有些人拥有的连接比其他人更多的情况将越来越不可避免。这种特别受欢迎的中心节点的存在，是灵长类社会组织的一个关键特征。最后，社会连接的力量（而不仅仅是连接的数量），也是因“人”而异的，没有一个物种存在所有个体都会平等地关注其所属群体的所有成员。

黑猩猩所属的种群规模多达 160 只。但是，它们通常会把大部分时间花在大约有 10 个成员的小而灵活的“团体”活动中。这些小“团体”随时都会分裂和重组，呈现出裂变 - 融合的动力过程。雄性黑猩猩留在它们出生的群体中，雌性黑猩猩则分散加入其他群体（通常在 11 岁左右）。灵长类动物学家约翰·米塔尼（John Mitani）的研究记录证明，在乌干达恩戈戈（Ngogo）的一个有 150 个成员的黑猩猩种群中，没有亲缘关系的黑猩猩之间，存在着长期的连接。米塔尼是通过检验黑猩猩与谁分享肉食、给谁梳理毛发、和谁一起去巡逻领地边界来度量它们之间的社会连接的（图 7-2）。[29] 正如人类社会所发生的一样，连接更可能在“亲戚”之间形成。但是，没有亲缘关系的雄性黑猩猩之间的连接数量实际上更多一些。3/4 的雄性黑猩猩所建立的最亲密、最持久的友谊都发生在非亲属之间，其中一些友情持续了 10 年甚至更长时间。[30]

图 7-2　乌干达恩戈戈雄性黑猩猩的社会行为

雄性黑猩猩的三种行为，从左到右分别为：梳理毛发、分享肉食和巡逻领地边界。

雌性黑猩猩一生中的大部分时间（50 年寿命中的 40 年左右）都生活在非亲属之间。对科特迪瓦的一个由 19 只成年雌性黑猩猩组成的群体进行的一项为期 10 年的跟踪研究表明，虽然它们不像雄性黑猩猩那样很容易就交到朋友，但是一旦交上了朋友，那么友情就更持久、更强大。大多数雌性黑猩猩（84%）至少拥有一份能够持续数年的优先友情。所谓优先友情，指的是只有当朋友去世或失踪时才会消失的友情（图 7-3）。[31] 例如，一只名叫 Fos 的黑猩猩有 3 个亲密的朋友 Cas、Gom 和 Her。Fos 直到这 3 只黑猩猩去世后，才放弃与它们的友情。这些友谊所产生的社会网络如图 7-4 所示。在狒狒中，交友模式与黑猩猩的交友模式很类似，而倭黑猩猩之间的友情甚至比黑猩猩更加强烈。[32]

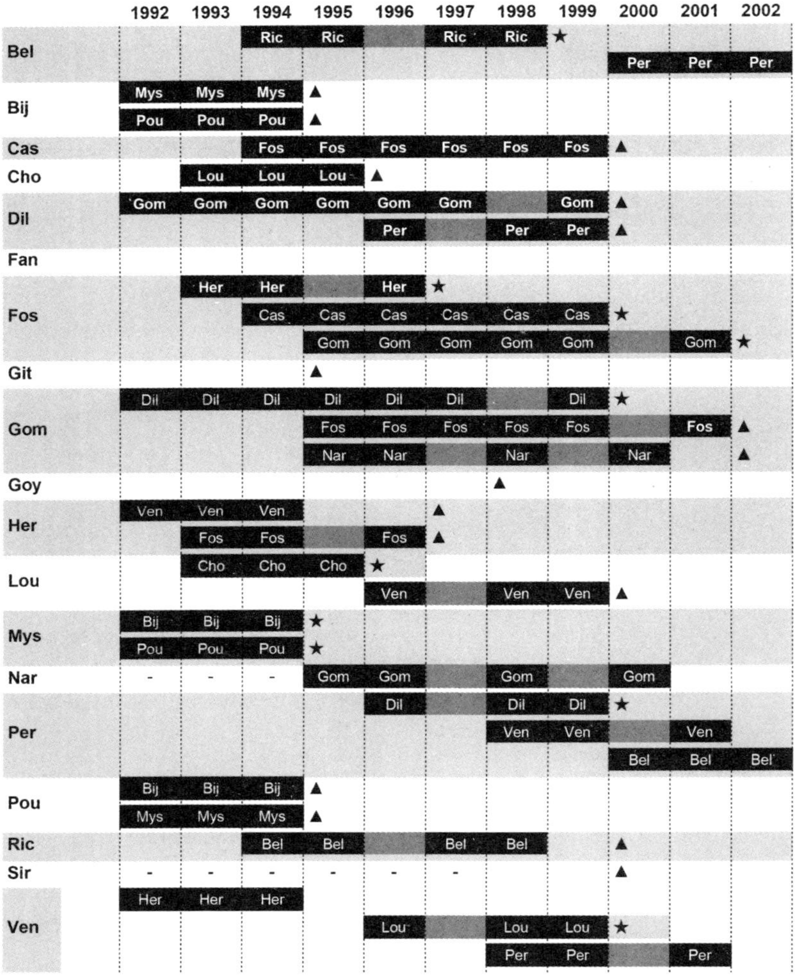

图 7-3 成年雌性黑猩猩之间的友谊

图中显示了 19 只雌性黑猩猩（图中各行）主要友谊关系的开始和结束。每只成年雌性黑猩猩都有自己的名字（用三个字母表示），图中的黑色部分表示的是相对应年份的友谊关系。每只黑猩猩在一个时间段内可以拥有一个或多个朋友。例如，Gom 是 Dil、Fos 和 Nar 的朋友，但是 Goy 和 Sir 则没有（观察到的）朋友。图中深灰色的部分表示在那个时间段内，那些朋友并不一定会花很多时间待在一起。星号表示朋友“去世”了或“移民”了，三角形则表示黑猩猩死亡或“移民”。

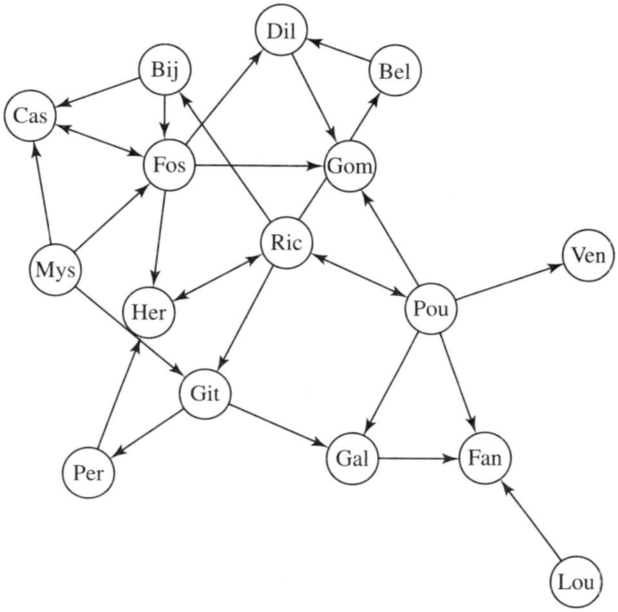

图 7-4 雌性黑猩猩的友谊网络

图中所示的是 16 只雌性黑猩猩之间的社会网络。这个网络是根据对黑猩猩之间持续的友情生成的。Ric 位于这个社会网络的中心，同时拥有许多“入”和“出”的友谊（即为它梳理毛发的黑猩猩和它为其梳理毛发的黑猩猩，如图中的箭头的方向所示）。Lou 则处于这个网络的外围，只有一个朋友 Fan。

在选择自己的朋友的时候，黑猩猩个体也就将自己嵌入到社会网络中。但是，正如我们上文中讨论网络中心时已经指出过的，个体会在它们共同制造的网络中占据不同的位置。不难理解，如果一只黑猩猩拥有许多社会连接并处于网络中间，那么就会拥有一定的领导地位，将图 7-4 中的 Fos 和 Ric 与 Ven 和 Lou 比较一下，就可以看出这一点。

当然，并不是所有人都能够交到朋友，任何一个在操场上观察过孩子们活动的人都知道这个道理。有些人比其他人更渴望友情，或者更能够根据这种渴望采取积极的行动。而且，有些人比其他人更能吸引朋友。群居哺乳动物也会追求社会地位，换句话说，它们与自己感兴趣的强大的、有魅力的或受欢迎的个体成为朋友。那些理想的交友对象本身也倾向于与其他理想的合作伙伴建立连接，因为他们也会选择与谁成为朋友。由此而导致的一个结果是，不那么受欢迎的个体最终会成为其他不那么受欢迎的个体的朋友。这种形式的分类结果将是出现一个基于地位的社会。在这样的社会中，个体与具有相似社会地位和特征的人建立连接。

在社会网络分析中，这种情况称为度同配性（degree assortativity）。这里的“度”指的是社会连接的数量，而“同配性”指的是一种优先选型配对，即将彼此相似的个体先连接起来。拥有类似数量连接的个体之间倾向于相互连接起来，是灵长类社会网络的一般特征（也包括人类在内）。一项关于多个灵长类物种（黑猩猩、狒狒、帽猴、楔形帽卷尾猴等）的综合性研究发现，在 78 个群体中有 60 个都表现出了度同配性。[33]

对于上面这个趋势，特别值得注意的一点是，它是网络的一个非典型数学性质。例如，在神经元网络、基因网络或计算机网络中，我们都会发现情况与这个趋势恰恰相反：最受欢迎的节点往往与大量不受欢迎的节点相连。这就是网络分析中所称的度非同配性（degree disassortativity）。像芝加哥和丹佛这样的机场枢纽是与所有大型机场相连的，但是它们的大部分连接都是众多小型机场。小型机场会优先连接到枢纽机场，而不是其他小型机场。这就意味着，你不能直接从美国康涅狄格州的纽黑文飞往新罕布什尔州的莱巴嫩。

我们可能会认为，身处“领袖”地位的受欢迎的个人是出于纯粹自私的原因而有意造成了这种度同配性的等级结构，但事实上，这些“领袖”也可以发挥作为一个社会警察的作用。适当的等级结构可以维持竞争环境的平衡，为群体的所有成员创造更多的合作机会，并协调推进有益的活动，促进群体的生存。

进化生物学家杰西卡·弗莱克（Jessica Flack）和她的同事们在耶基斯国家灵长类动物研究中心对一个以 84 只豚尾猴为节点的社会网络进行了研究，并操纵了这个网络的结构。这个研究中心位于美国佐治亚州劳伦斯维尔市附近。[34] 他们首先根据这些豚尾猴之间谁梳理谁的毛发、谁与谁一起玩耍，测量出了豚尾猴之间的连接。识别群体“领袖”的方法是计算它们在“和平时期”被其他豚尾猴默默地露出牙齿“笑脸以对”的次数，在这个物种中，这种表情表示尊重的意思，类似于人类的微笑（图 7-5）。然后，这些科学家策略性地将排位最高的那部分个体移除出群体（用这些科学家自己的话来说，它们“被淘汰出局”了），并将由此产生的社会网络与未受干扰控制条件下的社会网络进行了对比。

图 7-5　猴子的“微笑”

当高等级的个体“被淘汰出局”时，群体就会出现混乱，冲突和侵略事件飙升。这项研究揭示了“领袖”对整个群体内部互动的影响。首先，在将“领袖”们“淘汰出局”之后，群体中梳理毛发行为和游戏互动都减少了很多（彩图 2）。这也就是说，剩下的豚尾猴彼此之间的连接变得更少了。这个结果表明，稳定的领导关系，不仅促进了领导者和追随者之间的和平互动，而且促进了追随者和其他追随者之间的和平互动。“民众领袖”的存在，似乎促进了社会或整个群体秩序的形成。[35] 而且，由于这些互动为豚尾猴创造了获得有益的相互支持的机会，因此也就不难理解为什么自然选择可能有利于那些关注并尊重等级结构的个体了。

当群体中的“领袖”消失后，那些处于网络边缘和网络中心的个体就会展开对权力的争夺，从而导致大量的冲突。相反，当群体中的“领袖”在位时，高等级的猴子与其他高等级的猴子之间就会存在更多连接，而冲突则会少得多。而且，度同配性程度也会更低，因为“领袖”肯定会对追求地位者之间的冲突进行干预，并调整群体内部的社会连接。同样重要的是，其他个体也会适应“领袖”存在的事实，并且知道如果发生冲突，“领袖”可能会进行干预。因此，“领袖”的存在使社交上较孤立的那些个体更容易接触到更受欢迎的群体成员，而不会受到其他追求地位者的报复威胁。这项研究还表明，“领袖”是反对这种类型的地位追求的。如果不存在“领袖”这样的社交中心，猴子们不仅朋友会更少，而且朋友的朋友也会更少。因此，将“领袖”剔除出群体，会使信息和行为模式难以通过这些间接连接有效地传播。间接连接有利于行为传播这个结论既适用于好的行为，也适用于坏的行为。但重要的是，“领袖”的另一个特点恰恰是，它们一般倾向于明确地制止暴力等恶劣行为的传播。

自然选择也许在近乎普遍的度同配性的出现方面发挥了作用，这是很可能的。但是，除了减少冲突外，这种安排还有什么益处吗？一种可能性是，度同配性减缓了传染病的传播。从数学的角度来看，让人们只根据各自的“人气”来建立相互之间的连接能够降低流行病的风险。要理解这个结果，我们最好先把网络想象为度非同配性的，就像上面举过的机场网络的例子一样。在这种情况下，我们将得到一个中心辐射型系统，其中一个或两个非常受欢迎的个体可以连接到群体中的所有其他个体。在这种网络结构中，如果网络中的任何个体被感染了，那么疾病只需通过“双跳”就可以“到达”（传染给）群体中的所有其他个体，也就是说，最初被感染的个体直接感染给中心个体，然后通过那个中心个体传染给所有其他个体。这个原则反过来也适用。相反，如果让这些个体以度同配性的形式组织成一个网络，那么一般来说有助于抑制传染病的爆发，例如，将传染病阻隔在整个社会网络的外围。[36] 这是一种集体免疫力，它完全不同于个体层面的免疫力（后者只意味着每个个体免疫系统的力量）。

一个群体内部友谊的组织方式，对整个群体和群体中的每个个体都是非常重要的。对此，可以用钻石和石墨来类比同样的人，以不同的方式“排列”起来，会产生完全不同的性质。如果一个社会组织能够最大限度地减少疾病的流行和冲突的发生，那么绝大多数动物，包括人类，都可以从中获益。我们的社会网络提供了这样的好处，而且上面讨论的这些性质在世界各地的人群中也普遍存在，而不仅仅限于灵长类动物中。

大象的友谊

鉴于人类与其他灵长类动物之间的关系相当密切，因此在其他灵长类动物中能够发现人类的社会行为和友情等也许并不太令人惊讶。但是令人惊讶的是大象，大象也能够交到朋友，而且，它们能够维持动物世界中最稳固、最持久的友谊。此外，就像“灰胡子大卫”一样，大象也能够把友谊扩展到人类身上。

动物行为学家乔伊斯·普尔（Joyce Poole）曾经花了很多年时间近距离观

察非洲大象的生活情况。有一次，在离开了相当长的一段时间之后，她心急火燎地赶回观察点，与她同行的还有她的家人和刚出生不久的女儿。等回到观察点后，奇迹发生了：

> Vee 率领的象群一直奔到了距离我们不到两米远的地方，才急匆匆地收住了脚步。Vee 张大着嘴巴，发出了非常响亮但嘶哑的叫声。其他成员也聚集到了 Vee 的身边，一直挤在我们的窗户前，伸出它们的鼻子。每一头大象都在叫着，有的声音低沉，有的声音尖利，汇合成隆隆般的声浪，震撼着我们，直到我们所有人的身体都随着声音震动起来。他们互相挤在一起，撒尿、排便。它们脸上流淌着因激动而从颞部腺体刚刚分泌出来的黑色液体。
>
> 没有谁能知道这些大象的内心世界，但是大象本身似乎明白。我们一家人刚刚经历了一场无比激烈的欢迎仪式，大象通常只对自己久别归来的家人使用这种仪式……因此我只能猜想，我已经被这些大象当成一个家人记在心里了。现在，经过一段时间的离开之后，我又回来了。我身上仍然带着它们熟悉的气味，但是又带来了一些新的气味——我兄弟的气味、我母亲的气味，还有我小女儿的气味。我的小女儿，躺在我的怀里，向这些大象伸出了手臂。[37]

我们现在掌握的关于大象社会组织的知识，大部分源于近几十年以来对两个野生大象物种——非洲草原象（Loxodonta africana）和亚洲象（Elephas maximus）的研究。在肯尼亚的安博塞利国家公园（Amboseli National Park），生活着一个非洲大象种群，那里大概有 1200 头非洲大象。自 1972 年以来，这些大象一直受到科学家的密切关注。[38] 另外，在肯尼亚的桑布鲁国家保护区（Samburu National Reserve），科学家们正在研究另一个非洲大象种群。在亚洲大象中，有一个著名的种群是生活在斯里兰卡乌达瓦拉维国家公园（Udawalawe National Park）的大约 1000 头大象。[39]

像许多灵长类动物一样，大象也会表达情感，并表现出同理心、做出利他主义行为。它们经常为受伤倒地或受到了威胁的其他大象提供帮助。大象不仅会帮助它们自己群体的成员，有时还会帮助受了伤的人类，就像人类会照顾受伤的动物一样。对此，普尔是这样解释的：

> 大象似乎有一个分类表，它们似乎会对其他动物进行分类。他们特别不喜欢捕食者和食腐者，即便那些捕食者物种不会对大象自身构成威胁、那些食腐者物种不以大象尸体为食，也是如此。例如，当豺狼和秃鹫在抢食斑马腐尸的时候，如果刚好有一头大象经过，这头大象就会把它们赶开，或者至少会（我认为是）讨厌地摇摇头。[40]

普尔和其他很多研究者都观察到了大象表现出同情和友谊的无数个场景：

> 有很多次，我看到，几头大象站在另一头无法走动的大象两侧，尽全力支撑着它……弗拉基米尔（一头大象的名字）患上了一种让它几乎完全瘫痪的疾病……（我发现）有好几头年轻的雄性大象似乎一直在照顾弗拉基米尔。我注意到，阿尔伯特（另一头大象的名字）总是会出现在旁边。它按着弗拉基米尔缓慢的步伐走着，陪着弗拉基米尔来到了沼泽地，然后另一头年轻的雄性大象接过了这份工作。它们似乎明白，弗拉基米尔病了，并且需要帮助。[41]

普尔认为，这种友善的利他主义行为也许可以从进化的角度进行解释：大象之所以天生就会帮助它们的家族成员，是因为这样做能够增大它们自己的基因的生存机会。但是，“如果情况确实是这样，”她接着写道，“那么为什么大象只愿意帮助受了伤的大象和受了伤的人类，而不愿意帮助其他物种呢（据我们所知，大象不会帮助其他物种）？”[42]毫无疑问，这个事实说明，大象身上还有许多超越了简单的亲缘选择的进化导向能力。大象似乎有能力形成关于利他主义的意见并做出判断。它们似乎能够认识到受了伤的人类真的需要帮助。

当然，我们或许可以认为，大象这种利他主义和同情并不是来自任何有意识的同理心推断或理解，而只是来自一种本能；然后，它们把本能推而广之，扩展到了其他物种身上。在人类物种中，我们也可以观察到类似的情感性延伸，它可以促使孩子温柔地将他捕获的瓢虫拟人化，细心地装饰和布置关瓢虫的小盒子，以保证它不会“觉得厌烦”，也不会“受冻”。我们在其他社会动物身上也可以看到类似的情景，例如海豚，这种动物以经常帮助落水者脱险而闻名。[43] 无论如何，在我看来，对一种进化赋予的良好行为倾向的过度应用，都不应该解释为证明社会不完美的证据。

大象社会是性别隔离的、母系和多层嵌套的（意味着较小的群体嵌套在较大的群体中）。雄性大象会离开他们出生的群体，并且大部分时间都独居或者与其他成年男性一起生活在小群体中（弗拉基米尔和阿尔伯特就是这样），然后在性活跃期间加入雌性大象的群体。若干雄性大象会形成小的“派系”，这些小派系在自己的团体内的互动很密切，但是在不同群体之间的互动则很少。这种类型的组织，独立的、四处漫游的雄性与稳定的雌性群体，与灵长类物种的社会存在着显著的不同，但有意思的是，这种组织结构是大象与鲸共有的。

雌性组成核心群体，雄性平时独居并定期来到雌性的群体中，大象这种社会结构有非常悠久的历史。在阿拉伯联合酋长国的沙漠中发现的一条700万年前留下的化石“象路”表明，大象这种独特的社会组织结构在中新世时期就已经形成了（彩图3）。大象们当年留下的足印清楚地呈现了14头大象的运动轨迹。那是一个由13头雌象和1头幼象组成的群体，它们一个接一个地走着，走出了一条小路。此外，还有一头独居的成年雄性大象，它孤独地四处漫游，足迹定期与象群的足迹交叉。[44] 这是很典型的，甚至连这个古老的象群规模，也与现代的大象群体一样。这种社会组织模式还导致了另一个后果：在过去6万年以来保存下来的猛犸象化石中，大部分都是雄性的。这是因为，雄性猛犸象要独自行动，而且往往缺乏拥有大量实用知识的“雌性家长”的指导，所以这些雄性猛犸象更容易进入危险的地方，比如很深的裂缝、会下降的沼泽和洞穴；另外，由于孤身一人，它们在陷入困境时也无法得到同伴的救助。[45]

大象的每个母系家族群体（也称为核心群体）通常有 10 个左右的成员：若干头彼此之间有密切亲缘关系的雌性大象，以及它们年幼的后代。[46] 几乎所有的事情，例如迁移、进食、饮水、休憩，都是所有家族群体成员一起协调完成的。例如，普尔经常会给她最喜爱的一头大象弗吉尼亚播放《奇异恩典》（*Amazing Grace*）这首歌。而弗吉尼亚则会与它的所有家族成员一起，停下脚步听 10 分钟左右。在欣赏歌曲时，弗吉尼亚会“慢慢睁开又闭上她那琥珀色的眼睛，然后轻轻摇动她的长鼻子”。[47] 这些大象群体的成员之间还经常会互相触摸和闻嗅，以此来表示安慰和问候。在迁徙时，如果年幼力弱的小象需要休息，家族所有成员都会停下来等候；如果小象发出了求救信号，那么群体的其他成员就会嗷嗷大叫着冲过去提供救助。事实上，成年大象有时甚至还会教训不是它们自己亲生的小象，而且小象也可以从不是自己母亲的雌象那里吮吸乳汁。也就是说，大象也会做出合作性的助亲育儿行为（alloparental care），就像我们在人类社会的姨妈、长姐和祖母身上能够看到的一样。

为了描述两个动物个体之间的遗传相似度或基因相关性，科学家们定义了一个亲缘系数（coefficient of relatedness）r，它的值大致等于它们共有的基因变体所占的比例（这通常是因为它们有一个共同的祖先）。例如，同卵双胞胎的 r 值为 1.0，而完全没有亲缘关系的两个个体的 r 值则接近于 0。部分因为大多数雌性大象会一直留在自己出生的群体内，所以大象核心群体的成员之间的平均亲缘系数大约为 0.2，这与姨妈与外甥女之间的水平大体相当。[48] 自然进化的类似规模的人类群体，例如生活在巴拉圭境内以狩猎 – 采集为生的阿切人，成员之间的亲缘系数大约为 0.05（大致相当于第二代堂兄弟之间的水平）。[49] 雌性大象更喜欢与那些和自己有基因相关性的大象建立连接，并且观察数据和基因数据都表明，大多数更强大的关系都存在于母系亲属之间。[50] 但是除此之外，大象也与黑猩猩和人类一样，能够与完全没有亲缘关系的个体结下友情，从而证明社会互动和相互帮助不会只发生在亲属之间。

最近几十年来，偷猎大象的活动极其猖獗，几乎达到了人神共愤的程度，这导致大象的社会秩序出现了混乱，尤其是在担任了“族长”的雌性大象被屠杀（因而没有大象可以领导整个群体）的情况下。偷猎导致的一个后果是，在肯尼亚桑布鲁保护区（Samburu Reserve），大约有 1/5 的核心大象群体都是由彼此之间没有显著亲缘关系的大象组成的。这无疑是一个令人沮丧的“自然”实验，但是它的结果恰恰表明，虽然大象可能更喜欢与自己的亲属待在一起，但是它们的社会组织并不一定需要这个条件。[51]

由于大象群体非常频繁地分裂和重组——这主要是为了应对食物供给的变化，所以重新“团聚”对大象的意义比灵长类动物更加重要。而且很显然，大象这个物种已经进化出了一整套“精心设计”的“欢迎礼仪”，它的具体形式充分反映了个体之间社会连接的力量，就像你在见到一个一般的熟人时，可能只是握下手，但是，当你在相隔一段时间后再遇到一个亲密朋友，你们也许会忘情拥抱，甚至会热泪盈眶。在重逢时，大象可能会简单地用鼻子碰一碰对方的嘴巴来表示互相问候，这大体上相当于人类小别重逢时相互吻一下脸颊。在长期分离之后再重聚时，家庭和群体成员就会以令人难以置信的高度戏剧化的形式互相问候，就像我们在前面引述的欢迎乔伊斯·普尔一家归来的仪式那样。[52] 因此很显然，这种仪式化的强度可以反映分离时间的长短以及友情的亲密程度。这个事实表明，大象已经拥有了对时间的感觉。即使是在人类的眼中，这些欢迎和问候也是很容易引起共鸣的。就我自己而言，我想起了在国际机场航站楼抵达区经常可以见到的快乐团聚。

在安博塞利国家公园，大象生活在 55 个核心群体中。每个核心群体都由若干头雌性大象以及它们的后代组成，其中最大的核心群体有 17 个成员。

在这个非洲草原象种群中，不仅雌性大象会形成核心群体，而且不同群体还会定期联合形成更高级别的群体，这称为层级制。在最低的层级，即第一级，只有一头成年雌象和若干头依赖于它的幼象。若干头有亲缘关系的成年雌象及幼象又可以组成家族群体，即第二级，那也就是我们上面一直在讨论的核心群体。多个第二级群体又可以组成第三级，即族群（bond group），它通常由很多头有亲缘关系的成年雌象及其后代组成。一个族群要在数个星期内协调在几平方千米范围内的所有觅食活动。一头大象可能在几十年间一直属于同一个核心群体和族群，部分原因在于这些群体代表了潜在的亲缘关系。[53] 族群还可能进一步组合成部落一级的群体，即第四级，它似乎也有重要的功能。[54]

那么从进化论的角度来看，到底是什么优势导致大象进化出适应这种层级性组织的认知能力的？特别是在部落一级以上的组织？正如我们在上文中已经看到的，较低的社会层级可以带来的好处包括：对捕食者的共同防御、觅食效率的提高，以及会有“人”来帮助自己抚育幼儿。所有这些行为，在核心群体和族群中都是非常常见的，但是在部落层级上则非常罕见。[55] 有些科学家认为，大象之所以要在如此大的规模上组织起来，是为了创造机会，让大家分享信息并促进社会学习。[56] 这就是说，大象可以通过部落群体进行交易并保存它们的文化。另一种解释是，它可以帮助大象识别出合适的配偶。这两种解释都认为，形成这种社会组织的能力以及对这种社会组织的尊重，可以带来一些好处。

但是，部族级别的社会组织也可能没有任何明确目的，而只是代表了社会行为的一种“失控”倾向（例如，有不少成年人在高中同学聚会即将到来时会显得过度兴奋）。进化女神的计算通常是粗略的，也许她认为过度社会化要比社会化不足更好。因此，大规模的部落聚会可能不会有任何进化上的不利之处。

在人类社会中，高层级社会秩序的目的则要更加明确得多。例如，人类在村庄之间、部落之间和国家之间都会出现军事联盟和贸易联盟，尽管人类显然不是为直接面对国家一级的社会复杂性而进化为现在这个样子的。例如，成千上万的人都为维基百科这个在线百科全书的维护做出了贡献，他们之所以做出这样的合作行为，并不是因为如此大规模的合作是人类这个物种在进化过程中所需要的，而是因为它是一种“失控”的合作形式。最初，合作是为了在更小的群体中分享信息和食物所需要的。

环境也会影响大象的社会组织。生活在斯里兰卡的亚洲大象是在距今600万年前与非洲大象分离开来的一个物种。它们生活在森林覆盖率更高的地区，食物供应也更加稳定，而且没有自然（非人类的）捕食者。亚洲象形成的群体比非洲草原象更小，它们也更喜欢与母系亲属待在一起。此外，亚洲大象也较少形成非洲大象那样的分层化的社会群体。[57] 我们给出这两个物种的社会网络映射说明了这些事实（图 7-6）。与亚洲大象相比，非洲大象拥有更多直接的和相互连接起来的社会连接，任何一头大象“距离”任何其他大象都不超过两步，这种组织结构显然有利于文化知识的维系。相比之下，一些亚洲大象距离同一群体（由大约 100 头大象组成）中的其他大象高达四步之遥。

尽管如此，如果你将彩图 2 的左上小图与图 7-6 的图比较一下，你就肯定能注意到大象的社会网络与灵长类动物的社会网络之间的相似性。正如我们将在第 8 章中看到的那样，人类社会网络其实也是与这些网络非常相似的。一旦友谊的观念已经深深地植根于一个物种，那么从这个角度上实现最优社会组织的途径就很可能只有一个了。

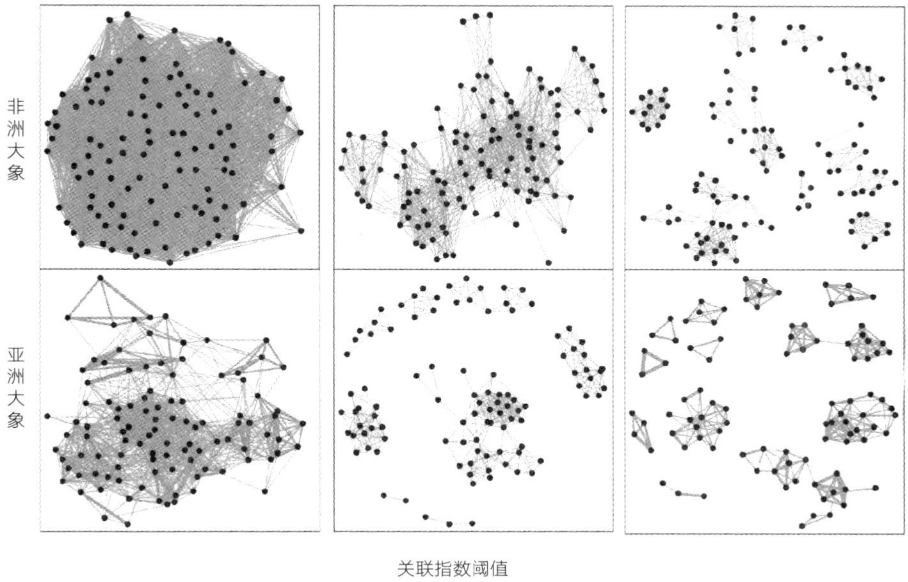

图 7-6　大象社会网络的局部映射

图中显示的是大象的社会网络。在图中，每个点表示一头大象（一个节点），不同的线表示不同强度的连接。相比之下，亚洲大象社会网络的连接程度比非洲大象要低。亚洲大象的社会网络所包含的强关系相对来说也比较少，因此当连接通过增加关联指数阈值被依次移除时，整个社会网络更快地分裂成了若干片段。这在各个小图可以看得很清楚：从左至右，关联指数依次增大（即形成一个社会连接所要求的时间更多）。

鲸类动物的友谊

收集人类社会网络的相关数据是非常困难的；每当我觉得有些不知所措时，我就会想起研究鲸的著名专家哈尔·怀特海德（Hal Whitehead）和戴维·卢瑟奥（David Lusseau）及其同事们的工作。与他们的研究面临的困难相比，我的困难实在不算什么。他们也要收集类似的数据（关于鲸的社会网络数据），而且他们必须在水下、在寒冷和非常危险的条件下进行。此外，我还会想起演员金格尔·罗杰斯（Ginger Rogers）的一句话：她做了弗雷德·阿斯泰尔（Fred Astaire）所做的一切，除了穿着高跟鞋向后走。

大象是体型巨大的陆生食草动物，抹香鲸是巨大的水生食肉动物，但是两者之间的相似之处却比比皆是。雌性抹香鲸能够形成由大约 12 个成员组成的稳定群体，它们都是有遗传相关性的。同一个群体的抹香鲸经常会在下午停止潜水，并在一起花上几个小时进行互动：它们相互爱抚（研究鲸类的科学家称之为“caresses”），并吟唱它们特有的歌曲（研究鲸类的科学家称之为“codas”）。同样，像大象一样，两个或更多个抹香鲸群体可能会一起“旅行”一段时间，并在“狩猎”过程中协调行动，它们使用复杂的超声波信号，在数千米范围内都能协调行动。此外，同一个抹香鲸家族的成员会将它们深潜的时间有意错开，以最大限度地减少小抹香鲸在海洋表层无“人”照看的时间，这显然是一种公共育儿的形式。[58] 成年的抹香鲸也会试图救助那些受了伤的家族成员。事实上，人类猎鲸者一直都在利用它们的这种倾向：故意杀伤某只抹香鲸（特别是年幼的抹香鲸），然后围猎前来救助的成年雌性抹香鲸。人们经常观察到，当一只抹香鲸被捕获时，其他抹香鲸会试图咬断绳索。

与对其他动物的动物行为学研究类似，我们对雄性鲸的社会组织知之甚少。像雄性大象一样，雄性鲸相对来说过着孤居生活，或者是单独“一人”独闯天涯，或者是组成规模更小的“单身汉群体”四处游荡。除了繁殖时间之外，雄性鲸总是远离自己的祖先家族。

此外，像大象和许多灵长类动物一样，鲸也生活在复杂的环境中，但是它们有能力适应。这些物种都是“长寿”的，而且对为数甚少的后代照顾得非常好。这两种现象的关系在于，这类动物的老年成员在生育年龄结束之后，仍然对群体有价值，因为它们是生态和社会知识的“活仓库”。例如，众所周知，当食物较匮乏时，处在“更年期”的鲸能够引导其他鲸找到食物。[59] 人类长寿的重要性，可能也可以归因于社会学习的要求。过了繁殖年龄的成员，能够照顾年轻亲属并将知识传递给自己的后代和群体中的其他成员，这种能力使它们仍然拥有很大的价值。

其他鲸类动物，如逆戟鲸和宽吻海豚，还能够与本物种中没有亲缘关系的成员建立起长期的友谊。现在，对海豚的研究是一个热门，这方面越来越多的成果揭示了海豚的社会网络、学习能力、工具使用和文化的复杂性。海豚的社会网络看上去与猿类和大象很相似，而且具有类似的数学性质。科学家花了很多年的时间，对生活在新西兰神奇峡湾（Doubtful Sound）的 64 只宽吻海豚之间的社会互动进行了测量，得到了如图 7-7 所示的社会网络。平均而言，每只海豚都与其他 5 只海豚相互连接（这个值与人类相似）。海豚群体中的传递性也与人类非常相似，平均而言，任何两只海豚的朋友都有 30% 的概率相互之间也是朋友（在人类中，这个值通常介于 0.15 到 0.40 之间，具体取决于人口规模）。[60] 此外，在这个网络中，不同海豚的中心性也各不相同，其中有一些海豚发挥了枢纽的作用（连接数最大的海豚有 12 个连接）。[61] 此外，与没有亲缘关系的海豚维持长期友谊的情况也是很常见的。[62] 例如，生活在澳大利亚斯蒂芬港的一群宽吻海豚，有 10 到 20 个成年成员，它们之间的平均亲缘系数 0.06 至 0.09 之间（大体上相当于第一代与第二代堂兄弟之间），这同样类似于大象社会和人类觅食群体。[63]

在大多数物种中，相互之间没有亲缘关系的雄性和雌性个体极少形成有意义的连接，除了直接的性关系之外。但是，在海豚、领航鲸、逆戟鲸、倭黑猩猩、狒狒，当然还有在人类中，我们有时确实会发现柏拉图式的跨性别交往。生活于斯蒂芬港的海豚中，雌性海豚会进行“相亲”，对于与自己的雄性亲属存在友谊关系的雄性海豚，在决定与它成为交配伴侣之前，要先考察一番。这与人类社会中年长的哥哥姐姐帮助自己年轻的弟弟妹妹选择伴侣的做法没有什么不同。无论性别如何，有用的信息自然而然地在动物伴侣之间传播。逆戟鲸的身上也具有很多这类特征，包括显然是为了社会学习或找到伴侣而聚集到一起。[64]

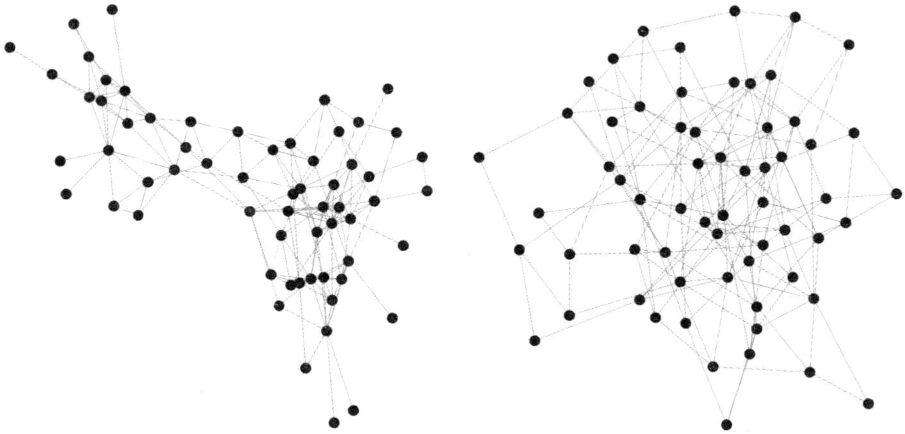

图 7-7 海豚的社会网络

左图是一个由 64 只海豚组成的真正的网络，其中每只海豚物平均连接到另外 5 只海豚。右图是一个随机网络，它有相同的节点数和连接总数，可以用来在视觉上和数学上与左图进行比较。如左图所示的真实网络中，某些海豚拥有大量的连接，并且成了社交中心，而其他海豚则只有一个或两个连接。

动物之间存在真的友谊吗

在我们试图理解人类蓝图的过程中，其他动物物种中的友谊、合作和社会学习等特征，有可能迅速转化为一个“语义问题”。这种特征真的存在吗？抑或只是我们一厢情愿的“拟人化”？黑猩猩真的会安慰其他黑猩猩或互相问候吗？看到朋友，大象真的很开心吗？鲸真的会合作照顾它们年幼的后代吗？当我们谈到动物的个性、社会或文化时，也都会面临同样的问题。这些现象是客观的吗？抑或只是我们自身思维的投射，就像有的人能够在岩层中看到人脸那样？

一些批评者认为，就动物而言，“友谊”这个词反映的是人类观察者的经验，而不是动物主体的经验，也不是动物之间连接的实际功能，但我认为这些观点是错误的。还有人认为，动物朋友这个概念完全是错的，因为即便是灵长类动物也没有未来的观念。他们没有对未来与特定他人进行社会交往的预期，也无法理解友谊还要求来自朋友的互惠行为。事实上，它们对朋友的概念从未有过真正的理解，也不懂得向其他成员（以某种明确的形式）声明自己与它们是朋友。[65]

但是，动物之间的友谊，真的需要这些能力吗？这种清单，还可以拉得更长，但这只是我们（中的有些人）对动物“弟兄”强加的判断。我们不会把类似的判断强加给人类中那些无法为自己辩护的人，例如幼儿、发育有障碍者或记忆有障碍者，说这些人没有能力交朋友。我们还看到，几乎所有的人都能够建立友谊，即便那些对未来完全没有什么想法，或者对友谊的意义没有什么理解的人，也是一样。在我看来，人们对动物之间友谊的苛刻要求反映了一定程度的傲慢。

而且，这不仅仅是一个概念问题，还是一个重要的方法论问题。研究者无法直接去问动物“你和它是不是朋友”？相反，研究者必须依赖其他方法来识别各种与繁殖后代无关的社会关系。不同动物之间的连接很难固定，一方面是因为它们之间的连接会随着时间的推移而发生变化，另一方面也是因为它们之间的互动可能涉及非常不同的行为类型，动物们是在相互梳理毛发、分享食物、构建“防卫”联盟，还是只不过恰好出现在了同一地点和时间？这导致了心理学家戴维·普瑞马克（David Premack）所说的“俄罗斯小说问题”（Russian-novel problem）：当你查看两只动物（或两个人）待在一起的“历史往事”时，一般来说是很难分析清楚到底是什么事情导致了其他事情，因为这两只动物（两个人）之间进行互动的形式是如此多种多样。而且，它们（他们）也可能会根据自己的主观经验记住不同的事情、采取不同的行动。[66]

我的观点与灵长类动物学家罗伯特·赛法斯（Robert Seyfarth）和多萝西·切尼（Dorothy Cheney）一样，我们都认为，不愿意承认动物也拥有丰富的社会生活的想法是错误的。[67] 在我看来，有些人之所以希望拉开人类与动物之间的距离，是因为他们为我们这个物种中的某些成员对动物的残酷虐待而觉得羞耻。正如社会评论家马修·斯卡利（Matthew Scully）在他那本直指人心的著作《统治》（*Dominion*）一书中所指出的：

> 我们很容易将动物视为比人类低一等的，而且是完全不同于人类的异类。据说，动物只受贪婪之心、非理性需要和本能的驱动，争夺食物和人类对它们的关注；在我们的农场中，动物在暗处徘徊，伺机偷食；在野外，它们为了争夺交配机会、领地和群体中的地位而相互争斗。但是，那些认为自己完全超越了动物世界的人，如果仔细观察一下他自己的日常生活，就会发现他错了。争斗、伤害以及身体欲望，仍然是每一个人生命的主要标志。[68]

与人类一样，动物也处于哲学家杰里米·边沁（Jeremy Bentham）所称的“两个君主的统治之下”，那就是快乐与痛苦。人类其实并不像有些人所想象的那么特别。

要批驳那些说人类与动物全然不同的观点其实并不困难。确实，人类似乎是唯一一个会说“再见”的物种，而且其他所有动物似乎都没有任何固定的告别仪式。[69] 但是，人类并不是唯一一个会说“你好”且具有特定欢迎仪式的物种。此外，对于友谊的形成和维系来说，对未来预期的能力其实并不是绝对必要的，这里所需要的只是记住过去的认知能力。即使我们不知道其他动物是否有预测未来的能力，但是毫无疑问，许多动物物种都有记忆，甚至拥有时间感。从我家里养的名为鲁迪的达克斯猎狗身上就可以看出这一点。当我太太出去很快拿了邮件回到家里时，鲁迪会去迎接她，但只表现出适度的热情；而当我太太出去了一整个下午再回到家里来时，鲁迪就会带着狂热的表情和行动去欢迎她。我们在前面讨论大象的不同问候仪式，它们的强弱也取决于分离时间的长短。

在各种动物物种内部，形成友谊的动力可以视为一种影响动物行为的隐性知识或本能。从鸟类的滑翔或歌唱的能力，到6个月大的婴儿就拥有的道德判断、8个月大的婴儿就懂得避免从“悬崖”摔下来的能力——所以这些，都可以理解为一种知识，而且这种知识的拥有者（人或动物）是无法明确地描述出来的。[70] 动物可以像人类一样拥有结交朋友的本能。

动物友谊的另外一个有力证据是，动物拥有关于其他动物之间关系的所谓“第三方知识”。这也就是说，动物A不仅知道它自己与动物B的关系以及它与动物C的关系，而且也知道关于B和C之间关系的某些东西。在最终意义上，正如在人类自己和最接近于人类的灵长类动物当中可以观察到的，这反映了一种心智理论，意味着个人拥有想象他人的心理状态的能力，并能够认识到这些状态可能与自己的状态不同。

事实上，有些动物物种不仅进化出了心智理论，而且很明显，它们也进化出了关系理论。这在进化的角度上看是有利的，因为认识到其他个体之间的关系之后，有助于预测他们的社会行为。这种知识最基本的一个类型是，一只动物知道另外两只动物之间的相对地位，而不仅仅知道它自己与其他动物之间的等级关系。这种能力很重要，普遍存在于鬣狗、狮子、马、海豚等哺乳动物中（当然还有灵长类动物），同时也见于鱼类和鸟类。在卷入冲突时，卷尾猴懂得优先寻求与比自己的对手等级更高的猴子结盟，它们也知道优先与那些跟自己的关系比跟对手更加密切的猴子结盟。[71] 在两只黑猩猩发生了争斗的时候，如果有一个旁观者为失败者提供了安慰，那么就可以调解这两只黑猩猩的关系，但是前提是，这个旁观者与进攻者之间存在友谊关系。[72] 因为这三只黑猩猩都知道，它们中其中两只黑猩猩有特殊关系意味着什么。

最后，团体合作的要求可能是友谊的最终推动力。随着时间的推移，野生动物可以通过交换东西（例如食物）和服务（例如梳理毛发、提供支持和保护）来互相帮助。不过，在实验室实验中，通常只能体现交易性这一面（这有点不幸）——特定的物品被用作即时交换的媒介（“你解决了这个问题，我就会给你一只香蕉”），所以我们可能无法全面地了解自然环境中的动物友谊。尽管如此，我们确实知道很多动物，例如黑猩猩，都会进行状态依存的合作（即直接的、“一报还一报”式的互惠合作），与特定的个体交换物质和服务。对动物友谊的这种解释称为当前需求假说。

但是，当前需求假说并不能说明为什么会存在长期稳定的友谊。今天为彼此梳理毛发的黑猩猩，更有可能在几周内形成一个保护性联盟，并在未来几年内分享食物。但是这很难在实验室中复制。为此，灵长类动物学家提出了一种理论，认为情绪可以视为一种认知能力，以此来解释野外世界中进行的更长时间期限上的交换：我们对其他人的好感，与他们对我们有多好成比例，而且我们会形成一份关于这种情绪的“资产负债表”，即保留过去的交易记录。这种更长期的视角还允许出现短期失衡，从而超越那种仅仅关注“你最近为我做了什么”式的交易。这也有助于灵长类社会中常见的规模更大的联盟的形成。

毫无疑问，我们可以将“友谊”这个术语定义得非常狭窄，从而使它只适用于人类。但是这种做法在科学上并不能提供更多信息，并且人为地在人类与其他动物之间造成了一种分离。它所混淆的问题，比它所能澄清的更多。在我看来，说动物能够拥有朋友，一点也没有拟人化的感觉。事实上，其他许多科学家也都采取了与我相同的立场。例如，灵长类动物学家琼·斯尔卡格斯（Joan Silkargues）这样写道：

> 友谊就是一个以字母F开头的单词。许多灵长类动物学家一直不愿意在正式论文中使用这个单词，尽管我们在与同事谈论我们研究的动物时，会不受拘束地使用它。而当我们在学术场所中使用这个术语时，却不得不用斜体字来加以掩盖，似乎这样做就能够让我们在面对人形化或缺乏严谨性的指责时，能够更加理直气壮一些。[73]

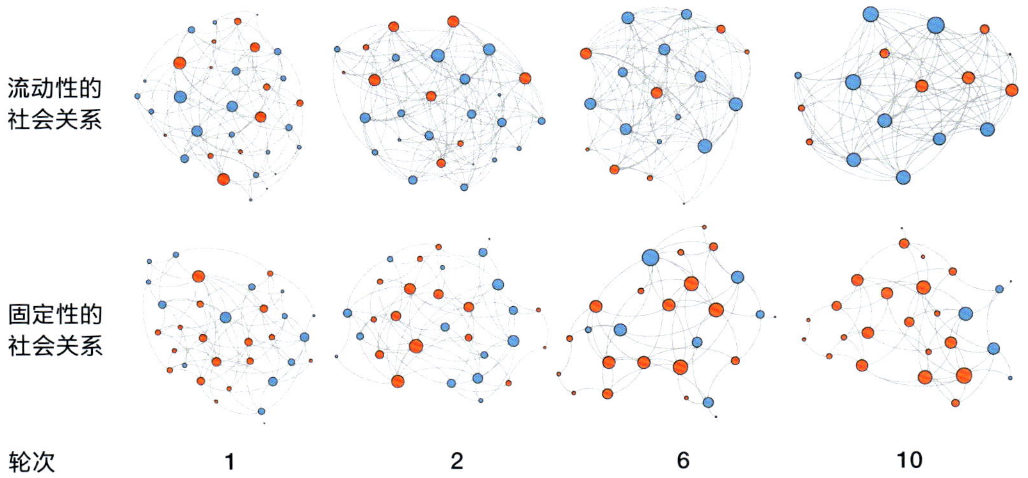

彩图 1　社会关系影响群体合作

这是一个网络合作游戏中 4 轮实验（10 次实验中的 4 次）的社会网络图，实验包括两组大约 30 人。蓝色节点代表选择善良和合作的人，红色节点代表选择剥削、不合作以及背叛的人。节点的大小与连接数成正比。

在固定性的社会关系条件下，被试对与谁互动没有控制权（在第 1 轮实验中由实验者分配），这时合作下降，而当邻居利用被试时，被试别无选择，只能背叛。请注意，有很多连接的被试大都是背叛者，因为他们在面对剥削时很难保持合作。实验结束时，只有少数几个人继续保持合作，在群体的边缘聚集在一起。

在流动性的社会关系条件下，被试可以选择每轮实验中与谁连接（除了选择合作还是背叛），这种情况下合作程度更高（蓝色节点更多）。此外，合作者最终会比背叛者拥有更多的连接。

通过改变社会关系，我们可以使一群人对彼此刻薄或友善。

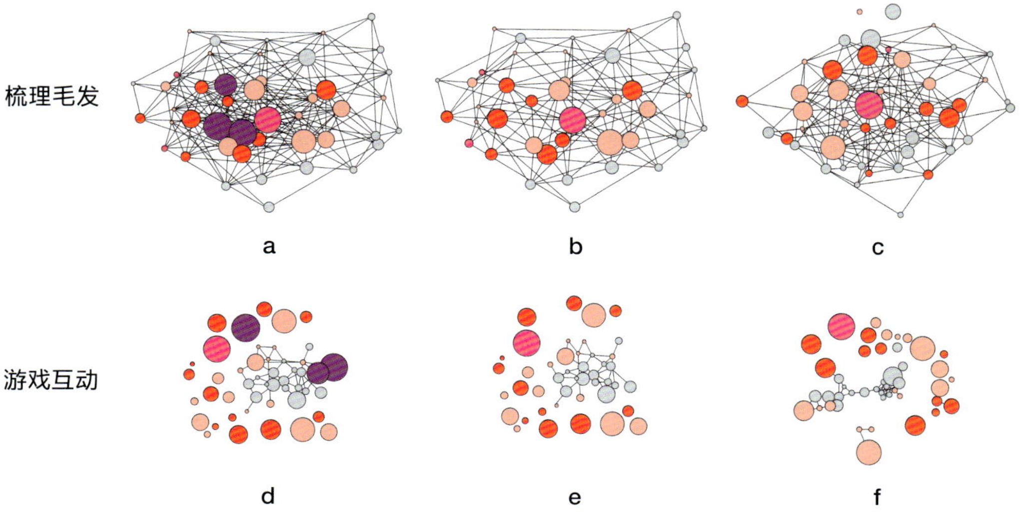

彩图 2　当领袖被“淘汰出局”时，豚尾猴社会网络结构的变化

每个节点代表一只豚尾猴，紫色节点代表领袖，玫红色节点代表阿尔法雌性（群体中最重要的雌性），红色节点代表雌性家长，淡粉色节点代表其他成年豚尾猴，灰色代表未成年的个体。图 a、图 b、图 c 代表梳理毛发的关系，图 d、图 e、图 f 代表游戏互动关系。图 a 和图 d 是原始条件下的社会网络结构，图 c 和图 f 是实验条件下的社会网络结构。在实验条件下，领袖被“淘汰出局”，然后通过观察重新绘制了社会网络图。图 b 和图 e 也是原始条件下的社会网络结构，只不过将领袖直接从数据中删除，但不是现实中删除。如果把 3 个领袖及其连接关系从数据中移除，而不是在现实中真的将领袖“淘汰出局”，那么图 b 和图 e 相比图 c 和图 f 则更像是原始条件下的社会网络结构，这意味着领袖真的被“淘汰出局”比仅仅失去 3 个领袖及其连接关系更不稳定。

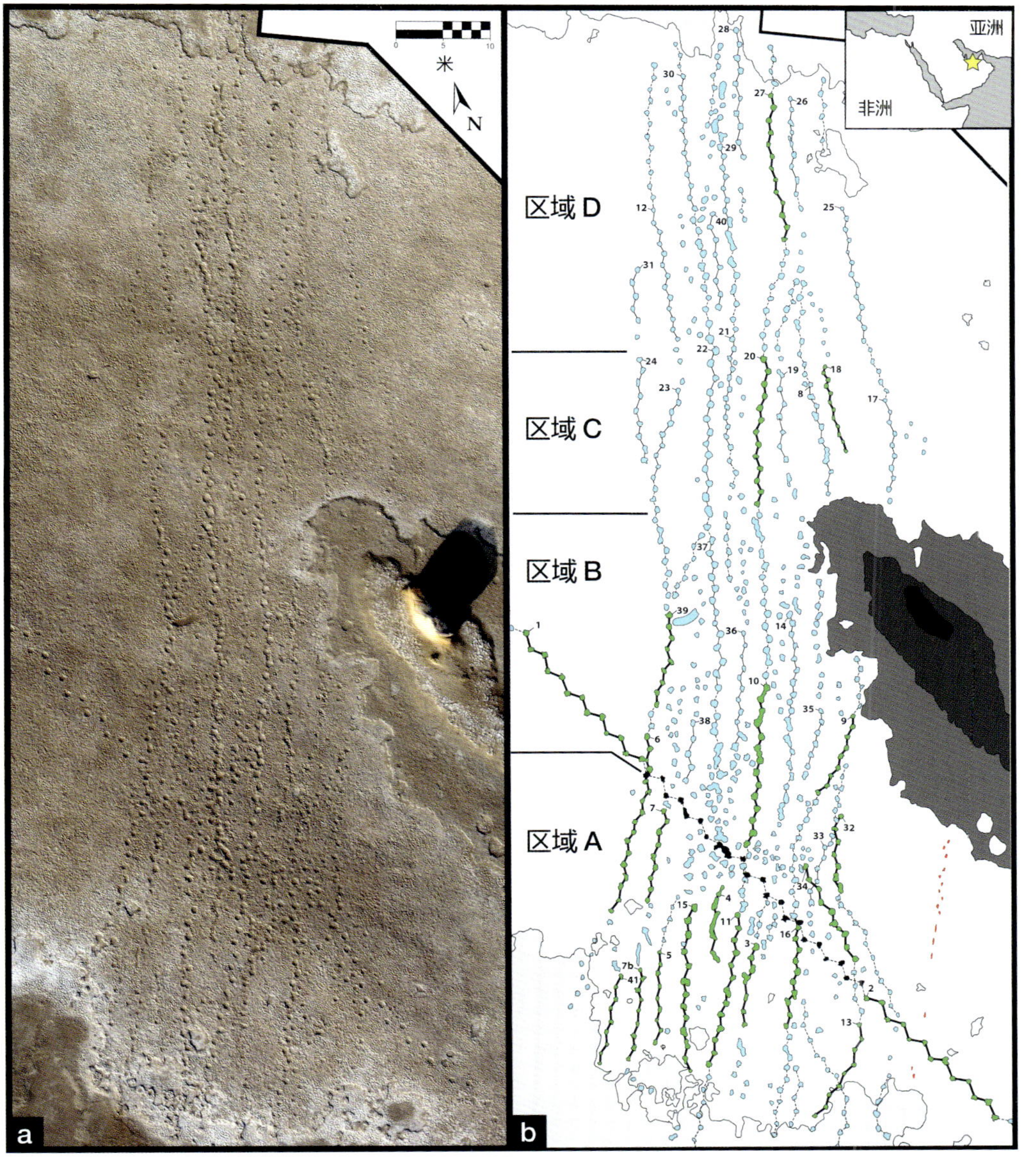

彩图 3　古代大象的足迹

图 a 显示了一张 700 万年前的大象足迹化石的航拍照片。这些足迹化石位于阿拉伯联合酋长国的沙漠中。图 b 显示了某头特定雌性大象的行走足迹，可以看到，这头孤独的大象的路径正对角地穿过了其他足迹。这些古老的足迹反映的社会组织与今天的大象是一样的。

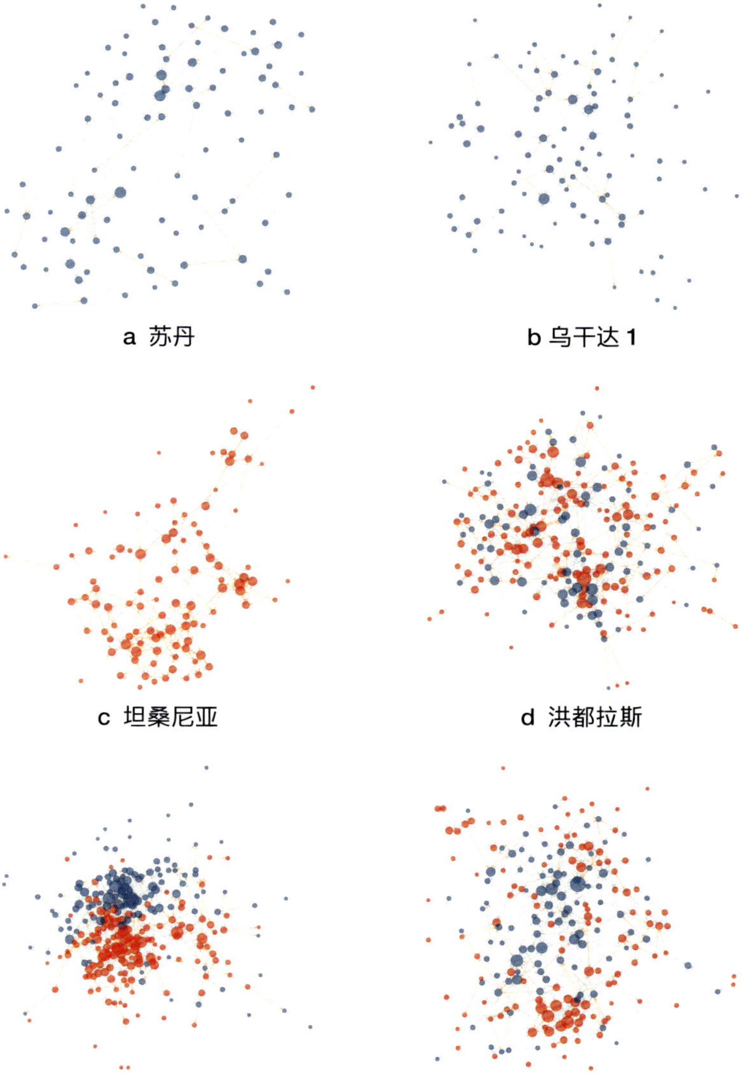

彩图 4　世界各地的社会网络示例

在所绘制的小群体和村庄面对面互动的社会网络图中，蓝色节点代表男性，红色节点代表女性。节点的大小代表每个人的连接数量，节点越大，表示这个人拥有更多的社会连接关系。橙色的线表示亲密的家庭关系（父母、子女、配偶和兄弟姐妹），灰色的线表示所有其他类型的关系，主要指不相关的朋友。这些网络的规模从 91 人到 261 人不等，在世界范围内表现出显著的结构一致性。但也存在一些有趣的差异，比如性别差异以及在更广泛的网络中存在相互关联的人的小圈子。

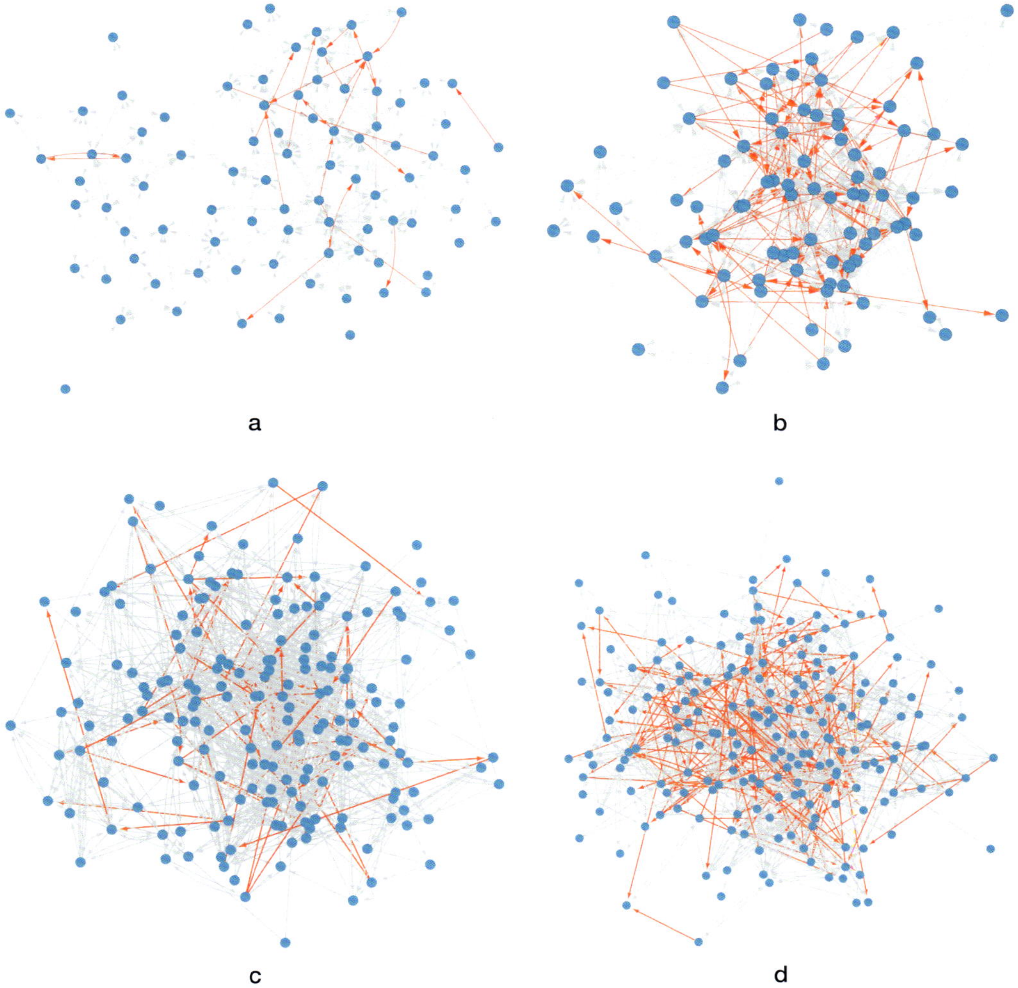

彩图 5　4 个村庄的社会网络

这 4 张图是洪都拉斯 4 个村庄的社会网络图。蓝色节点代表人，灰色的线代表友谊（正面）的关系，红色的线代表敌对（负面）的关系。图 a 和图 b 代表两个较小的村庄（*N*=86，87)，图 c 和图 d 代表两个较大的村庄（*N*=204，184)。图 a 和图 c 代表敌对程度较低的村庄（8.5%，9.6%），图 b 和图 d 代表敌对程度较高的村庄（40.0%，32.2%）。通过村庄中积极关系和消息关系的比例来衡量。

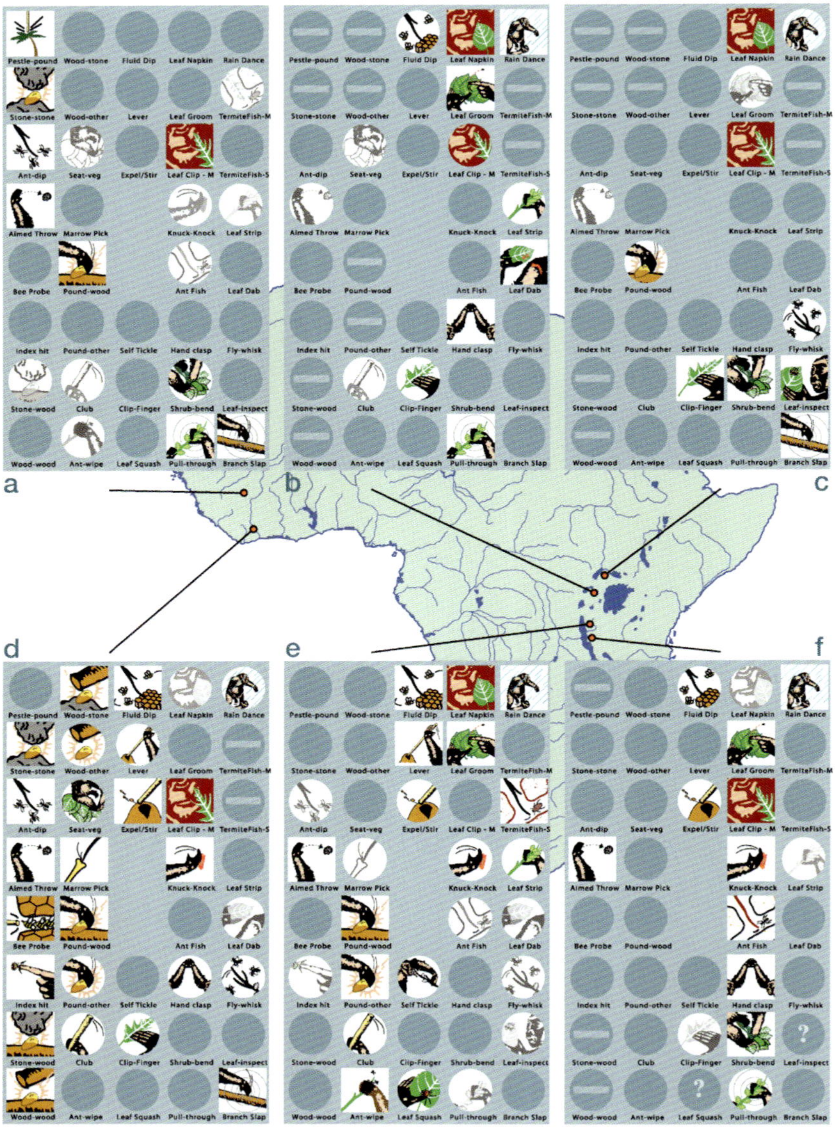

彩图 6　非洲 6 个黑猩猩群体的文化元素

图中显示了非洲 6 个黑猩猩的野外遗址，以及这个物种广泛的文化习俗。每个图标表示一个行为习惯，在图中呈 5 × 8 的阵列。方形图标表示习俗性的行为，圆形图标表示习惯性的行为，单色图标表示仅仅存在的行为，单杠的图标表示没有这种行为，但存在生态学解释，例如，在没有藻类的环境中没有藻类捕捞。问号表示情况不确定。总的来说，每个遗址都有自己独特的行为文化模式。

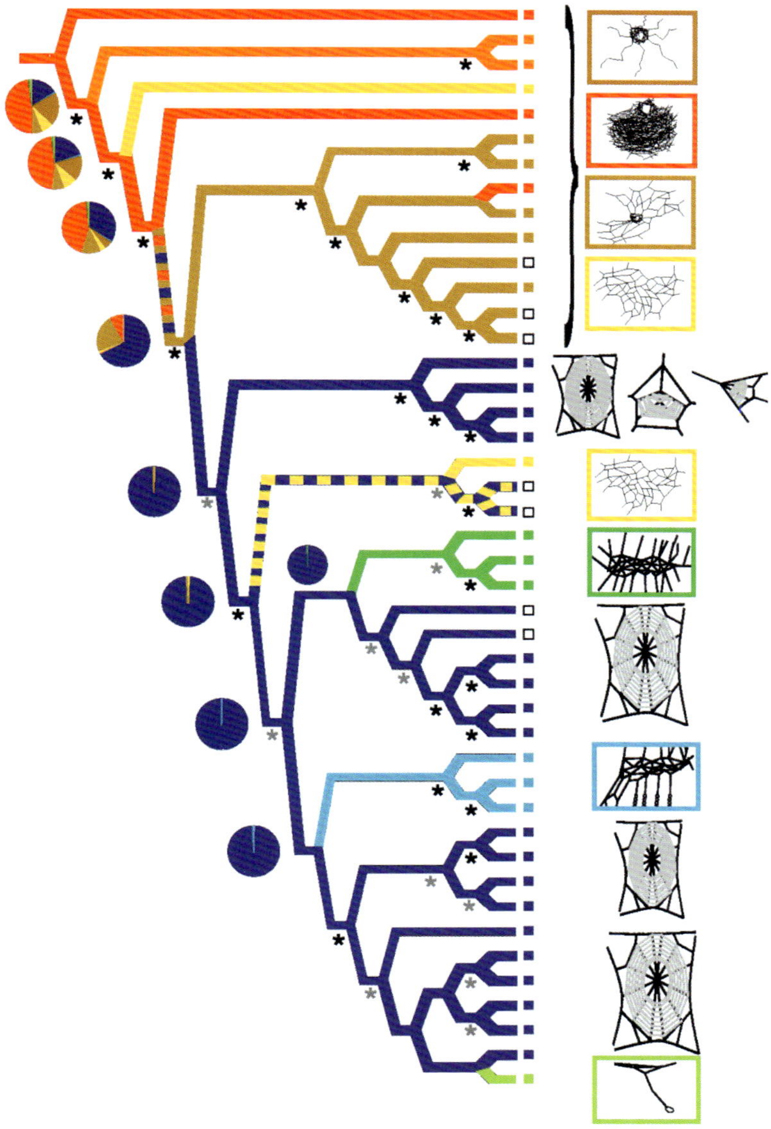

彩图 7　蜘蛛网的进化

分支颜色代表在蜘蛛进化过程中可能的网络形态进化重建。黑色和灰色的星号与饼状图显示了相关分支点科学证据的强度(这里不相关)。不同种类的蜘蛛网类型千变万化，这是由进化决定的。这是一个动物的“人工制品”的例子，它的结构由动物的基因决定。

彩图 8　僵尸蚂蚁

寄生行为控制最令人毛骨悚然的一个例子是所谓的“僵尸蚂蚁”。某些种类的蚂蚁很容易被一种称为偏侧蛇虫草菌的真菌感染。在感染之后，这种真菌能够“命令”蚂蚁爬上有一定高度的植物，然后死死咬住叶子底部的叶脉。接着，真菌会杀死蚂蚁，并从蚂蚁的头部长出一条很大的蘑菇形的杆，里面的孢子在未来将会感染更多的蚂蚁。这张照片是反过来的，因为这是叶子的背面，通常可以看到蚂蚁挂在叶子下面，而不是正面朝上。

近些年来，以往对于动物社会消极方面的压倒性的兴趣遭到越来越强烈的反对。以前，许多人只关注动物“牙齿和爪子上鲜血”，只研究动物社会中的竞争、冲突、操纵、胁迫、欺骗，甚至（继续使用更多的拟人化的术语）绑架、强奸、谋杀和同类相食等主题。但是众所周知，爱情、友谊、利他主义、合作和教学等动物社会的积极方面也无疑值得关注。这些都是社会套件的核心特征，是它们使人类成为一个成功的物种并驱离了黑暗。我们对其他动物中的这些特征的理解越深入，对人类这个物种中这些特征的进化起源和目的就更有把握。即便是大象和海豚都能够拥有朋友，这个事实突显出所有人类的共同点。

亲缘关系检测

到目前为止，我们一直理所当然地假设，动物在构建社会关系的时候，它们是能够分辨出亲属与非亲属之间的差异的。但是，它们为什么要这样做呢？它们又是怎样做到这一点的呢？这种能力在物种内部友谊的演变和个体之间朋友关系的形成中所起的作用是什么？

许多动物都能够将自己物种的成员分别归为如下三类：亲缘关系（存在不同程度的血缘关系）、熟悉的非亲缘关系和陌生人。[74] 这种亲缘关系检测（或亲缘关系识别）之所以出现，是因为它使动物得以避免近亲繁殖并且知道应该对谁更好一些，这在进化上是很有益的。对于亲属的偏爱在许多其他领域也会表现出来，包括游戏、组队、攻击和防守等。亲缘关系检测要求动物有能力表达关于其亲缘关系的线索，并且存在用于检测这些关系、用来计算某种遗传相关性指标的神经机制和认知算法。在亲缘关系检测之后出现的过程是亲属歧视（kin discrimination），它指的是动物对亲属和非亲属予以有差别对待的行为。[75]

从进化论的角度来看，亲缘关系对个体行为很重要的一个基本原因与进化生物学家 W. D. 汉密尔顿于 1964 年提出广义适合度（inclusive fitness）理论有关。这个经典理论至少可以追溯到达尔文时代的一个难解之谜：动物在明明对自己没有好处的情况下，还会冒风险去帮助别人，这是为什么呢？这种行为在动物界相当普遍，但是很难用当时流行的达尔文适合度模型来解释。那些模型完全基于个体的复制或生存。例如，一只被捕食吃掉的猎物不可能因为自己变得更难吃了而获益（因为它已经被吃掉了），那么它为什么还要死前拼命消耗能量来产生使捕食者觉得吃起来很苦的化学物质呢？或者，当一只动物在发现了捕食者的时候，为什么要发出警报呢？这样做只会引起捕食者对自己的注意，从而对个体生存产生非常不利的后果。同样，为什么大象要照顾其他成员的后代（我们可以从大量野生动物视频节目中看到这种动人的情景）？正如汉密尔顿观察到的那样："如果自然选择是完全遵循经典模型的，那么除了性行为和父母照顾后代的行为之外，任何物种都不会表现出更多正面的社会性行为。"[76]但是事实上，除了性和育儿之外，确实存在着更多的社会互动。

对此，汉密尔顿给出的理论解决方案是，将个体的达尔文适合度概念扩展为广义适合度概念——这是一种超越了个体的进化利益。汉密尔顿指出，由于有亲缘关系的不同个体拥有许多共同的基因，所以个体可以通过自己的亲属间接地将基因传递下去。这就是说，为了提高达尔文式的进化利益，个体既可以通过提高自身的生存和繁殖成功率，也可以通过提高自己的亲属的生存和繁殖成功率。[77]

汉密尔顿的广义适合度规则可以用如下不等式表示：$rB-C>0$。在这里，C是给予者，即实施利他主义行为的个体的成本（意味着它自己的生存和繁殖会遇到风险）；B是该行为的接受者的利益；r表示两个个体之间的亲缘系数（取值范围为从0到1）。广义适合度理论的主要思想是，如果对亲人的利益足够高，那么即便对个体自己有害，利他主义行为的基因也能进化出来。在描述了"为亲人而牺牲自己"的各种情况后，汉密尔顿写下了如下著名的结论：

> 在我们这个模型生物世界中，生物体的行为严格依赖于基因型，我们希望证明，没有人愿意为拯救任何一个人而牺牲自己的生命，但是每个人在如下情况下，都会不惜牺牲自己的生命——只要能够拯救两个以上的亲兄弟，或者 4 个以上的同父异母（或同母异父）兄弟，又或者 8 个以上的第一代堂兄弟。[78]

自提出之后，汉密尔顿的这个基本思想已经出现了很多变体。[79] 其中一个修正与这种帮助对给予者和接受者的繁殖价值有关，即：一个年老的个体为年轻的个体牺牲自己的生命要比相反的情况更加理性。在现实世界中，我们在 2011 年日本福岛核电站灾难中已经看到了这一点。在那期间，一些日本老年人自愿承担了许多可能会导致自己受到致命的辐射的任务，而使其他人受益。[80]

另一个进化论上的原因为了避免近亲繁殖，因为众所周知，近亲繁殖的后代在生存上处于不利地位。[81] 上述两个目标（帮助亲属和避免近亲繁殖）意味着，动物可以通过某种方式识别亲属与非亲属。但是长期以来，在不同动物物种当中，这种识别到底是通过什么机制实现的，仍然不甚清晰。[82]

最直接的一个机制是空间分布（位置）。对于活动范围很有限的动物，一种有效的方法就是对附近的本物种动物加以照看。它们完全可以遵循“对住在这个地方的动物好好相待”的规则。那些动物很可能是它们的亲属。但是，如果后代之间的距离如果太近，也可能会导致近亲繁殖。对于这种不同目标之间的紧张关系，一个解决方案将是采取“基于性别的散居”策略。雌性可以结成一个群体，而让雄性离开（大象和鲸就是如此）；或者相反，雌性离开，雄性组成群体（就像黑猩猩那样）。这样一来就可以做到，所有动物都只与不来自它们的“家乡”的异性交配（因此交配双方基本上是没有亲缘关系的），同时所有动物都与生活在“家乡”的其他动物友好相处（它们确实是有很大的亲缘关系的）。这种做法在动物王国中相当普遍，因为在这种情况下，动物只需要识别地方，而用不着去识别其他动物个体。许多鸟类都只能认出自己的巢穴，而不一定认得出自己的后代，鸟类学家通过偷偷摸摸地拿走鸟蛋和雏鸟发现了这一点。[83] 这也意味着，活动范围更广泛的物种的利他主义倾向应该更弱，因为他们可能不太确定所遇到的本物种的个体是不是它们的“亲人”。

但是，那些固定“住处”的动物又怎样进行亲缘识别呢，比如说迁移性食草动物和非筑巢鸟类？显然，它们需要其他识别本物种动物个体的方法。有些鸟，通过它们特有的歌声，不仅能识别其他鸟是不是属于自己的物种，还能认出不同的个体。在有成千上万只海鸟栖息的地方，周围空间往往非常广阔且没有什么可供辨识的特征，伙伴们在寻找对方（或自己的巢穴）时可能会面临极大的挑战。而对于王企鹅和帝企鹅这两种企鹅来说，问题就更严重了，因为它们根本没有巢穴。当它们四处走动时，必须抱着自己的蛋和雏鸟一起走。通常来说，在每平方米范围内，会有 10 只左右的企鹅挤在一起，以保持体温，同时避免自己被激烈的南极风吹走。因此，企鹅们别无选择，必须找到一种独特的方式来识别彼此，它们是通过每个个体发出的声学信号进行识别的。[84]

当然，只具备发送出或检测到个人信号的能力还是不够的。还必须有一种识别信号的方法，将特定的信号与特定的个体连接起来。“生理关联”（physical association）是实现信号识别的关键方式。自出生的那一刻起，企鹅、大象和绵羊等各个物种的后代和母亲，就能够利用各种感官线索认出彼此，包括嗅觉上的、视觉上的、触觉上的信息和声音信号。事实上，人类婴儿也是一出生就能识别出母亲的声音的。[85] 长期有密切连接或者从生命早期就建立了连接的动物，通常更能确定彼此之间是有亲缘关系的。大体上说，动物“兄弟姐妹”之间之所以能够做到不相互交配，就是因为它们形成了厌恶与从出生时就认识的动物交配的倾向。这也就意味着，后出生的后代（“弟妹”）将比先出生的后代（“兄姐”）更能区分亲缘关系，因为后出生的后代有更多的经验可用于识别它们的兄弟姐妹，即，它们一旦出生，生活中就有了那些先出生的后代（但是反之则不然）。在人类中，儿童时期的相互接触同样会削弱成年后对彼此的异性吸引力（正如我们在基布兹社群中观察到的那样）。相反，有一些研究报告说，有血缘关系的人如果是分开长大的，那么在重逢时会产生一种强烈的（而且是非常令人不自在的）身体吸引力。[86]

除了位置和个体身份之外，亲缘关系检测的另一个机制是表现型匹配。这是一种更加复杂的机制。表现型匹配的含义是，生物体要评估“其他人”与“自己”之间的相似程度。例如，一个动物可能会使用自己的兄弟姐妹或母亲的气味或声音作为模板来进行比较：如果你闻起来或听起来像我的母亲，那么你必定与我有亲缘关系——哪怕只是一点点；因此，我不应该和你交配，但是我应该帮助你。在某些物种中，生物体实际上进行的是“与自我匹配”，即，根据其他个体与自身相似的程度来进行识别。[87]

在人类中，与亲缘关系检测相关的神经基础和遗传基础至今尚未得到清晰的界定。但是，人类显然拥有检测亲属的生物学能力。绝大多数人都会对与近亲发生性关系的想法感到不安。而且，绝大多数人都能识别出兄弟姐妹。[88] 此外，人们对亲缘关系还有很多其他的想法。从索福克勒斯到莎士比亚，血缘关系错认一直是无数神话、戏剧、歌剧、小说以及故事的主题。

与伴侣之间的配对结合类似，人与人之间持久的情感连接，就足以定义朋友关系了。这种个体层面的恒常性，也映射为集体层面的恒常性。我们在上文中考虑过的各个社会物种中，个体都是“来去匆匆”的：有人出生，有人死去；新知方交，旧雨已尽。但是，物种本身的整体社会组织则可以维持不变，事实上，在许多时候，网络中某些社交关系的倾覆，对于整个网络的维系来说是必不可少的。[89] 就像帆船上的特定木板在破损时必须更换掉一样，这是保持船舶适航性的必要条件。即便旧木尽去，但船只仍存，它的目标也没有改变，社会网络的拓扑结构也是一样。[90] 这也就是说，社会网络的结构（它源于所有的二元友谊关系和我们内部的基因）构成了我们这个物种本身的一个特征。而且，这种涌现的结构是人类与其他哺乳类社会动物共有的，这个事实突显了这个性质对于所有人类社会（无论它们的文化如何）的根本性。

既然我们可以与章鱼拥有同样的眼睛结构，那么为什么不可以与大象拥有类似的交友能力呢？在灵长类动物、大象和鲸身上，都呈现出社会套件的某些组成部分；因为尽管它们在距今超过 7500 万年以前就已经从一个共同的祖先分化出去，但是它们后来又全都独立地和趋同地进化出了这些特征，以应对它们各自的环境所带来的挑战。最初，那些环境挑战都只是外部因素。但是最终，这些动物创造的社会群体本身也成为它们的环境特征，从而进一步塑造和重建了社会行为。动物之所以会进化成更适合社会化生活的原因，是它们发现自己越来越多地生活于社会群体当中。

当然，在动物王国中，友谊仍然是很少见的。人类喜欢结交朋友的倾向是自然选择塑造而成的，并且已经编码在我们的 DNA 中了。我们看到，动物物种中的友谊已经能很好地服务于互助和社会学习的目的了。这种友谊是超越个体、跨越时空传递信息的持久文化能力的基础。人类心理结构的许多其他方面也都与友谊有关，例如，我们在有朋友陪伴时所能体验到的快乐和温暖的感受，以及我们对他们的责任感。

这些事实反过来进一步表明，友谊在人类物种中还有更深层次的作用。我们通过友谊网络组织成群体，这为道德情感的涌现奠定了基础。究其核心，所谓“道德感”就在于如何与他人交往互动，特别是，对于不是自己亲属的那些人如何对待、在亲属优先原则以及广义适合度规则无法为我们提供行动指导时如何行事。

我认为，我们所称的绝大多数的“人类美德”，都必定是“社会”美德。只要我们在意爱、正义和善良，就会关注人们在与其他人相处时如何实现这些美德。人们在意的，通常不是你是不是爱自己、你是不是对自己公平、你是不是对自己友善。人们在意的，是你能不能向他人展示这些美德，是友谊奠定了道德的基础。

COOPERATION
GOOD
LOVE
CULTURE
CONNECT
GENE
COMMON
COMMUNITY
HUMANITY
ORIGINS
SOCIAL
IDENTITY
NETWORK
CIVILIZATION
FRIENDSHIP
BLUEPRINT
UTOPIA
SOCIETY
EVOLUTIONARY
GROUP
INDIVIDUAL

第 8 章

友谊与社会网络

2012 年 7 月 12 日，美国科罗拉多州奥罗拉市的一家电影院发生了一起大规模枪击事件，共有 12 人不幸丧生。但就是在这场惨剧中，体现了人性的光芒：在这 12 名受害者中，有 3 名年轻男子以自己的身体为盾牌，挡住了子弹，保护了他人！[1]枪击发生后，乔恩·布伦克（Jon Blunk）将结识了 9 个月的女朋友詹森·杨（Jansen Young）推倒在地，伏在她身上挡住了子弹。亚历克斯·特维斯（Alex Teves）也以同样的方法为他交往了 1 年的女朋友阿曼达·林德格伦（Amanda Lindgren）挡住了子弹。在弹雨中，马特·麦克奎因（Matt McQuinn）用自己的身躯为盾，立在枪手与女朋友萨曼莎·尤勒（Samantha Yowler）之间。最终，这 3 名女性全都幸免于难。

事后，林德格伦描述了这场惊心动魄的经历："一开始，我非常困惑，到底发生了什么？……但是，特维斯却没有任何犹豫。我在那里待了一会儿，不知道发生了什么。他把我压在身下，遮住了我的头，他说：'嘘……低下头，没事的。嘘……低下头就好了。'我听他话这样做了。"[2]与此类似，布伦克把詹森·杨推到座位底下。"他伏在我身上，让我身体的另一面靠在混凝土座位上，这样我就像装在一个箱子里似的。"詹森·杨后来这样回忆道。[3]当枪击结束时，詹森·杨是最后一个离开剧院的人。她站起身时，才发觉布伦克"全身都湿了”，她当时并不知道那是布伦克的血。她无法相信所发生的事情，并且“试图说服自己，肯定是什么人丢了一个水气球”。[4]

人们愿意为他们的伴侣、孩子以及其他亲属牺牲自己的生命，这样的事情并不罕见。[5]从进化的角度来看，根据我们前面讨论过的亲缘理论，我们不应该对这个结果感到太惊讶，当然，像枪击案中那些人的大无畏牺牲精神是非常感人的。但是，人们也会为他们的朋友牺牲自己的生命，这就很难解释了。当然，为与自己没有亲缘关系的人牺牲生命，这种事情往往发生在战场上，士兵们接受为自己的战友牺牲以对抗共同敌人的训练。真正令人惊奇的是，人们有时也会为他们的朋友英勇牺牲，那些人与他们没有亲缘关系，而且也不是他们必须保护的人。

这种情感在《新约全书》中也有很好的体现：“人为朋友舍命，人的爱心没有比这个更大的。”[6]美国前总统奥巴马在 2016 年 1 月在一次纪念大会上引用了这段圣经经文。那是为了纪念田纳西州诺克斯维尔市的一个年仅 15 岁的男孩扎维恩·杜布森（Zaevion Dobson），他以自己的身体为盾，护在三个朋友身上，以保护他们免受枪击。当枪击案发生时，杜布森和他的朋友们正坐在学校的走廊上。这些朋友都是女孩，她们都活了下来，而杜布森则去世了。[7]这种牺牲行为更常见于男性，但是也不尽然。2015 年 7 月，17 岁的女孩丽贝卡·汤森德（Rebecca Townsend）在疾驰而来的汽车就要撞到她的朋友本·阿恩（Ben Arne）时，奋力推开了他，自己却不幸牺牲了。本在回忆这个事件时说：“我记得的最后一件事情就是，丽贝卡推我，并告诉我快避开。”[8]后来，丽贝卡的家人发现了她在两年前写下的愿望：“在雨中亲吻；飞往西班牙；拯救生命。”[9]

朋友之间还会做出其他有意义的牺牲，例如捐赠器官，或者在战时分享稀缺的食物。[10]总而言之，我们不难看到，人们彼此能够感受到的极端依恋感，绝对不会限于爱人或亲属，友谊的力量是非常强大的。事实上，我的朋友丹尼尔·吉尔伯特（Daniel Gilbert），哈佛大学心理学教授和超级畅销书《撞上幸福》(*Stumbling on Happiness*) 的作者，认为友谊才是幸福的关键决定因素，甚至比婚姻还要重要。[11]

友谊关系

到目前为止，我们一直关注亲缘关系和基于亲缘关系的利他主义行为、交配行为和配对结合行为，以及严格的交换关系。友谊是个人之间的第四种社会互动。我们可以将友谊正式定义为一种典型的意志性的长期关系，通常发生在没有亲缘关系的个体之间。友谊涉及相互的情感和支持，不过可能是不对称的，特别是在某一方需要时。在大多数人类社会中，亲密的朋友关系都违背了无亲缘关系的个人之间的交换关系的准则(我们可以称后者为“一报还一报”)。明确的条件性交易或互惠的交换（“如果你帮我，那么我也会帮你”）是当信任程度过低、友谊关系薄弱或完全不存在时可以观察到的合作和善意的类型。

我们之所以应该回报我们的朋友，是因为他们有这样的需要，而不是因为他们过去为我们做过什么，也不是因为我们预期他们将来会为我们做些什么。而且更加重要的是，真正的友谊不是基于每一方可以为对方做些什么（互助或对彼此有用），而是基于双方的感受（相互的友善或情感）。

朋友之间的关系可以用一些基本情感来刻画，包括亲密感、喜爱感和信任感。[12] 对他人的亲密感，对你是否认为他真的是你的朋友以及是否愿意为他提供帮助至关重要，但是在识别亲属的时候，这种感觉却并不是必需的。而且，人们不需要与他们的朋友结婚或者与他们一起抚养孩子，来形成这种特殊的亲密感。[13] 一个人如果感觉到另一个人与自己非常亲密，那么就已经在一定程度上将那个人包含进了他的自我认同中。朋友其实是这样一个人：你会发现让他受益的事情，也会有益于自己。这也就是说，你为朋友的幸福而感到高兴。科学家们可以用实验通过要求被试评估自己与朋友之间的关系是否可以用两个有一定重叠的圆圈来对这方面的友谊进行衡量（图 8-1)。[14]

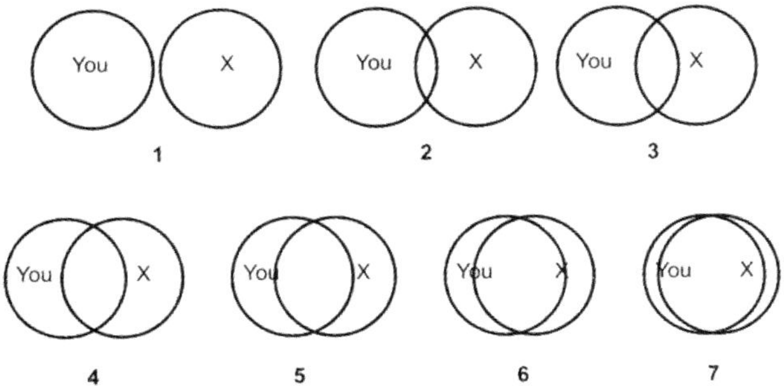

图 8-1 自我量表中包含的其他人

在使用这个量表衡量朋友之间的社会亲密度时，实验者会邀请被试圈出最能描述他们（You）和另一个人（X）之间关系的图片。两个圆圈重叠部分越大，友谊关系越强。

人们与他人之间的友谊，是通过以下特征表现出来的，或者说，这些也是判断人与人之间存在友情的证据：花很多时间做某种专属性的行为（一些只有他们才能默契完成的事情）、有诚实的表达情感的形式、接受对方脆弱的一面，并能容忍朋友的戏弄（因为这表明人们理解朋友的意图是好的）。排他性行为是指不容易向朋友之外的大众表达清楚的行为。花时间与朋友一起或者写个人笔记就是排他性行为很好的例子，因为它们不具有可扩展性并且很难伪造。

利用一个由来自世界各地 60 种有代表性的文化组成的样本，人类学家丹尼尔·赫鲁施卡（Daniel Hruschka）证明，友谊的核心特征普遍存在于人类社会。[15] 在这些文化中，没有一个是不存在友谊观念或相应实践的。而在另一个包含了 400 多种文化的更加广泛的样本中，只有 7 种文化可能不存在友谊。在这 7 种文化的其中 5 种中，社会是极端集体主义的，而且亲密的友谊关系受到了严厉劝阻，因为这被视为对社会团结的威胁。

这种对友谊设置障碍的做法，让我们想起本书第 3 章所描述的若干公社中对待情侣关系的方式。与此类似，在极权主义制度下，每个人都是同志或者“朋友”。公平地说，即便是在（更令人钦佩的）基布兹，居民也经常使用希伯来语 haverim（朋友）来称呼集体的其他成员。但是，即便是在极权主义社会中，友谊也是很常见的。因此，真正值得注意的是，要想抑制拥有一些亲密朋友的“自然冲动”，就需要有非常强大的文化覆盖，就像拜宁人（Baining）必须做出巨大的努力才能让孩子们不爱玩游戏。友谊是具有普遍性的。

而且，在不同文化之间，友谊关系看起来也通常非常相似。在一个由 60 种文化构成的样本中（表 8-1），互助和积极的影响分别在 93% 和 78% 的社会中都观察到了；而且，样本中的任何一个社会都没有被否证，这也就是说，没有一个社会报告认为互助或积极的影响不应该成为友谊的一部分。71% 的社会都明确指出朋友之间不涉及“一报还一报”式的交换。当然，正如一夫一妻制的情况一样，对于某些人来说，它更像是一个想要达到的目标，而不是一种严格的现实，理想的友谊类型与友谊的实际经验或实践之间还存在着差异。

然而，尽管存在上述相似之处，友谊还是有某些特征只出现在了某些社会中，例如，经常性的身体接触和正式的承诺仪式。2005 年，当看到美国前总统乔治・W. 布什与沙特阿拉伯王储阿卜杜拉手牵手时，美国人觉得有些惊奇，但是他们发出的信号表明他们是朋友。[16] 反过来，在西方国家可以观察到的友谊的某些方面，在其他文化中并不常见。个人信息的自我披露，这在美国是典型的，但是在上述样本中，只有 33% 的社会有这种行为，而且有 10% 的社会认为这并不是友谊的一个特征。在美国，经常一起参加社交活动是友谊的一个典型方面，但是在这个样本所包含的社会中，只有 18% 的社会这样认为，而且 55% 的社会明确指出友谊并不要求朋友花很多时间在一起。

表 8-1　60 个社会中的友谊特征

特征	肯定此项特征的社会所占的百分比（%）	否定此项特征的社会所占的百分比（%）
行为		
互助	93	0
赠送礼物	60	0
特定的交友仪式	40	4
自我披露个人信息	33	10
非正式性（相处随意）	28	0
经常性的社交活动	18	55
身体接触	18	0
感情		
积极的影响	78	0
妒忌	0	0
原因的解释		
“一报还一报”	12	71
需要	53	0
形成与维系		
平等	30	78
自愿性	18	64
私人性	5	66

此外，在如何表达友情方面，各个社会之间还存在着其他一些文化差异。在 28% 的社会中，朋友之间的亲密关系，可以通过非正式或随意的相处方式来表现。人类的这种友谊行为中，有一些可以视为自爆弱点或信任对方的指标，与其他灵长类动物的某些行为有相似之处。例如，在某些卷尾猴中，朋友之间会玩一个名为“相互咬手指”的游戏：其中一只卷尾猴将一只手指插入另一只卷尾猴的嘴巴中，另一只卷尾猴则咬住这个手指，力度要保持在第一只卷尾猴无法抽出这只手指，同时又不会真的使之受伤。[17]

丹尼尔·赫鲁施卡认为，友谊可能是作为一种鼓励在充满不确定性和变异性的环境中进行合作和互助的社会关系而进化出来的。[18] 在缺乏相对正式制度的情况下，友谊是一种抗御意外挫折的保险机制。我的实验室正在试图通过实验来检验这个思想。我们正在开展一项公共卫生项目研究。这个项目于 2015 年启动，涉及洪都拉斯西部地区的 24 812 人，主要目标是改善孕产妇和儿童的身体健康。同时，我们也正在评估引入正式制度（如上门服务护士、小诊所、警察局或信用社）是否可以取代友谊或至少改变其意义和作用。例如，提供永久性或正式的医疗保健设施，意味着社会关系可能会改变、友谊的重要性可能会减弱。虽然一个人的核心朋友可能仍然会保持下来，但其他的一般朋友则可能会失去。

在美国，与中产阶级相比，工薪阶层更经常报告说，自己的生活需要在一定程度上依靠他们的朋友和邻居，可以从他们那里获得很多实际的帮助，例如照料儿童、心理建议、精神鼓励、汽车和房屋的维修，以及现金礼物或借款。这种依赖性，使他们更深地扎根于他们所在的社区，并在那里建立起更加紧密的连接。相比之下，富裕人士对社区中的朋友的依赖性更低，因此他们可以更自由地迁居他乡。[19] 从这个角度来说，现代性的长期发展，可能会削弱我们结交朋友的天然倾向。

可以进一步证明人类友谊的"先天性"的一个证据是，友谊发展的过程在各种文化之间都是类似的。友谊发展的第一阶段出现在 5 岁到 9 岁之间，孩子们特别在意一起参加活动和各种肤浅的奖赏（"我就是喜欢和她一起玩乐高玩具"）。[20] 第二阶段大约从 9 岁开始，孩子们逐渐过渡到开始掌握关于友谊的各种抽象概念，例如忠诚和信任，并认识到作为朋友的责任和义务。到了第三阶段，即青春期，与友谊有关的预期变得更加抽象，开始专注于承诺、同理心和感情。许多青少年声称，他们的友谊的深化，不仅仅因为他们是朋友，还因为他们之间的关系本身。当然，所有这些都会受到不同社会的文化的强烈影响。体育团体、兄弟会和"结拜仪式"（例如在一些传统社会中可以看到的）等制度形式，可能会以该文化特有的方式加强或促进友谊。

结交朋友的冲动往往如此强烈，以至于很多年少的孩子甚至拥有一些想象中的朋友，而且能够与“他们”非常快乐地互动。孩子们甚至还会说，他们一直试图避免伤害这些想象中的朋友的感情。一项研究表明，在 7 岁的孩子中，大约有 63% 都有至少一个想象中的朋友。[21] 根据孩子们的描述，这些想象中的朋友千奇百怪：“德雷克是一个只有 0.6 米高的 91 岁老人，但是他可以‘打倒一头熊’”“拜恩托是一个无形的男孩，他‘生活在光明中’”“荷卡是一个 3 岁的无形的小男孩，他很小，但是‘非常喜欢夸夸其谈’，而且有时候‘挺坏的’”。我妻子童年时也有想象中的朋友 Toctoe 和 R，他们对她来说非常重要，几十年后，当我和她发生了意见分歧时，她还会开玩笑地邀请他们来“仲裁”。

作为一种社会连接，朋友关系可以和亲缘关系一样强大。例如，在一项实验中，需要被试保持一个痛苦的姿势来为不同的人“争取利益”，结果表明，为了自己的利益，人们愿意保持痛苦的姿势 140 秒；为了最亲的亲人的利益（如兄弟姐妹或父母），则愿意保持痛苦的姿势 132 秒；而为了堂兄弟则可以忍受痛苦 107 秒；另外，为了帮助其他孩子，则愿意忍受 103 秒。但是，为了他们最好的朋友的利益，他们愿意忍受痛苦 123 秒！[22]

银行家悖论

两个人之间可以交换的商品和服务的多样性、每个人可能需要帮助的时间的不确定性，以及长期提供某些物品的未来可能性，所有这些都使“一报还一报”式的交换在某些情景下难以实现。但是，这些正是最需要友谊的地方，而且，友谊在进化意义上的价值也就体现在这里。对于世界各地任何社会的人，真正的朋友要经受的考验只有一个，那就是，他（或她）是否愿意给你所需要的东西，而且没有预期到任何交换条件。事实上，如果某个“假想的”朋友明确表示希望在未来得到回报，那么就会被视为缺乏友谊的表现。这个论断在何种范围内成立，可能会因个人、文化和环境而异。但是无论如何，友谊总是意味着放松对等价交换的期望。[23]

在我的实验室中，我们绘制出坦桑尼亚、苏丹、乌干达与其他一些国家和地区的社会网络。在绘制过程中，我们就是根据上面这个思想，设计匿名送礼的方法来识别朋友关系的。例如，在哈扎人中，蜂蜜是一种非常珍贵的食物，因为它很难获得（需要爬上高高的树木，将蜂巢打下来，并被蜜蜂蜇伤）；我们希望观察哈扎人会将礼物匿名送给谁，所以我们向被试提供了一些蜂蜜，并要求他们选择礼物接受者。这使我们能够绘制出他们当中重要的社会关系，而且其中大部分都与非亲属有关。当然，我们没有能力爬树取蜜，因此我们购买了一些蜂蜜条，装在手提箱里带进了坦桑尼亚。

人类拥有朋友，并拥有支持友谊关系的情感，类似人类这个物种中伴随着性关系的依恋感和爱情，这个事实足以证明，简单的“一报还一报”式的互惠模型是不能完全解释社会生活中的利他主义和友谊的。但是，为什么人类会进化出这种情感工具？进化心理学家约翰·图比和勒达·科斯米德斯认为，这种建立友谊关系的能力反映了人类这个物种在进化历史上对所谓的银行家悖论（banker's paradox）的反应。银行家悖论刻画的是这样一种情形：最需要资源的那些人，也正是银行家最不愿意贷款的那些人。[24]与此类似，当我们的狩猎－采集者祖先最需要帮助时，也正是其他人最不可能提供帮助的时候，因为害怕永远无法得到回报。友谊可能就是为了应对这样的环境而进化出来的。

在困难的情况下，应该帮助谁？做出这样的决定所需要的认知适应，肯定要与可能接受帮助的人在未来有无能力或意愿偿还债务相协调。换句话说，你需要有能力确定一个人是否具有良好的信用（风险）。或者说，这个人真的是你的朋友吗？如果受到帮助的人永久性地残疾了，又或者移民了或死去了，那么其他人对这个人的全部“投资”都将付之东流。但是，如果需要帮助的人面临的问题只是临时性的，例如，当一个人溺水时，你只需要将一根树枝递给他，同时自己安全地站在岸上，那么这个人将是一个很好的“投资”对象，并且会成为一个“好”的朋友。如果有一个系统，能够将这种类型的交换都在“心理账户”连续地记录下来，那么无疑将是非常有价值的。从进化的角度来说，进化出在他人需要帮助且这种帮助不用付出过大代价时给予帮助的能力，以及跟踪这种连接的能力，对所有相关的人都是非常有用的。

图比和科斯米德斯认为，在狩猎－采集社会中，感染、受伤、食物短缺、恶劣的天气、运气不好以及其他群体的攻击，构成了持续不断的威胁，从而产生了重大的进化影响。用他们自己的话来说：

> 在自己的福利受到严重威胁的紧急关头，如果不能得到帮助，就很可能失去生命。获得援助的能力所具有的自然选择效应要比在健康、安全和有充足的食物时培养社会交换关系的能力更加显著。……然而，自然选择似乎青睐这样一种决策规则：其他人会在你最需要帮助的时候抛弃你。对于我们的祖先来说，这种反复出现的困境构成了一个严重的适应问题，如果能找到这个问题的解决方案，那么自然选择就会强烈地青睐它。[25]

对于个人来说，摆脱这种困境的方法就是拥有朋友，尤其是特别愿意为你做出奉献的朋友。在生死关头，当等价交换无法进行时，获得友谊的能力是非常有用的，而且这正是使友谊成为人类这个物种的一个如此有价值的适应的原因所在。此外，为了便于心理账户的“记账”，在产生了友谊的情况下，进化赋予我们的心理结构使每个人都会油然而生自己是不可替代的人的感觉。个性对此至关重要。事实上，你对你的朋友来说是不可替代的（尽管你对陌生人来说“并没有什么了不起的”），这个事实本身就表明个性与友谊之间存在着深切的连接，个性是社会套件的另一个关键组成部分，也就是个人身份。

但是，人们不是有亲属吗？为什么人们在艰难时期不能仅仅依靠从亲属那里获得的支持？这有几个原因。亲属有时会成为争夺家庭内部资源的竞争对手，例如，对父母的关注和遗产的争夺。此外更加重要的是，许多集体任务，例如捕猎大型猎物和安全地穿越复杂地形，可能需要组成较大的群体，其规模也许远远超过亲属可能组成的最大群体。而且，直接的亲属还可能缺乏应对特定问题所需的技能、知识和能力，因为亲属都具有非常相似的基因和特征。在许多时候，与非亲属建立连接是获取新想法、新技能以及其他资源的唯一途径。因此，非亲属连接可能对人类这个物种的创造和维持文化的能力的涌现特别关键，而这种能力对我们的生存至关重要。

如果银行家悖论确实是人类这个物种的进化景观特征，那么我们就有理由期待会看到多样性适应（以提供更多的“信贷”）的进化。与友谊关系的发展一致，人们可能希望因自己的个性被认可和重视，还可能会在他们的社交生活中出现的新人新事威胁到他们的特殊地位时感到嫉妒（甚至可能会采取报复行为）。将某人称为“不可替代的”，是一种通用的赞美形式。人类的许多心理现象都反映了社会可替代性的威胁性本质，包括我们似乎希望组建的群体足够小以保证个性得到尊重。因而，个性对于社会群体的形成以及整体如何从各个部分中涌现出来是至关重要的。这一点实在是饶具讽刺意味。

从这个角度来看，生活在现代市场经济中的许多人所感受到的疏离感（“异化”感）不是没有道理的。对于由正式制度和官僚机构所导致的匿名性，人们往往会觉得不满意。如果你的生活中永远只充斥着与陌生人进行的有先决条件的显式交易，而且，交易的频率和体量在我们这个物种以往的进化历史中是没有出现过的，那么这确实有可能会令你痛苦不堪。人类进化造就的心理结构，把这种交易视为一种标志：我们与周围的人进行的一般交往是多么肤浅、甚至毫无意义，同时我们对于命运的突然逆转又是多么脆弱！没有朋友，我们就会觉得自己赤身裸体、孤立无助。

关于友谊的遗传学

除了友谊的文化普遍性、发展一致性和进化合理性之外，最新的关于社会互动的遗传学研究，提供了交友是一种天生倾向的最后一组证据。基因在友谊关系的形成、性质和结构中都发挥着重要作用。[26] 在一项研究中，我的实验室对 307 对同卵双胞胎的友谊模式进行了研究，然后将这些模式与 248 对异卵双胞胎的友谊模式进行了比较。如图 8-2 所示，同卵双胞胎的网络结构比异卵双胞胎的网络结构更加相似，这证明了我们的基因在自己创造的社会网络中的作用。[27]

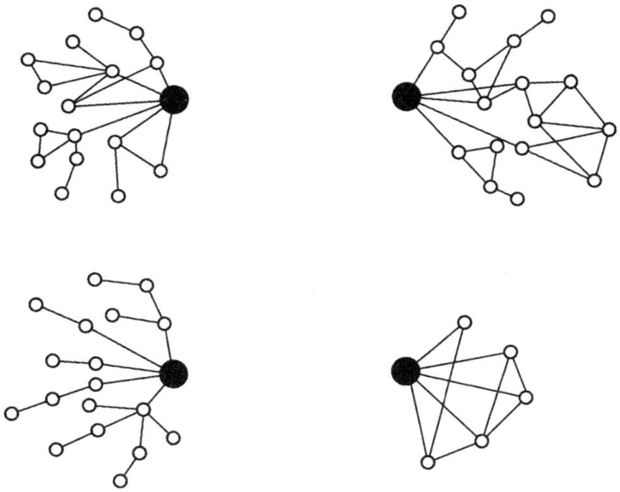

图 8-2 同卵双胞胎和异卵双胞胎的社会网络结构

上面两幅小图显示了一对同卵双胞胎的社会网络结构图，下面两幅小图则显示了一对（同性）异卵双胞胎的社会网络结构图。在图中，双胞胎用实心黑色圆圈表示，他们的朋友则用空心圆圈表示，每个人之间的朋友关系用连线表示。同卵双胞胎之间的社会网络（无论从视觉上看，还是从定量的角度上看）的相似度比异卵双胞胎更高。这个事实是显而易见的，且与友谊网络的部分取决于遗传因素一致。如果基因没有发挥任何作用，那么同卵双胞胎的社会网络将不会比异卵双胞胎的社会网络更加相似。

只要你稍微思考一下，就会发现这个结果并不奇怪。有些人天生害羞内向，有些人天生善于交际。我们发现，不同的人可以拥有的朋友数量的差异，有 46% 可以用他们的基因来解释。我们还进一步发现，这些人之间传递性的差异也有 47% 可以用他们的基因来解释。例如，在一个由贝蒂、苏和简组成的群体中，苏与简是否是朋友，不仅仅依赖于苏的基因和简的基因，而且还依赖于贝蒂的基因。怎么会这样？两个人彼此是不是朋友为什么会依赖于第三个人的基因？我们认为，原因在于人们在是不是将自己的朋友介绍给对方时，会有不同的倾向。贝蒂也许就是那种让整个社会结构围绕着她组织起来的人。

这是一个令人兴奋的发现，它促使我和政治科学家詹姆斯 · 富勒（James Fowler）着手思考这样一个问题：人们如何在周围社会环境的基础上采取行动来构建“社会生态位”。在生物学领域，有一篇历史悠久的讨论生态位构建理论的文章，研究例如兔子挖掘洞穴、鸟儿筑巢、蚯蚓钻洞改变周围土壤，以及细菌分泌化学物质注入环境等问题。不过，我们在这里要考虑的问题是，人们是否也参与了社会生态位的构建，也就是人们是否以有利于他们自己的方式重塑他们的社会环境，并且在进化历史上可能影响了人类这个物种的进化，我们将在第 10 章再来深入探讨这个思想。

基因不仅会影响社会网络结构，还会影响人们如何选择他们的特定朋友，就像进化塑造了我们对特定伴侣的“口味”一样。从进化的视角来看，这种选择性也是由已经拥有的朋友以及其他因素所塑造的。例如，你也许可以根据他们评估你的需要和意图的能力，或者根据他们将你视为一个特殊个体的能力来挑选你的朋友。你也可以选择那些想要得到的东西与你相同的人，或者选择能够为你带来好处的人（例如，他们特别不会迷路，或者特别能找到食物）来做你的朋友。对此，图比和科斯米德斯这样认为：

一个人，如果重视的事物与你相同，那么他所有的事情就等于不断采取行动，将当地世界变成一种有利于你的形式，这是他为了使世界适合于

> 他自己而采取的行动的副产品。对于这一点，很容易从现实世界中举出一些例子来说明。例如，你的室友与你喜欢相同的音乐，或者他不会将空调设定为你不喜欢的温度。就一般情况而言……一个你的敌人所害怕的人，或者一个将很多追求者吸引到你们身边的人，可能要比一个可靠的互惠者更有价值（如果他的口味与你自己的有很大的不同的话）。[28]

对于为什么要选择与自己相似的人做朋友，我们还可以列出更多的理由。对环境是否适于生存的评估很可能包含了很大的风险（例如，如果环境突然变成了会致死的，那么可能等到你发现的时候已经为时已晚了），因此人类已经进化出与类似的个体联合起来，以便更有效地抵御风险的愿望。这一点对于要面对多种不同的环境的物种特别有用。但是，给定环境的承载能力限制了这种策略的有效性。如果资源确实非常有限，那么生活在特定地区的个人不可能都做同样的事情，例如，如果树木很少，人们不可能全都住在树屋里；或者，如果芒果供不应求，人们就不可能只靠吃芒果类食品维持生存。因此，合理的策略有时候也需要避开本物种中的相似成员。

也正是出于这些原因，虽然人类普遍有“人以群分”的偏好，即渴望与自己相似的人相处。homophily 一词，在古希腊语中就是“喜欢同类”的意思。但是这种倾向也可能与异质偏好共存，heterophily 一词，基本含义就是“反向相吸”。[29] 例如，你可能希望你的室友喜欢的音乐和室内温度与你相同，但是如果希望有人帮助你做你不擅长数学作业，你最好希望会有一个与你不同的人。

朋友之间也可能以一种很微妙的方式组织起来，而缺乏明显的“表现型”。心理学家塔利亚·惠特利（Thalia Wheatley）、卡洛琳·帕金森（Carolyn Parkinson）和亚当·克雷恩鲍姆（Adam Kleinbaum）进行了一项重要研究，他们分析了嵌入在一个由 279 名学生组成的自然形成的社会网络中的 42 名学生被试的大脑反应。每个被试都要躺在功能性核磁共振扫描仪中观看同样的 14 段视频剪辑（包括一段感伤的音乐视频、若干吵闹的喜剧片段，以及一些非政治性辩论），然后对他们观看剪辑时大脑各个区域的血流进行测量。[30] 结果表明，朋友双方对刺激的反应模式非常相似。因此，从神经解剖学的角度来看，朋友双方对周围世界的感知、解释和反应等各方面都是相似的。我们甚至可以根据各个被试在观看不同视频片段时大脑的血流模式来推测谁与谁是朋友！

而且，朋友双方甚至可能在基因型上也呈现出相似性，而不仅仅在表现型上。[31] 这有四个原因。第一，相似的基因型可能只是朋友们通常来自同一个地方这个事实的反映。如果一个希腊人选择另一个希腊人作为自己的朋友，那么我们在发现这对希腊朋友有某个共同的基因变异时，不必过于惊讶，因为他们来自世界同一个小角落。第二，人们可能会主动地选择基因型相似的人做朋友。如果运动员喜欢和运动员交朋友，那么我们不应该奇怪他们有某些共同的"运动基因"变体，例如快速肌肉纤维或与耐力相关的 ACE 基因变异。[32] 第三，具有基因相似性的人可能更喜欢选择相同的环境。例如，如果你喜欢在高海拔地区跑马拉松并且拥有适应这种运动的身体，那么你很可能会在山上遇到别的与你一样喜欢这样做的人。这样一来，你和你的新朋友都携带了能够增加血液结合氧气能力的基因变异也就不足为奇了。第四，第三方可能会选择具有相似特征的人居住在同一个地方。例如，音乐学院只接受在音乐方面特别优秀的学生，所以如果这些学生朋友都拥有与音乐能力相关的基因变体（例如 SLC6A4 基因，它与音乐记忆有关），[33] 也就不足为奇了。不难看出，上面这四个原因并不是相互排斥的。

当然，朋友之间的基因型也可能是不相似的。出现这种情况有以下两个原因。第一个可能的原因是，某些环境因素可能会促成具有不同特征的个体之间的相互交往。例如，单位领导可能会主动组建一个具有异质性技能的团队。想象一下，杰森在选择阿尔戈号的船员时，必须确保他们当中至少有一个人是有特别好的视力的舵手，而其他人则是优秀的桨手。第二个可能的原因是，人们也可能会主动选择与不同于自己的人交朋友。在史前时代，狩猎大型食草动物可能需要一个由拥有各种不同技能的人组成的群体——速度很快的跑手、力气很大的长枪手、观察力敏锐的追踪者等。

重要的是，所有上述因素可能是同时发挥作用的。人类可以根据各种特征选择朋友和环境，以形成不同程度的协同性和专业化。因此，是人以群分好，还是求同存异好，不可一概而论。但是总体而言，我们观察到的均衡趋势是趋向于物以类聚、人以群分。[34]

我的实验室对此进行了定量分析。在一项研究中，我们分析了身处 1366 对友谊关系中的 1932 个不同被试的 466 608 个基因位点，以评估朋友之间基因相似性的程度。[35] 正如我们在分析配偶之间的基因相似性时得到的结果一样，我们发现朋友之间的遗传相似度要显著高于来自同一种群的陌生人。作为一个比较基准，这种相似效应的程度大体上相当于第四代表兄弟之间的亲缘系数。这也就是说，当一个人在一群人中选择朋友时（这个人与这个群体的所有成员都不存在亲缘关系），他们对于遗传上与他们更相似的人有一定的偏好，这种偏好尽管很轻微，但仍然是可以辨别出来的。我们甚至可以用任何两个人之间基因型上的相似性指标来创建一个友谊评分表，这个表能够预测他们在初次见面时是否就可能成为朋友。[36]

那么，上面这些结果可以告诉我们什么呢？这说明，在人类社会中，亲缘关系检测的作用已经得到了大幅扩展。[37] 换句话说，朋友相当于在功能上有亲缘关系，但不是真的有亲缘关系。与这样一些在功能上相关的人建立起社会关系（“功能上相关”的含义是他人以类似于自己的方式感知并应对环境），就可以使双方都能够从对方有意或无意地创造的利益中获益。如果一个人生火，且他和另一个人在相同的环境中感到寒冷，那么双方都会受益。这样一来，自然选择就成了影响朋友选择的一个“杠杆”，因为我们选择的朋友会影响我们能否生存下去的概率。

有可能，这种受基因引导的友谊偏好源于人类进化出更喜欢某些亲属而不是其他亲属的偏好过程。想象一下，你有 10 个堂兄弟，但是你不可能在所有堂兄弟身上都花同样多的时间。此外，再想象一下，组建一个团队对你的生存有益，那么你应该会选择与你相同的基因最多的那几个堂兄弟，这是合乎情理的。人类已经进化出识别基因水平上与你更相似的堂兄弟的方法。然后，同样的进化过程，在使你更偏好某些堂兄弟的同时，可能会通过扩展适应（如我们之前所讨论的），扩展到那些原本就不是你的亲属的人那里。[38] 当你从一群人中进行选择，你自然会选择那些像你的远房堂兄弟的人做你的朋友。

我们对友谊生存优势的分析，得出了支持上述结论的更多见解。使用基于突变率的基因组技术，我们发现，从总体上看，在整个基因组中，与其他基因型相比，人类倾向于与他们的朋友共同拥有的基因型更有可能是在最近进化过程中接受自然选择的（在最近的三万年间）。为了说明这一点，考虑如下与语言能力相关的基因的例子，例如 FOXP2 就是发挥这种作用的基因。想象一下，具有这个基因突变的第一个原始人获得了真正的说话能力，而不仅仅是发出咕噜咕噜的声音，这是一个相当大的进化优势。如果这个人与另一个具有类似突变的人交上了朋友，那么他们就可以相互交谈，从而语言的进化优势就会得到极大的提高。如果没有交到这样的朋友，那么这个突变的用处就可能会少得多，还可能会被淹没在人群中，进而彻底消失。其他基因突变体的适合度优势（例如，与防止感染相关的或与相互合作相关的突变体），可能会受到它们在有连接的其他个体中的并行存在或不存在的影响。

这个事实表明，朋友之间的相关基因型似乎处于正向选择中（正向选择是指流行程度会不断增加），其他人的基因可能会改变某个人的基因适合度优势。人类的进化环境不仅仅限于物理环境（阳光、海拔等）和生物环境（捕食者、病原体等），还应该包括人类的社会环境。[39] 这些结果给出了更多的证据，证明社会互动引导了人类物种的进化。

因此很有可能，从表面上看，这似乎有点自相矛盾。人类就是在开始频繁地与没有亲缘关系的个体进行社会交往时，进化出更愿意与自己相似的人交友的偏好的。例如，当人类群体的规模变得足够大，以至于群体中不再存在很多直系亲属的时候；或者，当人类开始散居在更辽阔的地区，远离自己的出生群体并更频繁地与陌生人交往的时候。[40] 一旦人类不能继续指望与他们交往的人都是自己的直系亲属，他们就不得不发展出其他与自己基因相似的个体建立连接的方法，那些人可能会为他们提供特定好处，或者从进化的角度来说，能够提高他们的适合度。

根据上述关于友谊和人际基因偏好及其效应的思想，可以扩展汉密尔顿提出的亲缘选择理论，并使自然选择能够作用于以个人之间的友谊为基础的群体上。[41] 如果你愿意为了拯救两个以上的兄弟姐妹而牺牲你自己的生命（你与他们有 50% 的基因相同），那么为什么不愿意为 20 个与你拥有 5% 的共同基因的朋友而牺牲呢？我们在前面讨论过的亲缘选择原理，究其核心只与个体之间的基因相似性的程度有关，至于这种基因相似性是不是因为人们真的是亲属而出现的，其实并不重要。

世界各地的社会网络

到目前为止，在对友谊的讨论中，我们的注意力一直主要集中在如下一些问题上：朋友双方是如何相互选择的？人们在成为朋友后是如果互动的？以及自然选择在友谊的普遍性中发挥了什么作用？但是，当一个群体中的每个人都选择了他（或她）的朋友之后，这种群体就自然而然地形成了一个社会网络。而且，所有人类群体都是如此。在这里，最引人注目的一点是，世界各地由此而出现的社会网络都是惊人地相似。具有普遍性的，不仅仅是人们对友谊的向往，人们自然而然地将自己和朋友组织成更广泛的网络的方式也是全世界都相似的。这种自然生成的网络既具有复杂性，又具有纯粹的美感，这是在各种人工网络（比如说，军事指挥系统或公司组织结构）中无法观察到的。而且，这种网络的存在引出更多的问题：它们是如何发展变化的？它们服从什么规则？

它们服务于什么目的？

与我们在研究动物网络时所做的一样，如果想绘制出人类的社会网络图，就必须先确定如何识别相关的社会关系。谁可以算作一个相关的社会连接人？和某个人发生了爱情的人？借钱给他的人？从他那里得到建议的人？敬佩的人？一般而言，我们可以通过要求受访者回答一系列所谓的“提名问题”（name-generator questions）来了解他有什么社会连接。一些标准的“提名问题”如下：（1）你信任的、可以与他讨论个人问题或私人话题的人是谁？（2）你和谁一起度过空闲时间？（3）除了你的伴侣、父母或兄弟姐妹之外，你认为谁是你最亲密的朋友？[42]

2009 年，我们在一次美国家庭抽样中提出了两个关键的“提名问题”（上面列出的三个问题中的前两个），结果发现，每个美国人平均有 4.4 个密切的社会连接人，绝大多数人的社会连接人的数量都介于 2.6 个至 6.2 个之间。平均而言，受访者在回答这些问题时列出了 2.2 个朋友、0.76 个配偶、0.28 个兄弟姐妹、0.44 个同事和 0.3 个邻居。几十年来，这些数字一直没有发生明显的变化。而且，我们在全世界范围内也都可以看到类似的结果。[43] 人们平均有大约 4 到 5 个密切的社会连接人，其中通常包括了配偶、一两个兄弟姐妹，还包括一个或两个朋友。这些数字在一个人的一生中可能会有所变化（例如，当人们丧偶时）。

过去几年以来，我的实验室开发出了一个基于平板电脑的软件 Trellis，我们用它来收集世界各地的社会网络数据，绘制出了包括美国、印度、洪都拉斯、坦桑尼亚、乌干达和苏丹在内的许多国家和地区的特定人群的社会网络。在彩图 4 中，我展示了已经绘制好的其中一些社会网络。[44] 不难看出，世界各地的人们形成的社会网络无论从视觉上看，还是从数学结构上看都是极其相似的。不过，对于这一点，考虑到人类的网络与其他社会动物的网络的相似性，以及基因在友谊中所发挥的作用，我们不应该感到惊讶。[45] 现代人类社会的网络类似于狩猎－采集社会的网络，这个事实进一步证明了它们“天生的性质”。[46] 社会网络是社会套件的一个基本组成部分，他们在我们的蓝图中发挥着至关重要的作用。

朋友与敌人

结交朋友与树立敌人在特定意义上就像一个硬币的正反面。长期以来，哲学家和科学家一直在思考人类所表现出来的明显的敌意和仇恨。不过，在学术研究中将仇敌关系与友谊关系并列地绘制成图，这种尝试最近才开始出现，而且至今仍然很少见。有一项研究探讨了本书第 3 章讨论过的那种城市公社中的 129 人之间的敌对关系。[47] 一项完成于 1969 年的经典研究对 18 名见习僧侣之间的敌对关系进行了分析，并收集了关于他们不喜欢的群体成员的许多信息。[48] 其他一些研究则对学校中的霸凌者与他们的欺凌对象之间的关系，以及工作场所中支持和反对的员工之间的关系进行了映射。[49] 此外，还有一些研究则分析了大规模多人在线游戏中的社交互动，例如，利用针对虚拟敌人设置的赏金多少来衡量负面关系。[50]

考虑到关于敌对网络数据极度缺乏的这个现实，同时考虑到负面关系在社会结构中发挥着重要作用的可能性，2013 年，我的实验室决定启动一项大规模的综合性研究，为解决这个问题探索一条新的道路。在评估负面关系结构这个方面，发展中国家的村庄为我们提供了一个特别有吸引力的“自然实验室”，因为它们都是一些相对封闭的社会系统，人们无法轻易地避开他们不喜欢的人。为此，我们绘出了洪都拉斯西部一个地区 176 个村庄的 24 812 个成人之间的社会网络。使用 Trellis 软件，我们要求受访者确定“你与这个村庄里哪些人之间相处得不好”。[51] 我本来想问一个更加尖锐的问题“你不喜欢谁”或“谁是你的敌人”，但是一位当地专家告诉我洪都拉斯是世界上谋杀率最高的国家之一（每年 10 万人中会发生 86.1 起谋杀案），因此受访者可能不想冒险回答那么尖锐的问题。

最终，对于这 176 个村庄，我们分别绘制出每一个村庄的社会网络图，并确定它们内部的所有社会关系，包括正面和负面的社会关系。[52] 这是有史以来对于“面对面”的恶意关系最庞大、最详细的研究。这些村庄的规模彼此相差很大，从 42 个成人到 512 个成人不等。利用三个标准的“提名问题”，我们发现这些人确定的朋友平均为 4.3 个（其中包括亲缘关系，如兄弟姐妹或配偶），变动范围为从 0 到 29（尽管大多数人都只拥有 1 到 7 个朋友）。[53] 同时，还有 2.4% 的人声称自己没有任何朋友。

好消息是，仇敌的数量要比朋友的数量更少。平均而言，这些人每个人确定了 0.7 个不喜欢的人（同样可能包括亲属）。[54] 同时有 65% 的人表示，不存在自己不喜欢的人——71% 的男性和 61% 的女性都声称没有自己不喜欢的人。这个结果意味着，女性要么更易怒一些（这也许是由于她们投入的感情更深，因为她们通常也会报告更亲密的关系），要么是因为（就像我的姐姐卡特丽娜所认为的那样）她们只是对以往的不愉快的互动有更好的记忆。有一个特别“无理取闹”的人声称，她与 16 个人“相处不好”。这是一个女子，住在一个有 300 多个成人的村子里，那个村子里只有 4 个人声称不喜欢她。而且反过来，在正面关系上，她认为自己有 11 个朋友，且有 13 个人将她确定为朋友。

此外，从相反的角度来看，平均而言，一个人会被其他 0.6 个人讨厌，大多数人（64%）没有人不喜欢他们。[55] 最遭人厌恶的人是一个女子，她生活在一个有 149 个成人的村庄里，被 25 个人认定为敌人。她本人则确定，有 4 个人是她的朋友，有两个人是她的敌人。但是，只有一个人认为她是自己的朋友。

虽然友谊关系的模式在所有这些村庄中非常一致，但是敌对关系的模式却差异很大。尽管从总体上看，负面关系所占的总百分比为 15.6%。但是具体就各个村庄而言，这个指标的波动性非常大：在一个村庄中，负面关系所占的百分比仅为 1.1%，而在另一个村庄则高达 40%。影响正面关系形成的环境条件、社会和生物因素所能导致的一致性，要比那些影响负面关系的因素所能导致的一致性大得多。各个村庄的当地环境和文化，似乎更能塑造敌意而不是友谊。我们在彩图 5 中给出了这 4 个村庄的社会网络图。

朋友倾向于对你报以友情，而敌人则倾向于对你报以仇恨，但是友情的“回报”与敌意大不相同，分别为 34% 和 5%。这也就是说，如果你把认为某个人是你的朋友，那么这个人相当大的可能也会认为你是他的朋友；但是，如果你将某个人确定为自己的敌人，他却不一定将你确定为敌人。这种差异突显了这样一个事实：人们所拥有的“秘密的敌人”要多于“秘密的朋友”；或者说，朋友会对彼此宣布他们的友谊，但是敌人却不太可能公开声明他们是敌人。

有了如此多的详尽数据，我们就可以对关于社会关系的原有理论（以及常识性思想）进行定量分析了。例如，我们可以验证一下如下四个规则是不是成立：

你的朋友的朋友是你的朋友。
你的朋友的敌人是你的敌人。
你的敌人的朋友是你的敌人。
你的敌人的敌人是你的朋友。

这些社会规则还意味着另一个原则。它由社会学家格奥尔格·齐美尔（Georg Simmel）于 19 世纪末首先提出，1946 年由心理学家弗里茨·海德（Fritz Heider）编入教材，又在 1956 年被心理学家多温·卡特赖特（Dorwin Cartwright）和数学家弗兰克·哈拉里（Frank Harary）再一次证明。[56] 这个原则就是通常所说的平衡理论（balance theory）。这个理论指出，在所有的“三角关系”中，某些类型的三角关系是平衡或稳定的，而其他类型的三角关系则是不平衡或不稳定的（图 8-3）。随着时间的推移，不平衡的三角关系或者将会分裂（例如，其中一个人会切断连接），或者其中的某一个关系的性质将会发生变化（例如，你将会把一个朋友视为敌人，如果这个“前朋友”与你的敌人成了朋友的话）。[57] 是的，友情和敌意在我们的社会网络中永远无休止地处于运动当中。

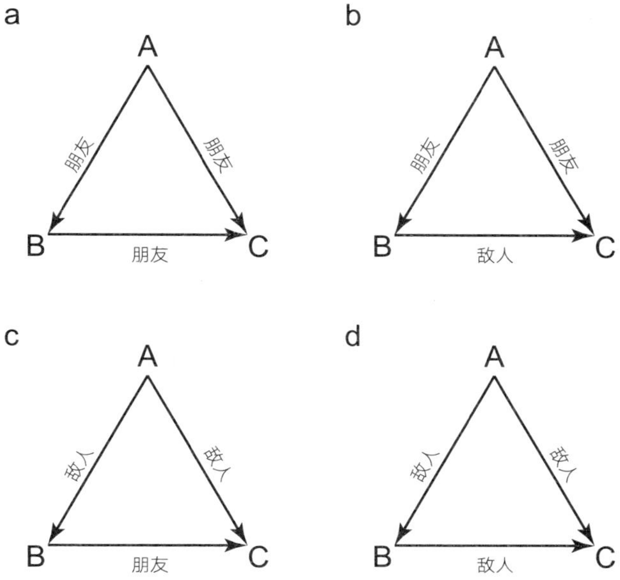

图 8-3　三人社会系统的平衡性

图中显示了三个人（在每个三角关系中分别以 A、B 和 C 表示）之间的 4 种可能的安排。任何两个人之间的每个关系既可以是正面的也可以是负面的，即表现出友情或敌意（在图中分别标记为朋友和敌人）。从个人 a 的角度来看，a 和 c 中的三角形是平衡的，而 b 和 d 中的三角形则是不平衡的。对于不平衡的三角形，必须切断某个关系或转换其性质（即从朋友变为敌人，或反之），才能恢复平衡。

由于我们这项研究有史以来第一次使用了如此大规模的人口数据，所以我们能够得出很多定量结论，例如，朋友的朋友成为朋友的可能性几乎是成为敌人的 4 倍。我们的数据也证实了上面列出的第二条和第三条规则。然而，我们没能发现支持第四条规则的证据。这条规则表面上看是合乎逻辑的，而且许多人都认为它是对的，但这其实只是一种错觉。事实上，你的敌人的敌人，之所以有很大机会成为你的朋友，无非是因为在任何一个通常的群体中，朋友的数量都要多得多。这就像试图确定在某个特定的地方，与另一个地方相比，黑鸟的数量是否比红鸟更多一样。由于黑鸟通常比红鸟更多，我们必须先将这种背景优势考虑进来，然后才能得出结论：在这个特定的地方，黑鸟是否更多。一旦将“友谊发生的频率通常更高”这个因素考虑进去，我们就会发现，你的敌人的敌人其实并不会更有可能成为你的朋友。事实正相反，这个人其实更有可能成为你的敌人。

这个结果似乎与如下事实有关：无论是敌人，还是朋友，在社会网络中都有可能聚集在一起。在我们的分析中，我们还允许第三种可能性，即人们彼此之间可以是完全陌生的。人们更容易成为他们认识的人的敌人，而不是他们不认识的人的敌人。也就是说，一个人必须认识某人才会与他成为朋友或敌人。这个简单的结果不仅意味着要树立敌人就要先有接触、变得彼此熟悉，而且还意味着敌人更有可能出现在自己所属的群体中，而不是出现在其他群体中。我们还发现，一个人拥有的朋友越多，他或她可能拥有的敌人的数量也越多。基本上，每增加 10 个朋友，会增加 1 个敌人。总的来说，我们认为，导致正面和负面关系的潜在社会过程是类似的，源于重复的社会互动。

内群体偏好

人们会选择一些人做自己的朋友，然后形成群体和网络。这些群体还会与其他群体展开正面的或负面的互动。一个群体的个体与另一群体的个体之间的这些相互作用，还使人类在进化过程中形成了一些品质，包括作为社会套件的一个组成部分的内群体偏好。对此，自然可以提出这样一些问题：为什么人们会对“外”人有不同的看法？为什么人类不是同等程度地喜欢每一个人？一个人能不喜欢自己的群体也不讨厌其他群体吗？这两种“孪生”倾向——种族中心主义（ethnocentrism）和排外主义（xenophobia）是作为同一个过程的一部分而共同进化的，因此总是同时出现，还是因为不同的原因独立出现？

一个人对自己所属群体的偏爱，是一种非常普遍的文化现象。正如在第 1 章中看到的那样，在让两岁的孩子按随机分配的 T 恤衫颜色分成若干个小组后，每一个小组的孩子就会偏爱与自己同一个小组的其他孩子。在 20 世纪，由于内群体偏好倾向是如此普遍，引起了实验心理学家的广泛关注，他们研究了这种情感在什么情况下、有多容易会被引发，或者“我们”与“他们”之间只需要多大的微差异就可以引发内群体偏好。20 世纪 70 年代，心理学家亨利·泰弗尔（Henri Tajfel）首创了所谓的“最简群体范式”（Minimal-Group paradigm），这种实验方法的基本思想类似于研究者在确定“人类堕落”的极限时所用的“逐底竞争”模型。[58]

这些实验（它们几乎没有任何“哄骗”的因素）的结果证明，人类被试会对不同群体的成员加以区别对待，哪怕这些群体是人为地、任意地创造出来的。事实上，这些群体的划分，是基于某个最微不足道的特征进行的，例如被试是更喜欢保罗·克利（Paul Klee）的抽象画，还是瓦西里·康定斯基（Vasily Kandinsky）的抽象画。

只需要造成一种属于某个群体的感觉，即使这种“归属感”毫无意义，就足以引发内群体偏好，这是一个令人吃惊的发现。为什么在出现了这样一个微不足道的社会类属后，人们就会对某些人更好、对其他人更差？假设克利与康定斯基这两位艺术家的作品之间确实存在着某种合理的差异，例如，一位评论家认为，克利的“具有讽刺意味的折射现实主义，对于康定斯基的理想主义来说完全是异类。”[59] 但是大多数人（包括心理学实验中的被试）实际上都没有意识到这种差异。但是关键是，这种差异为什么重要（很显然，它确实很重要）？最简群体实验的结果的要害在于，人类会在没有任何合理理由的情况下区别对待群体外成员，即便这些所谓的群体并不存在共同的历史、群体成员之间也没有任何历史交往记录，也是如此！

泰弗尔发现，只要有分类（无论多么微不足道），就会出现种族中心主义和排外主义。他认为，在最初的时候，这类行为可以通过社会认同的概念来解释。[60] 在社会认同感的驱使下，人们会以正面的方式将自己的群体与其他群体区别开来。主要的冲动是“必须对自己有一个感觉良好”的需要，因为一个人的自我价值感中，有一部分来自这个人属于某个群体的成员感，而这就意味着要对自己的群体感觉良好。对与自己同一个群体的其他人好一些，有利于使这个群体看上去更好。

但是与此同时，这些实验也发现了其他一些比排外主义更令人沮丧的东西。例如，在一个实验中，当人们有机会向群体内的成员和群体外的成员分配“奖金”时，他们倾向于最大化两个群体之间的资金差异，而不是最大化他们自己的群体获得的奖金。这个结果反映了一种“零和思维模式”，即，一个群体的收益，就是另一个群体的损失。[61] 对于这些人来说，重要的是自己群体的成员所得到的，比其他群体的成员多多少，而不是自己群体的成员可以得到多少。仅仅对靠集体认同的忠诚无法解释这个结果，因为如果重要的只是在多大程度上改善本群体的境况，那么本群体相对于其他群体的地位就是无关紧要的。但是，绝对地位和相对地位对人们都很重要。本群体不仅必须拥有很多，而且必须比其他群体拥有更多。

对于内群体偏好的起源，还有另一种解释：除了有利于自尊以外，它还能增进自身利益。当你为群体内成员分配奖金时，你其实是在希望他们能够更好地对待你，而不仅仅是因为你认为你所属群体的成员更优越。[62] 内群体偏好行为的实施，可以为自己带来实际的好处。实验表明，人们确实会更好地对待自己群体中的成员，并且之所以这样做，就是因为他们期望本群体中的其他人也会这样对自己。群体的成员认为他们有共同的命运。正是这种归属感和互助的期望，而不是要让自己的群体变得更加独特的愿意，导致了对本群体的更高评价。

因此，内群体偏好可能是策略性的；你之所以更好地对待本群体的成员，是因为你期望他们会以同样的方式来对待你。这就构成了一种“共同命运控制”（mutual fate-control），它意味着，一个群体的所有成员都会影响彼此的命运，即便他们不能强迫他人做出某种行为，甚至可能完全没有进行事先沟通。[63] 群体内成员的命运是连接在一起的，这不仅因为群体外的人会给他们带来共同的影响，而且是因为群体内的人也会影响彼此的命运（因为他们属于同一群体）。

在面临非互惠性合作风险的情况下，群体身份，就像稳固的友谊一样，能够提供一个解决方案。如果你对另一个人的利他主义是以他也是你所属群体的成员为条件的（与你同属一个群体这种关系，不同于你们之间是朋友的关系），那么你可以从他或她那里得到回报的概率就会增大。[64] 所以，成为一个群体的成员，并以相互支持、彼此互助为共同规范，有助于促进合作，即便对方是陌生人时也是如此，只要陌生人是“我们中的一员”就可以。[65]

罗伯斯山洞实验

对于内群体偏好的另一种解释则与群体之间的冲突有关，无论是从进化的角度，还是从日常经验的角度都不难理解。当资源（土地、食物、金钱、名声等）有限时，冲突和竞争可能会导致群体之间形成非常大的敌意，并使本群体的成员对群体之外的人产生偏见和歧视。当只有一个群体在资源竞争中胜出时，人们更容易产生怨恨情绪。实验表明，只有当存在“更高层次”的目标，即对所有群体都有利的目标时，相互冲突的群体之间的正面关系才有可能恢复。

1954 年夏天，心理学家穆扎弗·谢里夫（Muzafer Sherif）和他的同事们将 22 个男孩送入位于美国俄克拉何马州罗伯斯山洞州立公园（Robbers Cave State Park）的一个夏令营地。这些男孩彼此素不相识，但是都非常兴奋，以为自己将会度过一个愉快的假期。但是男孩们不知道的是，他们都是被有意挑选出来，来到这个短期内与世隔绝的地方的。他们的一举一动都有人监视，营地辅导员实际上是从事心理学实验的参与式观察者。

这些男孩刚刚读完五年级，他们全都来自有相似的新教背景的中下阶层。他们都拥有相似的智力、家庭结构和学习成绩。研究者将这些男孩分成两组，每组的规模、成员的运动能力和其他能力、受欢迎程度、以前的露营经历，甚至连气质都是精确匹配的。[66] 当然，研究者也很清楚，这些被试都不是“去文化的”（就像沉船后幸存的船员或南极科学家那样），相反，他们是同一种文化的成员。例如，他们都知道如何打棒球。

这个实验分为三个阶段，历时三个星期。在第一个阶段，这两组男孩分别单独在不同的区域活动，而且双方都不知道对方的存在。两个小组都为自己取了名字，分别是老鹰队和响尾蛇队。它们都通过行动促进了群体内部的团结和认同，包括设计团队 T 恤衫、为营地食堂选择食材，以及参加一些营地教练很少介入的户外活动。其中有些活动绝对会令今天的父母担惊受怕，例如，他们要划独木舟穿过一片有响尾蛇的水域。男孩们都形成了自己小组的规范（例如，早晨的起床号），并选定了一些团体活动（例如，寻找藏身处），这些都带来了稳固的群体内团结。他们甚至还像我在童年时代与布郁阿达岛男孩一样，进行过“松果大战”。第一个星期结束后，两个小组成员就已经越来越多地将一些东西和地点（例如旗帜和可游泳的水域）称为“我们的”了。每个小组都拥有自己的旗帜和队歌，并且每个小组都形成了由“领袖”和追随者组成的部门层级结构。

老鹰队和响尾蛇队都开始表现出对竞争性游戏的渴望，因此在实验的第二个阶段，研究者故意让这两个群体相互间发生冲突。每个小组的辅导员都“碰巧发现”，附近还有另一群男孩。最初，老鹰队还有一个男孩天真地设想：“也许我们可以和那些家伙交朋友，这应该不会有人抓狂或不满吧。”唉，他这种美好的感觉并没有持续多久。第二天，当这两个小组第一次正式碰面时，恰恰正是这个男孩率先将响尾蛇队的其中一个男孩轻蔑地称为“肮脏的衬衫”，从而引发了一场“污名化”大战，双方成员都给对方的成员取了带有贬义的绰号。[67]

然后，实验者让这两个群体参加了一系列“零和”的比赛，如棒球、拔河、足球、搭帐篷比赛，以及作为高潮的寻宝游戏。虽然相比之下，老鹰队本来似乎是较弱的一队，但是实验者对比赛进行操纵，使这个小组赢得了胜利。对个人的奖品是小折刀，这是令所有男孩都“垂涎三尺”的奖品，此外获胜的小组还可以得到奖状和奖杯。

在比赛过程中，这两个群体的成员越来越讨厌另一个群体的成员。他们相互谩骂，言语中的恶意越来越深。那些假装是夏令营辅导员的科研人员，则躲在帐篷里偷听。这些男孩子的态度，是通过让他们在评估群体内和群体外的个体时所用的不同的语词来衡量的。描述正面品格的词语包括勇敢的、坚韧不拔的、友好的等，反面的词语则包括鬼鬼祟祟的、自作聪明的或吝啬的等。每个小组的成员都不想与另一个小组的成员交往，而且认为对方都是“坏蛋”。

当第二阶段的实验结束后，研究者已经“实现”了他们的目标：现在，这两个不同的群体明显处于摩擦状态中，几乎已经水火不容了。[68] 正如谢里夫观察到的：

> 很显然，这些男孩被试对另一个群体的成员的贬损态度，并不是他们在进入这个实验场所之前就已经拥有的感受或立场所导致的结果，也不是这些被试彼此之间在种族、宗教、教育以及其他背景上的差异所导致的结果。当然，更不是被试在自己的生活中所经历过任何特别的个人挫折感的结果，也不是任何明显的阶层分化或身体、智力以及其他心理因素或被试特征的结果。[69]

尽管每个群体内部也存在着一定的争吵和摩擦，但是这种群体之间的敌意是特别明显的。

在实验的最后一个阶段，实验者的目标是，看一看这两个已经对彼此怀着很深敌意的群体，能不能“和好”，即，消除对外群体的负面态度。为此，这些研究人员故意“破坏”了位于山顶上的一个大水箱；而这个大水箱是为整个营区提供食用水的。实验者关上水箱侧面的水龙头，还关掉了水箱的主阀门并用一些大块的石头覆盖起来。这些男孩分成几个小组，分头检查从营地到水箱的供水管道。当他们最后到达水箱所在的位置时，他们都很渴了（这正是实验者所希望看到的）。于是，男孩打开水龙头取水喝，但是没有水流出来。

因此，这两个群体的男孩们不得不一起努力。他们在旁边找到了一架梯子（那是组织实验的心理学家们故意放在那里的），然后爬上水箱的顶部，看里面有没有水。在确定水箱中装着满满一箱水后，他们开始合作排除障碍，让水再一次从水龙头中流出来。在取得成功后，所有男孩们开始以一种前所未有的方式整合起来。这个由原来的“老鹰”和“响尾蛇”合并到一起形成的群体，开始共同行动，他们抓蜥蜴玩，并用木头制作了一些口哨。

在一起解决了“水箱不出水”问题之后，实验者又让男孩们一起选择一部电影来看（他们选择了《金银岛》），并要求他们将一辆陷入泥沟中的卡车拉出来（卡车是他们准备晚餐所需要的）。其中一个男孩对其他人说：“我们有 20 多个人，肯定可以把卡车拉出来。”当然，他们把卡车拉出了泥坑。这是又一个集体成就，而且也是通过友好的交谈和密切的合作实现的。这样过了几天后，当他们的探险活动正式结束时，大部分男孩都表示他们想坐同一辆校车（而不是分乘两辆校车）回家；而且，在安排校车上的座位时，也没有按原来的小组分开。很显然，在这个时候，从跨群体友谊的角度来说，对外群体的负面刻板印象减弱了，群体间的友情加强了。

这个实验表明，当不同群体团结起来对抗共同的敌人时，对彼此之间的负面态度就会弱化——这类似于许多科幻小说描述的情景：当外星人侵入地球，或流星将要撞击地球时，共同的危机能够在全球范围内抑制种族仇恨。[70] 当一个国家的所有公民都要面对共同的敌人的威胁时，共同的危机感可能会促成更高程度的非正式的团结和更加文明的国内政治。这是一个一般原则。如果有共同的目标，群体的边界就会扩大，内群体偏好行动将扩展到更多人身上，从而导致更大规模的合作。

罗伯斯山洞实验（以及其他类似的实验）似乎表明，群体认同可能是导致冲突的一个原因。但是，情况也许恰好相反；这就是说，群体之间的冲突可能不是群体认同的结果，而是其他原因。

早在 1906 年，社会学家威廉·格雷厄姆·萨姆纳（William Graham Sumner）就曾经指出，群体内的爱恨情仇与群体之间的爱恨情仇交织在一起。用他自己的原话来说是：

> 与外部世界发生战争的紧迫性是促成内部和平的因素，以免内部不和削弱“我们”这个战争团体。……因此，战争与和平是相互作用、相互交织的，一个发生在群体内部，另一个出现在群体之间……对群体的忠诚和为群体的牺牲，对外人的仇恨和蔑视，对内部的兄弟情谊，对外部的不共戴天，都会共同成长起来，因为它们都是同一个情境的共同产物。[71]

一个世纪后，进化理论家萨缪尔·鲍尔斯（Samuel Bowles）和崔成奎（Jung-Kyoo Choi）利用数学模型证明，在人类这个物种的进化历史上，因资源稀缺而出现的群体之间的冲突，实际上是利他主义得以出现的必要条件，尽管到了今天，这种冲突已经不再是利他主义继续存在的先决条件了。所有这些明显的特征——利他主义和种族中心主义、合作和内群体偏好，共同构成了人类物种进化心理结构的一部分。

我们在人类身上看到的那种极端致命的群体之间的冲突模式，即残酷的战争，在动物界却是极其罕见的。[72] 人类既可以如此友好和善良，同时又充满仇恨和暴力，这确实是一个难解的谜题。与人类这种双重性有所类似的唯一其他物种是黑猩猩。因此，善良和仇恨实际上可能是相辅相成的。对人类进化模型的数学分析表明，在进化历史上，利他主义和种族中心主义的出现，只有当两者同时都存在时，条件才真正成熟。"两者同时"是要害所在。[73] 它们彼此需要。

利他主义意味着自己承担成本去帮助群体内部的其他成员，而种族中心主义（或狭隘的本土主义）则意味着对群体外部成员的敌意。周期性的资源稀缺—— 例如，由于干旱或洪水，是预测各个时期的狩猎 - 采集群体之间冲突的关键因素。事实上，即便是在今天，资源的稀缺（如石油）也仍然是战争的一个很好的预测器。我们都知道，在人类祖先生活的更新世（往前追溯到距今一万年以前），气候是相当不稳定的，在这样的环境中，时不时要出现对稀缺资源的竞争，因此有利于那些有勇敢和自我牺牲精神的群体。群体之间发生冲突时，群体内利他主义是有益处的。鲍尔斯和崔成奎的模型指出，利他主义和种族中心主义是不可能分别独立地进化出来的，但是它们可以一起出现。这就是说，为了做到对他人友善，我们似乎必须先在"我们"与"他们"之间做出区分。

政治学家罗斯·哈蒙德（Ross Hammond）和罗伯特·阿克塞尔罗德（Robert Axelrod）用一个简单的数学模型证明，种族中心主义促进了个人之间的合作，而且这与"你帮我，我也帮你"这类互惠无关。[74] 他们发现，即便人们能够辨别出来的唯一的东西就是谁是自己的群体成员（而不是以往的合作历史），种群中人数最多的人也仍然是这样一类人：有选择性地只与他们自己群体的成员合作，而不与其他群体的成员合作。根据哈蒙德和阿克塞尔罗德的分析，只要人们身上带有能够观察到的群体标记，内群体偏好和选择性合作就可以涌现出来。

因此，这些证据都表明内群体偏好、利他主义和竞争之间存在着相关性。但是，同样是利用数学模型，我和数学生物学家伏锋（Feng Fu）以及马丁·诺瓦克（Martin Nowak）① 进一步证明，即使不存在群体之间的竞争，内群体偏好和合作仍然可以出现。[75] 这种情况得以发生的关键只有一个，即允许个人有能力改变群体成员资格（加入或退出特定的群体）。这种社会流动性意味着，昨天的敌人可能会变成今天的朋友。

来看看美国内战时期联邦将军刘易斯·阿米斯特德（Lewis Armistead）的情况。阿米斯特德在葛底斯堡战役中受了致命伤。当他躺在地上等待死神来临的时候，留下一个秘密的标志，只有共济会会员才能认得出来。阿米斯特德希望，另一个共济会会员，一名叫亨利·宾厄姆（Henry Bingham）的联邦军人会认出这个标记。宾厄姆认出来，并保护了阿米斯特德，把他送进了联邦军队的野战医院。[76] 因此，在不存在共同敌人的情况下，赋予特定群体的重要性以及对群体之间边界的关注程度，确实是有可能发生改变的，仅仅是因为个体有可能从一个群体切换到另一个群体。

从进化论的角度来说，群体成员资格的流动性为人们对自己的群体的偏好出现提供了一个途径。对群体身份的关注，不一定要求群体之间的冲突；它也可能源于采用在其他群体中观察到的成功策略以及加入该群体的能力。在这里，略显悖谬的是，要让一个群体成员喜欢他们自己的群体并且不喜欢其他群体，同时关注群体边界和群体成员资格，所需要的只是人们能够自由地切换群体。

---

① 马丁·诺瓦克是著名的生物学家与数学家，他的著作《超级合作者》中文简体字版已由湛庐文化策划，浙江人民出版社出版。——编者注

普遍存在的偏好

人类这个物种，对本群体之外的人加以歧视性对待的倾向，是在一个人非常年轻的时候就会表现出来的，而且在各个年龄段之间没有什么变化，这个事实意味着群体间的认知能力是天生的。[77] 此外，还有许多来自脑扫描研究的证明，它们表明人类大脑有专用于社会分类的特定脑区。[78] 而且，正如我们已经看到的，即便是最小规模的群体存在也会引发内群体偏好。虽然排外心理甚至可以在没有冲突的情况下出现，但是群体之间的冲突肯定会加剧人们对其他群体的敌意。

尽管如此，我们在对自己的群体产生正面感受的同时，并不一定会对其他群体产生强烈的负面情绪。虽然对资源的竞争可能是零和的，但是个人的态度却不必一定如此。此外，大量问卷调查和实验室实验的结果都表明，内群体偏好和外群体敌视并不一定是连接在一起的，不管人类是沿着什么道路进化为今天这个样子的。[79]

正如心理学家山岸俊男（Toshio Yamagishi）和他的同事们曾经指出过的："觉得自己因为拥有某种肤色而高人一等是一回事，将另一种肤色的人送入毒气室又是另一回事。"[80] 关于对待本群体之外的人的态度，心理学家戈登·奥尔波特（Gordon Allport）在出版于 1954 年的经典著作《偏见的本质》（*The Nature of Prejudice*）一书中指出："在一个极端，为了保护群体成员并强化内部的跨度，本群体之外的人可能会被视为共同的敌人。而在另一个极端，群体之外的人也可能会因为其多样性而被欣赏、容忍，甚至会被喜爱。"[81]

然而，群体内的亲密性，确实可能会通过某些特定的方式导致对群体外的人的敌意，其中一个途径是道德优越感。在某种意义上，人们总是会觉得他们自己的群体比任何其他群体都更加友好和值得信赖，所以群体成员很容易认为自己的群体一般来说都会"更好"一些。不同群体可能会生活在相互蔑视和相互厌恶的状态中，同时通过避免接触来减少直接冲突，以维持和平。但是，在不同群体之间的接触或混合是不可避免的情况下，如果道德优越感仍然很高，不同群体之间就会非常容易陷入深刻的仇恨，奴役、殖民，甚至战争或种族清洗都会出现。有些渴求权力的所谓领袖，可能有意地培养这种仇外心理，也就是利用群体认同所提供的沃土，积极培育对群体外部的人的仇恨。事实上，要扭转局面并不困难，而且，由于群众天生就具有内群体偏好倾向，这是在进化过程中形成的，那些心怀不轨的领导者可以轻而易举地将任何问题归咎于别的群体。

种族主义和族群偏见的许多最卑劣的表现都是外群体恶意的极端形式，而不太可能是内群体感情。不过尽管如此，偏见也可能会以更加微妙的形式表现出来，例如，并不表现为对外群体强烈的负面观点，而是表现为缺乏对外群体的正面观点。歧视和偏见之所以能够持续下去，就因为人道主义和宽容精神体现在钦佩、同情、信任和友谊上，往往只适用于本群体的成员身上，而不会惠及群体之外的成员。[82]

人类经常用一些“二元对立”的术语来描述自然世界（这种倾向本身就可能是天生的）。人类学家克洛德·列维－斯特劳斯（Claude Lévi-Strauss）观察到，二元对立（男／女、善／恶、热／冷、保守／自由、人／动物、身体／灵魂、自然／人工培育等）是人类最简单也是最普遍的应对自然界复杂性的方式。[83]而且（这丝毫不会令人觉得惊奇），这种分类倾向也同样适用于社会生活，区分出了我们与他们（我者与他者）之间、朋友与敌人。

友谊是一个基本范畴，哲学家拉尔夫·沃尔多·爱默生曾说：“我们完全可以认为，朋友是大自然的一个杰作。”[84]然而，许多科学家却往往忽略了友谊在人类的生活中所扮演的重要角色。由于过度关注血缘关系和婚姻关系，他们自觉不自觉地遮蔽了人们与没有亲缘关系的朋友之间的众多连接。说到底，我们不应该忘记，朋友也是我们构建并生活于其中的社会群体中的基本成员。[85]

友谊和内群体偏好确实是普遍性的。友谊的性质和发生频率，在世界各地都很相似。因此，人类创造的社会网络也是相似的。友谊具有可证明的遗传因素和在整个世界范围内都一致的进化轨迹。而且，世界各地的人都会组成群体，因为那会让他们觉得更有利，即便这些群体也可能包含了一些他们不喜欢的人。这种人类普遍性主要是因为人类共同进化历史而形成的。就像祖先时代的各种因素和环境塑造了人类的思维，使之只能以某些特定方式去思考和行动一样，同样是这些因素，也可以使人们更倾向于以某种特定的方式进行交往。当然，关于什么样的朋友才是合适的朋友，或者说，什么样的群体才是一个合适的群体以及需要怎样做才能成为其中的一员，则永远处于文化的不断塑造过程中。

我们在上面已经看到，要理解这种普遍性，需要引入一个包含了群体间比较或竞争的进化框架。如果没有这样一个框架，关于内群体偏好的观点就可能只是一种同义反复，或者变成一个自我实现的预言：内群体偏好使人们对自己群体的成员更好，而这反过来又证实了本群体的优越性，并使之成为优先考虑的朋友的来源。有了一个进化框架之后，我们就可以辨识出这些普遍性情感的最终原因。如果其他群体成员构成了威胁，那么将他们识别出来就有重要的意义。这样一来，有利于识别群体成员的认知工具就会进化出来，并且随着时间的推移，这个识别过程将变成一种本能。如果“我们”是比“他们”更好的朋友来源，那么进化出将“我们”与“他们”区别开来的能力就是非常有利的了。

群体生活带来的挑战，不同于独居生活，甚至也不同于与伴侣结成配对的生活。人类是将群体生活作为一种生存策略来看待的。而且，为了在这个社会的环境中获得最大的成功，人类形成了大量的适应（包括身体特征和本能行为），同时还放弃了适合独居生活的其他适应。这种权衡使人类有机会扩展到非常广泛的地理区域，并且在整个地球上占据优势。就像背着自己的物理环境四处移动的蜗牛一样，我们也随身“携带着”由我们的朋友和群体构成的社会环境。正是在这种具有保护性的“社会外壳”的护卫之下，人类才可以在极其广泛的环境中生存下来。作为一个物种，我们已经进化出依赖友谊、合作和社会学习的倾向，尽管，这些非常吸引人的品质源于竞争和暴力之火。

这些特征在人类中的真正普遍性，也可以通过在其他社会性动物中的普遍存在而得到进一步证明。正如在第 7 章中已经看到的，从灵长类动物到大象，都是如此。形成和识别联盟的能力对于社会性动物来说是必不可少的；而且，将不同个体分类为朋友和敌人，或者分类为群体内部成员和外部成员的能力，是结成联盟所必需的关键认知能力。从这个角度来看，人类的内群体偏好也可以说是这种有用的能力在进化意义上的形式。这个观察结果再一次提醒我们，不要落入把任何自然的东西都视为必定是道德的这种陷阱。外群体仇恨，既可以是自然的，也可以是错误的。人类为了快速检测群体身份、维持联盟而进化出现在的认知系统，但是这个认知系统也可能被“劫持”或“借用”，构成邪恶的基础。

是的，我们通常更喜欢与像我们自己的人在一起，而不喜欢与不像我们的人在一起。我们喜欢我们的朋友，同时憎恨我们的敌人；我们还会在抬高自己群体的同时，贬损其他群体。当然，最重要的是我们从总体上看是友好和善良的，我们由自然选择塑造的心理结构就是这样的。社会套件的这些功能是协同发挥作用的，它们为我们与他人合作、与他人互教互学搭好了“舞台”。进化决定了我们无法在像牛群这样的由无差别个体组成的群体中生活，我们已经进化成适应生活在社会网络中了。在这些网络中我们与其他人，那些我们认识的、喜爱的人，或者与我们相似的人，会产生一些特别的连接关系。

第 9 章

人类社会与动物社会

直到 1960 年，对于因风湿热或任何其他原因导致的心脏瓣膜衰竭的患者，仍然没有治疗方法。也就是说，他们将凄惨地死于这种心脏疾病。人的心脏有四个瓣膜，出了问题时，它们可能变得过紧而阻塞或过松而渗漏。无论是瓣膜过紧，还是瓣膜过松，在那个时代，外科医生都无法完全有效地挽救患者的生命。外科医生能够做的，无非是在患者的胸部开一个切口，如果瓣膜被阻塞的话，外科医生就凭经验用手指加大瓣膜的开启度。这种手术的有效性与用一块胶布固定有线电缆来保证电视信号的做法差不多。

然而，到了 1960 年，外科医生阿尔伯特·斯塔尔（Albert Starr）和航空航天工程师洛厄尔·爱德华兹（Lowell Edwards）发明了机械心脏瓣膜，这是一个巨大的进步。他们的第一名患者是一名 33 岁的女性，在接受这种人工瓣膜的植入后 10 小时就去世了，原因是气泡进入了血液。不过，他们的第二个病人，一位 52 岁的车辆调度员，在手术后却活了十多年，如果他没有在粉刷房子的时候从梯子上摔下来的话，应该还可以活得更久一些。[1] 短短几年之内，这种心脏手术就帮助成千上万的人提高了生活质量，甚至拯救了他们的生命。直到今天，这种人工心脏瓣膜仍然在广泛使用，当然，与最初相比，已经改进了很多。

然而，这种心脏瓣膜存在一个问题。将一个异物引入患者的血流中，会促使血液凝固，然后这些血凝块就会从心脏通过动脉进入患者的大脑或肾脏，造成中风或肾功能衰竭。因此，患者在接受这种手术后，就必须一辈子服用血液稀释剂来预防上述情况的发生。但是这种血液稀释药物又会导致患者很容易出现严重的内出血，这种内出血有可能会像凝血或潜在的心脏病一样致死。

1964 年，为了解决这个问题，一位名叫阿兰·卡尔斑蒂耶（Alain Carpentier）的年轻的法国外科医生决定开发一种更天然的替代品。由于人类的尸体上并没有足够的瓣膜可用，因此，在研究了各种动物的解剖结构之后，卡尔斑蒂耶选中了猪的心脏瓣膜，因为猪的心脏瓣膜大小和形态与人类最匹配。但是，将动物组织移植到人类身上又会带来另一个问题——这种外来的异物会引发强烈的免疫反应。因此，猪的心脏瓣膜必须具有免疫惰性。卡尔斑蒂耶首先尝试了一种含有汞的药物，但失败了。他最终成功使用戊二醛这种化学物质来处理猪的心脏瓣膜（这种技术现在仍在使用）。卡尔斑蒂耶还设计了一种聚四氟乙烯（特氟隆）涂层的金属支架，用于旋转植入人体之前引导猪的心脏瓣膜（这个金属框架不会产生问题，因为它不影响血流）。他将这种“混合物”称为“生物假体”（bioprosthesis）。卡尔斑蒂耶和他的同事于 1965 年首次成功使用猪的瓣膜替换了人的主动脉瓣膜，并在随后的一个月内对另外四例患者进行了手术。[2] 现在，这种手术已经成了一项常规手术，每年都会有数万名患者接受猪的心脏瓣膜植入。这个事实足以说明，人的心脏解剖结构与为我们捐赠这种器官的猪是非常相似的。[3]

大多数动物，包括人类在内，都有左右对称的身体结构，这是非常基本的事实，许多人甚至根本没有觉察到这一点。大多数脊椎动物都有心脏、肺和其他器官，与人类非常相似。有时候，这种相似之处如此突出，以至于我们直接将动物当成了人类的代用品，例如，人们通过解剖青蛙来了解人体内脏结构、利用小鼠来测试药物、使用牛胰岛素来治疗人类糖尿病，或者用猪的心脏瓣膜来替代出了问题的人类心脏瓣膜。

而且，人与动物之间的相似之处并不仅仅体现在身体的解剖结构和生理学方面。今天，美国的很多实验室都在（人道地）利用狗研究动物的认知和情感，以便更加深入地了解我们自己。以往关于人类与动物之间的差异尖锐且僵化的二分式观点，已经开始慢慢地、稳定地让位于如下认识：人类行为与非人类动物的行为存在太多的相似之处了。狗，甚至老鼠，都拥有同理心；乌鸦、鳄鱼和黄蜂都会使用工具；大猩猩也会使用语言；黑猩猩和大象能够结交朋友。

当然，动物所拥有的这些能力，与人类相应的能力并不完全相同，但是当我们以一种更全面的眼光去感知我们与动物之间的连续性时，它们仍然会令我们感到惊讶，并且会迫使我们直面一些以往未曾预料的问题。如果认识到了这种连续性，那么我们在道德上就更加难以忽视如下事实：我们所吃的动物的肌肉也是由动物的大脑指挥的，而动物是拥有思想和情感的。当我们打破了人类自身与动物世界之间的界限时，人类向来对动物的优越性和支配地位就会被打破，至于所谓的“唯一无二性”，就更不用说了。

事实上，人类的社会行为与动物的社会行为是相似的，这个观点并不新鲜。例如，从古至今，许多人都注意到了人类社会与蚂蚁社会之间的相似之处。在荷马史诗《伊利亚特》中，阿基里斯所指挥的军队就被描述为一群凶猛的、不畏死的 Myrmidons，即希腊语中的“蚂蚁”。蚂蚁社会一直是科学研究和公众关注的一个焦点，特别是 20 世纪 60 年代，生物学家爱德华·威尔逊的开创性研究以来。[4]但是，人类的“社会生活”形式，毕竟与昆虫不同。[5]蚂蚁、蜜蜂、黄蜂和白蚁等社会性动物的组织，与人类社会的不同之处集中体现在两个地方，一是它们极端的分工形式，二是（也是最重要的）在一个群体内部，几乎所有个体都是“不会生育”的。另外，这些社会性动物的一个群体的所有成员都是克隆体，因此在基因上是完全相同的。[6]正如我们经常看到的，许多科幻作家都把昆虫社会看作人类社会最令人不安的对照。

毫无疑问，人类的社会行为与早期原始人类以及灵长类动物近亲有更多的共同之处（而不是昆虫）。但是，正如我们已经看到的，除了灵长类动物以外的哺乳动物，例如，大象和鲸，也独立进化出与人类相似的结交朋友的方式。如果许多个彼此分离得很远的物种都在相同的社会化方式上实现了趋同，那么就足以证明社会套件的特征是适应的、连贯的。

趋同进化

人类和黑猩猩最后的共同祖先生活在距今大约 600 万年以前，人类和鲸最后的共同祖先则生活在距今大约 7500 万年以前，而人类和大象最后的共同祖先则更是生活在距今 8500 万年以前。这个事实也意味着，我们与鲸的关系要比大象的关系更加密切一些。[7]但是，由于人类与大象或鲸共有的哺乳动物祖先并不是生活在一个“社会”中的，所以这些物种当今用来应对群体生活的挑战的类似解决方案，必定是独立地分别进化出来的。

正如前面已经提到过的，这种现象通常称为趋同进化。更准确地说，趋同进化是指这样一个过程：不同物种中发展出相似的身体结构或行为策略，既包括某些一般性的能力（例如，蝙蝠和鸟类的飞行能力），也包括更集中的解剖上的和行为上的特征（例如，在犰狳和天竺鼠身上观察到的保护性的鳞片和喜欢缩成球滚动的倾向）。而且，趋同进化还可以发生在非常“精细”的层级上，例如，在果蝇和人类的眼睛中，都存在视觉功能所需的类似的细胞内蛋白质。

更常见的情况是，趋同进化发生在有类似的“身体计划”的动物之间，或者发生在占据了类似的“进化龛”的植物之间。例如，食蚁兽和土豚都已经进化出了特别长的舌头，可以伸入蚂蚁洞和白蚁丘的内部。回声定位系统也多次独立地进化出来，分别在蝙蝠、海豚以及一种鼩鼱身上。[8] 澳大利亚的有袋类动物进化出一些独特的行为模式，包括挖洞、放牧和捕食等，从而使它们填补了一些类似的生态位：袋鼠对鹿、塔斯马尼亚袋獾对狐狸、小袋鼠对兔子、袋熊对土拨鼠等。新西兰的标志性动物奇异鸟，具有毛皮般的羽毛、厚重的骨骼，过着穴居的生活方式，占据了啮齿动物在世界其他地区所占据的生态位。

最著名的趋同进化的例子很可能是照相机似的眼睛（图 9-1）。人类的眼睛在结构上类似于章鱼的眼睛，但是这两个物种最后的共同祖先生活在距今七亿五千万年以前，而且这位“祖先”很可能只是在它的身体表面上长出了一小片非常简单的组织，只能检测到周围是不是有光线存在。当然，这种独立进化出来的结构显然不会是完全相同的。与人类的眼睛不同，章鱼的眼睛没有盲点，因为章鱼的视网膜是以一种更“明智”的方式进化出来的，章鱼朝向前方的光检测细胞是位于视网膜顶层的，而人类则是位于底层的。而且，章鱼的眼睛没有角膜，部分原因是因为脊椎动物的眼睛是作为大脑的突出部分进化而来的，而头足类动物的眼睛则是从皮肤之外“推入”到身体中去的。

眼睛的这种独立进化过程至少在不同的物种身上发生了 50 次，这个事实似乎意味着，让动物看到光，是一件不可避免的事情。在一定意义上，这种趋同进化的程度可以说令人“毛骨悚然”，对此，一些科学家甚至用“目的论的幽灵在窥探”这样的说法，暗示进化也许是有目的的，或者甚至可能存在一个“设计师”。[9]

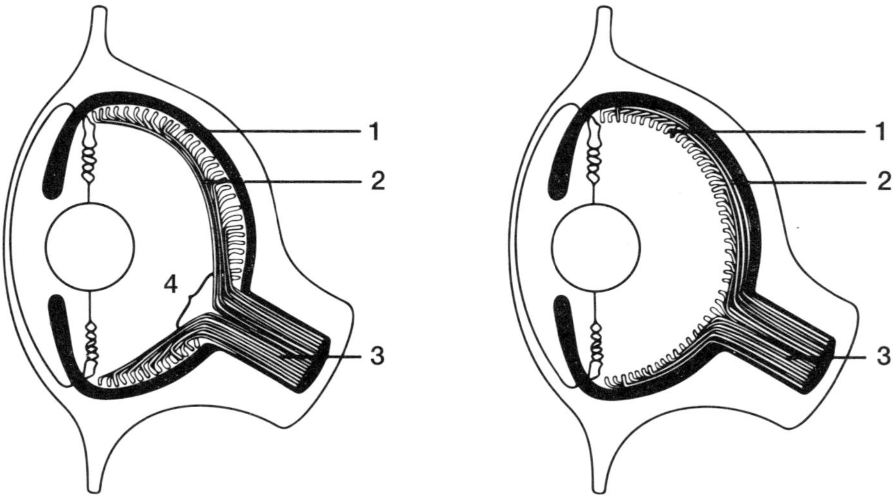

图 9-1 脊椎动物和章鱼的眼睛解剖图

脊椎动物的眼睛（左图）和章鱼的眼睛（右图）具有许多相同的结构特征，尽管它们是完全独立进化出来的。当然，它们也有一些差异，例如视（神经）盘的缺失（左图中的 4），这是因为视网膜层所处的位置不同（在图中用 1 和 2 表示）。3 表示视神经。此外，章鱼的眼睛没有角膜（图中未标出）。

当然，从科学的角度来说，进化是“没有意图”地展开的，仅仅是对偶然突变和环境变化的反应。但是，趋同进化确实为我们讨论其他深层次的本体论问题提供了思路，例如为什么动物会有智力。古生物学家西蒙·康威·莫里斯（Simon Conway Morris）认为，生命一旦出现，就肯定不可避免地进化出智力，因为对于可能出现的任何环境，这是一个必要的解决方案。[10] 正如莫里斯所指出的：“至少在某些情况下，‘大脑袋’可能是具有适应性的，并且‘大脑袋’不是昙花一现的偶然事件，那种事件在适当的时候，会重新陷入进化坩埚的混乱之中。”[11] 这就是说，智力，甚至可能还包括意识，最终必定会出现。

趋同进化的广泛证据表明，如果我们能够回到地球的生命起点并重新开始全部进化过程，我们仍然可能会得到许多相同的功能。事实上，莫里斯认为，我们可能会发现，类似的特征在遥远的行星上也出现了（这些行星围绕着其他恒星运行，环境与地球相似）。遥远的行星上可能充满了我们熟悉的生命形式：同样长着四肢，有着照相机式的眼睛，并拥有交流技能、智力和社会组织。

当然，并不是所有的科学家都赞同这种观点。例如，进化生物学家斯蒂芬·杰伊·古尔德（Stephen Jay Gould）就有一个非常著名的观点，他认为，如果你能够让整个进化历史再一次重新开始，那么结果将会完全不同。他的观点强调历史偶然性和随机事件的巨大作用，例如，在大约六千万年前，由于流星撞击地球而导致的大规模物种灭绝。[12] 对于这个问题，之所以会出现不同的观点，在一定程度上与正在讨论的趋同进化发生在什么层级上有关。我们原本就不应该预期趋同进化会导致绝对相同的结构。这里最关键的一点是，在面临类似挑战的时候，例如，在面临社会生活所带来的挑战时，不同的动物物种会进化出有针对性但却相似的解决方式。这一点，有助于解释为什么猿类动物、大象和鲸的“社会生活”会如此相似。

当然，正如我们在第 4 章中讨论贝壳形状时已经看到过的那样，进化的可行结果是有限的，进化的轨迹会受到环境本身的限制。如果在各种各样的地方都有光，那么动物会不止一次“找到”眼睛；如果只有黑暗，那么它们就不会。

很显然，环境在自然选择中起到至关重要的作用。当我年轻时，我见识过希腊标志性的渔村风光，我曾以为那是希腊特有的；当我年纪稍长，到世界各地旅行，却很困惑地发现许多地区都有一些村子看上去意想不到地与希腊渔村非常相似：加拿大、巴西、美国等国家的村子都有。这些地区的整体布局几乎如出一辙：生活区满是色彩鲜艳的房子，小小的码头旁边停着船只、岸边晒着渔网，道路是狭窄的，蜿蜒地伸向远方。这一切都让我备感亲切。莫非，每一个人都想建造一个希腊渔村么？然后，我意识到，世界各地的渔村之所以会趋同到相似的“建造计划”上，是因为它们都必须具有相同的功能：允许人们相对容易地将船只放入水中、安全地驾着渔船带着收获返回，便于在咸水、多风、潮湿的环境条件下维修各种用具以及应对生活在海边可能会遭到的风险。

由此可知，与生物的其他方面一样，社会行为的出现也是不可避免的，同样也是趋同的。但是，社会生活的相似形式在进化历史上的反复出现，还引导我们提出这样一个问题：这种相似性究竟是怎样产生的？社会生活的出现为其他事物的出现设置了舞台，任何一个物种，社会性程度越高，它的生活就会越社会化。任何一种动物，只要社会交往已经构成了它所处环境的一个重要特征（通常都会如此），那么从非社会生活到社会生活的进化过渡就会导致一个反馈循环：社会动物将会变得"生来"就为创建一个"社会环境"（它具有社会套件的特征）而努力，同时自然选择将有利于认知能力和其他用来最优地应对这种特殊的社会环境。这种反馈循环可以导致最优解决方案的快速趋同。这就好比，蜗牛从适应性上说最相关的环境是它的壳，而且由于蜗牛是自己制造了壳的，所以它在壳中拥有自己未来的种子。也就是说，蜗牛生成了壳，同时在进化的过程中，壳也形塑了蜗牛。

换句话说，一旦踏上了社会的道路，不同的动物物种就会趋同到一个类似的社会生活"计划"中。究其原因，一定意义上是因为所有中社会动物都必须适应一个"完全相同的环境"。这种环境就是，自己物种中其他成员的存在，动物必须与像自己的其他动物个体一起生活并接受其他个体。例如，在人类与大象之间，共同的环境并不体现在人类也是一种巨大的素食动物，而是人类要生活在这个物种的其他成员当中并与他们交往。而且，无论我们去到何方，都会把这个至关重要的社会环境带在身边，因此它总是在影响着我们并塑造了人类的进化。既然最相关的选择压力都是"社会环境"，那么无论对于灵长类动物、大象、鲸来说，还是对于其他哺乳动物来说，这种压力都会发挥作用，并产生类似的结果。

在第 7 章和第 8 章中，我们已经看到，结交朋友的能力是如何导致某些社会网络结构呈现出跨物种和跨社会的一致的数学性质的。现在再来考虑如下问题：社会套件的其他方面——个人身份、合作、等级制和社会学习，是如何彼此契合并形成一幅蓝图的。这幅蓝图，构成了一个好社会的核心。

独特的面孔

你可能会认为这种能力是理所当然的：你能够将自己从他人当中区分出来并将其他人区别开来。但是在动物世界中，拥有个体身份并识别出其他个体身份的能力并不常见，特别是除了自己的伴侣和后代之外的个体。为什么动物应该在外表上，甚至“个性”上与众不同？为什么有的动物有能力将其他个体区分开来？[13]

面部识别是人类社会互动的一个关键部分。[14] 无法识别面孔的人，也就是所谓的面孔失认症（prosopagnosia）患者，会面临严重的社交障碍。[15] 想象一下这样的情景：一位女子在酒吧里遇到前男友，然后上前问他是否曾经见过面，那会导致多大的尴尬。但是，这种经历对某些人来说却是生活的常态，他们有时甚至不能认出自己的父母。一位面孔失认症患者认为，看他人的面容就像是一场梦：“在此时此刻，它难以置信地生动可亲；但是，当我的视线稍一转开，它就变得漂浮涣散了。”[16]

而且，面孔识别只是问题的一个方面。另一个方面是每个人的面部必须彼此不同。与人体的其他部位相比，面部显然尤其多变，而且各人各异。你很难从他们的手背或膝盖的照片中认出你的朋友，但是从他们的面部照片却可以轻而易举地认出来（图 9-2）。[17]

图 9-2 人类和企鹅的独特外表和个体身份

人类在面部外观方面表现出了惊人的变异性，即使在遗传上同质的人口当中也是如此（例如，芬兰）。图 A 是 6 名男性芬兰士兵的肖像照，每个士兵都明显与他人不同。相比之下，图 B 王企鹅则具有更加“统一”的外表。不过，虽然科学家现在仍不清楚王企鹅是否会利用视觉信号识别不同个体，但是它们确实拥有非常独特的发声，可以用来识别个体。

表达和识别个体特征的能力，是在这种能力变得有益之后发展起来的。动物用来识别其他动物个体的特征可以分为两类：线索和信号。身份线索是一种表现型特征，它可以将一个个体与另一个个体区分开来，但是这种特征本身并不能带来生存优势。在人类社会中，指纹是独一无二的，可以用来识别不同的个体，但是指纹本身并未进化成一种信号，而且人类通常也不是通过不同的指纹来识别他人的。[18] 因此，指纹，就像每个人眼球中小血管的独特模式一样，仅仅是一种识别个体的可能线索。

与身份线索不同，身份信号是指既便于识别个体，同时也有助于识别动物生存的表现型特征。如果你不想让别人因错认而攻击你、忽视回报你的善意，或者，不想他们认不出你是他们的后代，那么你就需要某种方法来表明这就是我，而不是任何其他人。[19] 为了做到这一点，相关的表现型特征应该有多种变体，以便显著地将彼此区分开来并令人难忘。

正如我们所期望的，面部特征的变体比身体的其他部分多得多，而且，因为面部的每一个细节都可能有助于表达一个人的身份信息，所以有尽可能多的特征组合使每一个面孔都更容易变成“独一无二”的，这在进化上是有利的。面部的每一个方面，从双眼之间的距离，到耳朵的形状，再到发际线的高度，以及颧骨的角度……都是可组合的，它们组合成尽可能多的样子，以保证每个个体可以被独一无二地识别出来。而这就意味着，这些不同的面部特征彼此之间应该是不相关的。[20]

考虑两个面部特征：两只眼睛之间的距离和鼻子的宽度。如果双眼间距更宽的人总是有更宽的鼻子，那么这两个特征各自传达的信息就会是多余的，也就是说，只能得到两个组合：宽大的鼻子加宽大的双眼间距，以及小巧的鼻子加紧凑的双眼间距。从增加独特的面部数量这个角度来看，这些特征之间最好是不相关的。如果不相关，就有 4 种可能的类型：宽大的鼻子加宽大的双眼间距、小巧的鼻子加宽大的双眼间距、宽大的鼻子加紧凑的双眼间距，以及小巧的鼻子加紧凑的双眼间距。这样，随着面部特征的数量不断增多，人的面部细节组合将会接近无限（图 9-3）。[21]

不同人面部的区别是如此重要，以至于有助于个体表现出罕见的特殊外貌的表现型，会受到自然选择的青睐。也正是因为如此，编码面部特征的基因确实存在很多变异。相比之下，在那些编码人群中没有多少差异的特征或功能的基因中变异则非常小，例如，编码胰酶功能的基因。一方面，在理想情况下，所有人的胰腺都应该发挥相同的作用；另一方面，在理想情况下，所有人的面部都应该看上去有所不同。[22] 这里需要明确的一点是，生物体中的个体特征（无论是面部特征、个性还是其他任何特征）都是有可能因基因以外的原因而出现。[23]

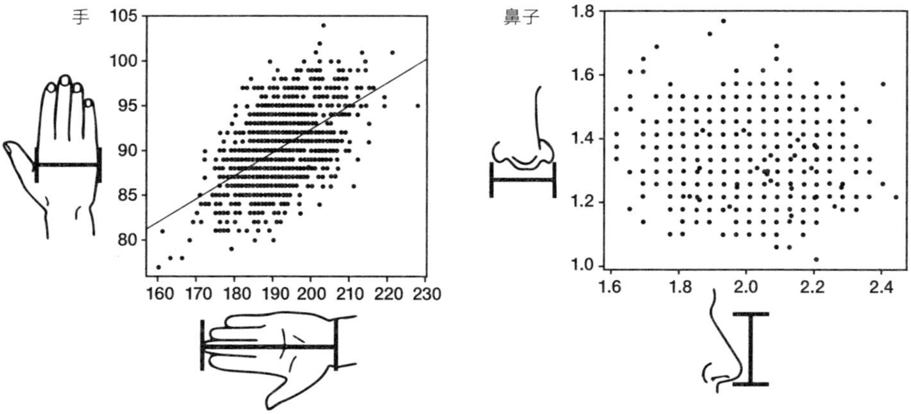

图 9-3 面部特征（以鼻子为例）与非面部特征（以手为例）的相关维度

图中对在一个人类样本中测量出来的手和鼻子的长度与宽度进行了比较。图中的散点表示的是美国男性服役人员（军人）的手和鼻子的相关尺寸。对于人的大多数身体部位，例如手，体型更大的个体具有更大的尺寸，而且每个人的手的宽度和长度之间是相关的。左图中的直线表明这种相关性是显著的且为正，因此更宽的手同时也是更长的。相比之下，右图则表明，鼻子的宽度和长度是不相关的（并且右图中根本无法画出一条直线）。

人类面部，无论是在男性与女性之间，还是在年轻人和老年人之间，都是各有各的特点的，这个事实表明面部的独特性是为了服务多种目的而进化出来的。例如，如果对于自己的孩子，母亲能够识别出婴儿时期的脸孔是至关重要的，但是当孩子长大后能不能认出就无关紧要了，那么人类就可能进化为只在发育早期拥有独特的面孔，而长大成人后所有人的脸部都没有什么区别的样子。

或者，与此类似，如果伴侣的面部识别至关重要的话，面部独特性也可能进化为仅在个体的生育年龄期间表现出来。当然，事实并非如此，在我们的一生中，个体的面部识别都非常重要。[24] 面部外观的多变性、面部不同特征之间的非相关性以及编码面部特征的基因的变异性，所有这些都说明，面部是人类个体身份的信号，它赋予人类生存优势。

这一点也支持了另一个重要的思想：我们如何互相交往，会“渗透下去”影响我们的基因。社会互动需要面部独特性，并能够从面部独特性中受益；同时，社会互动又可以通过维持编码面部特征的基因组区段的多样性，来影响我们所能拥有的遗传变异。在进化历史上，人类的社会互动不仅仅塑造了我们的思想，还塑造了我们的身体。

自我与他人

如果一个物种可以从非亲属之间的合作中获益，那么个体识别就会特别有用。如果你不能确定“谁”是“谁”，你怎么能记得过去哪些人对你好，或者，你又怎么能知道未来该与谁合作呢？有的人从不与你分享食物，或者在需要买单时就会从餐桌上消失，如果认不出他，又怎么能避开他呢？如果你只与自己的亲属交往，由于你们有共同的基因，这一点可能无关紧要，根据我们在第 7 章中讨论的亲缘关系检测，你可能会帮助自己的亲属，即便他们不对你付出任何回报。但是，在需要促进非亲属之间的合作时，身份就会变得特别有价值，因为它能够极大地减少欺骗。

而且，随着社会复杂性的增长，识别和记住本物种个体成员的能力会变得越来越重要：必须维持友谊和联盟，必须认出自己的敌人，必须不违背等级体系，等等。[25] 珍妮·古道尔早期在贡贝国家公园研究黑猩猩时，一再见证了黑猩猩的身份识别行为，她指出，黑猩猩可以通过不同个体的独特发声来识别彼此。[26] 随后，在实验室中进行的进一步研究证实，猿类动物能够利用多种信号来区分不同个体。[27]

在一个设计精巧的系列实验研究中，实验员要求 5 只黑猩猩和 4 只恒河猴将陌生同类的相同照片匹配起来，这两种动物都能够完成这项任务。其中，黑猩猩在第二次接受面部刺激时，匹配的准确率达到 82%。还有一个实验则表明，在实验室中，根据多种视觉定向和构型，这些动物可以识别出同物种的另一个成员。[28] 此外，一项针对松鼠猴的研究表明，这些猴子大脑内的电活动水平会随着它们所看到的猴子或人类面部照片的熟悉程度而不同。[29] 有些灵长类动物甚至能够以相当高的准确度将两个不熟悉的、有亲缘关系的灵长类动物照片匹配起来，就像人类能够认出哪两个人是兄弟，哪怕我们之前从未见过他们。[30]

大象也有身份。它们在不同“家庭”单位之间和群体之间，用低频吼叫声来协调行为，距离可达几千米之远。其中一些叫声，比如宣布自己（无论是雄性和还是雌性）正处于生殖期的叫声可能会非常响亮，能够达到 116 分贝，不过，这种叫声通常位于人类无法听到的频率范围内。大象还可以使用次声“接触呼叫”（其谐波可以延伸到人类可以听到的范围内）识别出对方。一些年老的雌性大象“族长”还可以准确地识别出以前曾经与之交往过的 100 多头大象。[31]

相比较而言，我们对鲸类动物是如何识别彼此的了解要少得多。有一项研究发现，生活在苏格兰海域的一群宽吻海豚中的每只海豚都能够发出一种标志性的口哨声，就像那是一个名字一样。[32] 这些宽吻海豚在听到呼叫自己的标志性口哨之后，也会发出声音进行回应。这些口哨的功能类似于飞行员的呼叫，例如，“德尔塔 811 呼叫塔台，请回答”。可以进一步证明这些口哨具有类似名称功能的证据还包括，每个海豚的全部“通信指令”中，有很大一部分就是它自己的标志性口哨，这种情况，类似于你发送和接收了许多篇幅很短的电子邮件，而且你的电子邮件地址也是正文的一部分。此外，这些宽吻海豚也经常会复制并重复呼叫自己的社交伙伴的名字，就像你在与朋友交流时，更有可能使用朋友的名字一样。[33]

镜子测试

社会动物能够识别他人的身份、发出关于自己身份的信号。那么，它们是否也能识别自己并拥有对自己的“身份感”呢？每天早上，当你梳妆打扮时，可以认出镜子中那个人就是你自己，这似乎是理所当然的。人类在大约 18 个月到 24 个月大时就能完成这个“魔术”，但是除了人类之外，即便是在最具社会性的其他动物中，能够通过这种镜子测试的也非常罕见。[34]

到目前为止，镜子自我识别只在人类和猿、大象、海豚中得到了证明。[35] 那些能够认出镜子中的自己的动物，通常都要经历若干个阶段才能做到这一点，在这个过程中，它们会表现出越来越强的好奇心和自我意识。而且，有些动物甚至可以通过最终的标记测试。在这种测试中，动物会先去摸索或寻找实验者事前放置在它们身上的某种标记。这种标记只能通过镜子看到，而这就说明它们能够认出自己。

1970 年，灵长类动物学家戈登·盖洛普（Gordon Gallup）指出，如果黑猩猩能够在镜子中认出自己，那么它们对镜中反射的图像的社交性反应，例如喊叫、威胁和晃动，会较少，同时会做出更多的自我指向性反应，例如，自我探索。事实上，盖洛普确实观察到，这些动物在镜子前会做出很多自我指向性的行为：

> 梳理在没有镜子的情况下无法看到的身体部位的毛发；看着镜中的影像从牙缝中抠出食物残渣；通过镜子来摸弄肛门生殖器区域；通过察看镜中的影像从鼻子中挖出异物；在镜子前吹泡泡；以及观察镜中的影像并用嘴唇把食物挤捏成团。[36]

随后，大批学者的跟进研究也证实了黑猩猩存在自我认知，并将同样的结果扩展到其他大型猿类动物上，包括大猩猩、倭黑猩猩和黑猩猩。但是，几乎所有的猴类动物都没能通过镜子测试，尽管如此，正如我们上面已经指出过的，某些猴类动物个体可以识别本物种的其他成员。[37] 在这里，稍显悖谬的是，镜像自我认知似乎依赖于早期的社会接触。在实验室中出生并孤身“一人”长大的黑猩猩，通常不会表现出自我认知的迹象。[38] 自我认知、对自己不同于他人的感觉，实际上需要从小就有其他“人”在自己的身边。[39]

在一项著名的研究中，一只名叫科科（Koko）的大猩猩学会了手语，灵长类动物学家弗朗辛·帕特森（Francine Patterson）和罗纳德·科恩（Ronald Cohn）利用科科的这种“交际能力”来研究自我认知。他们在科科的右上方牙龈上放置了一些黑色素，在没有镜子的情况下，科科只摸过两次，而在有镜子的情况下，她却摸了整整 14 次。此外，也许更有说服力的是，当帕特森在镜子里向科科示意，并问她“那是谁”的时候，科科回答道：“那是我，科科的牙齿很好。”[40] 更令人惊讶的是，在镜子测试期间，当科科的大猩猩玩伴迈克尔（Michale）看到自己的额头上有一个粉红色的标记时（那是事先放上去的），它显然认为那是他头上的一个伤口。然后，迈克尔就表现出了一定的“应激症状”：它用手语描述了偷猎者杀死它母亲的情形（他目睹了那个过程）。毫无疑问，这就是自我认知。[41]

但是，我们也不能忽视这种可能性：动物在没有真正的自我意识的情况下，也可能从自己的影像中认出自己。例如，动物可以通过所谓的动觉匹配（kinesthetic matching）来认出自己。也许，当一只动物看着镜子时，它可能只是注意到了当自己的身体移动时，镜子中的影像也在移动，而镜子中的其他物体则没有在移动。[42] 这个思想的证据来自一个名为尼科（Nico）的非常简单的人形机器人。尼科可以在一面镜子中观察自己，并使用简单的数学规划方法来掌握自我与他人之间的差异，而无须对社会有任何理解。尼科能够“学会”理解，当它移动时，镜子中除了它自己的反射影像之外，没有任何其他东西在移动。不过，这个机器人仍然无法通过标记测试。而且，如果真的与视觉刺激相匹配一样容易，那么猫和狗又为什么不能通过镜子测试呢？[43]

2006 年，灵长类动物学家先驱弗朗斯·德瓦尔、约书亚·普拉尼克（Joshua Plotnik）和黛安娜·赖斯（Diana Reiss）开始了对大象是否拥有镜像自我认知能力的探索。他们是这个领域的拓荒者。实验是在布朗克斯动物园（Bronx Zoo）进行的，被试是三头大象：哈皮（Happy）、玛克辛（Maxine）和帕蒂（Patty）。[44] 他们在大象的围栏里树立一面巨大的镜子；一开始，镜子是被遮盖起来的，这些大象也没有注意到镜子。但是当大象发现这面镜子后，它们的兴趣就被激发出来了。例如，帕蒂在发现镜子后，花了将近一半的时间待在镜子前面，而当镜子被遮盖起来的时候，帕蒂却只有 3% 的时间停留在那个位置。这些大象“探索”镜子的表面，并且试图在镜子后面找到些什么。它们把长长的鼻子放到镜子上面和下面，甚至试图爬过墙壁，看着为什么“别有洞天”。动物园的管理员以前从未见过大象试图翻越围栏或查看围墙后面，所以这种变化显然是镜子所导致的。在发现镜子 4 天后，大象似乎逐渐明白了，镜子中的图像并不是另一只动物。

大象们围着镜子左右、上下移动，看着镜子中的它们做同样的事情，而且它们还会与镜子中的它们玩“躲猫猫”游戏，像人类孩子一样，不断地探头缩脑，去试探反射线。而且，就像黑猩猩也会做的一样，大象利用镜子来探索它们平时无法看到的身体部位。玛克辛用镜子仔细查看了自己嘴巴的内部结构，并且看着它在镜中的影像用鼻子往向前拉自己的耳朵。但是，最终只有一头大象通过了标记测试，就是哈皮。虽然这个结果有点令人失望，因为这些大象中只有一头达到了这个阶段，但是重要的是，科学家在这个实验中要探究的是一个物种能力的外部界限，而不是每一种动物行为的必然性。这一点与以下思想类似：在人类社会中，虽然不是每一个人都有能力画出漂亮的抽象画、从事激光物理研究，或者会说多种语言，但是有一些人确实有这些能力，这一点本身就是非常有价值的。[45]

2001 年，科学家对生活在纽约布鲁克林水族馆的两只海豚的自我识别能力进行研究。因为海豚是没有办法用“手”指点自己的身体，也没有办法用“手”抚摸自己的身体，所以科学家们只能非常细心地时刻观察海豚，看它们什么时候扭曲身体、转到向镜子前面并反复接近镜子以查看身体上被做了标记的那个部位。[46] 在随后的测试中，海豚在镜子前面嬉戏，张大嘴巴、吹泡泡，并观看自己上下左右游泳的影像。

我们能在猿类动物、大象和海豚之间找到如此强烈的相似之处，这个事实为识别自我认知能力的存在提供了令人信服的进化证据。海豚大脑的神经解剖结构与人类大脑的神经解剖结构有非常大的不同，但是海豚也进化出这种能力。[47] 由此可见，个体身份是社会套件的一个重要组成部分。

悲伤之情

我们理解身份和个体性的另一个方法是考察动物如何表达悲伤之情。非人类灵长类动物和大象都会为与它们亲近的动物“去世”而感到悲伤，但是对于那些他们并不觉得特别依恋的动物来说，则不然。

我对这种悲伤之情非常熟悉，这不仅是因为我的工作经历（我曾经担任过临终关怀医生），也因为我在 25 岁时就失去了我亲爱的母亲，她在与霍奇金淋巴瘤顽强抗争了 19 年之后辞世，当时年仅 47 岁。悲伤是一种罕见而特殊的情感，因为它与特定的、认识的人的去世有关。一个人可能会对一个陌生人的行为感到愤怒，但是通常不会因一个陌生人的去世而感到悲伤。在很多人的描述中，猛烈的、非常痛苦的、持久的悲伤，会伴随着身体性的强烈感受，他们胸口发闷、肩膀疼痛、热泪盈眶，甚至面容扭曲。[48]

有很多证据表明，悲伤在生理上是有害的，甚至有可能增加一个人的死亡风险，所以从表面上看，那些不会感到悲伤的祖先后代应该会比那些会感到悲伤的祖先更多。这就自然而然地引出一个问题，悲伤这种敏感的感情又怎么会进化出来？一些理论认为，悲伤会促使人们与他人连接以减轻痛苦。根据这种解释，悲伤也是适应性的，因为它使人类这个社会性的物种免于孤独，就像你碰到滚烫的铁锅时会觉得很痛一样，都是适应性的，因为这会让你抽离对你不利的刺激。

另外一种不太合理的解释是，有人假设悲伤感的存在可能会迫使人们付出更大努力，以便让所受悲伤之人活下去，而这将是有利的。此外还有一种理论认为，悲伤是那些正在遭受苦难的人发出的信号，是他们在请求帮助。但是，我认为，最可能的一种解释应该是，悲伤是这样一个心理系统的副产品：这个心理系统之所以进化出来，是为了让人们在与活着的亲属分开时感到很难受，因为与他们在一起是适应性的。根据这种观点，悲伤与社会凝聚力有关，它是我们为社会亲密关系付出的一种代价。

大量考古证据证实，个人对死亡的个性化反应是一种强大的经验，它有非常悠久的历史，至少可以追溯到六千多年前，举世闻名的埃及丧葬程序就是其中的一个突出的例子。[49] 另一个例子是一个被考古学家们称为“M9”的人类化石标本，他生活在四千多年前的越南，30 岁时死于先天性椎体融合畸形（Klippel-Feil syndrome）。这是一种先天性疾病，会导致患者瘫痪。根据几千年后发掘出来的骨骼化石，考古学家认为，M9 的残疾“非常严重，如果没有其他人长期专门照顾他，是不可能活这么久的。”[50] M9 的四肢严重萎缩，下巴也不正常。由于没有驮畜，所以 M9 肯定是靠其他人背着走动的，而且他也无法自己去获取食物和水。M9 的化石上没有显示出任何受虐待或被遗弃的证据，并且他的骨头中没有褥疮或其他感染的迹象，这些都表明另外有人帮助他保持了清洁。很显然，如果没有其他人帮助他、照顾他，这样的人是无法生存下来的。当别人去觅食的时候，有人在保护着他；当他所属的群体要迁徙时，有人会带着他走。因此我认为，我们必须得出这样一个结论：M9 是受人爱戴的，当他去世后，很可能被其他人视为一个很有价值的个体而受到了哀悼，他的后事也有人细心地办理。

还有更多的例子可以证明，在遥远的过去，很多残疾人都明显得到持续的帮助。在今天的伊拉克出土了一个生活在 4.7 万年以前的尼安德特人的化石，他在右臂折断后仍然活到了 40 岁。[51] 有一名 17 岁的男孩，考古学家将他称为“罗密托”（Romito），他患有严重的侏儒症，生活在距今 1.1 万年前的意大利。[52] 在 7.5 万年前的佛罗里达，有一名小男孩，因患上一种被称为脊柱裂的神经系统疾病而瘫痪（在今天，怀孕的妇女只需吃谷物早餐并补充叶酸，就可以预防婴儿患上这种疾病），但是仍然活到了15岁。[53] 这些残疾人，从出生到死亡都需要他人的悉心关爱，不然就无法维持生命，这种情况在他们死亡之后也留下了痕迹，因而这些人去世后都是以相当特殊的方式下葬的，说明亲人对他们非常依恋。当然，我们也应该注意到，这方面的反例也非常多。考古学家已经发现了无数古老的白骨冢，里面充塞着被遗弃的婴儿和儿童的尸骨（尤其是女性的婴儿和儿童）。

在其他社会性物种中，也存在着类似于悲伤的情感。在这个方面，最著名的描述来自珍妮·古道尔：

> 弗林特（Flint，一只年轻的黑猩猩）……收住了脚步，一动不动地站在空空荡荡的巢里……在他的母亲弗洛（Flo）去世之前，弗林特有一段时间与她一起住在这个巢里……弗林特曾与菲甘（Figan）一起在外面游荡过一段时间，有他的大哥一起，他似乎变得不那么哀伤了。但是，后来他又突然离开了那个小小的群体，跑回到弗洛死去的地方，在那里陷入了更深的哀伤。当菲菲（Fifi）出现的时候，弗林特已经病倒了，尽管菲菲帮他梳理了毛发并等待他振作起来与她一起外出旅行，但是他既没有力气，也没有这种意愿。弗林特变得越来越昏昏欲睡，他拒绝进食，免疫系统因此受到了损害，所以他一病不起。我最后一次看到他的时候，他虽然还活着，但是眼睛已经空洞无神了，他非常憔悴，无比沮丧，几乎所有时间都蜷缩在弗洛死去的地点附近……他拼尽全力完成的最后一次短途旅行，也是到弗洛尸身埋葬的地方去；他每隔几米就不得不停下来休息。他在那里待了好几个小时……他挣扎着又走了一段路，然后躺下来，蜷缩成一团，这一次，他再也动不了一步。在他的母亲去世后三天，弗林特也去世了。[54]

当然，古道尔并不是唯一一个目睹并记录了灵长类动物在丧失亲人后的强烈情感和身体反应的人。[55] 在一项研究中，科学家收集了生活在博茨瓦纳的一个有 8 个成员的狒狒群体的粪便样本并进行分析，结果发现，雌性狒狒的糖皮质激素水平（这可以用来衡量狒狒和人类受到的压力的大小）与动物死亡的事件密切相关。[56] 更有意思的是，这些雌性狒狒似乎是通过提高梳理毛发的频率和一起梳理毛发的伙伴数量来减轻压力的。狒狒的这种做法，在人类社会中也可以看到。据我所知，在许多文化中，女性在丧亲之痛中会对自己的头发进行修饰（例如，剪掉一些头发或拔掉一些头发）。在悲伤中，那些扩大了“梳理毛发网络”的雌性狒狒的糖皮质激素水平，与没有这样做的雌性狒狒相比，显著地降低了。

鲸类、灵长类动物和大象，都会像人类一样，轻柔地处理已故亲人的尸身，而不会像其他无生命的对象那么毫不在意。动物行为学家观察，一只虎鲸母亲在它的伴侣的陪伴下，整整亲抚了死去的婴儿 3 天。对此，其中一位科学家这样描述道：“它们知道，那头小鲸已经死了。我认为这是一件必须由母亲亲手完成的事情，或者是一种礼仪……它不想就此放手。”[57] 灵长类动物学家也观察到，成年雌性黑猩猩、大猩猩和红鼻猴会长时间地将死去的婴儿的尸体带在身边，哪怕尸体已经开始分解腐烂了也不放弃，无论是有亲缘关系，还是没有亲缘关系的。[58] 有人甚至曾经拍摄到，黑猩猩会细心地清理尸体的牙齿，似乎在举行葬礼。[59] 这种行为与人类的悲悼行为之间有很多的相似之处。

动物学家辛西娅·摩斯（Cynthia Moss）研究了大象对死亡的反应。她细致地描述了一群大象正在“祭拜”它们的已故女族长艾米丽（Emily）的“骨头冢”时的情景：

> 它们一步一步走上前去，非常轻柔地用鼻子的尖端去触摸那些骨头，先是去轻拍，然后去嗅闻、去感受那些骨头，最后它们围着其中比较大的骨头周围走了几圈。尤朵拉（Eudora）和埃尔斯佩思（Elspeth），艾米丽的女儿和孙女，拨开了骨头，开始仔细察看……现在，所有的大

象变得安静下来，它们之间弥漫着一种明显的紧张情绪。尤朵拉集中关注的是艾米丽的头骨，她用鼻子抚摸着光滑的颅骨，并将她的鼻子探入颅骨的空隙中。[60]

在《与象共舞》（*Coming of Age with Elephants*）中，乔伊斯·普尔在描述一头大象母亲为它死去的新生婴儿守夜的情景时这样写道："她身体的每一个部位都在诉说着悲伤。"[61] 普尔认为："毫无疑问，大象是有自觉的思想和自我意识的"。[62] 她这样描述了大象的悲伤之情：

家人们走近耶洗别（Jezebel）的遗骨，然后突然一起停下脚步，陷入了沉默……它们花了整整一个小时，一次又一次地转动耶洗别的颅骨、下颚骨和长骨。这些大象似乎处于精神恍惚的状态中，彼此之间完全没有互动，也没有任何一头大象发出任何声音，它们似乎只专注于死去的大象。耶妮妮（Jenene）是耶洗别的女儿，也似乎是这个群体中最为悲伤的一个……如果完全没有思想、完全没有意识、完全没有记忆，这些大象又怎么可能会默默地站在亲人的遗骨旁边整整一个小时呢？[63]

而且像黑猩猩弗林特和弗洛一样，大象也会心碎而死。例如，一头圈养的年长雌性大象在她的后代死于难产后，一直非常伤心，拒绝进食直至活活饿死。[64]

大象甚至还会像人类一样进行集体哀悼。一大群大象会一起表现出与各种悲伤相关的"症状"，包括异常的惊恐反应、抑郁和极强的攻击性。[65] 这些种群层面的"心理病变"似乎与广泛的偷猎活动和栖息地的严重丧失所造成的非洲大象的大规模死亡有关；在 1900 年至 2005 年之间，非洲大象的总数量从 1000 万以上下降到 50 万左右。在人类社会中，心理健康专家会用"历史的、代际的创伤"这个术语来描述由于战争、奴役或饥荒导致的广泛死亡对后代施加的长期集体负担。从这个角度来看，发生于大象"社会"的大规模、超快速死亡所造成的悲伤，与在那些被暴力和战争彻底摧毁的地区的人类幸存者身上发现的特别高的创伤后应激障碍发病率相比，有不少相似之处。[66]

动物的合作与人类的合作

事实上，关于猿猴社会行为的几乎所有通过观察得到的记录都充满了合作的证据。在这方面最有影响力的一个实验是灵长类动物学家梅雷迪斯·普伦·克劳福德（Meredith Pullen Crawford）在 1937 年完成的经典研究。在这个实验中，一个笼子里的两只黑猩猩都位于距离装满食物的箱子一定距离的位置上；每只黑猩猩都可以接触到与箱子相连的绳子，然而，箱子很重，单凭一只黑猩猩无法移动它，需要两只黑猩猩一起努力。[67] 为了成功地获得食物，这两只黑猩猩必须同步拉绳子，它们在没有任何外人指导的情况下做到了这一点。

克劳福德的实验模式——设置一个只有通过合作才能产生双方都期望的结果的情境，已经被重复了很多次。在一个实验中，将卷尾猴配成对，然后单独放入一个实验室的相邻隔间中，所用的隔断材料是钢丝绳网。每只卷尾猴的前面都摆着一个装着食物的杯子以及一根杆子，拉动杆子就可以将两个杯子移近。[68] 但是，同样，这个装置有意设计得很沉重，需要有两只卷尾猴同时拉动杆子才可以。结果，在这个实验中又一次观察到了高水平的合作。为了确保这种合作不是偶然发生的，研究者进一步证明，卷尾猴在可以透过钢丝绳网看到对方时会表现得更好，这就表明每只猴子都了解自己在这个任务中的作用，并能通过视觉交流的形式保持合作。

弗朗斯·德瓦尔和他的同事们在经典的克劳福德实验设计的基础上进行了改进：有两头大象，分别从一个通道进入，它们必须走近一张桌子并同时拉一根绳子，才能吃到两个碗中的食物（图 9-4）。[69] 大象很快就学会了，为了获得成功，两头大象必须同时拉绳子。

图 9-4 检验大象合作能力的实验装置

这里给出了评估大象合作能力的实验设计的 3 个视图。视图 1 的（从桌子之外的水平视角中可以看到的）桌子上摆着装在碗中的食物奖赏，连着绳子。视图 2 则是一个鸟瞰视角，说明了实验过程中的一部分：两头大象分别从距离桌子 10 米远的起点开始，沿着两个单独的、用绳网隔开的通道走向桌子（在视图 1 和 2 中，绳网以虚线表示）。视图 3 是一个侧视图（从围栏下部）。桌子装置还包括一个可以通过拉绳子来移动的滑动台。根据这个实验设计，只有当两头大象同时合作拉动两条绳子，才能将桌子拉到身边，获得食物，而只拉一条绳子会导致绳子无法穿过滑轮。

但是，科学家怎么能确定大象真的理解它们需要合作呢？也许它们所学会的只是“看到绳子，就拉绳子，然后就会得到食物”，并且同时这样做了，并没有认识到需要共同付出努力。为了解决这个问题，在另一个实验中，科学家们让大象在不同的时间进入各自的通道。如果大象只学会了拉绳子，而没有认识到必须有另一头大象同时拉绳子，那么第一头大象一走到桌子边就会开始拉绳子。但研究者发现，第一头大象确实会等待它的同伴到来，即只在有可能进行合作时才拉绳子。

但是，还有一个问题。大象们也有可能只是学会了“当旁边站着另一头大象时，就拉绳子”，而没有认识到自己的伙伴的合作作用。为了解决这个问题，研究者设计了第三个实验。在这个实验中，只有一头大象可以直接拿到绳子；另一根绳子的末端是盘绕起来的，尽管两头大象都可以看到它，但是另一头大象却够不到它。这样大象就无法获得食物了。如果大象真的明白，为了吃到食物必须合作努力，他们就不会费心去拉绳子了。实验确实表明，当自己的伙伴无法拿到绳子时，另一头大象也就不去拉绳子了。

还有一些大象甚至自己找到了一些新奇的策略来获得食物。有一头年轻的雌性大象，并没有费力去拉绳子的一端，而只是走近桌子，踩在绳子上面，这样可以防止绳子松脱，同时也意味着它的伙伴必须完成所有拉绳子的工作，但这个策略的成功率高达 97%！

在人类社会中，我们将这种“剥削性”的策略称为“背叛”，因为它是在占自己的合作伙伴的便宜。事实上，大象能够采用多样性的策略这个事实本身就表明，它们真的理解任务的本质，而不仅仅是在进行机械地学习。而且，在一定意义上，大象是“超级合作者”：它们不受食物不公平分配的困扰。这也就是说，如果一个碗里的食物比另一个碗里的食物多，它们仍然会继续相互合作。相反，灵长类动物，包括人类自己，就会对这种情况非常“恼火”。

在人类这个物种的起步阶段，人们生活在分散于各地的不同群体中，每个群体的规模为几百人上下。在群体内部，人们再组合成小型群体，合作完成各种任务。但是在今天，我们却生活在有数十亿人参与的互联网中。从狩猎－采集社会，到民族－国家，合作一直是人类生活的核心组织原则。如今，我们参与投票、组建政府，缴纳税收、照顾有需要的人，并参与大规模的活动，所有这些归根到底都可以说是因为我们愿意与完全陌生的人合作。

长期以来，合作和利他主义一直困扰着科学家，因为在自然选择通常有利于为自己谋利的行为的事实下，对于人类如何进化出合作，没办法给出一个简单的解释。[70] 如果每个人都有所贡献，群体内所有成员的境况都会变得更好，但是如果某个人不做出贡献，那么他或她自己有可能会变得更好。因此，我们可能会预期群体合作会招致失败，因为每个人都有动力去“搭便车”，也就是占其他人合作努力的便宜。然而事实上，现代和古代的人类社会确实都依赖于动物世界中任何地方都无法观察到的高水平合作。

合作的正式定义是，为对一个群体（这里所说的群体可以小至两个人）的所有成员都有利的结果做出贡献，而不管其他人是否对这个结果做出贡献。做出贡献的那些人（合作者）要为此付出一定成本，而那些没有做出贡献的人（背叛者或搭便车者）则不用承担成本，就像上面描述的那头“要诡计”的大象一样。由于背叛者的收益比合作者更大，如果这种收益可以增加生存和繁衍的概率的话，背叛者就会拥有进化优势。因此，当我们看到合作行为如此普遍的时候，无论是在人类社会，还是在动物世界中，都会觉得这是一个令人费解的谜题。

要不要进行合作？这个决定必定对我们祖先的生存和繁衍产生了至关重要的影响。我应该参加一个危险的集体狩猎活动以获取食物吗？我应该与其他人分享我所采集来的东西（从而减少自己能够得到的份额）吗？当营地受到攻击时，要参与捍卫营地的战斗吗（这可能会危及我自己的生命）？类似这样的问题答案，在数十万年以来都有着重要的进化意义。有的读者也许会觉得奇怪，在人类的生育能力与物质所得之间的关系不再密切相关的现代化社会中，这些问题还有什么意义呢？但重要的是，我们一定要记住，在作为一个物种存在的大部分历史时期，直到大约两个世纪以前，人类一直生活在死亡的边缘。从进化的角度来看，我们今天仍然被这段历史标记。因此，我们必须回答这样一个问题：为什么自私的背叛者没有占据整个人口并彻底驱逐合作者？或者换个问题：为什么我们今天并不是完全自私的？

一种理论与家庭有关。为了拯救不慎落水的孩子，母亲会跳入冰冷湍急的河流中，她这样做能够救她的孩子，但是显然要付出个人代价，有时甚至可能是她自己的生命。这样一来，这种行为以及有助于这种行为的基因往往会变得更加罕见。然而，即便这样的母亲去世了，她的基因仍然会继续在她的孩子身上存续下去。正如在第 7 章中已经所看到的，这个过程就是通常所称的亲缘选择。

然而，人类社会中的大部分交往都发生在没有亲缘关系的个体之间，而不是亲属之间。经济学家们喜欢问的一个问题之一是：驾驶长途卡车的司机，在吃完饭后会不会给女服务员支付小费？要知道，他肯定不会再见到她。但是事实上，他几乎总是会支付小费。[71] 在匿名的现代大都市中，陌生人之间大多是合作的，而且，在遇到非同寻常的自然灾害和其他危机时，他们还会很好地联合起来。在有些特殊的情况下，这种冲动会以戏剧性的形式表现出来，例如，在 2001 年 9 月 11 日恐怖袭击后，美国各地的消防员纷纷赶赴纽约；在 2005 年卡特里娜飓风过后，无数普通美国市民驱车前往路易斯安那州和得克萨斯州，救助陌生的灾民。[72]

因此，要用亲缘选择理论解释人类的合作倾向，唯一的方法就是假设我们这个物种在很久以前就进化出合作行为，当时人类主要生活在很小的家族群体当中，而且我们的基因仍然碰巧携带着这种合作的印迹。但是，这种解释无法解释像哈扎人这样的狩猎 - 采集者的社会网络，研究者认为他们的生活方式与人类的祖先相近。正如我们已经看到的，哈扎人的生活中充满了在遗传上无关的个体之间的互动和朋友关系。家庭成员当然很重要，但是哈扎人每天都只有一小部分时间花在他们的家庭内。[73] 因此很显然，除了亲缘选择之外，还需要一些其他机制。

关于合作进化的另一种理论是通常所称的直接互惠理论，它也有很多证据支持。直接互惠与随着时间的推移而不断重复的互动有关。这种理论的基本思想是，明天继续合作的承诺可以激励今天的合作。当你认识了某个人并建立起相互合作的关系时，你们都能从中获益。这强化了人们的信任和期望：这种关系在未来仍然是有益的，无论这个人是不是亲属。事实上，最好的策略是在一开始时与某人合作，然后在每个轮次都复制那个人在上一个阶段的行为。[74] 如果对方合作，你将在未来的一轮中合作；而如果对方背叛，你将在未来的一轮中背叛。这种“一报还一报”策略是很普遍且有效的。而且在现实生活中，合作轮次可以在时间上广泛分布，交换的货物也可以多种多样。

但是，在解释大规模的人类合作时，直接互惠理论无法解决的一个问题是，我们与他人的互动很多时候都是一次性的，特别是在现代生活中。直接互惠理论很难解释卡车司机为什么会向不可能再次见面的女服务员支付小费，也不能解释为什么一个人会避到一边让陌生人先走，也无法解释为什么有人会对无家可归者慷慨相助（温情效应）。也许，这种“保持体面”的做法只是会让你对那些与你经常互动交往的人表现得很好的本能的一种溢出效应，这种本能是人类在他们的所有交往确实都是重复性的、持续性的那个时期进化出来的。

对于这种形式的合作，还有另一种解释以人们生活在群体中的假设为基础，这就是间接互惠理论。假设群体中某些人能够观察到特定的人之间的相互交往，再把他们的交往情况告诉群体中的其他成员。换句话说，人们会传播“八卦”消息。当小组成员之间分享各种“好事”或“坏事”时，就会影响其他人的声誉。一个人对另一个人很友好，是因为这种行为可能会导致其他人日后会对那个人友好。数学家已经为这些过程构建了抽象模型并证明自然选择“支持”将声誉作为决定是否与他人合作的工具。[75]

直接互惠和间接互惠都是有效的，因为这两种机制都能保证人们相互之间无法占对方的便宜。你可以停止与那些会背叛的人继续交往，也可以从不与这类人交往。在这两种情况下，一个社会仅仅基于两人互动，就可以进化为足以支持高水平合作的情况。但是，随着人口规模的增大，这些机制变得不再有效。直接互惠机制之所以崩溃，是因为作弊者可以在欺骗一个人后，接着寻找下一个受害者；当人口规模很大的时候，这种机会多的是。间接互惠机制之所以崩溃，是因为传播信息并跟踪社会中的每个人变得更加困难，从而使骗子可以更容易地隐藏在更大的群体中。

而且，人类的许多最重要的行动都需要整个群体的参与。例如，要想猎杀一头牛羚，可能需要十多个人一起努力；或者，要保护营地不受侵犯，也需要所有群体成员齐心协力。这些合作行为生产的就是通常所称的“公共产品”。每个人都可以“享用”公共产品。大型动物可以为营地中的每个个体提供足够的肉食。与入侵的敌人搏斗可以保护很多其他人，即便其中一些人可能没有采取任何措施来协助防守。因此，整个社群的收益都会增加，但成本却仍由个人承担，因为他们冒着生命危险为公共利益做出了贡献。

此外，个人激励与群体激励之间也可能存在矛盾。学者们给这个问题取了很多名字，包括“公共产品问题”“共同资源问题”以及“集体行动问题”等。人们如何合作使资源不因过度使用而遭到破坏？古典模型假设所有人都是纯粹自利的，预测草地将被过度放牧、海洋将被过度捕捞、空气将被污染，因为个人激励并不符合群体的最大利益。著名生态学家加勒特·哈丁（Garrett Hardin）将这种情况称为“公地悲剧”。[76] 个人会自私地行事，因为所有的收益都归他们自己，而成本则是由整个群体承担的。对于这种整个群体层面上的社会互动和集体努力，仅凭我们到目前为止一直在讨论的互惠和合作的概念是无法解释的。

惩罚的重要性

随着群体规模的增大，要维持合作会变得更加困难。[77] 每个人对合作的重要性都会降低。如果两个人一起合作就能够建造一个棚屋，那么其中一个人决定不参加就会对它能否建成产生重大影响，而且背叛者也肯定会被发现。但是，如果建造一座水坝需要一百人参与，那么一个人决定背叛的影响就不会太大。在这种情况下，搭便车者仍然可以保持其匿名性，并且可以在不付出代价的情况下享受建成水坝带来的收益。因此，群体规模越大，进化往往越有利于搭便车者。

要克服这种困难，一种方法是将人们安排到这样一个社会网络中，使他们不能与他们所属的更大群体中的任何一个人互动。这就是所谓的人口增长结构。为了鼓励合作，培养对规模更小的群体的归属感是非常有帮助的，因为人们可以拥有从更大的群体中抽取出来的特定朋友。如果在更广泛的社会群体中存在很强的配合合作关系，那么合作就不再是完全匿名的了，而且能够发展壮大。[78] 在这里，我们再一次看到了“共同体”（gemeinschaft）的强大吸引力。

克服上述问题的第二种方法是惩罚搭便车者。但是，谁来执行惩罚？在现代社会中，合作是通过第三方和复杂的制度来实施的。我们有法律规定公民必须做出“贡献”（例如，缴纳税收），有警察执行法律、有法院征收罚款。相比之下，在人类祖先生活的年代，这些正式的机构和制度都不存在，不过，那时有社会规范和同侪压力。

在人类的进化历史上，某些小群体可能确实偶尔出现过代表群体做出决定并实施惩罚的领袖人物，但这并不是一般情况。人类通常会愤慨过于专制的制度安排，而且我们已经进化出能够抗拒垄断惩罚权的强权个体的能力。这就使人类社会比我们的灵长类动物表亲的社会更加平等，且有更少的等级制色彩，正如我们在非常平等的哈扎人社会中看到的那样。[79]

因此，惩罚搭便车者的责任在人类群体中的分布更加平等。而且，我们对报复的渴望也是相当“典型”的。想一想，当你看到有人插队时你的感受。即便你排在另一队中，也会感到愤怒，你会认为插队者应该受到惩罚，甚至可能愿意为此做些什么。至少，你可能会向那个插队者讽刺一两句，或者对附近的另一个陌生人表示这种行为是多么不对。你甚至有可能会直接进行干预。但是，你为什么要承担这样做的风险呢？从进化的角度来看，只要你没有直接受到那个人的行为的不利影响，你这些反应就没有意义。这种为了对损害了第三方的利益的其他人进行惩罚，而情愿由自己来承担代价的行为，被称为利他惩罚。[80]

研究者可以对合作和惩罚行为进行量化研究，方法是在实验室或现实世界参加一些设计巧妙但容易完成的博弈。例如，人们可以用匿名配对参加最后通牒博弈。这种博弈是由经济学家维尔纳·古思（Werner Güth）及其同事们在1982 年首创的。[81] 在最后通牒博弈中，研究者给博弈参与者 A（称为提议者）提供一笔意外收入（比如10美元），然后由博弈参与者A决定自己留下多少钱、分给博弈参与者 B（称为接受者或响应者）多少钱。博弈参与者 B 可以决定是否接受博弈参与者 A 的提议。如果博弈参与者 B 接受，那么这笔意外之财就按照博弈参与者 A 所提议的方案来分配。但是，如果博弈参与者 B 拒绝这个提议，那么两个博弈参与者都无法得到任何钱。博弈参与者 A 的行为，即关于如何分配这笔钱的提议，可以用来衡量利他主义或合作程度。博弈参与者 B 的行为则可以用来衡量这个人参与利他惩罚的意愿强度，因为拒绝就意味着博弈参与者 B 承担个人成本（一无所获）去惩罚一个不合作的陌生人（它没有给出公平的提议）。[82] 这个博弈涉及真实的金钱利益，但它又是匿名的，所以没有声誉效应会让博弈参与者担心未来的互动，而且它通常都是一次性博弈，因此也没有互惠的前景，而且不出所料，当博弈参与人反复互动时，合作程度会提高。

这个简单的博弈催生了各种各样类似的博弈。例如，在所谓的独裁者博弈中，取消了接受者采取行动的能力。第一个人直接决定将那笔意外收入分给对方多少，然后博弈就结束了。在独裁者博弈中，人们也很少表现出完全自私的行为，大多数博弈参与者都会分给对方一部分钱。与原来的最后通牒博弈相对，独裁者博弈的结果使研究者可以判断，提议者到底是出于公平感还是出于对拒绝的恐惧而决定分给对方一部分钱的，因为被拒绝的可能性已经不复存在了。

经典经济学理论无法解释在这些博弈中观察到的行为。如果人真的是理性和自私的，那么在最后通牒博弈和独裁者博弈中，提议者应该只分给对方尽可能少的钱，而且在最后通牒博弈中，接受者应该接受任何非零数量。哪怕只有一分钱，也肯定要比没有钱更好。如果自身利益真的是人类决定如何进行独裁者博弈的唯一因素，那么独裁者就会选择不分给对方任何钱。但是，每个人都知道，这种情况绝对不会发生。此外，在最后通牒博弈中，如果接受者对受到不公平对待觉得不满，就会放弃“奖励”。提议者也知道这一点，因此他们提供的不会是最小的数量。人们是关注公平的。在美国人的样本中，通常有超过 95% 的独裁者向另一个博弈参与人分配一些钱，而且很多人都会按对半分，平均分配给对方的份额则为大约 40%。[83]

但是，这种行为有多普遍呢？多年来，人们发现对半分这种分法是相当典型的，至少在工业化国家的大学生被试中是这样的。但是，在 20 世纪 90 年代中期，人类学家约瑟夫·亨里奇决定对在生活于秘鲁东南部热带雨林中的马奇根加（Machiguenga）部落进行一场最后通牒博弈实验。这是一个尚未卷入市场经济的无文字群体。结果非常令人惊讶，这些马奇根加人的表现更符合经济学理论的预测：他们非常自私。最常见的提议是只分给对方 15%；而且，尽管提议的份额很小，但是几乎没有人会拒绝。[84]

这个意想不到的发现在学术界被称为“马奇根加异常值”，驱使社会科学家展开了更多的研究。在其中一项持续了多年的大规模的合作研究中，人类学家在 4 个大陆的 15 个地点完成了一系列实验，以衡量独裁者博弈、最后通牒博弈以及其他博弈中人们行为的一致性和变异性。这个全球性的研究结果表明，在独裁者博弈中，只有 5% 的提议是不分给对方任何钱，56% 的提议介于零与对半分之间，30% 的提议是平分，9% 的人甚至提出了比对半分更慷慨的提议。与马奇根加人一样，居住在玻利维亚的齐玛内人（Tsimané）给出的分配比例也很低，提议者平均只愿意分给对方 26%。而美国密苏里州乡村地区的人则非常慷慨，平均分配方案大体上是对半分。[85]

科学家们还评估了可以用来解释这种跨文化变异性的各种文化和生态因素。最重要的一个发现是，虽然人们在任何社会中都不是完全自私的，但不同社会之间毕竟存在着相当多的有意义的差异，而且很多差异都与各个社会的市场化导向程度以及非亲属之间的合作对生存的重要性有关，这两者的相关性越高，越会导致更慷慨的分配结果。

在最后通牒博弈实验中得到的结果也类似。在以工业化国家的大学生为被试的情况下，他们在最后通牒博弈中给出的提议都在 42% 至 48% 之间，但是在上述跨文化样本中，平均范围则为 25% 到 57%。提议遭到拒绝的比例也各不相同。例如，在哈萨克牧民中，一旦提议的份额超过意外收入的 10% 就没有人会拒绝，但是在巴拉圭的阿切人中，只有提议的份额超出意外收入的 51%，才不会有人拒绝。印度尼西亚拉姆巴塔岛（Lembata）上的拉马莱拉人（Lamalera）也是狩猎－采集者，可以说是最慷慨的人之一。他们住在海边的定居点上，每个群体都有上千人。他们依靠在公海上捕鲸为生，但是所用的工具是小船和鱼叉。这种既危险又极具专业性且对体力有极高要求的工作，需要群体进行密集的协调与合作，因此，在研究过的所有文化中，拉马莱拉人可能是最有合作精神的人。平均而言，在最后通牒博弈中，拉马莱拉人会分给对方大约 57% 的意外收入。[86] 一般而言，提议分给对方的比例越高，拒绝率就越低；相反，提议分给对方的比例越低，拒绝率就越高。因此，提议者很自然会据此提出适当的分配方案。世界各个地区的人都知道与自己打交道的是些什么样的人。

接下来，我们将前面考虑的这两个基本博弈修改一下，加入一个能够实施奖励或惩罚的第三方：一个“观察员”或“惩罚者”。在这种带奖励或惩罚的博弈中，像前面的博弈一样，独裁者或提议者获得一定的收入，例如，10 美元，并且提出一个与接受者分享该收入的提议。不过不同的是，在这个版本的博弈中，观察者也可以得到一定收入，例如，5 美元，并且可以用这笔钱的一部分来惩罚提议者——如果观察者断定，提议者给出的分配方案是自私的，那么观察者就可以用自己收入的一部分，来惩罚提议者，例如，观察者付出一美元，使提议者受到两美元的损失。

当加入了这样的第三方之后，最后通牒博弈会发生什么变化？[87] 实验表明，这种惩罚在世界各地的文化中都存在，而且呈现出如下明显的模式：随着提议者提议分给接受者比例的变小，每个社会中有越来越多的人想要惩罚提议者。总的来说，如果提议者给出的分配方案为接受者什么都不能得到，那么大约有 66% 的惩罚者愿意放弃 20% 的意外收入去惩罚提议者。在每个社会中，这笔金钱相当于半天的平均工资。需要记住的是，惩罚者不会从中获益，也就是说，他们必须自己付出代价进行惩罚。对于接受者什么都不能得到的提议，惩罚率的波动相当大：从玻利维亚齐玛内人的 28%，到肯尼亚马拉戈利农民的 90% 以上。[88] 而且，惩罚更频繁的文化，也表现出更强的利他主义。

那么，各种文化为什么都会表现出这种倾向？或者说，到底这是什么动机使人们会去补偿受到不公待遇的“受害者”、去惩罚施行不义的“歹徒”的？事实表明，人们会表现出更强烈的恢复正义和补偿受害方的愿望，而不是只满足于对那些行为不当的人的口头谴责。[89] 此外，利他惩罚行为不仅为可识别的受害者提供了短期的正义，而且更加重要的是，它实际上可以推动一般意义上的集体层面的合作出现。在一项实验中，在随机指定某些人可以去惩罚欺骗者之后，合作水平从一开始就很高，而且一直维持了下来，即便并没有真的实施任何惩罚时也是如此。[90] 因此，惩罚作为一种制度，存在本身就是一种改变制度的行为。

然而，对于利他惩罚，我们仍然无法避免在讨论合作时已经提出过的同一个进化问题：为什么自然选择不会“消灭”这些自我任命的“警长”（因为他们必须自行承担成本，而这会影响他们自身的利益）？进化生物学家罗伯特·博伊德（Robert Boyd）① 和彼得·里克森（Peter Richerson）通过构建数学模型证明，惩罚行为确实是可以进化出来的，因为惩罚者可以相互分担他们的惩罚成本。[91] 如果每个群体的每个人都会出手惩罚骗子，那么每个惩罚者的成本就会低得多，并且合作程度上升给群体带来的收益可能就足以完全抵消这种较低的成本了。

但是问题仍然没有完全解决：最早的惩罚者是哪里来的？要想理解惩罚是怎么出现的，初始假设必须更加符合现实。除了直接让人们选择是合作还是背叛（也就是说，选择待人友善还是待人刻薄）之外，允许人们可以选择是否参与这种交往也是很有意义的。[92] 博伊德和里克森在他们的模型中加入一个“孤独者”策略，就得到了有利于利他主义者的进化周期。当存在很多合作者时，搭便车者（背叛者）会如鱼得水，因为他们有更多的人可以利用，所以随着时间的推移，搭便车者的数量会增加。但是这样到了最后，将会出现太多的搭便车者，而合作者则变得无影无踪。在没有合作者供他们汲取时，搭便车者的境况通常比“孤独者”还要更加糟糕，所以“孤独者”的数量将会增多。随着时间的推移，当“孤独者”取代了大多数搭便车者后，合作者的生存就会变得更加容易了，从而合作水平将再一次上升。如此循环反复。[93] 每一种类型，不管是合作者、背叛者还是“孤独者”，都可以生存，之所以可以生存，是因为他们会与另一种可以击败对手的类型共同进化。不同类型要想生存，就需要其他类型存在。这就和石头－剪刀－布的游戏一样：石头输给布、布输给剪刀、剪刀又输给石头，这种三向循环能够确保任何一种类型既不会完全从种群中消失，同时也不能完全支配种群。

① 罗伯特·博伊德是著名的人类学家和进化生物学家，他的著作《人类的价值》中文简体字版已由湛庐文化策划，浙江教育出版社出版。这本书中也讲解了有关惩罚与合作的内容。——编者注

这种进化过程的一个重要含义是，它能够维持多样性。没有任何类型会完全消失，每种类型都有一个特定的共同进化环境，可以将它从湮灭的边缘拉回来。今天不适合的类型，明天可能就是适合的，反之亦然。现在，我们来看看如果加入第四种类型，即在合作者、背叛者和“孤独者”的基础上，再加入惩罚者时会发生些什么。人口中“孤独者”的存在，能够确保在某些时候，背叛者的数量会非常少。那么在这种情况下，惩罚者实施惩罚的成本就会大幅降低，从而使惩罚者的境况有可能比“孤独者”和背叛者都更好，因此惩罚者就有机会得以迅速繁衍起来，直到循环再次重演为止。[94] 总而言之，从根本上说，允许人们拥有选择退出社会交往的自由，恰恰是使惩罚成为一种可行的行为策略的原因，而这反过来又支持人们开始社会互动并相互合作！也就是说，孤独自处的可能性恰恰增强了群体团结的能力。

所有这些关于合作出现的进化条件、合理基础和文化普遍性的研究结果，都证明了合作在社会生活的蓝图中的作用。现在，越来越多的证据表明，人类的合作行为是稳定和可遗传的，且部分可由我们的基因来解释。[95] 当然，在这个方面，也存在着跨文化变异性（主要是由于生态约束或特定的历史因素），正如婚姻模式的跨文化变异性一样。尽管世界各地的实际合作率和惩罚率可能各不相同，但是合作的事实以及人类这个物种进化得到的正义感和与他人建立连接的倾向却是一致的。

社会学习

身份、友谊与合作互动，所有这些还都服务于一个进一步的目标：它们为社会教学和社会学习的能力提供支持，从而也为文化提供支持。拥有社会教学和社会学习的能力是人类最强大的地方。

动物形成社会群体的一个重要原因就是群体中能够实现强化学习。[96] 当获取信息的成本很高并且同伴是可靠的信息来源时，社会学习可能比独自学习更加有效。如果你很难通过自学掌握如何制造石头工具，那么就直接从别人那里学吧。如果你发现，我的手接触到炭火时很痛，那么你就可以学会避免做同样的事情，你已经获得了与我几乎同样多的知识，但是却不用付出任何代价。这说明社会学习是非常有效的。

而且，我们还可以做得更好。教学作为一种独特的行为，可以使学习变得更有效率。在一个人向另一个人学习的过程中，如果第二个人非常愿意教，那么第一个人就可以更加容易地学会很多东西。对于教学这种行为，我们给出的正式定义是：（1）主要或专门针对“幼稚”的个体进行；（2）教师要付出一定代价或不会得到直接收益；（3）能够更加有效地提高学习者获取信息的能力以及其他技能。[97] 虽然正式的学校在狩猎－采集者社会中很少见，甚至根本不存在，但是从他们非常年轻的时候就对下一代开始教学则是各个文化中都可以观察到的（此外还有所谓的自然教学法）。[98]

教学实际上是一种合作行为，它在动物王国中极其罕见，这是因为这种行为很“昂贵”。尽管如此，教学行为仍然独立地在蚂蚁（通过前后跟踪跑来告诉其他蚂蚁食物的位置）、猫鼬（教别人如何处理危险的猎物）、斑点鹛（教雏鸟根据特定的叫声找到食物）以及其他动物（包括灵长类动物和大象）中进化出来。[99] 这种行为的进化可能是通过亲缘选择来驱动的，就像其他利他主义行为一样。而且，动物在此之前就已经进化出来的从其他个体的无意行为中学习的能力，似乎构成了进一步进化出明确教学行为的基础。

需要注意的是，即使是那些没有表现出社会套件所有方面的动物，也可以进行社会学习。例如，猎狗能够相互学习狩猎技术。不久前，我家里养的达克斯猎犬鲁迪，就向我们证明了这一点。鲁迪和我们一起生活了 7 年，一直习惯低头走路，它对高高在上、自己够不着的东西向来没有兴趣。直到有一天，我们邀请一位朋友来我们家共进晚餐。饭后，朋友带来的小猎犬莱拉，走进餐厅，先跳到椅子上，又蹦到桌子上，旁若无人地吃起我们剩下的食物。鲁迪一直机敏地注视着，然后以完全相同的方式跳到桌子上，狼吞虎咽地吃了半盘意大利面。这次学习对鲁迪来说是永久性的。自那之后，我们就不得不一吃完饭迅速收走所有盘子。

当然，社会教学和社会学习在灵长类动物当中更为发达。[100] 一位学者这样描述一只年轻的黑猩猩学会打开坚果的过程：

> 尼娜试图用仅有的那个锤子打开坚果。锤子的形状是不规则的……后来，在尼娜苦苦折腾了整整 8 分钟后，里奇（她的母亲）过来了，尼娜立即把锤子递给她。接着，等尼娜坐到她身前，里奇以一种非常刻意的方式，慢慢地将锤子转到了最佳位置，然后才有效地砸开了坚果。里奇似乎想要强调这个动作的意义，因此她花了整整 1 分钟来完成这个简单的旋转。她让尼娜看着她的动作，然后连续用锤子砸开了 10 个坚果（尼娜吃掉了其中的 6 个完整的核仁以及其他 4 个核仁的一部分）。再然后，里奇走开了，尼娜则继续砸坚果。现在，通过采用与她母亲相同的握锤子的方法，她在 15 分钟内成功砸开了 4 个坚果。[101]

另一项实验研究则报告了 9 只黑猩猩是如何通过社会学习掌握了使用工具的方法的完整过程。[102] 每只黑猩猩都得到一根吸管和一罐果汁。通过尝试，这些黑猩猩中出现两种不同的喝果汁“技术”：4 只黑猩猩用吸管吸果汁，就像人类一样，而另外 5 只黑猩猩则将吸管插入果汁罐中，然后再从吸管末端舔食果汁。用吸管吸这种技术（吸食法）的效率是将吸管浸入然后舔果汁这种技术（舔食法）的 50 倍以上，而且最初采用舔食法的那些黑猩猩在 5 天之后仍然未能找到更有效的方法。不过，在将那 5 只采用舔食法的黑猩猩与 1 只采用吸食法的黑猩猩配对之后，有 4 只很快就学会了吸食法。此外，学习的速度和容易程度与舔食法黑猩猩“学生”观察吸食法“老师”的动作的专注度密切相关。

在非洲的一些野生动物保护区中，人们观察到，许多黑猩猩群体的成员都能从另一个成员那里学会利用特定的技术和工具，并采取特定的站位，将棍子插进蚁丘去捉蚂蚁吃。[103] 在这些黑猩猩群体内部，存在着一系列行为规则，让使用工具的技术在特定的群体内部是统一的，但是在群体之间却是不同的。这也支持了行为会在社会层面上得到传播的结论。这正是另一种描述文化的方式：知识是在个人之间、在不同时间之间传播的，而且是可以教会和习得的，是群体所特有的。[104]

社会学习的另一个引人注目的例子来自生活在印度尼西亚一个寺庙附近的长尾猴猕猴群体。这些猴子展现出极强的“创业”精神（甚至可以说它们是在犯罪）。它们相互学会了对到这个寺庙来的游客进行打劫的方法。一见有人过来，它们就会冲下来，抢走游客的帽子、眼镜、相机等物品，游客要想拿回这些物品，唯一的方法是用食物向它们“行贿”。[105] 这是一个很独特的行为，而且，它显然是一种社会传播的行为。在那里蹲点研究的科学家指出，后来一个新迁入这个地区的长尾猕猴群体的成员们，在看到这种情况后，也很快学会用“赃物”来换食物。事实上，在那个寺庙中研究这种“盗窃案”的一位灵长类动物学家，也不得不用食物来买回她自己的研究笔记。[106]

大象偷吃农作物的行为也是一个很好的例子。村民们会袭击并杀死他们发现的来偷吃的大象，事实上，在肯尼亚的安博塞利国家公园，65% 的成年大象的死亡都可以归因于这种大象与人类之间的冲突。由于去偷吃农作物对大象来说可能是致命的，所以大象如果能够通过重复其他知道如何避免被杀的大象的行为（而不是通过试错），那么就将是有适应性的。事实上，似乎大象确实已经学会了在半夜三更的时候来偷吃，特别是在没有月光的那些夜晚，而且，它们还会为了做这件事情而特别形成比平时更大的群体。总之，大象身上也体现了人类与有效学习相关的其他品质。它们似乎更加相信那些被认为更可靠的同龄象的行为，例如年龄稍大或经验较多的同龄象。它们甚至还更加相信它们观察到的被许多人采用过的偷吃战略。[107]

那么，动物之间相互作用的结构会对社会学习的可能性产生什么影响吗？请先想象一个空网络，那里面没有一个人与任何其他人连接。在这种没有连接的情况下，社会学习显然是不可能的。从这个空网络前进一步，如果只有孤零零的两个人，那么这种网络也不会产生很大的影响。在另一个极端，想象一个完全饱和的网络，每个人都与其他人相连，这也是不完美的（次优的），因为它会将每个人都暴露在压倒性的噪声里，并要求每个人都保持许多社会关系。处于这些极端的某个位置上的网络结构可能会更好。也许，让每只动物以特定方式建立一些社会连接，可能会做到这一点。

事实上，网络密度（用实际连接数占所有可能连接数的比例来衡量）、社群结构（网络中存在着若干子群体，其内部连接比子群体之间的连接更多）以及同质性，都会影响思想或行为得到传播的可能性，进而影响文化的出现。[108] 对于某个人来说，如果他或她的许多同伴都喜欢某种做法，那么这个人就会更倾向于采用这种做法，而前述各种结构特征都会影响这个人拥有这种同伴的概率。不过，同质性的作用非常复杂。一方面，同质性可以促进学习，因为同伴之间所面临的挑战往往是类似的，所以一个人学会的解决方案很容易与其他人分享。另一方面，过大的相似性会抑制创新。因此，需要在相似与不相似之间求得平衡。

接下来，再一次以那些偷吃农作物的大象为例。科学家根据关联指数（association index），绘出了由生活在安博塞利的 58 头雄性大象组成的网络。[109] 当一头大象连接最密切的大象和连接第二密切的大象都是偷吃者时，这头大象自己也更可能成为一个偷吃者。我们可以从图 9-5 中看出，偷吃者似乎更有可能与偷吃者彼此连接，非偷吃者似乎更有可能与非偷吃者彼此连接。在各个子群体之间，偷吃行为明显不同；特别突出的是，在这个网络的 6 个子社群聚类中，有一个聚类的偷吃者数量比预期小得多，就好像这个特定的聚类实施了某种“不得偷吃”的规范一样。

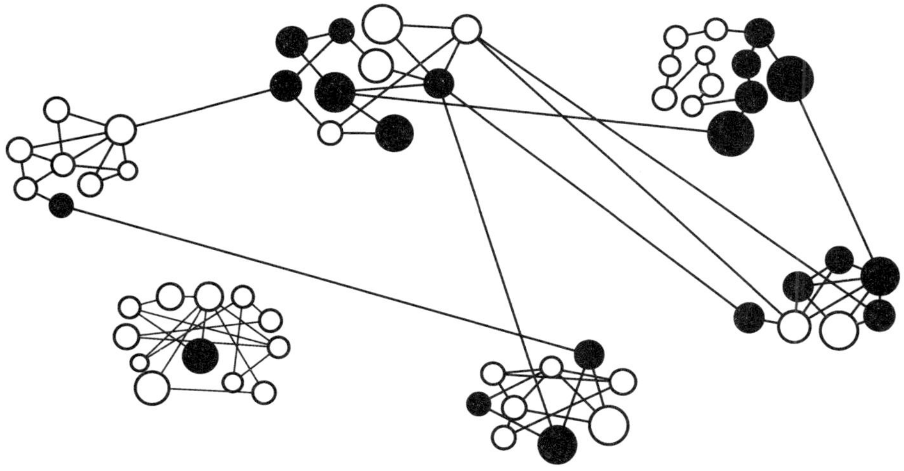

图 9-5　雄性大象网络所显示的明显社群结构和偷吃农作物的行为

圆（节点）代表 58 头雄性大象个体，节点的大小与雄性大象个体的年龄成正比。线条表示基于在一起的时间计算的社会连接程度。黑色圆圈表示偷吃者，白色圆圈表示非偷吃者。这些大象自然而然地分成了 6 个聚类，每个聚类中的偷吃行为各不相同。

如果生活在一起，那么智能动物个体就可以从群体的年长成员或其他拥有知识发现能力的成员的记忆和知识中获益。关于水源位置的记忆，在面临干旱条件时，对大象意味着生存与死亡的差异。[110] 同样，在厄尔尼诺现象袭击太平洋的那些年份，赤道附近的食物变得稀缺，抹香鲸会以群体形式，在很短时间内就会迁移到数千千米以外有充足食物来源的地方，而那正是雌性年长的抹香鲸在以前经历厄尔尼诺现象时记住的地方。[111]

社会性动物物种已经进化出一系列相互关联的特性，包括朋友关系、合作、智力以及通过社会学习实现的知识传播。[112] 这些物种的智力可能不仅与记住其他群体成员的身份、过一种社会化生活的必要性有关，而且与检索出特定的记忆、教导他人和向他人学习的能力有关。

动物文化

形成社会网络、合作和社会学习的能力，使社会套件另一个组成因素的出现成为可能：获得并维系文化的能力。例如，对非洲各黑猩猩种群——几内亚的博苏（Bossou）、象牙海岸的塔伊森林（Tai Forest）、乌干达的基巴勒（Kibale）、坦桑尼亚的布登戈（Budongo）、坦桑尼亚的贡贝以及坦桑尼亚的马哈勒（Mahale）的 6 项分别持续了 8 到 38 年的长期野外研究表明，每个单独活动的黑猩猩种群都有自己独特的文化。[113] 在这 6 个黑猩猩种群中，科学家们研究了 65 种行为，其中至少有 39 种行为表明：从工具的使用方法到梳理毛发的惯例，是在某些种群中习以为常的，但是在其他种群中却是不存在的。当然，所有这些行为都是在动物个体之间学习和传播的。此外，有迹象表明：许多行为的组合也是独特的，这也与美国的情况类似。在美国，赞成持枪权的人往往有虔诚的宗教信仰，而素食主义者通常会支持大麻合法化。

动物的文化差异可以通过多种途径来解释。首先，这种变异性可能具有遗传上的起源。例如，由于影响喉头结构、喙的形状或本能的基因本身存在差异，不同地方的鸟可能会“唱不同的歌曲”或使用不同的工具。又如，被人类单独饲养的新喀里多尼亚乌鸦仍然会表现出刻板的（以及遗传编码的）工具使用行为。[114] 由于黑猩猩的某些亚种群已经与其他亚种群分离了数十万年了，所以它们有足够的时间进化出一些基于遗传的行为方式。另一种解释是，生态学上的（而不是遗传上的）因素影响了各种独特的地方性“行为传统”。也许，生活在某个地方的黑猩猩有躺在地上睡觉的习惯，但是在另一个地方的黑猩猩则不能这样做，可能因为那里有豹子出没。

此外，我们还可以用文化来解释这种变异性。回顾一下前面给出的定义，文化是信仰、行为和人工制品的集合，它们可以是任意的或适应性的，但是必须由群体成员共享、体现某个群体的典型特点，并且通过社会传播。对于动物物种中被视为文化的行为模式，必须是通过模仿学习或教学来传播的。有的人认为，在文化的定义中，语言和象征性思维也是必不可少的因素，但是我认为，这种定义过于人类中心主义了，就像过于严格的友谊标准一样。

当然，学界对动物文化这个概念仍然有一定争议。由于实验能力有限，研究者发现很难将上述相互关联的解释明确区分开来。[115] 我们认为生态与文化行为之间存在相关性，因为文化特征往往是适应性的。在有白蚁的地方，黑猩猩会发明和传播用棍棒从蚁丘中“捞出”白蚁来吃的技术，而在没有白蚁的地方，这种技术就不一定会出现。但是，不同生态环境之间的这种变异性也可能因为非文化原因而出现。也许黑猩猩以特定的方式吃昆虫，与当地蚂蚁的叮咬倾向有关；黑猩猩可能是通过个体的“试错”学会这种方法的，而不是它们通过教学习得或模仿其他黑猩猩而学会的。

而且，基因和文化也可能是相关的。鸟类可以拥有天生的、以基因为基础的唱某类“歌曲”的能力，但是仍然需要通过向其他同类学习来启动这种能力。对恒河猴进行的实验表明：它们能够学会通过观察其他猴子的行为来学习害怕蛇，但是很难轻易地教它们害怕其他物体。[116]

而且，更加复杂的是，随着时间的推移，某些先前习得的行为实际上也可能会变成遗传性的。这就是通常所称的“鲍德温效应”（Baldwin effect），它的作用机理如下：在某个物种任何一代个体中，某些动物在出生时就可能很偶然地拥有某种基因变异，使它们更容易学会特定的行为。例如，有些鸟可能比其他同类更容易学会“某首歌”，因为它们的大脑更容易产生这首歌的“过门音符”。如果这种行为是有适应性的（例如，如果这首歌有助于鸟类吸引配偶），那么它就会赋予这些鸟一定适合度优势；从而，随着种群的不断繁殖，这种能够使鸟儿更加容易地学会这首歌的基因就会得到强化和扩展。一代复一代，这样的事情不断发生。在每一代中，那些最容易学会目标行为的动物个体的境况都将会是所有个体中最好的，因为它们天生就能越来越充分地表现出这种行为。获得了天生就能唱出“过门音符”的能力之后，一些鸟类可能会在出生时就具有其他基因变异，使它们更容易唱出整首歌的主题旋律。在回应选择压力的过程中，经过很多代之后，这些也可能成为天生的。最终，随着时间的推移，整个行为，而不仅仅是它的某个部分，都会编码在基因中。[117] 至此，以前的非遗传反应已经变成了基因编码的反应模式。

简而言之，对于动物群体中的共同行为非此即彼的解释（即，声称某种行为是由生态的，或遗传的，或文化的因素而导致的），可能与“若不是先天的，就必定是后天的”这种绝对化的分类同样无益。有些动物显然拥有文化，尽管它们的文化起源可能是多种多样的。

动物行为学家会对传统与全面的文化进行区分。[118] 文化比传统更广泛，包含的行为更多。鸟类或哺乳动物可能都拥有某种习得的传统，例如，迁移到传统的猎食地点，或者唱着传统的歌曲，这种情况并不罕见，但是，某个物种的多个群体共同拥有一整套独特的惯例就很少见了。不过，一群黑猩猩可能有一个特殊的、习得的传统，它是关于如何准备用于捕猎蚂蚁的树枝的，它们还可能有另一个关于如何使用树枝的传统，正如人类社会中不同文化的群体对于如何包饺子和用什么工具吃饺子有不同的传统一样。

这反过来又提出了动物是否有可能拥有可累积的文化的问题。这正是人类文化的一个必要条件，人类拥有在先前创新基础上继续创新的能力。在其他灵长类动物中，也存在这种能力的若干线索。例如，黑猩猩似乎先发明了用石头砸开坚果的方法，然后又学会进一步用较小的石头支撑的做法。又如，日本的猴子可能已经逐步开发出一种加工甘薯的程序——通过以越来越复杂和有效的方法去清洗它们。[119] 但是只有人类，才能完成（例如）从融化金属到制造机身的全部工作。

文化还需要一种特殊的认知工具。这也就是说，与那些只能展现出传统行为的动物不同，文化动物应该有能力认识到自己是能够进行教学行为的。黑猩猩的母亲们非常清楚这一点，她们会明白无误地教导自己群体中的“年轻人”利用石头来砸开坚果，还会细心地将相关材料放在“年轻人”触手可及的范围内，就像幼儿园的老师一样。[120] 而且，她们的“学生”也有热切的学习愿望。这种对社会学习的价值的认识构成了文化的基础，正如对个体身份的存在的认识是自我认同的基础一样。

根据上面阐述的这些背景知识，我们可以认为前面提到的那 6 个黑猩猩群体确实拥有自己独特的文化（彩图 6）。某些行为，比如拖着一根大树枝来表示威胁，存在于所有 6 个黑猩猩群体中，因此不容易排除遗传上的解释。也许，这种行为是天生的，就像大猩猩总是喜欢捶打自己的胸部一样。或者，它也可能是鲍德温效应的产物：很久以前，一只黑猩猩在偶然地拖着一根大树枝时，不知何故吓走了敌人，并增加了自己的生存能力。无论如何，其他大量行为都因地而异，包括使用石头砸开坚果；使用叶子来捕获白蚁；用“探针”提取液体；用棍子捅开白蚁蚁丘的入口；以大树叶为座位；把树叶当毛巾来清洁身体；向目标投掷东西；拉弯小树并突然放开，以此来制造噪音警告其他同伴；等等。这些行为在这 6 个彼此相距甚远的黑猩猩种群中均以独特的组合出现。这里重要的是，黑猩猩并不是唯一具有这种文化能力的灵长类动物，对猩猩和卷尾猴的研究表明，它们也拥有这种能力。[121]

在有的时候，完全是运气使然，研究者能够观察到黑猩猩群体中创新的出现和采用过程。乌干达布登戈森林生活着一个名为松索（Sonso）的黑猩猩群体，它们通常会用一大堆叶子做成“一块海绵”，然后将它浸入树洞里取水。2011 年，研究者观察到，这个黑猩猩群体的雄性领头者尼克（Nick）制作了一块苔藓海绵，并用它从地面上的一个小水坑中取水饮用，这种行为在以往 20 年的观察中从来没有看到过。接着，从尼克这里，这种行为传播到了雌性领头者纳姆比（Nambi），然后又非常快地（在接下来的 6 天里）传播到了这个群体的其他 6 只黑猩猩（整个群体共有 27 只黑猩猩），这应该是沿着原先就存在的社会连接传播的。[122]

创新的社会传播和新的行为惯例的出现，在鲸类动物身上也观察到了。例如，1981 年，科学家观察到，在一群座头鲸中，出现了一种新的捕捞技术，即“拍水捕食”（lobtail feeding），鲸大力拍击水面，以便在鱼的下方制造出通常的“泡沫之网”，然后沿着先前存在的社会连接迅速扩散开来。[123] 另一个有力的例子是生活在巴塔哥尼亚（Patagonia）海域的一个由 30 只逆戟鲸组成的群体开发出来的一种独特的狩猎技术。令人惊讶的是，它们为了捕捉海狮，会主动将自己超过五吨重的身体搁浅到海岸上。它们是世界上唯一以这种方式捕杀猎物的逆戟鲸，但是它们已经将这种技术传递给后代了。[124] 鲸确实存在文化的其他证据（主要与进食和发声行为有关）还有很多，大部分都源于动物行为学家哈尔·怀特海德和他同事们的贡献。[125]

尽管我们在动物身上看到的文化传统都是用来提高生存概率的“实用”方法，例如新的获取食物的方法，但是某些新的文化传统似乎是非实用的、任意性的。在赞比亚奇方希（Chimfunshi）野生动物保护区，生活着一群黑猩猩，它们喜欢做一件没有任何实用价值的事情，即将一片长长的草叶插入一只耳朵，就像一只耳环一样（图 9-6）。这显然没有什么实用性可言，因此类似于人类社会中的一种时尚。这种“草耳环”装饰是一只名为朱莉（Julie）的发明家黑猩猩于 2007 年率先采用的，到 2012 年已经扩散到其他 7 只黑猩猩那里。[126] 最终，在这个黑猩猩群体的 12 个成年成员中，有 8 个采用了这项创新。这里值得注意的是，在奇方希野生动物保护区生活着 4 个彼此隔离的黑猩猩群体，但是这种创新的传播只在其中一个群体中可以观察到。

这个例子让我想起了我与朋友多年来的一个争论，那是关于我的实验室进行的一系列试图改变发展中国家公共卫生状况的研究。[127] 在洪都拉斯进行的一项研究中，我们绘制出居住在 176 个山地村庄的 24 812 人的社会网络。我和我的同事们基于他们在网络中的位置利用一些技术识别出能够改变行为的有影响力的个体。我们希望，如果我们能够让这些具有结构影响力的人改变他们的行为，那么他们所居住的整个村庄都会复制他们的行为。我们的目标是，努力改变当地文化，以增加母乳喂养率、改善对儿童腹泻症的救治、推动准父亲更多地关注孕期妇女，所有这些都可以降低婴儿的死亡率。

图 9-6 朱莉：发明草耳环的黑猩猩

但是我的朋友亚当·格里克（Adam Glick）指出，对这种方法真正的考验，是让人们去做一些没有实用性的事情。他说："只有当你们能够说服人们戴螺旋桨形状的帽子，我才会相信这种诱导社会变革的方法在现实世界中是真的有效的。"他的意思是说，当所学到的东西没有什么实用目的时，从社会上学到东西的主张就特别强烈。通过个人学习，许多人不可能同时、独立地采用某种无用的时尚，但是某种没有实际用途的做法通过社会学习扩散则不是不可能的。[128]

在现代社会中，文化传统通常不会直接以生存为目标的。我们所采用的许多惯例可能都是任意的。现代社会的环境，再加通信技术的发达，可能为我们的文化能力创造了失控的条件。我们在现代社会中可以观察到服饰时尚和身体装饰的快速变动，速度远远超过传统社会中服装和身体装饰的任何类似变化。

人类与动物

作为一个有思维能力的物种，人类对其他动物身上像人的地方和不像人的地方都很着迷。有时候，重点放在人类与其他动物的不同之处上，而在其他一些时候（即便给出的是同样的观察结点），重点却放在人类与其他动物的相似之处上。无论如何，对我来说，相异之处和相似之处都很有启发性。

在社会套件中，除了我们在前几章中讨论的婚姻关系和友谊关系之外，还有其他一些方面也是人类与很多社会动物共同拥有的。我们有能力在“我者”和“他者”中表达、识别个体的身份。我们所拥有的悲伤能力反映了这一点，它与我们心目中对自己有特殊意义和唯一性的个体死亡有关。我们会与朋友和团队合作，我们已经进化出各种各样的有助于合作的行为，包括有时选择退出社会交往并惩罚那些不合作的人。我们与他人的连接关系和合作使我们能够从他们那里学习，这种能力反过来也为我们进化出教导他人的兴趣和意愿奠定了基础。由于教导他人对教师来说是有成本的，而且不一定有益于教师，因此它实际上是一种利他主义行为。所有这些合在一起，带来一个最终的奇迹：文化的能力。在人类社会中，文化的能力可能是非常复杂的，而且是累积性的。我们都是集体知识的受益者。集体知识是人类这个物种在漫长的进化历史中创造出来，并在不同的时间和地点传播开来的，现在就存在于“我们”中间。

人类群体所拥有的上述普遍特征的共同作用和相互促进，最终使我们变成一个成功的物种。即使从表现上，这些功能也发挥得非常好。事实上，社会套件中支持我们文化传播能力的这些元素为第二个“继承系统”奠定了基础。第二个继承系统与基因（遗传）继承相关，有时也会相交。这就是说，我们会将基因和文化一起传递给下一代。事实证明，这两个继承系统是相互影响的，正如我们在第 11 章中将会看到的那样。

人类社会与动物社会之间的相似性，有助于我们确定：哪些特征是对我们自己的社会结构和功能至关重要的。如果我们的社会具有某些即便是在其他社会动物中也可以观察到的、清晰可辨的特征，也就有力地支持了如下观点：这些特征在人类中也肯定是根本性的。而且，更加重要的是，这还强调了所有人类社会普遍存在的那些特征，并突显了我们共同的人性。这里有些悖谬的是，当我们认为其他动物因为拥有社会套件的某些因素而与人类相似时，同时也将我们所有人更紧密地连接在一起。我们越像这些动物，人类就越彼此相似。

COOPERATION
LOVE
GOOD
CULTURE
CONNECT
GENE
COMMON
COMMUNITY
HUMANITY
ORIGINS
SOCIAL
IDENTITY
NETWORK
CIVILIZATION
FRIENDSHIP
BLUEPRINT
UTOPIA
SOCIETY
EVOLUTIONARY
GROUP
INDIVIDUAL

第 10 章

基因的影响

英国广播公司《地球脉动》(*Planet Earth*)栏目的主持人大卫·爱登堡(David Attenborough)告诉我们，新几内亚西部的雄性园丁鸟是一种非凡的生物，因为它们“对室内装饰有极大的热情”。园丁鸟以它们所建造的精美的“亭台”式巢穴而著称，在鸟类世界中，它们的巢穴确实可以说是建筑奇迹。它们的巢筑在森林中的地面上，围绕着一根或几根起花柱作用的树枝搭建而成。整个鸟巢呈圆锥形，最大可以伸展至将近两米宽，边上有一些支柱，上面是用兰花的茎叶材料制成的茅草屋顶。在巢穴里面，园丁鸟还会精心布置一堆堆的甲虫翅膀、热带橡子、黑色水果以及艳丽的花朵，它们甚至还会种植苔藓，形成一片“草坪”，中间是一大堆粉红色的花朵。

园丁鸟本身并不显得特别出众，它们的羽毛是中性混合色调。但是，正如爱登堡所解释的那样，园丁鸟的亭台式巢穴“比羽毛更好。天堂鸟对自己的羽毛的形状和颜色没有任何选择权，它们只是尽可能充分地展示基因给予它们的东西。然而，园丁鸟却拥有选择权。如果一只雄性园丁鸟认为，粉红色比蓝色更能吸引雌鸟，那么它就会选择以粉红色为基调来装饰自己的巢穴”。[1]

在澳大利亚、新几内亚和印度尼西亚，科学家已经发现了大约 20 种天生就会建造精美巢穴的园丁鸟，上面描述的会建造“花柱风格”的鸟巢的园丁鸟就是其中一种，另外还有一种会建造带茅草边的“通道风格”巢穴的园丁鸟。雌性园丁鸟的挑剔是这种令人惊讶的行为进化的主要驱动力。但是，雄性的自由选择权一定程度上仍然存在。即便它们的“遗传规划”使它们更容易发现绿色物体而不是红色物体，但是它们仍然可以在基因限定的范围内对可以从环境中得到的材料进行选择。幸运的是，在新几内亚森林中，可供选择的材料非常丰富，包括了水果、浆果、真菌、蝴蝶、甲虫翅膀、鹅卵石、贝壳、籽荚、毛虫粪便，甚至人类留下的物品（例如，从附近的人类露营地捡来的瓶盖）。鸟类学家理查德·普鲁姆（Richard Prum）曾经观察到，有一只园丁鸟只喜欢从附近的沉积岩悬崖上寻找漂白的白色化石贝壳，而不是更加容易找到的白色鹅卵石。[2]

鸟类学家和地理学家贾雷德·戴蒙德利用一系列巧妙的实验揭示了园丁鸟的选择所能细化的程度。园丁鸟的巢穴高度因种类而异，不同种类的园丁鸟，建造的亭状鸟巢的高度是不同的（例如，有的用木棍搭成高塔状的巢穴，有的则用草编织成低矮的巢穴），同一种类的园丁鸟巢穴的高度则类似。但是，同一种类的园丁鸟对颜色和内部装饰物品的选择和摆放也有差异。戴蒙德在不同的园丁鸟群体附近摆放不同颜色的筹码，然后观察每只鸟喜欢使用哪种颜色的筹码、将它们放置在巢穴的什么地方以及如何对不同颜色进行搭配。这方面的变异性可能是由多种原因导致的；例如，不同园丁鸟群体之间的遗传变异、鸟与鸟之间的文化传播，或者也可能就是因为不同的园丁鸟个体在变幻莫测的“品味”上的差异。戴蒙德观察到，有一只园丁鸟“单独用甲虫的头堆了一个堆，那是其他雄性园丁鸟都不要的东西”。[3] 还有一些园丁鸟专注于收集橙色的物体（水果、花卉、种子或真菌）、黄色或紫色的花朵或蝴蝶翅膀。

某些种类的园丁鸟，还会建造这样的巢穴：离入口越远，物品的“堆”越大，这种“建房”技术可以造成一种视觉错觉：从入口看，会觉得空间变平了。[4]这种技术似乎会影响它们交配的成功率，而且雌性园丁鸟还可以分辨出雄性园丁鸟在做到这一点时的能力差异。不妨比较一下，直到14、15世纪，人类这个物种中才出现了透视画法。

普鲁姆和其他一些鸟类学家认为，雄性园丁鸟的筑巢行为是与雌性园丁鸟的“挑剔”行为共同进化的，这阻止了强迫的交配行为。[5]例如，“通道风格”的鸟巢，允许雌性园丁鸟与雄性园丁鸟在离得相当近的情况下，仔细查看雄性园丁鸟完成的别出心裁的“拼贴画”、丰富多彩的装饰，并欣赏后者的求偶之舞，而不用承担被迫交配的风险，因为雌性园丁鸟可以从后面的入口走进来，然后通过前面的开口观察雄性园丁鸟，而雄性则不能接近它，除非它自己允许。如果雄性园丁鸟要进入鸟巢后面，那么雌性园丁鸟就可以直接飞到前面去。雄性园丁鸟类之所以会进化出这种“建房”方法，很可能是因为雌性园丁鸟不喜欢受到胁迫、身体骚扰和强迫交配。雌性园丁鸟的选择，重新调整了雄性园丁鸟的行为方向——建造出更好的、适合雌性园丁鸟的精美鸟巢。这些进化事件类似于第5章和第6章讨论过的提供食物的策略，在人类物种中，男性没有选择变得更强大、更具攻击性，而是进化出非暴力的爱和善意，以此来吸引女性。

不过，在我看来，园丁鸟所建造的这些美轮美奂的巢穴最令人惊奇的一点是，性选择的作用表现在这些鸟的身体之外（不像孔雀，表现在了五颜六色的羽毛上；也不像银背大猩猩，表现在硕大的体型上）。基因可以在一定范围内产生影响，不仅局限于动物的身体。这些微观的代码，塑造了远远大于它们的宏观世界。

基因的外表现型

基因的影响可以从很多不同的层面上去理解，这通常取决于科学家们的兴趣。生物化学家可能会研究基因是如何影响细胞并止步于对最初的表现型的，即基因如何转化为相应的蛋白质。但是，其他领域的科学家则没有理由在那里停下来。医学遗传学家可能会忽略基因对蛋白质的影响，转而研究不同基因如何影响肌肉功能、大脑结构或疾病症状。对作为整体的动物感兴趣的动物学家则可能会通过育种繁殖作来研究他们感兴趣的表现型，例如狐狸皮毛的颜色或田鼠的一夫一妻制行为。行为遗传学家可能会忽略这些中间水平，往更“下游”的地方探索，讨论风险厌恶或追求新奇等更多特征。

但是，既然基因能够在多个层面上表达自己，从蛋白质到解剖结构，再到生理特征，乃至行为，那么为什么不再向前走一步（当然，这一步走得有点大），观察基因在生物体之外发挥的作用呢？2005 年，詹姆斯·富勒和我将基因在身体之外的影响，特别是基因对社会群体的结构和功能的影响，称为外表现型（exophenotype）。[6]

其实，这个概念最早可以追溯到理查德·道金斯在他于 1982 年出版的《延伸的表现型》（*The Extended Phenotype*）一书。道金斯证明，从理论上说，可以“将自私的基因从个体有机体中释放，后者一直是自私的基因概念上的牢笼”。[7] 从这个视角来看，海狸可以说是天生（“硬连线”地）要建造一座有用的水坝的，就像它天生要有一个胰腺一样。道金斯用的术语是“延伸的表现型”，但是我更喜欢用“外表现型”这种表述。我在使用“外表现型”这个术语时，指的是生物体为了提高自己成功繁殖和生存的前景，而在“基因引导下”对周围环境进行的非偶然的“改造”。[8] 道金斯曾经告诫说：“因为我在这里主张的并不是一个事实，而是一种观察事实的方法，因此我想警告读者不要期望会有通常意义上的‘证据’出现。”[9] 但是到了今天，可以证明这些观点的科学证据确实已经开始出现了。

从某种意义上说，在人类这个物种中，我们创造的社会世界就是与园丁鸟所构筑的巢穴相类似的外表现型。基因的力量不仅在于塑造生物体的身心，还在于塑造它周围的世界，认识到这一点，就打开了看待人类社会系统的新途径。当我们观察我们的朋友、观察我们的群体组织和功能、观察我们所处的社会以及观察世界上的其他社会时，都将会认识到基因的影响。

基因影响特征（性状）的精确机制，如人的身高或体重，往往是模糊不清的。这种机制之所以时至今日仍不为人所知，部分是因为生物体的发育涉及多个基因之间的相互作用，还涉及基因与环境之间的相互作用，这些相互作用伴随着生物体的整个生命过程，而且非常复杂。即便是那些不受外部因素影响的特征也是如此，例如，眼睛的颜色。基因是以极度复杂的方式发挥作用的。例如，蓝眼睛的人的 HERC2 基因发生了突变，但是这种基因不能直接编码用于填充虹膜的蓝色蛋白质，也不能编码黑色素（这种物质会使皮肤、头发和眼睛变得偏向棕色）。相反，这个基因的突变，通过减少另一个基因（OCA2）的表达而引发一系列级联式的下游效应（OCA2 是产生 P 蛋白的基因，P 蛋白反过来又参与了黑色素的生成）。这样经过很多步后，HERC2 基因突变间接导致眼睛中棕色素的减少，使其呈现出蓝色。[10]

就像一台配备了相关装置的鲁贝・戈德堡机械（Rube Goldberg machine）一样，即便是最简单的遗传变化也会引发下游效应的连锁反应。人们通常只倾向关注这些“基因级联”中发生在身体内部的那些问题，这种看法是可以理解的。但是，HERC2 基因突变的影响不会停留在人的身体上。如果你有一双蓝色的眼睛，那是很久以前基因突变的结果。有证据表明，蓝眼睛的欧洲人大部分都是一个生活在六千到一万年前的共同祖先的后代。[11] 而且，这个基因既然在今天已经变得这么流行了，那么它应该能够提供一些进化优势来抵消蓝眼睛的已知缺点，蓝眼睛的缺点包括：更高的光敏感性、患黄斑退化和眼癌的风险较大。[12]

尽管我们现在仍然不清楚蓝眼睛的优势到底是什么，但是推测起来，它应该与蓝眼睛的所有者身体之外的因素有关。一个可能是，蓝眼睛是相当不常见的，因此更能吸引人的注意，所以在进化历史上，拥有蓝眼睛的人在繁衍后代时更有可能成功。[13]此外，无论眼睛颜色如何，人们都更加喜欢眼睛拥有明显的角膜缘环①的那些人，而且角膜缘环通常在明亮的颜色中会显得更加明显。[14]又或者，蓝眼睛也许能够让其他人更容易"读懂"一个人的面部表情，从而有可能增大沟通的准确性。[15]总而言之，无论人们会对蓝眼睛做出什么样的反应，只要蓝眼睛的基因系统地改变了他人的反应，那么这些基因就会产生影响他人的下游效应，而且，很可能就是这种发生在身体之外的间接影响，使这种表现型具有进化优势。

臭鼬躲避捕食者、花朵吸引蜜蜂，所有这些都会改变其他生物的行为，同时又能提高自身的适合度。每当人类使用言语或行动来说服其他人做什么事情时，例如，当一个婴儿带着可爱的表情嘟囔以吸引成年人的注意力时，就反映了存在于人类基因中的类似力量的进化。你的嘴，可以通过间接的方式，去控制另一个人的肌肉，从而影响你的生存。

不过，在这里很重要的一点是，不能把这个想法推得过远。[16]在谈到身体之外的下游效应时，一个关键是要考虑到，基因应该编码了特定的外表现型，而且被编码的外表现型应该会影响繁殖或生存。道金斯曾经指出，人类建造的建筑物不是延伸的表现型，因为人类实际上并不拥有会影响建造住处倾向的基因，或者说，我们并不拥有编码住宅要么是用冰建造的圆形小屋、要么是用由树枝编成的方形小屋的基因（至少，我们不知道有这样的基因）。人类建造的房屋，并不像蜗牛分泌的壳，也不像园丁鸟构筑的巢。[17]

但是，虽然人类的基因没有对我们改变物理世界的特定方式进行编码，但

① 角膜缘环指虹膜和眼睛的白质之间的暗线，它是健康和年轻的标志。

确实影响了我们为自己创造的社会。人们或多或少地为周围的人创造了宜居的环境。他们是如何做到这一点的则会影响他们的生活方式。此外，人们还会受到其他人的影响。我们生活在一个“基因之河”中，有的时候，其他人的基因对我们的命运的影响，甚至可能比我们自己的基因更加关键。

为了进一步证明进化在人类社会秩序中发挥的作用，我还需要描述一下生物展现自己的外表现型的各种形式。首先，我们都知道，基因可能会影响生物体操纵或利用周围无生命物质世界的方式。鸟类会筑巢、海狸会建造水坝、蜘蛛会织网，这些都是动物使用天然材料制成的动物“人工制品”的例子，这些材料都是它们找到的或发现的，原本就位于它们的身体之外。[18] 其次，基因不仅可以影响生物体操纵无生命世界的方式，还会影响它们操纵周围生物世界的方式。例如，寄生虫有时会引起宿主身体的某种变化；例如，在感染了某种特殊的病原体后，蜗牛的壳就会变得更加厚。在这些情况下，一个生物体会对它所接触的另一个生物体的身体产生影响，并且，正如我们将会看到的，甚至会对另一个生物体的行为产生影响。最后也是最引人注目的，基因还可以影响远处的其他生物。一个生物的基因型可以影响本物种（或别的物种）的另一个成员的表现型（包括行为），而不需要与后者发生直接身体接触。

如果人类的基因确实会系统性地影响其他人的行为，那么进化就必定在很大程度上与我们为自己创造的社会生活有关。这就意味着，人类社会的关键特征是由基因编码的。我们的祖先为自己创造了社会的生态位，这些生态位已经成了人类进化环境的一部分，反过来又改变了人类今天携带的各种基因。当个人生活在其他所有人都是（好）人的环境中时，待人友善的优势会更大。这样一个过程促成了社会套件的普遍表达，使之成了世界各地的所有人类社会的核心。

动物的“人工制品”

动物的“人工制品”指动物创造的物质对象，是动物有意行动的结果。例如，园丁鸟的巢穴就是动物的“人工制品”的一个很好的例子。与任何变异都会受基因型影响的表现型一样，动物的“人工制品”也可以帮助或损害生物体生存和繁殖的机会，进而影响相关基因得到传播的机会。如果某种蜘蛛进化出一个更大的嘴部从而更容易捕获猎物，那么这就会被视为一种源于基因型变化的表现型特征，它会影响这种蜘蛛的生存。但是，蜘蛛布在身体之外的网实际上并没有什么不同之处，通过位于身体背部的“喷丝头”，蜘蛛有效地扩大了它捕猎食物的范围。蜘蛛的网，就像一张大嘴，当然，吐丝结网的倾向以及蜘蛛网的结构形式，都处于自然选择的控制之下。

很显然，这些动物的“人工制品”反映了物种的基因组成。蜘蛛目，所有蜘蛛的类群，在这 105 个属和 34 000 个种之间，表现出了极其丰富的多样性。[19] 如彩图 7 所示，环形织网的那些蜘蛛物种之间的差异是以多种方式表现出来的，其中最重要的是蜘蛛织网的方式和构成蜘蛛丝的主要蛋白质序列。这种差异是适应性辐射（adaptive radiation）的一个有力的例子，具有共同祖先的生物在进化过程中分化出多种新的形式和物种，以便利用不同的“环境利基”，例如，蜘蛛要适应捕捉不同种类的昆虫的需要。[20]

在创造“人工制品”的时候，动物不但能够利用它们自己生产的无生命物质（比如蜘蛛用蛛丝织网），而且能够利用环境提供的各种“素材”。正如我们在观察园丁鸟时已经看到的，在进化的过程中，某个基因可能会通过各种各样的途径来增加自身的传播，例如，在鸟的身体上增加一片“性感”的、能吸引异性的蓝色羽毛，用从浆果中提取出来的蓝色颜料“粉刷”自己的巢穴，甚至将蓝色的鹅卵石排列出一个图案。一个基因可能有多种传播途径（从不同物种的角度来看），其中一些在身体内部起作用，而另一些则在身体之外起作用。[21]

将可识别的遗传变异与动物的“人工制品”连接起来的研究现在仍然非常罕见。通常来说，我们不知道哪些基因会对蜘蛛网的形状或园丁鸟的巢穴风格发挥作用。不过，这里还是有不少例外的。奥菲尔德鼠（oldfield mouse）和鹿鼠（deer mice）所打的洞有区别就是一个极好的例子。[22] 这是两种亲缘关系很近的物种，它们都会挖掘“人工洞穴”。但是鹿鼠打的洞非常简单，入口通道很短，奥菲尔德鼠打的洞却很深，里面有一个很长的入口通道，后面还有一个逃生通道（图 10-1），这样一来，万一捕食者从前面进来，奥菲尔德鼠就可以从后面逃走。进化生物学家霍皮 · 霍克斯特拉和其研究团队证明，老鼠打洞的不同“风格”（习性）不是通过社会学习过程习得的。他们分别培养了完全没有杂交的奥菲尔德鼠和鹿鼠，当这些小鼠长到成年后，再给它们分配相应的“建筑材料”，结果表明，每种小鼠都“坚持”了原有的打洞习性。

由于这两种小鼠的亲缘关系很近，可以交配繁殖，因此霍克斯特拉等人让它们杂交。通过这种方法，他们证明上面这两种打洞习性确实是在基因层次上编码的。霍克斯特拉等人发现，位于基因组的三个区段上的一小部分基因，与入口通道的长短有关；而且，是不是要打逃生通道，则只与基因组的一个区段有关，甚至可能只与一个基因有关！

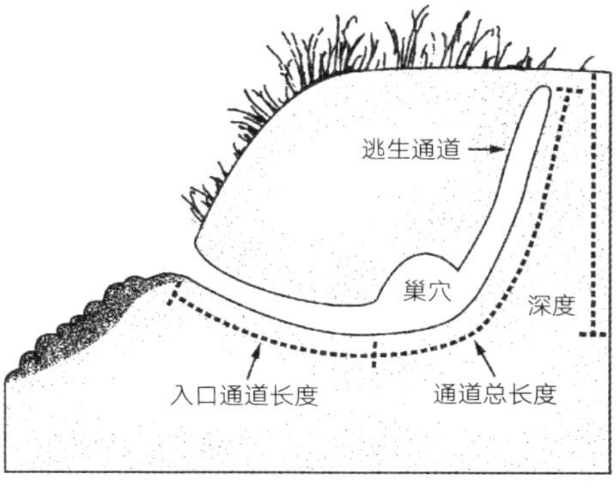

图 10-1 典型的奥菲尔德鼠打洞的横截面图

图中给出了奥菲尔德鼠打洞的关键物理特征，包括逃生通道，这在其他种类的小鼠中是不存在的。

当然，基因到底是怎样编码才导致动物做出建造“人工制品”这种复杂行为，是一个有些“神秘莫测”的问题，但是我们可以先不考虑这个问题。因为这个实验已经足以证明，基因确实可以控制动物制造的“人工制品”的性质，并且特定基因的变异是与“人工制品”特定类型的变化相对应的。

寄生虫和宿主

一旦我们意识到，基因不仅可以在身体内部和身体外部表达自己，还可以在物质世界中发挥作用，我们就可以用不同的眼光来理解寄生和共生等现象。生物体不一定只能通过以某种方式改造它们的物理环境来满足自身的需要，还可以通过“重组”它们的生物环境来满足自身的需要。或者说，它们可以作用于周围的“活组织”，而不仅仅是无生命物质。

被某种寄生吸虫感染的蜗牛，外壳会变得更厚。这种“壳”的表现型显然要受到蜗牛自身生理和基因的影响。但蜗牛作为宿主的这种形态变化也可以视为，至少在某种程度上可以视为吸虫的一种适应。从吸虫的角度来看，它希望蜗牛将资源从用于繁殖（这种用途不会给吸虫带来收益）转移到用于生存上来（这确实有益于吸虫），因为更厚的外壳使蜗牛和吸虫都更有可能存活下去。有的人可能会认为，宿主这样做只是一种处理自己体内威胁的不同方式，即激活制造贝壳的细胞，从而保护自己，这与牡蛎因沙子进入体内而生产出珍珠的过程类似。但是，这种看法很可能是错的，推动这种变化的可能是寄生虫，而不是宿主，而且寄生虫可能是为了自己的利益而这样做的。吸虫的基因操纵了蜗牛体内制造壳体的活细胞，这种方式，其实与园丁鸟的基因通过园丁鸟操纵林间地面上的种子荚果一般无二。

当寄生虫进化出了诱导宿主发生特定的解剖学变化，从而增大寄生虫自身的生存概率时，就可以说宿主的表现型受到了寄生虫的基因型的控制。从传统的以宿主为中心的观点来看，它自身在结构或功能上的变化全都可以归因于环境，因为它必须做出反应或适应这些讨厌的寄生虫，这也是环境的一部分。然而，从寄生虫的角度来看，宿主体内的这些变化是可以归因于它自己的基因的。

而且，蜗牛吸虫除了能够影响蜗牛壳的厚度之外，还可以在一定程度上控制蜗牛的行为。它们能够以某种方式引导蜗牛朝着光线移动，而不是像通常那样远离光线。然后，吸虫移动到蜗牛的眼柄并停留在那里会动来动去消耗能量，还会吸引饥饿的鸟的注意。所有这一切都对蜗牛不利，因为这意味着鸟更有可能发现蜗牛并吃掉蜗牛。但是这对吸虫有好处，因为这意味着它们可以通过这个途径进入鸟的消化系统，这对吸虫生命周期的下个阶段至关重要。

吸虫对蜗牛行为的这种控制，看上去简直有点像科幻小说。事实上，寄生虫改变宿主的行为（而不仅仅是它们的身体）这种情况是非常罕见的，迄今只在不到 0.5% 的有寄生虫的物种中发现过。[23] 但是，科学家依然在发现越来越多的例子。寄生了弓形虫的小鼠会失去对猫尿天生的厌恶，因而很容易被猫吃掉，这就意味着猫成了这种寄生虫的下一个宿主。[24] 金线虫会导致它们的蟋蟀宿主跳入水中并淹死，但这对金线虫进入生命周期的下一个阶段非常有利。[25] 还有一些寄生虫似乎进化出通过释放某种化学物质来实现它们目标的能力，这些化学物质与宿主的某种激素很相似，因而能够改变宿主的行为。[26]

寄生行为控制最令人毛骨悚然的一个例子是所谓的“僵尸蚂蚁”。某些种类的蚂蚁很容易被一种称为偏侧蛇虫草菌（ophiocordyceps unilateralis）的真菌感染。在感染之后，这种真菌能够“命令”蚂蚁爬上有一定高度的植物，然后死死咬住叶子底部的叶脉。[27] 接着，真菌会杀死蚂蚁，并从蚂蚁的头部长出一条很大的蘑菇形的秆，它里面的孢子在未来将会感染更多的蚂蚁（彩图 8）。这种现象最早是由博物学家、生物学家阿尔弗雷德·拉塞尔·华莱士（Alfred Russel Wallace）观察到的。在僵尸蚂蚁这个例子中，一个没有神经系统的物种真菌，控制了另一个有神经系统的物种蚂蚁的行为，并将后者转化为一个传播孢子的“平台”。现在，我们从许多叶片的化石中，都可以看到它们的叶脉上有被蚂蚁咬过的痕迹，这个事实说明这种真菌表现型已经有数千万年的历史了。[28]

那么，是不是存在这种可能性：某些人类特征和行为实际上也是其他生物基因的遗传副产品？[29]例如，是否有可能，人类打喷嚏，并不是我们为了自身的利益，而是通过这个动作将病原体从上呼吸道排出来（这是医学教科书告诉我们的），这只是病原体“实现”在空气中传播的一种手段（这符合病原体的利益）？也许，人类的行为受到了那些病原体的操纵。人们传统上认为，打喷嚏是人类主动对细菌做的事情，也就是将那些讨厌的“入侵者”从我们的身体中排出去，从而促进自身的健康。但是，它也有可能是细菌对我们做的事情，目的是促进它们自己的传播并增进“福祉”。又比如，有些肠道寄生虫可能会降低人类宿主的生育能力，因为这符合它们的利益。[30]再比如，当人们感染了某些病原体时，他们可能会要求他们的亲人来身边照顾他们（这相当于操纵了人类的爱、交友和合作倾向），而这反过来又会促进病原体的进一步传播，使更多的病人生病。生病的人的行为往往就像婴儿一样，需要从照顾者那里获得帮助，这可能不是一个简单的巧合。

一些科学家甚至提出了一个高度推测性的假说，即微生物可以通过“鼓励”有利于它们传播的某些人类宗教行为来增加自身的进化适合度。[31]微生物甚至可能会增强我们对各种类型的聚会的渴望，这在塑造我们的社会生活的同时，也促进了它们的传播。

动物界的蝴蝶效应

到目前为止，我们讨论的寄生虫对宿主行为的控制，提供了两种动物（宿主与寄生虫）直接相互接触时的外表现型的典型例子。[32]但是，一种动物也可能在相互之间完全不接触时，影响另一种动物的行为（无论是同一物种，还是不同物种），从而使自己受益，例如通过释放某种气味。确实，许多动物都能够影响其他动物的外表和行为，而用不着直接接触它们。而且，除了气味之外，动物还有许多其他的方法进行交流。[33]例如，一个设计精巧的刺鱼实验表明，让刺鱼感染了一种会使它不再见到捕食者就躲避的寄生虫后（这会导致刺鱼更容易被鸟吃掉，而鸟则是这种寄生虫的下一个必备宿主），再把它放入水中，也会影响它的同类躲避捕食者的行为，尽管它们没有感染上这种寄生虫。[34]这就是说，只要感染一个个体，寄生虫就可以控制许多个体的行为。

从这个角度来看，我们可以把整个生活世界视为一个互动网络（如果还不能说它是一个连贯的网络的话）。这种观点让我们想起了“一只蝴蝶在地球的这一侧扇动翅膀，引发了地球另一侧的飓风”的说法。也许，我们每个人都漂浮在一个巨大而复杂的海洋中，这个海洋不仅包括了我们自己的基因，还包括了地球上所有生物的基因。当然，我们不可能将每一个生物体和它的每一个特征与行为都考虑在内。相反，我们只需要关注相关的外表现型就足够了。如前所述，我们可以将外表现型定义为对某个生物体的适合度有直接影响的东西，而且它们涉及特定的相互作用的物种，例如吸虫和蜗牛。否则，我们就不得不面对一种基于归谬法的反驳：生物体用来对世界发挥作用的任何东西，都可以看作会对其他生物体产生影响的自身的延伸。这甚至适用于像在地面储存粪便这样平淡无奇的行为（正如我的一个孩子观察到的那样，尽管他没有使用什么专业术语）。[35]

那么，我们在进行科学探索时怎样才能做到聚焦呢？一个重要的考虑因素是：对于一个表现型，它必须导致潜在基因的传播出现不同。由于它们的表现型效应，基因的变异既可能增加、也可能减少它们在种群中的频率；而且，有一些表现型效应可能是偶然性的，并且对等位基因在下一代的频率没有任何影响。为了说明这一点，不妨考虑理查德·道金斯提出的“足迹”的例子。道金斯认为，导致海鸟脚形状发生变化的一个基因突变，可能会影响海鸟的生存，进而影响基因的传播方式。例如，它可能会影响鸟类在湿沙中移动的轻便程度。这种突变也不可避免地会影响鸟类留下的足迹形状。如果足迹的形状对动物的适合度没有影响，那么就与它的生存无关，因此也就可以从候选表现型的集合中排除出去。[36] 然而，如果足迹的改变确实影响了鸟类的生存，比如，使捕食者更容易追踪鸟类，我们就要将足迹视为一个相关的表现型，会影响鸟类的生存。此外，捕食者也会进化，例如进化出更好的视力，能够发现更小的足迹。因此，重要的问题是外表现型对适合度的影响，是否足以导致潜在基因在种群中的流行程度变得更高或更低。

这种外表现型效应也可以发生在一个物种内部，即，使一个个体影响其他个体，这种效应可能会产生新的选择压力，并使进化过程的方向发生改变。例如，在小溪上建成了一个水坝之后，海狸能够“创造”出一个池塘，它为动物提供了更长的河岸，可以在那里寻找食物，还提供了一条从一个地方游到另一个地方的更安全的路线。因此，这个池塘就可以视为一种外表现型，它不同于身体表现型（如海狸牙齿的大小或形状）。通过改变池塘的大小和深度，海狸可以对其他动物（例如池塘中的鱼类和昆虫）施加选择压力。在某个物种内部，也可能会发生类似的效应。例如，海狸这种建造水坝行为，可能会导致新的环境出现，进而产生新的选择压力，从而改变未来的海狸身体（的某些部位）：也许它们会进化出更大的肺，使它们能够在这个更大的栖息地中游得更远。反过来，只有在拥有更高大水坝的池塘中，更大的肺才有可能获得进化优势，而这又将促进建造水坝的行为。因此，海狸建造水坝（这是一种外表现型）的能力与允许海狸游得更远的身体性（这是传统表现型）可能会共同进化。

基因的间接影响

我认为，对于人类创造的社会结构，我们也可以用看待海狸建造水坝的眼光来看待。如果基因变异使人们容易受到外向性等人格特征的影响，并且如果生活在很久以前的某个人类祖先是一个外向的人，他坚持认为他的朋友应该变得更加社会化，并努力促成他的朋友们之间的社会交往，那么他就有可能会影响他的朋友的适合度。这就是他的基因的一种下游效应。如果他这种致力于更高程度的社会交往的努力，能够以某种方式增大他自己和朋友的生存概率（也许，他召集了他所有的朋友，举行了大型且有效的狩猎活动），那么形成特定类型的群体的倾向就是外表现型。

例如，在绘制出了生活在苏丹尼扬加通（Nyangatom）的牧民的社会网络之后（彩图4），我和我的同事证明，针对尼扬加通人邻居进行的有风险且很危险、但仍可能有利可图的“突袭团伙”组织，取决于群体的社会网络结构。许多男性之所以加入这种突袭团伙，只是因为他们的朋友已经加入了，而且突袭团伙的组成与他们的成功率有关。[37]根据定义，任何会影响互动或交流行为的基因，都必定会对某个组织产生影响，而不仅仅限于影响该基因所属的个体，因此在一定意义上，可以认为是这种基因塑造了社会结构。

为了更好地理解间接遗传效应，进而理解这种社会的、远距离作用的外表现型，我们再举一个来自鸡的世界的例子。鸡的羽毛状况显然是一种表现型，其基因在鸟类的羽毛中也发挥着作用。环境因素，包括鸡的饮食和光照，也都是相关因素。但是，鸡的羽毛还会受到环境中其他东西的影响，那就是，其他鸡的行为。其他母鸡可能会去猛啄一只鸡的羽毛，造成伤害，有些鸡甚至会“同类相食”。在过去，为了防止这种情况发生，养鸡的农民往往不得不把母鸡的喙剪去一些。但现在，这种做法已经在很大程度上被认定为非法的了。

科学家通过一个将本来养在不同鸡笼里的鸡配到一起的实验来研究这个问题。这个实验表明，鸡的羽毛质量不仅是鸡本身的基因的产物，也是附近的其他鸡的基因的产物。[38]一些基因可能会使母鸡产生难看变形的羽毛，而其他一些基因可能会使它表现出顺从行为，导致其他的鸡纷纷来啄它，使原来质量很好的羽毛被破坏得一塌糊涂。这也就是说，间接影响源于其他母鸡表达啄食倾向的行为。事实上，在这个例子中，那些间接影响更强大，鸡的羽毛的状况，更多地取决于它的邻居的基因！

基因在个体生物体内的作用往往取决于其他基因的作用，遗传学家把这种现象称为上位性（epistasis）。正如之前所讨论过的那样，如果 HERC2 基因出现了某种变异，那么使眼睛变成褐色的那些基因都将无法发挥作用。必须有若干个基因协同工作才能决定一个人的眼睛颜色。在单个个体中，像这样相互作用的例子不胜枚举。例如，如果一个人有秃头的基因，那么使头发变白的基因就不会得到表达。如果一个基因发生了变化，那么就可能会对其他基因的作用产生影响，进而影响相对应的表现型的表达。

然而，正如我们刚才看到的，这些效应也可能会发生在个体之间；对此，我称之为社会上位性（social epistasis），因为一个人基因的作用可能会受到另一个人基因的影响。一只鸡可能会去啄其他鸡，而另一只鸡可能刚好需要换毛。一只海狸可能会建造一座大坝，而另一只海狸则可能有机会利用它的能力更长时间地屏住呼吸。沿着这个思路，我们实际上可以放弃长期以来一直支配了进化生物学思想的传统"体内遗传学"。而且，我们可以认为，相互作用的个体组成的群体，也是受彼此的基因影响的。[39] 现在，其他个体的基因已经成了每个基因在其自身的进化过程中必须面对环境的另一个特征。

实际上，为了保证自己的有用性、为了让自然选择青睐自己，基因甚至可能需要其他生物体的特定基因的存在。试想一下这样一个情景，你是地球上第一个拥有一种特别的基因突变的人类：这个基因通过改变你喉部的解剖结构、改变大脑中的神经通路赋予你说话的能力。虽然说话能力涉及很多个基因，而且是非常漫长的进化过程的一个结果，远在 30 万年前与尼安德特人分道扬镳之前很久，人类就已经走在这个进化之路上了，不过，某些特定的基因确实发挥了最关键的作用。[40] 无论如何，如果你是这个星球上的第一个拥有了使你能够说话的基因突变的人，那么除非你可以找到人与之交谈、有人能够理解你并回应你，否则这种能力对你来说几乎毫无用处。只有在能够"进行对话"之后，这种突变才会更加有益，在人群中的传播才会加快。而且，它传播得越广，对后代就越有用。

这种说话的能力就是所谓的网络商品（network good），网络商品的含义是，它的价值会随着拥有这种物品的人的数量增多而变大。网络商品的一个典型例子是电子邮件账户。如果你是这个星球上第一个拥有电子邮件账户的人，那么在刚开始时，它对你是没有用的。但是，当另一个人也拥有了电子邮件账户后，它的价值就大于零了。随着越来越多的人都拥有了电子邮件账户，你的账户也变得越来越有用。那些会影响我们社会生活的基因也是这样。它们可能需要其他人身上也存在相同基因或其他基因时才能产生有益的结果。

除了与社会交往相关的基因之外，社会上位性还可能体现在其他基因上。一个人拥有的某些基因，如果他或她的朋友也拥有那些特定的基因，就能够带来更好的效果。例如，调节免疫系统的基因表现，就可能取决于你周围的其他人的免疫系统，既可能表现得更好，也可能表现得更糟。如果你的突变使你更容易受到某个特定病原体的影响，但是你所有的朋友都对这种病原体有免疫力且不能传递给你，那么你的突变就是无关紧要的。与利他主义和互惠行为相关的基因可能也是这样的，使都拥有它们且正在互动的人受益。

基因与社会网络

对于我们讨论的这些发生在个体间的间接遗传效应的例子，在将它们视为外表现型之前，还需要其他一些东西，即，它们还必须能够影响表达它们个体生存或繁殖的成功率。在前面那个关于鸡的例子中，如果啄其他鸡的母鸡的达尔文适合度依赖于它所威胁的鸡的羽毛质量，我们就可以说它是一种外表现型。而对于人类而言，如果你的基因倾向于让你把朋友相互介绍给对方，而且如果你编织的这个社会网络影响了你的生存概率，那么它就是一个社会外表现型。

人类创造的社会网络就像园丁鸟筑成的鸟巢一样，都是可复制的。为了对这些社会外表现型进行适当的分析，最理想的情况是，我们能够找到很多个不同的原始人种，然后进行跨物种比较以说明社会结构会出现什么样的变异性，就像奥菲尔德鼠标和鹿鼠、各种不同种类的蜘蛛一样。但是我们无法做到这一点。不过好在退而求其次也不错，通过证明基因在社会外表现型中的作用，我们以人类内部的一些例子仍然可以阐明这个主题。

有些人拥有的朋友数量比其他人更多，这是一个谁都不能否认的直接观察结果。不同的人，追求友谊的“品味”可能不同，追求友谊的能力也可能不同。在一项研究中，我的实验室调查了来自美国各地 142 所学校的 1100 个青少年，探索如何利用基因来解释人们创造出来的真实的、面对面的社会网络。[41] 正如我们在第 8 章中已经看到的，不同的人所拥有的朋友数量的差异，有一半左右可以归因于他们的基因。这种变异性可以用图像的形式表示出来。图 10-2 显示了一个由 105 人（图中的圆圈）组成的社会网络，以及他们之间的几百个友谊关系（连接圆圈的线）。平均而言，每个学生都与其他 6 个亲密朋友相互连接。但是有些人（比如图 10-2 中的 D）的朋友数量，要比其他人多（比如图 10-2 中的 B）。

但是，D 和 B 这两个人之间的区别，不仅仅体现在他们分别拥有的朋友数量上。如第 3 章所述，我们在将社会网络绘制在二维平面上的时候，必须利用一定的数学算法。这些算法会把有最多连接的人放在图形的中心，而把连接很少的人放在图形的外围。当你的朋友的连接变得更多时，也会增加你自己与整个网络连接。用科学家的术语来说，这会使你变得更加重要，因为拥有更多连接关系的朋友可以让你远离社会网络的外围，并向中心靠拢。你在网络里的中心性，可以通过计算你的朋友的数量，以及你朋友的朋友的数量来量化。在研究中，我们发现基因可以影响中心性，不同的人在网络中的中心性的差异，大约有 1/3 取决于他们的基因。图 10-2 中 C 和 D 之间的区别就是如此。这两个人都有 6 个朋友，但是一个处在更中心的位置，另一个处在更外围的位置。

之所以会出现这种差异，一个可能的原因是，C 和 D 对受欢迎的朋友的“口味”是不同的。D 可能想要一些没有多少其他朋友的朋友，这样一来，D 就可以得到来自这些朋友更多的关注。相反，C 可能想要一些拥有很多朋友的朋友。在这种情况下，虽然 C 可能会相对较少受到这些朋友的关注，但是这些朋友也可能会在其他方面给他带来帮助，例如，由于这些朋友都有很多社会连接关系，所以他们可能是很不错的信息渠道。你所选择的朋友的类型，会影响你在网络中的中心性。

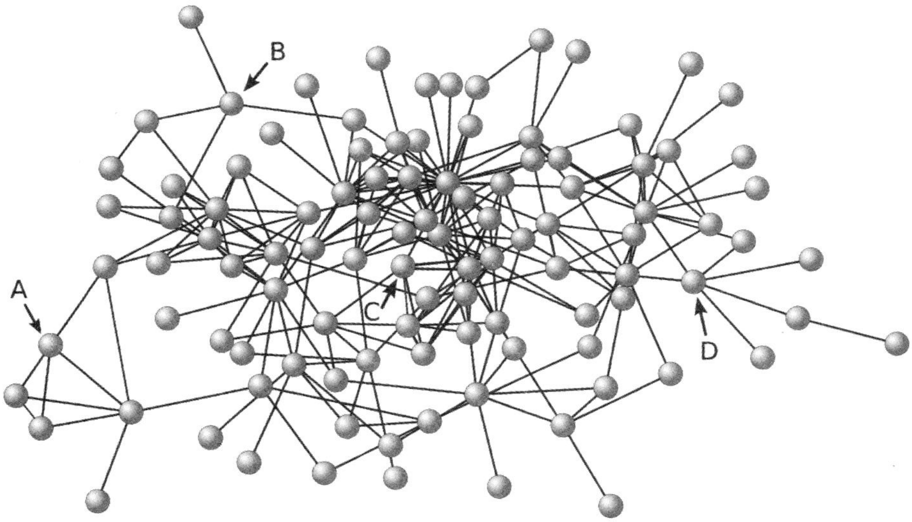

图 10-2　友谊的社会网络表现出的地位差异

这是生活在同一幢宿舍楼的 105 名大学生之间亲密友谊的社会网络。在图中，每个圆圈（节点）代表一个大学生，每一条线（连接）代表一个（相互的）友谊关系。从图中可见，尽管 A 和 B 两人各有 4 个朋友，但是他们的地位仍然有所区别。A 的 4 个朋友彼此认识（他们之间都有连接），而 B 的 4 个朋友则不然。也就是说，A 具有比 B 更高的传递性。与此类似，尽管 C 和 D 两人各有 6 个朋友，但是他们在社会网络中的地位也是大不相同的。也就是说，C 的中心性要比 D 大得多。这反映了如下事实：C 的朋友自己也有很多朋友，而 D 的朋友没有朋友或只有极少的朋友。

关于基因变异如何影响一个人在社会网络中的地位，我们还有一些其他发现。正如我们在第 8 章中已经看到的那样，不同的人在是否热衷于特意将自己的一个朋友介绍给另一个朋友方面会有所不同，尽管社会网络自然而然地就会执行这个功能，而不管人们是不是特意这样去做，例如，因为你的朋友都会与你一起共度时光，所以他们相互之间更有可能见面。这就是通常所称的传递性，它衡量你的朋友们彼此之间是否也是朋友。你可以通过比较图 10-2 中的 A 和 B 来理解这一点。A 的朋友彼此之间通常也是朋友，但是 B 的朋友之间则没有连接，不是朋友。正如我们已经看到的，对于社会环境的这个特征，大约一半的变异性也可以用基因来解释。

这种传递性也就意味着，你的基因可能会影响其他人的社会生活。当我们想到生态位构建时，通常会想到动物改变它所处的物理环境的行为，例如海狸用树枝建造大坝以增加捕获猎物的机会，或者蚂蚁让自己的巢穴升温以加快真菌的生长速度。但是，人类其实也类似；我们可以通过操纵社会世界，进行生态位构建，就像其他动物操纵物理世界一样。回到前面举的蜘蛛织网的例子中，某些形状的网比其他网更适合捕捉飞虫，因此拥有编码这种织网技术的基因的那些蜘蛛更可能存活并将这些基因传递下去。与此类似，某些人类祖先也许有能力更好地塑造他们周围的社会网络并参与集体活动，例如集体狩猎大型野兽，或集体抗御外敌入侵。如果拥有能够促使他们这样去做的基因，他们就更有可能存活下来。最终，能够使人们倾向于创造这种有益的社会制度安排的基因和等位基因，将会出现并扩展开来。这种行为能够提高个体的生存概率，不仅与其他个体相比是这样，与没有形成这种社会网络的相关物种相比也是这样。因此，社会生态位构建将是适应性的。

驯化下的进化

在野外世界里，银狐在很大程度上符合我们对于狐狸的“文化刻板印象”：难以捉摸、狡猾，甚至卑鄙。而在人工饲养的情况下，银狐会尽量避免与人类接触，当它真的与某个人不期而遇时，通常会以那个人被狠狠咬一口而告终。但是也有例外。生活在西伯利亚细胞学和遗传学研究所外面一个农场中的一群银狐，却渴望与人类接触；它们会伸出舌头去舔人类的脸，还会摇着长长的尾巴、发出类似撒娇的声音，要求人们去抱它们。这些银狐的这种行为转变，是苏联生物学家德米特里·贝利亚耶夫（Dmitry Belyayev）从 1958 年开始的连续繁殖实验的结果。柳德米拉·特鲁特（Lyudmila Trut）在后来也加入了这项研究，通过驯化这些银狐，几千年的犬类驯化历史被缩短成了几十年。

驯化的动物与它们的野生“表亲”之间的区别，主要就体现在是否有能力忍受自己身边有人类存在。从野生到驯化的这种转变，一般是通过一个有利于群体中那些没有攻击性的成员的选择过程而实现的。这会导致动物的解剖结构、生理和行为的诸多变化。与攻击性相关的神经内分泌变化会出现在动物身体内部的多个系统内，特别是那些涉及社会行为和繁殖的系统。神经内分泌变化之后，解剖结构上的变化随之而来：牙齿变小了、耳朵变松软了，皮毛上的斑点和纹路的颜色也变了（例如，在驯化的猫、狗、牛和马身上经常可以发现的斑驳的黑色、白色和棕色斑点）。动物的社会容忍性能力和可嬉戏性、它们与人类以及其他动物进行合作的能力，也都得到了增强。

这种特征的集合也称为驯化综合征。当然，在所有这些变化中，有许多变化并不是直接针对选择的，而是一个不利于攻击性的主要选择过程的副产品。例如，为什么带花斑的皮毛和卷曲的尾巴通常会与顺从性连接在一起，我们现在仍然不是很清楚。也许，较小的、卷曲的尾巴，是很难发挥作为平衡器的作用的，而那种作用对于狩猎或搏斗非常有帮助。但是，这正是科学家认为所有这些特征都可能与发育过程中表达的某些调节基因相关的一个原因，这些基因会影响多个过程（记住：一个基因可以影响许多特征）。此外，事实证明，当人们有意识地选择更加温和、柔顺的动物个体时，他们选中的动物所显示的特征的行为，通常会出现在该物种更年幼的成员身上，例如游戏。只需比较一下狗与狼、猫与美洲狮、奶牛与野牛或家猪到野猪，就可以很容易地看到，野生的那一方与家畜相比，更具攻击性且不那么“好玩”。

将狼驯化成狗，最初可能始于一个偶然的突变。由于突变，某些狼可能变得不那么害怕接近人类的营地，而且不那么具有攻击性——这就是预适应。这些动物由于可以在人类丢弃的垃圾中找到食物而获得了选择优势，所以利用了人类提供的一个新型生态位。在第二个阶段，人类在这些动物中选出了攻击性较小的动物，并通过繁殖育种方法，把它们进一步驯化，从而使它们具备了一些与狼的特征有明显区别的（狗的）特征，包括向下耷拉的柔软的耳朵、摇来摇去的尾巴、成年后仍然喜欢嬉戏等。

不过，贝利亚耶夫和特鲁特直接绕过了这种数千年的进化过程。首先，他们考察了爱沙尼亚全部商业化的银狐养殖场，从中精心挑选出 30 只雄性银狐和100只雌性银狐，所有这些银狐的“友善”程度都高于平均水平。在这些“创始代”银狐就位后，贝利亚耶夫和特鲁特按照严格的选择原则，连续培育了多代“驯化”的银狐。每个月，实验者都要利用喂食的机会测试银狐幼崽的温顺性，同时尝试与它们单独相处。此外，他们还允许银狐在一个很大的围栏内自由活动，并借此机会观察他们是更偏爱人类还是其他银狐，以检验他们的“社会性”。

在银狐长大到性成熟期后，实验者对每一只银狐的驯化性进行打分，并根据驯化性分数将它们分为三类：第三类，见到人后就要逃走的或咬人的银狐；第二类，在实验者接触它们后，能够容忍，但并不会表现出友善态度或积极情绪的银狐；第一类，喜欢与实验者接触并摇动尾巴发出呜呜叫声的银狐（记为“I 级”）。[42]

研究者在育种时进行了严格的限制：只允许每一代中最驯化的那些银狐繁殖，后代中只允许不超过 5% 的雄性和 20% 的雌性进一步繁殖。通过这种选择性育种，银狐的生理和行为变化得非常激烈且快速，以至于在短短几代之后，研究者就得到了一个驯化性更高的类别——“1E 级”，它们由“驯化的精英银狐”组成。这些银狐“渴望与人类接触，时时发生呜呜叫声吸引人类的注意力，经常像狗一样嗅闻和舔吻实验者。”[43] 在繁殖了 10 代之后（这在几年的时间里就完成了），18% 的狐狸都进入了这个“驯化的精英银狐”阶层；然后，到第 20 代，这个比例就上升到 35%，并在 30 代时达到 80%，那只不过是开始驯化的几十年之后。

与大多数家畜一样，驯化的银狐的形态变化也伴随着行为的变化。这些银狐有了松软的耳朵、卷曲的尾巴、短小的腿、“女性”化的颅骨特征，以及与原来不同的皮毛着色。此外，驯化的银狐也更早地性成熟，并遵循不同的交配模式，同时激素和神经化学过程也出现了变化。尽管选择只是针对“行为气质”进行的，但这种变异的出现已经足够为贝利亚耶夫的假设提供支持：调节行为的那些深层遗传机制，同样可以影响身体外表。事实上，银狐的这些变化似乎都是发生在基因组的相似区段上的，就像几千年前狗的驯化一样。

有意思的是，贝利亚耶夫的思想在他刚开始这项研究时很不受欢迎，因此他不得不将他的实验描述为关于生理机能的，而不是关于基因遗传的。[44] 在那个时代，苏联的生物学界深受特罗菲姆·李森科（Trofim Lysenko）的影响。李森科拒绝接受孟德尔的遗传理论，也不赞同达尔文的进化论。相反，他鼓吹的是一种类似于拉马克（Lamarck）当年提出的“获得性状”论的理论。举例来说，这个理论预测，如果父母学会了通过更快的奔跑去捕捉猎物，那么它们的孩子就会继承这种新获得的快速跑动能力。自然选择与这种能力无关。

“李森科主义”被用来描述通过对科学研究加以操纵，以达到预定的、意识形态化的结论。我认为，“禁止”遗传因素在当代人类社会生活中发挥作用，也是一种李森科主义，这是我在第 12 章将要探讨的一个主题。

贝利亚耶夫的实验证实，人类可以通过有意地驯化来引导和加速进化，使动物变得更加和平、友好和合作。不过，有些物种也有可能在没有这种外在计划的情况下经历了类似的过程。这是一种自然的自我驯化，它可以减少物种内部成员的攻击性，有利于对其他“幼稚特性”的选择。有的研究者认为，倭黑猩猩是一种完成了自我驯化的黑猩猩，人类也已经在自我驯化这条道路上走了很久。[45]

倭黑猩猩与黑猩猩在距今大约一百万年仍然拥有一个共同的祖先，同时它们在外观上也表现出许多惊人的相似之处。[46]但是，倭黑猩猩已经进化出许多与攻击性行为非常不同的行为，而且它们的许多特征都暗示着一种驯化综合征，包括已经变得相当小的牙齿、毛色变白的卷曲尾巴等。与黑猩猩相比，成年倭黑猩猩的生殖期变得更长了，而且通常有更多的性生活，包括非隐性异性性交和偶尔的同性性行为。它们通常也更喜欢游戏，还会参与更多的亲社会行为，比如自愿分享食物。[47]特别有意思的是，倭黑猩猩的大脑中与感受痛苦有关的脑区的灰质比黑猩猩更多，这个事实说明它们可能会感受到比黑猩猩更强烈的共情之心。[48]

与倭黑猩猩相比，黑猩猩则非常有攻击性。它们会做出很复杂的示威炫耀行为，试图恐吓自己的竞争对手，而这种恐吓经常升级为彻头彻尾的暴力，导致他们自己群体的成员受伤或死亡。雄性黑猩猩分组巡逻它们的领土，并与敌对群体作战，杀死对方的成员。相比之下，倭黑猩猩非常和平。它们的示威行为非常有限，而且通常只包括一些非暴力的行为，如跑步和拖拽树枝。与黑猩猩不同，倭黑猩猩不会干扰彼此的交配，群体之间的相互交流也不具有多少攻击性；而且，虽然这种互动通常也包括企图恐吓对手的示威举动，但是它们通常不会升级为彻底的暴力。

一些研究者认为，是不同的环境压力使黑猩猩和倭黑猩猩这两个物种向不同的方向进化的。虽然这两种动物都面临类似的被捕食风险，但是倭黑猩猩不需要在自己的领地上与大猩猩竞争；而且，倭黑猩猩所拥有的食物资源更加丰富。这可能减少了倭黑猩猩冒着风险去获取食物、做出各种侵略性行为的动力。

不过，其他一些研究者则认为，倭黑猩猩可能会联合起来反对并杀死自己群体中更具攻击性的部分成员，从而减少了基因池中高攻击性者的数量。或者，雌性倭黑猩猩可能更加偏爱与较不具有攻击性（更有合作倾向）的雄性倭黑猩猩交配，正如在之前所举的人类和其他动物的例子中可以看到的那样。虽然这种自我驯化的过程可能是由自然选择来驱动的（以应对环境压力），但是动物本身的行为也可以在加快选择速度方面发挥极其重要的作用，就像贝利亚耶夫在银狐育种时所做的那样。物种内部的部分个体不一定要被动地等待自然选择来将那些野性难改的成员清除出去，它们自己也可以直接动手进行“除草”，尽管它们这样做的时候，可能并不是有意为了这个目的。

事实上，这样的过程也可能发生在人类中，即，通过女性对男性挑剔的选择和对那些过于暴力的个人集体反对（并且，在史前时期，可能会直接杀掉那些“害群之马”）实现自我驯化。作为一个物种，我们天生只能容忍温和的等级制。人类学家理查德·兰厄姆（Richard Wrangham）认为，人类的这种自我驯化过程改变了人类的行为和生物特征。事实上，我们在许多动物的驯化过程中观察到的特定遗传变化模式，也同样出现在了人类身上；许多相似的基因都受到了影响，这进一步支持了人类自我驯化的假说。[49] 这种驯化可能导致神经层面的许多变化，使人类不仅更加温顺，而且也会对其他人更加关注，从而使我们这个物种更愿意接受教导，这为社会学习做好了准备。与祖先原始人类相比，人类也变得更加“幼儿化”。而且，在过去的几千年里，人类减少攻击性的进化趋势还一直在加快，使暴力的人际冲突大大减少到有史以来的最低水平。[50] 在旧石器时代，多达 1/3 的人死于故意的暴力行为，而在今天，即便是在人类暴力倾向最强的社群中，死于故意暴力行为的人也只有千分之一左右。[51]

各种动物，无论是织网的蜘蛛、受真菌控制的蚂蚁，还是能够主动构建自己社会网络的人类，都被“基因设定成”要在这个世界中采取行动并重新塑造，使它变得更加“友善”，从而提高自己的生存概率。人类创造的社会环境部分受到基因的控制；同时这种环境反过来又会做出反馈并影响我们，使某些变得社会化的方式比其他方式更加优越，并选择支持那些最优方式的基因变异。作为人类，我们改变了自己。在进化过程中，我们自己的基因以及我们朋友的基因，似乎一直在致力于建成一个更安全、更平静的世界。

COOPERATION
LOVE
GOOD
CULTURE
CONNECT
GENE
COMMON
COMMUNITY
HUMANITY
ORIGINS
SOCIAL
IDENTITY
NETWORK
CIVILIZATION
FRIENDSHIP
BLUEPRINT
UTOPIA
SOCIETY
EVOLUTIONARY
GROUP
INDIVIDUAL

第 11 章

基因与文化

如果你是一个农民，有一两亩地，但是只有一把锄头，那么你每天只能播下少量种子。如果你有一头骡子和一台犁，那么你每天的工作效率会更高。如果你有了拖拉机和燃料，效率会进一步提高。当然，更高的生产率，离不开更多的投入资本（锄头、骡子、拖拉机以及维持和使用它们的知识）。

知识和技术的这些有益效果，对于那些亲眼见证了这种创新的人当然是显而易见的。1931 年，一位记者在描述拖拉机对她的大家庭的影响时，这样写道：

> 每一年，都有一个月是忙碌的收获季节。除了（我婆婆）自己的大家庭成员之外，还要请一个由 14 个男性组成的“收割团”……但是，要让这些“收割机”工作，得先让他们吃饱，那可不是一件容易的事情！早上是水果和蔬菜，还有

大盘的鸡肉或饺子；中午是馅饼和布丁；晚上是馅饼和蛋糕。每餐都要准备大量的前菜和泡菜……

车远远驶过来的声音……对于在厨房里忙个不停的女性来说，意味着必须马上准备好食物，那是十几个最能吃的男性啊……

幸运的是，所有这些都是过去的事情了。现在，同样是这个农场（而且面积还更大了一些），她的儿子只需要两台拖拉机就管理得很好了。当然，收获季节仍然会非常紧张繁忙，但劳动力已经不再是主要问题了……拖拉机是还在上高中的侄子开的，干得非常出色。一个大学生负责谷仓内的卷扬机。用卡车从田里运小麦的工作，则是由一个 11 岁的孩子负责的。因此，一个男性，两个青少年和一个孩子，就做完了 15 年前需要 14 个成年男性和一群骡子一起做的事情……

她丈夫的父母那一代人是以自己的身体为代价来开发农场的。她和她的丈夫却不一定如此。如果像以前那样，那么他们到 40 岁的时候，脚步就会迈不开，肩膀就会耷拉下来，全身都疲惫不堪。但是，机器拯救了他们。[1]

直到 1850 年为止，美国农场的动力仍然主要来自人力（包括奴隶）。从 1850 年开始，到 1892 年拖拉机发明以前，食草家畜成为主要的动力来源。令人惊讶的是，直到 1945 年，拖拉机提供的动力对美国农业的重要性才第一次超过了畜力。[2]

美国农民最初是抵触拖拉机的，这有几个原因，其中一个原因是，拖拉机费用较高。许多农民认为马更好，他们说：“你没法从地里种出汽油来，但却可以种出养马的饲料，而且可以养更多的马。”此外，他们认为马也更好用：“当马走到了地的尽头时，它们自己就懂得转过身来继续耕作。”[3]

当然，最后胜出的是拖拉机。而且，这种转型的好处不仅仅落在厨房里忙个不停的女性和田野上疲惫不堪的男性身上，也落在其他人身上。每个人得到食物的实际价格降低了。如果你出生于 1962 年，而不是 1862 年，那么你用更少的钱就可以买到更多的食品杂货，而且，你还可以用你的钱买到无数你想要的东西，比如买一台收音机听爵士乐，这两者都是在同一时期发明出来的。[4] 现在，又过了 50 多年，情况变得更好了：美国人用于食品的支出仅占总收入的 9.5%，大幅低于 1962 年的 16%，更加远低于 1900 年的 42%。[5] 如果没有取得这个进步，那么今天美国中等收入的家庭将不得不每周花费两个工作日去赚钱换取食物。

除了拖拉机之外，还有数不尽的人类发明也都是这样，创造了让每个人都能感受到的好处（和成本）。请想象一下，假设你出生在两万年前，为了生存和享受，你需要去做哪些事情，你又能完成哪些事情？在大多数情况下，你的一天将这样度过：寻找食物，与你的群体成员交往，编造一些关于外部世界的故事，用石头、骨头和木头制作狩猎和挖掘工具，演奏音乐（敲鼓或吹骨笛）。

接下来再想象一下，假设你出生在五百年前，你会做些什么？在同样多的时间内，你可以完成更多的工作，因为你继承了前人的文化和技术成就：农业及其与农业相关的技术（犁、粮仓、脱粒机等）；已经驯化了的动植物物种；城市、道路、水库等公共设施；冶金技术、航海技术，以及几何学和天文学。所有这些知识和物品都是你一出生就有机会得到的，这是由你出生的时间和地点决定的。[6] 你还可能会拥有一头骡子，而不会只拥有一把锄头。

现在，再想象你最近才出生。只是因为你出生的时间和地点，你就可以获得一台用于耕作田地的拖拉机。你甚至不一定需要付钱去买它，因为它就在那里。先前的人类所创造的所有科学和艺术都任由你学习，尽管它们是以不同的方式记录下来的，比如口头叙述、书籍、在线存储等。你可以（在世界上大部分地区）对宇宙有深刻的理解。当然，你还会了解：电力与现代医学；高速公路与地图；塑料和纳米材料制造的青铜、铁和钢，等等。如果你在高中学会了微积分，你就会懂得很多数学知识，如果你回到五百年以前，那么你将会是这个星球上知识最渊博的数学家之一。

有时，由于知识的积累是在很长时间内逐渐完成的，而且是以极其复杂和模糊的方式积累起来的，所以看上去似乎神秘莫测。在新几内亚的内陆低地，有一个名为伊拉希塔（Ilahita）的村庄，那里有一个被称为坦巴兰（Tambaran）的秘密宗教，仅限男子参与。坦巴兰教的信徒们会定期建造一种“精神屋”（spizit house）。人类学家唐纳德·图津（Donald Tuzin）在 20 世纪 70 年代曾经目睹坦巴兰教信徒建造“精神屋”的过程，并对他们用来挖掘极深极窄的柱坑时所用的巧妙技术惊叹不已。他脱口而出了这样一个问题：“是谁想出了这个方法？”其中一个信徒无奈地看了看他的同伴，似乎在说：“怎么会有人提这种愚蠢的问题啊。”然后回答说这种技术不是任何一个人想出来的。其他信徒也都表示同意。对此，图津后来描述道：

> “不是吧，”我说，准备就这个话题辩论一番，“这个方法必定是某个人最早想出来的，它不可能无中生有地突然出现啊。”同我交谈的人解释说，这些想法是从传统中获得的；它们来自古代，而不是来自某个现代人。“这个我理解，”我坚持说道，“但是在古代也必定是某个人发明它的！”这样的交流来回几个回合后，有一名男子态度友好且谦虚地说：“让我问你这个问题吧。你能发明这种技术吗？”我没有避开这个陷阱，不得不承认：“我不能”。“那好吧。对我们来说也是如此。”那个男子说，结束了他的证明。[7]

这就是累积的文化。人类在永不休止地为属于全人类的知识财富积累做出贡献。每一代人出生时，通常都会拥有更多这样的知识财富。当然，在特殊情况下，也会出现周期性的逆转，就像罗马帝国崩溃之后发生的那样。例如，在七百多年的时间里，许多欧洲人都住在不知道怎样才能建造起来的罗马式房子里，因为他们失去了相关的建筑知识。许多社会科学家认为，知识的积累是经济增长最深层的原因；随着时间的推移，人们拥有越来越多的文化和知识资本，这使他们可以在同样的时间内“耕种”更多的土地。[8]

有时，人类遗留下来给后代的知识产品本身就是非常有价值的，无须任何进一步的改进。我本人最喜欢的一个例子是，古代人通过神话或铭文传递的关于重大灾难的警告。就个人来说，这种灾难的发生频率往往低于一辈子一次。在日本的东北海岸，分布着许多当地人所称的“海啸石”。这些“海啸石”是很大的扁平岩石，最大的高达三米以上，上面铭刻着关于哪些地方不可以建造村庄的警告以及海啸发生时应该逃往何处的建议，这些“海啸石”挽救了成千上万人的生命。在宫本岛的阿内耶希（Aneyoshi），有一块一个多世纪之前竖立的“海啸石”，它的警告语是“千万不要把你的家安在低于这个位置的地方”！2011 年，当一场巨大的海啸袭击事件过后（这个灾难造成了 2.9 万人死亡），人们发现潮头就停在了距离这块“海啸石”100 米的地方，当然，路上的一切都被完全摧毁了。把家安在高于“海啸石”的位置的 11 个家庭中的所有人都幸存下来。

“他们知道海啸的恐怖，所以竖立了那块石头来警告我们。”宫重木村（Tomishige Kimura）说，他说的是以前居住在那个村庄的祖先。有的时候，古代的智慧是通过文字而不是巨石来传播的。例如，在位于距离海岸 6 千米左右的地方，有一个村庄，它就是用村名来传递信息的。这个村庄名为“Namiwake”，它的含义是“海浪边缘”，这是一场发生在 1611 年巨大的海啸灾难留下的记忆。[9] 与此类似，生活在印度洋的安达曼和尼科巴群岛的原住民部落几千年来也一直口耳相传地留下了许多类似的传统知识，其中包括，当发现地面震动、大海快速退去时，所有人都会跑到森林中地势更高的地方。这些部落都在 2005 年的大海啸中幸存下来，尽管那场海啸造成成千上万拥有更先进技术的居民死亡。[10]

正如我们在第 9 章已经讨论过的，某些动物物种虽然也拥有了文化，但是形式非常有限。像人类物种这样的累积性文化即使不是独一无二的，也是非常罕见的。[11] 然而，比人类文化对我们个人生活进程的影响还要引人注目的事实是，它还改变了人类整个物种的进化方向。数千年来，人类为自己创造的（并仍在继续创建的）文化环境，已经成了自然选择的一个重要力量，改变了我们的遗传基因。

这个概念与前面所述的外表现型的概念不同。外表现型指的是，基因编码了某种特定的东西，如某种人工制品或社会行为，而且这种东西接着会影响生物体的进化。但是在谈到文化与基因的关系时，我们指的是基因给人类这个物种“装备”了灵活“生产”各种东西的能力。与海狸不同，海狸是基因设定为要建造水坝的，但是人类却不是基因设定为要驯化奶牛的。但当我们确实这样做了之后，驯化奶牛这个事实就会影响我们的进化。

至关重要的文化

人类拥有在不同环境中生存的能力。从在北极冰原靠捕杀海豹为生、到在赤道沙漠中从深井取水饮用，人类都能应付自如。我们只在极少的程度上依赖身体特定的生理特征，例如，一些生活在极北地区的人，身材更加矮一些、胖一些，因为这有利于保存热量。事实上，人类在世界上的生存基本上取决于文化能力，这种能力带来了无数极其有效的发明，例如爱斯基摩人的小艇和皮毛大衣。没有任何其他物种在如此高的程度上依赖于文化传统的创造和保护。

彼得·里克森和罗伯特·博伊德将文化定义为“能够影响个体行为的信息，这种信息是通过教学、模仿和其他社会传播方式从本物种的其他成员那里获得的”。[12] 这个定义的关键在于，它强调了文化的人际性，也就是说文化是群体属性的，而不是个人的。相比之下，其他科学家给出的定义则更加重视物质性的人工制品，比如工具或艺术品，但是毫无疑问，文化知识是人工制品创造的前提。

到目前为止，在努力探索人类社会的蓝图时，我们其实一直在文化的表象之下寻找。在第 1 章中，我用类比的方法说明，文化可以解释为什么两个山峰分别高 90 米和 270 米，而不能解释为什么它们都坐落在一个高达 3000 米的高原上。从这个角度来看，文化是一系列更基本的过程相互叠加的结果。但是，塑造文化多样性的能力——我们生来就有创造文化的能力，本身就是人类物种的一个重要属性。正是这种创造文化的能力，而不是生产文化产品的能力，反映了进化女神赋予我们的社会互动、合作和学习的倾向。

事实证明，文化之峰穿透程度之深，远远超过了人类个人的生命周期。文化可以影响我们作为一个物种所携带的基因，这就像在说山峰可以移动它们所在的山脉一样。基因与文化之间的这种相互作用就是通常所称的基因 - 文化共同进化的核心内容。这种理论也被称为“双重继承理论”（dual-inheritance），我们从祖先那里，既继承了遗传信息，也继承了文化信息。这个关于基因和文化的“联合视角”有三个关键因素。

第一个因素，人是文化动物。如上所述，我们创造文化的能力本身就是自然选择所塑造的一种适应形式。拥有文化的物种少之又少，而且那些拥有文化的物种，都必定是拥有能够使文化成为可能的基因的物种。我们所拥有的进化造就的认知和心理特征，以及作为它们基础的神经结构，使我们能够成为文化动物。因为我们是一种长寿的、过着群体生活的动物，具有世代交叠（即多代人同时生活在同一时间和地点）和父母照顾幼儿的时间很长（儿童的生长发育较慢）等特点，人类可以从中受益，因此能够进化出创造文化的能力。

第二个因素，文化的进化。文化本身能够随着时间的推移而进化，这个过程所遵循的逻辑，类似于自然选择。就像基因突变可以提高疾病抵抗力一样，偶然的发现可以带来更好的工具。同时，更卓越的思想可以胜过一般的想法，并被选择。此外（同样可以用遗传进化类比），“不寻常”的文化，就像不寻常的物种一样，可以从思想和实践的随机漂变中涌现出来。然而，尽管有这么多的相似之处，文化进化还具有一个基因进化所不具备的特殊特征，那就是，允许在同一代人之间进行的横向传播（思想或实践），而不像遗传那样，仅仅局限于从上一代个体向后代个体传播。还有一点与基因进化不同，文化进化可以有明确的方向，例如，某个强大的统治者，如君士坦丁大帝，可以将他的所有臣民变为基督教徒。

第三个因素，基因－文化共同进化。这种文化继承系统本身已经成了人类物种进化景观的一个特征，将自然选择的力量施加在我们身上。[13] 我们的基因已经进化为适应于对文化做出回应，而且那正是我们在基因层面上已经准备好要创造的文化。基因影响文化，文化影响基因。

接下来，我们对这三个因素逐一进行分析。

人是文化动物

有些科学家认为，人类是为了应对环境的多变性而进化出文化能力的。在一成不变的环境中生活的动物，不需要拥有相互学习的能力，自然选择本身就可以赋予它们有用的本能，这些本能在不会变化的环境中可以让一代又一代个体生活下去。但是，人类物种却必须应对环境的多变性，因此需要一个能够做到这一点的大脑。

人类拥有一系列“天生”为文化进化出来的心理特征，包括倾向于与其他人保持一致、制定和遵守社会规范、赋予可能成为潜在教师的老年人某些特权和更高的地位，以及关注其他人正在关注的人等。我们还进化出更愿意关注那些对自己的行为表现出强烈信心的人，无论这种信心有没有理由。[14] 我们还倾向过度模仿。从很小的时候开始，孩子们就会经常模仿他们正在密切观察的成年人的动作，哪怕是那些不经意的、琐碎的或不必要的动作。过度模仿已经成了一种进化适应，在人类的文化发展和传播中发挥了重要作用。[15] 而且，这些心理行为特征中，有一些也存在于其他具有文化的动物物种中，正如我们在那些能够相互学习的大象身上所观察到的那样。[16]

社会学习和文化的存在，改变了人类物种社会地位的性质。[17] 地位可以定义为获得或控制群体内部有价值或竞争性的资源的相对能力。在大多数动物物种中，地位通常相当于支配地位，一般是通过身体力量和动物能够对其他个体造成的代价或潜在危害来衡量的（想象一头拥有尖利鹿角的鹿）。但是，地位也可以通过动物可以为其他个体提供的收益来衡量，这时我们可以将地位称为“声望”（想象一下老年雌性大象带着象群找到水源的情景）。

在人类物种中，累积性文化的存在，使声望成为一种特别有吸引力的获取地位的方式，因为人类社会的商品和信息已经如此丰富了。在支配性等级制度下，下级害怕上级并试图避开他们。但是，在声望型等级制度下，下级却会被上级吸引，通过与上级交往、观察、模仿，以及其他方式受益（想象一下热切的学生冲到讲台上向教授提问的情形）。获取更多有价值的知识还可以使动物（包括人类）更受欢迎，因此学习和网络地位之间的关系是双向促进的。[18]

声望型等级结构需要一种不同于支配型等级结构的心理倾向。我们的文化能力改变了人类物种的大脑在进化过程中发挥作用的方式。如果人类已经进化为懂得重视声望的价值，那么我们应该能够在很小的儿童身上就看到这种痕迹。一些设计巧妙的实验证明了这一点。[19] 例如，学龄前儿童模仿一个备受欢迎的人的行为的可能性，是模仿普通人的行为的可能性的两倍。他们在操控玩具和选择食物时也同样呈现出这种偏好。善于蛊惑人心的政治家很会利用这些东西，他们既懂得装腔作势，又拼命讨好奉承大众，以此来增强自己在别人眼中的声望。

声望这种作用还可以贯穿多个领域。在人类社会中，一个普遍现象是，在某个领域中被证明为很有能力的人，也会被认为是其他领域中的榜样。“当你非常富有时，他们就会认为你真的什么都知道”，正如电影《屋顶上的小提琴手》（*Fiddler on the Roof*）的一首插曲中所唱的那样。当我作为一名临终关怀医生从事医学工作时，我经常在病床边陪伴着病人死去。可能因为我是临终关怀专家，许多患者的家人都会问我一些神学问题，并且非常关注人是不是真的有来生，这让我觉得相当奇怪。在一项对斐济三个村庄的研究中，研究者问受访者，他们会向什么人寻求关于捕鱼、种植山药和识别草药的建议。如果某些人分别在这几个问题上拥有大量专业知识并得到了广泛认可，那么在这个村庄中应该有一些人分别被视为上述三种工作的最优榜样。但是这个研究表明，声望会跨领域转移。一个对山药种植有渊博知识的人，会同时被其他人认为是“捕鱼专家”的可能性要比普通人高两倍多。[20]

在大多数物种中，支配地位与声望之间的权衡通常表现为从身体资源到认知资源的转变。换句话说，这些物种可能会从强调这种地位转而强调另一种类型的地位，尽管很少有物种能够拥有声望系统。在人类这个物种中，这种权衡在不同文化之间和同一文化内部、男性与女性之间，会在一定程度上有所不同，具体则取决于环境。在一个高死亡率的充满暴力的环境中，身体强大可能会对自己和潜在的合作伙伴更有价值。人类物种在进化过程中所要面对的环境的高可变性（并且我们还会继续面对这种环境变化），也可能有助于我们形成温和的等级制，这或许反映了声望和支配地位之间的平衡，而不是在某些生活在固定不变的环境中的灵长类动物中可以看到的更加极端的等级制度。

而且，这两种类型的地位都会提高人类物种的繁殖适合度。[21] 无论是对于男性还是女性，声望的性吸引力都非常重要。有证据表明，声望与生育成功程度是相关的，这就支持了如下论断：人类已经进化出给予那些能够教导他人的人高度评价的倾向。[22] 有一项研究表明，美国的本科女生更倾向于找有声望的男性、而不是有支配权力的男性当自己的伴侣，特别是当她们希望建立长期关系的时候。[23]

声望在进化上的重要性，还可以从对居住在玻利维亚的齐玛内人的研究中看出来。我们对齐玛内人已经不陌生了，他们既是狩猎 - 采集者，也是种植者。[24] 在这项研究中，实验者让来自两个村庄的成年男性齐玛内人（总共有 88 人）观看所有其他人的照片，并问他们：谁会在身体对抗中胜出？那个人在卷入冲突时会有多少人帮助他？谁对社群决策的影响最大？谁最受尊重？以及其他一些关于他们的狩猎技巧、慷慨程度和他们的妻子的吸引力等问题。结果表明，声望和支配地位都与生育成功程度相关。位于支配地位前 1/4 的男性，存活下来的后代数量要比位于最低四分位的男性平均多 2.1 个；处于声望最高前 1/4 的男性，存活下来的后代的数量要比位于声望最低四分位的男性平均多 2.6 个。而且，有权力的男性和声望高的男性的妻子，都被认为更有吸引力。我们的大脑能够传播和学习知识，知识是文化的核心，这样的大脑是性感的。

文化的进化

当然，一个人适应各种不同的、有时甚至是致命的环境的能力不仅仅取决于智力。即便是我们当中最聪明的人，也无法设计出生产像一杯咖啡这样的看似非常简单的东西所需要的一切，这包括了咖啡豆的种植和加工、将咖啡豆送到商店的运输系统、加热咖啡壶的电力，以及制造咖啡杯所需的各种复杂工具等。

哈扎青少年可以在我们常人看来非常恶劣的环境中生活，如果换作是我，恐怕活不了几天。根据“迷途欧洲探险家档案”，人类学家约瑟夫·亨里奇描述了一种可预测的模式：当欧洲探险家离开自己的团队，迷失于严酷的环境中时，将会发生什么事情。[25] 他们的物资很快耗尽了，衣服腐烂了，工具（如果曾经有过的话）变得无法使用或丢失了。他们无法搭建栖身之所，找不到食物和水，也不知道如何在对当地的植物和动物进行解毒和适当的烹制，因此他们很容易生病。有时，他们甚至不得不同类相食。很多时候，他们都凄惨地死去了。不过，他们留下的泛白的骸骨、残缺的日志，以及倒塌的住处，在若干年后会被其他人发现。

然而，如果他们足够幸运的话，这些“被遗弃”的人也能从慷慨的当地人那里学到“地方性知识”，并生存下来。我们前面描述过，“悉尼湾号”海船失事后，幸存者获得了当地人的帮助。他们可以从当地人那里获得食物、住所、衣服、药品等，以及关于如何取得或制造这些必需品的信息。正如亨里奇所指出的那样：“这些土著居民已经对在这种‘对欧洲人充满敌意’的环境中生存习以为常了，要知道，他们已经在那种环境中生活了几个世纪甚至几千年。”[26] 因此，他们的文化进化（而不是基因），在这种情况下就意味着生与死的区别。当然，有时确实会出现基因变化，使一些人能够更好地适应特定环境，例如，在高原地区生活的人，已经出现了对氧代谢的适应性，但是这种变化要比文化变化慢得多。

许多人类文化产品都是极其复杂的，几乎与眼睛的基因进化一样令人惊叹。看看生活在亚马孙流域的亚瓜人（Yagua）准备毒箭和吹管飞镖（吹箭）的复杂程序。在大多数部落中，飞镖和箭尖上淬的毒物成分是非常复杂的，由很多东西混合配制而成。这些成分不仅包括剧毒植物（通常是箭毒马鞍子）的主要活性成分，还包括其他植物，有时还包括蛇、毒箭蛙或蚂蚁的毒液。总之，需要很多成分，而且不同部落配制的毒液成分可能各不相同。另外，制备过程也很复杂，包括多次加热和冷却、逐步加入其他物质，还有某些特定的物理加工步骤（如冲击或粉碎）。事实上，完成加工的时机可能也很复杂，而且出于某些原因还可能很重要，例如，当需要增加某些化学物质浓度的时候。这些成分和制备程序可能具有实用性的、仪式性的或象征性的作用，但是民族植物学家对此几乎一无所知。某些添加剂可能会增加毒性，其他添加剂可能会促使受害者血液的快速流动，从而更加快中毒，另一些成分则可能有助于使混合物变得更加黏稠，从而能够更好地黏附在飞镖上。[27] 某些成分可能只是起作为标记物的作用（接下来应该进入什么步骤了），因为它们在适当烹煮时颜色会发生变化。而且，所有这些复杂的东西都只与毒药的制备有关，还没有涉及飞镖和吹管的制造，那也同样是非常复杂的。此外，运输这种武器的必要设备，以及使用它们的必备知识，也都不是简单的事情！[28]

制备毒液和吹箭的那些人，往往无法解释每个步骤的作用，也不明白相关的知识是怎样产生的。他们只知道，他们必须在适当的时间，正确地加入各种成分，并以正确的顺序执行所有步骤，不然整个过程就会失败。这些人有可能会成为过度模仿的受害者，因为他们无法将自己所采用的方法用语言文字表述清楚。[29]

通过制备毒箭去狩猎，这样的活动涉及很多非常复杂的细节，根据这样的事实，我们很难回避如下结论：文化模式是经过很多代人磨炼和修剪而成的（如果你愿意的话，可以说这就是适应），这个过程让我们想起进化变迁。事实上，人类文化可能是以与物种相似的方式“进化”的，这个思想至少可以追溯到达尔文的《人类的由来》（*The Descent of Man*）一书。[30]

文化的进化可以通过很多机制进行。个人和群体可能会偶然发现新的想法和技术，这类似于突变。即便是没有特别优势的思想也可能会固化，许多跨文化的音乐形式就是如此，这类似于遗传漂变。成功的思想，如第 5 章中看到的一夫一妻制婚姻制度，能够增进人们的福祉（或者至少是无害的），因而往往能够持久，特别是如果支持它们的群体正在与支持其他没有好处的思想的群体竞争的话。

就像我们在前面已经看到过的，文化也可以表现出趋同进化的趋势，就像动物中的基因表现型一样。考虑一下由不同地方的人类多次重新独立发明出来的鱼钩吧。捕鱼有很多种方法，但是设计鱼钩却只有一种方法。在两个或更多地方同时出现的这类相似性，通常可以归因于与直接知识转移无关的环境因素。[31] 但是，科学家们可以利用在鱼钩的设计中观察到的相似性，重新构造关于人群定居和交往的理论，这些人口之间可能实现了“制造业”知识的传播。[32]

为了更好地理解这一点是如何实现的，必须先考虑人类技术的两个基本特征。技术必定涉及某些功能性的特征，这些特征具有与技术所能做的事情相关的适应性价值；技术还具有风格性的特征，与它们的外观相关（这是中性适应性的）。[33] 前一类特征倾向于通过趋同产生，因为它们表明人们需要解决类似的问题，而风格性特征中的共性则通常反映了共同的文化传承。[34]

在亚太地区，许多人都依靠海洋维持生计，因此渔业技术在这里得到了最充分的研究和开发。[35] 大洋洲最早的鱼钩标本是一个在东帝汶用贝壳做成的鱼钩，年份在大约距今 2.3 万年至 1.6 万年之间。这种鱼钩是因航海技术的发展而出现的，其形状呈 U 形，目的是钩住鱼嘴部的坚厚部分。在同一个考古地点发现的其他证据还表明，在 4.2 万年前，人类就已经在系统性地从事捕鱼业了。因此，鱼钩的最初使用时间可能还要更早得多。[36] 另外，在德国柏林以西的一个地方，考古学家还发现了距今大约 1.2 万年前的用鼹鼠大牙制成的古老鱼钩。[37] 这个发现，再加上东帝汶的发现，足以证明在从旧石器时代到中石器时代的过渡时期（大约距今 1.5 万年至 1 万年以前），无倒刺鱼钩已经在世界范围内得到了广泛的使用。[38]

早期的考古学家认为，在环太平洋地区（包括智利、加利福尼亚和波利尼西亚等地）发现的贝壳类鱼钩之间的相似性，说明该技术可能在人类历史上只被发明了一次，然后像“中心光源”一样向其他地区辐射传播。有一些考古学家甚至认为，这种技术扩散可能是由受害者自己完成的，例如金枪鱼在大洋洲吞下了鱼钩，然后逃脱，游到美洲西部海岸之后又被其他渔民以其他方式捕获。在把这些金枪鱼开膛剖肚后，这些人看到了鱼钩，并学会了制作鱼钩的技术。[39] 这当然是一个有趣的想法，但是，由于这些鱼钩文物在许多不同的地点、不同的时期都出现了，因此这种共同的设计更可能是独立发明和趋同进化的产物。[40]

文化进化也类似于基因进化。而且，就像在物种进化中一样，群体规模很重要。小群体非常容易因掌握关键信息的重要人物去世而蒙受重大的“知识损失”，而且这种知识损失，通常意味着群体中每个人的利益都会永久性地受到影响。如果唯一懂得如何利用星星导航在大海中航行的人去世了，那么一个在海洋上漂泊的群体的所有其他成员也都会无法幸免于难。[41] 阿玛德奥·加西亚·加西亚（Amadeo García García）是秘鲁亚马孙地区的一个与世隔绝部落的成员，1999 年，当他的哥哥胡安（Juan）去世后，加西亚就成了世界上最后一个说陶什罗语（Taushiro）的人了。“我是最后的陶什罗人，”差不多 20 年后，加西亚对一个来访者说，“我拥有一些世界上任何其他人都无法拥有的东西。”由于饱受疟疾、奴役和其他灾难的打击，人数本来就过于稀少的陶什罗人最终未能幸存下来，除了加西亚和其他人给语言学家留下来的一些录音外，他们的语言就再没有留下任何东西了。[42] 更大的人口规模有助于防范这种风险。对 20 种波利尼西亚语言的一项研究以定量的方式进一步证实了这个结论。结果表明，人口规模越大，获得新词的速度越快；另一方面，规模越小，“丢失”词语的速度越快。[43]

此外，在人口规模更大的群体中，如果一个人偶然发现了更好的生火、寻找水源或追踪动物的技术，那么通常来说，应该会有其他人观察、复制和记录他的发现。因此，更大规模的人口更适合社会学习，并能最大限度地利用有价值的创新机会。由于社会传播中总是会出一些不可避免的差错，所以人们不得不持续不断地进行传播，以避免信息随着时间的推移而丢失。教师必须努力教、学生必须努力学，这样才能维持复杂传统的活力。人口规模越大，意味着将会有更多有潜力的学生获得向社会中最优秀成员学习的机会，而且，偶尔还会出现能够超越自己老师的学生。

人口规模对文化创新与文化复杂性的重要作用，在一个利用大洋洲各岛屿完成的自然实验中得到了检验。这项研究分析了 10 个地理上相距甚远的岛屿的传统文化，这些岛屿的文化都源于同一个祖先文化，海洋生态环境也都类似。研究评估了每个文化所用的海洋捕捞工具的数量及其复杂程度（表 11-1）。这些工具涉及的范围极广，简单的如用于从岩礁上撬下贝类的棍子，复杂的如用于捕捉螃蟹的有 16 个组件并配备了诱饵杠杆的捕蟹笼。正如我们预见到的，人口规模越大，工具的数量越多，复杂程度也越高。[44] 当然，其他一些因素也很重要。那些需要寻找会移动的猎物或不得不应对多变环境的岛民，需要更多的工具。[45] 一般来说，由于天气和地形的变化更大，要在距离赤道更远的北方或南方找到食物更加困难，也更加危险，许多研究都证明了这一点。[46] 文化在应对环境多变性方面具有非常大的价值。

表 11-1 大洋洲 10 个岛屿人口规模与海洋捕捞工具数量及工具复杂性的关系

岛屿	人口规模	工具总数	工具的平均复杂性
马勒库拉岛（Malekula）	1100	13	3.2
蒂科皮亚岛（Tikopia）	1500	22	4.7
圣克鲁兹岛（Santa Cruz）	3600	24	4.0
雅普岛（Yap）	4791	43	5.0
老斐济岛（Lau Fiji）	7400	33	5.0
特罗布里恩岛（Trobriand）	8000	19	4.0
恰克岛（Chuuk）	9200	40	3.8
马努斯岛（Manus）	13 000	28	6.6
汤加岛（Tonga）	17 500	55	5.4
夏威夷岛（Hawaii）	275 000	71	6.6

注：在这个样本中，工具复杂性程度从 1 到 16 不等，用工具的独立组件数量衡量。例如，用来将贝壳动物从岩礁上撬下来的棍子，复杂程度为 1；而用于捕捉螃蟹的有 16 个组件并配备了诱饵杠杆的捕蟹笼，复杂程度为 16。工具的数量和工具的复杂程度都随人口规模的增大而增加。

实验证实了这些观察结论。例如，在一项极具创造性的实验研究中，研究者让 366 名男性玩家玩一个电脑游戏。在游戏中，他们必须自己制造虚拟箭头或渔网，前者有 15 个工序，后者有 33 个工序，而且要按精确的顺序执行。游戏玩家可以在他们的小组中选一个人作为自己的导师，向他观察和学习。另外，在实验中，群体规模是可变的：有 2 个、4 个、8 个或 16 名游戏玩家。随着群体规模的增加，文化知识得到更好的保护，而且往往可以得到改善，工具包的复杂性也能够得以维系。[47] 因此，对文化创新和保护来说，规模确实是非常重要的。

最后，文化的维系和发展还取决于个人之间社会网络的连接数量和结构，以及信息交换的容易程度和自由程度。这也就意味着，文化传播还可以取决于人们的合作程度和友善程度。[48] 因此，社会套件的各个要素也构成我们发展文化能力的基础。由此，我们可以得出关于文化的一个颇有讽刺意味的结论。使极其丰富的文化多样性成为可能的，恰恰是这些稳定的、普遍的人性特征——合作、友谊和社会学习。人类的（基于教和学的）文化能力，是社会套件的关键部分，尽管特定文化的特定组成部分并非如此，正如第 1 章中已经讨论过的，文化的特定组成部分是极其多变的。维系复杂的文化知识，需要一大批相互连接的思想家和创新者。我们的蓝图是文化进化的基础。在这一点上，人类社会就像一个魔方：在组合成整体时，只需遵循若干特定的规则，但是组合方式却多达 43 452 003 274 489 856 000 种。

基因－文化共同进化

在上文中，我们已经阐明了，从遗传学的角度来看，与其他动物相比，人类拥有特别强大的文化能力，而且部分因为一些类似于进化的过程，文化本身还可能因时间和地点的不同而有所不同。

有人认为，一直到农业革命发生之后，文化才开始在人类物种的进化中发挥作用，但事实上，这种影响可能在后来导致现代人类出现的原始人类祖先的进化中就已经存在了，时间甚至有可能早至距今 100 万年以前。[49] 通过仔细地观察现有的人类骨骼化石，即使没有更多的历史记录或考古证据，我们也仍然能够辨别出文化对人类身体的影响。[50] 我们知道，从距今大约 90 万年前开始直到距今大约 50 万年前，地球上的气候出现了大幅度的波动。随着时间的推移，这种气候波动给人类祖先这种动物带来选择压力，尽管这种动物很灵活，足以应对各种环境（而不是仅仅针对某一种环境进行了“最优化”）。当一个物种不得不面对非常频繁的环境变化时，社会学习的适应性就会特别强，在这种环境下，个体突变会导致形式和功能上的微小差异，但不够快，无法应付。[51]

文化对进化影响的例子非常引人入胜。例如，早在 180 万年前，人类学会了控制火和生火，他们开始“做饭吃熟食”，这样一来，他们就能够获得更多的热量，因为肉类和植物食物加热后会变得更有营养。原始人类曾经拥有过的那种牙齿、口腔和胃，都适合于从骨头上撕咬下肉片和咀嚼生肉，但是，当开始“做饭吃熟食”后，他们就可以并且确实朝着新的方向进化了。于是，人类的牙齿变得更加精致小巧，咬肌的力量也变弱了（尽管咬肌仍然是人体中最强壮的肌肉），颌的形状也随之改变了；同时，胃也变小了，并且因此改变了人类肋骨的形状。更加重要的是，吃熟食后，人类有了更多能量为大脑提供动力，人类的大脑变大了。[52]

就像我们可以利用牙齿和其他骨骼化石来估计人类从什么时候开始吃熟食一样，我们还可以根据足部的解剖结构来估计人类是从什么时候开始长距离跟踪动物的。不少哺乳动物都拥有马拉松运动员般的长跑能力，人类尤其突出。虽然在短距离冲刺中，人类甚至无法超过家养宠物，但是我们却拥有多种适应性“装备”，使我们可以长时间地慢跑行进，其中包括慢肌肉纤维，它对于耐力非常有用；此外，我们还能够在长时间的运动中调节体温。[53]

在撒哈拉以南的非洲地区，狩猎 - 采集者可以通过远距离追踪羚羊的方法来捕捉羚羊。猎物可能凭借短距离冲刺能力短暂地逃离猎人的视线。但是，只要狩猎者能够长时间地（比如 8 小时以上）跟踪动物并不让它们跑远，那么猎物就不得不反复向前冲刺，最终会因过度疲惫而倒下，从而猎人可以轻而易举地杀死它们或抓住它们。很多纪录片都证明了这一点。例如，我在进化生物学家丹尼尔·利伯曼（Daniel Lieberman）① 的书《人体的故事》中看到过这样的片段，猎人走到一只大捻角羚身边，轻轻松松就把它绑起来，就好像那是一团棉花一样，尽管大捻角羚在平时是一种相当危险的动物。这种策略，与狮子或豹子在捕猎同样的猎物时所用的策略全然不同。

虽然长距离奔跑能力对于上面这种狩猎方法非常重要，但是这种能力本身所需要的并不限于解剖结构上的改变。人类还必须掌握这种能力：追踪特定的动物个体，甚至当它已经逃离了自己的视线时。人类不能毫无目标地见大捻角羚就追，一会儿追第一只，然后追第二只，接着又追第三只。如果每次都与一个体力充沛的新对手赛跑，人类是没有机会胜出的。追踪动物的能力（根据动物的足迹、粪便，以及对它们行为的了解）经过很多代人的努力付出才能获得，而且必须通过精心地教和用心地学，才能传播给下一代，这就是为什么需要很多年才能培养出一个熟练猎人的原因。这种文化发明的出现，使适于长距离跑动的身体变化具有适应性和实用性。现代科学家可以根据化石记录所呈现的足部解剖结构的变化，来推断人类祖先是什么时候开始拥有慢速长距离跑动的能力，并推断什么时候开始出现跟踪猎物的文化实践。[54]

关于基因 - 文化共同进化，还有一个非常好的例子是成年人类的乳糖耐受性。[55] 乳糖是牛奶中的关键糖分。利用乳糖酶，婴儿可以消化母乳中的乳糖；但是，随着年龄的增长，在断奶之后，人类通常会失去这种能力。在世界范围内，拥有很好的消化牛奶能力的成年人并不是太多，特别是在东亚和非洲。总体而言，全世界大约有 65% 的人（在北美和欧洲也有相当比例的人）会在进入成年期后失去分泌乳酸酶的能力。[56] 从进化的角度来看，成年人所拥有的消化乳糖的能力，只有在有稳定的奶类供应时才会带来进化优势。而这种情况（有稳定的奶类供应）成为现实，则要等到产奶动物（绵羊、奶牛、山羊、骆

① 丹尼尔·利伯曼是著名的进化生物学家，研究领域横跨古生物学、解剖学等多个学科。其著作《人体的故事》中文简体字版已由湛庐文化策划，浙江人民出版社出版。——编者注

驼等）已经被驯化并且许多相关的文化特征出现之后（例如关于如何照顾这些动物并收集牛奶的知识产生之后）。喝动物奶的优点很多，奶是非常有价值的热量来源，在找不到水源或水源被污染时还可以充当水的来源。然而令人惊讶的是，人类在距今 9000 年到 3000 年之前，才在非洲、欧洲和中亚独立地出现了 LCT 基因（用来编码乳糖酶）的若干适应性突变，赋予了人们消化乳糖的能力。[57] 而且，这种突变主要发生在牧民身上，而不是那些保留了狩猎－采集生活方式的人身上。

再举一个例子。通过这个例子，我们可以看到基因变化是怎样因应文化实践而发生的，而文化实践又是怎样支持了这些变化。萨马－巴饶人（Sama-Bajau）是一个群体，分散生活在印度尼西亚、马来西亚和菲律宾等地。他们中的许多人从出生到死亡，一生都在水上度过。他们以核心家庭的形式住在船屋里，漂泊在海上，依赖海洋生存，因此他们有时也被称为“海上游牧民族”。[58] 他们中的许多人都是非常出色的自由潜水员，每天往往会在水下呆 5 个小时以上。[59] 目前还不清楚，他们这种生活方式究竟有多长时间了，但是毫无疑问，至少已经有 1000 年了。总而言之，由于长期生活在海上并需要潜水寻找食物，他们似乎已经进化出一种基因突变，使他们能够应对缺氧状况。他们只需绑上一些铅块、戴上木制护目镜，就可以潜入 70 多米深的海底，寻找、采集食物和其他东西。

在这样一个严酷的现实世界中，那些能够更好地获取食物的潜水员似乎能够留下更多的后代。使这种情况得以发生的可能的适应之一是更大的脾脏，而这种特征似乎是由通常称为 PEE10A 的基因所控制的。[60] 这种突变和适应，迄今只在萨马－巴饶人身上观察到过，而生活在附近的、居住在陆地上的人身上却没能观察到。大脾脏对潜水是有帮助的，因为它可以作为氧合红细胞的储存器，在长时间潜水的缺氧期间，将氧合红细胞泵出，增强潜水能力和生存能力。这样一来，我们就得到可以证明文化创新（包括行为和技术）影响基因的又一个例子，而且它可能发生在最近的进化时期。

作为萨马 - 巴饶人的祖先，波利尼西亚人一直在利用自己的航海技术，驾驶着大型独木舟探索辽阔的海洋。这对某些基因产生了选择压力：这些基因能够使他们的身体更好地忍受饥饿或抗御寒冷的海水。这就是说，他们进行的这种旅程，可能为那些能够更有效地处理身体能量需求的基因提供了选择压力——这种基因，有时被称为“节俭基因”。此外，生活在海岛上是非常不容易的，因为恶劣的天气（如飓风）很可能会把所有可用食物一扫而空，从而会产生一系列类似于长途航海的限制。有意思的是，虽然这种适应性是他们上千年来长途航海和孤岛生活的结果，但是这些基因变化却为当今现代社会诊治糖尿病和肥胖症提供了很好的处方，现在这些波利尼西亚人的后代已在陆地上建立了定居点并获得了更稳定的食物来源。[61]

基因 - 文化共同进化的例子还有很多。有人猜测，使用声调语言的人（如说中文的人）面临的适应性环境不同于那些不使用声调语言的人；他们还认为，有两个影响了大脑结构的特定基因的变体增强了说这种语言时的流畅性。[62] 农业技术或材料技术领域的创新也会对基因产生影响。农业的出现，可能使耐心（地等待作物生长）这种能力的适应性变得更强，并且影响了作为这种倾向基础的基因的效用。[63] 此外，作物的驯化通常能够增加日常食物中淀粉的含量。因此会影响编码某些酶的基因变体的适应性（例如淀粉酶，它使我们更容易消化淀粉类食物）。[64] 事实上，作物的影响可能更加复杂。当山药被驯化后，西非的大片森林都被改造成农田，种植山药。而这带来一个意想不到的后果：产生了更多的水坑，为携带疟疾病菌的蚊子提供了更好的繁殖环境，从而加大对有助于人们抵抗疟疾的镰状细胞血红蛋白基因的选择压力，不然的话，这种基本原本是“适应不良”的。与牛和乳糖酶持续性的例子中一样，居住在附近地区但是没有从事农业的人群，没有显示出镰状细胞的基因突变增加的迹象。[65]

人类在过去 7000 年左右的时间里发明的社会秩序——其形式包括城市、市场，以及现代通信等，当然也构成我们自然选择的一个力量。人们之所以能够与陌生人互动，要感谢这些发明，而且在我看来，它们可能会改变人类的基因。例如，作为一个物种，我们可能会变得更加聪明，因为很多人都生活在城市中，而城市文化正变得越来越复杂、越来越能激发人，同时也越来越“高要求”。我们几乎肯定正在进化为拥有差异化的免疫系统（以及相关的生理特征）的“动物”，这是因为，我们这个物种的成员的生活空间越来越拥挤，同时又会不时到相距越来越远的其他城市去旅行，这将导致各种各样的流行病发生。例如，在人类物种中，最近似乎出现了一种突变，这种突变赋予我们对过去几千年里因城市化和远距离旅行而流行起来的新型疾病的抵抗力。[66]

也许最令人惊讶的是，宗教也提供了基因－文化共同进化的一个很好的例子。一方面是能够理解宗教概念的大脑（的基因）；另一方面是宗教信仰和宗教实践，这两者可能是共同进化的。约瑟夫·亨里奇认为，大多数大型文明因农业革命的出现而成为可能，而且这些大型文明的宗教则恰恰与组织更大规模的社会所需要的各种道德原则相关（例如互惠和尊重权威），大规模社会必定意味着与陌生人进行更频繁的互动。换句话说，在人类进化出“以社会的形式”生活的能力之后，又出现了形成更大规模的城市集体的文化创新，从而使某些特定类别的宗教变得更加有用，后者反过来又对那些倾向于这种宗教的基因和大脑施加了选择压力。然而相比之下，小规模社会的宗教通常只涉及较“不道德”和更“反复无常”的神，而且这些神经常被视为自然世界的一部分。

此外，也有一些社会是被认为不拥有宗教结构、领袖或仪式的，哈扎人的社会就是其中之一。[67] 根据人类学家科伦·阿皮塞拉的说法，在那些声称自己信仰上帝的哈扎人中，大约有一半的人同时报告说他们不确定或者不相信上帝拥有超自然力量，例如能够知道人们的感受或能够控制人们在来世发生的事情。哈扎人对来世缺乏信仰。他们被问及关于来世的问题时，经常会给出一些非常“接地气”的答案。例如，当阿皮塞拉问他们：“一个人在死后会发生什么？”他们的回答是：“人们会哭。”当又问道，“之后，会发生什么事？”他们的回答是：“那个人埋到了土中。”阿皮塞拉继续坚持追问：“然后呢，会发生些什么？”他们说“Mwisho”，在斯瓦希里语，这个词的含义是“结束了”。[68]

拥有宗教信仰（包括向弱势群体承诺来世上天堂）、规则、传统和制度，就可以让许多没有亲缘关系的人凝聚起来，从而战胜那些更碎片化的或有多种意识形态的群体。宗教是一种文化特征，它能够帮助没有亲缘关系的个体扩大合作范围、相互交换货物，并维持劳动分工。在与其他群体的竞争中的胜利（以及本群体内部冲突的减少）最终可能都会反映在我们的基因中，因为某些遗传变异如果一开始就出现在更容易实现合作的环境中，就能够更好地延续下去。

关于人类面临的适应性压力的变化，与一夫一妻制婚姻有关的文化规范也提供了一个类似的例子。这些文化习俗可以产生一系列生物学上的效应。首先，一夫一妻制在社会层面提供了一种抑制“睾丸激素”的机制。在一夫一妻制的社会中，男性的睾丸激素水平在结婚时会下降、在他们与孩子面对面交流时也会下降。[69] 正如我们在第 5 章中已经看到的那样，一夫一妻制与暴力和犯罪的减少呈正相关，部分原因可能就在于睾丸激素水平的下降。其次，同样显而易见的是，从欧洲古典时代晚期开始引入并一直延续到中世纪时期的禁止表亲结婚的宗教规则，迫使人们在更大的范围内寻找结婚对象，从而减少了人们对亲缘关系的依赖，并可能促成了正式国家制度的出现。[70] 而且，这些关于（禁止）血亲婚姻的文化规则，同时也可能影响了遗传给后代的遗传变异的种类，因为非近亲婚姻的后代更容易生存下来。[71]

除了这些证明文化对人类进化影响的实例之外，关于基因 - 文化共同进化的数学模型还表明，文化可能是解释人类物种合作起源的另一个因素。虽然合作的涌现不需要以文化为前提，例如，在许多没有文化的动物中都可以观察到合作。正如我们在前面的章节中已经看到的，人类所拥有的与没有亲缘关系的人合作的能力是特别不同寻常的。友谊网络的存在，是人类这个物种能够解决合作难题的一个原因。不过，互惠的文化规范，也是维系群体内部的合作的一个途径。惩罚、利他主义和互惠的文化规范都明确地支持合作，如果没有这些，合作很可能会失败。[72] 简而言之，文化为社会套件的若干至关重要的组成部分提供了进一步的支持，例如身份、友谊、内群体偏好、合作和学习；尽管文化本身也取决于社会套件的其他要素。

科学家们利用现代技术手段仔细分析后证明，在过去的 1 万年到 4 万年间，作为对一些影响极大的文化变迁（如驯化动物、城市化和婚姻规则的变化）的反应，人类基因组中大约 2 万个基因中有几百个基因的变化速度一直在加快。[73] 基因变异中的许多变化都是在最晚近的时期发生的，有些就发生在最近几千年的时间里。目前，这个领域的研究仍然非常活跃，科学家还需要更多的证据才能确定文化变迁与特定的遗传反应之间的连接。

由于人类文化是累积性的，同时人口也一直在增长，所以现在的文化所施加的选择压力，比起文化仅限于洞穴绘画和小群体内的石器工具的时候要大得多。但是与此同时，我们这种已经大为增多的“文化材料”，源于环境的生物和物理方面选择压力的影响实际上可能是递减的。那么，文化又怎么能抑制或弱化通常的、基于生态的选择力量呢？请想象一下环境温度持续上升和下降的情况。这意味着，在某些时间段内，有助于应对高温的那些基因突变将会被选择；而在其他时间段内，选择将有利于那些在寒冷天气中有用的突变。但是，如果人类拥有了文化适应性，比如通过挖掘洞穴或制造空调来保持凉爽，或者通过加穿衣服或生火来保持体温，那么我们就能够有效地抵消这些选择力量（这被称为抗衡生态位构建）。正是因为存在这些文化适应性，人类所经历的温度变化将变得不那么重要，因此自然选择的力量将会变弱。

又例如，那些在几千年前选择迁移到西藏高原上定居的人们身上，科学家发现了一些基因变化（一种被称为 EPAS1 的基因），它有助于应对低氧环境。这种进化适应是在过去的 3000 年里发生的。[74] 当然，他们别无选择，因为没有任何文化方法可以用来增加氧气的供应量。[75] 重要的是，虽然应对低氧的基因在迁移到高海拔地区之后进化得相对较快一些，但是其他与寒冷相关的基因则可能不需要修正了，因为人们有许多文化方法来应对寒冷的环境，例如穿衣服、建房子。

文化的力量还可能意味着，人类物种会将一些原本应该已经消失了的遗传问题保留下来。[76] 例如，从长期角度来看，眼镜的发明可能会通过允许与近视相关的基因继续存在而使人类更加“近视”：有了眼镜之后，进化女神就不能优先“清除”那些本来会从悬崖上坠下或者被狮子考虑吃掉的近视者（像我这样）。[77] 再举一个更明显的例子。现代医学在治疗镰状细胞疾病方面的进步，可能会增大异常血红蛋白流行的可能性。在我于 20 世纪 80 年代早期接受成为一名医生的专业训练的那个时代，患了纯合镰状细胞疾病的患者通常活不到成年。我记得，有一名纯合镰状细胞患者活到了三十出头，就被称为波士顿儿童医院有史以来最长寿的幸存者了。我们收治入院的患者，大部分都因镰状细胞疾病而极度痛苦。有的患者，全身不同部位的血管都被畸形红细胞吞噬了。一般来说，这些患者都会在青春期后期死于肾功能衰竭或感染。然而，由于医学的进步，现在镰状细胞疾病患者活到成年已经很常见了：男性的中位生存时间目前为 42 年，而女性则更是超过了 48 年。[78] 这也就是说，患者现在可以活得足够长久了，能够建立起自己家庭并将他们的基因传递下去，而这反过来又增加了携带这种异常血红蛋白患者的数量。[79] 但更大的希望还在未来。很有可能，在不久的将来，我们就能找到有效的基因疗法（这是现代社会的另一种文化创新）来治疗患有镰状细胞性贫血症和类似遗传疾病的人，并让他们过上正常人的生活，尽管他们的精子和卵子可能仍然会把这种突变传递给下一代。

生物学与文化的对话

人类生物学与人类文化其实一直都在对话，而且这种对话不仅仅局限在基因的层面上。随着工业的发展，社会经济状况得到了改善；现在，人类的营养更充分了，身体也长得更高了（这是文化发展的一个生物效应）。而更高的身材，则要求房子有更高的天花板（这是生物发展的一个文化效应）。任何一个在参观历史遗址时曾经惊叹于殖民地时代的小床、小房子的人，都应该明白这个道理。或者，再考虑一个完全不同的例子：安慰剂。安慰剂的有效性有力地证明了（关于药物疗效的）文化信仰，确实能影响人的生理。[80] 反过来，像黑死病这样的生物现象也会引发大规模的文化变迁，例如政治结构或宗教信仰上的变化。

但是，正如我们已经看到的，文化还能够导致基因层面上的变化；而且，我们现在无从得知，这种作用会在什么地方止步。但是，我们可以大胆推断的是，可能存在这样一些遗传变异，会导致基本偏好和行为发生变化，使人们更愿意生活在城市里，更愿意为未来而储蓄，更喜欢使用阿片类药物或参与大型在线社会网络。或者，也可能存在有利于生活在民主社会中的遗传变异，或者有利于生活在虚拟世界里的遗传变异。如果宗教信仰鼓励生育，那么也许我们将来都会更加虔信宗教。[81]

但是这些想法对我来说很难接受，这是因为，不幸的是，这也意味着特定的生活方式可能会为我们中的某些成员（但不是所有成员）创造某种优势。这样一来，就会导致某些人群逐渐获得某些优势，从而基因与文化之间就可能存在正向或反向的反馈循环。也许，确实会有一些人比其他人更擅长应对现代性。我们选择塑造世界的方式改变了后代的生存方式，这个观点对我来说既令人惊讶，又令人不安。

然而，从科学的角度来看，对于基因–文化共同进化的研究，展现了一个令人兴奋的可能前景：将对人类天性的社会分析和生物学分析纳入一个统一的框架中。文化进化和基因进化不应该视为相互隔绝的，因为我们的文化能力确实是自己进化出来的。因此，对于“到底是先天就有的还是后天培育的”这个问题，答案是“都是”。

文化传播一旦开始，人类就进入了一个有利于能够学习和教学的大脑环境，当然，这也包括那些尊重规范、能够复制模型或传递信息的大脑。反过来，随着人类越来越依赖于他人的知识，他们也在变得更加友好和善良，以保证他们能够与群体的其他成员和平地进行互动，并保证他们能够充分利用文化生存下去。文化建立在我们进化出来的建设一个良好社会能力的基础之上，并强化了这种能力。文化是人类群体的一个涌现特征，也就是说，文化是整体层面上的新属性，而不是各组成部分的属性。文化的出现，根源系于人类拥有大脑和社会系统，可以保存和交换思想。[82]

人类文化是累积性的。这个事实意味着，能够应对越来越多东西的大脑和社会系统会随着时间的推移而越来越“进步”。这也意味着，在过去的 1 万年到 4 万年之间，文化施加于我们的进化力量一直在增加。[83] 一旦人类进化出进行教学和学习的能力，就会发展出一条与基因进化平行的进化之链，这就是文化进化。这两条进化链在很多地方和时间上多次反复交叉，每一次交叉，都会在对方那里留下自己的印记。

第 12 章

进化的弧线一直是向善倾斜的

进化不仅塑造了我们的身体和心智，还塑造了我们的社会。与此相关的关于我们的身体与社会之间关系的思想，虽然通常只是在隐喻的层面上，但却具有悠久的历史。[1] 例如，早在公元前 494 年，为了反对严苛的债务法律，并表达对下层民众与上层权贵之间越来越严重的权力不平等的不满，一群罗马公民和士兵决定脱离罗马。为此，罗马元老院委托平民出身的执政官曼纳尼乌斯·阿格里帕（Menenius Agrippa）与那些不满的公民谈判，以缓解他们的担忧，并劝说他们回到罗马城。阿格里帕在后来发表演讲时——如罗马历史学家李维（Livy）在 500 年后描述的，生动地将罗马社会各阶层之间相互依赖的关系比喻为人体各个部分之间互不可分的关系。阿格里帕说：

身体的手、嘴巴和牙齿等各个部分都对胃感到不满，认为它们都不得不辛苦地工作，胃却“无所事事”地安享其成，因此它们暗暗商定，手不再给嘴拿任何食物，嘴不再接受手送来的任何东西，牙齿不再咀嚼东西。它们因不满而急于通过让胃挨饿来强迫胃服从，但是这些措施却使他们自己陷入了疲困的状态……这时它们才明白，胃并不是终日无所事事的。身体其他部分在供养胃，胃也在供养身体各个部分；它消化吸收食物中的营养，然后通过均匀分布在静脉中的血液将营养输送回身体的各个部分，这样我们才能活着并且身强力壮。[2]

这种将社会比喻为身体的隐喻在此后不断重复出现。[3] 在印度教传统中，早在公元前 1500 年，《梨俱吠陀》(*Rigveda*) 中就采用了类似的比喻：它依据身体各部分对不同种姓进行了排序。[4] 公元前 360 年左右，柏拉图写下了《理想国》(*The Republic*) 一书，主张一个社会拥有三层阶级结构，就如同人的心灵结构一般；而且国家和人民都是复杂的整体，由多个独立的部分组成，每个部分都有自己的适当作用。[5] 柏拉图认为，最公正、最有序的国家组织结构必定与这样一个人相似：他的各个组成部分相互平衡并且和谐共处。又如，圣保罗 (Saint Paul) 在公元 53 年前后写下的《哥林多前书》(*Corinthians*) 中，也强调了社群内部相互依赖的重要性 (他指出，“肢体虽多，仍是一个身子”)。[6]

对于这种隐喻用法，最著名的也许是哲学家托马斯·霍布斯在写于 1651 年的《利维坦》(*Leviathan*) 一书中给出的“身体政治”的观点。[7] 霍布斯将社会视为一个单一的、具身化的实体，也就是“利维坦”：

(利维坦) 不是别的，就是一个“人造的人”，尽管它远比自然人身高力大，而且它是以保护自然人为目的的；在 (利维坦) 中，“主权”是使整体得到生命和活动的“人造的灵魂”；官员和其他司法、行政人员是人造的“关节”；用以紧密连接最高主权职位并推动每一关节和成员执行其任务的“赏”和“罚”是“神经”，这同自然人身上的情况一样。[8]

事实上，《利维坦》著名的卷首插图（图 12-1），本身就是一个引人注目的视觉隐喻，它将一个国家重新置入了一个人体模型中。[9] 在与霍布斯进行了长时间的讨论之后，巴黎插画师亚伯拉罕・博斯（Abraham Bosse）完成了我们现在看到的这幅蚀刻画：一个高大强健的男性巨人（君主）从大地上冉冉升起，他头戴王冠，右手握着剑，左手举着权杖。在利维坦的形象之上是一段出自《圣经・约伯记》的经文："在地上没有强权可与伦比"（Non est potestas Super Terram quae Comparetur ei）。[10] 画中这个巨人的躯干和手臂由三百多个模糊而微小的人像构成，他们全都面朝内，只有巨人的头部可以看到明显的五官特征。这个图像说明，霍布斯所想象的主权，就是一个经由许多自然人的同意建立起来的"人造之人"："当大多数人由一个人代表时，这些人就造出一个人；因此，这个人是在大多数人的同意之下出现的。"[11] 因此，霍布斯认为国家就是"一个人造的人。"

当然，现代人在试图理解这个古老难题的时候，也就是个人如何共同创造出一个整体性的社会，已经不会再这样简单地将社会各部门映射为人体的各部分了。他们也不再以这种方式来维护等级制或为国家权力辩护。但是，正如我们在前面已经看到的那样，他们仍然要对人们聚集到一起形成的群体加以强调，不过是以社会网络和合作为基础的。另外，虽然我们可能没有明确地用人体的消化系统或神经系统来对社会进行类比，但是我们在分析时确实利用了生物学知识，因为这样能够更好地了解作为人类社会基础的蓝图。

人与自然无法分离

人类的基因在我们的社会中发挥着重要作用这种说法是有争议的，尽管许多人都将社会类比为人的身体。当然，这种隐喻的主要目的是表明社会要想正常运行，就必须有某种"理想的秩序"，而很少指向任何真的存在的生命体。事实上，在历史上，就连认为人类及其行为受到生物学上的限制和影响这种观点，在哲学、社会科学领域以及公共讨论中也是有争议的。做出将社会视为一个身体的隐喻是一回事，将社会视为由引导人们身体进化的完全相同的过程所驱动的，就是另一回事了。

图 12-1 《利维坦》（1651 年）一书的卷首插图

这幅卷首插图描绘了一个“具身社会”，也就是霍布斯所称的“利维坦”。利维坦代表了霍布斯理想中的政府模式：所有公民在一个强大的国王的法令和权威约束下，聚集到了一起。

认为人类与自然以及各种自然因素是相互分离的观点有非常强大的诱惑力，而且久已有之。在西方思想传统中，这种观点还得到了中世纪宗教思想的强化：人类被视为某种特殊的东西，是可以与动物和其他自然世界区分开来的。但是，这种观点似乎不符合今天的自然世界。事实上，自 19 世纪以来，无论是在哲学界、科学界还是政策实务界，都出现了一个不断加速的趋势：让人类重新融入自然世界。在"动物权利"运动中、在关于气候变化的争论中，我们都可以清晰地感受到这个趋势，科学家也越来越多地在其他动物身上发现了与人类相似的特征。[12]

正如我们在前面已经指出过的，大象拥有朋友，海豚之间会合作，黑猩猩甚至创造出了文化。事实上，每一次，当我们打破了人类与其他动物之间的界限时——无论是谈到那些懂得不要吃"长有脸部的动物"时（如一些素食主义者所表述的那样）、将动物的疾病与人类自己的疾病相类比时（如医学研究者一直都在做的那样），或承认人类的合作或友谊也存在于其他动物身上时，我们都在对自己重新定位：与所有其他动物一样，我们要服从相同的自然法则。

农业革命带来的根本性变化，突出地反映在人类对于自然界以及自身在自然界中的地位的看法变化上。动物和植物的驯化意味着人类对自然世界的掌控（或者至少是"管理"）。城市化和对自然景观的改造、宗教纪念碑的建设，以及书写、商业和技术的发明，所有这些发展都使人们越来越远离那个看上去非常狂野、非常危险的自然世界，那是一个必须加以约束和控制的世界。随着时间的推移，人们逐渐把主宰自然或者有意地从自然中分离出来，当成了美好生活的源泉。

《吉尔伽美什史诗》（*The Epic of Gilgamesh*）是人类最早的书面记录之一，它是生活在美索不达米亚的先人们在公元前 1800 年前后刻在泥板上的，讲述了人类在自然界的地位。第一块泥板讲述"恩奇都的诞生"，众神为了与半神半人的吉尔伽美什（Gilgamesh）的权威相抗衡，创造了恩奇都。在恩奇都身上，集中体现了所有自然的东西：长长的乱蓬蓬的头发、居住在荒野中与动物为伍、吃草为生，并且对农业一无所知。相反，吉尔伽美什的身上则体现了所有后天的和文明的东西；他是“城市的牧师，智慧、聪明、坚毅”，他建造了城墙，将人类与非人类的东西分隔开来。[13] 在人类从事农业、建造起城市之后出现的其他宗教思想，在人与自然的关系上，都接受了这种截然二分的处理方法，并使这种对立更加强烈。[14] 例如，在《圣经》中，有很多关于人类高于自然世界的说法。[15]

西方哲学家也提出了各种各样的理由，让人进一步与自然分离。例如，亚里士多德在公元前 350 年撰写《政治学》的时候，恰恰是人类创建政治共同体的运动达到历史上第一个高潮的时候。“公民”的概念是人们只有在参与政治生活时，人生意义才能得到最充分的实现，这有力地说明了人类认为自己与自然不同。[16] 亚里士多德还进一步指出，人类拥有“理性原则”和“言语禀赋”等内在特征，这使人类高于动物王国的所有其他成员。

人类地位稳步上升的趋势在早期基督教的思想就已经形成了，但是圣托马斯·阿奎那（Saint Thomas Aquinas）在 13 世纪写下的大量神学著作，最终永久性地在基督教教义中确立了人类与自然界之间的二分关系。[17] 在阿奎那看来，将人类与其他动物区分开来的，就是灵魂。在他的《神学大全》（*Summa Theologica*）和《反异教大全》（*Summa Contra Gentiles*）中，阿奎那构建了人与自然之间的等级关系，认为上帝之所以创造自然世界，就是用来给人类支配的。[18]

几个世纪以来，情况仍然如此。西方思想的其他传统，也都建立在这些观念之上。有的思想家强调，人类拥有其他动物所不具备的感觉、经验和认知、反思能力。最早由弗朗西斯·培根于 1620 年提出的经验科学和归纳科学的早期形式（“自然哲学”）在很大程度上就是基于这样的信念：人类能够利用上述特殊的能力对自然世界进行研究。这样一来就进一步加强了人类与自然的分离。建立在像伽利略和牛顿这样的 17 世纪科学巨匠的研究基础上的科学革命也对我们与自然的关系产生了复杂的影响。在某种程度上，科学革命甚至支持以人为中心滥用自然世界，而不仅仅支持人与自然的分离。这是因为有两个方面同时发生了变化：首先，科学探究活动的兴起，抽离了自然世界的“精神本质”；其次，它培养了一种信念，即人类应该通过科学研究来实现对自然世界的支配。[19]

同样生活在 17 世纪的哲学家约翰·洛克（John Locke）进一步强调，为了有效地保护财产和过上有道德的生活，人类必须订立契约，退出自然状态，并进入一个政治社会。同一个时期，哲学家勒内·笛卡儿（René Descartes）则提出了二元论的观念，认为人类的思想和身体分别属于不同的领域，并且推论说，动物没有推理能力。[20] 在 18 世纪，哲学家伊曼努尔·康德（Immanuel Kant）把人类描述为拥有主体性和理性推理能力的独一无二的道德存在。[21] 与康德不同，哲学家大卫·休谟（David Hume）虽然也将人类与自然世界截然分开，但却不是基于理性或观察自然的能力，而是基于同情心。

然后，到了 18 世纪，新的工业技术的出现又带来了两种互相矛盾的影响。一方面，这些新技术代表了人类对自然更全面、更深刻的理解，许多思想家认为这在道德上是“好”的；另一方面，另一些思想家则认为这种主导性令人不安，并可能威胁到纯粹的自然事物。到了 18 世纪中叶，这种长期存在的二分知识框架开始面临严重的挑战。与之竞争的观点认为，人类应该尊重自然，甚至应该直接“进入”自然，并将自己视为自然的一部分。哲学家让-雅克·卢梭（Jean-Jacques Rousseau）是休谟的同时代人，也是“浪漫主义之父”。卢梭反对休谟的观点，他为 19 世纪的后来者铺平了道路，例如拉尔夫·沃尔多·爱默生和亨利·戴维·梭罗，他们提倡先验主义哲学，强调人类必须拥抱自然世界。例如，在 1836 年出版的《自然》中，爱默生论述了自然的诸种优点，它们不但有自身的价值，而且构成人类道德的基础，他强调人类必须以先验的精神拥抱自然。[22] 当然，也正是在这样的背景下，达尔文在 1871 年出版了《人类的由来》一书。达尔文和其他许多科学家都指出，在其他动物中如此普遍的自然选择，也适用于人类自身甚至人类的行为。[23]

在这一传统中，自然也被视为美好生活的源泉，正如我们在梭罗的《瓦尔登湖》中，以及农村社群主义者的描述中看到的那样。对自然世界内在性质的这种欣赏与同期发生的环境变化密切相关。工业革命期间，对蒸汽机的成功改进，使机械动力逐渐取代了人类体力和动物畜力，机械化成为19世纪社会发展背后的驱动力，一直到20世纪拖拉机的发展。这些变化引发了对人类与自然的关系是不是已经发生了深刻变化的担忧。先验主义在此背景下极力倡导恢复自然之美、重建人类与自然的精神统一。[24]

然而，认为人类与其他自然世界是分离的这种观点始终存在。直到今天，它仍然反映在我们用来研究世界的现代科学方法中，这种方法通常要求社会科学与生物科学相分离。不过也有一些令人兴奋的例外，例如出现了进化心理学、行为遗传学和社会神经科学。[25]作为一名医生和社会学家，我本人就是在这些科学领域的边缘交叉地带进行研究工作的。我可以"作证"：这些边界确实受到了严格的控制。大多数人至今仍然认为人类是特殊的。但是，至少在我看来，人类并不那么特殊。矛盾的是，正如我在前面已经指出过的，我们与动物的相似性实际上揭示了我们共同的人性。

对四种哲学立场的剖析

社会套件是建立在人类进化生物学的基础上的，因此是人类所有社会的普遍特征。这一结论可能被有的批评者认为是实证主义的、还原主义的、本质主义或决定论的（我将在下面详述）。在某些情况下，这些只是无伤大雅的"绰号"而已，但是在其他一些时候，它们甚至可能会被视为一种"罪行"。但是说到底，这些批评其实只不过反映了与人们用来理解世界的不同方式相关联的不同哲学立场而已。

所有这些基于特定哲学立场的反对意见，都有一个共同点，那就是：批评者都正确地指出社会现实的“偶然”性质。也就是说，他们正确地指出，我们观察到的关于社会生活的大部分结论都取决于所考虑的特定细节或恰当的环境、历史时期、权力动态和制度形态，甚至是观察者本身的性质（例如，观察者是男性还是女性，穷人还是富人）。[26]

如果社会现实真是如此多变、如此易变，甚至是难以观察的，那么我们又要怎样做才能以自然科学研究通常采用的方式去研究呢？一些评论家甚至声称，社会世界从这一个时刻到下一个时刻永远不会相同，认为它就像赫拉克利特所说的河流一样——你不可能两次进入同一个世界。我的一位同事就认为，任何一个反例的存在，比如世界上任何一个地方存在着一夫多妻制，就推翻了一夫一妻制存在着生物学基础的论断。但是，正如我们在前面已经看到的，有的时候，那些对于典型的人类社会行为来说是例外的行为，恰恰证明了这个规则。有些社会科学家将这种“不和谐”情况推到了极端，并声称不可能对任何社会现象进行科学研究，最多只能“被阐释”，而从未真正得到过解释！在我看来，这种主张不啻于坚持要将科学转化为神学，对于它的极端形式，必须强烈抵制。

当然，在社会科学领域，确实有许多定论被推翻了，例如关于女孩的数学成绩低于平均水平的结论。[27] 甚至更为戏剧化，许多在 19 世纪的社会科学家看来已经得到彻底解决的问题，现在又重新被提了出来，例如，当年对奴隶制荒谬的辩护，在 19 世纪，医生将许多奴隶诊断为患上了“妄想症”，说那些奴隶是受“永不满足的逃走欲望”所困。[28]

事实上，不仅仅是社会科学领域的结论很容易被推翻。自然科学领域的许多定义也被新的发现颠覆了，例如人体细胞中的染色体数量、地球的地核物质构成、太阳系外行星的存在、各种营养物质的健康风险、不同抗癌疗法的效果等。[29] 但是，科学发现这种“临时有效性”并不意味着也绝不可能意味着我们无法观察到任何客观现实。随着时间的推移，各种信念形式化为不同的假说，然后在通过了持续的检验并得到了实验证据支持之后，被广泛接受为事实，冷酷而坚硬的事实。社会科学，就像自然科学一样，也在不断进步中。先前出现的错误并不能成为现在拒绝它们的充分理由。

特别是在社会科学研究中，我们需要确定正在改变的是世界，还是我们对世界的理解。仅仅因为我们理解社会某些核心方面的方法得到了更新，例如如果我们发明了某种新的统计方法或提出了新的理论并抛弃了旧的理论，并不意味着社会的这些核心方面已经变得与以前不同。其中有一些变化甚至可以预料，我们在人类社会生活中观察到的偶然性，实际上是我们在进化过程中能够普遍表现出来的偶然性。正如我们已经看到的，人类与其他灵长类动物之间的一个不同之处在于，我们采用了多种不同的交配规则，尽管已经开始趋同于一夫一妻配对结合的核心规则了。

最后，社会生活的某些方面取决于环境且非常易变这个事实本身，并不意味着其他方面（如社会套件）就必定也是多变的。对基因塑造了社会生活这种观点的批评者，已经创造了一系列的“稻草人论证”，例如，根本没有必要的“是先天生来的，还是后天培养的”二元化辩论，这种“稻草人论证”根本不符合当代我们对人类状况的理解。

为什么有人对将生物学和人类行为融合起来考虑有这么大的抵触？四种思想导致了这种情况。接下来，我们就依次剖析这四个论断。

实证主义认为，只有通过科学研究才能得悉真相，而且科学研究要求以可验证的、可重复的方式将逻辑和数学应用于自然世界。当社会科学家们通过发现在社会世界中运行的一般规则或法律实现对社会现象的科学理解时，就像自然科学家在物理世界和生物世界中所做的那样，可能会受到来自实证主义者的严厉批评。在我看来，对科学洞察力完整性的极度过分自信，以及对实证主义的全盘否定，都是有问题的。

实证主义立场是 19 世纪哲学家奥古斯特·孔德（Auguste Comte）最早倡导的。孔德指出，社会现象是可以“科学地加以解释的”。[30] 几乎同时，社会学创始人之一埃米尔·杜尔凯姆也为实证主义提供了一些理由。[31] 杜尔凯姆强调，社会现象是可以研究的：它们毕竟是自然界的一部分，因此可以通过强调客观性和理性的科学方法来探究。

事实上，关于如何理解社会生活的争论，至少可以追溯到柏拉图的时代。柏拉图分析了诗歌和哲学的“世界观差异”。在当时，那是一种近似于科学的观点。[32] 直到今天，在人文与科学之间关于怎样才能更好地理解世界的无休止的争论当中，仍然可以听到柏拉图的回声。有些思想家认为，人类的内部状态是根本不能科学地加以检验的，因此必须通过直觉性的、阐释性的甚至宗教性的方法，以非科学的方法来理解。甚至有些相信强经验主义的科学家也接纳了这种观点。例如，B. F. 斯金纳就有一个非常著名的观点：他认为内部心理状态是一种不可观察的和无法量化的主观活动，因而超出了客观科学研究的范围，与可观察的（个人的和集体的）行为形成了鲜明的对比。[33]

许多哲学家和神学家则继续抱着物质世界与精神世界截然分开的古老二元论观念不放。[34] 他们的基本结论是，我们不能用科学的方法去理解灵魂，甚至无法用科学的方法去理解感情、思想、道德或美。虽然灵魂能不能理解这个问题不容易说得清楚（这种表述本身就是一个问题），但事实上，随着多种多样的技术的出现，例如核磁共振成像技术和行为遗传学的出现，感情、思想、道德和美，以及它们的进化起源，在 21 世纪已经日益成为科学探究的对象了。[35]

对于实证主义及其理论主张，像 20 世纪著名物理学家维尔纳·海森堡（Werner Heisenberg）那样，讽刺一下并不困难：实证主义者只关注到了世界上最无聊的部分，而忽略了在科学上不可知的事物，而后者的数量更大，也更有趣。[36] 而且，对于实证主义，有人也从它回避了观察者偏见这个实际问题、为了意识形态或欺诈目标而滥用科学这样的角度提出了合理的批评，因为那可能导致科学的“事实”根本不是事实。20 世纪早期的优生运动和对人体进行的野蛮实验，就是这方面的两个明显的例子。[37] 科学研究行为也是一种人类活动，因此必定难免会表现出不完美性，那是人们在做任何事情时都会表现出来的。但是，科学从业者自身存在的这种局限性，并不意味着这个世界最终是不可知的。

此外，作为对实证主义的辩护，我认为有某种观察肯定要比完全没有观察好。因为我们的工具有限，有时甚至会经常失败，但这并不意味着观察没有任何用处。自从伽利略用他自制的粗陋的望远镜发现了绕木星运行的卫星、太阳上的斑点和月球上的陨石坑之后，人们已经用各种工具发现了相当多的东西，尽管那些工具用今天的标准来看都是非常简单、非常原始的。科学是一个迭代过程。我们不能看到今天的太空望远镜，就回过头去批评早期不完美的地面望远镜，即使它们会受到光污染和大气干扰的限制。我们今天用上了 GPS 之后，也不应该去嘲笑几个世纪以来用纸质地图的那些人。

那些研究基因在人类事务中的作用的人还经常被指责犯了另一种“罪”，即将复杂的或更高层次的现象，还原为它们的组成部分。**还原主义**假设，整体无非就是各个部分的总和而已。将社会还原为一系列普遍特征或一小部分规则，例如社会套件，这种努力在许多人看来是有问题的。这是对本质上复杂的和不可还原的事物非常粗暴的过度简化。

还原主义忽视了涌现这个现实。所谓涌现，指的就是整体可以拥有它的各组成部分所不具备的性质。我们大家都相当熟悉的涌现的一个例子是，碳原子集合的不同性质取决于它们的排列形式，或者为石墨，或者为金刚石。在自然界中，还有许多令人惊叹不已的涌现现象。其中最令人印象深刻的也许是碳、氢、氧、氮、硫、磷、铁和一些其他元素，当它们结合在一起时，本身就能够涌现出生命，而且生命拥有的性质，是这些元素不具备或在当前科学条件下无法还原为这些元素的性质的。另一个令人惊叹的例子是，意识从大脑中的神经元之间的连接模式中涌现出来。在这些例子中，这些复杂系统的各部分之间存在着超凡的协同作用。

物理学家菲利普·安德森（Philip Anderson）在讨论涌现现象时，对还原主义思想提出了尖锐的批判："有能力将一切都还原为简单的基本定律，并不意味着能够从那些基本定律中重建整个宇宙。"[38] 从表面上看，这似乎是一个悖论，它源于安德森所说的"复杂性和规模的双重困难"。当系统沿着各个维度不断扩展时，物理实体聚合成化学物质、化学实体聚合成生物实体、生物实体聚集为社会生物体，它们就获得了新的涌现特性，并且这些特性需要新的方法、概念和规律才能理解。

是的，我确实曾经论证过，社会秩序在一定程度上可以通过还原性地参照生物学原理和社会事实来理解。但是，与此同时，我也一直在强调整体主义（与还原主义相反）的重要性，以及涌现在社会生活中的作用。我自己的职业生涯也证明，对于社会来说，整体大于各个部分的总和，而且整体的特征并不包含于部分中。因此，我们对社会生活的观察，既包含了还原主义，也包含了整体主义。人们组成的集体，具有超越每个人特征总和的性质。而且实际上，只有在认同集体现象有它自己的进化基础之后——尽管这种做法本身也是还原主义的，我们才能观察到像合作和社会网络这样的涌现性质在一开始是怎样出现的。

在过去的几个世纪里，科学研究的主旨一直是通过推进到更小的单位来增进理解的，这种做法已经取得了巨大的成功。我们现在可以通过将物质分解为原子、质子、电子和中子，然后进一步分解为夸克和胶子来理解物质。与此类似，生物体也可以一步步分解成更小的单元，从组织到细胞，再到细胞器，然后到蛋白质和氨基酸，再到 DNA。但是，相反的方法却不是一定行得通的。

通过将各个部分重新组合成一个整体来了解会发生什么情况，通常要困难得多。因此，整体主义方法在科学或学科的发展历史中出现通常会晚得多。不过，重新组合在一起，或者，至少是一个有效的组成部分，也是科学研究的关键一环。简而言之，我认为，我们对社会遗传基础的研究不能仅仅采取还原主义方法，恰恰相反，还原主义方法为我们对社会生活的整体理解奠定了基础。

对于我们在前面讨论过的许多观点，还有一种批评是，它们是**本质主义**的。本质主义立场是指，物质世界（包括人和社会）中的事物都有一组基本属性，那是它们拥有自己的身份（同一性）所必需的。就像实证主义一样，本质主义也至少可以追溯到柏拉图那里。柏拉图阐述了“形式”理论，他指出，虽然每一把具体的椅子都是不同的（例如，餐椅、户外椅、三脚凳、躺式按摩椅、弹射座椅等），但是它们都有一个共同点，那就是，作为一把椅子的“本质”。本质主义对事物本质的推理，超越了特定的实例，而且本质是不会改变的。[39] 在这一点上，我确实一直认为，所有人类社会都拥有一些普遍的本质属性。但是，正如我们第 1 章中已经讨论过的，许多批评者都不喜欢这种主张，理由是它似乎贬低了文化的作用，并且在某种意义上忽略了人类生活方式的极端多变性。然而，我认为，对于社会，我们还是可以接受它的本质主义现实的，而且不需要放弃如下认识：社会生活中围绕着社会套件的一切也是非常多变的。而且，正如我们已经看到的，这种多变性正是社会套件所促成的。

决定论是指这样一种立场，任何系统的状态都完全由它的上一个状态或若干个状态确定。从这个角度来看，在某种意义上，我一直认为社会可以说是由人类基因决定的。在严格的“因果决定论”中，没有任何事件是自我肇因的，也没有任何事件是没有原因的。说得极端一些，自然界中每一个可观察的特征都可以追溯到宇宙大爆炸！[40] 这种立场对自由意志概念和社会系统的预测概念具有很重要的意义。[41] 但是，对于全能生物决定论的批评，有时会被作为一根压制下面这个更有限（且更合理）的主张的棍子来使用：生物可以引导，即便它不能完全控制某些人类行为的流动。这是我的论点。

不同于与人的天性有关的本质主义（它在自然天生／后天培育二分法中明确地和含蓄地倾向于自然天生一方），对于是我们的基因、还是我们的环境、抑或是我们的文化“决定”了我们的行为，决定论的观点是，这些是不可知的。当然，正如我们已经看到的，在现实中，所有这些都是重要的。然而，尽管是中性的，决定论的批评者仍然认为，在其生物形态中，决定论更为邪恶、更容易导致社会方面的问题。[42] 但是，说人类行为或社会生活取决于基因，与说它们取决于任何其他基本因素相比，为什么就一定会存在更多的问题呢？当然，确实存在着大量的非遗传特征，事物本身是不能加以改变的（例如一个人出生的顺序、学前教育，以及人生早期受过的物理创伤等），它们也会影响行为。

因此显而易见，认为社会不可避免都会有一幅蓝图，这个概念就是一种决定论。当然，这很复杂。具有讽刺意味的是，人类的基因遗传的一个关键部分就在于，拥有不会被我们的生物学所束缚的能力！考虑到智人赖以生存和繁衍的栖息地范围是如此之广，再考虑到人类所拥有的文化能力，可以断定，地球上从未出现过比人类更具弹性的生物。人类拥有一种进化能力（通过合作、友谊和社会学习），能够非常巧妙地应对我们所面临的各种不同的环境。这表现了由我们的基因塑造的有限的灵活性。

编码在基因中的社会套件是我们幸福的源泉

每当一项新的研究发现，某些基因与某些行为现象相关时（从个性到抑郁，到对暴力的适应能力），结论上往往会被加上一个“虚张声势”的小星号。[43] 我们被告知，基因不是命运；它们既不能决定我们的命运，也不能定义我们的命运。我们被告诫要淡化遗传因素在解释人类天性中的作用，其中一个原因是，如果这种说法没有任何争议，那么它们就有可能会引发滥用。许多平时很明事理的人，都希望能够证明遗传因素在人类行为中作用的证据消失，因为他们确信“这会带来很大的危险”。[44] 警钟响起了。这会导致向过去邪恶的优生学传统道歉吗？ [45] 这对当前存在的持续性偏见提供了支持吗？在许多时候、许多地方，误导性的、“有毒的”生物学论点经常被用来为种族主义、殖民主义和其他有极强破坏性的思想辩护。

但是，当观察者有意淡化遗传因素在人类行为中的作用时，又会导致另一种不同的问题出现，即迫使人们忽略明明白白地就摆在他们眼前的东西，而且这可能会导致我们错失改善人类困境的机会。首先，接受人类行为的遗传预测有助于我们理解为什么如此多的社会问题会以如此高的频率重现。我曾经与一位杰出的社会科学家对话，他坚决否认生物学在社会科学中发挥了任何作用。当我问他，是否认为遗传因素可能在犯罪活动中发挥了作用时，他说：“绝对不是这样。”当我温和地指出，科学家已经收集了很多证据证明，例如，睾丸激素的水平与非人类灵长类动物的侵略行为频率正相关（例如，在黑猩猩中，92%的攻击者和73%的受害者都是雄性），他似乎感到有些困惑。[46]

对优生学和种族歧视的担忧，显然是非常“合理”的，但是这并不能成为对作为我们社会生活基础的科学永久性的有意无知的理由。仅仅接受这种证据并不会不可避免地导致歧视，那还需要更多丑恶的道德观和政治背景。

事实上，我甚至认为，要避免道德上恶劣的结果，最好的方法是对科学的现实有充分的认识，同时承认这个现实本身也可能会通过进一步的研究得到修正。这样做可以让我们提出最人道的政策。[47]在所有其他条件都相同的情况下，我们采用能够解释人类进化本质的惯例最为有利。通过这种方式，我们可以避免因错误的禁止和压制而对个人利益和社会福利造成伤害，无论这些是通过惯例还是通过法律强制执行的（例如，将难民儿童与父母分开收容）。社会学家和哲学家艾瑞克·弗洛姆（Erich Fromm）指出，将人类作为“社会制度的傀儡”来看待，既不好也不可持续。[48]相反，如果我们真的决定以我们进化造就的本性为基础，就能更加清楚地意识到将要面对的挑战，并能深思熟虑地制订相应的计划。

社会套件的普遍性由自然选择形塑并编码在了我们的基因中，这不仅仅是事实，也是我们幸福的源泉。这对我们判断哪种社会制度安排对人类最有利至关重要。正如弗洛姆所指出的："事实上，如果人类只是文化模式的反射，那么从人类福利的角度来看，任何社会秩序都将不会受到批评或指责，因为这里根本没有'人'的概念。"[49] 而且，也不会存在人类福利的概念。

人们被错误的二分法所误已经太久了！许多人都认为，对人类行为的遗传解释是不合时宜的，只有社会解释才是进步的。但是，在讨论人类进化问题时，这种认识其实只是掩耳盗铃，它还会导致一个进一步的问题，就是矫枉过正。对人类行为选择文化解释而非遗传解释，其实根本算不上一种"更宽容"的做法。毕竟众所周知，文化因素在奴隶制、大屠杀和宗教审判中都发挥了巨大的作用。这些人凭什么认定，对于人类事务，社会决定因素在道德上或科学上一定比遗传决定因素更好呢？事实上，在我看来，人们对人类社会可变性的信念对人们的影响，要比对基因突变的信念更加严重。例如，关于人们对同性恋的看法。[50]

另外，许多国家实施的以"改造人"为目标的社会工程，这种社会工程通常是由这种错误信念驱使的：人类行为（以及社会秩序）中许多基本的、普遍的因素，全都是可以抛到一边、彻底清理掉的（尽管它们是在基因层面上编码的）。

人们在利用遗传学方面有一个漫长而肮脏的历史，这让人们彼此分离、相互疏远。对此，有些人做出的回应是，试图忽略关于人类行为和社会组织进化起源的经验证据，他们希望证据会自行消失。但是，真相可能是危险的，如果被误解、误用，或与有害的道德前提相结合，并不意味着真相应该被压制。

我认为，更好的前进方向是，仔细检视我们共同的进化遗产，以便找出人类相似性的古老根源。关于基因，真相无非是：我们都拥有它们，并且所有人类之间，至少有 99% 的 DNA 是完全相同的。事实上，对人类自身的科学理解能够通过识别我们共同人性的深层根源，促进正义的实现。我们现在开始逐步理解的支撑着社会的根基也就是作为我们蓝图的社会套件，与我们的基因相似性有关，而与我们的差异无关。

什么样的社会对我们有益

但是，我们怎么能说蓝图好呢？社会套件的许多组成元素——个性、爱情、友谊、合作、学习等似乎都是令人愉悦的，而且确实是好的。但是早在 100 年前，哲学家 G. E. 摩尔（G. E. Moore）就已经指出，好（善）并不等同于快乐。此外，尽管在我看来，他似乎过于虚无主义了，他认为好（善）是不能定义的，因为它根本不是一种自然属性。为了表述这个思想，摩尔还专门创造了“自然主义谬误”（naturalistic fallacy）这个术语。在摩尔那个时代，自然主义谬误这个概念所指的是这样一种主张，不能仅仅因为某个事物是自然的，就认为它是好（善）的。分娩过程中产妇的死亡是“自然”的（在没有现代医学“人工”干预的情况下，这种情况并不罕见），但是没有人会认为这是好的。同样，素食主义、手术都是不“自然”的，但是这并不意味着它们是坏的或不可取的。

道德哲学中长期存在的一个根本性问题是，道德价值观的基本来源是什么。[51] 它们是不是独立于人类并自然地融入了宇宙的结构中（或者说，就像有些人所认为的那样，表达了上帝的旨意）？或者，它们也不过是人类的创造物？如果是后者，我们怎样才能避免无穷无尽的相对主义的恶性循环呢？这种相对主义使道德沦为“嘘声”和“欢呼”之间的拉锯战，仅仅只能反映某个特定的人或群体的偏好，导致道德判断与美学或宗教上的判断没有什么区别。那样的话，道德将变成投票结果或个人口味。

有些进化生物学家认为，人类进化出来的正是这种道德思虑（moral deliberation)(因为它必定能够增进人类的适合度)，而不是道德内容本身。[52] 道德思虑，能够发挥一种社会黏合剂的作用，将不同群体连接在一起，因为这种思虑需要认识并诉诸群体层面的规范和其他人的福祉。

道德起源的问题还与道德哲学中另一个著名的“二分”有关，那就是通常所说的“是或应该”问题。也就是说，世界所处的状态与我们希望它所处的状态之间的区别。道德判断隐含地包含了命令。“应该”要求我们做某事的方式，不同于“是”要求我们做某事的方式。这种二分法还将道德与自然区分开来，使之处于自然之外，因为它可以规定一种事态不存在或不可能存在，例如，一个不可能存在的乌托邦社群。然而，其他一些哲学家则认为，如果人类是自然世界的一部分，那么他们的道德也必定是。

因为道德判断不是描述世界而是规定它，所以它们通常被认为是不可证伪的，因此也是不科学的。你可以指出，地球是扁平的这个判断是真的还是假的，但是你不能就杀人是错的这个主张做出同样的客观陈述。然而，道德确实似乎有某种客观的目标。正如休谟指出的，道德与我们在世界上发现的客观事态有关，虽然它也包含了其他“由情感决定”的东西。[53]

在第二次世界大战之后，道德哲学界发生了一件奇怪的事情。哲学家们看着关于集中营的照片，强烈地感觉到，这个事物（集中营）根本不可能只是有些人会发出“嘘声”而另一些人会说大声“欢呼”这么简单。他们认为，要为这些不同的立场辩护，必定存在某个更基础的东西。对于世俗道德哲学家来说，第二次世界大战前的道德观太乐观了。用哲学家和小说家艾丽丝·默多克（Iris Murdoch）的话来说，自那之后，实际上已经不可能再将人们视为“从根本上说都是不错的人”了。[54] 第二次世界大战不仅促使人们产生了去寻找道德的客观基础的意愿，而且还使许多人觉得，人类说到底实际上都是非常糟糕的。当然，后者不是我的观点。恰恰相反，我认为人类从根本上说是好的，而且正如我们在前面已经看到的，人类先天就预置了建设一个充满不同道德体系都认为“好”的东西的社会的能力。社会蓝图就是生活中人类所珍视的美好事物的非神学的、独立的来源。

也正是在第二次世界大战之后，英国哲学家 R. M. 黑尔（R. M. Hare）提出一系列道德哲学思想。[55] 黑尔于 1942 年被日军俘虏，关进了桂河边的战俘营，最终幸存了下来。黑尔认为，人们可以自由地选择不同的价值观，但要在一定的约束背景下这样做。一个人的道德，无论向上还是向下，无论滑到哪一边，最终都必定会碰到约束的“基岩”，那是由某个客观的事物、某个他自己之外的事物或者由自然所加诸于他的。因此说到底，道德至少有一部分是自然的。

黑尔的论证过程是这样的：当一个人明白，作为一个时钟的意义是什么的时候（它能告诉你准确的时间），他也就能说出时钟的功能到底是好的还是坏的。同样，当人们理解身为人类意味着什么时，也就可以说出人类的经历是好还是坏。例如，我们或许可以说，一个缺少爱的能力的人，其实并不能完全地参与到人类的生活中去，那是不好的。从这个角度来看，这些自然的约束和定义，已经足以结束那种永无休止的相对主义的道德倒退。[56] 我们可以说，当一个社会能够促进它的成员的幸福或提高生存机会时，这个社会就是好的。进化和道德都需要这些约束。当然，这也是一个古老的思想，至少可以追溯到柏拉图和亚里士多德的时代。

哲学家菲利帕·富特（Philippa Foot）有一句很出名且颇具挑衅性的话：“我认为，在道德哲学推理中，想一想植物就足够了。”[57] 富特指出，我们在说一棵树的根是“好的”时，所用的关于什么东西是“好的”的概念，与在说一个人的道德状态是“好的”时，是没有什么区别的。树根有它自己的“目的”，即它们必须满足的逻辑约束，而这就为确定它们是好还是坏设定了标准。又比如，人类、动物和植物都是生物。对于所有这三类生物，我们都可以说它们是健康的或不健康的，或者可以举出各个类别中出类拔萃者或有缺陷者的例子。而这就意味着，我们可以将有利于它们变得更“健康”或更“优秀”的性质描述出来。对于善良和勇敢等人类美德，也可以用同样的方式进行讨论。这些美德是“自然的优点”，而它们的对立面则是“自然的缺陷”。[58]对此，富特是这样解释的：“道德行为是理性行为”，而且“何为道德”可以通过自然对人类施加的约束来确定。对于人类来说，“理性”意味着，人类在社会中生活是好的，因为我们自然而然地被推动着这样做。道德无疑与我们创造一个美好社会的努力有关，而且只有美好的社会才能使我们成为“完整的人”；在这个范围内，道德是由我们的进化历史引导的。因此，在回答什么是一个“好”社会这个问题时，我们必须追问，什么样的社会对我们是有益的？作为社会成员，我们彼此需要什么、又可以为对方提供什么？在这里，蓝图再一次给出了答案。

自亚伯拉罕·马斯洛（Abraham Maslow）以来，心理学界就形成了一个悠久传统，那就是，对人的各种需求进行排序。最底层是人的生存所必需的东西，然后是能够激励人采取特定行动的东西，再然后是能够使人觉得有意义的东西。[59]马斯洛将这些需求按照从“最基本的”到“最高级的”顺序，依次排列为生理需求、安全需求、社交需求、尊重需求，以及自我实现需求。根据马斯洛需求层次理论，一个人在某个特定环境下，或者在他的一生中，会朝着一个固定的方向前进，逐步满足上述需求。也就是说，人们在满足安全需求之前要先满足生理需求。从根本上讲，马斯洛所说的，无非是“人只靠面包是活不下去的”。

例如，在第一个需求层次，我们需要食物、睡眠、住所和性。一旦这些需求得到了满足，我们就会进入下一个阶段。安全需求指的是，我们在情感上和身体上的都需要有安全感。然后我们还需要社会归属感，比如友谊和爱情。再下一步，我们还需要得到他人的承认、拥有一定地位并受到尊重。最后，马斯洛认为，人们需要充分发挥自己的潜力，通过为超越自身的某种更“崇高”事业做出贡献来找到意义，并完成“自我实现”。马斯洛后来将他的观点重新进行了概括，扩展了他原来的概念：“超越指的是人类意识的最高且最广泛的水平，或者说，它指的是人类意识的整体。超越是作为目的而不是作为手段发挥作用的，而且超越与一个人自身、与和他有重要关系的他人、与人类整体、与大自然及整个宇宙相连接。”[60]

但是我认为，对于需求和动机的这种排序本身，我们也应该加以反思。例如，遭遇海难后幸存的船员，之所以能够满足他们对食物、住所和安全的需求，恰恰正是因为他们已经实现了他们对友谊、合作和学习的需求。此时，后者才是前者的前提。事实上，从进化的角度来看，作为一个物种，人类之所以拥有所有这些更高阶的需求，包括甚至超越需求（那可能会涉及我们对社会群体的责任感和我们从这种无私行为中产生的意义感），正是为了让我们更有效地满足生活的基本需求。

给社会带来影响的人工智能与基因编辑技术

理解并重视我们的社会蓝图，对我们应对现代社会急剧发展的技术变革是非常有益的。层出不穷的新技术给了人类全新的干预自身所在的社会世界的能力。当然，与此同时，人类也不得不面对颠覆性创新带来的挑战，它们对以往的社会组织造成了极大的冲击。例如，城市出现后，人口密度变得更大了，游牧生活方式不复存在了，从而全面重塑了社会互动方式。对此，人类做出回应：作为一个以这种新的方式生活的个体，作为一个可能正在进化出新的能力的物种（例如，抗御不同类型的传染病的能力）。

通信技术的发明，使我们传输信息的速度更快，这也对我们的社会互动产生了很大的影响。在电报出现之前，任何两个人之间交流信息的速度都不可能超过信使奔跑（骑马或乘船）的速度，除非采用烽火传递信号，或通过信鸽传递信息。然而，随着电报和电话的发明，信息传输的速度就变得比人类更快了。

互联网的发明又是一个重要的进步，这不仅仅体现在速度上（速度当然也很重要），而且体现在信息的数量、广度和可搜索性等方面。这些技术的影响，在我们生活的方方面面都可以看到：从教育孩子的方式，到我们利用自己记忆的方式。现在，我们彼此互动所需要的对某些细节的记忆和处理，已经可以由计算设备来代劳了。比如，如果已经生活在一个只需戴上一副眼镜就可以识别出另一个人的脸，进而实时提取出对方的"个人档案"的世界里，也就意味着你不再需要记住所接触的人到底是朋友还是敌人了。这样一来，人类在数十万年的进化历史中一直至关重要的一件事情——知道另一个人的身份，以及他或她是否会对你好，就可以由一台机器完成了。所有这些发展，都已经并且还将对社会互动、社会组织和社会行为产生深远的影响。

然而关键在于，所有这些技术，都没有从根本上改变我们所说的社会套件。之所以知道这一点，是因为正如我们在本书前面的章节中已经看到的，人类社会网络的基本结构和人类合作的基本特征，即便是那些没有住在城市中并且无法运用现代电信和其他技术的人群也是如此。只要狩猎 - 采集者表现出与当代城市居民相同的行为特征（他们确实如此），也就说明我们的人性中有一些深层的、根本性的东西是所有人都共有的。不过，有两种新技术的影响可能比我们之前创造的任何东西都要大，值得在这里重点讨论一下。

第一种重大的技术创新是人工智能。人类迄今为止发明的所有技术与现代人工智能技术之间的关键区别是，所有现有技术都处于"直接服务于人类"这个范围内。以往和现有的除了人工智能之外的所有技术都是与直接指向人类某个特定目的的手段相关。但是，人工智能却拥有指定自己目的的潜力，或者说，它可能会拥有自己的"欲望"。

对我来说，更令人惊叹的一点是，人工智能可能真的会对我们的社会组织产生重大的影响。我们正在越来越多地往各种社会系统中加入智能机器（如无人驾驶汽车）和"自主性代理"（如在线机器人）。这些工具和设备不仅仅是帮助我们完成某项工作（如人脸识别）的辅助性机器，而且是可能以“像人类那样的方式”行事的自主性机器。目前，这类设备，例如能够表达情感并进行简单对话的伴侣机器人，或传播错误信息的在线机器人，仍然处于非常原始的初级阶段。但是尽管如此，在某些我称之为混合系统（hybrid system）的社会系统中，这些技术中的许多技术都已经在与人类“同台竞争”了，就好像它们也是人类一样。

由人类和机器构成的混合系统为一个全新的“社会人工智能世界”的出现提供了契机。在我的实验室完成的一些实验中，这些人工智能已经改变了群体的绩效。例如，在其中一个实验中，我们将人工智能机器人添加到原本只由人类组成的在线群体中，结果表明，这些机器人尽管非常原始，但能够帮助人类成员克服在协调彼此行为时出现的摩擦，从而使（有智能的）人类更容易达成合作。[61]

在另一个实验中，我的实验室招募了一些人类被试，并把他们分成若干个小组，每个小组有3个人类被试和1个人形机器人，然后让这些小组参加游戏，接受挑战（任务是在虚拟世界中铺设铁轨）。我们对机器人进行了编程，使它们会出一些小错，而且重要的是，机器人会对所有人类被试公开声明这一点，例如，机器会这样说：“对不起，伙计们，我犯了一个错。我知道这可能很难相信，但是机器人确实也会犯错。”[62] 正是这个愿意承认错误的机器人的存在，改变了人类被试之间的互动关系，使他们在一起工作得更好。

再来考虑无人驾驶汽车对道路的影响。这种无人驾驶汽车会与附近的人工驾驶汽车相互作用，并且会以尽可能减少碰撞的方式行驶（这是程序设定的）。[63] 但是，在无人驾驶汽车附近行驶了一段时间后，人类司机可能会（学会）以不同于以往的方式来驾驶自己的汽车，甚至在旁边没有无人驾驶汽车时也是如此。无人驾驶汽车可能会创造一系列好处：不仅会改变与它们直接接触的人类司机的行为，还会改变与它们没有直接接触的其他人类司机的行为。[64]

人工智能领域的其他进步也会影响我们的社会生活。2016 年 3 月，AlphaGo 击败了围棋卫冕世界冠军李世石，震惊了全世界。AlphaGo 拥有惊人的“自学能力”，但是这并不是最关键的。在这场与机器进行的比赛结束后，李世石指出，他自己也从这个机器下的奇怪、美妙的走法中学到了很多新东西，那些走法在以前是完全无法想象的。[65] 这也就是说，与这种人工智能的相互作用，还改变了李世石自己与其他人类成员互动的方式。人工智能带来的这种变化，现在还只是表现在棋类比赛项目或游戏中，不会太过令人不安。但是，如果完成其他功能的机器（人），也会影响作为社会套件的关键组成部分的社会学习，又会怎么样？目前这仍然是科幻小说的内容，但是我们难道真的希望由机器去教会我们的孩子应该以什么方式、在什么情况下善待他人吗？对于利他主义，机器人的看法可能与人类全然不同！

可能影响社会套件的第二个技术进步是基因编辑工具 CRISPR。CRISPR 是“clustered regularly interspaced short palindromic repeats”的首字母缩写，意为“成簇的、规律间隔的、短回文重复序列”。[66] 利用这种生物技术，科学家可以修改人类的基因。这就是说，人们可以不再仅仅限于通过改变人类的文化来引导进化，而是更直接地，以更“快捷”、更“有意”的方式，运用非随机突变和非自然选择工具来干预进化。CRISPR 技术展现了基因治疗的广阔前景，它不仅可以改变自体组织，而且可以改变人类的生殖细胞（改变能够产生后代的配子），将修饰过的基因永久性地引入人类物种的基因池中。我们一定要明白，下面这两者之间存在着巨大的差异：通过修改骨髓中的血液生成细胞来治疗患者的镰状细胞性贫血症与通过修改这个患者的配子使其后代不会再患上这种疾病。

当然，那些进行生殖细胞基因编辑和定向进化的科学家，最初可能是出于“美好的愿望”。他们一般是从预防遗传性疾病开始这种研究的。[67] 遗传性疾病当然要想办法治疗，对此没有多少人会反对。但是接下来，他们可能还会继续往下走，设法通过基因编辑来使人类变得更加强大，再然后，通过改变人类自身的基因来使他们变得更不会同情他人或更不友好，也不是完全不可想象的

（而且有些人确实可能会选择这样做）。那么问题就来了：由这种改造后的人组成的社会系统，或者，一部分是这种人的社会系统，又会变成什么样子？我们知道，饲养宠物可以改善人与人彼此之间的互动方式，因此不难想象这些"新型人类"也可能会对其他人产生极大的影响。最简单的问题是，由这样的人组成的群体是怎样进行社交或合作的？

当然，我们一直在以机械的和生物的方式改变着自己和社会；这种发展再一次迫使我们细心地考量人与自然到底在何种程度上是真正分离的。如果我们试图避免一个不好的未来，那么就可能需要重新签订社会契约。这份新契约必须规定，这些创新一定要尊重社会套件。在我内心深处，一方面充满了担忧，另一方面又觉得很乐观。因为社交套件已经深深地嵌在人类的天性中，事实上我们很难想象任何事物能够在任何可以预见的未来改变我们的蓝图，无论是有意的，还是无意的。

进化的弧线一直是向善倾斜的

当我们环顾世界，可以观察到永无止境的、近乎永恒的恐惧、无知、仇恨和暴力。从每个人自己的立场出发，我们还可以无穷无尽地列举不同人类群体的各种细节性特征，突出并强调它们之间的差异。但是，这种通过突出和强调差异将人类相互隔离开来的"悲观主义凝视"的做法反而会错失至关重要的潜在一致性，从而导致对人类共同人性的忽视。大量进化社会学研究（我们也参与其中）的结果表明，世界各地的人都是"预连线"的、先天就拥有建设一个充满了爱、友谊、合作和学习的社会的能力。

我们每一个人都有这么多的缺点，彼此之间又存在着如此大的差异，但人类在共同生活中却取得了总体上的成功，对此，应该怎么解释？社会世界当然有不好的一面，但关键是，我们怎么理解社会世界的善？在神学中，这类问题被称为"神正论"（theodicy）问题。我认为，与神学类似，我们在这里应该为社会的合理性提供辩护——我称之为“社会正义论”（sociodicy）。[68] 这是我们对社会美德有信心的证明，尽管社会有许多失败之处，但是社会本身的合理性对任何人来说都是显而易见的。这不是盲目的乐观，确切地说，这是对植根于我们内心深处的“基本的善”的认同。

许多人都自觉不自觉地将人类历史视为痛苦和灾难的渊薮。确实，随便挑选出 100 年或 1000 年，都能发现历史充满了恐怖。当然，另一方面，所有人都不能不同意，在启蒙运动发生后，随着新的哲学价值观的出现和科学发现的到来，人类的境况从 18 世纪以来变得更好了。人的寿命变得更长了，人的生活变得更富足了，世界也更加自由、更加和平了。[69] 但是需要强调的是，人们并不是在最近的历史发展阶段才着手让世界变得更好的，还有许多更加古老、更加强大的因素也在起作用。

人类一直都同时有竞争和合作的倾向、同时有暴力和仁慈的倾向。就像我们的 DNA 双螺旋状结构的两条链一样，这些相互冲突的冲动也是交织在一起的。我们不仅为冲突和仇恨“做好了准备”，也为爱、友谊和合作“做好了准备”。在这个意义上，现代社会就是进化蓝图上绽放的文明之花。

我们必须走出高原，放眼观察山脉，而不能只看到一座座小山峰。这样做是因为，在解释人类社会的时候，把某些历史因素看得比进化因素还要重要，有一个重大的危险，会使人类的故事变得更加脆弱。认为特定的历史因素最重要，甚至可能会诱使我们放弃努力，并觉得好的社会秩序是“不自然”的。我们不要忘记，我们在周围观察到的美好事物，原本就是当初使我们成为人类的那些东西中的一部分。

在面对那些试图改造我们本能的社会工程的诱惑时，必须保持谦卑和谨慎。幸运的是，我们不需要为了过上好日子而行使任何这个方面的权力。进化史上的弧线虽然很长，但是它一直是向善倾斜的。

致 谢

如果没有朋友，我就不能成为我现在这个人，也不可能写成这本书。我所有的朋友，无论是刚刚结识的，还是相交多年的，都是我生命的一部分，哪怕有些朋友现在只存在于我的记忆中了。下面，按时间顺序，从我生命的第一年开始，我列出了其中一些朋友的名字，他们是：Lisa Frantzis、Dimitris Dimitrelias、Kevin Sheehan、James Billington、Nasi Samiy、Morris Panner、Anne Stack、Ophelia Dahl、Bemy Jelin、Kathryn Viguerie、Les Viguerie、Renée C. Fox、Curt Langlotz、Mary Leonard、Lucy Twose、Cordelia Dyer、Diana Young、Bill Brown、Marie Randazzo、Oswaldo Morales、Daniel Gilbert、Gary King、James Fowler、Doug Melton、Mark Pachucki、Winslow Carroll、Adam Glick、Nan Carroll、John Carroll、Bob Stevens、Elizabeth

Anderson、Julia Adams 和 Hans van Dyk。

我还要感谢我写作这本书过程中的研究助理，他们很多都是哈佛大学和耶鲁大学的本科生和研究生（我认识他们时，他们中的许多人都是我的学生）。他们全都满怀热情且聪慧过人，与他们在一起，让我觉得年轻了 10 岁。他们是：Joseph Brennan、Kevin Garcia、Libby Henry、Andrew Lea、Sam Southgate、Duncan Tomlin、Namratha Vedire 和 Zachary Wood。

许多人都阅读过本书的部分内容，甚至是全部内容，他们给出了宝贵的意见和建议，有效地激发了我的思考。他们是：Marcus Alexander、Dorsa Amir、Coren Apicella、Dimitri Christakis、Katrina Christakis、Peter Dewan、Brian Earp、Felix Elwert、Joseph Henrich、Heather Heying、Viveca Morris、Jonathan Schulz、Samuel Snow 和 Margaret Traeger。

本书中讨论的我自己的原创性研究，都是在耶鲁大学人性实验室中杰出的研究人员的协作下完成的。在过去的 10 年里，我指导了很多优秀的研究生和博士后研究员，本书中介绍的许多研究项目都是以他们为主力完成的。他们是：Feng Fu、Luke Glowacki、Alexander Isakov、David Kim、Akihiro Nishi、Jessica Perkins、Hirokazu Shirado。马克·迈克奈特（Mark McKnight）指导我们的 Trellis 软件平台的开发工作。这个软件平台功能强大，我们可以用它来映射世界各地的社会网络，还可以用它让数千个被试同时参加在线实验。丽莎·尼科尔（Liza Nicoll）很好地管理我们所有的数据。兰妮·内格龙（Rennie Negron）完成了一项只有“超人”才能完成的工作，她管理我们在洪都拉斯的长期研究项目，绘制了 176 个村庄的 24 812 人的社会网络，我非常佩服她在人际关系和管理方面的技巧。我还要感谢金·库齐纳（Kim Kuzina）的行政支持、汤姆·基冈（Tom Keegan）对实验室的管理，他们的判断力、创造力、远见和耐心令我惊叹不已。

我的经纪人卡廷卡·马特森（Katinka Matson）的努力，使本书的重点更加突出了。编辑特雷西·波哈尔（Tracy Behar）非常棒，她非常耐心，从多个方面改进了本书，从论点的打磨到表达方式的选择。我的文字编辑特雷西·罗伊（Tracy Roe）和芭芭拉·杰特科拉（Barbara Jatkola）帮助我避免了许多愚蠢的错误。本书引述的一些研究分别得到比尔和梅林达·盖茨基金会（Bill and Melinda Gates Foundation）、罗伯特·伍德·约翰逊基金会（Robert Wood Johnson Foundation）、约翰·邓普顿基金会（John Templeton Foundation）、塔塔子孙有限公司（Tata Sons Limited）和美国国家老龄化研究所（National Institute on Aging）的支持。

塞巴斯蒂安（Sebastian）、利桑德（Lysander）和我母亲艾莱尼，还有奥里恩（Orien），用他们令人敬佩的行为、卓越的品格和温暖的情感，向我表明美好生活的真谛。我要把这本书献给我的妻子埃丽卡。在这里，我正好可以借此机会再说一句：她美丽的心灵和思想，对这本书的出版所起的促进作用实在不可估量。

图表说明

除了这里所列出的，本书所有图表均由作者提供：

图 2-2: F. E. Raynal, *Wrecked on a Reef, or Twenty Months Among the Auckland Isles*（London：T. Nelson & Sons，1874）.

图 3-1: J. C. Johnson，J. S. Boster，and L. A. Palinkas，"Social Roles and the Evolution of Networks in Extreme and Isolated Environments," *Journal of Mathematical Sociology* 27（2003）: 89-121.

图 4-1: JF von Racknitz，*Ueber den Schachspieler des Herrn von Kempelen*（Leipzig undDresden：JGI Breitkopf，1789）.

图 4-3: D. M. Raup，A. Michelson，"Theoretical Morphology of the Coiled Shell," *Science* 147（1965）: 1294－1295.

图 4-4: 图片由 Cavan Huang 提供。

表 5-2: F. W. Marlowe，"Mate Preferences Among Hadza Hunter-Gatherers," *Human Nature* 15（2004）: 365－376.

图 7-1: 图片由《国家地理》（*National Geographic Creative*）提供。

图 7-2: JC Mitani，"Male Chimpanzees Fo rmEnduring and Equitable Social Bonds，"*Animal Behavior* 77（2009）: 633-640.

图 7-3、图 7-4: J. Lehmann and C. Boesch，"Sociality of the Dispersing Sex：The Nature of Social Bonds in West African Female Chimpanzees，*Pan troglodytes,*" *Animal Behaviour* 77（2009）: 377－387.

图 7-6: S. de Silva and G. Wittemyer, "A Comparison of Social Organization in Asian Elephants and African Savannah Elephants," *International Journal of Primatology* 33 (2012): 1125–1141.

图 7-7: D. Lusseau, "The Emergent Properties of a Dolphin Social Network," *Proceedings of the Royal Society B* 270 (2003): S186–S188.

图 8-1: S. Gächter, C. Starmer, and F. Tufano, "Measuring the Closeness of Relationships : A Comprehensive Evaluation of the 'Inclusion of the Other in the Self' Scale," *PLOS ONE 10* (2015): e0129478.

表 8-1: D. J. Hruschka, *Friendship : Development, Ecology, and Evolution of a Relationship* (Berkeley : University of California press, 2010) .

图 9-1: 图片由 Cavan Huang 提供。

图 9-2: M. J. Sheehan and M. W. Nachman, "Morphological and Population Genomic Evidence That Human Faces Have Evolved to Signal Individual Identity," Nature Communications 5 (2014): 4800.

图 9-3: J. Sheehan and M. W. Nachman, "Morphological and Population Genomic Evidence That Human Faces Have Evolved to Signal Individual Identity," *Nature Communications* 5 (2014): 4800.

图 9-4: J. M. Plotnik, R. Lair, W. Suphachoksahakun, and F. B. M. de Waal, "Elephants Know When They Need a Helping Trunk in a Cooperative Task," *PNAS : Proceedings of the National Academy of Sciences* 108 (2011): 5116–5121.

图 9-5: P. I. Chiyo, C. J. Moss, and S. C. Alberts, "The Influence of Life History Milestone and Association Networks on Crop-Raiding Behavior in Male African Elephants," *PLOS ONE* 7 (2012): e31382.

图 9-6: 图片由 Edwin van Leeuw 提供。

图 10-1: J. N. Weber, B. K. Peterson, and H. E. Hoekstra, "Discrete Genetic Modules Are Responsible for Complex Burrow Evolution in Peromyscus Mice," *Nature* 493 (2013): 402–405.

表 11-1: MA Klinea nd R. Boyd, "Population Size Predicts Technological Complexity in Oceania," *Proceedings of the Royal Society* B 277 (2010): 2559–2564.

彩图 2: J. C. Flack, M. Girvan, F. B. M. de Waal, and D. C. Krakauer, "Policing Stabilizes Construction of Social Niches in Primates," *Nature* 439 (2006): 426–429.

彩图 3: F. Bibi, B. Kraatz, N. Craig, M. Beech, M. Schuster, and A. Hill, "Early Evidence for Complex Social Structure in Proboscidea from a Late Miocene Trackway Site in the United Arab Emirates," *Biology Letters* 8 (2012): 670–673.

彩图 6: A. Whiten et al., "Cultures in Chimpanzees," *Nature* 399 (1999): 682–685.

彩图 7: T. A. Blackledge et al., "Reconstructing Web Evolution and Spider Diversification in the Molecular Era," *PNAS : Proceedings of the National Academy of Sciences* 106 (2009): 5229–5234.

彩图 8: 图片由 David Hughes 提供。

注 释

前言

1. C. Mackay, *Extraordinary Popular Delusions and the Madness of Crowds* (1841; New York: Farrar, Straus and Giroux, 1932), p. xx.

2. People's Republic of Bangladesh Const. part III, sect. 37; Canadian Charter of Rights and Freedoms sect. 2; Republic of Hungary Const. art. LXIII; Indian Const. art. XIX (1) (b).

3. C. Andris, D. Lee, M. J. Hamilton, M. Martino, C. E. Gunning, and J. A. Selden, "The Rise of Partisanship and Super-Cooperators in the U.S. House of Representatives," *PLOS ONE* 10 (2015): e0123507; E. Saez, "Striking It Richer: The Evolution of Top Incomes in the United States (Updated with 2013 Preliminary Estimates)" (unpublished manuscript, January 25, 2015).

4. K. E. Steinhauser, N. A. Christakis, E. C. Clipp, M. McNeilly, L. McIntyre, and J. A. Tulsky, "Factors Considered Important at the End of Life by Patients, Family, Physicians, and Other Care Providers," *JAMA* 284 (2000): 2476-2482.

5. M. V. Llosa, "The Culture of Liberty," *Foreign Policy*, November 20, 2009.

第 1 章

1. M. Fortes, *Social and Psychological Aspects of Education in Taleland* (London: Oxford University Press, 1938), p. 44.

2. M. Martini, "Peer Interactions in Polynesia: A View from the Marquesas," in J. L. Roopnarine, J. E. Johnson, and F. H. Hoper, eds., *Children's Play in Diverse Cultures*, pp. 73-103 (Albany: State University of New York Press, 1994), p. 74.

3. B. Whiting, J. Whiting, and R. Longabaugh, *Children of Six Cultures: A Psycho-Cultural Analysis* (Cambridge, MA: Harvard University Press, 1975);C. P. Edwards, "Children's Play in Cross-Cultural Perspective: A New Look at the Six Culture Study," in F. F. McMahon, D. E. Lytle, and B. Sutton-Smith, eds., *Play: An Interdisciplinary Synthesis* (Lanham, MD: University Press of America, 2005), pp. 81-96; D. F. Lancy, *The Anthropology of Childhood: Cherubs, Chattel, and Changelings* (Cambridge: Cambridge University Press, 2008); E. Christakis, *The Importance of Being Little: What Preschoolers Really Need from Grownups* (New York: Viking, 2016).

4. J. Huizinga, *Homo Ludens: A Study of the Play Element in Culture* (Boston: Beacon Press, 1950): p. 1.

5. Y. Dunham, A. S. Baron, and S. Carey, "Consequences of 'Minimal' Group Affiliations in Children," *Child Development* 82 (2011) : 793-811. 在实验中，至关重要的是群体内的个体并不与其他群体竞争。这些影响的大小，大约是孩子们对自己的性别所表达的性别偏好的一半，尽管性别偏好主要表现为小女孩喜欢其他女孩，而小男孩则对其他男孩和女孩同样喜欢。

6. 3个月大的婴儿已经更喜欢自己种族的人的面孔了，5个月大的婴儿更喜欢本民族的语言，并会在听到外国口音时做出回避的动作。D. Kelly et al., "Three-Month-Olds, but Not Newborns, Prefer Own-Race Faces," *Developmental Science* 8 (2005): F31-F36;K. D. Kinzler, E. Dupoux, and E. S. Spelke, "The Native Language of Social Cognition," *PNAS: Proceedings of the National Academy of Sciences* 104 (2007): 12577-12580.

7. P. Bloom, *Just Babies: The Origins of Good and Evil* (New York: Crown, 2013).

8. J. K. Hamlin, K. Wynn, and P. Bloom, "3-Month-Olds Show a Negativity Bias in Their Social Evaluations," *Developmental Science* 13 (2010): 923-929.

9. Y. J. Choi and Y. Luo, "13-Month-Olds'Understanding of Social Interactions," *Psychological Science* 26 (2015): 274-283.

10. F. Warneken and M. Tomasello, "Altruistic Helping in Human Infants and Young Chimpanzees," *Science* 311 (2006): 130-1303.

11. 这种现象被太空哲学家弗兰克·怀特（Frank White）称为“总观效应”(overview effect)。F. White, *The Overview Effect: Space Exploration and Human Evolution,* 3rd ed. (Reston, VA: American Institute of Aeronautics and Astronautics, 2014). 亚历山德罗夫和威廉斯这两段话在网络上流传很广，但是我找不到原始出处。

12. D. Keltner and J. Haidt, "Approaching Awe, a Moral, Spiritual, and Aesthetic Emotion," *Cognition and Emotion* 17 (2003): 297-314. 当然，我们不仅仅会被自然征服，也可能被美妙的音乐、深刻的科学理论征服，也会被一个有魅力的领导者征服。

13. 例如，在雷暴期间，黑猩猩似乎也会起“鸡皮疙瘩”。J. Marchant, "Awesome Awe: The Emotion That Gives Us Superpowers," *New Scientist,* July 26, 2017.

14. 拥有一个名字是一项普遍权利。这项权利甚至已经被联合国编入《联合国儿童权利公约》。Office of the United Nations High Commissioner for Human Rights, *Convention on the Rights of the Child, Adopted and opened for signature, ratification and accession by General Assembly resolution 44/25 of 20 November 1989 entry into force 2 September 1990, in accordance with article 49*. 不过，在某些社会里（这种社会极其罕见，例如，马奇根加人），个人没有自己的名字，但是他们会使用其他类型的描述符来唯一地识别每一个人。

15. J. Fajans, *Work and Play Among the Baining of Papua New Guinea* (Chicago: University of Chicago Press, 1997).

16. 第一个使用这组术语的人可能就是达尔文。1857 年，在写给植物学家约瑟夫·胡克（J. D. Hooker）的一封信中，达尔文指出“那些分出许多个物种的人是‘细分派’，而那些只分出少数几个物种的人则是‘粗分派’。”后来，这些术语被用到了更加广阔的语境下。C. Darwin and F. Darwin, *The Life and Letters of Charles Darwin,* vol. 2 (London: John Murray, 1887), day 153.G. G. Simpson, “The Principles of Classification and a Classification of Mammals,” *Bulletin of the American Museum of Natural History* 85 (1945): 22-24.

17. D. M. Buss, “Human Nature and Culture: An Evolutionary Psychological Perspective,” *Journal of Personality* 69 (2001): 955-978.

18. C. Geertz, *The Interpretation of Cultures: Selected Essays* (New York: Basic Books, 1973), pp. 40-41.

19. S. Pinker, *The Blank Slate: The Modern Denial of Human Nature* (New York: Penguin, 2002).

20. D. E. Brown, *Human Universals* (New York: McGraw-Hill, 1991), pp. 58-59, 66-67. 人类学家克莱德·克拉克洪（Clyde Kluckhorn）在20 世纪中叶撰写的另一篇很有影响的论文中也指出，对于文化普遍性，除了可能从共同的社会互动和共同的环境背景加以解释之外，也可以给出生物学和心理学的解释。C. C. Kluckhorn, “Universal Categories of Culture,” in A. L. Kroeber, ed., *Anthropology Today* (Chicago: University of Chicago Press, 1953), pp. 507-523.

21. G. P. Murdock, “The Common Denominator of Cultures,” in R. Linton, ed., *The Science of Man in a World of Crisis* (New York: Columbia University Press, 1945), pp. 123-142.

22. Brown, *Human Universals,* p. 50.

23. Brown, *Human Universals,* p. 47.

24. P. Turchin et al., “Quantitative Historical Analysis Uncovers a Single Dimension of Complexity that Structures Global Variation in Human Social Organization,” *PNAS: Proceedings of the National Academy of Sciences* 115 (2018): E144-E151.

25. P. Ekman, “Facial Expressions,” in T. Dalgleish and M. Power, eds., *Handbook of Cognition and Emotion* (Chichester, UK: John Wiley and Sons, 1999), pp. 301-320;G. A. Bryant et al., “The Perception of Spontaneous and Volitional Laughter Across 21 Societies,” *Psychological Science* 29 (2018): 1515-1525. 当然，一些连接也可能被非常强大的文化覆盖所切断，就像微笑与幸福的脱钩一样（在某些文化中，确实存在这种情况）。人格结构也可能具有普遍性。R. R. McCrae and P. T. Costa Jr., “Personality Trait Structure as a Human Universal,” *American Psychologist* 52 (1997): 509-516; S. Yamagata et al., “Is the Genetic Structure of Human Personality Universal? A Cross-Cultural Twin Study from North America,Europe, and Asia,” *Journal of Personality and Social Psychology* 90 (2006): 987-998.

26. C. Chen, C. Crivelli, O. G. B. Garrod, P. G. Schyns, J. M. Fernandez-Dols, and R. E. Jack, "Distinct Facial Expressions Represent Pain and Pleasure Across Cultures," *PNAS: Proceedings of the National Academy of Sciences* 115 (2018): E10013-E10021.

27. N. Chomsky, *Syntactic Structures* (Berlin: Mouton de Gruyter, 1957); S. Pinker, *The Language Instinct: How the Mind Creates Language* (New York: Harper Perennial, 1995).

28. P. E. Savage, S. Brown, E. Sakai, and T. E. Currie, "Statistical Universals Reveal the tructures and Functions of Human Music," *PNAS: Proceedings of the National Academy of Sciences* 112 (2015): 8987-8992.

29. R. Heinsohn, C. N. Zdenek, R. B. Cunningham, J. A. Endler, and N. E. Langmore, "Tool Assisted Rhythmic Drumming in Palm Cockatoos Shares Elements of Human Instrumental Music," *Science Advances* 3 (2017): e1602399.

30. E. O. Wilson, *The Social Conquest of Earth* (New York: Liveright, 2013).

31. 这些特征得到了更多个人层面表现出来的其他特征的支持，例如需要超越感或有目的感、创作和欣赏艺术和音乐的能力，以及希望讲述或听故事等。

32. 其他学者对这个比喻则不觉得有什么困扰。遗传学家罗伯特・普洛明探讨我们的基因如何能够预测我们的心理优势和弱点。关于我对蓝图这个比喻的使用，值得注意的是，我把我们的文化能力（这是进化使我们拥有的）作为确定社会秩序能力的一部分。但是，更准确地说，是社会套件，而不是我们的 DNA 本身，才是一个良好社会的蓝图。R. Plomin, *Blueprint : How DNA Makes Us Who We Are* (Cambridge, MA : MIT Press, 2018) .

33. 群体之间的这种变异性原因包括：对环境的适应、中性漂移、人类种群的繁殖隔离和创始者效应等。人类不同种群之间存在着更广泛的遗传差异，通常可以追踪到大陆的起源。L. B. Jorde and S. P. Wooding, "Genetic Variation, Classification, and 'Race,' " *Nature Genetics* 36 (2004): 528-533.

34. A. Quamrul and O. Galor, "The Out-of-Africa Hypothesis, Human Genetic Diversity, and Comparative Development," *American Economic Review* 103 (2013): 1-46.

第 2 章

1. *Castaway 2000,* produced by C. Kelley, BBC One, 2000. Sam Knight, "Reality TV's Wildest Disaster: 'Eden' Aspired to Remake Society Altogether. What Could Go Wrong?," *New Yorker,* September 4, 2017.2016 年，一档类似的真人秀节目《伊甸园》(*Eden*)，讲述苏格兰的一个孤立的地区中的一个失败的社群的故事。

2. R. Copsey, "How *Castaway* Made My Life Hell," *Guardian,* August 11, 2010.

3. J. Kibble-White, "This is What Happens to Make Reality TV," *Off The Telly,* November 2004.

4. Copsey, "How *Castaway* Made My Life Hell."

5. G. Martin, "Return to Castaway Island: The Cast of Britain's First Reality TV Programme Reunite," *Daily Mail,* July 17, 2010.

6. Copsey, "How *Castaway* Made My Life Hell."

7. R. Shattuck, *The Forbidden Experiment: The Story of the Wild Boy of Aveyron* (New York: Farrar, Straus and Giroux, 1980).

8. K. Steel, "Feral and Isolated Children from Herodotus to Akbar to Hesse: Heroes, Thinkers, and Friends of Wolves" (presentation,

CUNY Brooklyn College, April 11, 2016).

9. H. Fast, "The First Men," *Magazine for Science Fiction and Fantasy,* February 1960.

10. 要界定什么是科学、什么不是科学，是非常困难的，科学哲学家们现在已经比较少地从具体方法的角度来思考科学的性质了，他们更多地将科学视为一种潜在的过程，对此，社会学家罗伯特・K. 默顿（Robert K. Merton）将其称为“有组织的怀疑主义”。R. K. Merton, *The Sociology of Science: Theoretical and Empirical Investigations* (Chicago: University of Chicago Press, 1973).

11. 至少在 10 年内，他们的收入都要减少大约 15 个百分点（在白人当中）。这种收入的下降，反映了如下事实：他们在军队中服役的两年间，失去了在劳动市场获得相应经验的机会。J. D. Angrist, "Lifetime Earnings and the Vietnam Era Draft Lottery: Evidence from Social Security Administrative Records," *American Economic Review* 80 (1990): 313-336. 与此类似，科学家还通过中彩票这种自然实验来研究财富与健康之间的关系，试图搞清楚富有的人会不会更健康，或者健康的人会不会更富有（两者皆然）。J. Gardner and A. J. Oswald, "Money and Mental Wellbeing: A Longitudinal Study of Medium-Sized Lottery Wins," *Journal of Health Economics* 26 (2007): 49-60.

12. A. Banerjee and L. Iyer, "Colonial Land Tenure, Electoral Competition, and Public Goods in India," in J. Diamond and J. A. Robinson, eds., *Natural Experiments of History* (Cambridge, MA: Belknap Press, 2010), pp. 185-220.

13. D. Acemoglu, D. Cantoni, S. Johnson, and J. A. Robinson, "From Ancien Régime to Capitalism: The Spread of the French Revolution as a Natural Experiment," in J. Diamond and J. A. Robinson, eds., *Natural Experiments of History* (Cambridge, MA: Belknap Press, 2010), pp. 221-256.

14. A. Duncan, *The Mariner's Chronicle Containing Narratives of the Most Remarkable Disasters at Sea, Such as Shipwrecks, Storms, Fires and Famines* (New Haven, CT: G. W. Gorton, 1834);M. Gibbs, "Maritime Archaeology and Behavior During Crisis: The Wreck of the VOC Ship *Batavia* (1629)," in R. Torrence and J. Grattan, eds., *Natural Disasters and Cultural Change* (Abingdon, UK: Routledge, 2002), pp. 66-86.

15. J. Lichfield, "Shipwrecked and Abandoned: The Story of the Slave Crusoes," *Independent,* February 4, 2007.

16. C. A. Dard, J. G. des Odonais, and P.-R. de Brisson, *Perils and Captivity: Comprising the sufferings of the Picard family after the shipwreck of the Medusa, in the year 1816; Narrative of the captivity of M. de Brisson, in the year 1785; Voyage of Madame Godin along the river of the Amazons, in the year 1770,* trans. P. Maxwell (Edinburgh: Constable; London: Thomas Hurst, 1827); P. Viaud, *The Shipwreck and Adventures of Monsieur Pierre Viaud* (London: T. Davies, 1771);*Tales of Shipwreck and Peril at Sea* (London: Burns and Lambert, 1858).

17. P. P. Read, Alive: *The Story of the Andes Survivors* (New York: J. B. Lippincott, 1974).

18. 根据历史学家凯斯・亨特斯（Keith Huntress）的说法，最早的沉船故事集是 1675 年在伦敦出版的。*Mr. James Janeway's Legacy to His Friends, Containing Twenty-Seven Famous Instances of God's Providence in and About Sea-Dangers and Deliverances*. K. Huntress, *Narratives of Shipwrecks and Disasters* (Ames: Iowa State University Press, 1974).

19. M. Nash, *The Sydney Cove Shipwreck Survivors Camp,* Flinders University Mari-

time Archaeology Monograph Series, no. 2 (Adelaide: Flinders University Department of Archaeology, 2006).

20. 这也就是说，虽然我们有可能了解一些与沉船事件有关的事情，但是我们通常无法得知幸存者是怎样重建一个社会的。例如，“塔迈里号”（Tamaris）是一艘开往新喀里多尼亚的法国双桅船，于 1887 年在克罗泽（Crozet）群岛附件海域失事，幸存下来的 13 个船员登上了一个名为小猪岛（Îleaux Cochons）的无人居住的小岛，那里又冷又多风，而且没有树木生长。由于无法就近获得任何帮助，在绝望中，这些人写了一张求救的字条，绑到了一只巨大海鸟的腿上。令人惊异的是，7 个月后，这张字条在 6000 多千米里之外的西澳大利亚的弗里曼特尔被人发现了。然而，搜救人员却未能找到这些幸存者。“The Crozet Islands,” *Adelaide Express and Telegraph,* March 21, 1889.

21. 为了估计 1500 年到 1900 年之间发生的沉船事件的总数，我与我能干的研究助理一起利用了 Wrecksite.com 网站提供的截至 2016 年的 176 000 多个沉船事件的数据集。这个网站试图就全世界范围内发生的所有沉船事件给出一个完整的“编目”，范围不仅仅限于海难还包括因火灾、海战而导致的沉船，以及故意凿沉的船只。我从中筛选出了因海难导致的沉船事件，忽略了因其他原因而导致的沉船事件，并将时间限定在 1500 年至 1900 年之间（不考虑在这个时间范围之外的所有沉船事件）。由此，我得到 8100 多个沉船事件，这就囊括了这个时间范围内所有因撞中陆地（即触礁）导致的沉船事件，包括所有乘客立即死亡的灾难性事件。当然，我最关注的是那些幸存者在陆地上定居了一段时间的沉船事件。从这 8100 多个沉船事件中，我又筛选出了有 19 个或更多的幸存者在陆地上至少停留了 60 天、并且至少有一个人最终获救讲述整个故事的事件。我找到了 20 个这样的沉船事件，然后仔细分析了最终获救者以第一人称方式留下来的描述。还有一个很有趣的沉船事件没有包括在这 20 个事件当中，那就是 1711 年发生的“牙买加斯洛普”(Jamaica Sloop）沉船事件，当时有 16 名幸存者，在岛屿上生活了 4 个月。Duncan, *The Mariner's Chronicle,* pp. 242-275.

我找不到任何一个来自亚洲的合适的例子。例如，在 17、18 和 19 世纪漂流到东南亚沿海地区的 24 个日本沉船事件中，只有 3 个事件中有 19 人或更多的人上了岸。但是我没有把这几个沉船事件包括进来，因为这些幸存者都迅速与当地人接触并被遣返回了日本。S. F. Liu, “Shipwreck Salvage and Survivors' Repatriation Networks of the East Asian Rim in the Qing Dynasty,” in F. Kayoko, M. Shiro, and A. Reid, eds., *Offshore Asia: Maritime Interactions in Eastern Asia Before Steamships* (Singapore: ISEAS, 2013), pp. 211-235. 历史学家兹维·柏尼特（Zvi Ben DorBenite）以中文词语“沉船”为关键词，搜索了中国现存的少数几个海事历史资料库以及其他一些可搜索的资源，只得到很少的几起沉船事件，而且在所有这些事件中，船员们都在几天内就获救了。

22. M. Gibbs, “The Archeology of Crisis: Shipwreck Survivor Camps in Australasia,” *Historical Archeology* 37 (2003): 128-145.

23. F. E. Woods, *Divine Providence: The Wreck and Rescue of the Julia Ann* (Springville, UT: Cedar Fort, 2014), p. 58.

24. F. E. Woods, *Divine Providence: The Wreck and Rescue of the Julia Ann* (Springville, UT: Cedar Fort, 2014), p. 48.

25. F. E. Woods, *Divine Providence: The Wreck and Rescue of the Julia Ann* (Springville, UT: Cedar Fort, 2014), p. 61-62.

26. J. G. Lockhart, *Blenden Hall: The True Story of a Shipwreck, a Casting Away, and*

Life on a Desert Island (New York: D. Appleton, 1930).

27. J. G. Lockhart, *Blenden Hall: The True Story of a Shipwreck, a Casting Away, and Life on a Desert Island* (New York: D. Appleton, 1930), 153-154. 儿子的名字也是亚历山大·格雷格。

28. 有意思的是，1842 年，“贝格尔号”在第三次出海航行时（这一次，达尔文没有在船上，他是“贝格尔号”第二次出海时的乘客），恰好停泊在了这次沉船事件的地点。S. Harris and H. McKenny, “Preservation Island, Furneaux Group: Two Hundred Years of Vegetation Change,” *Papers and Proceedings of the Royal Society of Tasmania* 133, no. 1 (1999): 85-101.

29.“Supercargo William Clark's Account,” in M. Nash, *Sydney Cove: The History and Archaeology of an Eighteenth-Century Shipwreck* (Hobart, Australia: Navarine, 2009), p. 235.

30. “Supercargo William Clark's Account,” in M. Nash, *Sydney Cove: The History and Archaeology of an Eighteenth-Century Shipwreck* (Hobart, Australia: Navarine, 2009), p. 237.

31. “Supercargo William Clark's Account,” in M. Nash, *Sydney Cove: The History and Archaeology of an Eighteenth-Century Shipwreck* (Hobart, Australia: Navarine, 2009), p. 238.

32. “Governor Hunter's Account” (from a letter dated August 15, 1797).

33. Mr. Webb, “A Journal of the Proceedings of the *Doddington* East Indiaman,” in B. Plaisted, ed., *A Journal from Calcutta to England, in the Year, 1750. To Which Are Added, Directions by E. Eliot, for Passing over the Little Desart from Busserah. With a Journal of the Proceedings of the Doddington East-Indiaman,* 2nd ed. (London: T. Kinnersly, 1758), p. 238.

34. 船员与乘客之间、男性与女性之间，以及不同幸存者之间的紧张关系和冲突，在其他海难事故中也有研究。B. S. Frey, D. A. Savage, and B. Torgler, “Interaction of Natural Survival Instincts and Internalized Social Norms Exploring the *Titanic* and *Lusitania* Disasters,” *PNAS: Proceedings of the National Academy of Sciences* 107 (2010): 4862-4865. 有一项研究利用了 18 起海难事件和 15 000 人的样本，研究了关于妇女和儿童待遇的“侠义行为规范”。M. Elinder and O. Erixson, “Gender, Social Norms, and Survival in Maritime Disasters,” *PNAS: Proceedings of the National Academy of Sciences* 109 (2012): 13220-13224. 这篇论文的作者观察到，与男性相比，女性的生存机会显著更低；与船长和船员相比，乘客的生存机会显著更低。他们最终得出的结论是，在海难事件中，对人们行为最好的描述是：“人人为自己。”

35. 在伯德岛上待了两个月之后，他们对整个岛更仔细地进行了勘探，结果发现以前就有沉船事件幸存者在岛上生活过的证据。“多丁敦号”装载着黄金和白银，200 年后，残骸被潜水者发现并被打捞上来。J. Shaw, “Clive of India's Gold Comes Up for Sale After Legal Settlement,” *Independent,* August 27, 2000.

36. 在此之前，他们已经尝试过向外界求救，但没有得到什么好结果。1756 年 9 月 3 日，三个男性冒险出发前往大陆。正当小船接近海岸时，海浪打翻了它，一个男性落水淹死。剩下来的两个男性努力靠了岸，但是遇到了心怀恶意的土著居民。那些土著居民剥下了他们的衣服，要求他们离开。他们回到了伯德岛，可谓九死一生。

37. Webb, “Proceedings of the *Doddington,*” p. 268.

38. Webb, "Proceedings of the *Doddington*," p. 269.

39. 上岸后不久，他们就从船上救出了一只"财宝箱"。9 月 28 日，他们发现箱子被撬开了，三分之二的钱不见了。当时没有办法查出是谁干的。

40. G. Dalgarno, "Letter from the Captain," *Otago Witness* (Dunedin, New Zealand), October 28, 1865.

41. 即便是在获救之后，这些军官也无法做到对这个唯一的海员（霍尔丁）坦然相对，尽管后者在岛上的创造性努力实际上拯救了他们的生命。在获救之后，令船长乔治・达尔加诺高兴的是，他得到了救援人员的优先重视，并获得了更好的住宿条件，而霍尔丁则回到了"原先的等级"。J. Druett, *Island of the Lost: Shipwrecked at the Edge of the World* (Chapel Hill, NC: Algonquin Books, 2007), p. 201. 足智多谋的霍尔丁直到 1933 年才在加拿大去世，享年 86 岁。后来，他去世之前撰写的关于"英弗科尔德号"事件的回忆录于 1997 年被她的重外孙女发现，并于当年出版。M. F. Allen, *Wake of the Invercauld* (Auckland: Exisle Press, 1997). 雷纳尔船长在他的著作中，也把乔治・达尔加诺船长撰写的关于"英弗科尔德号"的回忆作为附录包括了进来。F. E. Raynal, *Wrecked on a Reef, or Twenty Months Among the Auckland Isles* (London: T. Nelson and Sons,1874).E. Smith 和 Y.Hou, "RedundantHeterogeneity and Group Performance," Organization Science 26 (2014): 37-51.44.

42."Captain and Mate," *Otago Witness* (Dunedin, New Zealand), October 28, 1865. 为了避免对达尔加诺船长做出过于苛刻的判断，现在引述一下他在前述回忆录中的一段话。他说（或许是为了自我辩解）："当我的船沉没时在这艘船上的一切都不见了，其中包括 1862 年美国政府向我颁发的一枚奖章（那是为了表彰我拯救了许多落水船员的生命），以及英国政府同年作为礼物送给我的一架望远镜（那是为了感谢我救了一只英国海船的船员的生命）…… 那是我最珍视的两样东西，是我为我的兄弟般的海员服务工作留下的纪念品。"

43. 一些当代研究表明，在某些特定的约束条件下，人口多样性可能有利于更好的群体表现。E. Smith and Y. Hou, "Redundant Heterogeneity and Group Performance," *Organization Science* 26 (2014): 37-51.

44. 雷纳尔的回忆录最初是以法文出版的。马斯格雷夫的回忆录则在伦敦以英文出版。T. Musgrave, *Castaway on the Auckland Isles: A Narrative of the Wreck of the 'Grafton' and the Escape of the Crew After Twenty Months Suffering* (London: Lockwood, 1866).

45. Musgrave, *Castaway,* p. ix.

46. Raynal, *Wrecked on a Reef,* p. 82.

47. Raynal, *Wrecked on a Reef,* p. 159-160.

48. Raynal, *Wrecked on a Reef,* p. 152.

49. Druett, *Island of the Lost,* pp. 163-164.

50. Musgrave, *Castaway,* p. 129;A. W. Eden, *Islands of Despair* (London: Andrew Melrose, 1955), p. 101.

51. W. H. Norman and T. Musgrave, *Journals of the Voyage and Proceedings of the HMCS "Victoria" in Search of Shipwrecked People at the Auckland and Other Islands* (Melbourne: F. F. Bailliere, 1866), p. 28.

52. Druett, *Island of the Lost,* p. 248.

53. Druett, *Island of the Lost,* p. 250.

54. S. Sheppard, "Physical Isolation and Failed Socialization on Pitcairn Island: A Warning for the Future?," *Journal of New Zealand and Pacific Studies* 2 (2014): 21-38; D. T. Coenen, "Of Pitcairn's Island and American Constitutional Theory," *William and*

Mary Law Review 38 (1997): 649-675。.

55. 后来，哗变者又释放了 4 个人。

56. R. B. Nicolson, *The Pitcairners* (Honolulu: University of Hawaii Press, 1997).

57. T. Lummis, *Life and Death in Eden: Pitcairn Island and the Bounty Mutineers* (Farnham, UK: Ashgate, 1997), p. 46.

58. R. W. Kirk, *Pitcairn Island, the Bounty Mutineers, and Their Descendants: A History* (Jefferson, NC: McFarland, 2008).

59. H. L. Shapiro, *The Pitcairn Islanders* (formerly *"The Heritage of the Bounty"*) (New York: Simon and Schuster, 1968), p. 63.

60. Sheppard, "Physical Isolation."

61. 同上。

62. Teehuteatuaonoa [Jenny], "Account of the Mutineers of the Ship *Bounty,* and Their Descendants at Pitcairn's Island," *Sydney Gazette,* July 17, 1819.

63. Lummis, *Life and Death in Eden,* p. 63.

64. Teehuteatuaonoa, "Account of the Mutineers.".

65. 同上。

66. Lummis, *Life and Death in Eden,* p. 69.

67. *Pitcairn Island Encyclopedia,* s.v. "Pitcairn Islands Study Center: Folger, Mayhew," with text taken from S. Wahlroos, *Mutiny and Romance in the South Seas: A Companion to the Bounty Adventure* (Salem, MA: Salem House, 1989). 资本化再加现代化，一个曾经滞留在皮特凯恩岛的新西兰人沃尔特·布罗迪（Wlater Brodie）在 42 年后旧地重游，他同样对这个社群的热情好客表示惊叹。W. Brodie, *Pitcairn' s Island and the Islanders in 1850. Together with Extracts from His Private Journal and a Few Hints Upon California: Also, the Reports of All the Commanders of H.M. Ships That Have Touched at the Above Island Since 1800* (London: Whittaker, 1851), pp. 30-32.

68. "Six Found Guilty in Pitcairn Sex Offences Trial," *Guardian,* October 25, 2004.

69. J. Diamond, *Collapse: How Societies Choose to Fail or Succeed* (New York: Penguin, 2005).

70. M. Weber, *The Vocation Lectures,* ed. D. S. Owen and T. B. Strong, trans. R. Livingstone (Indianapolis: Hackett, 2004).

71. 历史学家一直未能找到当初发布的那个广告，以至于越来越多的研究者认为它是伪造的。有的组织甚至悬赏寻找这个广告。

72. M. T. Fisher and J. Fisher, *Shackleton* (London: Barrie, 1957); R. Huntford, *Shackleton* (New York: Carroll and Graf, 1998).

73. Fisher and Fisher, *Shackleton,* p. 340.

74. Fisher and Fisher, *Shackleton,* p. 345.

75. F. Hurley, *The Diaries of Frank Hurley, 1912-1941,* ed. R. Dixon and C. Lee (London: Anthem Press, 2011), p. 24.

76. Fisher and Fisher, *Shackleton,* p. 345.

77. 当然，贾雷德·戴蒙德和巴里·罗利特（Barry Rolett）没有办法回到过去。最理想的实验是，将居民分配到 60 多个不同的波利尼西亚岛屿上，这样就能搞清楚为什么复活节岛上的森林会被砍伐掉，而其他岛则不会发生同样的事情。但是，他们假设，这些彼此相似的人或多或少是随机地定居到这些岛屿上的。而且，他们从这个自然实验中得出的结论是，毁灭森林是由于地理因素（例如，随风而来的火山灰和降雨），而不是定居者后来采取的各种行动。J. Diamond, "Intra-Island and Inter-Island Comparisons," in J. Diamond and J. A. Robinson, eds., *Natural Experiments of History*

(Cambridge, MA: Belknap Press, 2010), pp. 120-141; Diamond, *Collapse*.

78. P. V. Kirch, "Controlled Comparison and Polynesian Cultural Evolution," in J. Diamond and J. A. Robinson, eds., *Natural Experiments of History* (Cambridge, MA: Belknap Press, 2010), p. 35.

79. M. D. Sahlins, *Social Stratification in Polynesia* (Seattle: University of Washington Press, 1958).

80. Kirch, "Controlled Comparison," pp. 27-28.

81. 灌溉系统的出现，可能会使干旱地区的土地精英同时垄断水资源和耕地，并反对民主制度。J. S. Bentzen, N. Kaarsen, and A. M. Wingender, "Irrigation and Autocracy," *Journal of the European Economic Association* 15 (2017): 1-5;A. Sharma, S. Varma, and D. Joshi, "Social Equity Impacts of Increased Water for Irrigation," in U. A. Amarasinghe and B. R. Sharma, eds., *Strategic Analyses of the National River Linking Project (NRLP) of India, Series 2. Proceedings of the Workshop on Analyses of Hydrological, Social and Ecological Issues of the NRLP* (Colombo, Sri Lanka: International Water Management Institute, 2008).

82. B. Schutt, *Cannibalism: A Perfectly Natural History* (Chapel Hill, NC: Algonquin Books, 2017).

83. Liu, "Shipwreck Salvage."

第3章

1. H. D. Thoreau, *A Week on the Concord and Merrimack Rivers; Walden, or Life in the Woods; The Maine Woods; Cape Cod,* ed. R. F. Sayre (New York: Literary Classics of the United States, 1985), p. 105.

2. Thoreau, *Walden,* p. 84.

3. Thoreau, *Walden,* p. 99.

4. Thoreau, *Walden,* p. 55,102. 梭罗对人类的合作能力没有留下什么深刻印象："通常可能的唯一合作是非常局限和肤浅的；真正的合作少之又少，即便真的存在，也是人们所无法觉知的一种和谐。"

5. Thoreau, *Walden,* p. 128.

6. M. Meltzer, *Henry David Thoreau: A Biography* (Minneapolis: Twenty-First Century Books, 2007).

7. H. D. Thoreau, *Walden and Civil Disobedience: Complete Texts with Introduction, Historical Contexts, Critical Essays* (Boston: Houghton Mifflin, 2000).

8. F. Tönnies, *Community and Society* [originally published as *Gemeinschaft und Gesellschaft*], ed. and trans. C. P. Loomis (East Lansing: Michigan State University Press, 1957). M. Weber, *Economy and Society* [originally published as *Wirtschaft und Gesellschaft*], ed. And trans. G. Roth and C. Wittich (Berkeley: University of California Press, 1978).

9. B. Zablocki, *Alienation and Charisma: A Study of Contemporary American Communes* (New York: Free Press, 1980).

10. D. E. Pitzer, *America's Communal Utopias* (Chapel Hill: University of North Carolina Press, 1997).

11. T. More, *Utopia: Written in Latin by Sir Thomas More, Chancellor of England; Translated into English,* trans. G. Burnet (London: printed for R. Chiswell, 1684).

12. Pitzer, *America's Communal Utopias*, p. 5.

13. C. Nordhoff, *The Communistic Societies*

of the United States, from Personal Visit and Observation (New York: Harper and Brothers, 1875);J. H. Noyes, *History of American Socialisms* (Philadelphia: J. B. Lippincott, 1870); A. F. Tyler, *Freedom's Ferment: Phases of American Social History from the Colonial Period to the Outbreak of the Civil War* (New York: Harper and Row, 1944).

14. E. Green, "Seeking an Escape Hatch from Trump's America," *Atlantic,* January 15, 2017.

15. 在 20 世纪 60 年代，美国可能存在着 1 万多个这样的社群，规模各异。但是到了 1995 年，一个调查表明，整个北美地区只剩下了 500 个活跃的此类社群。Pitzer, *America's Communal Utopias*, p. 12.

16. A. de Tocqueville, *Democracy in America* [originally published as *De la democratie en Amerique*], trans. H. Reeve (London: Saunders and Otley, 1838).

17. R. W. Emerson, cited in E. K. Spann, *Brotherly Tomorrows: Movements for a Cooperative Society in America, 1820-1920* (New York: Columbia University Press, 1989), p. 52.

18. A. R. Schultz and H. A. Pochmann, "George Ripley: Unitarian, Transcendentalist, or Infidel?," *American Literature* 14 (1942): 1-19.

19. J. Myerson, "Two Unpublished Remi-ni-scences of Brook Farm," *New England Quarterly* 48 (1975): 253-260.

20. George Ripley, cited in Spann, *Brotherly Tomorrows,* p. 56.

21. Myerson, "Two Unpublished Reminiscences."

22. 同上。

23. S. F. Delano, *Brook Farm: The Dark Side of Utopia* (Cambridge, MA: Harvard University Press, 2004), pp. 60-76.

24. R. Francis, "The Ideology of Brook Farm," *Studies in the American Renaissance* (1977): 1-48.

25. 同上。

26. J. Haidt, *The Righteous Mind: Why Good People Are Divided by Politics and Religion* (New York: Pantheon, 2012), chap. 10.

27. Francis, "Ideology of Brook Farm," pp. 14-15.

28. A. E. Russell, *Home Life of the Brook Farm Association* (Boston: Little, Brown, 1900), p. 15.

29. Myerson, "Two Unpublished Reminiscences," p. 259.

30. C. A. Dana, cited in Francis, "Ideology of Brook Farm," p. 8.

31. Russell, *Home Life,* p. 24.

32. Myerson, "Two Unpublished Remi-ni-scences," p. 256.

33. 傅立叶的思想与自然世界中的对称性和连续性的规律有关。在他的心中，一个理想的社群由住在一起的 1620 人组成，他们自给自足，按人格类型和职业分类。傅立叶最突出的进步主义思想与女性地位、男女平等和儿童教育、同性恋等有关（他的理论是允许这些的）。C. Fourier, *Theory of Social Organization* (New York: C. P. Somerby, 1876). 在美国，大约有 30 个社群是在傅立叶的思想的激发下成立的。

34. Russell, *Home Life*, p. 2.

35. Russell, *Home Life*, p. 134.

36. W. S. Bainbridge, "Shaker Demographics 1840-1900: An Example of the Use of U.S. Census Enumeration Schedules," *Journal for the Scientific Study of Religion* 21 (1982): 352-365.

37. 同上。

38. S. J. Stein, *Shaker Experience in America* (New Haven, CT: Yale University Press, 1992).

39. M. M. Cosgel and J. E. Murray, "Productivity of a Commune: The Shakers, 1850-1880," *Journal of Economic History* 58 (1998): 494-510.

40. Stein, *Shaker Experience in America,* pp. 149-154.

41. Bainbridge, "Shaker Demographics.".

42. Russell, "Rise and Decline," p. 46.

43. 同上。

44. 关于人的生存，人口规模始终是一个必须考虑的关键因素。就像孤岛上的小型殖民地更容易灭绝一样，只有很少人生活在一起的小型社群也更容易消失。一些宗教社群之所以能够长时间存在，部分原因在于他们的家庭规模较大，还有一部分原因是他们持续与外界互动。另外值得一提的是，这些教派还都禁止饮酒。这也许是一个令许多人惊讶不已的结果，因为酒精会对人类社会组织产生非常严重的影响，大量证据有力地证明了这一点。P. Hoehnle, "Community in Transition: Amana's Great Change, 1931-1933," *Annals of Iowa* 60 (2001): 1-34; R. Janzen and M. Stanton, *The Hutterites in North America* (Baltimore: Johns Hopkins University Press, 2010);G. E. Vaillant, *Aging Well: Surprising Guideposts to a Happier Life from the Landmark Harvard Study of Adult Development* (Boston: Little, Brown, 2003).

45. M. Palgi and S. Reinharz, eds., *One Hundred Years of Kibbutz Life: A Century of Crises and Reinvention* (New Brunswick, NJ: Transaction, 2014), p. 2.

46. B. Beit-Hallahmi and A. I. Rabin, "The Kibbutz as a Social Experiment and as a Child-Rearing Laboratory," *American Psychologist* 32 (1977): 533.

47. D. Lieberman and T. Lobel, "Kinship on the Kibbutz: Co-Residence Duration Predicts Altruism, Personal Sexual Aversions and Moral Attitudes Among Communally Reared Peers," *Evolution and Human Behavior* 33 (2012): 26-34.

48. O. Aviezer, M. H. Van IJzendoorn, A. Sagi, and C. Schuengel, " 'Children of the Dream' Revisited: 70 Years of Collective Early Child Care in Israeli Kibbutzim," *Psychological Bulletin* 116 (1994): 99-116.

49. Plato, *The Republic*, trans. B. Jowett (New York; Vintage Books, 1991), bk. 5.

50. J. Rawls, *A Theory of Justice* (Cambridge, MA: Harvard University Press, 1971;A. L. Alstott, "Is the Family at Odds with Equality? The Legal Implications of Equality for Children," *Southern California Law Review* 82, no. 1 (2008): 1-43.

51. 我的一个已经毕业的研究生彼得·德万（Peter Dewan）是在一个名为希尔堡（Fort Hill）的社群中长大的，这个社群也称为"莱曼大家庭"（Lyman Family）。这个社群在20世纪60年代的时候相当活跃，德万就是在那里由大家集体养大的。德万证实，与他一同长大的人对他没有什么性吸引力；他还描述了自己与一大群像兄弟姐妹般的人之间的那种特殊的亲密关系："从我的角度来看，作为在那里长大的一个孩子，这是很成功的。我生活在一个很大的群体中。我们相互照顾，甚至相互照料彼此的孩子。不过，我们对这种类型的'亲缘关系'没有做过什么研究。它与血亲关系不同，因为我一直知道我与自己血亲特别亲近，社群中的所有其他孩子也一样。然而，我的母亲，在我出生18年后，生下了我的弟弟，她非常遗憾未能与我一起度过我的童年时代。我与她的分别有时长达三年，相隔数千千米之远。她很肯定地告诉我，她绝对不会再这样做了。这是我从未考虑过的事情。有趣的是，虽然这种感受在母亲一方极其常见，但是许多孩子却从未产生过对父亲的强烈的依恋感，而且父亲似乎也不怎么介意。从这个角度来看，我会说集体育儿的尝试失败了。没有人继续这样做，而且很多人都后悔了。" R. L. Levey, "Friendly Fifty on Fort Hill -Better-Way for People," *Boston Globe,* December 12, 1967; D. Johnston, "Once-Notorious'60s Commune Evolves into Respectability," *Los Angeles Times,* August 4, 1985.

52. H. Barry and L. M. Paxton, "Infancy and Early Childhood: Cross-Cultural Codes," *Ethnology* 10 (1971): 466-508.

53. S. Mintz, *Huck's Raft: A History of American Childhood* (Cambridge, MA: Belknap Press, 2004).

54. L. Tiger and J. Shepher, *Women in the Kibbutz* (New York: Harcourt Brace Jovanovich, 1975).

55. 一项研究表明，在基布兹中，只有 59% 的婴儿有对母亲的安全依恋感，相比之下，在接受日托的以色列婴儿中，有 75% 都有对母亲的安全依恋感。之所以会出现这种差异，似乎是因为基布兹安排婴儿集中睡眠，导致他们在夜间缺乏父母照顾，同时白天的接触也非常有限。对主要照顾者的依恋的这种缺乏，会带来许多负面影响。Aviezer et al., " 'Children of the Dream' Revisited."

56. A. Sagi, M. E. Lamb, R. Shoham, R. Dvir, and K. S. Lewkowicz, "Parent-Infant Interaction in Families on Israeli Kibbutzim," *International Journal of Behavioral Development* 8 (1985): 273-284.

57. E. Ben-Rafael, *Crisis and Transformation: The Kibbutz at Century's End* (Albany: State University of New York Press, 1997), p. 62.

58. Aviezer et al., " 'Children of the Dream' Revisited."

59. J. Shepher, "Mate Selection Among Second Generation Kibbutz Adolescents and Adults: Incest Avoidance and Negative Imprinting," *Archives of Sexual Behavior* 1 (1971): 293-307; E. Shor, "The Westermarck Hypothesis and the Israeli Kibbutzim: Reconciling Contrasting Evidence," *Archives of Sexual Behavior* 44 (2015): 1-12;Lieberman and Lobel, "Kinship on the Kibbutz". 他们发现，一起居住时间的长短能够很好地预测彼此之间利他主义动机的强度，也预示着对一起长大的第三方的更高的性道德。

60. Aviezer et al., " 'Children of the Dream' Revisited," p. 113.

61. Palgi and Reinharz, *One Hundred Years*.

62. R. Abramitzky, "Lessons from the Kibbutz on the Equality-Incentives Trade-Off," *Journal of Economic Perspectives* 25 (2011):185-207. 研究在此期间困扰基布兹危机的经济学家注意到了一个重大的"人才流失"问题：拥有高技能、高学历的居民更有可能离开，而工资较低的人更有可能加入。R. Abramitzky, "The Limits of Equality: Insights from the Israeli Kibbutz," *Quarterly Journal of Economics* 123 (2008): 1111-1159.

63. Tiger and Shepher, *Women in the Kibbutz,* p. 14.

64. B. J. Ruffle and R. Sosis, "Cooperation and the In-Group-Out-Group Bias: A Field Test on Israeli Kibbutz Members and City Residents," *Journal of Economic Behavior and Organization* 60 (2006): 147-163.

65. 他们还指出，尽管他们知道性别角色相对来说难以识别，但是他们"对基布兹妇女生活中的重大创新未能刺激出预期中的新社会模式仍然感到惊讶"。母亲们希望与她们的后代建立更加紧密的连接，这是因为“母亲与她们的后代之间存在着强大的吸引力”，这是在生物学的层面上编码的，而不仅仅是在文化的层面上编码的。L. Tiger and R. Fox, *The Imperial Animal* (New York: Transaction, 1971); M. E. Spiro, *Gender and Culture: Kibbutz Women Revisited* (New York: Transaction, 1979).

66. B. F. Skinner, *Walden Two* (New York: Macmillan, 1948).1985 年，斯金纳发表了《结尾之后》，以小说中的一个角色布里斯教授的口气讲述了原小说结束后发生的事情。B. F. Skinner, "News from Nowhere, 1984," *Behavior Analyst* 8 (1985): 5-14.

67. Skinner, *Walden Two,* p. 194. 斯金纳还提出了其他一些设想，不过它们并没有达到预期的目标，包括在第二次世界大战期间使用鸽子引导导弹；他还曾经推销过著名的“斯金纳盒”，用于训练儿童，不过他自己的孩子除外（他的孩子以经常参加他的实验出名）。B. F. Skinner, *The Shaping of a Behaviorist* (New York: Knopf, 1979).

68. Skinner, *Shaping of a Behaviorist,* p. 292.

69. D. E. Altus and E. K. Morris, "B. F. Skinner's Utopian Vision: Behind and Beyond *Walden Two,*" *Behavior Analyst* 32 (2009): 319-335. 在第一版刚面世那几年，《瓦尔登湖第二》每年只能卖出大约 700 本。

70. Skinner, *Walden Two,* p. 22.

71. J. K. Jessup, "Utopia Bulletin," *Fortune* (October 1948): 191-198; Altus and Morris, "B. F. Skinner's Utopian Vision," p. 321.

72. H. Kuhlmann, *Living* Walden Two (Urbana: University of Illinois Press, 2005); E. K. Morris, N. G. Smith, and D. E. Altus, "B. F. Skinner's Contributions to Applied Behavior Analysis," *Behavior Analyst* 28 (2005): 99-131; Altus and Morris, "B. F. Skinner's Utopian Vision.".

73. Kuhlmann, *Living* Walden Two, p. 92;T. Jones, "The Other American Dream," *Washington Post Magazine,* November 15, 1998.

74. Kuhlmann, *Living* Walden Two, p. 102.

75. 同上。

76. I. Komar, *Living the Dream: A Docu-mentary Study of Twin Oaks Community* (Norwood, PA: Norwood Editions, 1983), pp. 99-101.

77. Kuhlmann, *Living* Walden Two, p. 101.

78. D. Ruth, "The Evolution of Work Organization at Twin Oaks," *Communities: Journal of Cooperative Living* 35 (1975): 58-60; H. Kuhlmann, "The Illusion of Permanence: Work Motivation and Membership Turnover at Twin Oaks Community," in B. Goodwin, ed., *The Philosophy of Utopia: A Special Issue of Critical Review of International Social and Political Philosophy* (London: Frank Cass, 2001), pp. 157-171.

79. H. Shirado, F. Fu, J. H. Fowler, and N. A. Christakis, "Quality Versus Quantity of Social Ties in Experimental Cooperative Networks," *Nature Communications* 4 (2013): 2814.

80. Komar, *Living the Dream,* p. 72;Jones, "The Other American Dream.".

81. L. Rohter, "Isolated Desert Community Lives by Skinner's Precepts," *New York Times,* November 7, 1989.

82. Comunidad Los Horcones, "News from Now-Here, 1986: A Response to 'News from Nowhere, 1984,'" *Behavior Analyst* 9 (1986): 129-132.

83. F. S. Keller, "Goodbye Teacher . . ." *Journal of Applied Behavior Analysis* 1 (1968): 79-89.

84. Kuhlmann, *Living* Walden Two, p. 190.

85. Kuhlmann, *Living* Walden Two, p. 145.

86. Zablocki, *Alienation and Charisma*. 在选定的城市地区，有 800 到 1725 个公社。而这些城市的人口总数则为 2560 万人，这相当于每 10 万人中有 7 个公社。

87. S. Vaisey, "Structure, Culture, and Community: The Search for Belonging in 50 Urban Communes," *American Sociological Review* 72 (2007): 851-873; A. A. Aidala and B. D. Zablocki, "The Communes of the 1970s: Who Joined and Why?," *Marriage and Family Review* 17 (1991): 87-116.13.4 这个平均值是接受调查的总人数 804（年龄为 15 岁以上）除以总社群数 60 得到的。

88. Zablocki, *Alienation and Charisma,* p. 44.

89. Zablocki, Alienation and Charisma, p. 96.

90. Aidala and Zablocki, "The Communes of the 1970s," p. 112.

91. Aidala and Zablocki, "The Communes of the 1970s," p. 108.

92. D. French and E. French, *Working Communally: Patterns and Possibilities* (New York: Russell Sage Foundation, 1975), p. 89.

93. Zablocki, *Alienation and Charisma,* p. 319.

94. Zablocki, *Alienation and Charisma,* p. 124. 这来自那 6 个农村社群中的其中一个。S. L. Carlton-Ford,"Ritual, Collective Effervescence, and Self-Esteem," *Sociological Quarterly* 33 (1992): 365-387; J. L. Martin, "Is Power Sexy?," *American Journal of Sociology* 111 (2005): 408-446.

95. Zablocki, *Alienation and Charisma,* pp. 127, 153.

96. Vaisey, "Structure, Culture, and Community.".

97. A. A. Harrison, Y. A. Clearwater, and C. P. McKay, eds., *From Antarctica to Outer Space: Life in Isolation and Confinement* (New York: Springer-Verlag, 1991).

98. D. J. Lugg, "The Adaptation of a Small Group to Life on an Isolated Antarctic Station," in O. G. Edholm and E. K. E. Gunderson, eds., *Polar Human Biology* (Chichester UK: William Heinemann, 1973), pp. 401-409.

99. A. Lansing, *Endurance: Shackleton's Incredible Voyage* (New York: McGraw-Hill, 1959), p. 51.

100. E. K. E. Gunderson, "Psychological Studies in Antarctica: A Review," in O. G. Edholm and E. K. E. Gunderson, eds., *Polar Human Biology* (Chichester UK: William Heinemann, 1973), pp. 352-361.

101. 尽管来这里过冬的群体每一年都不同，但是这些台站仍然形成了独特的文化、历史和一系列传统惯例，以适应气象方面的和物质供应方面的特殊情况。这会影响人们的行为。例如，在这里过冬的人会把夏季才来的研究者称为"游客"，并穿着特别设计的衣服。那里还有一个传统的"三百俱乐部"：南极站的科考队成员先在 93℃以上的高温中蒸桑拿，然后只穿着靴子跑到 37℃以下的室外。S. K. Narula, "On Getting Naked in Antarctica," *Atlantic,* January 7, 2014.

102. 事实上，在欧洲探险家时代，（海军）船员与科学家之间的冲突就已经有了悠久的历史。B. Finney, "Scientists and Seamen," in A. A. Harrison, Y. A. Clearwater, and C. P. McKay, eds., *From Antarctica to Outer Space: Life in Isolation and Confinement* (New York: Springer-Verlag, 1991), pp. 89-101. 结束这种漫长的航行回到家中后，科学家们经常会半真半假地相互祝贺一番，戏称大家终于"摆脱了海军的奴役"，例如，哈佛大学著名植物学家亚萨・格雷（Asa Gray）

在写给他的地质学家朋友詹姆斯·德怀特·达纳（James Dwight Dana）的信中，就是这样说 的。W. R. Stanton, *The Great United States Exploring Expedition of 1838-1842* (Berkeley: University of California Press, 1975), p. 137.

103. 一项对 1969 年至 1971 年间在南极站过冬群体的早期研究发现，多达 72%的成员在冬季会表现出一些症状。R. E. Strange and W. J. Klein, "Emotional and Social Adjustment of Recent U.S. Winter-Over Parties in Isolated Antarctic Station," in O. G. Edholm and E.K.E. Gunderson, eds., *Polar Human Biology* (Chichester UK: William Heinemann, 1973), pp. 410-416. 但是，在一项更晚近的研究中，心理学家使用心理量表评估了 1977 年在那里过冬的 78 人，结果发现抑郁症迹象并未增加。D. C. Oliver, "Psychological Effects of Isolation and Confinement of a Winter-Over Group at McMurdo Station, Antarctica," in A. A. Harrison, Y. A. Clearwater, and C. P. McKay, eds., *From Antarctica to Outer Space: Life in Isolation and Confinement* (New York: Springer-Verlag, 1991), pp. 217-227; L. A. Palinkas, "Going to Extremes: The Cultural Context of Stress, Illness, and Coping in Antarctica," *Social Science and Medicine* 35 (1992): 651-664.

104. P. E. Cornelius, "Life in Antarctica," in A. A. Harrison, Y. A. Clearwater, and C. P. McKay, eds., *From Antarctica to Outer Space*: *Life in Isolation and Confinement* (New York: Springer-Verlag, 1991), p. 10.

105. Gunderson, "Psychological Studies in Antarctica," P. 357.

106. J. C. Johnson, J. S. Boster, and L. A. Palinkas, "Social Roles and the Evolution of Networks in Extreme and Isolated Environments," *Journal of Mathematical Sociology* 27 (2003): 89-121.

107. P. V. Marsden, "Core Discussion Networks of Americans," *American Sociological Review* 52 (1987): 122-131; H. B. Shakya, N. A. Christakis, and J. H. Fowler, "An Exploratory Comparison of Name Generator Content: Data from Rural India," *Social Networks* 48 (2017): 157-168.

108. M. C. Pachucki, E. J. Ozer, A. Barrat, and D. Cattuto, "Mental Health and Social Networks in Early Adolescence: A Dynamic Study of Objectively Measured Social Interaction Behaviors," *Social Science and Medicine* 125 (2015): 40-50; M. Salathe, M. Kazandjieva, J. W. Lee, P. Levis, M. W. Feldman, and J. H. Jones, "A High-Resolution Human Contact Network for Infectious Disease Transmission," *PNAS: Proceedings of the National Academy of Sciences* 107 (2010): 22020-22025; J. P. Onnela, B. N. Waber, A. Pentland, S. Schnorf, and D. Lazer, "Using Sociometers to Quantify Social Interaction Patterns," *Scientific Reports* 4 (2014): 5604.

109. W. M. Smith, "Observations over the Lifetime of a Small Isolated Group: Structure, Danger, Boredom, and Vision," *Psychological Reports* 19 (1966): 475-514.

110. 严格地说，网络是一个超维对象；它通常既不是二维的，也不是三维的。这种将网络比喻为纽扣和线的描述方法，源于：N. A. Christakis and J. H. Fowler, *Connected: The Surprising Power of Our Social Networks and How They Shape Our Lives* (New York: Little, Brown, 2009)。

111. 另一项关于在南极过冬的科考队员群体的研究发现，当他们仍然全部都是男性时（1967 年、1968 年和 1969 年），每年都会发生一些争吵，涉及“强烈的口头争论、相互威胁，或身体上的推搡”，通常发生在“破冰人”和“从业人员”之间。K. Natani, J. T. Shurley, and A. T. Joern, "Inter-Personal

Relationships, Job Satisfaction, and Subjective Feelings of Competence: Their Influence upon Adaptation to Antarctic Isolation," in O. G. Edholm and E. K. E. Gunderson, eds., *Polar Human Biology,* (Chichester UK: William Heinemann, 1973), pp. 384-400.

112. Palinkas, "Going to Extremes."

113. 一项针对 93 个来自新西兰人的研究发现（他们在 20 世纪 60 年代后期在南极过了 5 个冬天），40%的人都自发地注意到了“唱歌和游戏”的重要性。A. J. W. Taylor, "The Adaptation of New Zealand Research Personnel in the Antarctic," in O. G. Edholm and E. K. E. Gunderson, eds., *Polar Human Biology* (Chichester UK: William Heinemann, 1973), pp. 417-429.

114. M. Weber, "Science as Vocation," in *From Max Weber: Essays in Sociology,* ed. and trans. H. H. Gerth and C. Wright Mills (Oxford: Routledge, 1991), p. 155.

第 4 章

1. T. Standage, *The Turk: The Life and Times of the Famous Eighteenth-Century Chess-Playing Machine* (London: Walker Books, 2002).

2. H. Reese and N. Heath, "Inside Amazon's Clickworker Platform," TechRepublic, 2016.

3. J. Bohannon, "Psychologists Grow Increasingly Dependent on Online Research Subjects," *Science,* June 7, 2016.

4. J. J. Horton, D. G. Rand, and R. J. Zeckhauser, "The Online Laboratory: Conducting Experiments in a Real Labor Market," *Experimental Economics* 14 (2011): 399-425; E. Snowberg and L. Yariv, "Testing the Waters: Behavior Across Participant Pools" (working paper no. 24781, National Bureau of Economic Research, June 2018).

5. M. Zelditch, "Can You Really Study an Army in the Laboratory?," in A. Etzioni, ed., *Complex Organizations,* 2nd ed. (New York: Holt, Rinehart, and Winston, 1969) pp. 528-539.

6. D. Rand, S. Arbesman, and N. A. Christakis, "Dynamic Social Networks Promote Cooperation in Experiments with Humans," *PNAS: Proceedings of the National Academy of Sciences* 108 (2011): 19193-19198.

7. D. G. Rand, M. Nowak, J. H. Fowler, and N. A. Christakis, "Static Network Structure Can Stabilize Human Cooperation," *PNAS: Proceedings of the National Academy of Sciences* 111 (2014): 17093-17098.

8. H. Shirado, F. Fu, J. H. Fowler, and N. A. Christakis, "Quality Versus Quantity of Social Ties in Experimental Cooperative Networks," *Nature Communications* 4 (2013): 2814.

9. Rand et al., "Static Network Structure.".

10. A. Nishi, H. Shirado, D. G. Rand, and N. A. Christakis, "Inequality and Visibility of Wealth in Experimental Social Networks," *Nature* 526 (2015): 426-429.

11. T. Boellstorff, *Coming of Age in Second Life: An Anthropologist Explores the Virtually Human* (Princeton, NJ: Princeton University Press, 2008);N. A. Christakis and J. H. Fowler, *Connected: The Surprising Power of Our Social Networks and How They Shape Our Lives* (New York: Little, Brown, 2009).

12. K. McKeand, "Blizzard Says World of Warcraft 10.1 Million Subscriber Statement Was a 'Misquote or Misunderstanding,'" *PCGamesN,* October 5, 2016.

13. N. Ducheneaut, N. Yee, E. Nickell, and R. J. Moore, "The Life and Death of Online

Gaming Communities: A Look at Guilds in World of Warcraft," *Proceedings of the SIGCHI Conference on Human Factors in Computing Systems* (New York: ACM, 2007), pp. 839-848.

14. H. Cole and M. D. Griffiths, "Social Interactions in Massively Multiplayer Online Role-Playing Games," *CyberPsychology and Behavior* 10 (2007): 575-583.

15. P. W. Eastwick and W. L. Gardner, "Is It a Game? Evidence for *Social Influence* in the Virtual World," *Social Influence* 1 (2008): 1-15.

16. N. Yee, J. N. Bailenson, M. Urbanek, F. Chang, and D. Merget, "The Unbearable Likeness of Being Digital: The Persistence of Nonverbal Social Norms in Online Virtual Environments," *CyberPsychology and Behavior* 10 (2007): 115-121.

17. E. K. Yuen, J. D. Herbert, E. M. Forman, E. M. Goetter, R. Comer, and J. C. Bradley, "Treatment of Social Anxiety Disorder Using Online Virtual Environments in Second Life," *Behavior Therapy* 44 (2013): 51-61.

18. M. Szell, R. Lambiotte, and S. Thurner, "Multi relational Organization of Large-Scale Social Networks in an Online World," *PNAS: Proceedings of the National Academy of Sciences* 107 (2010): 13636-13641.

19. D. M. Raup, "Geometric Analysis of Shell Coiling: General Problems," *Journal of Paleontology* 40 (1966): 1178-1190.

20. D. M. Raup and A. Michelson, "Theoretical Morphology of the Coiled Shell," *Science* 147 (1965): 1294-1295.

21. 劳普实际上还给出了第四个参数，它描述了"生成曲线"的"形状"，或者说是壳体孔径的形状。

22. 随后的研究主要围绕劳普模型的一些局限性和疏漏之处展开。例如，一些学者讨论了与一类特殊有壳生物有关的概念问题，这些生物在生长过程中会改变它们的参数。还有一些学者则指出，劳普给出的三个参数并不是完全相互独立的（这是劳普的一个无意的疏忽）。这一点很值得关注，它可能意味着"劳普立方体"的部分空间未被占用，只是因为它们在数学上是不可能的，而不是在生物学上是不可能的。但是，生态学家伯纳德·特尔奇（Bernard Tursch）在他的后续研究中提出了一个更加复杂的模型，它有 10 个参数（而不是三个参数），这个模型证明，已知生物体仍然只能占据壳形态空间的一部分。特尔奇还指出，一个贝壳的最终形状在很大程度上取决于它的初始条件，既然是初始条件，也就意味着在很大程度上是遗传上编码的。B. Tursch, "Spiral Growth: The 'Museum of All Shells' Revisited," *Journal of Molluscan Studies* 63 (1997): 547-554.

23. R. Dawkins, *Climbing Mount Improbable* (New York: W. W. Norton, 1996).

24. R. D. K. Thomas and W. E. Reif, "The Skeleton Space: A Finite Set of Organic Designs," *Evolution* 47 (1993): 341-360.

25. S. Wolfram, *A New Kind of Science* (Champaign, IL: Wolfram Media, 2002).

26. G. L. Stebbins, "Natural Selection and the Differentiation of Angiosperm Families," *Evolution* 5 (1951): 299-324.

27. 对于蛇为什么在缠绕它们的猎物时不用背部对着猎物，也有一个类似的解释：它们的脊椎在物理上是不可能那么弯曲的，所以这种行为在现实世界中不可能观察到。

28. 通常所称的格拉夫纳 - 格里夫耶思模型（Gravner-Griffeath model）能够生成令人眼花缭乱的雪花形状，同时保持雪花的花瓣数量固定为 6。这个模型有 7 个参数；当这些参数变化时，这个模型就定义了一个包含所有可能雪花的世界。事实上，这些在数学上预见到可能的形状中，有一些确实会出现在现实世界中。但是其中一些（例如，非常薄的、交叉状的雪花）可能过于不稳定而无法存在。M. Krzywinski and J. Lever, "In Silico Flurries: Computing a World of Snowflakes," *Scientific American,* December 23, 2017.

29. 另一个更复杂的问题涉及通常所称的"适合度景观"。在这里，问题不一定在于遗传可得性本身不足，而是大多数生物都已经处于"适应性山峰"的顶端了（尽管这些峰值可能不是最理想的），峰值之间的转换是很不常见或很难实现的（并且只能通过遗传漂移或穿越"适应性山脊"来实现）。

30. M. LaBarbera, "Why the Wheels Won't Go," *American Naturalist* 121 (1983): 395-408.

31. J. Hsu, "Walking Military Robots Stumble Toward Future," *Discover,* December 31, 2015.

32. Dawkins, *Climbing Mount Improbable,* p. 222.

33. R. I. M. Dunbar, "Neocortex Size as a Constraint on Group Size in Primates," *Journal of Human Evolution* 22 (1992): 469-493.

34. J. Henrich, R. Boyd, S. Bowles, C. Camerer, E. Fehr, and H. Gintis, eds., *Foundations of Human Sociality: Economic Experiments and Ethnographic Evidence from Fifteen Small-Scale Societies* (Oxford: Oxford University Press, 2004).

35. L. Cronk, *That Complex Whole: Culture and the Evolution of Human Behavior* (Boulder, CO: Westview Press, 1999), p. 21.

36. J. Sawyer and R. A. Levine, "Cultural Dimensions: A Factor Analysis of the World Ethnographic Sample," *American Anthropologist* 68 (1966): 708-731. 另外，同样值得注意的是，文化中也存在路径特异性，就像生物进化会引导物种进入特定的路径并进入死胡同一样，历史也可能将文化引向某种文化实践，它虽然在理论上可变，但是在实际上却不是可变的。

37. D. Brown, *Human Universals* (New York: McGraw-Hill, 1991),pp. 130-141.

38. 当然，这种极端陌生的外星人式社会世界并不常见。这可能不仅仅是因为科幻作家们的想象力不足，还因为他们需要限制一下自己天马行空的想象力，以便与读者对故事的期望相一致（这是一个有力的约束）。在许多方面，这与"进化可能产生什么"这个问题类似，这不再是像前面所讨论的那样，给定环境限制的情况下实际可以产生什么的问题。

39. B. M. Stableford, "The Sociology of Science Fiction" (PhD diss., University of York, UK, 1978).

40. H. G. Wells, *The Time Machine* (London: William Heinemann, 1895).

41. A. Huxley, *Brave New World* (London: Chatto and Windus, 1932); R. A. Heinlein, *Orphans of the Sky* (New York: G. P. Putnam's Sons, 1964); G. orwell, *Nineteen Eighty-Four* (London: Secker and Warburg, 1949).

42. C. P. Gilman, *Herland* (New York: Pantheon, 1979). 吉尔曼在《她的国》一书中设想了一个以超合作性为根本特征的乌托邦，威廉·戈尔丁的反乌托邦小说《蝇王》则探索了光谱的另一端，想象着自我治理如何退化为野蛮统治。W. Golding, *Lord of the Flies* (New York: Penguin, 1954).

43. Gilman, *Herland*, p. 60. 在《她的国》中，社会角色是有分化的，特别有智慧且高贵的妇女占据了村中的寺庙。

44. 女性将这种多样性归功于她们的教育系统和抚养子女的制度，部分归因于"细心的教育"，这种教育尊重每一种轻微的差异，部分归因于变异的规律"。Gilman, *Herland*, p. 77. 通过这种方式，虽然被描述为一个单一的"单位、一个有意识的群体"，但是每个女性仍然具有独立的自我意识和独特的感受。

45. L. Lowry, *The Giver* (New York: Random House, 1993).

46. R. Kipling, R. Jarrell, and E. Bishop, eds., *The Best Short Stories of Rudyard Kipling* (Garden City, NY: Hanover House, 1961).

47. Cronk, *That Complex Whole,* p. 33.

48. J. Tooby and L. Cosmides, "The Psychological Foundation of Culture," in J. H. Barkow, L. Cosmides, and J. Tooby, eds., *The Adapted Mind: Evolutionary Psychology and the Generation of Culture* (Oxford: Oxford University Press, 1992), pp. 19-136.

49. 与黑猩猩等物种相比，人类这个物种具有非常高的遗传相似性，这主要是由于小型迁徙群体的创始者效应。不过，这可能也对我们能够创造的社会形式施加了约束。

第 5 章

1. H. A. Junod, *Life of a South African Tribe,* vol. 1(London: Macmillan, 1927)，pp. 353-354.

2. W. R. Jankowiak, S. L. Volsche, and J. R. Garcia, "Is the Romantic Sexual Kiss a Near Human Universal?," *American Anthropologist* 117(2015)：535-539. I. Eibl-Eibesfeldt, *Love and Hate: The Natural History of Behavior Patterns* (New York: Holt, Rinehart and Winston, 1971)，p. 129. 我知道的是，亲吻自己孩子的情况是普遍存在的。

3. E. W. Hopkins, "The Sniff-Kiss in Ancient India," *Journal of the American Oriental Society* 28(1907): 120-134.

4. Jankowiak, Volsche, and Garcia, "Romantic-Sexual Kiss."

5. 接吻在生活在北极地区的狩猎－采集者群体中是非常普遍的。此外，拥有更复杂的制度、存在分层结构的社会（即具有不同社会阶层的工业化社会）群体出现浪漫接吻的现象要比平等主义社会（比如狩猎－采集者社会）更多。目前我们仍然不清楚为什么会有这样的现象，它可能与卫生条件改善或更复杂的社会更强调形式化的情感表现等因素有关。

6. F. B. M. de Waal, "The First Kiss: Foundations of Conflict Resolution Research in Animals," in F. Aureli and F. B. M. de Waal, eds., *Natural Conflict Resolution* (Berkeley: University of California Press, 2000)，pp. 15-33; R. Wlodarksi and R. I. M. Dunbar, "Examining the Possible Functions of Kissing in Romantic Relationships," *Archives of Sexual Behavior* 42(2013)：1415-1423.

7. B. Malinowski, *The Sexual Life of Savages in Northwestern Melanesia* (New York: Halcyon House, 1929)，p. 331.

8. C. Wagley, *Welcome of Tears: The Tapirape Indians of Central Brazil* (New York: Oxford University Press, 1977)，P.158.

9. 韦格利的线人也否认了舔阴这种性行为，尽管他们确实声称，他们的群体中存在着口交。

10. E. E. Evans-Pritchard, *Kinship and Marriage Among the Nuer* (Oxford: Clarendon Press, 1901)．G. H. Herdt, *Same Sex, Different Cultures: Gays and Lesbians Across Cultures* (Boulder, CO: Westview Press, 1997)．

11. T. A. Kohler et al., "Greater Post-Neolithic Wealth Disparities in Eurasia Than in North America and Mesoamerica," *Nature* 551 (2017)：619-622.

12. E. D. Gould, O. Moav, and A. Simhon,

"The Mystery of Monogamy," *American Economic Review* 98(2008) : 333-357; J. Henrich, R. Boyd, and P. J. Richerson, "The Puzzle of Monogamous Marriage," *Philosophical Transactions of the Royal Society B* 367(2012) : 657-669.

13. S. J. Gould and E. S. Vrba, "Exaptation-a Missing Term in the Science of Form," *Paleobiology* 8(1982) : 4-15.

14. 人类学意义上，在性关系这个问题中，社会至少可以从三个基本维度上组织起来：父权制或母权制（根据掌权者和决策者的位置）；居住在男方家还是男方入赘女方（无论是与他们的父亲还是与他们的母亲住在一起）；父系或母系（祖先和财产继承是根据父系还是根据母系来定）。

15. J. Henrich, S. J. Heine, and A. Norezayan, "The Weirdest People in the World?," *Behavioral and Brain Sciences* 33(2010): 61-135.

16. D. R. White et al., "Rethinking Polygyny: Co-Wives, Codes, and Cultural Systems," *Current Anthropology* 29(1988) : 529-572.

17. UN Department of Economic and Social Affairs, *Population Facts,* December 2011.

18. 1 Kings 11:3(New International Version) .

19. G. M. Williams, *Handbook of Hindu Mythology* (Oxford: Oxford University Press, 2003) , p. 188.

20. K. MacDonald, "The Establishment and Maintenance of Socially Imposed Monogamy in Western Europe," *Politics and the Life Sciences* 14(1995): 3-23; W. Scheidel, "A Peculiar Institution? Greco-Roman Monogamy in Global Context," *History of the Family* 14(2009) : 280-291; D. Herlihy, "Biology and History: The Triumph of Monogamy," *Journal of Interdisciplinary History* 25(1995) : 571-583.

21. L. Betzig, "Roman Polygyny," *Ethology and Sociobiology* 13(1992): 309-349.

22. Gould, Moav, and Simhon, "Mystery of Monogamy"; L. Betzig, "Medieval Monogamy," *Journal of Family History* 20(1995) : 181-216.

23. Henrich, Boyd, and Richerson, "Puzzle of Monogamous Marriage."

24. 同上。

25. 有大量没有伴侣的（单身的）、有强烈暴力倾向的年轻人在某些特定的生态环境下也可能是有益的。例如在资源严重稀缺的时候，群体之间的战争对群体来说是不可避免的或有帮助的时候。对群体之间、群体内部的暴力行为的权衡，以及资源的相对稀缺性，都可能是引导一夫一妻制出现的重要因素（尽管这个过程很复杂）。

26. Henrich, Boyd, and Richerson, "Puzzle of Monogamous Marriage," p. 660.

27. T. Hesketh and Z. W. Xing, "Abnormal Sex Ratios in Human Populations," *PNAS: Proceedings of the National Academy of Sciences* 103(2006) 13271-13275; T. Hesketh, L. Lu, and Z. W. Xing, "The Consequences of Son Preference and Sex-Selective Abortion in China and Other Asian Countries," *Canadian Medical Association Journal* 183(2011) :1374-1377; L. Jin, F. Elwert, J. Freese, and N. A. Christakis, "Preliminary Evidence Regarding the Hypothesis That the Sex Ratio at Sexual Maturity May Affect Longevity in Men," *Demography* 47(2010) : 579-586.

28. MacDonald, "Establishment and Maintenance"; Scheidel, "Peculiar Institution"; Herlihy, "Biology and History.".

29. A. Korotayev and D. Bondarenko, "Polygyny and Democracy: A Cross-Cultural Com-

parison," *Cross-Cultural Research* 34(2000) : 190-208; R. McDermott and J. Cowden, "Polygyny and Violence Against Women," *Emory Law Journal* 64(2015) : 1767-1814.

30. Henrich, Boyd, and Richerson, "Puzzle of Monogamous Marriage." 正如在讨论人类行为时一贯强调的，重要的是要避免假设某个给定社会中的每个人都有相同的性取向或对伴侣的相同欲望（无论其文化规范如何）。

31. F. W. Marlowe, *The Hadza: Hunter-Gatherers of Tanzania* (Berkeley: University of California Press, 2010) .

32. R. Sear and F. W. Marlowe, "How Universal Are Human Mate Choices? Size Doesn't Matter When Hadza Foragers Are Choosing a Mate," *Biology Letters* 5(2009) : 606-609.

33. F. W. Marlowe, "Mate Preferences Among Hadza Hunter-Gatherers," *Human Nature* 15(2004) : 365-376.

34. C. L. Apicella, A. N. Crittenden, and V. A. Tobolsky, "Hunter-Gatherer Males Are More Risk-Seeking Than Females, Even in Late Childhood," *Evolution and Human Behavior* 38(2017) : 592-603.

35. A. Little, C. L. Apicella, and F. W. Marlowe, "Preferences for Symmetry in Human Faces in Two Cultures: Data from the UK and the Hadza, an Isolated Group of Hunter-Gatherers," *Proceedings of the Royal Society B* 274(2007) : 3113-3117; C. L. Apicella, A. C. Little, and F. W. Marlowe, "Facial Averageness and Attractiveness in an Isolated Population of Hunter-Gatherers," *Perception* 36(2007) : 1813-1820; C. L. Apicella and D. R. Feinberg, "Voice Pitch Alters Mate-Choice-Relevant Perception in Hunter-Gatherers," *Proceedings of the Royal Society B* 276(2009): 1077-1082; F. W. Marlowe, C. L. Apicella, and D. Reed, "Men's Preferences for Women's Profile Waist-to-Hip Ratio in Two Societies," Evolution and Human Behavior 26(2005) : 458-468.D. M. Buss and M. Barnes, "Preferences in Human Mate Selection," *Journal of Personality and Social Psychology* 50(1986): 559-570.

36. F. W. Marlowe, "Mate Preferences Among Hadza Hunter-Gatherers," p. 374.

37. C. L. Apicella, "Upper Body Strength Predicts Hunting Reputation and Reproductive Success in Hadza Hunter-Gatherers," *Evolution and Human Behavior* 35(2014) : 508-518.

38. K. Hawkes, J. O'Connell, and N. G. Blurton Jones, "Hunting and Nuclear Families: Some Lessons from the Hadza About Men's Work," *Current Anthropology* 42(2001) : 681-709.

39. F. W. Marlowe, "A Critical Period for Provisioning by Hadza Men: Implications for Pair-Bonding," *Evolution and Human Behavior* 24(2003) : 217-229.

40. 同上，第 224—225 页。马洛指出，在家中有继子女的男性当中，他们的努力会被削弱、弱化，这与食物供给理论一致。

41. R. Dyson-Hudson, D. Meekers, and N. Dyson-Hudson, "Children of the Dancing Ground, Children of the House: Costs and Benefits of Marriage Rules (South Turkana, Kenya) ," *Journal of Anthropological Research* 54(1998) : 19-47.

42. P. H. Gulliver, *A Preliminary Survey of the Turkana,* Communications from the School of African Studies, n.s., no. 26(Cape Town: University of Cape Town, 1951) , p. 199.

43. 一般来说，在需要嫁妆的社会，新娘的家庭要向新郎的家庭支付金钱（这与需要彩礼的社会恰好相反），也因此更可能接近于一夫一妻制、父系制和同族结婚制（与一群人结婚）。

44. Gulliver, *Preliminary Survey of the Turkana*, p. 206.

45. 从某种角度来看，彩礼这种交易是适应性的，因为在干旱的年景里，男性无法准备好必需的彩礼，因此结婚（以及随之而来的下一代的出生）会被推迟到食物供给再一次变得充足的时候（虽然目前我们还不清楚图尔卡纳人是否已经意识到了这种周期性可能带来的好处）。

46. Gulliver, *Preliminary Survey of the Turkana* , p. 199.

47. 同上，第 198—199 页。这项关于图尔卡纳人的婚姻制度的经典研究完成于 1951 年，它没有报告高生育能力在性伴侣之间被认为是必不可少的。另一项研究表明，多达 50% 的长子（长女）是在结婚之前就怀孕的：Dyson-Hudson, Meekers, and Dyson-Hudson, "Children of the Dancing Ground," p. 26。

48. 同上。男性的青春期通常是在 17 岁，又被称为 "abu akoun"，含义为 "睾丸长大"。女性初次结婚的平均年龄为 22.4 岁（±5.2 岁），男性初次结婚的平均年龄为 32.6 岁（±7.2 岁）。

49. 同上。

50. R. Dyson-Hudson and D. Meekers, "Universality of African Marriage Reconsidered: Evidence from Turkana Males," *Ethnology* 35(1996)：301-320. 我在本书中提到过我的祖父尼古拉斯·克里斯塔基斯跟我讲了一个发生在他的童年的故事。大约在 1910 年前后，他那时 10 多岁，住在希腊，有几个姐姐。希腊流行嫁妆制，而且惯例是弟弟必须赚钱为所有的姐姐准备嫁妆，不然自己就不能结婚。因此，我的祖父直到 35 岁才结婚。

51. 同上。

52. 根据犹他州官员的说法，有 1000 名十几岁的男孩与他们的父母分开了。这些男孩经常落入自生自灭的困境。耶稣基督末世圣徒原教旨教会的发言人称这些男孩是因为 "有过失" 而被驱逐的，但是犹他州当局则声称，他们之所以被抛弃，主要是为了保证年轻女孩成为教会中更年长、更有权势的男性的众多妻子之一。J. Borger, "The Lost Boys, Thrown Out of US Sect So That Older Men Can Marry More Wives," *Guardian,* June 13, 2005.

53. P. W. Leslie, R. Dyson-Hudson, and P. H. Fry, "Population Replacement and Persistence," in M. A. Little and P. W. Leslie, eds., *Turkana Herders of the Dry Savanna* (Oxford:Oxford University Press, 1999)，pp. 281-301. 然而，对较年长的图尔卡纳男性的雄性激素水平的测试则得到了复杂的结果，部分原因是一夫多妻制使年龄较大的男性的睾丸激素仍然保持在相对较高的水平上。

54. W. Jankowiak, M. Sudakov, and B. C. Wilreker, "Co-Wife Conflict and Cooperation," *Ethnology* 44(2005) :81-98.

55. B. I. Strassmann, "Polygyny as a Risk Factor for Child Mortality Among the Dogon," *Current Anthropology* 38(1997) :688-695.

56. 我们并不是只在一夫多妻的家庭中发现了非亲缘性是导致暴力的一个因素。对一夫一妻制社会的实证研究也表明，家庭成员之间的亲缘性较低的话，发生虐待、忽视和谋杀的概率更高。与遗传上没有关系的成年人一起生活，是儿童被虐待或谋杀的最大风险因素。与我们熟知的童话故事一致，继母杀害孩子的概率是亲生母亲的两倍多。而且，与没有亲缘关系的父母生活在一起的孩子 "意外" 死亡的可能性也要比正常情况高出很多倍。M. Daly and M. Wilson, "Discriminative Parental Solicitude:A Biological Perspective," *Journal of Marriage and Family* 42(1980) :277-288; M. Daly and M. Wilson, *The Truth About Cinderella: A Darwinian View of Parental Love* (New Haven, CT:Yale University Press, 1999); V. A. Weekes-Shackelford and T. K. Shackelford, "Methods of Filicide:Stepparents and Genet-

ic Parents Kill Differently," *Violence Victims* 19(2004) :75-81; K. Gibson, "Differential Parental Investment in Families with Both Adopted and Genetic Children," *Evolution and Human Behavior* 30(2009) :184-189.

57. D. MacDougall and J. MacDougall, *A Wife Among Wives,* documentary film(1981) . 罗朗继续说道："但是，如果她接受了父母为她选择的男性，她就会得到父母的祝福并与丈夫幸福地生活在一起。她的父亲可能会给她更多的牲畜。大家会帮助她、支持她。这就是图尔卡纳人缔结婚姻的方式。"

58. 同上。

59. D. MacDougall and J. MacDougall, *The Wedding Camels,* documentary film(1980) .

60. S. Beckerman and P. Valentine, eds., *Cultures of Multiple Fathers: The Theory and Practice of Partible Paternity in Lowland South America* (Gainesville: University Press of Florida, 2002) .

61. R. M. Ellsworth, D. H. Bailey, K. R. Hill, A. M. Hurtado, and R. S. Walker, "Relatedness, Co-Residence, and Shared Fatherhood Among Aché Foragers of Paraguay," *Current Anthropology* 55(2014) : 647-653.

62. K. G. Anderson, "How Well Does Paternity Confidence Match Actual Paternity?," *Current Anthropology* 47(2006) : 513-520.

63. G. J. Wyckoff, W. Want, and D. I. Wu, "Rapid Evolution of Male Reproductive Genes in the Descent of Man," *Nature* 403(2000) : 304-309. 这还指向了人类的各种适应性，包括如下观点：人类阴茎的形状反映了它"作为一个精子播种机"的作用。以下利用人造阴茎和人造阴道进行的实验对这种观点进行了检验：G. G. Gallup et al., "The Human Penis as a Semen Displacement Device," *Evolution and Human Behavior* 24(2003): 277-289。另外也可参见：L. W Simmons, R. C. Firman, G. Rhodes, and M. Peters, "Human Sperm Competition: Testis Size, Sperm Production, and Rates of Extrapair Copulations," *Animal Behaviour* 68(2004) : 297-302。

64. S. Beckerman and P. Valentine, "The Concept of Partible Paternity Among Native South Americans," in S. Beckerman and P. Valentine, eds., *Cultures of Multiple Fathers: The Theory and Practice of Partible Paternity in Lowland South America* (Gainesville: University Press of Florida, 2002), pp. 1-13.

65. 对于一夫多妻制的家庭来说，情况可能正好相反。有证据表明，有多个妻子反而可能危及孩子的生存（例如母亲之间为自己的孩子可以得到更多资源而激烈竞争）。E. Smith-Greenaway and J. Trinitapoli, "Polygynous Contexts, Family Structure, and Infant Mortality in Sub-Saharan Africa," *Demography* 51(2014) : 341-366.

66. S. B. Hrdy, *Mother Nature: A History of Mothers, Infants, and Natural Selection* (New York: Pantheon, 1999) .

67. 5%这个数字来自国际人口科学研究院（International Institute for Population Sciences）与人口理事会（Population Council）的一项调查，转引自 G. Harris，"Websites in India Put a Bit of Choice into Arranged Marriages," *New York Times*，April 24，2015。根据一个取自孟买城市中产阶级的样本，当前一代人的婚姻有大约30%不是包办婚姻，他们父母一代的婚姻也有8%不是包办婚姻。D. Mathur, "What's Love Got to Do with It? Parental Involvement and Spouse Choice in Urban India"(paper, November 7, 2007).

68. J. Marie, "What It's Really Like to Have an Arranged Marriage," *Cosmopolitan,* November 25, 2014.

69. "Seven Couples in Arranged Marriage Reveal When They 'Actually Fell in Love' with Each Other," *Times of India,* November 14, 2017.

70. R. Epstein, M. Pandit, and M. Thakar, "How Love Emerges in Arranged Marriages: Two Cross-Cultural Studies," *Journal of Comparative Family Studies* 43(2013) : 341-360.

71. J. Madathil and J. M. Benshoff, "Importance of Marital Characteristics and Marital Satisfaction: A Comparison of Asian Indians in Arranged Marriages and Americans in Marriages of Choice," *Family Journal* 16(2008) : 222-230; J. E. Myers, J. Madathil, and L. R. Tingle, "Marriage Satisfaction and Wellness in India and the United States: A Preliminary Comparison of Arranged Marriages and Marriages of Choice," *Journal of Counseling and Development* 83(2005) : 183-190P; Yelsma and K. Athappilly, "Marital Satisfaction and Communication Practices: Comparisons Among Indian and American Couples," *Journal of Comparative Family Studies* 19(1988) : 37-54.

72. P. C. Regan, S. Lakhanpal, and C. Anguiano, "Relationship Outcomes in Indian-American Love-Based and Arranged Marriages," *Psychological Reports* 110(2012) : 915-924.

73. Epstein, Pandit, and Thakar, "How Love Emerges." 包办婚姻中的离婚率通常远低于自由婚姻。不过，这个结果通常也很难与如下事实区分开来：实行包办婚姻的社会中通常会有强大的抑制离婚的文化因素，甚至可能存在阻碍离婚的法律规定。

74. D. M. Buss et al., "International Preferences in Selecting Mates: A Study of 37 Cultures," *Journal of Cross-Cultural Psychology* 21(1990): 5-47. 爱情在一些国家占据的地位较低，例如尼日利亚。这项调查还发现，所有国家和地区的人都很看重伴侣的可靠性、情绪稳定性、善良和智力等因素，这与图尔卡纳人或哈扎人给出的评级不同。虽然文化对人们认为什么样的伴侣是合适的会产生明显的影响，但是在世界范围内，人们对于理想伴侣的看法相显然具有较大的相似性。世界各地变异性最大的一个因素是贞洁，这在印度、印度尼西亚和伊朗等地都极受重视，但是在瑞典、芬兰和德国则被认为是无关紧要的。另外，在法国、日本、巴西、西班牙、爱尔兰和美国，"令人兴奋的个性" 被认为是一种非常有吸引力的因素，但是在中国、印度和伊朗则被认为并不是非常重要。

第 6 章

1. L. A. McGraw and L. J. Young, "The Prairie Vole: An Emerging Model Organism for Understanding the Social Brain," *Trends in Neuroscience* 33(2010) : 103-109.

2. T. Pizzuto and L. Getz, "Female Prairie Voles (*Microtus ochrogaster*) Fail to Form a New Pair After Loss of Mate," *Behavioural Processes* 43(1998) : 79-86.

3. 动物也可以实行遗传性的或"真正的"一夫一妻制——完全的性排他性，一对"夫妻"的所有后代都与它们在遗传上相关。一些深海鱼类在遗传上是遵循一夫一妻制的，其中雄性的体型要小得多，雄性个体会紧紧地吸附在雌性个体身上（在深海中，雄性与雌性个体要找到对方非常困难），甚至可能融合进雌性的身体之内，然后仅仅作为精子的来源。遗传上的一夫一妻制还可以描述那些"额外配对"的特别罕见的物种。重要的是，我们不能将这种一夫一妻的配对结合与生物中的二元体概念混为一谈。也就是说，动物可能形成长期的交配联盟，也可以与它们的伴侣分开。M. Huck, E. Fernandez-Duque, P. Babb, and T. Schurr, "Correlates of Genetic Monogamy

in Socially Monogamous Mammals: Insights from Azara's Owl Monkeys," *Proceedings of the Royal Society B* 281(2014) : 20140195.

4. 在某些"同性伴侣"动物中，例如在某些种类的企鹅中，我们也可以观察到这种配对结合现象。B. Bagemihl, *Biological Exuberance: Animal Homosexuality and Natural Diversity* (New York: St. Martin's, 1999).

5. B. B. Smuts, "Social Relationships and Life Histories of Primates," in M. E. Morbeck, A. Galloway, and A. Zihlman, eds., *The Evolving Female* (Princeton, NJ: Princeton University Press, 1997) , pp. 60-68.

6. B. Chapais, *Primeval Kinship: How Pair-Bonding Gave Birth to Human Society* (Cambridge, MA: Harvard University Press, 2008) .

7. 在其他种群中，有16%的食肉动物（如狗、猫和熊）和3%的有蹄类动物（如猪、鹿和河马）是一夫一妻制的。令人惊讶的是，鲸并不遵循一夫一妻制，尽管鲸是最具社会性的物种之一。D. Lukas and T. H. Clutton-Brock, "The Evolution of Social Monogamy in Mammals," *Science* 341 (2013) : 526-530.

8. 哺乳动物的源头及其出现的时间，现在学界仍无定论。N. M. Foley, M. S. Springer, and E. C. Teeling, "Mammal Madness: Is the Mammal Tree of Life Not Yet Resolved?," *Philosophical Transactions of the Royal Society B* 371(2016) : 20150140.

9. Lukas and Clutton-Brock, "Evolution of Social Monogamy."

10. J. C. Mitani, "The Behavioral Regulation of Monogamy in Gibbons (*Hylobates muelleri*)," *Behavioral Ecology and Sociobiology* 15(1984): 225-229.

11. S. Shultz, C. Opie, and Q. D. Atkinson, "Stepwise Evolution of Stable Sociality in Primates," *Nature* 479(2011) : 219-222. 人类祖先的食物构成的改变可能导致女性扩大了采集范围，而这又会对男性保护多个女性的能力提出挑战。灵长类动物从独居生活向群居生活转变有许多可能的原因。生活在群体中能够降低先前随着从夜间生活方式向昼夜生活方式转变而来的被捕食的风险。一旦某个动物世系变成了"社会性动物"，那么它就会一直保持这种生活方式，重新向孤独的生活方式转变的回头路是不存在的。

12. W. D. Lassek and S. J. C. Gaulin, "Costs and Benefits of Fat-Free Muscle Mass in Men: Relationship to Mating Success, Dietary Requirements, and Native Immunity," *Evolution and Human Behavior* 30(2009) : 322-328; A. Sell, L. S. E. Hone, and N. Pound, "The Importance of Physical Strength to Human Males," *Human Nature* 23(2012) : 30-44.

13. J. M. Plavcan, "Sexual Dimorphism in Primate Evolution," *American Journal of Physical Anthropology* 116(2002) : 25-53; J. M. Plavcan and C. P. van Schaik, "Intrasexual Competition and Body Weight Dimorphism in Anthropoid Primates," *American Journal of Physical Anthropology* 103(1997) : 37-68.

14. 1813年10月28日，托马斯·杰斐逊（Thomas Jefferson）在写给约翰·亚当斯（John Adams）的一封信中说："在以前，公民（aristoi）之间需要凭借身体力量来争夺地位。但是，火枪的发明既武装了强者，也武装了弱者，使强者也可能会被弱者一击而亡。这样一来，身体的力量就像美貌、幽默、礼貌和其他成就一样，都变成了辅助性的区分依据。" *The Adams-Jefferson Letters: The Complete Correspondence Between Thomas Jefferson and Abigail and John Adams,* ed. L. J. Cappon, vol. 2 (Chapel Hill: University of North Carolina Press, 1959) , pp. 387-392.

15. C. L. Apicella, "Upper Body Strength Predicts Hunting Reputation and Reproductive

Success in Hadza Hunter-Gatherers," *Evolution and Human Behavior* 35(2014) : 508-518.

16. S. Gavrilets, "Human Origins and the Transition from Promiscuity to Pair-Bonding," *PNAS: Proceedings of the National Academy of Sciences* 109(2012) : 9923-9928.

17. A. Fuentes, "Patterns and Trends in Primate Pair Bonds," *International Journal of Primatology* 23(2002) : 953-978. 参阅 C. Opie, Q. D. Atkinson, R. I. M. Dunbar, and S. Shultz, "Male Infanticide Leads to Social Monogamy in Primates," *PNAS: Proceedings of the National Academy of Sciences* 110(2013) : 13328-13332.

18. R. O. Prum, "Aesthetic Evolution by Mate Choice: Darwin's Really Dangerous Idea," *Philosophical Transactions of the Royal Society B* 367(2012) : 2253-2265.

19. Gavrilets, "Huma Origins."

20. 这个术语在正式文献中经常出现，一般认为是著名进化生物学家约翰・梅纳德・史密斯（John Maynard Smith）首创的（但是我找不到最初的文献）。较早使用这个术语的一篇论文是 J. Cherfas, "The Games Animals Play," *New Scientist* 75(1977) : 672-674。有时，也把这种现象称为"雌性的威胁"（kleptogyny）。

21. Gavrilets, "Human Origins."

22. 据可靠文献记载，有史以来"生孩子最多的妇女"一共生下了 69 个子女（是生活在 18 世纪的一位俄国妇女）。M. M. Clay, *Quadruplets and Higher Multiple Births* (Auckland: MacKeith Press, 1989) , P. 96. 当然，避孕或流产肯定会导致生育率下降。采集者群体成员的生育间隔期很长，哺乳期也很长。

23. J. Henrich, R. Boyd, and P. J. Richerson, "The Puzzle of Monogamous Marriage," *Philosophical Transactions of the Royal Society B* 367(2012) : 657-669.

24. 对不同策略的兴趣可能会随着排卵期的到来和结束而变化。M. G. Haselton and S. W. Gangestad, "Conditional Expression of Women's Desires and Men's Mate Guarding Across the Ovulatory Cycle," *Hormones and Behavior* 49(2006) : 509-518. D. M. Buss, "Sex Differences in Human Mate Preferences: Evolutionary Hypotheses Testing in 37 Cultures," *Behavioral and Brain Sciences* 12(1989) : 1-49.

25. E. Turkheimer, "Three Laws of Behavior Genetics and What They Mean," *Current Directions in Psychological Science* 9(2000) : 160-164.

26. T. J. C. Polderman et al., "Meta-Analysis of the Heritability of Human Traits Based on Fifty Years of Twin Studies," *Nature Genetics* 47(2015) : 702-729.

27. J. Wu, H. Xiao, H. Sun, L. Zou, and L. Q. Zhu, "Role of Dopamine Receptors in ADHD: A Systematic Meta-Analysis," *Molecular Neurobiology* 45(2012) : 605-620; C. Chen, M. Burton, E. Greenberger, and J. Dmitrieva, "Population Migration and the Variation of Dopamine D4 Receptor (DRD4) Allele Frequencies Around the Globe," *Evolution and Human Behavior* 20(1999) : 309-324; R. P. Ebstein et al., "Dopamine D4 Receptor (D4DR) Exon III Polymorphism Associated with the Human Personality Trait of Novelty Seeking," *Nature Genetics* 12(1996) : 78-80; J. Benjamin, L. Li, C. Patterson, B. D. Greenberg, D. L. Murphy, and D. H. Hamer, "Population and Familial Association Between the D4 Dopamine Receptor Gene and Measures of Novelty Seeking," *Nature Genetics* 12(1996) : 81-84; M. R. Munafo, B. Yalcin, S. A. Willis-Owen, and J. Flint, "Association of the Dopamine D4 Receptor (DRD4) Gene

and Approach-Related Personality Traits: Meta-Analysis and New Data," *Biological Psychiatry* 63(2008) : 197-206.

28. J. N. Rosenquist, S. F. Lehrer, A. J. O'Malley, A. M. Zaslavsky, J. W. Smoller, and N. A. Christakis, "Cohort of Birth Modifies the Association Between FTO Genotype and BMI," *PNAS: Proceedings of the National Academy of Sciences* 112(2015) : 354-359.

29. 通常，动物或物种之间的差异反映的是激素或递质受体的变化，而不是激素水平或结构的变化。这种变异性还可能体现在以下方面：受体与激素结合的强度、此类受体的数量、受体传递信息与结合方式之间的关系，以及受体在细胞层面或神经解剖层面上的位置。

30. L. J. Young and Z. Wang, "The Neurobiology of Pair-Bonding," *Nature Neuroscience* 7(2004) : 1048-1054.

31. E. A. Hammock and L. J. Young, "Variation in the Vasopressin V1a Receptor Promoter and Expression: Implications for Inter-and Intraspecific Variation in Social Behaviour," *European Journal of Neuroscience* 16(2002) : 399-402.

32. M. Nagasawa et al., "Oxytocin-Gaze Positive Loop and the Coevolution of Human-Dog Bonds," *Science* 348(2015) : 333-336.

33. P. T. Ellison and P. B. Gray, eds., *Endocrinology of Social Relationships* (Cambridge, MA: Harvard University Press, 2009); Z. R. Donaldson and L. J. Young, "Oxytocin, Vasopressin, and the Neurogenetics of Sociality," *Science* 322(2008) : 900-904.

34. 例如，在一个简化的分类体系中，有“探索者”（主要由多巴胺系统驱动）、“建造者”（血清素）、“导演”（睾丸激素）和“谈判者”（雌性激素）。H. Fisher, *Why Him? Why Her?* (New York: Henry Holt, 2009).

35. M. M. Lim et al., "Enhanced Partner Preference in a Promiscuous Species by Manipulating the Expression of a Single Gene," *Nature* 429(2004) : 754-757.

36. 实际情况当然要比这更加复杂一些。一组后续研究表明，还有其他非一夫一妻制的田鼠也有类似的加压素受体。看起来，控制受体表达的 DNA 序列可能是非常重要的。这是一个仍在持续推进的研究领域。S. Fink, L. Excoffier, and G. Heckel, "Mammalian Monogamy Is Not Controlled by a Single Gene," *PNAS: Proceedings of the National Academy of Sciences* 103(2006) : 10956-10960; 以及 McGraw and Young, "Prairie Vole".

37. A. Bendesky et al., "The Genetic Basis of Parental Care Evolution in Monogamous Mice," *Nature* 544(2017) : 434-439.

38. H. Walum et al., "Genetic Variation in the Vasopressin Receptor 1a Gene (*AVPR1A*) Associates with Pair-Bonding Behavior in Humans," *PNAS: Proceedings of the National Academy of Sciences* 105(2008) : 14153-14156.

39. Z. M. Prichard, A. J. Mackinnon, A. F. Jorm, and S. Easteal, "AVPR1A and OXTR Polymorphisms Are Associated with Sexual and Reproductive Behavioral Phenotypes in Humans," *Human Mutation* 28(2007) : 1150; T. H. Wassink et al., "Examination of AVPR1a as an Autism Susceptibility Gene," *Molecular Psychiatry* 9(2004) : 968-972; N. Yirmiya et al., "Association Between the Arginine Vasopressin 1a Receptor (AVPR1a) Gene and Autism in a Family-Based Study: Mediation by Socialization Skills," *Molecular Psychiatry* 11(2006) : 488-494; A. Knafo et al., "Individual Differences in Allocation of Funds in the Dictator Game Associated with Length of the Arginine Vasopressin 1a Receptor RS3 Promoter Region and Correlation Between RS3

Length and Hippocampal mRNA," *Genes, Brain and Behavior* 7(2007) : 266-275. 其他实验研究还表明，伴侣偏好不仅仅是受基因调控的，它还是表观遗传学的研究对象。所谓表观遗传，是指这样一个生物过程——它们通过基因序列本身之外的过程来影响基因的表达，就像一组生物开关一样。H. Wang, F. Duclot, Y. Liu, Z. Wang, and M. Kabbaj, "Histone Deacetylase Inhibitors Facilitate Partner Preference Formation in Female Prairie Voles," *Nature Neuroscience* 16(2013) : 919-924. 许多编码我们身体结构和生理其他方面的基因，都肯定在我们的交配和社交行为中扮演了类似的角色。G. E. Robinson, R. D. Fernald, and D. F. Clayton, "Genes and Behavior," *Science* 322(2008) : 896-900.

40. D. Pissonnier, J. C. Thiery, C. Fabre-Nys, P. Poindron, and E. B. Keverne, "The Importance of Olfactory Bulb Noradrenalin for Maternal Recognition in Sheep," *Physiology and Behavior* 35(1985) : 361-363.

41. A. Bartels and S. Zeki, "The Neural Correlates of Maternal and Romantic Love," *NeuroImage* 21(2004) : 1155-1166.

42. G. B. Wislocki, "Size, Weight, and Histology of the Testes in the Gorilla," *Journal of Mammalogy* 23(1942) : 281-287. 关于对人类阴茎大小的解释，有几种理论。第一种理论是，阴茎所起的是作为一种炫耀工具的作用，就像狮子的鬃毛一样。第二种理论认为，在人类祖先那里，女性可能会依次与多位男性交配，因此具有更长的阴茎的男性能够将精子排放到最靠近子宫的阴道深处。还有一个理论是，大阴茎更容易使女性获得性高潮，进而导致人类女性祖先优先选择与阴茎更大的男性交配。L. J. Young and B. Alexander, *The Chemistry Between Us: Love, Sex, and the Science of Attraction* (New York: Penguin, 2012) .

43. S. Brody and R. M. Costa, "Satisfaction (Sexual, Life, Relationship, and Mental Health) Is Associated Directly with Penile-Vaginal Intercourse, but Inversely with Other Sexual Behavior Frequencies," *Journal of Sexual Medicine* 6(2009): 1947-1954; S. Brody, "The Relative Health Benefits of Different Sexual Activities," *Journal of Sexual Medicine* 7(2010) : 1336-1361.

44. 例如，对草原田鼠进行的实验表明，"处男"对待其他成员的态度通常不会有所不同，但是，一旦它们交配了，它们就会对靠近伴侣的其他雄性虎视眈眈，并且这种效应（即产生伴侣偏好并对抗其他雄性）是可以通过注射拮抗剂来阻断某些激素（例如后叶加压素）来逆转的。J. T. Winslow, N. Hastings, C. S. Carter, C. R. Harbaugh, and T. R. Insel, "A Role for Central Vasopressin in Pair-Bonding in Monogamous Prairie Voles," *Nature* 365(1993) : 545-548.

45. 配偶之间也可以表现出"受具有相反特质的对象吸引"的现象。这方面的例子包括挥金如土者与勤俭节约者结婚：(S. I. Rick, D. A. Small, and E. J. Finkel, "Fatal [Fiscal] Attraction: Spendthrifts and Tightwads in Marriage," *Journal of Marketing Research* 48 [2011]: 228-237); 追随者与领导者结婚：(C. D. Dryer and L. M. Horowitz, "When Do Opposites Attract? Interpersonal Complementarity Versus Similarity," *Journal of Personality and Social Psychology* 72 [1997]: 592-603)；白细胞抗原类型不同的人的配对：(R. Chaix, C. Chao, and P. Donnelly, "Is Mate Choice in Humans MHC-Dependent?," *PLOS Genetics* 4 [2008]: e1000184); 甚至有施虐者和受虐者结婚的：(B. L. Stiles and R. E. Clark, "BDSM: A Subcultural Analysis of Sacrifices and Delights," *Deviant Behavior* 32 [2011]: 158-189) 。

46. R. A. Fisher, "The Correlation Between Relatives on the Supposition of Mendelian Inheritance," *Transactions of the Royal So-*

ciety of Edinburgh 52(1918) : 399-433; S. Wright, "Systems of Mating. III: Assortative Mating Based on Somatic Resemblance," *Genetics* 6(1920) : 144-161.

47. B. D. Neff and T. E. Pitcher, "Genetic Quality and Sexual Selection: An Integrated Framework for Good Genes and Compatible Genes," *Molecular Ecology* 14(2005) : 19-38; H. L. Mays Jr. and G. E. Hill, "Choosing Mates: Good Genes Versus Genes That Are a Good Fit," *Trends in Ecology and Evolution* 19(2004) : 554-559; M. Andersson and L. W. Simmons, "Sexual Selection and Mate Choice," *Trends in Ecology and Evolution* 21(2006) : 296-302; A. G. Jones and N. L. Ratterman, "Mate Choice and Sexual Selection: What Have We Learned Since Darwin?," *PNAS: Proceedings of the National Academy of Sciences* 106(2009) : 10001-10008.

48. F. de Waal and S. Gavrilets, "Monogamy with a Purpose," *PNAS: Proceedings of the National Academy of Sciences* 110(2013) : 15167-15168; Lukas and Clutton-Brock, "Evolution of Social Monogamy"; G. Stulp, A. P. Buunk, R. Kurzban, and S. Verhulst, "The Height of Choosiness: Mutual Mate Choice for Stature Results in Suboptimal Pair Formation for Both Sexes," *Animal Behaviour* 86(2013) : 37-46; S. A. Baldauf, H. Kullmann, S. H. Schroth, T. Thunken, and T. C. Bakker, "You Can't Always Get What You Want: Size Assortative Mating by Mutual Mate Choice as a Resolution of Sexual Conflict," *BMC Evolutionary Biology* 9(2009) : 129.

49. R. J. H. Russell, P. A. Wells, and J. P. Rushton, "Evidence for Genetic Similarity Detection in Human Marriage," *Ethology and Sociobiology* 6(1985) : 183-187.

50. T. Antal, H. Ohtsuki, J. Wakeley, P. D. Taylor, and M. A. Nowak, "Evolution of Cooperation by Phenotypic Similarity," *PNAS: Proceedings of the National Academy of Sciences* 106(2009) : 8597-8600; M. A. Nowak, "Five Rules for the Evolution of Cooperation," *Science* 314(2006) : 1560-1563; F. Fu, M. A. Nowak, N. A. Christakis, and J. H. Fowler, "The Evolution of Homophily," *Scientific Reports* 2(2012) : 845.

51. 在这种情况下，基因型配对交配可能会将原本是中性的突变基因型转变成一种“好基因”。然而，当突变等位基因不常见时，特别是当它不具有初始优势时，要找到一个拥有次要等位基因的伴侣可能要付出相当昂贵的代价。

52. Jones and Ratterman, "Mate Choice"; Y. Jiang, D. I. Bolnick, and M. Kirkpatrick, "Assortative Mating in Animals," *American Naturalist* 181(2013) : E125-E138; Russell, Wells, and Rushton, "Evidence for Genetic Similarity.".

53. R. Laurent and R. Chaix, "MHC-Dependent Mate Choice in Humans: Why Genomic Patterns from the HapMap European American Dataset Support the Hypothesis," *Bioessays* 34(2012) : 267-271. 当然，也有可能存在对于某个人的脸的相似性的非选型配对。L. M. DeBruine et al., "Opposite-Sex Siblings Decrease Attraction, but Not Prosocial Attributions, to Self-Resembling Opposite-Sex Faces," *PNAS: Proceedings of the National Academy of Sciences* 108(2011) : 11710-11714.

54. J. Havlicek and S. C. Roberts, "MHC-Correlated Mate Choice in Humans: A Review," *Psychoneuroendocrinology* 34(2009) : 497-512. 有意思的是，一些关于气味偏好和主要组织相容性复合体基因的研究表明，服用口服避孕药的女性并没有表现出同样的效应。如果女性服用避孕药会干扰她的伴侣选择，那么这就可能导致女性在后来的婚姻中都觉得她的伴侣不那么有吸引力，因此她就会面临更高的离婚风险。从原则上说，我们应该可以利用流行病学研究来检验这个设想。

55. C. Wedekind, T. Seebeck, F. Bettens, and A. J. Paepke, "MHC-Dependent Mate Preferences in Humans," *Proceedings of the Royal Society B* 260(1995)：245-249. C. Wedekind and S. Füri, "Body Odour Preferences in Men and Women: Do They Aim for Specific MHC Combinations or Simply Heterozygosity?," *Proceedings of the Royal Society B* 264(1997)：1471-1479.

56. 虽然很明显主要组织相容性复合体基因在体臭中发挥了一定作用，但是目前我们还不清楚它们究竟是如何做到这一点的。M. Milinski, I. Croy, T. Hummel, and T. Boehm, "Major Histocompatibility Complex Peptide Ligands as Olfactory Cues in Human Body Odour Assessment," Proceedings of the Royal Society B 280(2013)：20122889.

57. 人类白细胞抗原影响伴侣选择的另一个可能途径是通过面部偏好。人类显然非常重视潜在伴侣的面孔，并且有相当多的证据表明，人类白细胞抗原杂合性与被认定为更有吸引力的面孔有关（至少在男性中是这样）。如果要让女性伴侣认定自己更可能，男性还需要再克服一个障碍。女性对人类白细胞抗原基因组与自己相似的男性面孔的“评分”要高于人类白细胞抗原基因组与自己不相似的男性（即前者更具吸引力）。就最理想的情况而言，一个男性应携带两份不同的人类白细胞抗原基因，而且这些副本还应该与他未来伴侣的两个副本相似（如果要让她认为他就是最优选择的话）。至少，视觉线索可能就是这种情况。需要注意的是，这种与伴侣相似的必要性与对嗅觉线索的反应相反。嗅觉和视觉这两方面是分别起作用的，可能是两种相反的力量，这个事实表明，自然选择使我们拥有了选择具有人类白细胞抗原最优不相似水平的伴侣的能力。S. C. Roberts et al., "MHC-Assortative Facial Preferences in Humans," *Biology Letters* 1(2005)：400-403.

58. 在我所知的范围内，还没有人研究过同性恋伴侣的人类白细胞抗原差异。如果有人发现了类似于异性恋伴侣的结果，那么就可能意味着人类白细胞抗原偏好是基因性的，而不是与生殖过程本身紧密耦合的。如果没有发现这样的结果，那么就意味着这些现象仍然与生殖生物学有关。无论结果是哪一种，都应该是很有意思的。

59. C. Ober, L. R. Weitkamp, N. Cox, H. Dytch, D. Kostyu, and S. Elias, "HLA and Mate Choice in Humans," *American Journal of Human Genetics* 61(1997)：497-504; P. W. Hedrick and F. L. Black, "HLA and Mate Selection: No Evidence in South Amerindians," *American Journal of Human Genetics* 61(1997)：505-511.

60. T. Bereczkei, P. Gyuris, and G. E. Weisfeld, "Sexual Imprinting in Human Mate Choice," *Proceedings of the Royal Society B* 271(2004)：1129-1134.

61. T. J. C. Polderman et al., "Meta-Analysis of the Heritability of Human Traits Based on Fifty Years of Twin Studies," *Nature Genetics* 47(2015)：702-709.

62. R. S. Herz and M. Inzlicht, "Sex Differences in Response to Physical and Social Factors Involved in Human Mate Selection: The Importance of Smell for Women," *Evolution and Human Behavior* 23(2002)：359-364.

63. R. McDermott, D. Tingley, and P. K. Hatemi, "Assortative Mating on Ideology Could Operate Through Olfactory Cues," *American Journal of Political Science* 58(2014)：997-1005.

64. A. Nishi, J. H. Fowler, and N. A. Christakis, "Assortative Mating at Loci Under Recent Nat-

ural Selection in Humans"（未发表的手稿，2012年）。一些小规模的研究探讨了人类与在遗传上与自己相似的人优先交配的程度，以及这种情况对进化可能意味着什么。R. Sebro, T. J. Hoffman, C. Lange, J. J. Rogus, and N. J. Risch, "Testing for Non-Random Mating: Evidence for Ancestry-Related Assortative Mating in the Framingham Heart Study," *Genetic Epidemiology* 34(2010)：674-679; R. Laurent, B. Toupance, and R. Chaix, "Non-Random Mate Choice in Humans: Insights from a Genome Scan," *Molecular Ecology* 21(2012)：587-596.

65. 我们还没能找到在人类白细胞抗原区段非选型交配的实质性证据。Nishi, Fowler, and Christakis, "Assortative Mating". 这与以往的研究结果是一致的。Chaix, Chao, and Donnelly, "Mate Choice"; A. Derti, C. Cenik, P. Kraft, and F. P. Roth, "Absence of Evidence for MHC-Dependent Mate Selection Within HapMap Populations," *PLOS Genetics* 6(2010)：e1000925.

66. 前者与近亲繁殖的缺点有关，后者则涉及这样一个事实：人类基因组中的各组基因通常是共同适应并协同发挥作用，因此，与那些和我们差异较大的人繁殖后代，可能会打破这些基因相互作用时的协同作用，从而导致只能有少数后代生存下来。A. Helgason, S. Palsson, D. F. Gudbjartsson, T. Kristjansson, and K. Stefansson, "An Association Between the Kinship and Fertility of Human Couples," *Science* 319(2008)：813-816.

67. K. R. Hill et al., "Co-Residence Patterns in Hunter-Gatherer Societies Show Unique Human Social Structure," *Science* 331(2011)：1286-1289; C. L. Apicella, F. W. Marlowe, J. H. Fowler, and N. A. Christakis, "Social Networks and Cooperation in Hunter-Gatherers," *Nature* 481(2012)：497-501; M. Sikora et al., "Ancient Genomes Show Social and Reproductive Behavior of Early Upper Paleolithic Foragers," *Science* 358(2017)：659-662.

68. M. Dyble et al., "Sex Equality Can Explain the Unique Structure of Hunter-Gatherer Bands," *Science* 348(2015)：796-798.

69. Chapais, *Primeval Kinship,* p. 179.

70. 正如我们已经看到的，配对结合也能引导男性"正确运用自己的能量"——不再凭借身体力量去竞争伴侣，而是通过成为更好的食物提供者来展开竞争。而且，由于配对结合使识别男性亲属成为可能，它可能极大地提高了个体用于支持亲属的各种机制的效率，从而促进了群体内部的联盟和协定的出现。Gavrilets, "Human Origins"; Chapais, Primeval Kinship; M. Mesterton-Gibbons, S. Gavrilets, J. Gravner, and E. Akcay, "Models of Coalition or Alliance Formation," *Journal of Theoretical Biology* 274(2011)：187-204. 一旦建立了家庭群体和分享机制，也就为新型的文化选择发挥作用奠定了基础，同时也为与非亲属的进一步合作奠定了基础。P. Richerson et al., "Cultural Group Selection Plays an Essential Role in Explaining Human Cooperation: A Sketch of the Evidence," *Behavioral and Brain Sciences* 39(2014)：e30.

第 7 章

1. J. van Lawick-Goodall, *In the Shadow of Man* (Boston: Houghton Mifflin, 1971),p. 268.

2. 在我看来，我们与其他动物接触的方式，可以说明关于我们与另一个人交往能力的许多东西。虐待动物也反映了我们个人天性或集体人性中的卑鄙部分，比如，虐待动物的人很可能也会虐待人。R. Lockwood and G. R. Hodge, "The Tangled Web of Animal Abuse: The Links Between Cruelty to Animals and Human Violence," in R. Lockwood and F. Ascione, eds., *Cruelty to Animals and Inter-*

personal Violence (West Lafayette, IN: Purdue University Press, 1998), pp. 77-82.

3. J. O'Neill, *Prodigal Genius: The Life of Nikola Tesla* (New York: Cosimo, 2006), p. 312.

4. M. Seifer, *Wizard: The Life and Times of Nikola Tesla; Biography of a Genius* (Secaucus, NJ: Birch Lane Press, 1996), p. 414.

5. O'Neill, *Prodigal Genius*, p. 316.

6. C. M. Parkes, B. Benjamin, and R. G. Fitzgerald, "Broken Heart: A Statistical Study of Increased Mortality Among Widowers," *British Medical Journal* 1, no. 5646 (1969): 740-743; F. Elwert and N. A. Christakis, "The Effect of Widowhood on Mortality by the Causes of Death of Both Spouses," *American Journal of Public Health* 98 (2008): 2092-2098; F. Elwert and N. A. Christakis, "Widowhood and Race," American Sociological Review 71 (2006): 16-41. 在特斯拉的叙述中，隐约可见他对这些鸽子有一种浪漫的依恋之情。

7. "Pet Industry Market Size and Ownership Statistics," American Pet Products Association.

8. K. Allen, J. Blascovich, and W. B. Mendes, "Cardiovascular Reactivity and the Presence of Pets, Friends, and Spouses: The Truth About Cats and Dogs," *Psychosomatic Medicine* 64 (2002): 727-739.

9. K. V. A. Johnson and R. I. M. Dunbar, "Pain Tolerance Predicts Human Social Network Size," *Scientific Reports* 6 (2016): 25267.

10. T. N. Davis et al., "Animal Assisted Interventions for Children with Autism Spectrum Disorder: A Systematic Review," *Education and Training in Autism and Developmental Disabilities* 50 (2015): 316-329; R. A. Johnson et al., "Effects of Therapeutic Horseback Riding on Post-Traumatic Stress Disorder in Military Veterans," *Military Medical Research* 5 (2018): 3.

11. C. Siebert, "What Does a Parrot Know About PTSD?" *New York Times Magazine,* January 28, 2016.

12. E. W. Budge, trans., *The History of Alexander the Great, Being the Syriac Version of the Pseudo-Callisthenes,* vol. 1 (Cambridge, UK: University Press, 1889), pp. 17-18.

13. J. H. Crider, "Fala, Never in the Doghouse," *New York Times,* October 15, 1944. "Campaign Dinner Address of Franklin Delano Roosevelt (the Fala Speech)" (Washington, DC, September 23, 1944), Wyzant.

14. "Geese Fly with Man Who Reared Them," BBC News, December 29, 2011.

15. J. van Lawick-Goodall, *My Friends the Wild Chimpanzees* (Washington, DC: National Geographic Society, 1967), p. 18.

16. 当古道尔将她关于灵长类动物行为的这些记录交给考古学家路易斯·利基（Louis Leakey）时，他的回答后来变成了一句著名的声明："我们现在必须重新定义人类、重新定义工具了；或者，我们要接受黑猩猩也是人类。"

17. Jane Goodall, interview by Bill Moyers, *Bill Moyers Journal,* PBS, November 27, 2009.

18. Van Lawick-Goodall, *In the Shadow of Man,* p. 76.

19. Goodall, *My Friends,* p. 191.

20. J. Goodall, "Fifi Fights Back," *National Geographic,* April 2003.

21. J. Goodall, *Through a Window: My Thirty Years with the Chimpanzees of Gombe* (Boston: Houghton Mifflin, 1990.

22. 尽管古道尔与黑猩猩的关系非常亲密，但是她对黑猩猩的了解仍有限制。正如她在2014年接受采访时所解释的那样：“在我获得黑猩猩的信任之前，我花了一年多的时间，但是我从来没有成为它们群体的一部分。” J. Shorthouse and A. Gaffney, “Jane Goodall: 80 and Touring Australia,” ABC Sunshine Coast (Australia), June 4, 2014. 除了古道尔之外，还有两位年轻的人类学家，即分别研究大猩猩和猩猩的黛安·福西（Dian Fossey）和伯特·盖尔迪卡斯（Birutė Galdikas），也采用了类似的方法，进入了灵长类动物群体。福西描述了她通过尊重大猩猩的等级秩序和社交规范，从而使大猩猩放松下来的方法。S. Montgomery, *Walking with the Great Apes* (Boston: Houghton Mifflin, 1991), and D. Fossey, *Gorillas in the Mist* (Boston: Houghton Mifflin, 1983).

23. H. Whitehead, Analyzing Animal Societies (Chicago: University of Chicago Press, 2009); K. Faust and J. Skvoretz, “Comparing Networks Across Space, Time, and Species,” *Sociological Methodology* 32 (2002): 267-299.

24. R. M. Seyfarth and D. L. Cheney, “The Evolutionary Origins of Friendship,” *Annual Review of Psychology* 63 (2012): 153-177; M. Krützen et al., “Contrasting Relatedness Patterns in Bottlenose Dolphins (Tursiops sp.)with Different Alliance Strategies,” *Proceedings of the Royal Society* B 270 (2003): 497-502; J. C. Mitani, “Cooperation and Competition in Chimpanzees: Current Understanding and Future Challenges,” *Evolutionary Anthropology* 18 (2009): 215-227.

25. Mitani, “Cooperation and Competition”; J. B. Silk et al., “Strong and Consistent Social Bonds Enhance the Longevity of Female Baboons,” *Current Biology* 20 (2010): 1359-1361.

26. R. C. Connor, “Dolphin Social Intelligence: Complex Alliance Relationships in Bottlenose Dolphins and a Consideration of Selective Environments for Extreme Brain Size Evolution in Mammals,” *Philosophical Transactions of the Royal Society* B 362 (2007): 587-602.

27. J. E. Tanner, F. G. P. Patterson, G. Francine, and R. W. Byrne, “The Development of Spontaneous Gestures in Zoo-Living Gorillas and Sign-Taught Gorillas: From Action and Location to Object Representation,” *Journal of Developmental Processes* 1 (2006): 69-102; J. D. Bonvillian and F. G. P. Patterson, “Early Sign-Language Acquisition: Comparisons Between Children and Gorillas,” in S. T. Parker, R. W. Mitchell, and H. L. Miles, eds., *The Mentalities of Gorillas and Orangutans* (New York: Cambridge University Press, 1999), pp. 240-264; H. S. Terrance, *Nim: A Chimpanzee Who Learned Sign Language* (New York: Columbia University Press, 1987).

28. C. Kasper and B. Voelkl, “A Social Network Analysis of Primate Groups,” *Primates* 50 (2009): 343-356.

29. J. C. Mitani, “Male Chimpanzees Form Enduring and Equitable Social Bonds,” *Animal Behaviour* 77 (2009): 633-640.

30. I. C. Gilby and R. W. Wrangham, “Associa-tion Patterns Among Wild Chimpanzees (*Pan troglodytes schweinfurthii*) Reflect Sex Differences in Cooperation,” *Behavioral Ecology and Sociobiology* 62 (2008): 1831-1842.

31. J. Lehmann and C. Boesch, “Sociality of the Dispersing Sex: The *Nature* of Social Bonds in West African Female Chimpanzees, *Pan troglodytes,*” *Animal Behaviour* 77 (2009): 377-387.

32. A. R. Parish, "Female Relationships in Bonobos (Pan paniscus)," *Human Nature* 7 (1996): 61-96; D. L. Cheney, "The Acquisition of Rank and the Development of Reciprocal Alliances Among Free-Ranging Baboons," *Behavioral Ecology and Sociobiology* 2 (1977): 303-318. 在这里，遗传相关性仍然是相互之间社会连接的最好的预测器（社会连接用身体接近行为和梳理毛发行为衡量）。有意思的是，狒狒似乎也有一种根据出身而定的层级性社会等级（类似于人的种姓制），而且雌性狒狒之间的社会连接更有可能出现在相同年龄和社会等级的个体之间。

33. Kasper and Voelkl, "Social Network Analysis of Primate Groups."

34. J. C. Flack, M. Girvan, F. B. M. de Waal, and D. C. Krakauer, "Policing Stabilizes Construction of Social Niches in Primates," *Nature* 439 (2006): 426-429.

35. 在狼群当中也会发生类似的事件。雄性头狼的去世往往会导致狼群出现混乱，然后年轻的雄狼会开始繁殖，从而使狼的总数量增加。R. B. Wielgus and K. A. Peebles, "Effects of Wolf Mortality on Livestock Depredations," *PLOS ONE* 9 (2014): e113505.

36. 因为群体中的领导者数量远远少于群体中的其他个体，所以如果流行病始于群体中的某个随机的个体，那么更可能发生在群体的边缘，因此也就被限制在群体的边缘。当然，如果它恰好始于领导者，那就比较糟糕了。但是这种情况发生的次数较少。

37. J. Poole, *Coming of Age with Elephants* (New York: Hyperion, 1996), p. 275.

38. C. J. Moss, H. Croze, and P. C. Lee, *The Amboseli Elephants: A Long-Term Perspective on a Long-Lived Mammal* (Chicago: University of Chicago Press, 2011).

39. S. de Silva, A. D. G. Ranjeewa, and D. Weerakoon, "Demography of Asian Elephants (*Elephas maximus*) at Uda Walawe National Park, Sri Lanka Based on Identified Individuals," *Biological Conservation* 144 (2011): 1742-1752.

40. Poole, *Coming of Age,* pp. 147-148.

41. 同上。

42. 同上。

43. M. Scully, *Dominion: The Power of Man, the Suffering of Animals, and the Call to Mercy* (New York: St. Martin's, 2002), p. 206. 与此类似，跨物种的救助行为，在鲸类身上也可以观察到。座头鲸可能会对虎鲸捕食海豹的行为加以干预，甚至可能会通过将海豹抬升出水面来拯救海豹。E. Kelsey, "The Power of Compassion: Why Humpback Whales Rescue Seals and Why Volunteering for Beach Cleanups Improves Your Health," *Hakai* (August 17, 2017).

44. F. Bibi, B. Kraatz, N. Craig, M. Beech, M. Schuster, and A. Hill, "Early Evidence for Complex Social Structure in Proboscidea from a Late Miocene Trackway Site in the United Arab Emirates," *Biology Letters* 8 (2012): 670-673.

45. P. Pecnerova et al., "Genome-Based Sexing Provides Clues About Behavior and Social Structure in the Woolly Mammoth," *Current Biology* 27 (2017): 3505-3510. 在总共 98 个猛犸象标本中，有 69 个是雄性猛犸象的。

46. 大象核心群体的大多数成员具有相同的线粒体 DNA 单倍体（这意味着它们在更早的雌性系中具有共同的祖先），并且通常只有大约 1% 的外来大象会加入这个核心群体。这个观察结果适用于生活在安博塞利国家公园这个相对不受干扰的大象种群。当然，雄性大象会与来自多个核心群体的雌性大象交配，而且由此产生的基因流会显著地降低整个核心群体之间的遗传分化。E. A. Archie, C. J. Moss, and S. C. Alberts, "The Ties That Bind: Genetic Relatedness Predicts the Fission and Fusion of Social Groups in Wild African Elephants," *Proceedings of the Royal Society B* 273 (2006): 513-522.

47. Poole, *Coming of Age,* pp. 274-275.

48. Archie, Moss, and Alberts, "Ties That Bind"; G. Wittemyer et al., "Where Sociality and Relatedness Diverge: The Genetic Basis for Hierarchical Social Organization in African Elephants," *Proceedings of the Royal Society* B 276 (2009): 3513-352.

49. K. R. Hill et al., "Co-Residence Patterns in Hunter-Gatherer Societies Show Unique Human Social Structure," *Science* 331 (2011): 1286-1289; C. L. Apicella, F. W. Marlowe, J. H. Fowler, and N. A. Christakis, "Social Networks and Cooperation in Hunter-Gatherers," *Nature* 481 (2012): 497-501.

50. P. Fernando and R. Lande, "Molecular Genetic and Behavioral Analysis of Social Organization in the Asian Elephant (Elephas maximus)," *Behavioral Ecology and Sociobiology* 48 (2000): 84-91; Archie, Moss, and Alberts, "Ties That Bind"; Wittemyer et al., "Where Sociality and Relatedness Diverge."

51. Wittemyer et al., "Where Sociality and Relatedness Diverge." 在坦桑尼亚的另一个有很高被捕食风险的环境下，科学家也观察到了明显类似的由无遗传相关性的大象组成核心群体的现象。但是要明确的是，大象之间之所以会产生非亲属之间的友谊关系（与其他动物一样），也可能只是因为与他人联合可以给自己带来一些好处，例如当捕食者到来时会收到警告（特别是在对抗狮子的时候，它们经常攻击新生大象），并可以共同保卫资源。社会结构的这些优势使友谊足以产生和维系，而且进化可能会选择它，独立于帮助与自己有遗传相关性的个体所能带来的任何进一步的好处。K. Gobush, B. Kerr, and S. Wasser, "Genetic Relatedness and Disrupted Social Structure in a Poached Population of African Elephants," *Molecular Ecology* 18 (2009): 722-734.

52. C. J. Moss and J. H. Poole, "Relationships and Social Structure of African Elephants," in R. A. Hinde, ed., *Primate Social Relationships: An Integrated Approach* (Oxford: Blackwell, 1983), pp. 315-325; C. Moss, *Elephant Memories: Thirteen Years in the Life of an Elephant Family* (New York: William Morrow, 1988).

53. Archie, Moss, and Alberts, "Ties That Bind."

54. S. de Silva and G. Wittemyer, "A Comparison of Social Organization in Asian Elephants and African Savannah Elephants," *International Journal of Primatology* 33 (2012): 1125-1141; G. Wittemyer, I. Douglas-Hamilton, and W. M. Getz, "The Socioecology of Elephants: Analysis of the Processes Creating Multi-Tiered Social Structures," *Animal Behaviour* 69 (2005): 1357-1371. 此外还有两个更高的层级，即亚种群级和种群级。

55. Wittemyer, Douglas-Hamilton,and Getz, "Socioecology of Elephants."

56. 同上。

57. De Silva and Wittemyer, "Comparison of Social Organization." 亚洲大象的栖息地经常有持续性降雨，而非洲象则不得不经常迁移并且可能需要为了觅食而更频繁地相互竞争。此外，这两类大象也面临着不同的捕食风险。斯里兰卡的大象没有食肉动物天敌（人类除外），而年幼的非洲象有时会被狮子捕杀。非洲象的群性可以在如下三个方面起到防御捕食者的作用：第一，在开放环境中觅食的动物可能会需要同伴来彼此掩护；第二，聚集在一起可能可以弱化个体面临的风险；第三，群体中的多个动物可以合作，积极防御或监测捕食风险。事实上，大规模的系统发育学分析表明，生活在更开放环境中的食草动物（不仅仅是大象）确实往往更具社会性。T. Caro, C. Graham, C. Stoner, and J. Vargas, "Adaptive Significance of Anti-Predator Behaviour in Artiodactyls," *Animal Behaviour* 67 (2004): 205-228.

58. L. Weilgart, H. Whitehead, and K. Payne, "A Colossal Convergence," *American Scientist* 84 (1996): 278-287.

59. L. J. N. Brent, D. W. Franks, E. A. Foster, K. C. Balcomb, M. A. Cant, and D. P. Croft, "Ecological Knowledge, Leadership, and the Evolution of Menopause in Killer Whales," *Current Biology* 25 (2015): 746-750.

60. D. Lusseau, "The Emergent Properties of a Dolphin Social Network," *Proceedings of the Royal Society B* 270 (2003): S186-S188. 由于技术上的原因，这里所说的传递性可能在某种程度上被人为放大了，这与如下事实有关：网络映射是用 1292 组相互拜访的个体海豚的二分图生成的。

61. D. Lusseau and M. E. J. Newman, "Identifying the Role That Animals Play in Their Social Networks," *Proceedings of the Royal Society B* 271 (2004): S477-S481.

62. J. Wiszniewski, D. Lusseau, and L. M. Moller, "Female Bisexual Kinship Ties Maintain Social Cohesion in a Dolphin Network," *Animal Behaviour* 80 (2010): 895-904.

63. Lusseau, "Emergent Properties." These dolphins appear *not* to manifest degree assortativity.

64. R. Williams and D. Lusseau, "A Killer Whale Social Network Is Vulnerable to Targeted Removals," *Biology Letters* 2 (2006): 497-500; E. A. Foster et al., "Social Network Correlates of Food Availability in an Endangered Population of Killer Whales, *Orcinus orca*," *Animal Behaviour* 83 (2012): 731-736; O. A. Filatova et al., "The Function of Multi-Pod Aggregations of Fish-Eating Killer Whales (Orcinus orca)in Kamchatka, Far East Russia," *Journal of Ethology* 27 (2009): 333-341.

65. S. P. Henzi and L. Barrett, "Coexistence in Female-Bonded Primate Groups," *Advances in the Study of Behavior* 37 (2007): 43-81.

66. Seyfarth and Cheney, "Evolutionary Origins."

67. 同上。

68. Scully, *Dominion,* p. 194.

69. W. C. McGrew and L. Baehren, "'Parting Is Such Sweet Sorrow,' but Only for Humans?," *Human Ethology Bulletin* 31 (2016): 5-14.

70. S. R. de Kort and N. J. Emory, "Corvid Caching: The Role of Cognition," in T. Zentall and E. A. Wasserman, eds., *The Oxford Handbook of Comparative Cognition* (Oxford: Oxford University Press, 2012), pp. 390-408; L. P. Acredolo, "Coordinating Perspectives on Infant Spatial Orientation," in R. Cohen, ed., *The Development of Spatial Cognition* (Hillsdale, NJ: Lawrence Erlbaum, 1985), pp. 115-140; P. Bloom, *Just Babies: The Origins of Good and Evil* (New York: Broadway Books, 2013).

71. S. Perry, C. Barrett, and J. Manson, "White-Faced Capuchin Monkeys Show Triadic Awareness in Their Choice of Allies," *Animal Behaviour* 67 (2004): 165-170;R. W. Wrangham, "Social Relationships in Com-

parative Perspective," in R. A. Hinde, ed., *Primate Social Relationships: An Integrated Approach* (Oxford: Blackwell, 1983), pp. 325-334.

72. Seyfarth and Cheney, "Evolutionary Origins," p. 168.

73. J. B. Silk, "Using the 'F'-Word in Primatology," *Behaviour* 139 (2002): 421-446.

74. A. S. Griffin and S. A. West, "Kin Discrimination and the Benefit of Helping in Cooperatively Breeding Vertebrates," *Science* 302 (2003): 634-636.

75. P. G. Hepper, ed., *Kin Recognition* (Cambridge: Cambridge University Press, 1991).

76. W. D. Hamilton, "The Genetical Evolution of Social Behaviour, Pt. 1," *Journal of Theoretical Biology* 7 (1964): 1-16.

77. 这里要明确一点，亲缘关系有利于利他主义和合作的出现，并不意味着这些“好的行为”的出现总是需要亲缘关系的存在。

78. Hamilton, "Genetical Evolution of Social Behaviour, Pt. 1," p. 16.

79. S. A. Frank, "Natural Selection. VII: History and Interpretation of Kin Selection Theory," *Journal of Evolutionary Biology* 26 (2013): 1151-1184; S. A. West, I. Pen, and A. S. Griffin, "Cooperation and Competition Between Relatives," *Science* 296 (2002): 72-75.

80. K. Belson, "Elders Offer Help at Japan's Crippled Reactor," *New York Times*, June 27, 2011. 只需要在汉密尔顿方程中加入繁殖价值 v，就可以将这个思想纳入进来：接收者的繁殖价值用（v_r）表示，给予者的繁殖价值用（v_g）表示，从而 $rBv_r-Cv_g > 0$。这样做，实质就是根据接受者和给予者的繁殖价值来修改相对收益和成本。

81. C. J. Barnard and P. Aldhous, "Kinship, Kin Discrimination, and Mate Choice," in P. G. Hepper, ed., *Kin Recognition* (Cambridge: Cambridge University Press, 1991), pp. 125-147.

82. W. G. Holmes and P. W. Sherman, "Kin Recognition in Animals," *American Scientist* 71 (1983): 46-55.

83. F. W. Peek, E. Franks, D. Case, "Recognition of Nest, Eggs, Nest Site, and Young in Female Red-Winged Blackbirds," *Wilson Bulletin* 84 (1972): 243-249.

84. T. Aubin, P. Jouventin, and C. Hildebrand, "Penguins Use the Two-Voice System to Recognize Each Other," *Proceedings of the Royal Society B* 267 (2000): 1081-1087.

85. J. Mehler, J. Bertoncini, and M. Barriere, "Infant Recognition of Mother's Voice," *Perception* 7 (1978): 491-497. 甚至连胎儿都能够认出自己母亲的声音。B. S. Kisilevsky et al., "Effects of Experience on Fetal Voice Recognition," *Psychological Science* 14 (2003): 220-224.

86. M. Greenberg and R. Littlewood, "Post-Adoption Incest and Phenotypic Matching: Experience, Personal Meanings and Biosocial Implications," *British Journal of Medical Psychology* 68 (1995): 29-44;M. Bowerman, "Sexual Attraction to a Long-Lost Parent; Is That a Normal Reaction?," *USA Today,* August 10, 2016.

87. 我们可以想象动物也许会进化出通过汉密尔顿所称的识别等位基因来表达和识别信号的能力。W. D. Hamilton, "The Genetical Evolution of Social Behaviour," *Journal of Theoretical Biology* 7 (1964): 17-52. 一个基因可以同时做到如下两点：一方面，使其拥有者表达一种特征，并赋予其拥有者感知其他人这种特征的能力；另一方面，赋予其拥有者渴望帮助同样具备这个特征的那些个体的意愿。理查德·道金斯将这种可能性称为“绿胡子效应”（green-beard effect）。想象一下，有一个基因可能会使一个人长出绿胡子，并同时使这个人特别偏爱长着绿胡子的其他人。这当然是一个吸引人的想法，但是事实证明，它还存在很多概念上的问题和进化上的问题，其中一个问题源于如下事实：单个基因（甚至一组基因）很难产生所有这些影响。不过，这种机制可能出现在某些微生物中。R. Dawkins, *The Selfish Gene* (Oxford: Oxford University Press, 1976); S. A. West and A. Gardner, “Altruism, Spite, and Greenbeards,” *Science* 327 (2010): 1341-1344.

88. D. Lieberman, J. Tooby, and L. Cosmides, “The Architecture of Human Kin Detection,” *Nature* 445 (2007): 727-731;M. F. Dal Martello and L. T. Maloney, “Where Are Kin Recognition Signals in the Human Face?,” *Journal of Vision* 6 (2006): 1356-1366.

89. G. Palla, A.-L. Barabási, and T. Vicsek, “Quantifying Social Group Evolution,” *Nature* 446 (2007): 664-667.

90. 这个问题在哲学中被称为“忒修斯之船”问题。这个名称来自一个传说：雅典人在杀死了克里特岛的牛头怪之后的几十年里，一直在维修忒修斯当初造的船，但是这只船的所有组成部分都被替换掉了，那么它还是原来那只船吗？这个问题的一个变体就是通常所称的“传家宝刀”问题；有一把传家宝刀，传了很多个世纪，刀柄和刀身已经多次更换了，那么它还是原来那把刀吗？

第 8 章

1. C. Gibbons, “The Victims: Real Movie Heroes Saved Their Sweethearts During Colo. Ambush,” *New York Post*, July 22, 2012; H. Yan, “Tales of Heroism Abound from Colorado Movie Theater Tragedy,” CNN, July 24, 2012; O. Katrandjian, “Colorado Shooting: Victims Who Died While Saving Their Loved Ones,” ABC News, July 22, 2012.

2. C. Ng and D. Harris, “Women Who Survived Theater Shooting Grieve for Hero Boyfriends,” ABC News, July 24, 2012; “Hero Dies Saving Girlfriend in Theater,” CNN, July 24, 2012.

3. Yan, “Tales of Heroism.”.

4. H. Rosin, “In the Aurora Theater the Men Protected the Women. What Does That Mean?,” *Slate,* July 23, 2012.

5. M. Wagner, “Buffalo Dad Who Rescued Fiancée, Two Kids from House Fire Dies While Saving Third Child,” *New York Daily News*, February 20, 2016; K. French, “Father, 47, Run Over and Killed in Car Crash Saved His Nine-Year-Old Daughter’s Life by Shoving Her to Safety,” *Daily Mail*, March 17, 2017; D. Prendergast, K. Sheehan, and P. DeGregory, “Mom Dies After Saving Daughter from Out-of-Control Car,” *New York Post*, May 14, 2017; 以及，K. Mettler, “She Dived in the Water to Save Her Son,” *Washington Post,* August 29, 2016.R. Wright, The Moral Animal (New York: Vintage, 1995); W. B. Swann et al., “What Makes a Group Worth Dying For? Identity Fusion Fosters Perception of Familial Ties, Promoting Self-Sacrifice,” *Journal of Personality Social Psychology* 106 (2014): 912-926; R. M. Fields and C. Owens, *Martyrdom: The Psychology, Theology, and Politics of Self-Sacrifice* (Westport, CT: Greenwood, 2004).

6. John 15:13-14 (New International Version).

7. P. Holley, “Zaevion Dobson, High School Football Hero Who Died Shielding Girls from Gunmen, Honored at ESPYS,” *Washington*

Post, July 13, 2016.

8. S. Goldstein, "Connecticut Teen Is Fatally Hit by Car While Saving Friend, Unwittingly Completes Bucket List," *New York Daily News,* July 13, 2015.

9. Tribune Media Wire, "Teen Completes 'Bucket List' by Sacrificing Her Life to Save Friend," WNEP-TV (Moosic, PA)July 14, 2015.

10. A. Spital, "Public Attitudes Toward Kidney Donation by Friends and Altruistic Strangers in the United States," *Transplantation* 71 (2001): 1061-1064. 在美国，90% 的受访者认为朋友的金钱帮助是可以接受的，还有 80% 的受访者认为陌生人的捐助是可以接受的。C. Watts, "Amy Grant's Daughter Donates Kidney to Best Friend," *USA Today,* January 26, 2017; A. Wilson, "'Heard Urine Need of a Kidney': Friend Donates Kidney to Man 'Days Away from Failure,' " Global News, July 27, 2016;A. B. Shostak, *Stealth Altruism: Forbidden Care as Jewish Resistance in the Holocaust* (London: Routledge, 2017). 人们还会为完全陌生的人冒生命危险，而且他们往往是凭直觉这样去做的。D. G. Rand and Z. G. Epstein, "Risking Your Life Without a Second Thought: Intuitive Decision Making and Extreme Altruism," *PLOS ONE* 9 (2014): e109687.

11. D. Gilbert, *Stumbling on Happiness* (New York: Knopf, 2006).

12. D. J. Hruschka, *Friendship: Development, Ecology, and Evolution of a Relationship* (Berkeley: University of California Press, 2010), p. 35. 对于友谊，一个"愤世嫉俗的"（并且不正确的）解释是，与非人社会物种中友谊关系的证据并不一致，与进化解释最后总是能实现成本和收益权衡的现实也不一致，友谊只是一种文化制度，它规范化和正当化了一种不平等的关系，其中一个人总是被剥削，以服务于另一个人的利益。

13. 历史学家米歇尔·福柯（Michel Foucault）指出，同性恋可能是一种表示友好的方式，但是我认为，同性恋欲望更像是异性恋欲望，而不像对同性之间友谊的欲望。M. Foucault, "Friendship as a Way of Life," in M. Foucault and P. Rabinow, eds., *Essential Works of Foucault, 1954-1984,* vol. 1, *Ethics: Subjectivity and Truth* (New York: New Press, 1997), pp. 135-140.

14. A. Aron, E. N. Aron, and D. Smollan, "Inclusion of Other in the Self Scale and the Structure of Interpersonal Closeness," *Journal of Personality and Social Psychology* 63 (1992): 596-612.

15. 在某些社会中，人们并不一定需要去选择自己的朋友，他们有时可以直接从父母那里"继承朋友"，或者基于帮派关系获得友谊，又或者根据长辈的建议交友。友谊还可以通过公开的或私人仪式宣示，就像婚姻一样。

16. F. Kaplan, "The Idealist in the Bluebonnets: What Bush's Meeting with the Saudi Ruler Really Means," *Slate,* April 26, 2005.

17. S. Perry, "Capuchin Traditions Project," UCLA Department of Anthropology.

18. 例如，在那些在经济和法律上非常不可预测的社会中，人们更愿意通过说谎来保护自己的朋友。Hruschka，*Friendship,* p. 186.

19. J. C. Williams, *White Working Class: Overcoming Class Cluelessness in America* (Boston: Harvard Business Review Press, 2017); M. Small, *Unanticipated Gains: Origins of Network Inequality in Everyday Life* (Oxford: Oxford University Press, 2009).

20. B. Bigelow, "Children's Friendship Expectations: A Cognitive-Developmental Study," *Child Development* 48 (1977): 246-253.

21. M. Taylor, *Imaginary Companions and*

the Children Who Create Them (New York: Oxford University Press, 1999), pp. 30-33. 以前人们曾经认为，拥有想象中的朋友的儿童在心理上是不健全的，但是现在已经明确这种观点是不正确的。事实上，拥有想象中的朋友的儿童更不害羞、智力更高，而且比其他儿童更有社交能力。

22. E. A. Madsen, R. J. Tunney, F. Fieldman, and H. C. Plotkin, "Kinship and Altruism: A Cross-Cultural Experimental Study," *British Journal of Psychology* 93 (2007): 339-359.

23. 身处友谊当中，可能不一定感觉得到互惠性，但这个事实并不意味着友谊肯定没有这种最终起源。

24. J. Tooby and L. Cosmides, "Friendship and the Banker's Paradox: Other Pathways to the Evolution of Adaptations for Altruism," *Proceedings of the British Academy* 88 (1996): 119-143.

25. 同上。

26. Hruschka, *Friendship*; R. M. Seyfarth and D. L. Cheney, "The Evolutionary Origins of Friendship," *Annual Review of Psychology* 63 (2012): 153-177;A. Burt, "A Mechanistic Explanation of Popularity: Genes, Rule Breaking, and Evocative Gene-Environment Correlations," *Journal of Personality and Social Psychology* 96 (2009): 783-794; G. Guo, "Genetic Similarity Shared by Best Friends Among Adolescents," Twin Research and Human Genetics 9 (2006): 113-121; J. H. Fowler, C. T. Dawes, and N. A. Christakis, "Model of Genetic Variation in Human Social Networks," *PNAS: Proceedings of the National Academy of Sciences* 106 (2009): 1720-1724; J. D. Boardman, B. W. Domingue, and J. M. Fletcher, "How Social and Genetic Factors Predict Friendship Networks," *PNAS: Proceedings of the National Academy of Sciences* 109 (2012): 17377-17381; M. Brendgen, "Genetics and Peer Relations: A Review," *Journal of Research on Adolescence* 22 (2012): 419-437.

27. Fowler, Dawes, and Christakis, "Model of Genetic Variation."

28. Tooby and Cosmides, "Friendship and the Banker's Paradox," p. 137.

29. M. McPherson, L. Smith-Lovin, and J. M. Cook, "Birds of a Feather: Homophily in Social Networks," *Annual Review of Sociology* 27 (2001): 415-444.

30. C. Parkinson, A. M. Kleinbaum, and T. Wheatley, "Similar Neural Responses Predict Friendship," *Nature Communications* 9 (2018): 332.

31. N. A. Christakis and J. H. Fowler, "Friendship and Natural Selection," *PNAS: Proceedings of the National Academy of Sciences* 111 (2014): 10796-10801. Regarding homophily in other species, see D. Lusseau and M. E. J. Newman, "Identifying the Role That Animals Play in Their Social Networks," *Proceedings of the Royal Society B* 271 (2004): S477-S481; L. J. H. Brent, J. Lehmann, and G. Ramos-Fernández, "Social Network Analysis in the Study of Nonhuman Primates: A Historical Perspective," *American Journal of Primatology* 73 (2011): 720-730.

32. L. M. Guth and S. M. Roth, "Genetic Influence on Athletic Performance," *Current Opinion in Pediatrics* 25 (2013): 653-658.

33. Y. T. Tan, G. E. McPherson, I. Peretz, S. F. Berkovic, and S. J. Wilson, "The Genetic Basis of Music Ability," *Front Psychology* 5 (2014): 658.

34. F. Fu, M. A. Nowak, N. A. Christakis, and J. H. Fowler, "The Evolution of Homophily,"

Scientific Reports 2 (2012): 845.

35. Christakis and Fowler, "Friendship and Natural Selection." .B. W. Domingue, D. W. Belsky, J. M. Fletcher, D. Conley, J. D. Boardman, and K. M. Harris, "The Social Genome of Friends and Schoolmates in the National Longitudinal Study of Adolescent to Adult Health," *PNAS: Proceedings of the National Academy of Sciences 115* (2018): 702-707; J. H. Fowler, J. E. Settle, and N. A. Christakis, "Correlated Genotypes in Friendship Networks," *PNAS: Proceedings of the National Academy of Sciences* 108 (2011): 1993-1997.

36. 友谊得分的一个标准偏差的变化，就可以解释友谊关系存在性大约 1.4% 的方差，Christakis and Fowler，"Friendship and Natural Selection." 这个结果与用目前可得的精神分裂症和双相情感障碍的最优遗传得分（0.4% ~3.2%）和体重指数（1.5%）能够解释的方差相似。S. M. Purcell et al., "Common Polygenic Variation Contributes to Risk of Schizophrenia and Bipolar Disorder," *Nature* 460 (2009): 748-752; E. K. Speliotes et al., "Association Analyses of 249,796 Individuals Reveal 18 New Loci Associated with Body Mass Index," *Nature Genetics* 42 (2010): 937-948.

37. D. Lieberman, J. Tooby, and L. Cosmides, "The Architecture of Human Kin Detection," *Nature* 445 (2007): 727-731.

38. 事实上，我们在许多社会中观察到的与虚构亲属有关的习俗都与这个观点一致：人们会选择自己的同伴，有自己的教父、教母和“阿姨”，会与兄弟并肩作战，并用“兄弟”或“姐妹”之类原本适用于亲属的称呼来称呼他们的朋友。

39. E. Herrmann et al., "Humans Have Evolved Specialized Skills of Social Cognition: The Cultural Intelligence Hypothesis," *Science* 317 (2007): 1360-1366.

40. 这种偏好将特别会加速本质上具有协同作用的表现型的进化，这一点可能有助于阐明人类进化正在加速的观察结果。J. Hawks, E. T. Wang, G. M. Cochran, H. C. Harpending, and R. K. Moyzis, "Recent Acceleration of Human Adaptive Evolution," *PNAS: Proceedings of the National Academy of Sciences* 104 (2007): 20753-20758.

41. W. D. Hamilton, "Innate Social Aptitudes of Man: An Approach from Evolutionary Genetics," in R. Fox, ed., *Biosocial Anthropology* (London: Malaby Press, 1975), pp. 133-153; J. M. Smith, "Group Selection," *Quarterly Review of Biology* 51 (1976): 277-283.

42. H. B. Shakya, N. A. Christakis, and J. H. Fowler, "An Exploratory Comparison of Name Generator Content: Data from Rural India," *Social Networks* 48 (2017): 157-168. 很显然，还有许多其他问题可以用来确定各种特殊的或次要的连接，比如：“你和谁一起做运动？”“你会向谁征求健康建议？”

43. A. J. O'Malley, S. Arbesman, D. M. Steiger, J. H. Fowler, and N. A. Christakis, "Egocentric Social Network Structure, Health, and Pro-Social Behaviors in a National Panel Study of Americans," *PLOS ONE* 7 (2012): e36250. 这与以往的研究结果也是一致的，例如，：P. V. Marsden, "Core Discussion Networks of Americans," *American Sociological Review* 52 (1987): 122-131; M. McPherson, L. Smith-Lovin, and M. E. Brashears, "Social Isolation in America: Changes in Core Discussion Networks over Two Decades," *American Sociological Review* 71 (2006): 353-375。很自然地，人们在回答这些问题时会把配偶和兄弟姐妹包括进去，因此，如果我们想严格地识别出没有亲缘关系的朋友，就得把这些人排除在外。

44. L. Glowacki, A. Isakov, R. W. Wrangham, R. McDermott, J. H. Fowler, and N. A. Christakis, "Formation of Raiding Parties for Intergroup Violence Is Mediated by Social Network Structure," *PNAS: Proceedings of the National Academy of Sciences* 113 (2016): 12114-12119; J. M. Perkins et al., "Food Insecurity, Social Networks and Symptoms of Depression Among Men and Women in Rural Uganda: A Cross-Sectional, Population-Based Study," *Public Health Nutrition* 21 (2018): 838-848; C. L. Apicella, F. W. Marlowe, J. H. Fowler, and N. A. Christakis, "Social Networks and Cooperation in Hunter-Gatherers," Nature 481 (2012): 497-501; H. N. Shakya et al., "Exploiting Social Influence to Magnify Population-Level Behaviour Change in Maternal and Child Health: Study Protocol for a Randomised Controlled Trial of Network Targeting Algorithms in Rural Honduras," *BMJ Open* 7 (2017): e012996; H. B. Shakya, N. A. Christakis, and J. H. Fowler, "Social Network Predictors of Latrine Ownership," *Social Science and Medicine* 125 (2015): 129-138.

45. J. Perkins, S. Subramanian, and N. A. Christakis, "A Systematic Review of Sociocentric Network Studies on Health Issues in Low and Middle-Income Countries," *Social Science and Medicine* 125 (2015): 60-78.

46. Apicella et al., "Social Networks and Cooperation."

47. C. M. Rawlings and N. E. Friedkin, "The Structural Balance Theory of Sentiment Networks: Elaboration and Test," *American Journal of Sociology* 123 (2017): 510-548.

48. S. Sampson, "Crisis in a Cloister" (PhD diss., Cornell University, 1969).

49. C. Salmivalli, A. Huttunen, and K. M. J. Lagerspetz, "Peer Networks and Bullying in Schools," *Scandinavian Journal of Psychology* 38 (1997): 305-312; G. Huitsing and R. Veenstra, "Bullying in Classrooms: Participant Roles from a Social Network Perspective," *Aggressive Behavior* 38 (2012): 494-509;L. Xia, Y. C. Yuan, and G. Gay, "Exploring Negative Group Dynamics: Adversarial Network, Personality, and Performance in Project Groups," *Management Communication Quarterly* 23 (2009): 32-62; A. Gerbasi, C. L. Porath, A. Parker, G. Spreitzer, and R. Cross, "Destructive De-Energizing Relationships: How Thriving Buffers Their Effect on Performance," *Journal of Applied Psychology* 100 (2015): 1423-1433;G. Labianca and D. J. Brass, "Exploring the Social Ledger: Negative Relationships and Negative Asymmetry in Social Networks in Organizations," *Academy of Management Review* 31 (2006): 596-614.

50. 对 18 819 名游戏玩家在 445 天内的行为进行分析后，研究者给出了各种类型的正面关系（例如，直接发送信息）和负面关系（例如，对敌人进行悬赏）。正面关系的数量远远多于负面关系（两者之比大约为 10：1）。而且，正面关系在 60% 至 80% 的时间内都会得到对等性回应，而负面关系则只在 10% 至 20% 的时间内会得到互惠性回应。M. Szell, R. Lambiotte, and S. Thurner, "Multirelational Organization of Large-Scale Social Networks in an Online World," *PNAS: Proceedings of the National Academy of Sciences* 107 (2010): 13636-13641;G. Facchetti, G. Iacono, and C. Altafini, "Computing Global Structural Balance in Large-Scale Signed Social Networks" *PNAS: Proceedings of the National Academy of Sciences* 108 (2011): 20953-20958.

51. Shakya et al., "Exploiting Social Influence." Our work on antagonistic ties is described in A. Isakov, J. H. Fowler, E. M. Airoldi, and N. A. Christakis, "The Structure of Negative Ties in Human Social Networks," (unpublished manuscript, 2018).

52. 根据世界银行的数据，2011 年，洪都拉斯的谋杀率达到了顶峰，2014 年有所下降。

53. 这个指标的标准差为 2.6。

54. 标准差为 1.2。

55. 标准差为 1.3。

56. G. Simmel, *The Sociology of Georg Simmel* (New York: Simon and Schuster, 1950); F. Heider, "Attitudes and Cognitive Organization," *Journal of Psychology* 21 (1946): 107-112; D. Cartwright and F. Harary, "Structural Balance: A Generalization of Heider's Theory," *Psychology Review* 63 (1956): 277-293. "敌人的敌人是我的朋友" 这种说法最早出现在公元前四世纪。L. N. Rangarajan, *The Arthashastra* (New Delhi: Penguin Books India, 1992), p. 520.

57. A. Rapoport, "Mathematical Models of Social Interaction," in R. A. Galanter, R. R. Lace, and E. Bush, eds., *Handbook of Mathematical Sociology,* vol. 2 (New York: John-Wiley and Sons, 1963), 493-580.

58. H. Tajfel, M. Billig, R. Bundy, and C. Flament, "Social Categorization in Intergroup Behaviour," *European Journal of Social Psychology* 1 (1971): 149-178.

59. "Paul Klee and Wassily Kandinsky," Wassily Kandinsky: Biography, Paintings, and Quotes, Wassily-Kandinsky. org, 2011.

60. M. Billig and H. Tajfel, "Social Categorization and Similarity in Intergroup Behaviour," *European Journal of Social Psychology* 3 (1973): 27-55.

61. Tajfel et al., "Social Categorization."

62. T. Yamagishi, N. Jin, and T. Kiyonari, "Bounded Generalized Reciprocity: Ingroup Boasting and Ingroup Favoritism," *Advances in Group Processes* 16 (1999): 161-197.

63. 实验表明，如果奖赏不依赖于群体内的其他人的行为，那么人们就不会表现出内群体偏好倾向。J. M. Rabbie and H. F. M. Lodewijkx, "Conflict and Aggression: An Individual-Group Continuum," *Advances in Group Processes* 11 (1994): 139-174.

64. 合作是有成本的。人类群体中，合作是怎么出现的，又是怎么维系的？关于这个问题，已经有了无数个解释。这些解释包括一个中心性的权威机构，它负责协调或批准；基于亲缘关系的适合度；市场互动；基于系列互动的对等互惠性；非中心化的执行，包括通过社会规范的执行；声誉效应；群体选择；等等。

65. M. B. Brewer, "The Psychology of Prejudice: Ingroup Love or Outgroup Hatred?," *Journal of Social Issues* 55 (1999): 429-444.

66. M. Sherif, O. J. Harvey, B. J. White, W. R. Hood, and C. W. Sherif, *Intergroup Conflict and Cooperation: The Robbers Cave Experiment* (Norman: Institute of Group Relations, University of Oklahoma, 1961). 看起来，这篇研究论文报告的实验并不是谢里夫最初做的实验；此外，另一群男孩的行为与预期不一样，因而谢里夫没有采用那个结果。G. Perry, *The Lost Boys: Inside Muzafer Sherif's Robbers Cave Experiment* (Melbourne: Scribe, 2018).

67. Sherif et al., *Intergroup Conflict,* p. 98.

68. 同上。

69. 同上。

70. "The Singing of 'God Bless America' on September 11, 2001," History, Art and Archives, U.S. House of Representatives.

71. W. G. Sumner, *Folkways: A Study of the Sociological Importance of Usages, Manners, Customs, Mores, and Morals* (Boston: Ginn, 1906), pp. 12-13.

72. 在动物当中，杀死同类的行为也是非常罕见的。J. M. Gomez, M. Verdo, A. Gonzalez-Negras, and M. Mendez, "The Phylogenetic Roots of Human Lethal Violence," *Nature* 538 (2016): 233-237.

73. J. K. Choi and S. Bowles, "The Coevolution of Parochial Altruism and War," *Science* 318 (2007): 636-640;M. R. Jordan, J. J. Jordan, and D. G. Rand, "No Unique Effect of Intergroup Competition on Cooperation: Non-Competitive Thresholds Are as Effective as Competitions Between Groups for Increasing Human Cooperative Behavior," *Evolution and Human Behavior* 38 (2017): 202-108.

74. R. A. Hammond and R. Axelrod, "The Evolution of Ethnocentrism," *Journal of Conflict Resolution* 50 (2006): 1-11.

75. F. Fu, C. E. Tarnita, N. A. Christakis, L. Wang, D. G. Rand, and M. A. Nowak, "Evolution of Ingroup Favoritism," *Scientific Reports* 2 (2012): 460.

76. R. M. Sapolsky, *Behave: The Biology of Humans at Our Best and Worst* (New York: Penguin, 2017), p. 409. 然而，阿米斯特德最终还是死在医院中。

77. Y. Dunham, E. E. Chen, and M. R. Banaji, "Two Signatures of Implicit Intergroup Attitudes: Developmental Invariance and Early Enculturation," *Psychological Science* 24 (2013): 860-868; Y. Dunham, A. S. Baron, and M. R. Banaji, "The Development of Implicit Intergroup Cognition," *Trends in Cognitive Sciences* 12 (2008): 248-253. 文化适应的作用显然也是相当重要的。

78. A. V. Shkurko, "Is Social Categorization Based on Relational Ingroup/Outgroup Opposition? A Meta-Analysis," *Social Cognitive and Affective Neuroscience* 8 (2013): 870-877.

79. M. B. Brewer, "The Psychology of Prejudice: Ingroup Love or Outgroup Hatred?," *Journal of Social Issues* 55 (1999): 429-444.

80. Yamagishi, Jin, and Kiyonari, "Bounded Generalized Reciprocity," p. 173.

81. G. Allport, *The Nature of Prejudice* (Reading, MA: Addison-Wesley, 1954), p. 42.

82. 内群体偏好甚至可能给共同的更高层次的目标带来不利影响。即便人们确实与群体之外的其他人有共同的更高层次的目标，也不一定会对那些人持积极的看法，更不用说向他们表达善意了，因为群体内的人仍然可能会把本群体的期望投射到那个更大的群体上。这样，最终实现的无非是，小群体内部的人会将小群体之外的人认定为所有人现在所属的上一级群体的坏成员。

83. C. Lévi-Strauss, *Structural Anthropology*, trans. C. Jacobson and B. G. Schoepf (New York: Basic Books, 1967). 顺便说一句，人们习惯将社会视为二元对立的（“我们”与“他们”），这个事实有助于解释为什么我们会被某些小说描述的更加复杂的竞争性互动所吸引，例如《黄金三镖客》（*Good, the Bad, and the Ugly*）中的三方枪战，以及《霍比特人：五军之战》中的多方混战。

84. R. W. Emerson, *Essays and English Traits by Ralph Waldo Emerson* (1841; New York: Cosimo Classics, 1909), pp. 109-124.

85. Hruschka, *Friendship*.

第 9 章

1. A. Starr and M. L. Edwards, "Mitral Replacement: Clinical Experience with a Ball-Valve Prosthesis," *Annals of Surgery* 154 (1961): 726-740.

2. J. P. Binet, A. Carpentier, J. Langlois, C. Duran, and P. Colvez, "Implantation de valves hétérogenes dans le traitement des cardiopathies aortiques," *Comptes rendus des séances de l'Academie des sciences. Serie D, Sciences naturelles* 261 (1965): 5733-5734.

3. 1838 年第一次将猪的角膜移植到人类身上；1984 年将狒狒心脏移植给一个名为"法埃"（Fae）的新生婴儿身上；2017 年，成功地将人类干细胞植入正在生长的猪胚胎中。D. K. C. Cooper, "A Brief History of Cross-Species Organ Transplantation," Baylor University Medical Center Proceedings 25 (2012): 49-57; K. Reemtsma, "Xenotransplantation: A Historical Perspective," *Institute for Laboratory Animal Research Journal* 37 (1995): 9-12.

4. B. Hölldobler and E. O. Wilson, *The Ants* (Cambridge, MA: Harvard University Press, 1990).

5. 许多鼠科类都可以认为是社会性动物。某些田鼠也可能表现出社会性行为。 H. Burda, R. L. Honeycutt, S. Begall, O. Locker-Grütjen, and A. Scharff, "Are Naked and Common Mole-Rats Eusocial and If So, Why?," *Behavioral Ecology and Sociobiology* 47 (2000): 293-303.

6. 衡量动物社会性的一个技术性标准是，在它们的聚居地是不是存在相互交叠的多个世代。社会性是在好几种昆虫类群中独立地进化出来的，包括蜜蜂、黄蜂、蚂蚁和白蚁等。另外，也出现在了珊瑚礁虾（它已经进化了好几次！）、鼹鼠等哺乳动物中（这是一个引人入胜的例外）。社会性被定义为一种社会组织形式，它涉及如下三个性质：对后代的协作照看、交叠的多个世代，以及种群内部的劳动分工（分为生产性的和非生产性的亚群）。

7. M. dos Reis, J. Inoue, M. Hasegawa, R. J. Asher, P. C. J. Donoghue, and Z. Yang, "Phylogenomic Datasets Provide Both Precision and Accuracy in Estimating the Timescale of Placental Mammal Phylogeny," *Proceedings of the Royal Society B* 279 (2012): 3491-3500. 这些估计结果肯定是不准确的。

8. J. Parker, G. Tsagkogeorga, J. A. Cotton, Y. Liu, P. Provero, E. Stupka, and S. J. Rossiter, "Genome-Wide Signatures of Convergent Evolution in Echolocating Mammals," *Nature* 502 (2013): 228-231. 就回声定位这个例子而言，我们知道，用于趋同表现型的那些基因在许多差别较大的种类群之间也都是相似的，例如在蝙蝠与鲸中。

9. S. C. Morris, *Life's Solution: Inevitable Humans in a Lonely Universe* (Cambridge: Cambridge University Press, 2003), p. 128.

10. 同上。

11. 同上。

12. S. Gould, *Wonderful Life: The Burgess Shale and the Nature of History* (New York: W. W. Norton, 1990).

13. 关于人格，一个非常有意思的问题是，为什么一个人的人格在不同时间上变化极小，而不同人的人格却差异极大。M. Wolf, G. S. van Doorn, O. Leimar, and F. J. Weissing, "Life-History Trade-Offs Favour the Evolution of Animal Personalities," *Nature* 447 (2007): 581-584; M. Wolf and F. J. Weissing, "An Explanatory Framework for Adaptive Personality Differences," *Philosophical Transactions of the Royal Society* B 365 (2010): 3959-3968.

14. M. J. Sheehan and M. W. Nachman, "Morphological and Population Genomic

Evidence That Human Faces Have Evolved to Signal Individual Identity," *Nature Communications* 5 (2014): 4800;G. Yovel and W. A. Freiwald, "Face Recognition Systems in Monkey and Human: Are They the Same Thing?," *F1000Prime Reports* 5 (2013):10.

15. C. Schlitz et al., "Impaired Face Discrimination in Acquired Prosopagnosia Is Associated with Abnormal Response to Individual Faces in the Right Middle Fusiform Gyrus," *Cerebral Cortex* 16 (2006): 574-586; P. Shah, "Identification, Diagnosis and Treatment of Prosopagnosia," *British Journal of Psychiatry* 208 (2016): 94-95.

16. E. Prichard, "Prosopagnosia: How Face Blindness Means I Can't Recognize My Mum," *BBC News Magazine,* July 1, 2016.

17. Sheehan and Nachman, "Morphological and Population Genomic Evidence."

18. 从原则上说，这种线索也是“可获得的”，就像鲸尾巴上附着的藤壶或大象耳朵上的裂口一样，变得独特而可识别。

19. 除了哺乳动物和鸟类之外，个体识别的例子是极其罕见的（特别是在交配的伴侣之外）。R. W. Wrangham, "Social Relationships in Comparative Perspective," in R. A. Hinde, ed., *Primate Social Relationships: An Integrated Approach* (Oxford: Blackwell, 1983), pp. 325-334; P. d'Ettorre, "Multiple Levels of Recognition in Ants: A Feature of Complex Societies," *Biological Theory* 3 (2008): 108-113. Regarding cooperation, see J. M. McNamara, Z. Barta, and A. I. Houston, "Variation in Behaviour Promotes Cooperation in the Prisoner's Dilemma Game," *Nature* 428 (2004): 745-748; S. F. Brosnan, L. Salwiczek, and R. Bshary, "The Interplay of Cognition and Cooperation," *Philosophical Transactions of the Royal Society* B 365 (2010): 2699-2710.

20. 只要来到中国西安，我们就可以找到人类面部多样性的惊人证据。科学家们相信，虽然有成千上万个秦始皇兵马俑，但每一个俑都有一对独一无二的耳朵，这可以证明这些雕像是以一个个真实存在的战士为蓝本制成的。E. Quill, "Were the Terracotta Warriors Based on Actual People?," *Smithsonian,* March 2015.

21. 有意思的是，面部的两侧通常只有极小的差异，而且面部的对称性往往被视为美貌的一个标志。B. C. Jones et al., "Facial Symmetry and Judgements of Apparent Health," *Evolution and Human Behavior* 22 (2001): 417-429; K. Grammer and R. Thornhill, "Human (*Homo sapiens*)Facial Attractiveness and Sexual Selection: The Role of Symmetry and Averageness," *Journal of Comparative Psychology* 108 (1994): 233-242; J. E. Scheib, S. W. Gangestad, and R. Thornhill, "Facial Attractiveness, Symmetry and Cues of Good Genes," *Proceedings of the Royal Society* B 266 (1999): 1913-1917.

22. Sheehan and Nachman, "Morphological and Population Genomic Evidence."

23. J. Freund et al., "Emergence of Individuality in Genetically Identical Mice," *Science* 340 (2013): 756-759.

24. 一个优势可能是传递关于某个人的合作程度有多高；并且有证据表明，成年人能够仅仅依据他人面部就可以在第一时间直觉地做出准确的判断：那个人有多大的可能性会带来慷慨的回报。J. F. Bonnefon, A. Hopfensitz, and W. De Neys, "Can We Detect Cooperators by Looking at Their Face?," *Current Directions in Psychological Science* 26 (2017): 276-281.

25. R. A. Hinde, "Interactions, Relationships

and Social Structure," *Man* 11 (1976): 1-17.

26. J. van Lawick-Goodall, *In the Shadow of Man* (Boston: Houghton Mifflin, 1971).

27. L. A. Parr, "The Evolution of Face Processing in Primates," *Philosophical Transactions of the Royal Society B* 366 (2011): 1764-1777.

28. L. A. Parr, J. T. Winslow, W. D. Hopkins, and F. B. de Waal, "Recognizing Facial Cues: Individual Discrimination by Chimpanzees (*Pan troglodytes*) and Rhesus Monkeys (*Macaca mulatta*)," *Journal of Comparative Psychology* 114 (2000): 47-60;S. A. Rosenfeld and G. W. Van Hoesen, "Face Recognition in the Rhesus Monkey," *Neuropsychologia* 17 (1979): 503-509.

29. J. A. Pineda, G. Sebestyen, and C. Nava, "Face Recognition as a Function of Social Attention in Non-Human Primates: An ERP Study," *Cognitive Brain Research* 2 (1994):1-12.

30. L. A. Parr, M. Heintz, E. Lonsdorf, and E. Wroblewski, "Visual Kin Recognition in Nonhuman Primates (*Pan troglodytes and Macaca mulatta*): Inbreeding Avoidance or Male Distinctiveness?" *Journal of Comparative Psychology* 124 (2010): 343-350; C. Almstrom and M. Knight, "Using a Paired-Associate Learning Task to Assess Parent-Child Phenotypic Similarity," *Psychology Reports* 97 (2005): 129-137.

31. K. McComb, C. Moss, S. M. Durant, L. Baker, and S. Sayialel, "Matriarchs as Repositories of Social Knowledge in African Elephants," *Science* 292 (2001): 491-494. 这是一个非常有用的信息，因为大象经常结成群体，并在遇见不熟悉的动物个体时抱团做出反应，因此正确地将朋友与敌人区别开来是很重要的。

32. S. L. King and V. M. Janik, "Bottlenose Dolphins Can Use Learned Vocal Labels to Address Each Other," *PNAS: Proceedings of the National Academy of Sciences* 110 (2013): 13216-13221.

33. S. L. King, L. S. Sayigh, R. S. Wells, W. Fellner, and V. M. Janik, "Vocal Copying of Individually Distinctive Signature Whistles in Bottlenose Dolphins," *Proceedings of the Royal Society B* 280 (2013): 20130053. 鹦鹉相互之间可能互有名字，而且这可能是它们仍在巢中时就由它们的母亲取的。K. S. Berg et al., "Vertical Transmission of Learned Signatures in a Wild Parrot," *Proceedings of the Royal Society* B 279 (2012): 585-591.

34. B. Amsterdam, "Mirror Self-Image Reactions Before Age Two," *Developmental Psychobiology* 5 (1972): 297-305. 镜子自我识别是一个普遍的文化现象（即使在那些没有镜子的地方也是如此），但是人什么时候开始拥有这种能力则依文化环境的不同而有所不同。J. Kartner, H. Keller, N. Chaudhary, and R. D. Yovsi, "The Development of Mirror Self-Recognition in Different Sociocultural Contexts," *Monographs of the Society for Research in Child Development* 77 (2012).

35. 现在已经证明，拥有镜子自我识别能力的动物并不多；除了若干灵长类动物、大象和鲸类动物之外，还包括喜鹊，此外还可能包括蚂蚁和蝠鲼。J. R. Anderson and G. G. Gallup Jr., "Which Primates Recognize Themselves in Mirrors?," *PLOS Biology* 9 (2011): e1001024; J. M. Plotnik, F. B. M. de Waal, and D. Reiss, "Self-Recognition in an Asian Elephant," *PNAS: Proceedings of the National Academy of Sciences* 103 (2006): 17053-17057; D. Reiss and L. Marino, "Mirror Self-Recognition in the Bottlenose Dolphin: A Case of Cognitive Convergence," *PNAS: Proceedings of the National Academy of Sciences* 98 (2001): 5937-

5942。H. Prior, A. Schwarz, and O. Gunturkun, "Mirror-Induced Behavior in the Magpie (Pica pica): Evidence of Self-Recognition," *PLOS Biology* 6 (2008): e202; M. Cammaerts and R. Cammaerts, "Are Ants (*Hymenoptera, Formicidae*)Capable of Self-Recognition?," *Journal of Science* 5 (2015): 521-532; C. Ari and D. P. D'Agostino, "Contingency Checking and Self-Directed Behaviors in Giant Manta Rays: Do Elasmobranchs Have Self-Awareness?," *Journal of Ethology* 34 (2016): 167-174.

36. G. G. Gallup Jr., "Chimpanzees: Self-Recognition," *Science* 167 (1970): 86-87.

37. J. R. Anderson and G. G. Gallup, "Mirror Self-Recognition: A Review and Critique of Attempts to Promote and Engineer Self-Recognition in Primates," *Primates* 56 (2015): 317-326; C. W. Hyatt and W. D. Hopkins, "*Self-Awareness in Bonobos and Chimpanzees*: A Comparative Perspective," in S. T. Parker, R. W. Mitchell, and M. L. Boccia, eds., Self-Awareness in Animals and Humans (Cambridge: Cambridge University Press, 1994), pp. 248-253; S. D. Suarez and G. G. Gallup Jr., "Self-Recognition in Chimpanzees and Orangutans, but Not Gorillas," *Journal of Human Evolution* 10 (1981): 175-188; J. Riopelle, R. Nos, and A. Jonch, "Situational Determinants of Dominance in Captive Gorillas," in J. Biegert and W. Leutenegger, eds., *Proceedings of the Third International Congress on Primatology, Zurich*, 1970 (Basel: Karger, 1971), pp. 86-91.

38. G. G. Gallup, M. K. McClure, S. D. Hill, and R. A. Bundy, "Capacity for Self-Recognition in Differentially Reared Chimpanzees," *Psychological Record* 21 (1971): 69-74.

39. 即便是在人类这个物种中，也可能会发生类似的事情：一项研究发现，幼儿自我认知行为的性质和时间会因育儿方面的文化差异而有所不同，不同的文化对个性和自主性的强调不同。J Kartner et al., "Development of Mirror Self-Recognition.

40. F. G. P. Patterson and R. H. Cohn, "Self-Recognition and Self-Awareness in Lowland Gorillas," in S. T. Parker, R. Mitchell, and M. L. Boccia, eds., *Self-Awareness in Animals and Humans* (Cambridge: Cambridge University Press, 1994), pp. 273-290.

41. R. Cohn, Michael's Story, *Where He Signs About His Family* (KokoFlix, March 23, 2008; R. Morin, "A Conversation with Koko the Gorilla," *Atlantic*, August 28, 2015.

42. K. Gold and B. Scassellati, "A Bayesian Robot That Distinguishes 'Self' from 'Other,' " *Proceedings of the Annual Meeting of the Cognitive Science Society* 29 (2007): 1037-1042.

43. 猫和狗都不能通过镜子测试，并且它们通常都会将镜像误以为是陌生的他者。实际上，狗可能比我们意识到的更具自我意识，但是它们仍然没有足够高的视觉能力通过镜子测试。在一项研究中，狗能够将自己的尿液与其他狗的尿液区分开来。M. Bekoff, "Observations of Scent-Marking and Discriminating Self from Others by a Domestic Dog (Canis familiaris): Tales of Displaced Yellow Snow," *Behavioural Processes* 55 (2001): 75-79;A. Horowitz, "Smelling Themselves: Dogs Investigate Their Own Odours Longer When Modified in an 'Olfactory Mirror' Test," *Behavioural Processes* 143 (2017): 17-24.

44. Plotnik, de Waal, and Reiss, "Self-Recognition in an Asian Elephant."

45. 同上。对于这三头大象中只有哈皮通过了标记测试这个事实并不需要过于担忧，因为在灵长类动物中也可以观察到类似的通过百分比；而且其他证据表明，另外两头大象玛克辛和帕蒂都知道镜子中是它们自己的。

46. Reiss and Marino, "Mirror Self-Recognition in the Bottlenose Dolphin." 有意思的是，虽然其他物种（如黑猩猩）能够注意到其他动物身上的标记，但是海豚却只关心自己身上的标记，这也许是因为它们没有自然的类似于梳理毛发那样的行为。

47. F. Delfour and K. Marten, "Mirror Image Processing in Three Marine Mammal Species: Killer Whales (Orcinus orca), False Killer Whales (Pseudorca crassidens)and California Sea Lions (Zalophus californianus)," *Behavioural Processes* 53 (2001): 181-190.

48. 虽然悲伤是普遍的，但哀悼仪式在不同文化之间有所不同。J. Archer, *The Nature of Grief: The Evolution and Psychology of Reactions to Loss* (London: Routledge, 1999); P. C. Rosenblatt, R. P. Walsh, and D. A. Jackson, *Grief and Mourning in Cross-Cultural Perspective* (New Haven, CT: Human Relations Area File Press, 1976); W. Stroebe and M. S. Stroebe, *Bereavement and Health: The Psychological and Physical Consequences of Partner Loss* (Cambridge: Cambridge University Press, 1987);D. N. DeWall et al., "Acetaminophen Reduces Social Pain: Behavioral and Neural Evidence," *Psychological Science* 21 (2010): 931-937.

49. H. Williams, *Historical and Archaeological Aspects of Egyptian Funerary Culture* (Leiden: Brill, 2014); J. Toynbee, *Death and Burial in the Roman World* (Ithaca, NY: Cornell University Press, 1971); B. Effros, *Merovingian Mortuary Archaeology and the Making of the Early Middle Ages* (Berkeley: University of California Press, 2003); A. Reynolds, *Anglo-Saxon Deviant Burial Customs* (Oxford: Oxford University Press, 2009).

50. M. F. Oxenham et al., "Paralysis and Severe Disability Requiring Intensive Care in Neolithic Asia," *Anthropological Science* 117 (2009): 107-112;L. Tilley and M. F. Oxenham, "Survival Against the Odds: Modeling the Social Implications of Care Provision to Seriously Disabled Individuals," *International Journal of Paleopathology* 1 (2011): 35-42.

51. E. Crubezy and E. Trinkaus, "Shanidar 1: A Case of Hyperostotic Disease (DISH)in the Middle Paleolithic," *American Journal of Physical Anthropology* 89 (1992): 411-420. 这个个体可能也承受了损失，从而提供了进一步的间接证据，可以证明这些原始人类当中存在着社会支持和合作。E. Trinkaus and S. Villotee, "External Auditory Exostoses and Hearing Loss in the Shanidar 1 Neanderthal," *PLOS ONE* 12 (2017): e0186684.

52. D. W. Frayer, W. E. Horton, R. Macchiarelli, and M. Mussi, "Dwarfism in an Adolescent from the Italian Late Upper Paleolithic," *Nature* 330 (1987): 60-62. 从遗体可以判断，这个人的身高大约为 1 米，肘部的运动能力受到了严重限制，这些障碍严重阻碍了他参与群体的狩猎 - 采集活动。当他去世时，他被埋葬在了一个"重要的洞穴"，并举行了特殊的葬礼，这表明他的地位很高。

53. D. N. Dickel and G. H. Doran, "Severe Neural Tube Defect Syndrome from the Early Archaic of Florida," *American Journal of Physical Anthropology* 80 (1989): 325-334. 这个男孩患了脊柱裂症，因而瘫痪了，他的行动严重受限。还有证据表明，他的下肢感觉丧失了，并严重感染（即使在现代，这种类型的瘫痪也可能导致下肢感染）。

54. J. Goodall, *Through a Window: My Thirty Years with the Chimpanzees of Gombe* (Boston: Houghton Mifflin, 1990).

55. J. Anderson, A. Gillies, and L. Lock, "*Pan* Thanatology," *Current Biology* 20 (2010): R349-R351.

56. A. L. Engh et al., "Behavioural and Hor-

monal Responses to Predation in Female Chacma Baboons (*Papio hamadryas ursinus*)," *Proceedings of the Royal Society B* 273 (2006): 707-712.

57. A. J. Willingham, "A Mourning Orca Mom Carried Her Dead Baby for Days Through the Ocean," CNN, July 27, 2018. 还有一些研究报告称，海豚也会“护卫”死去同伴的尸体。K. M. Dudzinski, M. Sakai, M. Masaki, K. Kogi, T. Hishii, and M. Kurimoto, "Behavioural Observations of Bottlenose Dolphins Towards Two Dead Conspecifics," *Aquatic Mammals* 29 (2003): 108-116; F. Ritter, "Behavioral Responses of Rough-Toothed Dolphins to a Dead Newborn Calf," *Marine Mammal Science* 23 (2007): 429-433.

58. Y. Warren and E. A. Williamson, "Transport of Dead Infant Mountain Gorillas by Mothers and Unrelated Females," *Zoo Biology* 23 (2004): 375-378; D. Biro, T. Humle, K. Koops, C. Sousa, M. Hayashi, and T. Matsuzawa, "Chimpanzee Mothers at Bossou, Guinea Carry the Mummified Remains of Their Dead Infants," *Current Biology* 20 (2010): R351-R352; T. Li, B. Ren, D. Li, Y. Zhang, and M. Li, "Maternal Responses to Dead Infants in Yunnan Snub-Nosed Monkey (*Rhinopithecus bieti*) in the Baimaxueshan Nature Reserve, Yunnan, China," *Primates* 53 (2012): 127-132.

59. 然而，这种清洁行为可能只是一种社交清洁行为，而不是尸身清洁行为。也许，驱动这种行为的，是母性本能，而不是悲伤。顺便指出，这里值得注意的是，这些工具是以“社会”的方式被使用的，而不仅仅是为了促成个人的某种行为。E. J. C. van Leeuwen, K. A. Cronin, and D. B. M. Haun, "Tool Use for Corpse Cleaning in Chimpanzees," *Scientific Reports* 7 (2017): 44091; W. C. McGrew and D. E. G. Tutin, "Chimpanzee Tool Use in Dental Grooming," *Nature* 241 (1973): 477-478.

60. C. Moss, *Echo of the Elephants: The Story of an Elephant Family* (New York: William Morrow, 1992), p. 60。摩斯还指出，大象不会对任何其他动物的骨骼表现出这种尊重，除非可能是被大象杀死的人。

61. J. Poole, *Coming of Age with Elephants: A Memoir* (New York: Hyperion, 1996), p. 95. 这类为死者举行“葬礼”的例子在科学文献和大众文学作品中有很多。M. Meredith, *Elephant Destiny: Biography of an Endangered Species in Africa* (New York: PublicAffairs, 2004).

62. Poole, *Coming of Age,* p. 165.

63. 同上。

64. "World: South Asia Elephant Dies of Grief," BBC News, May 6, 1999.

65. G. A. Bradshaw, A. N. Schore, J. L. Brown, J. H. Poole, and C. J. Moss, "Elephant Breakdown," *Nature* 433 (2005):807.

66. O. Karasapan, "Syria's Mental Health Crisis," Brookings Institution, April 25, 2016.

67. M. P. Crawford, "The Cooperative Solving of Problems by Young Chimpanzees," *Comparative Psychology Monographs* 14 (1937).

68. K. A. Mendres and F. B. M. de Waal, "Capuchins Do Cooperate: The Advantage of an Intuitive Task," *Animal Behaviour* 60 (2000):523-529. 实验证明，没有亲缘关系的棉顶绢毛猴也拥有高度的合作能力，在类似的测试中，它们在 97% 的时间里都成功地实现了合作。K. A. Cronin, A. V. Kurian, and C. T. Snowdon, "Cooperative Problem Solving in a Cooperatively Breeding Primate (*Saguinus oedipus*)," *Animal Behaviour* 69 (2005): 133-142.

69. J. M. Plotnik, R. Lair, W. Suphachoksa-hakun, and F. B. M. de Waal, "Elephants Know When They Need a Helping Trunk in a Cooperative Task," *PNAS: Proceedings of the National Academy of Sciences* 108 (2011): 5116-5121;K. Jaakkola, E. Guarino, K. Donegan, and S. L. King, "Bottlenose Dolphins Can Understand Their Partner's Role in a Cooperative Task," *Proceedings of the Royal Society B* 285 (2018): 20180948.

70. M. A. Nowak, "Five Rules for the Evolution of Cooperation," *Science* 314 (2006): 1560-1563.

71. M. Lynn and A. Grassman, "Restaurant Tipping: An Examination of Three 'Rational' Explanations," *Journal of Economic Psychology* 11, no. 2 (1990): 169-181; O. H. Azar, "What Sustains Social Norms and How They Evolve? The Case of Tipping," *Journal of Economic Behavior and Organization* 54 (2004): 49-64.

72. National Volunteer Fire Council, "Final Report: The Role of Volunteer Fire Service in the September 11, 2001, Terrorist Attacks" (Washington, DC, August 1, 2002). 例如，仅仅以纽约市而论，在世界贸易中心遭到了恐怖袭击之后，就有来自 285 个志愿救援部门的总计超过 2600 名应急人员参与了救援，他们提供了 4300 多个小时的服务。2005 年，在卡特里娜飓风过境后，估计有 575 554 名美国人在墨西哥湾沿岸各地自愿参加了救援活动，而且有1800万人为救援工作捐了款。"The Power of Help and Hope After Katrina by the Numbers: Volunteers in the Gulf," Corporation for National and Community Service, September 18, 2006.

73. C. L. Apicella, F. W. Marlowe, J. H. Fowler, and N. A. Christakis, "Social Networks and Cooperation in Hunter-Gatherers," *Nature* 481 (2012): 497-501; K. M. Smith, T. Larroucau, I. A. Mabulla, and C. L. Apicella, "Hunter-Gatherers Maintain Assortativity in Cooperation Despite High Levels of Residential Change and Mixing," *Current Biology* 28 (2018): 1-6.

74. R. Axelrod and W. D. Hamilton, "The Evolution of Cooperation," *Science* 211 (1981): 1390-1396.

75. M. A. Nowak and K. Sigmund, "Evolution of Indirect Reciprocity," *Nature* 437 (2005): 1291-1298.

76. G. Hardin, "The Tragedy of the Commons," *Science* 162 (1968): 1243-1248.

77. V. Capraro and H. Barcelo, "Group Size Effect on Cooperation in One-Shot Social Dilemmas. II: Curvilinear Effect," *PLOS ONE* 10 (2015): e0138744; R. M. Isaac and J. M. Walker, "Group Size Effects in Public Goods Provision: The Voluntary Contributions Mechanism," *Quarterly Journal of Economics* 103 (1988): 179-199.

78. B. Allen et al., "Evolutionary Dynamics on Any Population Structure," *Nature* 544 (2017): 227-230.

79. C. Boehm, *Hierarchy in the Forest: The Evolution of Egalitarian Behavior* (Cambridge, MA: Harvard University Press, 2001).

80. J. Henrich et al., "Costly Punishment Across Human Societies," *Science* 312 (2006): 1767-1770; J. Henrich et al., " 'Economic Man' in Cross-Cultural Perspective: Ethnography and Experiments from 15 Small-Scale Societies," *Behavioral and Brain Sciences* 28 (2005): 795-855.

81. W. Güth, R. Schmittberger, and B. Schwarze, "An Experimental Analysis of Ultimatum Bargaining," *Journal of Economic Behavior and Organization* 3 (1982): 367-

388; M. A. Nowak, K. M. Page, and K. Sigmund, "Fairness Versus Reason in the Ultimatum Game," *Science* 289 (2000): 1773-1775.

82. 还有一个变体是信任博弈。在信任博弈中，博弈参与者 1 决定向博弈参与者 2 投资多少钱，然后博弈参与者 2 会将那些钱翻 3 倍。接下来，博弈参与者 2 决定返回给博弈参与者 1 多少钱。博弈参与者 1 如果给了很多钱给博弈参与者 2，那么他必定非常信任后者；博弈参与者 2 如果返回给博弈参与者 1 很多钱，那么他就是值得信任的。

83. Henrich et al., "Costly Punishment."

84. J. Henrich, "Does Culture Matter in Economic Behavior? Ultimatum Game Bargaining Among the Machiguenga of the Peruvian Amazon," *American Economic Review* 90 (2000): 973-979.

85. Henrich et al., "Costly Punishment."

86. J. Henrich et al., "Overview and Synthesis," in J. Henrich, R. Boyd, S. Bowles, C. Camerer, W. Fehr, and H. Gintis, eds., *Foundations of Human Sociality: Economic Experiments and Ethnographic Evidence from Fifteen Small-Scale Societies* (Oxford: Oxford University Press, 2004), pp. 8-54.

87. 当在通常的独裁者博弈中加入了第三方惩罚者之后，大约有 60% 的惩罚者选择惩罚那些太过自私的独裁者（例如，那些只分给对方不到一半的钱的独裁者）。E.Fehr and U. Fischbacher, "Third-Party Punishment and Social Norms," *Evolutionand Human Behavior* 25 (2004): 63-87.

88. Henrich et al., "Costly Punishment." 研究者还认为，类似这样的文化规范可能还会影响各个人群中利他行为的遗传基础，从而反映了基因 - 文化的共同进化（见本书第 11 章）。局部惩罚行为可以创造出有利于如下心理特征遗传进化的社会环境：让人们易于管理和预测，并避免受到惩罚。

89. S. Lotz, T. G. Okimoto, T. Schlösser, and D. Fetchenhauer, "Punitive Versus Compensatory Reactions to Injustice: Emotional Antecedents to Third-Party Interventions," *Journal of Experimental Social Psychology* 47 (2011): 477-480.

90. E. Fehr and S. Gächter, "Altruistic Punishment in Humans," *Nature* 415 (2002): 137-140.

91. R. Boyd, H. Gintis, S. Bowles, and P. J. Richerson, "The Evolution of Altruistic Punishment," *PNAS: Proceedings of the National Academy of Sciences* 100 (2003): 3531-3535.

92. C. Hauert, S. De Monte, J. Hofbauer, and K. Sigmund, "Volunteering as Red Queen Mechanism for Cooperation in Public Goods Games," *Science* 296 (2002): 1129-1132.

93. 这种周期性的模式被称为红皇后动力学。红皇后是刘易斯 · 卡罗尔（Lewis Carroll）的小说《爱丽丝漫游奇境》中的一个角色。当爱丽丝说到，在她原来住的地方，如果你跑得很快、跑了很久，你就肯定能到达某个地方，而红皇后却回答道："那真是一个缓慢的国家！现在，在这里，你看着吧！你必须不停地以最快速度奔跑，你才能留在原地。"

94. 因此，这些关于进化的数学模型，给出了关于惩罚怎样才能出现的重要结论。成为一个"孤独者"这一选择权的存在，驱使除了合作者和惩罚者之外的所有其他人灭绝，然后，由于没有背叛者，也就不需要做出代价高昂的惩罚，所以惩罚者就可能会出现并大量繁衍（同时获得与合作者一样的奖赏）。J. H. Fowler, "Altruistic Punishment and the Origin of Cooperation," *PNAS: Proceedings of the National Academy of Sciences* 102 (2005): 7047-7049. 在此基础上，出现了很多后续研究。简单的进化模型假设种群中的变化是确定性的，即如果一种类型的表现比另一种类型更好，那么它在种群中的比例肯定会增加。但是没有理由认为适合度最高的生物体会永远存活下去。进化是随机的。C. Hauert, A. Traulsen, H. Brandt, M. A. Nowak, and K. Sigmund, "Via Freedom to Coercion: The Emergence of Costly Punishment," *Science* 316 (2007): 1905-1907.

95. B. Wallace, D. Cesarini, P. Lichtenstein, and M. Johannesson, "Heritability of Ultimatum Game Responder Behavior," *PNAS: Proceedings of the National Academy of Sciences* 104 (2007): 15631-15634; D. Cesarini, C. Dawes, J. H. Fowler, M. Johannesson, P. Lichtenstein, and B. Wallace, "Heritability of Cooperative Behavior in the Trust Game," *PNAS: Proceedings of the National Academy of Sciences* 105 (2008): 3271-3276; D. Cesarini, C. T. Dawes, M. Johannesson, P. Lichtenstein, and B. Wallace, "Genetic Variation in Preferences for Giving and Risk Taking," *Quarterly Journal of Economics* 124 (2009): 809-842.

96. 即使社会套件的任何其他方面不存在，生活在群体中也是有好处的。这些好处至少包括：提高哺育后代的效率、更好地利用可变的环境（例如，当放牧的动物践踏草原有利于牧草的生长时），以及降低被捕食的风险（例如，随同一大群鱼活动时）。当然，并非所有这些好处都会同时出现在每个群体中。

97. T. M. Caro and M. D. Hauser, "Is There Teaching in Non-Human Animals?," *Quarterly Review of Biology* 67 (1992): 151-174.

98. B. S. Hewlett and C. J. Roulette, "Teaching in Hunter-Gatherer Infancy," *Royal Society Open Science* 3 (2015): 150403.

99. N. R. Franks and T. Richardson, "Teaching in Tandem Running Ants," *Nature* 439 (2006): 153; A. Thornton and K. McAuliffe, "Teaching in Wild Meerkats," *Science* 313 (2006): 227-229; and N. J. Raihani and A. R. Ridley, "Experimental Evidence for Teaching in Wild Pied Babblers," *Animal Behaviour* 75 (2008): 3-11.

100. 许多有趣的例子表明，灵长类动物能够教会彼此一些原本从人类那里学来的东西。例如，科学家观察到，一个"精通"手语的母黑猩猩会教导黑猩猩婴儿使用手语。R. S. Fouts, A. D. Hirsch, and D. H. Fouts, "Cultural Transmission of a Human Language in a Chimpanzee Mother-Infant Relationship," in H. E. Fitzgerald, J. A. Mullins, and P. Gage, eds., *Child Nurturance* (New York: Plenum Press, 1982), pp. 159-193. 与此类似，大猩猩科科也曾经试图教人类学会手语，它抓住人的手并将之摆弄成了适当的形状。F. Patterson and E. Linden, *The Education of Koko* (New York: Holt, Rinehart and Winston, 1981).

101. C. Boesch, "Teaching Among Wild Chimpanzees," *Animal Behaviour* 41 (1991): 530-532.

102. S. Yamamoto, T. Humle, and M. Tanaka, "Basis for Cumulative Cultural Evolution in Chimpanzees: Social Learning of a More Efficient Tool-Use Technique," *PLOS ONE* 8 (2013): e55768.

103. T. Humle and T. Matsuzawa, "Ant-Dipping Among the Chimpanzees of Bossou, Guinea, and Some Comparisons with Other Sites," *American Journal of Primatology* 58 (2002): 133-148.

104. A. Whiten et al., "Cultures in Chimpanzees," *Nature* 399 (1999): 682-685.

105. F. Brotcorne et al., "Intergroup Variation in Robbing and Bartering by Long-Tailed Macaques at Uluwatu Temple (Bali, Indonesia)," *Primates* 58 (2017): 505-516.

106. B. Owens, "Monkey Mafia Steal Your Stuff, Then Sell It Back for a Cracker," *New Scientist*, May 25, 2017.

107. P. I. Chiyo, C. J. Moss, and S. C. Alberts, "The Influence of Life History Milestone and Association Networks on Crop-Raiding Behavior in Male African Elephants," *PLOS ONE* 7 (2012): e31382;J. Mann, M. A. Stanton, E. M. Patterson, E. J. Bienenstock, and L. O. Singh, "Social Networks Reveal Cultural Behaviour in Tool-Using Dolphins," *Nature Communications* 3 (2012): 980.

108. 为了对网络密度有一个直观的感觉，想象一下一个由 10 人组成的网络。他们之间共有（10×9）/2 = 45 个可能的连接，实际的连接数是这个数字的某个比例。这个比例就是网络密度。

109. Chiyo, Moss, and Alberts, "Influence of Life History."

110. C. Foley, N. Pettorelli, and L. Foley, "Severe Drought and Calf Survival in Elephants," *Biology Letters* 4 (2008): 541-544.

111. 颇有讽刺意味的是，厄尔尼诺现象给鲸带来了饥荒，同时却给大象带来了剩余。G. Wittemyer, I. Douglas-Hamilton, and W. M. Getz, "The Socioecology of Elephants: Analysis of the Processes Creating Multi-Tiered Social Structures," *Animal Behaviour* 69 (2005): 1357-1371. 这很有意思，像天气这样的外生事件会影响动物的社会结构。在这里，这种影响是通过繁殖同步化和出生群组协调化实现的。

112. L. Weilgart, H. Whitehead, and K. Payne, "A Colossal Convergence," *American Scientist* 84 (1996): 278-287. 大象和鲸还有其他一些共同点，那就是体型都很大、寿命都很长、生育率都很低，而且共同照顾后代。

113. Whiten et al., "Cultures in Chimpanzees."

114. B. Kenward et al., "Behavioural Ecology: Tool Manufacture by Naive Juvenile Crows," *Nature* 433 (2005): 121. 乌鸦所用工具的地区差异，可能也反映了累积性的文化进化。

115. K. N. Laland and V. M. Janik, "The Animal Culture Debate," *Trends in Ecology and Evolution* 21 (2006): 542-547.

116. S. Mineka and M. Cook, "Social Learning and the Acquisition of Snake Fear in Monkeys," in T. R. Zentall and E. G. Galef Jr., eds., *Social Learning: Psychological and Biological Perspective* (Hillsdale, NJ: Lawrence Erlbaum, 1988), pp. 51-74.

117. B. Sznajder, M. W. Sabelis, and M. Egas, "How Adaptive Learning Affects Evolution: Reviewing Theory on the Baldwin Effect," *Evolutionary Biology* 39 (2012): 301-310.

118. A. Whiten, "The Second Inheritance System of Chimpanzees and Humans," *Nature* 437 (2005): 52-55. V.

119. D. P. Schofield, W. C. McGrew, A. Takahashi, and S. Hirata, "Cumulative Culture in Nonhumans: Overlooked Findings from Japanese Monkeys?," *Primates 59* (2017): 113-122.

120. Boesch, "Teaching Among Wild Chimpanzees."

121. 在这 6 个群体中，猩猩们在制作树叶玩具娃娃、为巢穴上建造遮阳罩，以及使用工具等方面都表现出了差异。研究者也对卷尾猴进行了类似的分析。C. P. van Schaik et al., "Orangutan Cultures and the Evolution of Material Culture," *Science* 299 (2003): 102-105; S. Perry et al., "Social Conventions in Wild Capuchin Monkeys: Evidence for Behavioral Traditions in a Neotropical Primate," *Current Anthropology* 44 (2003): 241-268.

122. C. Hobaiter, T. Poisot, K. Zuberbuhler, W. Hoppitt, and T. Gruber, "Social Network Analysis Shows Direct Evidence for Social Transmission of Tool Use in Wild Chimpanzees," *PLOS Biology* 12 (2014): e1001960.

123. J. Allen, M. Weinrich, W. Hoppitt, and L. Rendell, "Network-Based Diffusion Analysis Reveals Cultural Transmission of Lobtail Feeding in Humpback Whales," *Science* 340 (2013): 485-488.

124. D. Wroclavsky, "Killer Whales Bring the Hunt onto Land," Reuters, April 17, 2008.

125. H. Whitehead and L. Rendell, *The Cultural Lives of Whales and Dolphins* (Chicago: University of Chicago Press, 2014).

126. E. J. C. van Leewen, K. A. Cronin, and D. B. M. Haun, "A Group-Specific Arbitrary Tradition in Chimpanzees (*Pan troglodytes*)," *Animal Cognition* 17 (2014): 1421-1425.

127. D. Kim et al., "Social Network Targeting to Maximise Population Behaviour Change: A Cluster Randomised Controlled Trial," *Lancet* 386 (2015): 145-153.

128. 这里需要明确的是，群体还可能维持其他无用的甚至有害的做法。例如，如果能够进行惩罚，那些会降低适合度的行为甚至也能维系下去。R. Boyd and P. J. Richerson, "Punishment Allows the Evolution of Cooperation (or Anything Else)in Sizable Groups," *Ethology and Sociobiology* 13 (1992): 171-195.

第 10 章

1. D. Attenborough, *Animal Behavior of the Australian Bowerbird*, BBC Studios, February 9, 2007.

2. R. O. Prum, *The Evolution of Beauty: How Darwin's Forgotten Theory of Mate Choice Shapes the Animal World and Us* (New York: Doubleday, 2017), p. 188.

3. J. Diamond, "Animal Art: Variation in Bower Decorating Style Among Male Bowerbirds *Amblyornis inornatus*," *PNAS: Proceedings of the National Academy of Sciences* 83 (1986): 3042-3046.

4. L. A. Kelly and J. A. Ender, "Male Great Bowerbirds Create Forced Perspective Illusions with Consistently Different Individual Quality," *PNAS Proceedings of the National Academy of Sciences* 109 (2012): 20980-20985.

5. Prum, *The Evolution of Beauty*, p. 199.

6. 2005 年，詹姆斯・富勒和我探讨了沮丧情绪是如何在社会网络内相互连接的人群中传播的，我们的论文最终发表在了《分子精神病学》杂志上。J. N. Rosenquist, J. H. Fowler, and N. A. Christakis, "Social Network Determinants of Depression," *Molecular Psychiatry* 16 (2011)：273-281. 正是在进行这项研究的过程中，我们才逐渐熟悉了精神科医生对表现型的思考方式。因为对于精神科医生来说，表现型不一定是可见的，而且可能非常微妙。精神病学家使用"内表现型"(endophenotype)这个术语来指称中间性的、内部的表现型，它位于指向一个更加明显的因果关系的因果路径上。例如，表现出了双相情感障碍的那些人，可能在面部感知方面有困难，而这又可以追溯到至少一个基因功能的紊乱，这种困难就是一个内表现型。在思考这个问题时，我们想到，也可能存在外表现型。内表现型这个术语最初是由伯纳德・约翰（Bernard John）和肯尼斯・刘易斯（Kenneth Lewis）首创的，他们当时针对的是看上去形态相同但是却表现出了不同行为的蚱蜢。B. John and K. R. Lewis, "Chromosome Variability and Geographic Distribution in Insects," *Science* 152 (1966): 711-721.

7. R. Dawkins, *The Extended Phenotype: The Long Reach of the Gene* (Oxford: W. H. Freeman, 1982), p. vi.

8. 道金斯这本书写于 1982 年。他指出，这个论点的证据很少，而且他这本著作应被视为一本“倡导性”的作品。作为一位科学家，能够拥有的最谦卑又最令人放心的经历就是，认识到你并不是第一个提出了某个特定思想的人。

9. 同上。道金斯 20 多年后又重新讨论了这个问 题。R. Dawkins, “Extended Phenotype-But Not Too Extended: A Reply to Laland, Turner, and Jablonka,” *Biology and Philosophy* 19 (2004): 377-396.

10. H. Eiberg et al., “Blue Eye Color in Humans May Be Caused by a Perfectly Associated Founder Mutation in a Regulatory Element Located Within the *HERC2* Gene Inhibiting *OCA2* Expression,” *Human Genetics* 123 (2008): 177-187. 这种蓝色不可归因于蓝色颜料，而只能归因于眼睛中物质的物理结构（就像孔雀羽毛的颜色一样，它们的颜料实际上都是褐色的，但是它们散射光的方式使它们看上去是蓝色或绿色的）。

11. 同 上。 J. J. Negro, M. C. Blázquez, and I. Galván, “Intraspecific Eye Color Variability in Birds and Mammals: A Recent Evolutionary Event Exclusive to Humans and Domestic Animals,” *Frontiers in Zoology* 14 (2017): 53.

12. R. N. Frank, J. E. Puklin, C. Stock, and L. A. Canter, “Race, Iris Color, and Age-Related Macular Degeneration,” *Transactions of the American Ophthalmological Society* 98 (2000): 109-117; R. Ferguson et al., “Genetic Markers of Pigmentation Are Novel Risk Loci for Uveal Melanoma,” *Scientific Reports* 6 (2016): 31191.

13. 人类学家约翰·霍克斯（John Hawks）指出，一万年前，没有任何人拥有蓝眼睛。但是现在确实存在大量有蓝眼睛的人，这就提出了一个问题，即为什么蓝眼睛的人与非蓝眼睛的人相比，在繁殖后代方面有 5%的优势。J. Hawks et al., “Recent Acceleration of Human Adaptive Evolution,” *PNAS: Proceedings of the National Academy of Sciences* 104 (2007): 20753-20758.

14. D. Peshek, N. Semmaknejad, D. Hoffman, and P. Foley, “Preliminary Evidence That the Limbal Ring Influences Facial Attractiveness,” *Evolutionary Psychology* 9 (2011): 137-146.

15. 然而，有一项研究声称，褐色眼睛的人更值得依赖。K. Kleisner, L. Priplatova, P. Frost, and J. Flegr, “Trustworthy-Looking Face Meets Brown Eyes,” *PLOS ONE* 8 (2013): e53285.

16. Dawkins, “Extended Phenotype.”

17. 房屋建筑结构属于文化领域。不过，建筑还可能通过其他途径影响我们的进化，这个过程就是通常所称的基因 - 文化共同进化。对此，我们将在第 11 章中讨论。

18. I. Arndt and J. Tautz, Animal Architecture (New York: Harry N. Abrams, 2014); M. Hansell, *Built by Animals: The Natural History of Animal Architecture* (Oxford: Oxford University Press, 2007).

19. T. A. Blackledge, N. Scharff, J. A. Coddington, T. Szüts, J. W. Wenzel, C. Y. Hayashi, and I. Agnarssona, “Reconstructing Web Evolution and Spider Diversification in the Molecular Era,” *PNAS: Proceedings of the National Academy of Sciences* 106 (2009): 5229-5234. J. E. Garb, T. DiMauro, V. Vo, and C. Y. Hayashi, “Silk Genes Support the Single Origin of Orb Webs,” *Science* 312 (2006): 1762. 但是，各种蛛类动物的网的起源和进化至今仍然没有定论。不同蛛网的区别不仅在于它们的结构，还在于诸如紫外线反射率（对紫外线的反射越少，猎物就越难看到

蛛网)、黏性、纤维强度和张力维持机制等特征上。

20. 对适应性辐射概念的阐述，以达尔文最为著名。他在 1835 年前往加拉帕戈斯群岛的旅途中观察到，不同种类的鸟的喙取决于岛屿上可用的食物来源，厚的喙可以击破种子表面的覆盖层、薄的喙可以从仙人掌中吸食花蜜。一个名为 Alx1 的基因在不同种类的鸟中的类型各不相同，影响了它们的喙形状。需要指出的是，现在已经知道，同样是这种基因，还会影响小鼠和人的面部特征。当然，就蜘蛛网而言，它并不是身体的一个部分，而是身体外部的一个“人工制品”。S. Lamichhaney et al., “Evolution of Darwin's Finches and Their Beaks Revealed by Genome Sequencing,” *Nature* 518 (2015): 371-375.

21. 具有灰褐色的单调羽毛的园丁鸟通常会建造更精致的鸟巢，而具有彩色艳丽羽毛的园丁鸟则一般不能建构非常漂亮的鸟巢。这就像某些物种随着时间的推移，已经从强调身体表现型转变为强调行为外表现型一样。

22. J. N. Weber, B. K. Peterson, and H. E. Hoekstra, “Discrete Genetic Modules Are Responsible for Complex Burrow Evolution in Peromyscus Mice,” *Nature* 493 (2013): 402-405.

23. D. P. Hughes, “On the Origins of Parasite Extended Phenotypes,” *Integrative and Comparative Biology* 54 (2014): 210-217.

24. W. M. Ingram, L. M. Goodrich, E. A. Robey, and M. B. Eisen, “Mice Infected with Low-Virulence Strains of *Toxoplasma gondii* Lose Their Innate Aversion to Cat Urine, Even After Extensive Parasite Clearance,” *PLOS ONE* 8 (2013): e75246.

25. D. G. Biron, F. Ponton, C. Joly, A. Menigoz, B. Hanelt, and F. Thomas, “Water-Seeking Behavior in Insects Harboring Hairworms: Should the Host Collaborate?,” *Behavioral Ecology* 16 (2005): 656-660.

26. S. A. Adamo, “The Strings of the Puppet Master: How Parasites Change Host Behavior,” in D. P. Hughes, J. Brodeur, and F. Thomas, eds., *Host Manipulation by Parasites* (Oxford: Oxford University Press, 2012), pp. 36-53.

27. M. A. Fredericksen et al., “Three-Dimensional Visualization and a Deep-Learning Model Reveal Complex Fungal Parasite Networks in Behaviorally Manipulated Ants,” *PNAS: Proceedings of the National Academy of Sciences* 114 (2017): 12590-12595.

28. D. P. Hughes, T. Wappler, and C. C. Labandeira, “Ancient Death-Grip Leaf Scars Reveal Ant-Fungal Parasitism,” *Biology Letters* 7 (2011): 67-70.

29. T. R. Sampson and S. K. Mazmanian, “Control of Brain Development, Function, and Behavior by the Microbiome,” *Cell Host and Microbe* 17 (2015): 565-576.

30. A. D. Blackwell et al., “Helminth Infection, Fecundity, and Age of First Pregnancy in Women,” *Science* 350 (2015): 970-972.

31. A. Y. Panchin, A. I. Tuzhikov, and Y. V. Panchin, “Midichlorians-the Biomeme Hypothesis: Is There a Microbial Component to Religious Rituals?,” *Biology Direct* 9 (2014): 14;S. K. Johnson et al., “Risky Business: Linking Toxoplasma gondii Infection and Entrepreneurship Behaviours Across Individuals and Countries,” *Proceedings of the Royal Society* B 285 (2018): 20180822.

32. L. T. Morran et al., “Running with the Red Queen: Host-Parasite Coevolution Selects for Biparental Sex,” Science 333 (2011): 216-218. M. Ridley, *The Red Queen: Sex and the Evolution of Human Nature* (New

York: Macmillan, 1993).

33. J. W. Bradbury and S. L. Vehrencamp, *Principles of Animal Communication*, 2nd ed. (Oxford: Oxford University Press, 2011).

34. N. Demandt, B. Saus, R. H. J. M. Kurvers, J. Krause, J. Kurtz, and J. P. Scharsack, "Parasite-Infected Sticklebacks Increase the Risk-Taking Behavior of Uninfected Group Members," *Proceedings of the Royal Society* B 285 (2018): 20180956.

35. 即便是这个例子也可能会变得复杂化。如果以某种有利于生物体的方式在地下储存粪便（使土地变得更肥沃），那么，是的，这可以视为一种外表现型。

36. Dawkins, *The Extended Phenotype,* pp. 206-207.

37. L. Glowacki, A. Isakov, R. W. Wrangham, R. McDermott, J. H. Fowler, and N. A. Christakis, "Formation of Raiding Parties for Intergroup Violence Is Mediated by Social Network Structure," *PNAS: Proceedings of the National Academy of Sciences* 113 (2016): 12114-12119.

38. F. Biscarini, H. Bovenhuis, J. van der Poel, T. B. Rodenburg, A. P. Jungerius, and J. A. M. van Arendonk, "Across-Line SNP Association Study for Direct and Associative Effect on Feather Damage in Laying Hens," *Behavior Genetics* 40 (2010): 715-727.

39. Dawkins, *The Extended Phenotype*, p. 230.

40. P. Lieberman, "The Evolution of Human Speech," *Current Anthropology* 48 (2007): 39-66; D. Ploog, "The Neural Basis of Vocalization," in T. J. Crow, ed., *The Speciation of Modern Homo Sapiens* (Oxford: Oxford University Press, 2002), pp. 121-135; W. Enard et al., "Molecular Evolution of FOXP2, a Gene Involved in Speech and Language," *Nature* 418 (2002): 869-872; F. Vargha-Khadem, D. G. Gadian, A. Copp, and M. Mishkin, "*FOXP2* and the Neuroanatomy of Speech and Language," *Nature Reviews Neuroscience* 6 (2005): 131-138; E. G. Atkinson, "No Evidence for Recent Selection at *FOXP2* Among Diverse Human Populations," *Cell* 174 (2018): 1424-1435 (which casts doubt on a crucial role of FOXP2 in human speech).

41. J. H. Fowler, C. T. Dawes, and N. A. Christakis, "Model of Genetic Variation in Human Social Networks," *PNAS: Proceedings of the National Academy of Sciences* 106 (2009): 1720-1724.

42. L. N. Trut, "Early Canid Domestication: The Farm-Fox Experiment," *American Scientist* 87 (1999): 160-169.

43. 同上。

44. E. Ratliff, "Taming the Wild," *National Geographic,* March 2011.

45. B. Hare, V. Wobber, and R. Wrangham, "The Self-Domestication Hypothesis: Evolution of Bonobo Psychology Is Due to Selection Against Aggression," *Animal Behaviour* 83 (2012): 573-585.

46. K. Prufer et al., "The Bonobo Genome Compared with the Chimpanzee and Human Genomes," *Nature* 486 (2012): 527-531.

47. B. Hare and S. Kwetuenda, "Bonobos Voluntarily Share Their Own Food with Others," *Current Biology* 20 (2010): 230-231.

48. Hare, Wobber, and Wrangham, "Self-Domestication Hypothesis."

49. C. Theofanopoulou et al., "Self-Domestication in Homo sapiens: Insights from Comparative Genomics," *PLOS ONE* 12 (2017): e0185306.

50. S. Pinker, *Better Angels of Our Nature: Why Violence Has Declined* (New York: Viking, 2011).

51. "Intentional Homicides (per 100,000 People)," World Bank.

第 11 章

1. A. D. Carlson, "The Wheat Farmer's Dilemma: Notes from Tractor Land," *Harper's,* July 1931, pp. 209-210;R. C. Williams, *Fordson, Farmall, and Poppin' Johnny: A History of the Farm Tractor and Its Impact on America* (Champaign: University of Illinois Press, 1987).

2. 农业历史学家布鲁斯·加德纳（Bruce Gardner）估计，一台拖拉机可以完成至少5匹马的工作，马和骡子的数量在1920年左右达到了顶峰（总数大约为2500万头），而拖拉机的数量则在1960年左右达到顶峰（总数可能为500万左右）。跨越点大约出现在1945年，在那一年，这两种动力来源为农场提供了大致相等的动力。B. L. Gardner, *American Agriculture in the Twentieth Century: How It Flourished and What It Cost* (Cambridge, MA: Harvard University Press, 2006).

3. "Mechanization on the Farm in the Early Twentieth Century," excerpt from *The People in the Pictures: Stories from the Wettach Farm Photos* (Iowa Public Television, 2003), Iowa Pathways.

4. 当然，也有一些潜在的不利影响，它们影响到了每个人。例如，拖拉机使农民更加独立，因此关于劳动交换的一些社会习俗消失了，邻居们也不再那么相互依赖了。

5. D. Thompson, "How America Spends Money: 100 Years in the Life of the Family Budget," *Atlantic*, April 5, 2012;US Department of Agriculture Economic Research Service, "Food Expenditures,".1900年，美国有41％劳动力就业于农业部门，而到2000年，这个比例已经低至1.9％了。C. Dimitri, A. Effland, and N. Conklin, "The 20th Century Transformation of U.S. Agriculture and Farm Policy," United States Department of Agriculture, *Economic Information Bulletin* 3 (2005).

6. 你出生在哪里也很重要，因为技术进步的速度在不同地方是不一样的。

7. D. Tuzin, *The Cassowary's Revenge: The Life and Death of Masculinity in a New Guinea Society* (Chicago: University of Chicago Press, 1997), p. 102.

8. 有学者估计，"用铁锹翻耕一英亩（1英亩≈4046.86平方米）土地需要96个小时（5760分钟）；用牛和一把粗木犁翻耕一英亩土地则需要24个小时（1440分钟）；用约翰·迪尔（John Deeere）发明的钢制犁需要300分钟到480分钟；但是到了1998年，用一台425马力的约翰·迪尔9400型机犁（它是四轮驱动的）则只需要3.2分钟……今天，第一个享受着丰富而廉价的食物的人，都应该感谢约翰·迪尔和他的犁。"H. M. Drache, "The Impact of John Deere's Plow," *Illinois History Teacher* 8, no. 1 (2001): 2-13; C. Hidalgo, Why Information Grows: *The Evolution of Order, from Atoms to Economies* (New York: Basic Books, 2015).

9. M. Fackler, "Tsunami Warnings, Written in Stone," *New York Times,* April 20, 2011. 与此类似，在欧洲，也有许多关于河流低水位的指示标记。在捷克共和国的易北河河床，散布着许多块"饥饿的石头"，它们上面刻着的文字，记载了500年来的旱灾，例如，有一条说的是"如果你看到了我，就该哭泣了"。C. Domonoske, "Drought in Central Europe Reveals Cautionary 'Hunger Stones' in Czech Republic," NPR, August 24, 2018.

10. S. Bhuamik, "Tsunami Folklore 'Saved

Islanders,' " BBC News, January 20, 2005.

11. 也有一些例外，例如黑猩猩使用的用来钓昆虫的竿子上的刷头的发明，以及因地点而异的且可能一代接一代变得越来越复杂的鸟类的歌曲。J. Henrich and C. Tennie, "Cultural Evolution in Chimpanzees and Humans," in M. Muller, R. Wrangham, and D. Pilbeam, eds., *Chimpanzees and Human Evolution* (Cambridge, MA: Harvard University Press, 2017), pp. 645-702.

12. P. J. Richerson and R. Boyd, *Not by Genes Alone: How Culture Transformed Human Evolution* (Chicago: University of Chicago Press, 2005), p. 5.

13. J. Henrich, *The Secret of Our Success: How Culture Is Driving Human Evolution, Domesticating Our Species, and Making Us Smarter* (Princeton, NJ: Princeton University Press, 2016);K. N. Laland, J. Odling-Smee, and S. Myles, "How Culture Shaped the Human Genome: Bringing Genetics and the Human Sciences Together," *Nature Reviews Genetics* 11 (2010): 137-148; and P. J. Richerson, R. Boyd, and J. Henrich, "Gene-Culture Coevolution in the Age of Genomics," *PNAS: Proceedings of the National Academy of Sciences* 107 (2010): 8985-8992.

14. J. Henrich and J. Broesch, "On the Nature of Cultural Transmission Networks: Evidence from Fijian Village for Adaptive Learning Biases," *Philosophical Transactions of the Royal Society B* 366 (2011): 1139-1148; M. Chudek, S. Heller, S. Birch, and J. Henrich, "Prestige-Biased Cultural Learning: Bystanders' Differential Attention to Potential Models Influences Children's Learning," *Evolution and Human Behavior* 38 (2012): 46-56.

15. M. Nielsen and K. Tomaselli, "Overimitation in Kalahari Bushman Children and the Origins of Human Cultural Cognition," *Psychological Science* 21 (2010): 729-736.

16. B. G. Galef, "Strategies for Social Learning: Testing Predictions from Formal Theory," *Advances in the Study of Behavior* 39 (2009): 117-151; W. Hoppitt and K. N. Laland, "Social Processes Influencing Learning in Animals: A Review of the Evidence," *Advances in the Study of Behavior* 38 (2008): 105-165.

17. J. Henrich and F. J. Gil-White, "The Evolution of Prestige: Freely Conferred Deference as a Mechanism for Enhancing the Benefits of Cultural Transmission," *Evolution and Human Behavior* 22 (2001): 165-196.

18. I. G. Kulanci, A. A. Ghazanfar, and D. I. Rubenstein, "Knowledgeable Lemurs Become More Central in Social Networks," *Current Biology* 28 (2018): 1306-1310.

19. M. Chudek et al., "Prestige-Biased Cultural Learning"; P. L. Harris and K. H. Corriveau, "Young Children's Selective Trust in Informants," *Philosophical Transactions of the Royal Society B* 366 (2011): 1179-1187.

20. Henrich and Broesch, "Nature of Cultural Transmission Networks.".

21. 基因在社会等级制中的作用仍然有待进一步研究。M. A. Vanderkooij and C. Sandi, "The Genetics of Social Hierarchies," *Current Opinions in Behavioral Sciences* 2 (2015): 52-57. 不过，无论（雄性的）支配地位是源于基因或其他来源，这个性质似乎不会在雄性系传上很多代。J. S. Lansing et al., "Male Dominance Rank Skews the Frequency Distribution of Y Chromosome Haplotypes in Human Populations," *PNAS: Proceedings of the National Academy of Sciences* 105 (2008): 11645-11650.

22. J. L. Martin, "Is Power Sexy?," *American Journal of Sociology* 111 (2005): 408-446.

23. J. Snyder, L. Kirkpatrick, and C. Barrett, "The Dominance Dilemma: Do Women Really Prefer Dominant Men as Mates?," *Personal Relations* 15 (2008): 425-444.

24. 在这里，算得上声望的东西无非就是那个男性拥有的朋友数量。在齐玛内人当中，支配地位的顶峰要比声望地位早 10 年达到（其他人群中也类似）。C. von Ruden, M. Gurven, and H. Kaplan, "Why Do Men Seek? Fitness Payoffs to Dominance and Prestige," *Proceedings of the Royal Society B* 278 (2011): 2223-2232; C. C. von Ruden, M. Gurven, and H. Kaplan, "The Multiple Dimensions of Male Social Status in an Amazonian Society," *Evolution and Human Behavior* 29 (2008): 402-415.

25. 这种表达是由罗伯特·博伊德首创的. Henrich, *Secret of Our Success,* p. 26.

26. 同上。

27. R. E. Schultes, "Ethnopharmacological Conservation: A Key to Progress in Medicine," *Acta Amazonica* 18 (1988): 393-406.

28. 一些亚马孙部落甚至找到评估毒药毒性强度的方法：计算抓来用于测试的青蛙在被刺中后还能够跳跃的次数。还有一个指标则是计算一只猴子在被毒镖击中后还可以跳跃过多少棵树。如果猴子只能跳过一棵树，那么毒药就是非常有效且致命的，如果猴子可以跳过三棵甚至更多棵树，那么就把毒药用于活捉动物来作为宠物饲养。一般来说，吹箭筒发出的毒镖可以快速地杀死小动物，但是要想杀死大型的猴子或貘，就可能需要 20 分钟，并且需要大量的毒镖。民族志植物学家史蒂夫·拜尔（Steve Beyer）从一个沙普拉人（Shapra）那里获悉，要杀死一个人，需要二十几支飞镖（沙普拉人生活在秘鲁和厄瓜多尔边境地带，以前是鼎鼎大名的猎头族）。S. Beyer, "Arrow Poisons," *Singing to the Plants: Steve Beyer's Blog on Ayahuasca and the Amazon;* S. V. Beyer, *Singing to the Plants: A Guide to Mestizo Shamanism in the Upper Amazon* (Albuquerque: University of New Mexico Press, 2009).

29. 其他部落的准备过程可能更加简单、更加快捷。L. Rival, "Blowpipes and Spears: The Social Significance of Huaorani Technological Choices," in P. Descola and G. Palsson, eds., *Nature and Society: Anthropological Perspectives* (London: Routledge, 1996), pp. 145-164.

30. C. R. Darwin, *The Descent of Man, and Selection in Relation to Sex* (London: John Murray, 1871). 这个思想，从 20 世纪 70 年代遗传学家马库斯·费尔德曼（Marcus Feldman）和路易吉·卢卡·卡瓦利-斯福赞恩（Luigi Luca Cavalli-Sforzain）的重要工作，以及 20 世纪 80 年代罗伯特·博伊德和彼得·里克森的工作，一直贯穿到了约瑟夫·亨里奇、肯·拉兰德（Ken Laland）以及其他学者最近的研究。M. Feldman and L. Cavalli-Sforza, "Cultural and Biological Evolutionary Processes, Selection for a Trait Under Complex Transmission," *Theoretical Population Biology* 9 (1976): 238-259.

31. M. T. Pfeffer, "Implications of New Studies of Hawaiian Fishhook Variability for Our Understanding of Polynesian Settlement History," in G. Rakita and T. Hurt, eds., *Style and Function: Conceptual Issues in Evolutionary Archaeology* (Westport, CT: Bergin and Garvey, 2001), pp. 165-181.

32. 鱼钩发明的传播和同时性是一个很有挑战性的问题，因为我们还不知道完整的故事到底是怎样的。而且理所当然地，与发明家不同，自然选择没有预定的目的。F. Jacob, "Evolution and Tinkering," *Science* 196 (1977): 1161-1166. P. V. Kirch, *Feathered Gods and Fishhooks: An Introduction to Hawaiian*

Archaeology and Prehistory (Honolulu: University of Hawaii Press, 1997).

33. R. C. Dunnell, "Style and Function: A Fundamental Dichotomy," *American Antiquity* 43 (1978): 192-202.

34. 长期以来，科学家们早就注意到生物体、机器和社会之间可能存在着许多共同的特征（生物上的、技术上的、文化上的）。从19世纪开始，解剖学家（如理查德·欧文）就已经开始在概念上区分具有共同功能和形式、但属于不同类别的生物结构了，他将这些结构称定为“同源的”或“类似的”。同源结构来自共同的进化起源和传播路径，而类似结构则只是在一组类似的环境挑战之下，独立地进化出来的共同解决方案。因此，类似特征是通过趋同进化过程涌现出来的。当然，具有共同文化谱系的同源事物可能在功能上也是有用的。许多不同的过程从趋同到扩散，都可以最终使功能和风格特征永久化。

35. F. M. Reinman, "Fishing: An Aspect of Oceanic Economy; An Archaeological Approach," *Fieldiana: Anthropology* 56 (1967): 95-208.

36. S. O'Connor, R. Ono, and C. Clarkson, "Pelagic Fishing at 42,000 Years Before the Present and the Maritime Skills of Modern Humans," *Science* 334 (2011): 1117-1121.

37. B. Gramsch, J. Beran, S. Hanik, and R. S. Sommer, "A Palaeolithic Fishhook Made of Ivory and the Earliest Fishhook Tradition in Europe," *Journal of Archaeological Science* 40 (2013): 2458-2463.

38. D. Sahrhage and J. Lundbeck, *A History of Fishing* (Berlin: Springer-Verlag, 1992). 这些鱼钩似乎在距今大约1.1万年前就已经配上了一支鱼叉形倒须，而且自那之后，这种鱼钩形式似乎就成了有倒须和鱼线的鱼钩典范，逐渐从欧亚大陆北部扩散欧洲和中国东北部（但是不包括西部），后来又扩散到日本、波利尼西亚和美洲西北海岸。在距今大约4300年前的青铜时代，用金属制成的鱼钩以及用更传统的材料（如骨头和燧石）制成的鱼钩，在沿海各种群中几乎各占一半。

39. R. F. Heizer, "Artifact Transport by Migratory Animals and Other Means," *American Antiquity* 9 (1944): 395-400. See also L. C. W. Landberg, "Tuna Tagging and the Extra-Oceanic Distribution of Curved, Single-Piece Shell Fishhooks in the Pacific," *American Antiquity* 31 (1966): 485-493; F. M. Reinman, "Tuna Tagging and Shell Fishhooks: A Comment from Oceania," *American Antiquity* 33 (1968): 95-100.

40. Reinman, "Tuna Tagging"; F. M. Reinman, "Fishhook Variability: Implications for the History and Distribution of Fishing Gear in Oceania," in R. C. Green and M. Kelly, eds., *Studies in Oceanic Culture History*, vol. 1 (Honolulu: Bernice Pauahi Bishop Museum, 1970)pp. 47-59; P. V. Kirch, "The Archaeological Study of Adaptation: Theoretical and Methodological Issues," *Advances in Archaeological Method and Theory* 3 (1980): 101-156.

41. 知识可能完全丧失。例如，一种名为“安提凯希拉装置”（Antikythera mechanism），在一千多年的时间里都未能重新制造出来，直到1902年，才在希腊的水下发现。T. Freeth et al., "Decoding the Ancient Greek Astronomical Calculator Known as the Antikythera Mechanism," *Nature* 444 (2006): 587-591. 在另一个例子中，到2017年为止，意大利只剩下了最后一个“海洋丝绸”女裁缝，她一旦去世，这种技术的秘密就将失传，此前它已经以母传女的形式传承了1000多年。E. Stein, "The Last Surviving Sea Silk Seamstress," BBC, September 6, 2017. 需要说明的是，这种观察结果意味着，某些在认知的意义上相同的种群，如人类不同支系的祖先，之所以留下了不同的考古证据，不是因为它们的大脑不同，而是因为它们的种群大小不同。Henrich, *Secret of Our Success,* chapter 13.

42. N. Casey, "Thousands Spoke His Language in the Amazon. Now, He's the Only One," *New York Times*, December 26, 2017.

43. L. Bromham, X. Hua, T. G. Fitzpatrick, and S. J. Greenhill, "Rate of Language Evolution Is Affected by Population Size," *PNAS: Proceedings of the National Academy of Sciences* 112 (2015): 2097-2102.

44. M. A. Kline and R. Boyd, "Population Size Predicts Technological Complexity in Oceania," *Proceedings of the Royal Society B* 277 (2010): 2559-2564. 下面这两篇论文，它们考察了北美西北沿海地区的人口样本，分析了关于人口规模与工具包大小之间关系的若干相互矛盾的证据：M. Collard, M. Kemery, and S. Banks, "Causes of Tool Kit Variation Among Hunter-Gatherers: A Test of Four Competing Hypotheses," *Canadian Journal of Archeology* 29 (2005): 1-19; D. Read, "An Interaction Model for Resource Implement Complexity Based on Risk and Number of Annual Moves," *American Antiquity* 73 (2008): 599-625。

45. W. Oswalt, *An Anthropological Analysis of Food-Getting Technology* (New York: John Wiley and Sons, 1976); R. Torrence, "Hunter-Gatherer Technology: Macro and Microscale Approaches," in C. Panter-Brick, R. H. Layton, and P. Rowley-Conwy, eds., *Hunter-Gatherers: An Interdisciplinary Perspective* (Cambridge: Cambridge University Press, 2000), pp. 99-143.

46. Collard, Kemery, and Banks, "Causes of Tool Kit Variation."

47. M. Derex, M.-P. Beugin, B. Godelle, and M. Raymond, "Experimental Evidence for the Influence of Group Size on Cultural Complexity," *Nature* 503 (2013): 389-391.

48. J. Henrich, "The Evolution of Innovation-Enhancing Institutions," in M. J. O'Brien and S. J. Shennan, eds., *Innovation in Cultural Systems: Contributions from Evolutionary Anthropology* (Cambridge, MA: MIT Press, 2010), pp. 99-120.

49. 在智人出现之前，可能就有了文化。只要从事复杂的狩猎－采集活动，就必定会在一定程度上涉及动植物的驯化。这种活动至少可以追溯到直立人。因此，文化有可能在 100 万年前就已经开始影响我们的基因了。

50. 此外，我们在考古记录中发现，在距今大约 40 万年前，石器就出现了地区性差异，这与当地文化中的地区性差异是一致的。

51. 在另一个极端上，如果环境足够稳定，那么个人学习就足够了，社会学习只能提供极少的效率改进和精度改进，既然如此，为什么还要"费心"进化出这种能力呢？

52. R. Wrangham, *Catching Fire: How Cooking Made Us Human* (New York: Basic Books, 2009).

53. D. E. Lieberman et al., "Foot Strike Patterns and Collision Forces in Habitually Barefoot Versus Shod Runners," *Nature* 463 (2010): 531-535.

54. D. E. Lieberman, *The Story of the Human Body: Evolution, Health, and Disease* (New York: Pantheon, 2013).

55. M. W. Feldman and L. L. Cavalli-Sforza, "On the Theory of Evolution Under Genetic and Cultural Transmission, with Application to the Lactose Absorption Problem," in M. W. Feldman, ed., *Mathematical Evolutionary Theory* (Princeton, NJ: Princeton University Press, 1989), pp. 145-173; K. Aoki, "A Stochastic Model of Gene-Culture Coevolution Suggested by the 'Culture Historical Hy-

pothesis' for the Evolution of Adult Lactose Absorption in Humans," *PNAS: Proceedings of the National Academy of Sciences* 83 (1986): 2929-2933.

56. Y. Itan, B. L. Jones, C. J. E. Ingram, D. M. Swallow, and M. G. Thomas, "A Worldwide Correlation of Lactase Persistence Phenotype and Genotype," *BMC Evolutionary Biology* 10 (2019): 36.

57. S. A. Tishkoff et al., "Convergent Adaptation of Human Lactase Persistence in Africa and Europe," *Nature Genetics* 39 (2007): 31-40. 其他研究表明，相关的基因突变体在人类祖先身上不存在。J. Burger, M. Kirchner, B. Bramanti, W. Haak, and M. G. Thomas, "Absence of Lactase-Persistence-Associated Alleles in Early Neolithic Europeans," *PNAS : Proceedings of the National Academy of Sciences* 104 (2007): 3736-3741. N. S. Enattah et al., "Independent Introduction of Two Lactase-Persistence Alleles into Human Populations Reflects Different History of Adaptation to Milk Culture," *American Journal of Human Genetics* 82 (2008): 57-72.

58. C. Sather, *The Bajau Laut: Adaptations, History, and Fate in a Maritime Fishing Society of South-Eastern Sabah* (Oxford: Oxford University Press, 1997).

59. E. Schagatay, A. Lodin-Sundstrom, and E. Abrahamsson, "Underwater Working Times in Two Groups of Traditional Apnea Divers in Asia: The Ama and the Bajau," *Diving and Hyperbaric Medicine* 41 (2011): 27-30.

60. M. A. Ilardo et al., "Physiological and Genetic Adaptations to Diving in Sea Nomads," *Cell* 173 (2018): 569-580.

61. S. Myles et al., "Identification of a Candidate Genetic Variant for the High Prevalence of Type Two Diabetes in Polynesians," *European Journal of Human Genetics* 15 (2007): 584-589; J. R. Binden and P. T. Baker, "Bergmann's Rule and the Thrifty Genotype," *American Journal of Physical Anthropology* 104 (1997): 201-210; P. Houghton, "The Adaptive Significance of Polynesian Body Form," *Annals of Human Biology* 17 (1990): 19-32;R. L. Minster et al., "A Thrifty Variant in CREBRF Strongly Influences Body Mass Index in Samoans," *Nature Genetics* 48 (2016): 1049-1054.

62. D. Dediu and D. R. Ladd, "Linguistic Tone Is Related to the Population Frequency of the Adaptive Haplogroups of Two Brain Size Genes, ASP and Microcephalin," *PNAS: Proceedings of the National Academy of Sciences* 104 (2007): 10944-10949.

63. O. Galor and Ö. Özak, "The Agricultural Origins of Time Preference," *American Economic Review* 106 (2016): 3064-3103.

64. 就淀粉类食物和淀粉酶而言，这里讨论的这种特定遗传机制可能是不同的，它涉及一个称为拷贝数变异的过程。G. H. Perry, "Diet and the Evolution of Human Amylase Gene Copy Number Variation," *Nature Genetics* 39 (2007): 1256-1260.

65. W. H. Durham, *Coevolution: Genes, Culture, and Human Diversity* (Stanford, CA: Stanford University Press, 1991), pp. 103-109;M. J. O'Brien and K. N. Laland, "Genes, Culture, and Agriculture: An Example of Human Niche Construction," *Current Anthropology* 53 (2012): 434-470.

66. 就是这些突变，增加了囊性纤维化的风险。E. van de Vosse et al., "Susceptibility to Typhoid Fever Is Associated with a Polymorphism in the Cystic Fibrosis Transmembrane Conductance Regulator (CFTR)," *Human*

Genetics 118 (2005): 138-140; E. M. Poolman and A. P. Galvani, "Evaluating Candidate Agents of Selective Pressure for Cystic Fibrosis," *Journal of the Royal Society Interface* 4 (2007): 91-98. See also J. Hawks, E. T. Wang, G. M. Cochran, H. C. Harpending, and R. K. Moyzis, "Recent Acceleration of Human Adaptive Evolution," *PNAS: Proceedings of the National Academy of Sciences* 104 (2007): 20753-20758; and W. McNeill, *Plagues and Peoples* (Garden City, NY: Doubleday, 1976).

67. C. L. Apicella, "High Levels of Rule-Bending in a Minimally Religious and Largely Egalitarian Forager Population," *Religion, Brain and Behavior* 8 (2018): 133-148;A. Norenzayan et al., "The Cultural Evolution of Prosocial Religions," *Behavioral and Brain Sciences* 39 (2016): 1-65.

68. C. Apicella, personal communication, November 1, 2017.

69. P. B. Gray and B. C. Campbell, "Human Male Testosterone, Pair-Bonding, and Fatherhood," in P. T. Ellison and P. B. Gray, eds., *Endocrinology of Social Relationships* (Cambridge, MA: Harvard University Press, 2009), pp. 270-293. See also P. B. Gray, S. M. Kahlenberg, E. S. Barrett, S. F. Lipson, and P. T. Ellison, "Marriage and Fatherhood Are Associated with Lower Testosterone in Males," *Evolution and Human Behavior* 23 (2002): 193-201; A. E. Storey, C. J. Walsh, R. L. Quinton, and K. E. Wynne-Edwards, "Hormonal Correlates of Paternal Responsiveness in New and Expectant Fathers," *Evolution and Human Behavior* 21 (2000): 79-95; S. M. van Anders and N. V. Watson, "Relationship Status and Testosterone in North American Heterosexual and Non-Heterosexual Men and Women: Cross-Sectional and Longitudinal Data," *Psychoneuroendocrinology* 31 (2006): 715-723. 然而，在一夫多妻制社会中，结婚和成为父亲并不一定会减少睾丸激素水平，原因可能在于，在这种婚姻制度下，已婚男子仍在寻找伴侣。P. B. Gray, "Marriage, Parenting, and Testosterone Variation Among Kenyan Swahili Men," *American Journal of Physical Anthropology* 122 (2003): 279-286;M. N. Muller, F. W. Marlowe, R. Bugumba, and P. T. Ellison, "Testosterone and Paternal Care in East African Foragers and Pastoralists," *Proceedings of the Royal Society B* 276 (2009): 347-354.

70. J. F. Schulz, "The Churches' Ban on Consanguineous Marriages, Kin-Networks, and Democracy" (paper, June 12, 2017).

71. A. H. Bittles and M. L. Black, "Consanguinity, Human Evolution, and Complex Diseases," *PNAS: Proceedings of the National Academy of Sciences* 107 (2010): 1779-1786.

72. R. Boyd and P. J. Richerson, "Cultural Transmission and the Evolution of Cooperative Behavior," *Human Ecology* 10 (1982): 325-351; R. Boyd and P. J. Richerson, "The Evolution of Reciprocity in Sizeable Groups," *Journal of Theoretical Biology* 132 (1988): 337-356; M. Chudek and J. Henrich, "Culture-Gene Coevolution, Norm-Psychology and the Emergence of Human Prosociality," *Trends in Cognitive Sciences* 15 (2011): 218-226; R. Boyd, H. Gintis, S. Bowles, and P. J. Richerson, "The Evolution of Altruistic Punishment," *PNAS: Proceedings of the National Academy of Sciences* 100 (2003): 3531-3535; J. Henrich et al., "Costly Punishment Across Human Societies," *Science* 312 (2006): 1767-1770; H. Gintis, "The Hitchhiker's Guide to Altruism: Gene Culture Coevolution and the Internalization of Norms,"

Journal of Theoretical Biology 220 (2003): 407-418; H. Gintis, "The Genetic Side of Gene-Culture Coevolution: Internalization of Norms and Prosocial Emotions," *Journal of Economic Behavior and Organization* 53 (2004): 57-67. 相同类型的数学分析可以帮助解释亲社会情感的出现（在朋友的陪伴下，你感受到了温情效应）。

73. Laland, Odling-Smee, and Myles, "How Culture Shaped the Human Genome"; Hawks, et al., "Recent Acceleration of Human Adaptive Evolution." 当然，人类进化过程中的任何加速，都可能由于文化选择压力出现之外的原因所致。例如，其中一个原因是地球上人类数量的增加。无论是哪一种动物，随着"人口"的增加，仅仅出于偶然，有利的突变也更容易在种群中的某个地方发生。在人类这个物种中，更大的规模的种群可能是农业发明促成的。不过，文化影响可以停止或逆转进化过程的情况也是存在的，而这可能意味着遗传变化将会是不完整的。

74. X. Yi et al., "Sequencing of Fifty Human Exomes Reveals Adaptation to High Altitude," *Science* 329 (2010): 75-78.

75. 然而，我猜想，定居者可能创造了这样的文化规则或宗教规则："要求"他们定期到低海拔地区去旅行或者去低海拔地区朝圣），这可能有助于减少其余时间留在高海拔地区的压力。当然，在现代，我觉得他们可以进口瓶装氧气。

76. 一些科学家推测，随着文化适应逐步取代遗传适应，人类遗传进化的步伐应该已经有所放缓了。但是，这种情况似乎不太可能发生，不仅仅是因为有证据表明，过去几千年来进化速度一直在加快，而且是因为向新的环境的迁移和新文化生态位的创建，本身就可以加大人类群体中新的等位基因突变的选择压力（例如，以便应对可能因人口高度密集而出现的新的感染形式，或应对新的食品形式）。

77. 这里需要明确的是，现在近视率的上升，主要不是因为选择压力减弱所致，而主要是因为生活方式的改变而导致的，这种改变主要体现在人们花更多的时间在室内活动，而且儿童在眼睛发育的年龄段用眼过度。如果在明亮的光线下，更多地看远处的东西（就像以往那样，在室外花更多的时间），就有可能避免近视。近年来，特别是东亚地区，近视呈现暴发趋势。E. Dolgin, "The Myopia Boom," *Nature* 519 (2015): 276-278.

78. O. S. Platt et al., "Mortality in Sickle Cell Disease-Life Expectancy and Risk Factors for Early Death," *New England Journal of Medicine* 330 (1994): 1639-1644.

79. 在过去，对于患有镰状细胞病的女性患者来说，怀孕无论是对母亲还是对胎儿来说都是非常危险的，因此如果患者长大成人，医生往往会建议不要生育，以避免生下有这种先天缺陷的后代。

80. D. G. Finniss, T. J. Kaptchuk, F. Miller, and F. Benedetti, "Biological, Clinical, and Ethical Advances of Placebo Effects," *Lancet* 375 (2010): 686-695.

81. 有证据表明，在现代英国人口中，高智商和高教育程度的人恰恰是选择所不青睐的（即这些人的生育能力较低）。J. S. Sanjak, J. Sidorenko, M. R. Robinson, K. R. Thornton, and P. M. Visscher, "Evidence of Directional and Stabilizing Selection in Contemporary Humans," *PNAS: Proceedings of the National Academy of Sciences* 115 (2017): 151-156.

82. J. Tooby and L. Cosmides, "Evolutionary Psychology and the Generation of Culture. I: Theoretical Considerations," *Ethology and Sociobiology* 10 (1989): 29-49; J. H. Barkow, L. Cosmides, and J. Tooby, eds., *The Adapted Mind: Evolutionary Psychology and the Generation of Culture* (Oxford: Oxford University Press, 1992).

83. G. Cochran and H. Harpending, *The 10,000 Year Explosion: How Civilization Accelerated Human Evolution* (New York: Basic Books, 2009).

第 12 章

1. 有时，这个类比可以用于解释身体机能的运行，例如，当我们把免疫系统视为一支“军队”时。但是通常，身体的隐喻是反过来使用的，目的是阐明社会的功能。E. Martin, *Flexible Bodies* (Boston: Beacon Press, 1995)。鲁道夫・菲尔绍（Rudolf Virchow）是 19 世纪著名的医学家，他以社会为类比，描述了人体的内部功能。他把每个细胞都视为一个公民。他认为，活着的器官相当“细胞民主制”、“细胞共和国”和“细胞国家”。R. Porter, *The Greatest Benefit to Mankind: A Medical History of Humanity* (New York: W. W. Norton, 1999), p. 331. 与此相反，19 世纪的英国哲学家赫伯特・斯宾塞（Herbert Spencer）则涉足了大量学科，他认为人类社会就是人类身体的放大。H. Spencer, *The Principles of Biology* (London: Williams and Norgate, 1864).

2. T. L. Patavinus, *History of Rome,* trans. C. Roberts, bk. 2 (London: J. M. Dent and Sons, 1905).

3. 伊索寓言的中一则《肚皮和肢体》(*The Belly and the Members*) 与阿格里帕的演讲非常相似。J. Jacobs, *The Fables of Aesop* (London: Macmillan, 1902), pp. 72-73. 事实上，类似《肚皮和肢体》这样的寓言在各种各样的经典文本中都出现过，包括公元前 1250 年的埃及寓言、《奥义书》(*Upanishads*)、佛教寓言等。它的各种变体，在犹太教和基督教的圣经中也随处可见。

4. A. F. Jensen, *India: Its Culture and People* (New York: Longman, 1991), p. 32.

5. Plato, *Republic,* bk. 4, 436b.

6. 1 Cor. 12:15-26 (English Standard Version).

7. A. D. Harvey, *Body Politic: Political Metaphor and Political Violence* (Newcastle, UK: Cambridge Scholars, 2007). 政治家托马斯・莫尔（Thomas More）在 1518 年给出了一个典型的描述：“一个王国的所有部分就像一个人的各个部分……国王是头；人民构成了其他部分。” C. W. Mills, “Body Politic, Bodies Impolitic,” *Social Research* 78 (2011): 583-606.

8. T. Hobbes, *Leviathan* (Whitefish, MT: Kessinger, 2004), p. 1.

9. L.Ostman, “The Frontispiece of Leviathan - Hobbes' Bible Use,” *Akademeia* 2 (2012): ea0112.10.

10. 霍布斯肯定熟悉《圣经》中关于一个可怕的深海巨兽的概念，它在《圣经・约伯记》也提到过。事实上，君主身上的那些“小人”看上去就像鳞片。

11. Hobbes, *Leviathan,* p. 16.

12. P. Singer, *Animal Liberation: A New Ethics for Our Treatment of Animals* (New York: Random House, 1975); 以及 , M. Scully, *Dominion: The Power of Man, the Suffering of Animals, and the Call to Mercy* (New York: St. Martin's, 2002).

13. N. K. Sanders, *The Epic of Gilgamesh* (Assyrian International News Agency Books Online, n.d.), tablet 1, p. 4. 在《吉尔伽美什史诗》的开头，是野蛮人和文明人是相互对抗的，但是他们最终走到了一起，实现了和谐友好共处，但是这一切都发生在恩奇都被驯化之后。

14. R. N. Bellah, *Religion in Human Evolution* (Cambridge, MA: Harvard University Press, 2011).

15. J. A. Passmore, *Man's Responsibility for*

Nature: Ecological Problems and Western Traditions (London: Duckworth, 1974).

16. Aristotle, *Politics*, trans. C. Lord (Chicago: University of Chicago Press, 2013). 这里要明确的是，亚里士多德认为人类的心智是与大自然分开的，但是他相信人类的身体，包括他们的欲望，都像大自然的任何一部分一样具有动物性，是需要我们去理解掌握的。

17. L. White Jr., "The Historical Roots of Our Ecological Crisis," *Science* 155 (1967): 1203-1207.

18. T. Aquinas, *Summa Contra Gentiles*, trans. V. J. Bourke, bk. 3 (Notre Dame, IN: Notre Dame Press, 1975). 除了强调人类的优势和澄清自然的人类中心主义目的之外，阿奎那还在思辨后排除了有灵魂和理性的人类是否会对其他生物产生某种道德义务的可能性。T. Aquinas, *Summa Theologica*, trans. Fathers of the English Dominica Province (Cincinnati: Benziger Brothers, 1974). L. White, "The Historical Roots of Our Ecological Crisis," *Science* 155 (1967): 1203-1207.

19. 因此，在某种意义上，看似世俗的科学革命恰恰促成了这样的观念：人类有权利和义务制服自然，从而与上帝的意志保持一致。J. Agassi, *The Very Idea of Modern Science: Francis Bacon and Robert Boyle* (New York: Springer Dordrecht Heidelberg, 2012). See also C. Merchant, *The Death of Nature: Women, Ecology, and the Scientific Revolution* (New York: HarperCollins, 1980).

20. R. Descartes, *Meditations on First Philosophy*, trans. A. Anderson and L. Anderson (Baltimore: Agora, 2012).

21. I. Kant, *Groundwork of the Metaphysics of Morals*, ed. M. Gregor and J. Timmermann, rev. ed. (Cambridge: Cambridge University Press, 2012).

22. R. W. Emerson, *Nature, Addresses, and Lectures*, ed. A. R. Ferguson (Cambridge, MA: Belknap Press, 1971), pp. 13-28.

23. C. R. Darwin, *The Descent of Man, and Selection in Relation to Sex* (London: John Murray, 1871).

24. 然而，如果将这种对充满野性且崇高自然世界的兴趣完全归因于工业革命，那将会是一种粗暴的过度简化，这些想法在工业革命之前就已经发芽了。许多先验主义者对蒸汽和煤的动力所带来的进步已经思考过很多。

25. 社会科学，包括社会学、经济学、人类学、政治学和心理学，由许多不同的学科传统组成，它们各有各的不同主题、方法论和哲学基础。心理学领域以及人类学领域（后者在较小程度上）都具有强大的生物学成分。L. McDonald, *Early Origins of the Social Sciences* (Montreal: McGill-Queen's University Press, 1993).

26. J. Searle, *The Construction of Social Reality* (New York: Free Press, 1995).

27. S. M. Lindberg, J. S. Hyde, and J. L. Petersen, "New Trends in Gender and Mathematics Performance: A Meta-Analysis," *Psychological Bulletin* 136 (2010): 1123-1135.

28. S. A. Cartwright, "Diseases and Peculiarities of the Negro Race," *DeBow's Review, Southern and Western States*, vol. 9, (New Orleans: n.p., 1851).

29. S. Arbesman, *The Half-Life of Facts: Why Everything We Know Has an Expiration Date* (New York: Current, 2012).

30. A. Comte, *A General View of Positivism, trans*. J. H. Bridges (London: Trubner, 1865).

31. E. Durkheim, *The Rules of Sociological Method*, trans. W. D. Halls (New York: Free Press, 1982). 杜尔凯姆认为，存在一系列特定的社会事实，这些社会事实是不能还原为人类个体层面的。他认为，存在某种整体性社会现实，它超越了个体的思想和行为，而且这种现实需要特殊的科学方法才能理解把握。

32. Plato, *The Republic*, trans. T. Griffith (Cambridge: Cambridge University Press, 2000); T. Gould, *The Ancient Quarrel Between Poetry and Philosophy* (Princeton, NJ: Princeton University Press, 1990).

33. B. F. Skinner, *About Behaviorism* (New York: Knopf, 1974).

34. V. Reppert, *C. S. Lewis's Dangerous Idea: In Defense of the Argument from Reason* (Downers Grove, IL: InterVarsity Press, 2003).

35. R. O. Prum, *The Evolution of Beauty: How Darwin's Forgotten Theory of Mate Choice Shapes the Animal World and Us* (New York: Doubleday, 2017).

36. 正如海森堡雄辩地指出的："实证主义者有一个简单的解决方案：世界必须分成两个部分，第一个部分是我们能够清楚地加以说明的，其余部分是我们最好保持沉默交由后人去说的。但是，是不是任何人都可以设想一种更无意义的哲学，将我们能说清楚的东西视为几乎没有什么意义呢？如果我们忽略了所有不清楚的东西，那么我们就可能只留下全然无趣和微不足道的套套逻辑。" W. Heisenberg, *Physics and Beyond: Memories of a Life in Science* (London: George Allen and Unwin, 1971), p. 213. 由于只强调可观察的科学事实，实证主义者错失了"真理的大海"上的许多更加重大的东西。海森堡还指出，实证主义者实际上可能会破坏他们自己的事业，他还以科学史为例说明了这一点：在 18 世纪，陨石"被视为无稽之谈"，但是，它们当然确实存在。

37. D. Kevles, *In the Name of Eugenics: Genetics and the Uses of Human Heredity* (New York: Knopf, 1985); R. Merton, *The Sociology of Science: Theoretical and Empirical Investigations* (Chicago: University of Chicago Press, 1973). 我们还应该认识到，在 21 世纪的第一个 10 年，"可复制性危机"困扰了如此众多的科学分支，包括心理学、经济学、物理学、生物学、流行病学和肿瘤学。

38. P. W. Anderson, "More Is Different," *Science* 177 (1972): 393-396.

39. 有意思的是，人类是天生的自然主义者。从很小的时候起，我们就会根据基本的共性对各种对象进行分类，并为每个类别分配一个基本的本质。P. Bloom, *How Pleasure Works: The New Science of Why We Like What We Like* (New York: W. W. Norton, 2010); S. A. Gelman, *The Essential Child: Origins of Essentialism in Everyday Thought* (New York: Oxford University Press, 2010).

40. 那样的话，到最后我们得到的将是一个拉普拉斯妖。对于"这样一个智能体"，法国数学家皮埃尔 - 西蒙 · 拉普拉斯（Pierre-Simon Laplace）早在 1814 年就指出过："没有什么是不确定的，未来将会像过去那样呈现在眼前。" P. S. Laplace, *A Philosophical Essay on Probabilities,* 6th ed., trans. F. W. Truscott and F. L. Emory (New York: Dover, 1951), p. 4.

41. 世界服从自然定律且是可以预测的，这种观念是否与人类能够真正拥有自由意志的思想相一致？对此存在着很多争论。因为这两种思想观念—决定论和自由意志，似乎都非常合乎常理，而且都有很多哲学上的和经验上的支持理由，因此有些人认为两者可以兼容。事实上，持这种观点的人有一个特殊的名称：兼容主义者。这个问题很重要，原因是决定论可以颠覆道德评估的全部基础。如果某个人的行为是由在他的控制之外的事件决定的，或者实际上是由他人的选择和行动决定的，那么又怎么能要求他对自己的选择和行为负责呢？

42. R. Lewontin, *Biology as Ideology: The Doctrine of DNA* (Concord, ON: House of Anansi Press, 1991); S. J. Gould, *The Mismeasure of Man* (New York: W. W. Norton, 1981).

43. D. Nelkin, "Biology Is Not Destiny," *New York Times*, September 28, 1995. For two examples of such studies, see G. Guo, M. E. Roettger, and T. Cai, "The Integration of Genetic Propensities into Social-Control Models of Delinquency and Violence Among Male Youths," *American Sociological Review* 73 (2008): 543-568; 以及 , A. Feder, E. J. Nestler, and D. S. Charney, "Psychobiology and Molecular Genetics of Resilience," *Nature Reviews Neuroscience* 10 (2009): 446-457.

44. J. Hibbing, "Ten Misconceptions Concerning Neurobiology and Politics," *Perspectives on Politics* 11 (2013): 475-489.

45. M. H. Haller, *Eugenics: Hereditarian Attitudes in American Thought* (New Brunswick, NJ: Rutgers University Press, 1963).

46. M. Horowitz, A. Haynor, and K. Kickham, "Sociology's Sacred Victims and the Politics of Knowledge: Moral Foundations Theory and Disciplinary Controversies," *American Sociologist* (2018);E. A. Carson and D. Golinelli, "Prisoners in 2012-Advance Counts" (report no. NCJ 242467, Bureau of Justice Statistics, July 2013);M. L. Wilson et al., "Lethal Aggression in Pan Is Better Explained by Adaptive Strategies Than Human Impact," *Nature* 513 (2014): 414-417;J. M. Gomez, M. Verdo, A. Gonzalez-Negras, and M. Mendez, "The Phylogenetic Roots of Human Lethal Violence," *Nature* 538 (2016): 233-237.

47. 有些人认为，即便关于科学现实的知识不可避免地导致优生学和种族歧视，也不能证明对这种现实保持无知的做法是正当的，因为最高的价值就在于认识真理，无论它真理到底是什么以及相关的知识成本如何。

48. E. Fromm, *Man for Himself: An Inquiry into the Psychology of Ethics* (New York: Rinehart, 1947), p. 20.

49. E. Fromm, *Man for Himself: An Inquiry into the Psychology of Ethics* (New York: Rinehart, 1947), p. 20-21.

50. B. D. Earp, A. Sandeberg, and J. Savulescu, "Brave New Love: The Threat of High-Tech 'Conversion' Therapy and the Bio-Oppression of Sexual Minorities," *AJOB Neuroscience* 5 (2014): 4-12.

51. 丹尼尔・吉尔伯特认为，要问道德是否处于我们自身之外，那实际是一个会让心灵落入陷阱的谜题这就像是在问："哪一样需要更长的时间，是到纽约市还是乘公共汽车？"不过，事实证明，这是一个非常具有挑战性的谜题。

52. D. C. Lahti and B. S. Weinstein, "The Better Angels of Our Nature: Group Stability and the Evolution of Moral Tension," *Evolution and Human Behavior* 26 (205): 47-63.

53. D. Hume, "Concerning Moral Sentiment," appendix 1 in *An Enquiry Concerning the Principles of Morals* (London: A. Millar, 1751), p. 289.

54. 这是艾丽丝・默多克和大卫・皮尔斯（David Pears）的对话，源于电视系列片《逻辑之路》（*Logic Lane*）（1972 年），由迈克尔・查南（Michael Chanan）执导。

55. R. M. Hare, *The Language of Morals* (Oxford: Clarendon Press, 1952).

56. D. Gilbert, *Stumbling on Happiness* (New York: Knopf, 2016).

57. R. Hursthouse, *On Virtue Ethics* (Oxford: Oxford University Press, 2002), p. 196; P. Foot, "Does Moral Subjectivism Rest on a Mistake?," *Oxford Journal of Legal Studies* 15 (1995): 1-14.

58. Foot, "Does Moral Subjectivism Rest on a Mistake?".

59. A. H. Maslow, "A Theory of Human Motivation," *Psychological Review* 50 (1943): 370-396.

60. A. H. Maslow, *The Farther Reaches of Human Nature* (New York: Viking, 1971), p. 279.

61. H. Shirado and N. A. Christakis, "Locally Noisy Autonomous Agents Improve Global Human Coordination in Network Experiments," *Nature* 545 (2017): 370-375. 在这个实验中，共 230 个小组、4000 人共同努力解决一个协调问题。我们评估了，当我们秘密地将一些人工智能机器人加入到这些小组中之后，会发生什么事情。当人们变成了由人和机器组成的混合系统时，他们的行为会怎样？我们发现，如果机器人以某种特定的方式行事（这里悖谬的是，我们实际上是故意让它们在决策中稍微有点不完美），真正的人类并不会介意它们的存在，而且实际上会表现得更好。

62. M. L. Traeger, S. S. Sebo, M. Jung, B. Scassellati, and N. A. Christakis, "Vulnerable Robots Positively Shape Human Conversational Dynamics in a Human-Robot Team" (unpublished manuscript, 2018). 机器人专家布莱恩・斯卡塞拉蒂（Brian Scassellati）领导的研究小组完成的另一项研究表明，将机器人嵌入一个群体，不仅可以影响自闭症儿童与机器人的交流，还能影响自闭证儿童与其他人的交流。E. S. Kim et al., "Social Robots as Embedded Reinforcers of Social Behavior in Children with Autism," *Journal of Autism and Developmental Disorders* 43 (2013): 1038-1049.

63. E. Awad et al., "The Moral Machine Experiment," *Nature* 563 (2018): 59-64.

64. 或者也可能，当人们与人形机器人恋爱变得更加平常后，与人类恋爱的方式也会改变。

65. J. D. Sander and J. K. Joung, "CRISPR-Cas Systems for Editing, Regulating, and Targeting Genomes," *Nature Biotechnology* 32 (2014): 347-355;J. Enriquez and S. Gullans, *Evolving Ourselves: How Unnatural Selection and Nonrandom Mutation Are Changing Life on Earth* (New York: Current, 2015).

66. J. Hughes, *Citizen Cyborg: Why Democratic Societies Must Respond to the Redesigned Human of the Future* (New York: Basic Books, 2004); J. Harris, Enhancing Evolution: *The Ethical Case for Making Better People* (Princeton, NJ: Princeton University Press, 2007).

67. D. Cyranoski and H. Ledford, "Genome-Edited Baby Claim Provokes International Outcry," *Nature* 563 (2018): 607-608.

68. 这个术语很少被使用，而且在以往的用法也与我的不同。D. Bell, "Sociodicy: A Guide to Modern Usage," *American Scholar* 35 (1966): 696-714.P. Bourdieu, "Symbolic Power," *Critique of Anthropology* 4 (1979): 77-85.

69. S. A. Pinker, *Enlightenment Now: The Case for Reason, Science, Humanism, and Progress* (New York: Viking, 2018).

BLUEPRINT
THE EVOLUTIONARY ORIGINS OF A GOOD SOCIETY

译者后记

长期以来，人们已经习惯将人“生物的一面”和“社会的一面”对立起来，把人的攻击性、占有欲、各种偏见以及自利倾向归为生物性，而把爱、友谊、合作和学习的能力，称为人性。尼古拉斯·克里斯塔基斯的《蓝图》，将改变这个囿见。它告诉我们，不仅人性中有“善良天使”，“生物性”中也有“善良天使”，因为我们的基因不仅塑造了我们的身体和行为，还影响了我们构建社会的方式，从而使在全球范围内的所有社会都惊人地相似。或许，自这本书之后，“兽性大发”一词的含义也会出现某种改变？

在这个观念歧见无处不在、政治经济断裂愈演愈烈的时代里，克里斯塔基斯对我们共有的人性以及各种各样的人类社会的同一性（而不是差异性）的强调，不但令人耳目一新，而且特别有意义。克里斯塔基斯告诉我们，自然选择给了我们一系列社会化特征，其中最重要的是我们与生俱来的爱、友谊、合作和学习的能力，使我们天生就拥有创造美好社会的倾向。我们的基因塑造了社会，同时通过数以千年计的反馈循环，社会也塑造了我们的基因；因为必须与他人相处，已经成为人类进一步进化的最重要的“环境”因素了。这个进化过程至今仍在继续，而且呈现出加速的迹象。

这是一本真正的跨学科之作，它综合了历史学、哲学、生物学、人类学、遗传学、社会学、经济学、流行病学、统计学等学科的知识，并融入了作者自己的原创性研究成果。克里斯塔基斯创建了一个统一的理论，在基因、社会和文化之间架起了桥梁。任何有志于理解社会、理解人性的人，都应该读一下这本书。

本书的翻译得以完成，要感谢很多人的支持和帮助。

我首先要感谢的是我的太太傅瑞蓉和儿子贾岚晴。我的每一本译著，一大半功劳都要归功于我太太，她在各方面的帮助不可估量。在我翻译这本书的时候，正值贾岚晴小升初的关键时期，多少个夜晚、多少个休息日，我们父子两人，一占书桌，一占餐桌，各自努力，苦中有乐。多年后回想今日，必有会心一笑。

感谢农夫山泉。感谢钟睒睒先生——这位有情怀、重情义、善创新、爱读书的老板，给了我在工作之余阅读、翻译和写作的空间和自由度。还要感谢汪丁丁教授、叶航教授、罗卫东教授的教诲和帮助，他们给我的跨学科探索的动力至今未曾衰退。最后感谢湛庐文化给我这次翻译机会。

本书的翻译较为仓促，书中错漏之处在所难免，敬请专家和读者批评指正。

贾拥民

于杭州耑谷阁

未来，属于终身学习者

我这辈子遇到的聪明人（来自各行各业的聪明人）没有不每天阅读的——没有，一个都没有。巴菲特读书之多，我读书之多，可能会让你感到吃惊。孩子们都笑话我。他们觉得我是一本长了两条腿的书。

——查理·芒格

互联网改变了信息连接的方式；指数型技术在迅速颠覆着现有的商业世界；人工智能已经开始抢占人类的工作岗位……

未来，到底需要什么样的人才？

改变命运唯一的策略是你要变成终身学习者。未来世界将不再需要单一的技能型人才，而是需要具备完善的知识结构、极强逻辑思考力和高感知力的复合型人才。优秀的人往往通过阅读建立足够强大的抽象思维能力，获得异于众人的思考和整合能力。未来，将属于终身学习者！而阅读必定和终身学习形影不离。

很多人读书，追求的是干货，寻求的是立刻行之有效的解决方案。其实这是一种留在舒适区的阅读方法。在这个充满不确定性的年代，答案不会简单地出现在书里，因为生活根本就没有标准确切的答案，你也不能期望过去的经验能解决未来的问题。

而真正的阅读，应该在书中与智者同行思考，借他们的视角看到世界的多元性，提出比答案更重要的好问题，在不确定的时代中领先起跑。

湛庐阅读 App：与最聪明的人共同进化

有人常常把成本支出的焦点放在书价上，把读完一本书当作阅读的终结。其实不然。

时间是读者付出的最大阅读成本

怎么读是读者面临的最大阅读障碍

“读书破万卷”不仅仅在“万”，更重要的是在“破”！

现在，我们构建了全新的“湛庐阅读”App。它将成为你“破万卷”的新居所。在这里：

- 不用考虑读什么，你可以便捷找到纸书、电子书、有声书和各种声音产品；
- 你可以学会怎么读，你将发现集泛读、通读、精读于一体的阅读解决方案；
- 你会与作者、译者、专家、推荐人和阅读教练相遇，他们是优质思想的发源地；
- 你会与优秀的读者和终身学习者为伍，他们对阅读和学习有着持久的热情和源源不绝的内驱力。

从单一到复合，从知道到精通，从理解到创造，湛庐希望建立一个“与最聪明的人共同进化”的社区，成为人类先进思想交汇的聚集地，与你共同迎接未来。

与此同时，我们希望能够重新定义你的学习场景，让你随时随地收获有内容、有价值的思想，通过阅读实现终身学习。这是我们的使命和价值。

CHEERS

以一本书为核心

遇见书里书外，更大的世界

有声书

随时随地，有温度、
有感情地听本书

纸质书

湛庐纸书一站购买
还有读者专享福利

精 读

2~4周，带你读完、
读懂、读透一本好书

电子书

最新最全的湛庐电子书
随时随地亲自阅读

讲 书

30分钟
大咖给你讲本书
让你挑书不费劲

延伸阅读

编辑精心制作的内容拓展
测试、视频、注释、参考文献
只为优化你的体验

课 程

权威专家带你快速浏览
一个领域的知识概貌

专 题

主题式阅读书单
让你与更多好书相遇

图书在版编目（CIP）数据

蓝图 /（希）尼古拉斯·克里斯塔基斯著；贾拥民译. -- 成都：四川人民出版社，2020.7（2021.12 重印）
ISBN 978-7-220-11853-1

Ⅰ. ①蓝… Ⅱ. ①尼… ②贾… Ⅲ. ①社会学—研究 Ⅳ. ①C91

中国版本图书馆CIP数据核字（2020）第068486号
著作权合同登记号
图进字：21-2020-133

上架指导：社会科学

LANTU
蓝图
［希腊］尼古拉斯·克里斯塔基斯　著
贾拥民　译

责任编辑：杨　立　戴黎莎
版式设计：湛庐CHEERS
封面设计：ablackcover.com

四川人民出版社
（成都市槐树街 2 号　610031）
唐山富达印务有限公司印刷　新华书店经销
字数 535 千字　710 毫米 × 965 毫米　1/16　印张 35　插页 4
2020 年 7 月第 1 版　2021 年 12 月第 2 次印刷
ISBN 978-7-220-11853-1
定价：159.90 元
